部首 (부수) 이름

1 획

一	한 일
丨	뚫을 곤
丶	점 주
丿	삐침 별
乙(乚)	새 을
亅	갈고리 궐

2 획

二	두 이
亠	두돼지해밑 두
人(亻)	사람 인(사람인 변)
儿	어진 사람 인
入	들 입
八	여덟 팔
冂	먼데 경
冖	덮을 멱(민갓머리)
冫	얼음 빙(이수변)
几	안석 궤
凵	입 벌릴 감
刀(刂)	칼 도(선칼도방)
力	힘 력
勹	쌀 포
匕	비수 비
匚	상자 방
匸	감출 혜
十	열 십
卜	점 복
卩(巳)	병부 절
厂	기슭 엄
厶	사사 사(마늘모)
又	또 우

3 획

口	입 구
囗	나라 국(큰입구몸)
土	흙 토
士	선비 사
夂	뒤져서 올 치
夊	천천히 걸을 쇠

夕	저녁 석
大	큰 대
女	계집 녀
子	아들 자
宀	집 면(갓머리)
寸	마디 촌
小	작을 소
尢	절름발이 왕
尸	주검 시
屮	왼손 좌
山	뫼 산
巛(川)	개미허리(내 천)
工	장인 공
己	몸 기
巾	수건 건
干	방패 간
幺	작을 요
广	엄호 밑
廴	길게 걸을 인
廾	두 손으로 받들 공
弋	주살 익
弓	활 궁
彐(彑)	고슴도치머리 계
彡	터럭 삼
彳	조금 걸을 척(두인변)

4 획

心(忄/㣺)	마음 심(심방변)
戈	창 과
戶	지게 호
手(扌)	손 수(재방변)
支	지탱할 지
攴(攵)	칠 복(등글월문방)
文	글월 문
斗	말 두
斤	도끼 근
方	모 방
无	없을 무(이미기방)
日	날 일
曰	가로 왈
月	달 월

木	나무 목
欠	하품 흠
止	그칠 지
歹	죽을 사
殳	창 수
毋	말 무
比	견줄 비
毛	터럭 모
氏	각시 씨
气	기운 기
水(氵/氺)	물 수(삼수변, 아래물수)
火(灬)	불 화(연화발)
爪(爫)	손톱 조
父	아비 부
爻	점괘 효
爿	나무조각 장
片	조각 편
牙	어금니 아
牛(牜)	소 우
犬(犭)	개 견(개사슴록 변)

5 획

玄	검을 현
玉(王)	구슬 옥(구슬옥 변)
瓜	오이 과
瓦	기와 와
甘	달 감
生	날 생
用	쓸 용
田	밭 전
疋	짝 필
疒	병들어 기댈 녁(병질)
癶	등질 발
白	흰 백
皮	가죽 피
皿	그릇 명
目	눈 목
矛	창 모
矢	화살 시
石	돌 석
示(礻)	보일 시

内	짐승 발자국 유
禾	벼 화
穴	구멍 혈
立	설 립

6 획

竹	대 죽
米	쌀 미
糸	실 사
缶(缶)	장군 부
网(罒/罓/冈)	그물 망
羊(⺶)	양 양
羽	깃 우
老(耂)	늙을 로
而	말이을 이
耒	쟁기 뢰
耳	귀 이
聿	붓 율
肉(月)	고기 육
臣	신하 신
自	스스로 자
至	이를 지
臼	절구 구
舌	혀 설
舛	어그러질 천
舟	배 주
艮	어긋날 간
色	빛 색
艸(艹)	풀 초(초두)
虍	호피 무늬 호
虫	벌레 충
血	피 혈
行	갈 행
衣(衤)	옷 의(옷의변)
襾(西)	덮을 아

7 획

見	볼 견
角	뿔 각
言	말씀 언
谷	골 곡
豆	콩 두

豕	돼지 시
豸	발 없는 벌레 치
貝	조개 패
赤	붉을 적
走	달릴 주
足(⻊)	발 족
身	몸 신
車	수레 거
辛	매울 신
辰	별 진
辵(辶)	쉬엄쉬엄 갈 착(책받침)
邑(阝)	고을 읍(우부방)
酉	닭 유
釆	분별할 변
里	마을 리

8 획

金	쇠 금
長(镸)	길 장
門	문 문
阜(阝)	언덕 부(좌부방)
隶	미칠 이
隹	새 추
雨	비 우
青	푸를 청
非	아닐 비

9 획

面	낮 면
革	가죽 혁
韋	가죽 위
韭	부추 구
音	소리 음
頁	머리 혈
風	바람 풍
飛	날 비
食(飠)	밥 식
首	머리 수
香	향기 향

10 획

馬	말 마
骨	뼈 골

高	높을 고
髟	머리털 드리워질 표
鬥	싸울 투
鬯	울창주 창
鬲	막을 격(솥 력)
鬼	귀신 귀

11 획

魚	물고기 어
鳥	새 조
鹵	소금 로
鹿	사슴 록
麥	보리 맥
麻	삼 마

12 획

黃	누를 황
黍	기장 서
黑	검을 흑
黹	바느질할 치

13 획

黽	힘쓸 민
鼎	솥 정
鼓	북 고
鼠	쥐 서

14 획

鼻	코 비
齊	가지런할 제

15 획

齒	이 치

16 획

龍	용 룡
龜	거북 귀

17 획

龠	피리 약

敎育用 漢字

교육용 한자
쓰기교본

1800字

도서출판

초판 1쇄 인쇄 | 2021년 1월 15일
초판 1쇄 발행 | 2021년 1월 15일

편　저 | 김형곤
펴낸이 | 도서출판 풀잎
펴낸곳 | 도서출판 풀잎
등　록 | 제2-4858호
주　소 | 서울시 중구 필동로 8길 61-16
전　화 | 02-2274-5445/6
팩　스 | 02-2268-3773

ISBN 979-11-85186-88-7 13710
정가　16,000원

• 이 도서의 국립중앙도서관 출판예정도서목록(CIP)은 서지정보유통지원시스템 홈페이지(http://seoji.nl.go.kr)와
  국가자료공동목록시스템(http://www.nl.go.kr/kolisnet)에서 이용하실 수 있습니다.
  (CIP제어번호 : CIP2020054588)

韓中日英

모든 취업준비와 대입논술 동시에 해결!

초·중·고등학생에서부터 일반인까지 꼭 필요한
부록으로 간자체와 정자체 비교표 완벽 표기

통합
1800字

敎育用 漢字

교육용 한자
쓰기교본

Learning 1800

한 권으로 중·고등 교육용 한자를 모두 해결!
교육용 한자 1800자(8~2급) 수준의 한자 수록

정자(正字)와 간화자(簡化字)·약자(略字)까지 통합 학습
쉽게 따라 쓰는 현대인의 필수 학습 한자

❖ 완벽한 필순
❖ 해당 글자에 대한 고사성어 수록
❖ 글자마다 단어 채록
❖ 韓·英·日·中 4개 국어 동시 학습
❖ 글자마다 급수 표시

金炯坤 | 編著

도서출판

책 머리에

한자(漢字)는 우리 한글과는 다르게 범위가 너무 넓고 배우기가 매우 어려워서 어디서부터 배우기 시작해야 할지, 또 어떻게 해야 이 많은 글자들을 우리가 잘 활용할 수 있을까 하고 생각하다 보면 참으로 막연한 게 사실입니다. 그렇다고 우리 일상 용어 중에는 한자 용어가 상당수 포함되어 있는데, 그냥 안 배우고 넘어가자니 남의 말을 듣는데도 많은 어려움이 따릅니다. 어떤 한문학과 교수는 "한문을 배우는 것은 우리말을 더 잘 이해하기 위한 것"이라고까지 합니다.

옛날부터 우리나라에서는 어린 학동들을 교육시키기 위한 수단으로 처음 한자(漢字)를 배우기 시작할 때 천자문(千字文)이나 사자소학(四字小學), 동몽선습(童蒙先習)등 중에서 선택하여 배우기 시작했는데, 이러한 책들은 중국에서 저술한 것들이다 보니 우리나라 실정에는 맞지 않는 부분이 상당히 많습니다.

예를 들어 천자문의 경우 우리나라에서는 전혀 쓰지 않는 글자들이 상당수 들어 있는가 하면, 꼭 필요한 글자(교육용 기초한자 1800자 중)들이 상당수 빠졌다는 것은 실로 안타까운 일입니다.

이러한 애로사항을 없애기 위한 수단으로 1972년 문교부가 제정한 1800자에 2000년과 2007년 교육인적자원부가 약간의 수정을 거쳐 공표한 '한문 교육용 기초한자 1800자', 중학교용 900자와 고등학교용 900자로 나눠 『교육부 선정 교육용 기초한자』가 나오기는 했지만 모든 것이 해결된 것은 아닙니다.

　　이 책에서는 한자능력시험이나 급수시험 등을 대비하여 글자마다 급수를 표시해 두었으며, 필순(筆順)을 정확하게 익히기 위해 아무리 많은 획(讚=26획)을 가진 글자라 할지라도 10획 미만만 표시한 책들과는 다르게 25획 전부를 표시하였고, 해당 글자에 대한 단어나 숙어 고사성어를 지면이 허용하는 한 많이 넣어 해당 글자가 어떤 때 쓰이는가를 알도록 하여 이 책을 읽는 독자들의 편의를 도모코자 하였습니다.

　　지금은 글로벌 시대라서 이웃 한문권 나라들과 교류가 활발하기 때문에 중국 간화자(簡化字)를 배우려는 성인들이 많이 늘어나고 있어서, 이 책에서는 간화자(簡化字ㆍ簡體字)와 함께 일본에서 사용하는 약자(略字)도 함께 배울 수 있도록 엮었으니 공부에 많은 도움 되기를 바랍니다.

　　우리나라도 한글 전용론을 앞세워 교과서에서 한자(漢字)를 배제할 것이 아니라, 지금 활발하게 움직이고 있는 초등학교용 기초한자도 빨리 만들어서 초등학교 때부터 교과서에 한자를 넣어 어릴 때부터 이웃나라들이 쓰고 있는 한자들을 조금씩이나마 익혀나가도록 할 날이 오기를 기대해 봅니다.

筆者 나이 80 되는 2021년 筆者 씀

목차 目次

부록

이 책의 구성

필순

擧論(거론) 科擧(과거) 大擧(대거) 選擧(선거) 薦擧(천거) 快擧(쾌거)

←따라 쓰기

輕擧妄動(경거망동) : 가볍고 망령(妄靈)되게 행동(行動)한다는 뜻으로, 도리 (道理)나 사정(事情)을 생각하지 아니하고 경솔(輕率)하게 행동(行動)함.

영 lift 중 jǔ 일 キョ(あげる) 【난이도】중학용, 읽기 5급, 쓰기 4급

음
훈
듣 기

手部(손 수)13획총17획

해당부
部 음훈
총획수
영문표기
일본어음
일본어훈
部수를 제외한 획수
중국어발음

중국어 발음

성모(声母)
쌍순음 : b버　P퍼　m머
순치음 : f프어
설첨음 : d더　t터　n너　l러
설근음 : g거　k커　h허
설면음 : j지　q치　x시
권설음 : zh즈　ch츠　sh스　r르
설치음 : z쯔　c츠　s쓰

운모(韵母)
단운모 : a아　o오　e어　i이　u우　ü위
복운모 : ai아이　ei에이　ao아오　ou오우
부성운모 : an안　en언　ang앙　eng엉　ong옹
권설운모 : er얼

i u ü와 결합된 운모

i와 결합된 운모 :
ia야　ie예　iao야오　iou요우　ian앤　in인
iang양　ing잉　iong용
※ i가 단독으로 음절을 이룰 때는 [y]로 표기

u와 결합된 운모 :
ua와　uo워　uai와이　uei웨이　uan완　uen원
uang왕　ueng웡
※ u가 단독으로 음절을 이룰 때는 [w]로 표기

ü와 결합된 운모 :
üe위예　üan위앤　ün윈
※ ü가 단독으로 음절을 이룰 때는 [yu]로 표기

성조(聲調)

ˉ 제1성 : 높고 편안하게 발음
ˊ 제2성 : 낮은 음으로부터 단번에 올려 짧게 발음.
ˇ 제3성 : 내렸다가 살짝 올려 발음.
ˋ 제4성 : 높은데서 뚝 떨어지게 짧게 발음.

한자병음법

엄마　　　성조
妈
n + a – mā
성모 운모　　마

모 음(母音)					
ぁ a	い i	う u	え e	お o	を wo
や ya	い i	ゆ yu	え e	よ yo	わ wa

자 음(子音)					
か ka	き ki	く ku	け ke	こ ko
さ sa	し shi	す su	せ se	そ so
た ta	ち chi	つ tsu	て te	と to
な na	に ni	ぬ nu	ね ne	の no
は ha	ひ hi	ふ hu	へ he	ほ ho
ま ma	み mi	む mu	め me	も mo
ら ra	り ri	る ru	れ re	ろ ro
わ wa	い i	う u	え e	お o

탁 음(濁音)					
が ga	ぎ gi	ぐ gu	げ ge	ご go
ざ za	じ zi	ず zu	ぜ ze	ぞ zo
だ da	ぢ di	づ du	で de	ど do
ば ba	び bi	ぶ bu	べ be	ぼ bo
ぱ pa	ぴ pi	ぷ pu	ぺ pe	ぽ po

요 음(拗音 : や ゆ よ)		
きゃ kya	きゅ kyu	きょ kyo
しゃ sya	しゅ syu	しょ syo
ちゃ cha	ちゅ chu	ちょ cho
にゃ nya	にゅ nyu	にょ nyo
ひゃ hya	ひゅ hyu	ひょ hyo
みゃ mya	みゅ myu	みょ myo
りゃ rya	りゅ ryu	りょ ryo
りゃ rya	りゅ ryu	りょ ryo
ぎゃ gya	ぎゅ gyu	ぎょ gyo
じゃ ja	じゅ ju	ぢょ jo
びゃ bya	びゅ byu	びょ byo
ぴゃ pya	ぴゅ pyu	ぴょ pyo

한자(漢字) 쓰기의 원칙

◆ 글자의 맨위쪽 획부터 먼저 쓴다.
高 : 亠 亠 亠 亠 亯 高 高 高

◆ 왼쪽 획부터 먼저 쓴다.
順 : 丿 刂 刂 刂 刂 刂 順 順 順 順 順
口 : 丨 冂 口　　　甲 : 丨 冂 曰 日 甲

◆ 가로 세로 교차되는 글자는 가로획 먼저 쓴다.
士 : 一 十 士　　　井 : 一 二 丰 井
左 : 一 ナ ナ 左 左　右 : 一 ナ 疒 右 右

◆ 삐침(丿)과 파임(乀)은 삐침 획을 먼저 쓴다.
人 : 丿 人　　入 : 丿 入

◆ 좌우 대칭 글자는 중앙부터 먼저 쓴다.
永 : 丶 丁 ヺ 永 永　小 : 亅 刂 小

◆ 둘러싸인 글자는 외곽부터 쓴다.
周 : 丿 冂 冂 冂 冃 冃 周 周
用 : 丿 冂 冂 月 用

◆ 글자 중앙을 관통하는 획은 나중에 쓴다.
串 : 丨 冂 口 尸 吊 吊 串　中 : 丨 口 口 中
申 : 丨 冂 曰 日 申

◆ 글자를 가로지르는 획은 맨나중에 쓴다.
母 : 乚 乩 仔 母 母　冊 : 丿 冂 冂 冊 冊
女 : 乚 夂 女

◆ 오른쪽 상단에 찍는 점은 맨나중에 쓴다.
伐 : 丿 亻 亻 代 伐 伐　伏 : 丿 亻 亻 仕 伏 伏
犬 : 一 ナ 大 犬

◆ 책받침(辶 辶)은 나중에 쓴다.
道 : 丶 丷 丷 产 产 芦 芦 首 首 首 渞 渞 道
廷 : 一 二 千 壬 任 廷 廷

◆ 받침이 있는 글자는 나중에 쓴다.
題 : 丨 冂 曰 日 旦 旦 旦 昂 是 是 是 題 題 題 題 題
超 : 一 十 土 キ キ 丰 走 起 起 起 超 超

영자(永字) 팔법(八法)

영자(永字) 팔법(八法)이란 모든 한자(漢字)
쓰는 데 공통되는 운필법(運筆法)을 말한다.

① 側(측) : 윗점(上點)
② 勒(늑) : 가로획(平橫)
③ 弩(노) : 가운데 내리획(中直)
④ 趯(적) : 갈고리(下句)
⑤ 策(책) : 짧은 가로획(左挑)
⑥ 掠(약) : 오른쪽에서 삐침(右拂)
⑦ 啄(탁) : 짧게 왼쪽에서 삐침(左丿)
⑧ 磔(책) : 파임(右捺)

교육용
한자

教育用漢字
中等用

可 옳을 가 口部(입구)2획 총 5획	可可可可可 可 可 可 可 可 可決(가결) 可及的(가급적) 可能(가능) 可當(가당) 可動(가동) 可望(가망) 燈火可親(등화가친) : 등불을 가까이 할 수 있다는 뜻으로, 가을 밤은 시원하고 상쾌 (爽快)하므로 등불을 가까이 하여 글 읽기에 좋음을 이르는 말. 영 right 중 kě 일 カ(よい) 【난이도】중학용, 읽기 5급, 쓰기 4급
加 더할 가 力部(힘력) 3획 총5획	加加加加加 加 加 加 加 加 加熱(가열) 加擔(가담) 加減(가감) 增加(증가) 追加(추가) 參加(참가) 加入(가입) 走馬加鞭(주마가편) : 달리는 말에 채찍질한다는 뜻으로, 열심히 하는 사람을 더욱 잘하도록 격려함을 이르는 말. 영 add 중 (jiā) 일 カ(くわえる) 【난이도】중학용, 읽기 5급, 쓰기 4급
佳 아름다울 가 亻部(사람인변)6획총8획	佳佳佳佳佳佳佳佳 佳 佳 佳 佳 佳 佳句(가구) 佳客(가객) 佳氣(가기) 佳人(가인) 佳日(가일) 佳兆(가조) 佳約(가약) 漸入佳境(점입가경) : 가면 갈수록 경치(景致)가 더해진다는 뜻으로, 일이 점점 더 재미있는 지경(地境)으로 돌아가는 것을 비유(比喩·譬喩)하는 말로 쓰임. 영 beautiful 중 jiā 일 カ(よい) 【난이도】중학용, 읽기 3급II, 쓰기 2급
家 집 가 宀部(갓머리)7획 총10획	家家家家家家家家家家 家 家 家 家 家 家口(가구) 家庭(가정) 家族(가족) 國家(국가) 專門家(전문가) 作家(작가) 家書萬金(가서만금) : 타국이나 타향에 살 때는 고향 가족의 편지가 더없이 반갑고, 그 소식의 값이 황금 만 냥보다 더 소중하다는 말. 가서저만금(家書抵萬金)의 준말. 영 house 중 jiā 일 カ·ケ(いえ·や) 【난이도】중학용, 읽기 3급II, 쓰기 2급
假 거짓 가 亻部(사람인변)9획총11획	假假假假假假假假假假假 假 假 假 假 假 假量(가량) 假名(가명) 假說(가설) 假飾(가식) 假定(가정) 假稱(가칭) 假名(가명) 狐假虎威(호가호위) : 여우가 호랑이의 위세(威勢)를 빌려 호기(豪氣)를 부린다는 뜻으로, 남의 세력(勢力)을 빌어 위세(威勢)를 부림. 영 false 중 jiǎ 일 仮[カ·ケ](かり) 【난이도】중학용, 읽기 4급II, 쓰기 3급II

街街街街街街街街街街街

街街街街街

街路燈(가로등) **市街地**(시가지) **街路樹**(가로수) **中心街**(중심가) **住宅街**(주택가)

街談巷說(가담항설) : 거리나 사람들 사이에서 떠도는 소문.
유의어 : 街談巷語(가담항어), 街說巷談(가설항담), 뜬소문(−所聞).

영street 중jiē 일カイ(まち) 【난이도】읽기 4급Ⅱ, 쓰기 3급Ⅱ

街
거리 가
行部(다닐행)6획총12획

歌歌歌歌歌歌歌歌歌歌歌歌歌歌

歌歌歌歌歌

歌手(가수) **歌謠**(가요) **凱歌**(개가) **校歌**(교가) **國歌**(국가) **軍歌**(군가) **歌詞**(가사)

四面楚歌(사면초가) : 사방(四方)에서 들리는 초(楚)나라의 노래라는 뜻으로, 적에게 둘러싸인 상태나 누구의 도움도 받을 수 없는 고립 상태에 빠짐을 이르는 말.

영song 중gē 일カ(うた·うたう) 【난이도】읽기 4급Ⅱ, 쓰기 3급Ⅱ

歌
노래 가
欠部(하품흠)10획 총14획

價價價價價價價價價價價價價價價

價價價價價

株價(주가) **油價**(유가) **物價**(물가) **代價**(대가) **高價**(고가) **評價**(평가) **價値**(가치)

同價紅裳(동가홍상) : 같은 값이면 다홍치마라는 뜻으로, 값이 같거나 똑같은 노력을 들인다면 더 좋은 것을 가짐을 비유적으로 이르는 말.

價
값 가
亻部(사람인변)13획총15획

영value 중价[jià] 일価[カ](あたい) 【난이도】읽기 5급Ⅱ, 쓰기 4급Ⅱ

各各各各各各

各各各各各

各其(각기) **各國**(각국) **各層**(각층) **各種**(각종) **各各**(각각) **各界**(각계) **各級**(각급)

各自圖生(각자도생) : 제각기 살아 나갈 방도를 꾀함.
各樣各色(각양각색) : 서로 다른 각각의 여러 모양과 빛깔.

各
각각 각
口部(입구)3획 총6획

영each 중gè 일カク(おのおの) 【난이도】읽기 6급Ⅱ, 쓰기 5급Ⅱ

角角角角角角角

角角角角角

正四角形(정사각형) **多角的**(다각적) **多角形**(다각형) **角木**(각목) **四角形**(사각형)

角逐場(각축장) : 서로 이기려고 다투거나 경쟁을 하는 곳.
角字(각자) : 도안이나 무늬로 쓰이는 네모난 글자.

角
뿔 각
角部(뿔각)0획 총7획

영horn 중jiǎo 일カク(つの) 【난이도】읽기 6급Ⅱ, 쓰기 5급Ⅱ

脚 다리 각 月部(육달월)7획 총11획	月 脚 月 脚 月 脚 月 脚 月 脚 朏 脘 脘 脘 脚 脚 脚 脚 脚 脚 脚 脚註(각주) 脚色(각색) 脚光(각광) 脚線美(각선미) 行脚(행각) 脚絆(각반) 脚本家(각본가) : 연극이나 영화에서 무대의 모양, 배우의 말이나 동작 따위의 글을 쓰는 것을 직업으로 하는 사람. 영leg 중jiǎo 일キャク·キャ(あし) 【난이도】읽기 3급Ⅱ, 쓰기 2급
干 방패 간 干部(방패간)0획총3획	干 干 干 干 干 干 干 干 干證(간증) 干拓地(간척지) 干潟地(간석지) 如干(여간) 干拓事業(간척사업) 救國干城(구국간성) : 나라를 구하는 방패와 성. 干拓事業(간척사업) : 바다나 호수 주위에 둑을 쌓고 그 안의 물을 빼내어 육지나 경지로 만드는 일. 영shield 중gān 일カン(ほす) 【난이도】읽기 4급, 쓰기 3급
看 볼 간 目部(눈목)4획총9획	看 看 看 看 看 看 看 看 看 看 看 看 看 看 看護師(간호사) 看護(간호) 病看護(병간호) 看護員(간호원) 看病人(간병인) 看護將校(간호장교) : 위생과 간호 임무에 종사하는 장교. 看護大學(간호대학) : 간호학에 대한 이론과 기술을 가르치고 연구하는 단과대학. 영see 중kàn 일カン(みる) 【난이도】읽기 4급, 쓰기 3급
間 사이 간 門部(문문)4획총12획	間 間 間 間 間 間 間 間 間 間 間 間 間 間 間 間 間 人間(인간) 空間(공간) 中間(중간) 民間(민간) 年間(연간) 期間(기간) 間隔(간격) 何如間(하여간) : 앞 내용을 막론하고 뒤 내용을 말할 때 쓰여 앞뒤 문장을 이어 주는 말. 當分間(당분간) : 앞으로 얼마간의 시간에. 영gap 중间[jiàn] 일カン(あいだま) 【난이도】 읽기 7급Ⅱ, 쓰기 6급
渴 목마를 갈 氵部(삼수변)9획총12획	渴 渴 渴 渴 渴 渴 渴 渴 渴 渴 渴 渴 渴 渴 渴 渴 渴 枯渴(고갈) 渴急症(갈급증) 渴水期(갈수기) 渴愛(갈애) 渴熱(갈열) 燥渴症(조갈증) 渴不飮盜泉水(갈불음도천수) : 목이 말라도 도천의 물을 마시지는 않음. 아무리 어려운 상황에 처하여도 잘못된 길을 가서는 안 된다는 뜻. 영thirsty 중kě 일カツ(かわく) 【난이도】읽기 3급, 쓰기 2급

甘

달 감

甘部(달 감)0획 총5획

甘 十 廿 甘 甘

甘酒(감주) 甘味料(감미료) 甘味(감미) 甘言利說(감언이설) 甘菊(감국)

甘呑苦吐(감탄고토) : 달면 삼키고 쓰면 뱉는다는 뜻으로, 사리(事理)에 옳고 그름을 돌보지 않고, 자기(自己) 비위에 맞으면 취(取)하고 싫으면 버린다는 뜻.

영sweet 중gān 일カン(あまい) 【난이도】중학용, 읽기 4급, 쓰기 3급

敢

감히 감

攵部(등글월문) 8획 총12획

敢然(감연) 敢戰(감전) 敢鬪(감투) 果敢(과감) 不敢(불감) 勇敢(용감)

敢不生心(감불생심) : ① 힘이 부치어 감(敢)히 마음 먹지 못함. ② 조금도 마음에 두지 아니함. 勇敢無雙(용감무쌍) : 용감(勇敢)하기 짝이 없음.

영venture 중gǎn 일カン(あえて) 【난이도】중학용, 읽기 4급, 쓰기 3급

減

덜 감

氵部(삼수변)9획 총12획

削減(삭감) 激減(격감) 增減(증감) 加減(가감) 急減(급감) 低減(저감) 半減(반감)

不增不減(부증불감) : ① 늘지도 줄지도 않음. ② 모든 사물은 공이므로 늘어나는 일도 줄어드는 일도 없음. ③ 중생의 세계도 부처의 세계도 모두 무한하며, 성불하는 것이 있더라도 모두 늘지도 줄지도 않음.

영subtract 중減[jiǎn] 일フツ(はらう) 【난이도】중학용, 읽기 4급Ⅱ, 쓰기 3급Ⅱ

感

느낄 감

心部(마음심)9획 총13획

感氣(감기) 感動(감동) 感謝(감사) 感染(감염) 感情(감정) 敏感(민감)

隔世之感(격세지감) : 아주 바뀐 다른 세상(世上)이 된 것 같은 느낌 또는 딴 세대(世代)와 같이 많은 변화(變化)가 있었음을 비유(比喩·譬喩)하는 말.

영feel 중gǎn 일カン(かんずる) 【난이도】중학용, 읽기 6급, 쓰기 5급

甲

갑옷 갑

田部(밭전)0획 총5획

甲 冂 日 甲 甲

甲契(갑계) 甲子(갑자) 堅甲(견갑) 遁甲(둔갑) 鐵甲(철갑) 祝回甲(축회갑)

甲男乙女(갑남을녀) : 甲(갑)이라는 남자와 乙(을)이라는 여자라는 뜻으로, 신분이나 이름이 알려지지 아니한 그저 평범한 사람들을 이르는 말, 보통 평범한 사람들.

영armor 중jiǎ 일コウ(よろい) 【난이도】중학용, 읽기 4급, 쓰기 3급

江

큰 내 강

氵部(삼수변)3획 총6획

江江江江江江

江	江	江	江	江					

江邊(강변) 江韻(강운) 渡江(도강) 江邊道路(강변도로) 江湖(강호) 江商(강상)

江華島條約(강화도 조약) : 조선 시대, 1876년에 운양호 사건을 계기로 조선과 일본 사이에 체결된 수호 조약.

영river 중jiāng 일コウ(え) 【난이도】읽기 7급II, 쓰기 6급

降

내릴 강

阝(阜)部(좌부방)6획 총9획

降降降降降降降降降

降	降	降	降	降					

乘降場(승강장) 降臨(강림) 降下(강하) 霜降(상강) 降伏(항복) 降等(강등)

降臨節(강림절) : 그리스도의 탄생을 기념하기 위한 준비 기간으로, 크리스마스 전 4주간을 이르는 말. 誕降(탄강) : 임금이나 성인이 탄생함.

영fall, yield 중jiāng 일コウ(おりる) 【난이도】읽기 4급, 쓰기 3급

强

굳셀 강

弓部(활궁)9획 총12획

强强强强强强强强强强强强

强	强	强	强	强					

强勢(강세) 强調(강조) 强壓的(강압적) 强要(강요) 强點(강점) 强盜(강도)

弱肉强食(약육강식) : 약한 자는 강한 자에게 지배됨을 비유적으로 이르는 말.
强國(강국) : 정치나 경제, 군사 방면에서 국력이 뛰어나 국제 사회에서 우위를 차지한 나라.

영strong 중qiáng 일キョウ(しいる) 【난이도】읽기 특급II

講

강론할 강

言部(말씀언)10획총17획

講講講講講講講講講講講講講講

講	講	講	講	講					

特講(특강) 受講(수강) 休講(휴강) 新講(신강) 出講(출강) 缺講(결강) 講座(강좌)

再受講(재수강) : 주로 대학에서, 수강한 과목의 학점을 얻지 못하거나 학점이 좋지 않을 때에 그 강의를 다시 받음. 講堂(강당) : 강연이나 강의, 의식 등의 여러 행사를 치르는 건물이나 방.

영expound 중讲[jiǎng] 일コウ(ならう) 【난이도】중학용, 읽기 4급II, 쓰기 3급II

改

고칠 개

攵部(등글월문) 3획 총7획

改改改改改改改

改	改	改	改	改					

改閣(개각) 改名(개명) 改善(개선) 改修(개수) 改正(개정) 改造(개조) 改憲(개헌)

朝令暮改(조령모개) : 아침에 명령(命令)을 내리고 저녁에 다시 바꾼다는 뜻으로, 법령(法令)의 개정(改定)이 너무 빈번(頻繁)하여 믿을 수가 없음을 이르는 말.

영improve 중gǎi 일カイ(あらたまる・あらためる) 【난이도】중학용, 읽기 5급, 쓰기 4급

皆

다 개

白部(흰백)4획 총9획

皆皆皆皆皆皆皆皆皆

皆 皆 皆 皆 皆

皆勤(개근) 皆勤賞(개근상) 皆伐(개벌) 擧皆(거개) 皆清(개청) 皆兵(개병) 皆納(개납)

草木皆兵(초목개병) : 온 산의 풀과 나무까지도 모두 적병으로 보인다는 뜻으로, 적의 힘을 두려워한 나머지 하찮은 것에도 겁냄을 이르는 말.

영all 중jiē 일カイ(みな) 【난이도】중학용, 읽기 3급, 쓰기 2급

個

낱 개

亻部(사람인변)8획 총10획

個個個個個個個個個個

個 個 個 個 個

一個(일개) 個人意識(개인의식) 各個(각개) 個人性(개인성) 個人行動(개인행동)

個人情報(개인정보) : 이름, 주민 등록 번호, 직업, 주소, 전화번호 따위의, 개인에 대한 자료를 통틀어 이르는 말.

영piece 중个[gè] 일カ·コ(ひとつ) 【난이도】읽기 4급Ⅱ, 쓰기 3급Ⅱ

開

열 개

門部(문문)4획 총12획

開開開開開開開開開開開開

開 開 開 開 開

公開(공개) 展開(전개) 再開(재개) 非公開(비공개) 未公開(미공개) 未開(미개)

開放大學(개방대학) : 일정한 학교 교육을 마쳤거나 중단한 근로 청소년, 직장인, 시민들을 대상으로 하는 대학.

영open 중开[kāi] 일カイ(あく·あける·ひらく) 【난이도】중학용, 읽기 6급, 쓰기 5급

客

손 객

宀部(갓머리)6획 총9획

客客客客客客客客客

客 客 客 客 客

客觀的(객관적) 觀光客(관광객) 客室(객실) 客席(객석) 客觀性(객관성) 顧客(고객)

主酒客飯(주주객반) : 주인은 손님에게 술을 권하고, 손님은 주인에게 밥을 권하며 다정하게 식사를 함. 客地(객지) : 자기집을 떠나 임시로 머물러 있는 땅.

영guest 중kè 일キャク·カク(まろうど) 【난이도】중학용, 읽기 5급Ⅱ, 쓰기 4급Ⅱ

更

다시 갱

日部(가로왈)3획총7획

更更更更更更更

更 更 更 更 更

更改(갱개) 更考(갱고) 更生(갱생) 更新(갱신) 更迭(경질) 變更(변경) 更新(경신)

自力更生(자력갱생) : 남의 힘에 의지(依支)하지 않고 자기(自己)의 힘으로 어려움을 타파(打破)하여 더 나은 환경(環境)을 만드는 일.

영again 중gèng 일コウ(さら) 【난이도】중학용, 읽기 4급, 쓰기 3급

巨 巨 巨 巨 巨 巨

巨 巨 巨 巨 巨

클 거

巨家(거가) 巨大(거대) 巨木(거목) 巨物(거물) 巨視(거시) 巨額(거액) 巨富(거부)

名門巨族(명문거족) : 이름난 집안과 크게 번창(繁昌)한 겨레.
巨家大族(거가대족) : 대대(代代)로 번영(繁榮)한 문벌(門閥)이 있는 집안.

工部(장인공)2획 총5획

영great 중jù 일キョ(おおきい) 【난이도】중학용, 읽기 4급, 쓰기 3급

去 去 去 去 去

去 去 去 去 去

갈 거

去來(거래) 去就(거취) 過去事(과거사) 逝去(서거) 收去(수거) 撤去(철거)

去頭截尾(거두절미) : 머리와 꼬리를 잘라버린다는 뜻으로, ① 앞뒤의 잔사설을 빼놓고 요점(要點)만을 말함. ② 앞뒤를 생략(省略)하고 본론(本論)으로 들어감.

厶部(마늘모)3획총5획

영leave 중qù 일キョ·コ(さる) 【난이도】중학용, 읽기 5급, 쓰기 4급

車 車 車 車 車 車 車

車 車 車 車 車

수레 거

車馬(거마) 車輛(차량) 牽引車(견인차) 汽車(기차) 列車(열차) 拍車(박차)

前車覆轍(전거복철) : 앞 수레가 엎어진 바퀴 자국이란 뜻으로, ① 앞사람의 실패. 실패의 전례(前例). ② 앞사람의 실패를 거울삼아 주의하라는 교훈(敎訓).

車部(수레거)0획 총7획

영cart 중chē 일シャ(くるま) 【난이도】중학용, 읽기 7급II, 쓰기 6급

居 居 居 居 居 居 居 居

居 居 居 居 居

살 거

居家(거가) 居住(거주) 隱居(은거) 住居(주거) 蟄居(칩거) 居室(거실) 居處(거처)

居安思危(거안사위) : 평안(平安)할 때에도 위험(危險)과 곤란(困難)이 닥칠 것을 생각하며 잊지말고 미리 대비(對備)해야 함.

尸部(주검시엄)5획 총8획

영live 중jū 일キョ(いる·おる) 【난이도】중학용, 읽기 4급, 쓰기 3급

擧 擧 擧 擧 擧 擧 擧 擧 擧 擧 擧 擧 擧 擧 擧 擧 擧

擧 擧 擧 擧 擧

다른 사전에는 「擧」를 18획으로 계산하고 있으나, 필자는 「擧」를 17획으로 보고 있음.
이의 있으신 독자는 언제든 연락 바람. 010-2315-4739

들 거

擧論(거론) 科擧(과거) 大擧(대거) 選擧(선거) 薦擧(천거) 快擧(쾌거) 擧國(거국)

輕擧妄動(경거망동) : 가볍고 망령(妄靈)되게 행동(行動)한다는 뜻으로, 도리(道理)나 사정(事情)을 생각하지 아니하고 경솔(輕率)하게 행동(行動)함.

手部(손수)13획총17획

영lift 중jǔ 일キョ(あげる) 【난이도】중학용, 읽기 5급, 쓰기 4급

建

세울 건

廴_部(민책받침)6획 총9획

建建建建建建建建建

| 建 | 建 | 建 | 建 | 建 | | | | |

建國(건국) 建立(건립) 建物(건물) 建設(건설) 建議(건의) 建築(건축) 建造(건조)

德建名立(덕건명립) : 항상(恒常) 덕(德)을 가지고 세상일(世上一)을 행(行)하면 자연(自然)스럽게 이름도 서게 됨.

영build 중jiàn 일ケン·コン(たつ·たてる) 【난이도】중학용, 읽기 5급, 쓰기 4급

乾

하늘 건

乙部(새을)10획 총11획

乾乾乾古古乾直乾乾乾乾

| 乾 | 乾 | 乾 | 乾 | 乾 | | | | |

乾坤(건곤) 乾燥(건조) 乾綱(건강) 乾電池(건전지) 乾杯(건배) 乾板(건판)

乾坤坎離(건곤감리) : 『주역(周易)』의 기본 괘(卦)임. 우리나라의 국기인 태극기(太極旗)에 표현(表現)되어 하늘과 땅, 물과 불을 상징(象徵)하는 4개의 괘(卦).

영dry, heaven 중qián 일カン(かわかす·かわく) 【난이도】중학용, 읽기 3급II, 쓰기 2급

犬

개 견

犬部(개견) 0획 총4획

犬犬犬犬

| 犬 | 犬 | 犬 | 犬 | 犬 | | | | |

忠犬(충견) 犬馬(견마) 鷹犬(응견) 犬日(견일) 軍犬(군견) 猛犬(맹견) 愛犬(애견)

犬馬之勞(견마지로) : 「개나 말의 하찮은 힘」이라는 뜻으로, ① 임금이나 나라에 충성을 다하는 노력). ② 윗사람에게 바치는 자기의 노력을 낮추어 말할 때 쓰는 말.

영dog 중quǎn 일ケン(いぬ) 【난이도】중학용, 읽기 4급, 쓰기 3급

見

볼 견

見部(볼견)0획 총7획

見見見見見見見

| 見 | 見 | 見 | 見 | 見 | | | | |

見聞(견문) 見解(견해) 發見(발견) 意見(의견) 偏見(편견) 謁見(알현)見積(견적)

見金如石(견금여석) : 황금 보기를 돌같이 한다는 뜻에서, ① 지나친 욕심을 절제함. ② 대의를 위서 부귀영화(富貴榮華)를 돌보지 않는다는 의미(意味).

영see, watch 중jiàn 일ケン(みる) 【난이도】중학용, 읽기 5급II, 쓰기 4급II

堅

굳을 견

土部(흙토)8획 총11획

堅堅堅堅堅堅堅堅堅堅堅

| 堅 | 堅 | 堅 | 堅 | 堅 | | | | |

堅甲(견갑) 堅固(견고) 堅果(견과) 堅實(견실) 堅持(견지) 中堅(중견) 堅調(견조)

堅甲利兵(견갑이병) : 견고(堅固)한 갑옷(甲一)과 날카로운 병기(兵器)란 뜻으로, 강(强)한 군대(軍隊)를 이르는 말.

영hard, firm 중jiàn 일ケン(かたい) 【난이도】중학용, 읽기 4급, 쓰기 3급

決決決決決決決

決	決	決	決	決					

決定(결정) 解決(해결) 判決(판결) 決裂(결렬) 對決(대결) 決算(결산) 決心(결심)

決死報國(결사보국) : 죽을 각오(覺悟)를 하고 나라의 은혜(恩惠)에 보답함.
死生決斷(사생결단) : 죽고 사는 것을 가리지 않고 끝장을 내려고 덤벼듦.

결단할 결

氵部(삼수변)4획 총7획

영never, decide 중決[jué] 일ケツ(きまる) 【난이도】 중학용, 읽기 5급Ⅱ, 쓰기 4급Ⅱ

結結結結結結結結結結

結	結	結	結	結					

結果(결과) 結婚(결혼) 凍結(동결) 連結(연결) 締結(체결) 妥結(타결) 結論(결론)

結者解之(결자해지) : '일을 맺은 사람이 풀어야 한다'는 뜻으로, 일을 저지른 사람이 그 일을 해결(解決)해야 한다는 말.

맺을 결

糸部(실사)6획 총12획

영join·tie 중結[jié] 일ケツ(むすぶ·ゆわえる) 【난이도】 중학용, 읽기 5급Ⅱ, 쓰기 4급Ⅱ

潔潔潔潔潔潔潔潔潔潔潔潔潔潔潔

潔	潔	潔	潔	潔					

潔白(결백) 簡潔(간결) 高潔(고결) 不潔(불결) 純潔(순결) 淸潔(청결) 精潔(정결)

氷淸玉潔(빙청옥결) : 얼음 같이 맑고 옥같이 깨끗하다는 뜻으로, '청렴결백(淸廉潔白)한 절조(節操)나 덕행(德行)'을 나타내는 말.

깨끗할 결

氵部(삼수변)12획 총15획

영clean 중洁[jié] 일ケツ(いさぎよい) 【난이도】 중학용, 읽기 4급Ⅱ, 쓰기 3급Ⅱ

京京京京京京京京

京	京	京	京	京					

京畿(경기) 京釜(경부) 京城(경성) 京平(경평) 京鄕(경향) 南京(남경)

五日京兆(오일경조) : 닷새 동안의 경조윤(京兆尹)이라는 뜻으로, 오래 계속(繼續)되지 못한 관직(官職), 또는 그런 일.

서울 경

亠部(돼지해머리)6획 총8획

영capital 중jīng 일キョウ·ケイ 【난이도】 중학용, 읽기 6급, 쓰기 5급

庚庚庚庚庚庚庚庚

庚	庚	庚	庚	庚					

庚加米(경가미) 庚伏(경복) 庚辰(경진) 三庚(삼경) 長庚星(장경성) 庚時(경시)

庚戌國恥(경술국치) : 국권피탈(國權被奪)을 경술년에 당한 나라의 수치(羞恥)라는 뜻으로 일컫는 말. 庚加米(경가미) : 경신가정미(庚申加定米)의 준말.

일곱째 천간 경

广部(엄호)5획 총8획

영the 7th of the celestial stems 중gēng 일コウ(かのえ) 【난이도】 중학용, 읽기 3급, 쓰기 2급

耕

밭 갈 경

耒部(쟁기뢰) 4획 총10획

耕耕耕耕耕耕耕耕耕耕

農耕(농경) 耕作(경작) 耕業(경업) 耕夫(경부) 農耕地(농경지) 耕稼(경가)

耕地整理(경지정리) : 농사를 효율적으로 짓고 수확을 늘리기 위하여, 어지럽게 흩어진 논밭을 반듯하고 널찍하게 고치고, 농삿길, 물길 따위를 쓸모 있게 만드는 일.

영plough 중gēng 일コウ(たがやす) 【난이도】 중학용, 읽기 3급Ⅱ, 쓰기 2급

景

볕 경, 경치 경

日部(날일)8획 총12획

景景景景景景景景景景景景

景觀(경관) 景氣(경기) 景福宮(경복궁) 景致(경치) 佳景(가경) 雪景(설경)

關東八景(관동팔경) : 강원도 동해안에 있는 여덟 군데의 명승지. 간성 청간정, 강릉 경포대, 고성 삼일포, 삼척 죽서루, 양양 낙산사, 울진 망양정, 통천 총석정, 평해 월송정.

영sunlight 중jǐng 일ケイ【난이도】 중학용, 읽기 5급, 쓰기 4급

經

지날 경

糸部(실사)7획 총13획

經經經經經經經經經經經經經

經歷(경력) 經費(경비) 經營(경영) 經濟(경제) 經驗(경험) 神經(신경) 經緯(경위)

牛耳讀經(우이독경) : '쇠귀에 경 읽기'란 뜻으로, 우둔(愚鈍)한 사람은 아무리 가르치고 일러주어도 알아듣지 못함을 비유(比喩·譬喩)하여 이르는 말.

영warp threads 중经[jīng] 일経[ケイ](へる)【난이도】 중학용, 읽기 4급Ⅱ, 쓰기 3급Ⅱ

敬

공경 경

攵部(등글월문)9획 총13획

敬敬敬敬敬苟苟苟敬敬敬敬敬

敬禮(경례) 敬老(경로) 敬慕(경모) 敬意(경의) 敬聽(경청) 敬稱(경칭) 敬虔(경건)

敬而遠之(경이원지) : ① 공경(恭敬)하되 가까이하지는 아니함.
② 겉으로는 공경(恭敬)하는 체하면서 속으로는 꺼리어 멀리함.

영respect 중敬[jìng] 일敬[ケイ](うやまう)【난이도】 중학용, 읽기 5급Ⅱ, 쓰기 4급Ⅱ

輕

가벼울 경

車部(수레거)7획총14획

輕輕輕輕車車車輕輕輕輕輕輕輕

輕減(경감) 輕微(경미) 輕薄(경박) 輕視(경시) 輕率(경솔) 輕重(경중) 輕油(경유)

輕擧妄動(경거망동) : 가볍고 망령(妄靈)되게 행동(行動)한다는 뜻으로, 도리(道理)나 사정(事情)을 생각하지 아니하고 경솔(輕率)하게 행동(行動)함.

영light 중轻[qīng] 일軽[ケイ](かるい)【난이도】 중학용, 읽기 5급, 쓰기 4급

慶 慶 慶 慶 慶 慶 慶 慶 慶 慶 慶 慶 慶 慶 慶

慶
경사 경
心部(마음심)11획 총15획

慶南(경남) 慶北(경북) 慶事(경사) 慶祝(경축) 慶會樓(경회루) 國慶(국경)

建陽多慶(건양다경) : 입춘(立春)을 맞이하여 길운(吉運)을 기원(祈願)하는 글.
弄瓦之慶(농와지경) : 질그릇을 갖고 노는 경사(慶事)란 뜻으로, 딸을 낳은 기쁨.
영happy event 중庆[qìng] 일ケイ(よろこび) 【난이도】 중학용, 읽기 4급Ⅱ, 쓰기 3급Ⅱ

競 競 競 競 競 競 競 競 競 競 競 競 競 競 競 競 競 競 競 競

競
다툴 경
立部(설립)15획총20획

競技(경기) 競馬(경마) 競賣(경매) 競爭率(경쟁률) 競爭(경쟁) 競走(경주)

南風不競(남풍불경) : 중국 남쪽의 음악(音樂)(☞南風)은 음조(音調)가 미약(微弱)하고 활기가 없다는 뜻으로, 대체로 세력이 크게 떨치지 못함을 이르는 말.
영quarrel 중竞[jìng] 일キョウ(きそう·せる) 【난이도】 중학용, 읽기 5급, 쓰기 4급

驚 驚

驚
놀랄 경
馬部(말마)13획 총23획

驚愕(경악) 驚異(경이) 驚蟄(경칩) 驚歎(경탄) 大驚(대경) 勿驚(물경) 驚氣(경기)

驚天動地(경천동지) : 하늘을 놀라게 하고 땅을 움직이게 한다는 뜻으로, 몹시 세상(世上)을 놀라게 함을 이르는 말.
영surprise 중惊[jīng] 일キョウ(おどろかす) 【난이도】 중학용, 읽기 4급, 쓰기 3급

季 季 季 季 季 季 季 季

季
끝 계
子部(아들자)5획 총8획

季節(계절) 季刊(계간) 昆季(곤계) 季節的(계절적) 季秋(계추) 季氏(계씨)

季布一諾(계포일낙) :「계포가 한 번 한 약속」이라는 뜻으로, 초(楚)나라의 계포는 한 번 승낙한 일이면 꼭 실행하는 약속을 잘 지키는 사람이었음에서 비롯하여, 틀림없이 승낙(承諾)함을 이르는 말.
영season 중jì 일キ(すえ) 【난이도】 중학용, 읽기 4급, 쓰기 3급

計 計 計 計 計 計 計 計 計

計
헤아릴 계
言部(말씀언)2획 총9획

計劃(계획) 計算(계산) 統計廳(통계청) 統計(통계) 粉飾會計(분식회계) 計座(계좌)

姑息之計(고식지계) : ① 근본 해결책(解決策)이 아닌 임시로 편한 것을 취(取)하는 계책(計策) ② 당장의 편안(便安)함만을 꾀하는 일시적인 방편(方便).
영count 중計[jì] 일ケイ(はからう·はかる) 【난이도】 중학용, 읽기 6급Ⅱ, 쓰기 5급Ⅱ

癸 북방 계, 천간 계

癸癸癸癸癸癸癸癸癸

| 癸 | 癸 | 癸 | 癸 | 癸 | | | | | |

癸未(계미) 癸丑士禍(계축사화) 癸坐丁向(계좌정향) 癸丑禍獄(계축화옥)

癸丑日記(계축일기) : 조선 광해군 4년에 광해군이 어린 아우 영창 대군을 죽일 때 대군의 어머니 인목대비의 원통한 정경을 어떤 궁녀가 기록한 글.

〆部(필발머리)4획 총 9획 | 영 north 중 guǐ 일 キ(はかる·みずのと) 【난이도】 중학용, 읽기 3급, 쓰기 2급

界 지경 계

界界界界界界界界界

| 界 | 界 | 界 | 界 | 界 | | | | | |

他界(타계) 別世界(별세계) 蓮花世界(연화세계) 仙界(선계) 別天界(별천계)

蓮花世界(연화세계) : 아미타불(阿彌陀佛)의 극락정토(極樂淨土)가 있는 세계. 지극히 안락(安樂)하고 아무 걱정이 없다고 하는 곳. 仙界(선계) : 신선(神仙)의 세계(世界)

田部(밭전)4획 총 9획 | 영 boundary 중 jiè 일 カイ(さかい) 【난이도】 중학용, 읽기 6급II, 쓰기 5급II

溪 시내 계

溪溪溪溪溪溪溪溪溪溪溪溪溪

| 溪 | 溪 | 溪 | 溪 | 溪 | | | | | |

溪谷(계곡) 溪流(계류) 曹溪宗(조계종) 清溪川(청계천) 退溪路(퇴계로)

溪壑之慾(계학지욕) : 시냇물이 흐르는 산골짜기의 욕심이라는 뜻으로, 물릴 줄 모르는 한없는 욕심(慾心)을 비유적(比喻的)으로 이르는 말.

氵部(삼수변)10획총 13획 | 영 stream 중 溪[xī] 일 溪[ケイ](たに) 【난이도】 중학용, 읽기 3급II, 쓰기 2급

鷄 닭 계

鷄鷄鷄鷄鷄鷄鷄鷄鷄鷄鷄鷄鷄鷄鷄鷄鷄鷄鷄鷄鷄

| 鷄 | 鷄 | 鷄 | 鷄 | 鷄 | | | | | |

鷄姦(계간) 鷄群鶴(계군학) 鷄卵(계란) 鷄龍(계룡) 鷄鳴(계명) 養鷄(양계)

群鷄一鶴(군계일학) : 무리지어 있는 닭 가운데 있는 한 마리의 학이라는 뜻으로, 여러 평범(平凡)한 사람들 가운데 있는 뛰어난 한 사람을 이르는 말.

鳥部(새조)10획 총 21획 | 영 cock 중 鸡[jī] 일 鷄[ケイ](にわとり) 【난이도】 중학용, 읽기 4급, 쓰기 3급

古 예 고

古古古古古

| 古 | 古 | 古 | 古 | 古 | | | | | |

古代(고대) 古物(고물) 古字(고자) 古迹(고적) 古典(고전) 蒙古(몽고) 古今(고금)

古稀(고희) : 70세를 일컬음. 일흔 살까지 산다는 것은 옛날에는 드문 일이라는 뜻. 인생칠십고래희(人生七十古來稀)에서 유래한 말.

口部(입구) 2획총 5획 | 영 old 중 gǔ 일 コ(ふるい) 【난이도】 중학용, 읽기 6급, 쓰기 5급

考考考考考考
| 考 | 考 | 考 | 考 | 考 | | | | |

考
상고할 고

先考丈(선고장) 祖考(조고) 先考(선고) 王考(왕고) 深思熟考(심사숙고)

深思熟考(심사숙고) : ① 깊이 생각하고 깊이 고찰(考察)함. ②신중(愼重)을 기하여 곰곰이 생각함.

耂部(늙을노)2획 총 6획　영think 중kǎo 일コウ(かんがえる)【난이도】중학용, 읽기 5급, 쓰기 4급

告告告告告告告
| 告 | 告 | 告 | 告 | 告 | | | | |

告
고할 고

警告(경고) 廣告(광고) 申告(신고) 報告(보고) 豫告(예고) 報告書(보고서)

出必告反必面(출필고반필면) : 「나갈 때는 부모님께 반드시 출처를 알리고 돌아오면 반드시 얼굴을 뵈어 안전함을 알려 드린다」라는 뜻으로, 밖에 나갔다오거나 들어올 때 부모님께 반드시 알려야함을 이르는 말.

口部(입구) 4획총7획　영tell 중gào 일コク(つげる)【난이도】중학용, 읽기 5급II, 쓰기 4급II

固固固固固固固固
| 固 | 固 | 固 | 固 | 固 | | | | |

固
굳을 고

固執(고집) 確固(확고) 堅固(견고) 鞏固(공고) 固有(고유) 固定(고정) 固守(고수)

固定觀念(고정관념) : 어떤 사람의 마음속에 잠재하여, 항상 머리에서 떠나지 않고, 외계의 동향이나 상황의 변화에 의해서도 변혁되기가 어려운 생각.

囗部(큰입구)5획 총 8획　영hard·firm 중gù 일コ(かたい·かたまる)【난이도】중학용, 읽기 5급, 쓰기 4급

故故故故故故故故故
| 故 | 故 | 故 | 故 | 故 | | | | |

故
연고 고

故意(고의) 故人(고인) 故障(고장) 故鄕(고향) 事故(사고) 緣故(연고) 故國(고국)

竹馬故友(죽마고우) : 대나무 말을 타고 놀던 옛 친구(親舊)라는 뜻으로, 어릴 때부터 가까이 지내며 자란 친구(親舊)를 이르는 말.

攵部(등글월문)5획 총 9획　영ancient 중gù 일コ(ゆえ)　【난이도】중학용, 읽기 4급II, 쓰기 3급II

苦苦苦苦苦苦苦苦苦
| 苦 | 苦 | 苦 | 苦 | 苦 | | | | |

苦
쓸 고

苦悶(고민) 苦痛(고통) 苦衷(고충) 苦惱(고뇌) 苦杯(고배) 苦心(고심) 苦樂(고락)

苦盡甘來(고진감래) : 「쓴 것이 다하면 단 것이 온다」라는 뜻으로, 고생(苦生) 끝에 낙이 온다라는 말.

艹部(초두)5획 총 9획　영bitter 중苦[kǔ] 일ク(くるしい·くるしむ)【난이도】중학용, 읽기 6급II, 쓰기 5급II

高	高高高高高高高高高高
	高 高 高 高 高
높을 고	高句麗(고구려) 高齡化(고령화) 高位(고위) 提高(제고) 最高(최고) 高價(고가)
	天高馬肥(천고마비) : 하늘은 높고 말은 살찐다는 뜻으로, 하늘이 맑고 모든 것이 풍성함을 이르는 말. 高樓巨閣(고루거각) : 높고 큰 누각(樓閣).
高部(높을고)0획총10획	영high 중gāo 일コウ(たか·たかい) 【난이도】중학용, 읽기 6급II, 쓰기 5급II

曲	曲曲曲曲曲曲
	曲 曲 曲 曲 曲
굽을 곡	曲線(곡선) 懇曲(간곡) 屈曲(굴곡) 婉曲(완곡) 歪曲(왜곡) 戲曲(희곡) 曲面(곡면)
	九曲肝腸(구곡간장) : 아홉 번 구부러진 간과 창자라는 뜻으로, 굽이 굽이 사무친 마음속 또는 깊은 마음속. 迂餘曲折(우여곡절) : 이리저리 굽음.
日部(가로왈)2획총6획	영bent 중qū 일キョク(まがる·まげる) 【난이도】중학용, 읽기 5급, 쓰기 4급

谷	谷谷谷谷谷谷谷
	谷 谷 谷 谷 谷
골 곡	谷王(곡왕) 谷風(곡풍) 溪谷(계곡) 幽谷(유곡) 栗谷(율곡) 峽谷(협곡) 乾谷(건곡)
	進退維谷(진퇴유곡) : 앞으로도 뒤로도 나아가거나 물러서지 못하다라는 뜻으로, 궁지(窮地)에 빠진 상태(狀態).
谷部(골곡)0획 총7획	영valley 중gǔ 일コク(たに) 【난이도】중학용, 읽기 3급II, 쓰기 2급

穀	穀穀穀穀穀穀穀穀穀穀穀穀穀穀穀
	穀 穀 穀 穀 穀
곡식 곡	穀頭生角(곡두생각) 穀腹絲身(곡복사신) 一年之計莫如樹穀(일년지계막여수곡)
	五穀不升(오곡불승) : 오곡이 익지 않았다고 하여 '흉년(凶年)이 듦'의 비유. 一粒之穀必分而食(일립지곡필분이식) : 한 낟의 곡식이라도 반드시 나누어서 먹어야 함.
禾部(벼화)10획총15획	영corn·grain 중穀[gǔ] 일コク(たなつもの) 【난이도】중학용, 읽기 4급, 쓰기 3급

困	困困困困困困困
	困 困 困 困 困
곤할 곤	困却(곤각) 困境(곤경) 困窮(곤궁) 困難(곤란) 貧困(빈곤) 疲困(피곤) 困惑(곤혹)
	困獸猶鬪(곤수유투) : 위급한 경우에는 짐승일지라도 적을 향해 싸우려 덤빈다는 뜻으로, 곧 궁지에 빠지면 약한 자가 도리어 강한 자를 해칠 수 있다는 뜻.
口部(큰입구)4획총7획	영distress 중kùn 일コン(こまる) 【난이도】중학용, 읽기 4급, 쓰기 3급

坤	坤坤坤坤 坤坤坤坤
	坤 坤 坤 坤 坤
	乾坤(건곤) 坤宮(곤궁) 乾坤歌(건곤가) 坤命(곤명) 乾坤坎離(건곤감리)
땅 곤	乾坤一擲(건곤일척):「하늘이냐 땅이냐를 한 번 던져서 결정한다」는 뜻으로, 운명과 흥망(興亡)을 걸고 단판으로 승부(勝負)나 성패를 겨룸.
土部(흙토)5획 총8획	영divination sign 중kūn 일コン(つち)【난이도】중학용, 읽기 3급, 쓰기 2급

骨	骨骨骨骨骨骨骨骨骨骨
	骨 骨 骨 骨 骨
	骨子(골자) 露骨的(노골적) 膝蓋骨(슬개골) 皆骨山(개골산) 遺骨(유골) 骨格(골격)
뼈 골	換骨奪胎(환골탈태) : 환골은 옛사람의 시문(詩文)을 본떠서 어구를 만드는 것, 탈태는 고시(古詩)의 뜻을 본떠서 원시(原詩)와 다소 뜻을 다르게 짓는 것을 말함.
骨部(뼈골)0획 총10획	영bone 중gǔ 일コツ(ほね)【난이도】중학용, 읽기 4급, 쓰기 3급

工	工工工
	工 工 工 工 工
	工夫(공부) 工事(공사) 工業(공업) 工場(공장) 加工(가공) 竣工(준공) 人工(인공)
장인 공	同工異曲(동공이곡) : 같은 악공(樂工)끼리라도 곡조를 달리한다는 뜻으로, 동등한 재주의 작가라도 문체(文體)에 따라 특이(特異)한 광채(光彩)를 냄을 이르는 말.
工部(장인공)0획 총3획	영artisan 중gōng 일ク·コウ(たくみ)【난이도】중학용, 읽기 7급II, 쓰기 6급

公	公公公公
	公 公 公 公 公
	公開(공개) 公共(공공) 公式(공식) 公約(공약) 公薦(공천) 公布(공포) 公平(공평)
공변될 공	愚公移山(우공이산) : 우공이 산을 옮긴다는 말로, 남이 보기엔 어리석은 일처럼 보이지만 한 가지 일을 끝까지 밀고 나가면 언젠가는 목적을 달성할 수 있다는 뜻.
八部(여덟팔)2획 총4획	영public 중gōng 일コウ(おおやけ)【난이도】중학용, 읽기 6급II, 쓰기 5급II

功	功功功功功
	功 功 功 功 功
	功過(공과) 功勞(공로) 功臣(공신) 功績(공적) 農功(농공) 成功(성공) 功名(공명)
공 공	螢雪之功(형설지공) : 반딧불과 눈빛으로 이룬 공이라는 뜻으로, 가난을 이겨내며 반딧불과 눈(雪)빛으로 글을 읽어가며 고생 속에서 공부하여 이룬 공을 일컫는 말.
力部(힘 력)3획 총5획	영merits 중gōng 일コウ(いさお)【난이도】중학용, 읽기 6급II, 쓰기 5급II쓰기

共

共 共 共 共 共 共

共	共	共	共	共						

함께 공

共同(공동) 公共(공공) 共助(공조) 共通(공통) 共有(공유) 共感(공감)

天人共怒(천인공노) : 하늘과 사람이 함께 분노한다는 뜻으로, ① 누구나 분노할 만큼 증오(憎惡)스러움. ② 또는, 도저히 용납(容納)될 수 없음의 비유(比喩·譬喩).

八部(여덟팔)4획 총6획　영together 중gòng 일キョウ(とも) 【난이도】 중학용, 읽기 6급Ⅱ, 쓰기 5급Ⅱ

空

空 空 空 空 空 空 空 空

空	空	空	空	空						

빌 공

空家(공가) 空間(공간) 空氣(공기) 空轉(공전) 空中(공중) 空港(공항) 空想(공상)

卓上空論(탁상공론) : 탁자(卓子) 위에서만 펼치는 헛된 논설(論說)이란 뜻으로, 실현성(實現性)이 없는 허황(虛荒)된 이론(理論)을 일컬음.

穴部(구멍혈)3획총8획　영empty 중kōng 일クウ(そら) 【난이도】 중학용, 읽기 7급Ⅱ, 쓰기 6급

果

果 果 果 果 果 果 果 果

果	果	果	果							

열매 과

果敢(과감) 果實(과실) 果然(과연) 結果(결과) 成果(성과) 效果(효과) 因果(인과)

因果應報(인과응보) : 원인과 결과는 서로 물고 물린다는 뜻으로, 과거 또는 전생의 선악의 인연에 따라서 뒷날 길흉 화복(禍福)의 갚음을 받게 됨을 이르는 말.

木部(나무목)4획 총8획　영fruit 중guǒ 일力(はて)【난이도】 중학용, 읽기 6급Ⅱ, 쓰기 5급Ⅱ

科

科 科 科 科 科 科 科 科 科

科	科	科	科	科						

과목 과

敎科書(교과서) 科學(과학) 科目(과목) 科擧(과거) 科學的(과학적) 敎科(교과)

金科玉條(금과옥조) : 「금옥(金玉)과 같은 법률(法律)」이라는 뜻으로, 소중(所重)히 여기고 지켜야 할 규칙(規則)이나 교훈(敎訓).

禾部(벼화) 4획 총9획　영subject, course 중kē 일力(しな)【난이도】 중학용, 읽기 4급, 쓰기 3급

過

過 過 過 過 過 過 過 過 過 過 過 過 過

過	過	過	過	過						

지날 과

過去(과거) 過誤(과오) 過剩(과잉) 過程(과정) 不過(불과) 謝過(사과) 超過(초과)

過猶不及(과유불급) : 모든 사물(事物)이 정도(程度)를 지나치면 미치지 못한 것과 같다는 뜻으로, 중용(中庸)이 중요(重要)함을 가리키는 말.

辶部(책받침)9획총13획　영pass 중过[guo] 일過[カ](すぎる·すこす) 【난이도】 중학용, 읽기 5급Ⅱ, 쓰기 4급Ⅱ

課	課課課課課課課課課課課課課課課									
	課	課	課	課	課					

課題(과제) 賦課(부과) 課程(과정) 課稅(과세) 課長(과장) 課外(과외) 放課(방과)

句課(순과) : 조선(朝鮮) 시대(時代)에, 열흘마다 성균관(에게 글제(-題)를 내어 주고 제술(製述)을 시키던 일.

과정 과

言部(말씀언)8획총15획 　영mposition 　중課[kè] 　일カ【난이도】중학용, 읽기 5급II, 쓰기 4급II

官	官官官官官官官官									
	官	官	官	官	官					

官僚(관료) 官吏(관리) 官廳(관청) 秘書官(비서관) 長官(장관) 宦官(환관)

牧民之官(목민지관) : 백성(百姓)을 기르는 벼슬아치라는 뜻으로, 원이나 수령(守令) 등(等) 외직 문관(文官)을 통칭(通稱)하는 말.

벼슬 관

宀部(갓머리)5획총8획 　영official rank 　중guān 　일カン(つかさ) 【난이도】중학용, 읽기 4급II, 쓰기 3급II

關	關關關關關關關關關關關關關關關關關關關									
	關	關	關	關	關					

關聯(관련) 關係(관계) 機關(기관) 關係者(관계자) 關心(관심) 無關(무관)

吾不關焉(오불관언) : ① 나는 그 일에 상관하지 아니함. ② 또는 그런 태도(態度).
運數所關(운수소관) : 모든 일이 운수의 탓이라 하여 사람의 힘으로는 어찌할 수 없다는 말.

빗장 관

門部(문문)11획총19획 　영bolt, connect 　중关[guān] 　일カン(せき)【난이도】중학용, 읽기 7급II, 쓰기 6급

觀	觀觀觀觀觀觀觀觀觀觀觀觀觀觀觀觀觀觀觀觀觀觀觀觀									
	觀	觀	觀	觀	觀					

觀光(관광) 觀點(관점) 觀察(관찰) 觀測(관측) 傍觀(방관) 主觀(주관) 樂觀(낙관)

明若觀火(명약관화) : 불을 보는 것 같이 밝게 보인다는 뜻으로, 더 말할 나위 없이 명백(明白)함. 觀過知仁(관과지인) : 인(仁)과 불인(不仁)은 곧 알 수 있다는 말.

볼 관

見部(볼견)18획총25획 　영see 　중观[guàn] 　일コウ(おおやけ) 【난이도】중학용, 읽기 6급II, 쓰기 5급II

光	光光光光光光									
	光	光	光	光	光					

觀光(관광) 榮光(영광) 月光(월광) 光州(광주) 光景(광경) 光彩(광채) 光線(광선)

眼光紙背(안광지배) : 눈빛이 종이의 뒤까지 꿰뚫어본다는 뜻으로, 독서(讀書)의 이해력(理解力)이 날카롭고 깊음을 이르는 말.

빛 광

儿部(어진사람인발)4획총6획 　영light 　중guāng 　일コウ(ひかり·ひかる)【난이도】중학용, 읽기 6급II, 쓰기 5급II

廣廣廣廣廣廣廣廣廣庿庿庿廣廣

| 廣 | 廣 | 廣 | 廣 | 廣 | | | | |

廣告(광고) 廣大(광대) 廣範圍(광범위) 廣域(광역) 廣場(광장) 廣州(광주)

高臺廣室(고대광실) : 높은 누대(樓臺)와 넓은 집이라는 뜻으로, 크고도 좋은 집을 이르는 말. 廣大無邊(광대무변) : 너르고 커서 끝이 없음.

영broad 중广[gua ng] 일広[コウ](ひろい) 【난이도】 중학용, 읽기 5급II, 쓰기 4급II

넓을 광

广部(엄호)12획총15획

交交交交交交

| 交 | 交 | 交 | 交 | 交 | | | | |

交流(교류) 交涉(교섭) 交替(교체) 交通(교통) 交換(교환) 外交(외교) 交易(교역)

管鮑之交(관포지교) : 옛날 중국의 관중(管仲)과 포숙아(鮑叔牙)처럼 친구(親舊) 사이가 다정함을 이르는 말로, 친구 사이의 매우 다정하고 허물없는 교제(交際).

영associate 중jiāo 일コウ(まじわる) 【난이도】 중학용, 읽기 6급, 쓰기 5급

사귈 교

亠部(돼지해머리)4획총6획

校校校校校校校校校校

| 校 | 校 | 校 | 校 | 校 | | | | |

學校(학교) 高校(고교) 登校(등교) 初等學校(초등학교) 將校(장교) 校歌(교가)

私立學校(사립학교) : 사인(私人) 또는 사법인(私法人)이 설립, 경영하는 학교.
休校(휴교) : ① 학교가 수업을 한동안 쉼. ② 또는 그런 일. 開校(개교).

영school 중jiào 일コウ(くらべる) 【난이도】 중학용, 읽기 6급II, 쓰기 5급II

학교 교

木部(나무목)6획 총10획

敎敎敎敎敎敎敎敎敎敎敎

| 敎 | 敎 | 敎 | 敎 | 敎 | | | | |

宗敎(종교) 基督敎(기독교) 宣敎(선교) 佛敎(불교) 儒敎(유교) 布敎(포교)

孟母三遷之敎(맹모삼천지교) : 맹자의 어머니가 맹자의 교육을 위해 세 번이나 이사를 한 가르침이라는 뜻으로, 교육에는 주위 환경이 중요하다는 가르침을 이르는 말.

영educate 중教[jiào] 일教[キョウ](おしえる) 【난이도】 중학용, 읽기 4급, 쓰기 3급

가르칠 교

攵部(등글월문)7획총11획

橋橋橋橋橋橋橋橋橋橋橋橋橋橋橋橋

| 橋 | 橋 | 橋 | 橋 | 橋 | | | | |

橋梁(교량) 板橋(판교) 連陸橋(연륙교) 架橋(가교) 橋架(교가) 橋頭堡(교두보)

銀河鵲橋(은하작교) : 견우 직녀(牽牛織女)의 전설에 있는 7월 칠석(七夕)에 은하수(銀河水)에 놓는다는 까막까치의 다리. 橋脚(교각) : 다리의 몸체를 받치는 기둥.

【영어】 bridge 【부수】 桥[qiáo] 일 キョウ(はし) 【난이도】 중학용, 읽기 5급, 쓰기 4급

다리 교

木部(나무목)12획총16획

九	九九
	九 九 九 九 九
아홉 구	九萬里(구만리) 九十(구십) 九原(구원) 九有(구유) 九重(구중) 九天(구천)
	九牛一毛(구우일모) : 아홉 마리 소에 털 한가닥이 빠진 정도라는 뜻으로, ① 아주 큰 물건 속에 있는 아주 작은 물건. ② 여러 마리의 소의 털 중에서 한 가닥의 털.
乙部(새을)1획 총2획	영nine 중iǔ 일キュウ(ここの・ここのつ) 【난이도】 중학용, 읽기 8급, 쓰기 6급Ⅱ

口	口口口
	口 口 口 口 口
입 구	口味(구미) 口號(구호) 家口(가구) 人口(인구) 窓口(창구) 緘口(함구) 口實(구실)
	口蜜腹劍(구밀복검) : 입으로는 달콤함을 말하나 뱃속에는 칼을 감추고 있다는 뜻으로, 겉으로는 친절(親切)하나 마음속은 음흉(陰凶)한 생각을 품고 있는 것.
口部(입구)0획 총3획	영mouth 중kǒu 일コウ(くち) 【난이도】 중학용, 읽기 7급, 쓰기 6급

久	久久久
	久 久 久 久 久
오랠 구	永久(영구) 持久力(지구력) 悠久(유구) 恒久的(항구적) 永久的(영구적)
	日久月深(일구월심) : 날이 오래고 달이 깊어 간다는 뜻으로, 무언가 바라는 마음이 세월이 갈수록 더해짐을 이르는 말.
ノ部(삐침별)2획총3획	영long time 중jiǔ 일キュウ(ひさしい) 【난이도】 중학용, 읽기 3급Ⅱ, 쓰기 2급

句	句句句句句
	句 句 句 句 句
글귀 구	高句麗(고구려) 佳句(가구) 句節(구절) 句讀(구두) 詩句(시구) 文句(문구)
	美辭麗句(미사여구) : 아름다운 말과 글귀라는 뜻으로, ① 아름다운 문장(文章). ② 아름다운 말로 꾸민 듣기 좋은 글귀.
口部(입구)2획 총5획	영phrase 중jù 일ク 【난이도】 중학용, 읽기 4급Ⅱ, 쓰기 3급Ⅱ

究	究究究究究究究
	究 究 究 究 究
연구할 구	研究(연구) 講究(강구) 研究員(연구원) 探究(탐구) 研究所(연구소) 研究者(연구자)
	究竟不淨(구경부정) : 사람이 죽으면 그 육신은 땅에 묻히어 흙이 되고, 벌레가 먹으면 똥이 되는 등 신체의 종말(終末)이 깨끗하지가 못하다는 말.
穴部(구멍혈)2획 총 7획	【영어】study 【부수】iǔ 일キュウ(きわめる) 【난이도】 중학용, 읽기 4급Ⅱ, 쓰기 3급Ⅱ

求 求 求 求 求 求 求

求 求 求 求 求

구할 구

求職(구직) 要求(요구) 慾求(욕구) 請求(청구) 促求(촉구) 追求(추구) 求職(구직)

緣木求魚(연목구어) : 나무에 인연(因緣)하여 물고기를 구(求)한다라는 뜻으로, 목적이나 수단(手段)이 일치(一致)하지 않아 성공이 불가능(不可能)함을 이르는 말.

水部(아래물수)2획총7획 　 영obtain, get 　 중qiú 　 일キュウ(もとめる) 　 【난이도】중학용, 읽기 4급II, 쓰기 3급II

救 救 救 救 救 救 救 救 救 救 救

救 救 救 救 救

구원할 구

救濟(구제) 救濟金融(구제금융) 救濟命令(구제명령) 自力救濟(자력구제)

行政救濟(행정구제) : 위법이나 옳지 않은 행정 작용을 시정하고, 행정 작용으로 말미암아 입는 국민(國民)의 재산에서의 손해(損害)를 보상(補償)하는 일.

攵部(등글월문)7획총11획 　 영relieve 　 중jiù 　 일キュウ(すくう) 　 【난이도】중학용, 읽기 5급, 쓰기 4급

舊 舊 舊 舊 舊 舊 舊 舊 舊 舊 舊 舊 舊 舊 舊 舊 舊 舊

舊 舊 舊 舊 舊

예 구

舊家(구가) 舊正(구정) 舊態(구태) 復舊(복구) 守舊(수구) 親舊(친구) 舊官(구관)

送舊迎新(송구영신) : 묵은해를 보내고 새해를 맞는다는 뜻으로, ① 묵은해를 보내고, 새해를 맞이함. ② 구관(舊官)을 보내고, 신관(新官)을 맞이함.

臼部(절구구)12획총18획 　 영old 　 중旧[jiù] 　 일旧[キュウ](ふるい) 　 【난이도】중학용, 읽기 5급II, 쓰기 4급II

國 國 國 國 國 同 回 國 國 國 國

國 國 國 國 國

나라 국

國家(국가) 國民(국민) 國際(국제) 國會(국회) 美國(미국) 中國(중국) 韓國(한국)

救國干城(구국간성) : 나라를 구하는 방패와 성이란 뜻으로, 나라를 구(救)하여 지키는 믿음직한 군인(軍人)이나 인물(人物)을 의미함.

囗部(큰입구몸)8획총11획 　 영country 　 중国[guó] 　 일国[コク](くに) 　 【난이도】중학용, 읽기 8급, 쓰기 6급II

君 君 君 君 君 君 君

君 君 君 君 君

임금 군

君臣(군신) 君王(군왕) 君子(군자) 君主(군주) 檀君(단군) 聖君(성군) 夫君(부군)

君子三樂(군자삼락) : 군자의 세 가지 즐거움이라는 뜻으로, 첫째는 부모가 다 살아 계시고 형제가 무고한 것, 둘째는 하늘과 사람에게 부끄러워할 것이 없는 것, 셋째는 천하의 영재를 얻어 교육하는 것.

口部(입구)4획 총7획 　 영king 　 중jūn 　 일クン(きみ) 　 【난이도】중학용, 읽기 4급, 쓰기 3급

軍	軍軍軍軍軍軍軍軍軍
	軍 軍 軍 軍 軍
군사 군	軍隊(군대) 軍事(군사) 軍人(군인) 國軍(국군) 美軍(미군) 將軍(장군) 海軍(해군)
	獨不將軍(독불장군) : 혼자서는 장군을 못한다는 뜻으로, 남의 의견(意見)을 무시하고 혼자 모든 일을 처리하는 사람의 비유(比喩·譬喩). 급해야 서둘러서 일을 함.
車部(수레거)2획총9획	영military·district 중军[jūn] 일グン(いくさ) 【난이도】중학용, 읽기 8급, 쓰기 6급Ⅱ

郡	郡郡郡郡郡郡郡郡郡郡
	郡 郡 郡 郡 郡
고을 군	郡民(군민) 郡守(군수) 郡廳(군청) 各郡(각군) 漢四郡(한사군) 郡内(군내)
	百郡秦幷(백군진병) : 진시황(秦始皇)이 천하(天下)를 봉군(封郡)하는 법(法)을 폐(廢)하고 일백군(100郡)을 둠.
阝(邑)部(우부방)7획총10획	영country 중jùn 일クン(こおり) 【난이도】중학용, 읽기 6급, 쓰기 5급

弓	弓弓弓
	弓 弓 弓 弓 弓
활 궁	弓家(궁가) 弓矢(궁시) 弓馬(궁마) 弓隊(궁대) 洋弓(양궁) 弓手(궁수) 弓裔(궁예)
	他弓莫輓(타궁막만) : 남의 활을 당겨 쏘지 말라는 뜻으로, ① 무익(無益)한 일은 하지 말라는 말. ② 자기(自己)가 닦은 것을 지켜 딴 데 마음 쓰지 말 것을 이르는 말.
弓部(활궁) 0획총3획	영bow 중gōng 일キュウ(ゆみ) 【난이도】중학용, 읽기 3급Ⅱ, 쓰기 2급

卷	卷卷卷卷卷卷卷卷
	卷 卷 卷 卷 卷
책 권	席卷(석권) 開卷(개권) 卷頭言(권두언) 長卷紙(장권지) 經卷(경권) 卷數(권수)
	手不釋卷(수불석권) : 손에서 책을 놓지 않는다는 뜻으로, 늘 책을 가까이하여 학문을 열심히 함. 開卷有益(개권유익) : 「책을 펴서 읽으면 반드시 이로움이 있다」는 뜻.
卩部(병부절)6획총8획	영volume 중juàn 일カン·ケン(まき·まく) 【난이도】중학용, 읽기 4급, 쓰기 3급

勸	勸勸勸勸勸勸勸勸勸勸勸勸勸勸勸勸勸勸
	勸 勸 勸 勸 勸
권할 권	勸告(권고) 勸勵(권려) 勸誘(권유) 勸獎(권장) 强勸(강권) 獎勸(장권) 勸善(권선)
	勸善懲惡(권선징악) : 착한 행실(行實)을 권장(勸獎)하고 악(惡)한 행실(行實)을 징계(懲戒)함. 懲勸(징권) : 악을 징계(懲戒)하고 선을 권장(勸獎)함.
力部(힘력)18획총20획	영advise 중劝[quàn] 일勸[カン](すすめる) 【난이도】중학용, 읽기 4급, 쓰기 3급

權

권세 권

木部(나무목)18획총22획

權權權權權權權權權權權權權權權權權權

權 權 權 權 權

政權(정권) 執權(집권) 權利(권리) 權限(권한) 權力(권력) 人權(인권) 權威(권위)

權不十年(권불십년) : 권세(權勢)는 10년을 넘지 못한다는 뜻으로, ① 권력은 오래가지 못하고 늘 변(變)함. ② 또는 영화(榮華)는 일시적이어서 계속되지 않음.

영power 중权[quán] 일權 [ケン·ゴン] 【난이도】 중학용, 읽기 4급II, 쓰기 3급II

貴

귀할 귀

貝部(조개패)5획총12획

貴貴貴貴貴貴貴貴貴貴貴貴

貴 貴 貴 貴 貴

貴族(귀족) 貴中(귀중) 貴重(귀중) 貴下(귀하) 高貴(고귀) 稀貴(희귀) 貴賤(귀천)

洛陽紙貴(낙양지귀) : 낙양의 종이가 귀해졌다는 뜻으로, ① 문장이나 저서(著書)가 호평을 받아 잘 팔림을 이르는 말. ② 쓴 글의 평판(評判)이 널리 알려짐.

영noble 중貴[guì] 일キ(たっとい·たっとぶ) 【난이도】 중학용, 읽기 5급, 쓰기 4급

歸

돌아갈 귀

止部(그칠지)14획총18획

歸歸歸歸歸歸歸歸歸歸歸歸歸歸歸歸歸歸

歸 歸 歸 歸 歸

歸家(귀가) 歸國(귀국) 歸路(귀로) 歸趨(귀추) 歸鄕(귀향) 回歸(회귀) 歸屬(귀속)

事必歸正(사필귀정) : 처음에는 시비(是非) 곡직(曲直)을 가리지 못하여 그릇되더라도 모든 일은 결국에 가서는 반드시 정리(正理)로 돌아감.

영retern, go back 중归[jiù] 일帰[キ](かえる) 【난이도】 중학용, 읽기 5급II, 쓰기 4급II

均

고를 균

土部(흙토)4획 총7획

均均均均均均均

均 均 均 均 均

均衡(균형) 平均(평균) 不均衡(불균형) 均等(균등) 均霑(균점) 均役法(균역법)

陰陽相均(음양상균) : 음과 양이 서로 잘 어울림. 不均衡(불균형) : ① 균형이 잡히지 않고 어느 편으로 치우쳐서 고르지 못함. ② 고르지 않음.

영even 중jūn 일キン(ならす) 【난이도】 중학용, 읽기 4급, 쓰기 3급

極

다할 극

木部(나무목)8획총12획

極極極極極極極極極極極極極

極 極 極 極 極

極度(극도) 極甚(극심) 極致(극치) 極限(극한) 南極(남극) 積極(적극) 北極(북극)

極樂淨土(극락정토) : 아미타불이 살고 있다는 정토. 이 세상에서 서쪽으로 십만 억의 불토를 지나서 있으며, 모든 것이 완전히 갖추어 불과(佛果)를 얻은 사람이 죽어서 이곳에 다시 태어난다는 곳.

영utmost 중极[jí] 일キョク·ゴク(きわまる) 【난이도】 중학용, 읽기 4급, 쓰기 3급

近

가까울 근

辶部(책받침)4획총8획

近近近近近近近近

近	近	近	近	近					

附近(부근) 遠近(원근) 隣近(인근) 接近(접근) 最近(최근) 側近(측근) 近海(근해)

遠水不救近火(원수불구근화) : 먼 데 있는 물은 가까운 데의 불을 끄는 데는 쓸모가 없다는 뜻으로, 무슨 일이든 멀리 있는 것은 급할 때에 소용이 없음을 이르는 말.

영near 중近[jìn] 일近[キン](ちかい) 【난이도】 중학용, 읽기 6급, 쓰기 5급

根

뿌리 근

木部(나무목)6획총10획

根根根根根根根根根根

根	根	根	根	根					

根幹(근간) 根據(근거) 根本(근본) 根源(근원) 根絶(근절) 同根(동근) 禍根(화근)

盤根錯節(반근착절) : 구부러진 나무뿌리와 울퉁불퉁한 나무의 마디란 뜻으로, ① 얽히고 설켜 처리하기에 곤란한 사건. ② 세상일에 난관이 많음의 비유.

영root 중gēn 일コン(ね) 【난이도】 중학용, 읽기 6급, 쓰기 5급

勤

부지런할 근

力部(힘력)11획총13획

勤勤勤勤勤勤勤勤勤勤勤勤勤

勤	勤	勤	勤	勤					

勤務(근무) 勤勞者(근로자) 勤勞(근로) 勤勉(근면) 出勤(출근) 退勤(퇴근)

勤勤孜孜(근근자자) : 매우 부지런하고 정성(精誠)스러움.
敬天勤民(경천근민) : 하느님을 받들고 백성을 통치하기를 게을리 하지 아니함.

영diligent 중qín 일キン·コン(いそしむ·つとめる) 【난이도】 중학용, 읽기 4급, 쓰기 3급

今

이제 금

人部(사람인)2획총4획

今今今今

今	今	今	今	今					

只今(지금) 今般(금반) 昨今(작금) 古今(고금) 今方(금방) 今番(금번) 今年(금년)

今昔之感(금석지감) : 지금과 옛날을 비교할 때 차이(差 異)가 매우 심(甚)하여 느껴지는 감정. 博古知今(박고지금) : 널리 옛일을 알면 오늘날의 일도 알게 됨.

영now 중jīn 일コン·キン(いま) 【난이도】 중학용, 읽기 6급II, 쓰기 5급II

金

쇠 금

金部(쇠금)0획 총8획

金金金金金金金金

金	金	金	金	金					

金額(금액) 金融(금융) 金錢(금전) 稅金(세금) 賃金(임금) 資金(자금) 募金(모금)

見金如石(견금여석) : 황금 보기를 돌같이 한다는 뜻에서, ① 지나친 욕심을 절제함. ② 대의를 위해서 부귀영화(富貴榮華)를 돌보지 않는다는 의미(意味).

영gold 중jīn 일キン·コン(かな·かね) 【난이도】 중학용, 읽기 8급, 쓰기 6급II

禁

禁 禁 禁 禁 禁 禁 禁 禁 禁 禁 禁 禁 禁

禁	禁	禁	禁	禁					

禁止(금지) 禁煙(금연) 禁忌(금기) 拘禁(구금) 監禁(감금) 宮禁(궁금) 解禁(해금)

來者勿禁(내자물금) : 오는 사람을 금해서는 안 됨. 入境問禁(입경문금) : 국경(國境)에 들어서면 그 나라에서 금(禁)하는 것을 물어 보라는 말.

금할 금

示部(보일시)8획총13획 | 영forbid 중jìn 일キン(きんずる) 【난이도】중학용, 읽기 4급Ⅱ, 쓰기 3급Ⅱ

及

及 及 及 及

及	及	及	及	及					

及第(급제) 可及的(가급적) 普及(보급) 遡及(소급) 言及(언급) 波及(파급) 普及(보급)

過猶不及(과유불급) : 모든 사물(事物)이 정도(程度)를 지나치면 미치지 못한 것과 같다는 뜻으로, 중용(中庸)이 중요(重要)함을 가리키는 말.

미칠 급

又部(또우)2획총4획 | 영reach 중jí 일キュウ(および・およぶ) 【난이도】중학용, 읽기 3급Ⅱ, 쓰기 2급

急

急 急 急 急 急 急 急 急 急

急	急	急	急	急					

緊急(긴급) 急騰(급등) 急激(급격) 急增(급증) 時急(시급) 至急(지급) 急速(급속)

焦眉之急(초미지급) : 「눈썹이 타게 될 만큼 위급한 상태(狀態)」란 뜻으로, 그대로 방치(放置)할 수 없는 매우 다급(多急)한 일이나 경우(境遇)를 비유(比喩·譬喩)한 말.

급할 급

心部(마음심)5획총9획 | 영hurried 중急[jí] 일キュウ(いそぐ) 【난이도】중학용, 읽기 6급Ⅱ, 쓰기 5급Ⅱ

給

給 給 給 給 給 給 給 給 給 給 給 給

給	給	給	給	給					

供給(공급) 支給(지급) 給與(급여) 需給(수급) 俸給(봉급) 月給(월급) 發給(발급)

給水功德(급수공덕) : 불교(佛敎)에서 물을 떠서 남에게 주는 공덕(功德), 즉 지극(至極)히 쉽고도 대단치 않으나, 남을 위(爲)하여 일하는 것은 선행(善行)이라는 말.

줄 급

糸部(실사)6획총12획 | 영give 중給[gěi] 일キュウ(いそぐ) 【난이도】중학용, 읽기 5급, 쓰기 4급

己

己 己 己

己	己	己	己	己					

己丑(기축) 克己(극기) 利己心(이기심) 利己的(이기적) 自己(자기) 修己(수기)

克己復禮(극기복례) : 욕망(慾望)이나 사(詐)된 마음 등(等)을 자기자신(自己自身)의 의지력(意志力)으로 억제(抑制)하고 예의(禮儀)에 어그러지지 않도록 함.

몸 기

己部(몸기)0획총3획 | 영self 중jǐ 일キ·コ(おのれ) 【난이도】중학용, 읽기 5급Ⅱ, 쓰기 4급Ⅱ

技

재주 기

扌(手)部(재방변) 4획 총7획

技技技技技技技

技	技	技	技	技				

技術(기술) 競技(경기) 技能(기능) 特技(특기) 技巧(기교) 技師(기사) 技術的(기술적)

技術提携(기술제휴) : 나라와 나라끼리 기업(企業)이나 특허(特許), 기술(技術) 등(等)을 서로 교환(交換), 제휴(提携)하는 것. 五中沒技(오중몰기) : 화살을 다섯 개 쏘아서 다 맞힘.

영skill 중jì 일キ(わざ) 【난이도】 중학용, 읽기 5급, 쓰기 4급

其

그 기

八部(여덟팔) 6획 총8획

其其其其其其其其

其	其	其	其	其				

其間(기간) 其餘(기여) 其亦(기역) 其他(기타) 各其(각기) 及其也(급기야)

去其枝葉(거기지엽) : 가지와 잎을 제거(除去)한다는 뜻으로, 사물(事物)의 원인(原因)이 되는 것을 없앤다는 말. 其臭如蘭(기취여란) : 절친(切親)한 친구(親舊) 사이.

영it 중qí 일キ(その) 【난이도】 중학용, 읽기 3급II, 쓰기 2급

起

일어날 기

走部(달릴주) 3획 총10획

起起起起起起起起起起

起	起	起	起	起				

起訴(기소) 起源(기원) 想起(상기) 惹起(야기) 隆起(융기) 提起(제기) 起立(기립)

七顚八起(칠전팔기) : 일곱 번 넘어져도 여덟 번째 일어난다는 뜻으로, 실패(失敗)를 거듭하여도 굴하지 않고 다시 일어섬.

영rise 중qǐ 일キ(おきる·おこす·おこる) 【난이도】 중학용, 읽기 4급II, 쓰기 3급II

記

기록할 기

言部(말씀언) 3획 총10획

記記記記記記記記記記

記	記	記	記	記				

記錄(기록) 記憶(기억) 史記(사기) 記念(기념) 記者(기자) 日記(일기) 記號(기호)

博覽强記(박람강기) : 동서 고금의 서적을 널리 읽고, 그 내용을 잘 기억하고 있음. 大書特記(대서특기) : 뚜렷이 드러나게 큰 글씨로 쓰다라는 뜻으로, 누구나 알게 크게 여론화 함.

영record 중记[jì] 일キ(しるす) 【난이도】 중학용, 읽기 7급II, 쓰기 6급

氣

기운 기

气部(기운기엄) 6획 총10획

氣氣氣氣氣氣氣氣氣氣

氣	氣	氣	氣	氣				

景氣(경기) 節氣(절기) 感氣(감기) 電氣(전기) 空氣(공기) 氣溫(기온) 勇氣(용기)

浩然之氣(호연지기) : ① 도의(道義)에 근거(根據)를 두고 굽히지 않고 흔들리지 않는 바르고 큰 마음. ② 하늘과 땅 사이에 가득 찬 넓고 큰 정기(精氣).

영energy, air 중气[qì] 일気[キ·ケ] 【난이도】 중학용, 읽기 7급II, 쓰기 6급

既 既 白 白 既 白 皀 旣 旣 旣 旣

旣	旣	旣	旣	旣					

旣決(기결) 旣得權(기득권) 旣成(기성) 旣往(기왕) 旣定(기정) 旣存(기존)

旣往之事(기왕지사) : 이미 지나간 일. 既定(기정) : ① 이미 정함. ② 미리 작정함.
旣望(기망) : 음력으로 매달 16일, 이미 망월(望月:15일)이 지났다는 뜻에서 16일.

이미 기

无部(이미기방) 7획 총11획

영already 중既[jì] 일既[キ](すでに) 【난이도】중학용, 읽기 3급, 쓰기 2급

基 甘 甘 基 甘 其 其 其 基 基

基	基	基	基	基					

基盤(기반) 基本(기본) 基調(기조) 基準(기준) 基地(기지) 基礎(기초) 基金(기금)

榮業所基(영업소기) : (이상)과 같이 잘 지키면 번성하는 기본(基本)이 됨.
不失基本(불실기본) : 본분(本分)을 잃지 아니하고 잘 지킴.

터 기

土部(흙토) 8획 총11획

영base 중jī 일キ(もと·もとい) 【난이도】중학용, 읽기 5급II, 쓰기 4급II

期 十 甘 期 甘 其 其 其 期 期 期 期

期	期	期	期	期					

期待(기대) 期間(기간) 早期(조기) 時期(시기) 任期(임기) 延期(연기) 初期(초기)

百年佳期(백년가기) : 남편과 아내가 되어 한평생 같이 지내자는 아름다운 언약.
不期而會(불기이회) : 뜻하지 아니한 때에 우연(偶然)히 서로 만남

기약할 기

月部(달월) 8획 총12획

영expect · meet 중qī 일キ·ゴ(かならず) 【난이도】중학용, 읽기 5급, 쓰기 4급

幾 幾 幺 幺 幺 幺 幺 幺 幺 幾 幾 幾

幾	幾	幾	幾	幾					

幾年(기년) 幾微(기미) 幾數(기수) 幾日(기일) 幾何(기하) 幾回(기회) 幾十(기십)

幾死之境(기사지경) : 거의 다 죽게 된 지경(地境).
幾至死境(기지사경) : 거의 죽을 지경(地境)에 이름.

몇 기

幺部(작을요)9획총12획

영disposition, some 중几[jǐ] 일キ(いく) 【난이도】중학용, 읽기 3급, 쓰기 2급

吉 吉 吉 吉 吉 吉

吉	吉	吉	吉	吉					

吉慶(길경) 吉坤(길곤) 吉運(길운) 吉兆(길조) 吉凶(길흉) 吉日(길일) 涓吉(연길)

吉凶禍福(길흉화복) : 길흉과 화복이라는 뜻으로, 즉 사람의 운수(運數)를 이름.
立春大吉(입춘대길) : 입춘(立春)을 맞이하여 길운(吉運)을 기원(祈願)하는 글.

길할 길

口部(입구) 3획 총6획

영lucky 중jí 일キチ·キツ(よい) 【난이도】중학용, 읽기 5급, 쓰기 4급

暖

따뜻할 난

暖暖暖暖暖暖暖暖暖暖暖暖暖

暖 暖 暖 暖 暖

暖房(난방) 溫暖(온난) 暖春(난춘) 地球溫暖化(지구온난화) 暖流(난류) 暖冬(난동)

飽食暖衣(포식난의) : 배 부르게 먹고 따뜻하게 옷을 입는다는 뜻으로, 의식(衣食)이 넉넉하여 불편(不便)함이 없이 편하게 지냄을 이르는 말.

日部(날일) 9획 총13획 영warm 중暖[nuǎn] 일ダン(あたたか・あたたかい) 【난이도】 중학용, 읽기 4급Ⅱ, 쓰기 3급Ⅱ

難

어려울 난

難難難難難難難難難難難難難難難難難難

難 難 難 難 難

難民(난민) 難易度(난이도) 難題(난제) 困難(곤난) 災難(재난) 患難(환난) 險難(험난)

難兄難弟(난형난제) : 누구를 형이나 아우라 하기 어렵다는 뜻으로, ① 누가 더 낫다고 할 수 없을 정도로 서로 비슷함. ② 사물의 우열이 없다는 말로 곧 비슷하다는 말.

隹部(새추)11획 총19획 영difficult 중难[nán] 일ナン(むずかしい) 【난이도】 중학용, 읽기 4급Ⅱ, 쓰기 3급Ⅱ

男

사내 남

男男男男男男男

男 男 男 男 男

男女(남녀) 男妹(남매) 男性(남성) 男子(남자) 男便(남편) 妻男(처남) 次男(차남)

甲男乙女(갑남을녀) : 甲(갑)이라는 남자(男子)와 乙(을)이라는 여자라는 뜻으로, 신분이나 이름이 알려지지 아니한 그저 평범한 사람들을 이르는 말, 보통 평범한 사람들.

田部(밭전) 2획 총7획 영man 중nán 일ダン・ナン(おとこ) 【난이도】 중학용, 읽기 7급Ⅱ, 쓰기 6급

南

남녘 남

南南南南南南南南南

南 南 南 南 南

南極(남극) 南北(남북) 江南(강남) 慶南(경남) 嶺南(영남) 湖南(호남) 南側(남측)

南柯一夢(남가일몽) : 남쪽 가지에서의 꿈이란 뜻으로, 덧없는 꿈이나 한때의 헛된 부귀영화(富貴榮華)를 이르는 말.

十部(열십)7획 총9획 영south 중nán 일ナン・ナ(みなみ) 【난이도】 중학용, 읽기 8급, 쓰기 6급Ⅱ

乃

이에 내

乃乃

乃 乃 乃 乃 乃

乃公(내공) 乃父(내부) 乃至(내지) 乃後(내후) 人乃天(인내천) 終乃(종내)

乃服衣裳(내복의상) : 이에 의복(衣服)을 입게 하니 황제(黃帝)가 의관(衣冠)을 지어 등분(等分)을 분별(分別)하고 위의(威儀)를 엄숙(嚴肅)케 했음.

ノ部(삐침별) 1획 총2획 영namely 중nǎi 일ナイ[すなわち・なんじ] 【난이도】 중학용, 읽기 3급, 쓰기 2급

内

안 내

入部(들입) 2획 총4획

內內內內

內 內 內 內 內

內閣(내각) 內需(내수) 內譯(내역) 內容(내용) 國內(국내) 案內(안내) 市內(시내)

內憂外患(내우외환) : 내부(內部)에서 일어나는 근심과 외부(外部)로부터 받는 근심
이란 뜻으로, 나라 안팎의 여러 가지 어려운 사태(事態)를 이르는 말.

영inside 중内[nèi] 일内[ナイ](うち)【난이도】중학용, 읽기 7급II, 쓰기 6급

女

계집 녀(여)

女部(계집녀) 0획 총3획

女女女

女 女 女 女 女

女史(여사) 女性(여성) 女子(여자) 女人(여인) 男女(남녀) 處女(처녀)

善男善女(선남선녀) : 착한 남자(男子)와 착한 여자(女子)라는 뜻으로, ① 불교
(佛敎)에 귀의(歸依)한 남녀(男女). ② 신심이 깊은 사람들을 이르는 말.

영female 중nǚ 일ジョ(おんな)【난이도】중학용, 읽기 8급, 쓰기 6급II

年

해 년(연)

干部(방패간) 3획 총6획

年年年年年年

年 年 年 年 年

年金(연금) 年齡(연령) 年末(연말) 來年(내년) 每年(매년) 昨年(작년) 今年(금년)

權不十年(권불십년) : 권세는 10년을 넘지 못한다는 뜻으로, ① 권력은 오래가지
못하고 늘 변함. ② 또는 영화(榮華)는 일시적이어서 계속(繼續)되지 않음.

영year 중nián 일ネン(とし)【난이도】중학용, 읽기 8급, 쓰기 6급II

念

생각 념(염)

心部(마음심) 4획총8획

念念念念念念念念

念 念 念 念 念

念頭(염두) 念慮(염려) 念願(염원) 觀念(관념) 記念(기념) 無念(무념) 默念(묵념)

無念無想(무념무상) : 일체(一切)의 생각이 없다는 뜻으로, 무아(無我)의 경지(境地)에
이르러 일체(一切)의 상념(想念)이 없음을 이르는 말.

영think 중念[niàn] 일ネン(おもう)【난이도】중학용, 읽기 5급II, 쓰기 4급II

怒

성낼 노

心部(마음심)5획 총9획

怒怒怒怒怒怒怒怒怒

怒 怒 怒 怒 怒

憤怒(분노) 忿怒(분노) 大怒(대노) 怒氣(노기) 怒號(노호) 大怒(대로) 激怒(격노)

怒蠅拔劍(노승발검) : 파리를 보고 화를 내어 칼을 빼들고 쫓는다는 뜻으로,
① 사소한 일에 화를 잘냄. ② 보잘것없는 작은 일에 지나치게 큰 대책을 세움.

영angry 중nù 일ド(いかる・おこる)【난이도】중학용, 읽기 4급II, 쓰기 3급II

農 농사 농 辰部(별진) 6획 총13획	農農農農農農農農農農農農農 農 農 農 農 農 農家(농가) 農民(농민) 農夫(농부) 農事(농사) 農業(농업) 農村(농촌) 農牛(농우) 農不失時(농불실시) : 농사(農事)짓는 일은 제 때를 놓치지 말아야 한다는 뜻. 배움도 이와 마찬가지로 배움의 때를 놓쳐서는 절대로 안 된다. 영farming 중农[nóng] 일ノウ【난이도】중학용, 읽기 7급II, 쓰기 6급II
能 능할 능 月部(달월)6획총10획	能能能能能能能能能能 能 能 能 能 能 可能性(가능성) 能力(능력) 可能(가능) 機能(기능) 不可能(불가능) 修能(수능) 能書不擇筆(능서불택필) : 글씨를 잘 쓰는 이는 붓을 가리지 않는다는 뜻으로, 일에 능한 사람은 도구를 탓하지 않음을 이르는 말. 영able 중néng 일ノウ(よく)【난이도】중학용, 읽기 5급II, 쓰기 4급II
多 많을 다 夕部(저녁석) 3획 총6획	多多多多多多 多 多 多 多 多 多急(다급) 多少(다소) 多數(다수) 多樣(다양) 多幸(다행) 過多(과다) 最多(최다) 多岐亡羊(다기망양) : 달아난 양을 찾다가 여러 갈래 길에 이르러 양을 잃었다는 뜻으로, ① 학문의 길이 여러 갈래로 나뉘어져 있어 진리를 찾기 어려움. ② 방침이 많아 할 바를 모르게 됨. 영many 중duō 일夕(おおい)【난이도】중학용, 읽기 6급, 쓰기 5급
丹 붉을 단 、部(점주)3획 총4획	丹月月丹 丹 丹 丹 丹 丹 丹鳳(단봉) 丹粧(단장) 丹靑(단청) 丹楓(단풍) 牡丹(모란) 牧丹(목단) 丹田(단전) 一片丹心(일편단심) : 한 조각의 붉은 마음이란 뜻으로, ① 한결같은 참된 정성, 변치 않는 참된 마음을 이름. ② 오로지 한 곳으로 향한, 한 조각의 붉은 마음. 영red 중dān 일タン(あか)【난이도】중학용, 읽기 3급II, 쓰기 2급
但 다만 단 亻部(사람인변)5획 총7획	但但但但但但但 但 但 但 但 但 但只(단지) 非但(비단) 但書(단서) 不但空(부단공) 但馬(단마) 但中星(단중성) 但書(단서) : 첫머리에 「단(但)」 자를 붙여 그 앞에 나옴. 본문(本文)의 설명(說明)이나 조건(條件)·예외(例外) 등(等)을 밝혀 나타내는 글. 영only 중dàn 일タン·ダン(ただし)【난이도】중학용, 읽기 3급II, 쓰기 2급

單

單 單 單 單 單 單 單 單 單 單 單 單

單	單	單	單	單					

홑 단

口部(입구) 9획 총12획

單純(단순) 簡單(간단) 單獨(단독) 單位(단위) 單語(단어) 名單(명단) 單價(단가)

單刀直入(단도직입) : 혼자서 칼을 휘두르고 거침없이 적진으로 쳐들어간다는 뜻으로, 문장이나 언론의 너절한 허두(虛頭)를 빼고 바로 그 요점으로 풀이하여 들어감을 이르는 말.

영single 중单[dān] 일單[タン](ひとえ) 【난이도】중학용, 읽기 4급Ⅱ, 쓰기 3급Ⅱ

短

短 短 短 短 矢 矢 短 短 短 短 短 短

短	短	短	短	短					

짧을 단

矢部(화살시) 7획 총12획

短縮(단축) 長短(장단) 短期(단기) 短期的(단기적) 短期間(단기간) 短點(단점)

絶長補短(절장보단) : 긴 것을 잘라서 짧은 것에 보태어 부족(不足)함을 채운다는 뜻으로, 좋은 것으로 부족(不足)한 것을 보충(補充)함을 이르는 말.

영short 중duǎn 일タン(みじかい) 【난이도】중학용, 읽기 6급Ⅱ, 쓰기 5급Ⅱ

端

端 端 端 端 端 端 端 端 端 端 端 端 端 端

端	端	端	端	端					

끝 단, 단정할 단

立部(설립) 9획 총14획

端末(단말) 端緒(단서) 端正(단정) 多端(다단) 末端(말단) 北端(북단) 異端(이단)

首鼠兩端(수서양단) : 구멍 속에서 목을 내민 쥐가 나갈까 말까 망설인다는 뜻으로, ① 거취를 결정하지 못하고 망설이는 모양 ② 어느 쪽으로도 붙지 않고 양다리를 걸치는 것을 이르는 말.

영end 중duān 일タン(はし·はた·は) 【난이도】중학용, 읽기 4급Ⅱ, 쓰기 3급Ⅱ

達

達 達 達 達 達 達 達 達 達 達 達 達 達

達	達	達	達	達					

통달할 달

辶部(책받침) 9획 총13획

達辯(달변) 達成(달성) 熟達(숙달) 調達(조달) 暢達(창달) 通達(통달) 發達(발달)

欲速不達(욕속부달) : ① 빨리 하고자 하면 도달(到達)하지 못함.
② 어떤 일을 급(急)하게 하면 도리어 이루지 못함.

영succeed 중达[dá] 일達[タツ](さとる) 【난이도】중학용, 읽기 4급Ⅱ, 쓰기 3급Ⅱ

談

談 談 談 談 談 談 談 談 談 談 談 談 談 談 談

談	談	談	談	談					

말씀 담

言部(말씀언) 8획 총15획

會談(회담) 懇談會(간담회) 頂上會談(정상회담) 俗談(속담) 壯談(장담) 德談(덕담)

街談巷說(가담항설) : ① 길거리나 세상 사람들 사이에 떠도는 이야기. ② 세상에 떠도는 뜬 소문. 巷談(항담) : 거리에 떠도는 소문, 동네에서 뭇 사람들이 지껄여 옮기는 말.

영speak 중谈[tán] 일ダン(はなす) 【난이도】중학용, 읽기 5급, 쓰기 4급

答答答答答答答答答答答答

答	答	答	答	答					

答辯(답변) 對答(대답) 問答(문답) 應答(응답) 解答(해답) 和答(화답) 正答(정답)

東問西答(동문서답) : 동쪽을 묻는 데 서쪽을 대답(對答)한다는 뜻으로, 묻는 말에 대(對)하여 전혀 엉뚱한 대답(對答).

대답할 답

竹部(대죽)6획 총12획 | 영answer 중dá 일トウ(こたえ·こたえる)【난이도】중학용, 읽기 7급II, 쓰기 6급

堂堂堂堂堂堂堂堂堂堂堂

堂	堂	堂	堂	堂					

講堂(강당) 內堂(내당) 堂堂(당당) 祠堂(사당) 書堂(서당) 食堂(식당) 佛堂(불당)

先堂(선당) : ① 남의 어머니의 경칭(敬稱). 모당(母堂). 모부인(母夫人).
② 천자(天子)를 낳은 부인(夫人)을 이르는 말.

집 당

土部(흙토) 8획 총11획 | 영house 중táng 일トウ(おもてざしき)【난이도】중학용, 읽기 6급II, 쓰기 5급II

當當當當當當當當當當當當當

當	當	當	當	當					

當局(당국) 當面(당면) 當選(당선) 當然(당연) 當場(당장) 擔當(담당) 當職(당직)

當來導師(당래도사) : 내세에 출현하는 도사. 지금으로부터 56억 7천만 세(歲)를 지나 이 세계에 출현, 성도(成道)하여 중생을 화도(化導) 한다는 미륵보살.

마땅할 당

田部(밭전) 8획총13획 | 영suitable 중当[dāng] 일当[トウ](あたる)【난이도】중학용, 읽기 5급II, 쓰기 4급II

大大大

大	大	大	大	大					

大暑(대서) 大統領(대통령) 大寒(대한) 大韓民國(대한민국) 最大(최대) 大幅(대폭)

大器晩成(대기만성) : 큰 그릇은 늦게 이루어진다는 뜻으로, ① 크게 될 인물은 오랜 공적을 쌓아 늦게 이루어짐. ② 또는, 만년이 되어 성공하는 일을 이름.

큰 대

大部(큰대)0획총3획 | 영great 중dà 일タイ(おおきい)【난이도】중학용, 읽기 8급, 쓰기 6급II

代代代代代

代	代	代	代	代					

代表(대표) 代替(대체) 時代(시대) 代身(대신) 代案(대안) 代辯人(대변인)

前代未聞(전대미문) : 「지난 시대에는 들어 본 적이 없다」는 뜻으로, 매우 놀랍거나 새로운 일을 이르는 말. 絕代佳人(절대가인) : 이 세상에 비할 데 없는 미인.

대신할 대

亻部(사람인변)3획 총5획 | 영substitute 중dài 일タイ·ダイ(かえる·かわる)【난이도】중학용, 읽기 6급II, 쓰기 5급II

待

待待待待待待待待待

| 待 | 待 | 待 | 待 | 待 | | | | |

期待(기대) 企待(기대) 虐待(학대) 待接(대접) 待遇(대우) 忽待(홀대) 優待(우대)

席薰待罪(석고대죄) : 거적을 깔고 엎드려 벌 주기를 기다린다는 뜻으로, 죄과에 대한 처분을 기다림.
鶴首苦待(학수고대) : 학처럼 목을 길게 빼고 기다린다는 뜻으로, 몹시 기다림을 이르는 말.

기다릴 대

彳部(두인변) 6획 총9획

영wait 중dài 일タイ(まつ) 【난이도】 중학용, 읽기 6급, 쓰기 5급

對

對對對對對對對對對對對對

| 對 | 對 | 對 | 對 | 對 | | | | |

對策(대책) 對象(대상) 對應(대응) 反對(반대) 對備(대비) 對話(대화) 對峙(대치)

刮目相對(괄목상대) : 눈을 비비고 다시 보며 상대(相對)를 대(對)한다는 뜻으로, 다른 사람의 학식(學識)이나 업적(業績)이 크게 진보(進步)한 것을 말함.

대할 대

寸部(마디촌) 11획 총14획

영reply 중对[duì] 일対[タイ](こたえる) 【난이도】 중학용, 읽기 6급II, 쓰기 5급II

德

德德德德德德德德德德德德德

| 德 | 德 | 德 | 德 | 德 | | | | |

德談(덕담) 德目(덕목) 德分(덕분) 德澤(덕택) 道德(도덕) 美德(미덕) 恩德(은덕)

背恩忘德(배은망덕) : 남에게 입은 은덕(恩德)을 잊고 배반(背反)함.
德不孤必有隣(덕불고필유린) : 덕이 있으면 따르는 사람이 있으므로 외롭지 않다는 뜻.

덕 덕

彳部(두인변) 12획총15획

영virtue 중德[dé] 일德[トク] 【난이도】 중학용, 읽기 5급II, 쓰기 4급II

刀

刀刀

| 刀 | 刀 | 刀 | 刀 | 刀 | | | | |

銀粧刀(은장도) 長刀(장도) 短刀(단도) 大刀(대도) 面刀(면도) 寶刀(보도)

單刀直入(단도직입) : 혼자서 칼을 휘두르고 거침없이 적진으로 쳐들어간다는 뜻으로, 문장이나 언론의 너절한 허두(虛頭)를 빼고 바로 그 요점으로 풀이하여 들어감을 이르는 말.

칼 도

刀部(칼도) 0획 총2획

영knife 중dāo 일トウ(かたな) 【난이도】 중학용, 읽기 3급II, 쓰기 2급

到

到到到到到到到到

| 到 | 到 | 到 | 到 | 到 | | | | |

到着(도착) 到底(도저) 到達(도달) 殺到(쇄도) 到來(도래) 到處(도처) 殺到(쇄도)

精神一到何事不成(정신일도하사불성) : 정신을 한 곳으로 하면 무슨 일인들 이루어지지 않으랴라는 뜻으로, 정신을 집중하여 노력하면 어떤 어려운 일이라도 성취할 수 있다는 말.

이를 도

刂部(선칼도방) 6획 총8획

영reach 중dào 일トウ(いたる) 【난이도】 중학용, 읽기 5급II, 쓰기 4급II

度	度度度度度度度度度
	度　度　度　度　度
	制度(제도) 態度(태도) 速度(속도) 印度(인도) 過度(과도) 溫度(온도) 極度(극도)
법도 도	度外視(도외시) : ① 안중에 두지 아니하고 무시함. ② 문제삼지 않음. ③ 불문에 부침. 優遊度日(우유도일) : 하는 일없이 한가롭게 세월을 보냄.
广部(엄호) 6획 총9획	영law 중dù 일ド·タク·ト(のり) 【난이도】 중학용, 읽기 6급, 쓰기 5급

島	島島島島島島島島島島
	島　島　島　島　島
	獨島(독도) 韓半島(한반도) 汝矣島(여의도) 鬱陵島(울릉도) 島嶼(도서) 半島(반도)
섬 도	無人孤島(무인고도) : 사람이 살지 않는 멀리 떨어진 외딴 섬. 絶海孤島(절해고도) : 육지(陸地)에서 아주 멀리 떨어져 있는 외로운 섬.
山部(뫼산)7획총10획	영island 중島[dǎo] 일トウ(しま) 【난이도】 중학용, 읽기 5급, 쓰기 4급

徒	徒徒徒徒徒徒徒徒徒徒
	徒　徒　徒　徒　徒
	門徒(문도) 信徒(신도) 敎徒(교도) 徒消(도소) 徒銷(도소) 徒步(도보) 徒勞(도로)
무리 도	家徒四壁(가도사벽) : 「집안이 네 벽 뿐」이라는 뜻으로, 집안 형편이 매우 어렵다 는 것을 이르는 말. 無爲徒食(무위도식) : 하는 일 없이 헛되이 먹기만 함.
彳部(두인변) 7획 총 10획	영crowd 중tú 일ト·ズ(かち) 【난이도】 중학용, 읽기 4급, 쓰기 3급

都	都都都都都都都都都都都都
	都　都　都　都　都
	都市(도시) 都心(도심) 古都(고도) 首都(수도) 新都市(신도시) 王都(왕도)
도읍 도	松都三絶(송도삼절) : 황 진이가 칭한 말로 송도의 세 가지 유명(有名)한 존재(存 在). 곧 서 화담. 황 진이, 박연폭포(瀑布)를 말함.
阝(邑)部(우부방)9획총12획	영capital 중都[dū] 일都[トウ](みやこ) 【난이도】 중학용, 읽기 5급, 쓰기 4급

道	道道道道道道道道道道道道道
	道　道　道　道　道
	道德(도덕) 道路(도로) 道理(도리) 軌道(궤도) 報道(보도) 鐵道(철도) 索道(삭도)
길 도	安貧樂道(안빈낙도) : ① 구차(苟且)하고 궁색(窮塞)하면서도 그것에 구속되지 않고 평안하게 즐기는 마음으로 살아감. ② 가난에 구애 받지 않고 도(道)를 즐김.
辶部(책받침)9획 총 13획	영road 중道[dào] 일道[トウ](みち) 【난이도】 중학용, 읽기 7급, 쓰기 6급

圖圖圖圖圖圖圖圖圖圖圖圖圖圖

| 圖 | 圖 | 圖 | 圖 | 圖 | | | | | |

圖謀(도모) 圖書(도서) 試圖(시도) 意圖(의도) 地圖(지도) 圖章(도장)

河圖洛書(하도낙서) : 고대 중국에서 예언이나 수리(數理)의 기본이 된 책(冊).
各自圖生(각자도생) : 사람은 제각기 살아갈 방법(方法)을 도모(圖謀)함.

그림 도

□部(큰입구몸)11획 총14획

영picture 중图[tú] 일図[ズ·ト](はかる) 【난이도】중학용, 읽기 6급Ⅱ, 쓰기 5급Ⅱ

獨獨獨獨獨獨獨獨獨獨獨獨獨獨獨獨

| 獨 | 獨 | 獨 | 獨 | 獨 | | | | | |

獨島(독도) 獨立(독립) 獨逸(독일) 獨裁(독재) 獨特(독특) 單獨(단독) 唯獨(유독)

獨不將軍(독불장군) : 혼자서는 장군을 못한다는 뜻으로, 남의 의견을 무시하고 혼자 모든 일을 처리하는 사람의 비유(比喩·譬喩). 급해야 서둘러서 일을 함.

홀로 독

犭部(개사슴록변)13획 총16획

영alone 중独[dú] 일独[ドク] 【난이도】중학용, 읽기 5급Ⅱ, 쓰기 4급Ⅱ

讀讀讀讀讀讀讀讀讀讀讀讀讀讀讀讀讀讀

| 讀 | 讀 | 讀 | 讀 | 讀 | | | | | |

讀書(독서) 讀者(독자) 句讀(구두) 朗讀(낭독) 吏讀(이두) 精讀(정독) 速讀(속독)

牛耳讀經(우이독경) : '쇠귀에 경 읽기'란 뜻으로, 우둔(愚鈍)한 사람은 아무리 가르치고 일러주어도 알아듣지 못함을 비유(比喩·譬喩)하여 이르는 말.

읽을 독/구절 두

言部(말씀언)15획 총22획

영read 중读[dú] 일読[ドク](よむ) 【난이도】중학용, 읽기 6급Ⅱ, 쓰기 5급Ⅱ

冬冬冬冬冬

| 冬 | 冬 | 冬 | 冬 | 冬 | | | | | |

冬眠(동면) 冬至(동지) 暖冬(난동) 立冬(입동) 春夏秋冬(춘하추동) 猛冬(맹동)

冬蟲夏草(동충하초) : 겨울에는 벌레이던 것이 여름에는 풀이 된다는 뜻으로, 동충하초과의 버섯을 통틀어 이르는 말. 거미·매미 따위의 곤충의 시체에 기생(寄生)하여 자실체(子實體)를 냄.

겨울 동

冫部(이수변) 3획 총5획

영winter 중dōng 일トウ(ふゆ) 【난이도】중학용, 읽기 7급, 쓰기 6급

同同同同同同

| 同 | 同 | 同 | 同 | 同 | | | | | |

同僚(동료) 同生(동생) 同時(동시) 同意(동의) 同胞(동포) 共同(공동) 合同(합동)

同病相憐(동병상련) : 같은 병자(病者)끼리 가엾게 여긴다는 뜻으로, 어려운 처지(處地)에 있는 사람끼리 서로 불쌍히 여겨 동정(同情)하고 서로 도움.

한가지 동

口部(입구) 3획 총6획

영same 중tóng 일トウ(おなじ) 【난이도】중학용, 읽기 7급, 쓰기 6급

東	東東京京京東東東
	東　東　東　東　東
동녘 동	東宮(동궁) 東大門(동대문) 東方(동방) 東西南北(동서남북) 東海(동해) 東山(동산)
	馬耳東風(마이동풍) : 말 귀에 동풍이라는 뜻으로, 남의 비평(批評)이나 의견(意見)을 조금도 귀담아 듣지 아니하고 흘려 버림을 이르는 말.
木部(나무목) 4획 총8획	영east 중东[dōng] 일トウ(ひがし) 【난이도】중학용, 읽기 8급, 쓰기 6급Ⅱ

洞	洞洞洞洞洞洞洞洞洞
	洞　洞　洞　洞　洞
마을 동	洞口(동구) 洞窟(동굴) 洞里(동리) 洞長(동장) 洞察(통찰) 洞察力(통찰력)
	洞房華燭(동방화촉) : 부인의 방에 촛불이 아름답게 비친다는 뜻으로, 신랑이 신부의 방에서 첫날밤을 지내는 일. 결혼식(結婚式)날 밤 또는 혼례(婚禮)를 이르는 말.
氵部(삼수변)6획 총9획	영village 중dòng 일トウ(ほら) 【난이도】중학용, 읽기 7급, 쓰기 6급

動	動動動動動動動動動動動
	動　動　動　動　動
움직일 동	動作(동작) 不動産(부동산) 運動(운동) 移動(이동) 行動(행동) 活動(활동)
	伏地不動(복지부동) : 땅에 엎드려 움직이지 아니한다는 뜻으로, 마땅히 해야 할 일을 하지 않고 몸을 사람을 비유(比喩・譬喩)하여 이르는 말.
力部(힘력) 9획 총11획	영move 중动[dòng] 일ドウ(うごかす・うごく) 【난이도】중학용, 읽기 7급Ⅱ, 쓰기 6급

童	童童童童童童童童童童童童
	童　童　童　童　童
아이 동	兒童(아동) 童子(동자) 童話(동화) 童男(동남) 孩童(해동) 童孩(동해) 童蒙(동몽)
	三尺童子(삼척동자) :키가 석 자밖에 되지 않는 어린아이라는 뜻으로, 철모르는 어린아이를 이르는 말. 童子削髮(동자삭발) : 어릴 때에 출가하여 승려가 됨.
立部(설립) 7획 총12획	영child 중tóng 일ドウ(わらべ) 【난이도】중학용, 읽기 6급Ⅱ, 쓰기 5급Ⅱ

斗	斗斗斗斗
	斗　斗　斗　斗　斗
말 두	斗頓(두둔) 泰斗(태두) 山斗(산두) 斗宇(두우) 北斗七星(북두칠성) 大斗(대두)
	車載斗量(거재두량) : 「수레에 싣고 말(斗)로 될 수 있을 정도(程度)」라는 뜻으로, 인재(人材)나 물건(物件)이 아주 많음을 비유함.
斗部(말두) 0획 총4획	영measure 중dǒu 일ト(とます) 【난이도】중학용, 읽기 4급Ⅱ, 쓰기 3급Ⅱ

豆

콩 두

豆部(콩두) 0획 총7획

豆豆豆豆豆豆豆

| 豆 | 豆 | 豆 | 豆 | 豆 | | | |

豆腐(두부) 山豆根(산두근) 大豆(대두) 綠豆(녹두) 豆滿江(두만강) 豆油(두유)

一簞食一豆羹(일단사일두갱) : 대나무로 만든 밥그릇 하나에 담긴 밥과 제기(祭器) 하나에 떠 놓은 국이라는 뜻으로, ① 얼마 안되는 음식. ② 변변치 못한 음식.

영bean 중dòu 일ズ·トウ(まめ) 【난이도】 중학용, 읽기 4급Ⅱ, 쓰기 3급Ⅱ

頭

머리 두

頁部(머리혈)7획총16획

頭頭頭頭頭頭頭頭頭頭頭頭頭頭頭頭

| 頭 | 頭 | 頭 | 頭 | 頭 | | | |

饅頭(만두) 念頭(염두) 話頭(화두) 劈頭(벽두) 年頭(연두) 冒頭(모두) 頭腦(두뇌)

羊頭狗肉(양두구육) :「양(羊) 머리를 걸어놓고 개고기를 판다」는 뜻으로, ① 겉은 훌륭해 보이나 속은 그렇지 못한 것. ② 겉과 속이 서로 다름.   ③말과 행동이 일치하지 않음.

영head 중头[dú] 일トウ(あたま·かしら) 【난이도】 중학용, 읽기 6급, 쓰기 5급

得

얻을 득

彳部(두인변)8획 총11획

得得得得得得得得得得得

| 得 | 得 | 得 | 得 | 得 | | | |

得失(득실) 得意(득의) 納得(납득) 說得(설득) 所得(소득) 獲得(획득) 利得(이득)

一擧兩得(일거양득) : ① 한 번 들어 둘을 얻음. ② 한 가지의 일로 두 가지의 이익을 보는 것.

種豆得豆(종두득두) : 콩을 심어 콩을 얻는다는 뜻으로, 원인에 따라 결과가 생긴다는 말.

영get 중de 일トク(える) 【난이도】 중학용, 읽기 4급Ⅱ, 쓰기 3급Ⅱ

登

오를 등

癶部(필발머리)7획 총12획

登登登登登登登登登登登登

| 登 | 登 | 登 | 登 | 登 | | | |

登校(등교) 登錄(등록) 登山(등산) 登院(등원) 登場(등장) 登載(등재) 登壇(등단)

登龍門(등용문) : 용문(龍門)에 오른다는 뜻으로, ① 입신(立身) 출세(出世)의 관문(關門)을 이르는 말. ② 또는 뜻을 펴서 크게 영달함을 비유해 이르는 말.

영climb 중dēng 일ト·トウ(のぼる) 【난이도】 중학용, 읽기 7급, 쓰기 6급

等

무리 등

竹部(대죽)6획총12획

等等等等等等等等等等等等

| 等 | 等 | 等 | 等 | 等 | | | |

等級(등급) 高等(고등) 均等(균등) 劣等感(열등감) 差等(차등) 平等(평등) 降等(강등)

兩性平等(양성평등) : 남자와 여자가 사회적(社會的)으로나 법률적(法律的)으로 성별(性別)에 의(依)한 차별(差別)이 없이 동등(同等)하게 받는 대우(待遇).

영class 중děng 일トウ(ひとしい) 【난이도】 중학용, 읽기 6급Ⅱ, 쓰기 5급Ⅱ

燈

등잔 등

火部(불화) 12획 총16획

燈燈燈燈燈燈燈燈燈燈燈燈燈燈燈燈

燈 燈 燈 燈 燈

燈油(등유) 點燈(점등) 街路燈(가로등) 信號燈(신호등) 消燈(소등) 電燈(전등)

燈下不明(등하불명) : '등잔(燈盞) 밑이 어둡다'는 뜻으로, ① 가까이 있는 것이 도리어 알아내기 어려움을 이르는 말. ② 남의 일은 잘 알 수 있으나 제 일은 자기가 잘 모른다는 말.

영lamp 중灯[dēng] 일灯[トウ](ひ) 【난이도】 중학용, 읽기 4급Ⅱ, 쓰기 3급Ⅱ

落

떨어질 락

艹部(초두머리) 9획 총13획

落落落落落落落落落落落落落

落 落 落 落 落

落選(낙선) 漏落(누락) 轉落(전락) 墮落(타락) 墜落(추락) 下落(하락) 急落(급락)

烏飛梨落(오비이락) : '까마귀 날자 배 떨어진다'는 속담의 한역으로, 아무런 관계도 없이 한 일이 공교롭게 다른 일과 때가 일치해 혐의(嫌疑)를 받게 됨을 이르는 말.

영fall 중落[luò] 일落[ラク](おちる·おとす) 【난이도】 중학용, 읽기 5급, 쓰기 4급

樂

즐거울 락

木部(나무목) 11획 총15획

樂樂樂樂樂樂樂樂樂樂樂樂樂樂樂

樂 樂 樂 樂 樂

樂觀(낙관) 樂園(낙원) 苦樂(고락) 娛樂(오락) 音樂(음악) 快樂(쾌락) 同樂(동락)

君子三樂(군자삼락) : 군자(君子)의 세 가지 즐거움이라는 뜻으로, 첫째는 부모가 다 살아 계시고 형제가 무고한 것, 둘째는 하늘과 사람에게 부끄러워할 것이 없는 것, 셋째는 천하의 영재를 얻어 교육하는 것.

영pleasure 중乐[yuè] 일楽[ラク](たのしい) 【난이도】 중학용, 읽기 6급Ⅱ, 쓰기 5급Ⅱ

卵

알 란

卩部(병부절) 5획 총7획

卵卵卵卵卵卵卵

卵 卵 卵 卵 卵

受精卵(수정란) 鷄卵(계란) 卵巢(난소) 産卵(산란) 魚卵(어란) 卵生(난생) 排卵(배란)

累卵之勢(누란지세) : 포개어 놓은 알의 형세(形勢)라는 뜻으로, 몹시 위험(危險)한 형세(形勢)를 비유적(比喩的)으로 이르는 말.

영egg 중luǎn 일ラン(たまご) 【난이도】 중학용, 읽기 4급, 쓰기 3급

浪

물결 랑/낭

氵部(삼수변) 7획 총10획

浪浪浪浪浪浪浪浪浪浪

浪 浪 浪 浪 浪

浪費(낭비) 激浪(격랑) 浪人(낭인) 波浪(파랑) 浪漫的(낭만적) 風浪(풍랑)

風打浪打(풍타낭타) : 「바람 부는 대로 물결치는 대로」라는 뜻으로, 일정(一定)한 주의(主義)나 주장(主張)이 없이 그저 대세(大勢)에 따라 행동(行動)함을 이르는 말.

영wave 중làng 일ロウ(なみ) 【난이도】 중학용, 읽기 3급Ⅱ, 쓰기 2급

郎 郎 郎 郎 **郎 郎 郎 郎 郎 郎**

郎 郎 郎 郎 郎

사내 랑/낭

新郎(신랑) 花郎(화랑) 壻郎(서랑) 通德郎(통덕랑) 宣務郎(선무랑) 武郎(무랑)

白面書郎(백면서랑) : ① 희고 고운 얼굴에 글만 읽는 사람이란 뜻.
② 세상일(世上-)에 조금도 경험(經驗)이 없는 사람.

阝(邑)部(우부방)7획총10획 | 영man 중láng 일ロウ(おとこ)【난이도】중학용, 읽기 3급Ⅱ, 쓰기 2급

來 來 來 來 **來 來 來 來**

來 來 來 來 來

올 래/내

來年(내년) 去來(거래) 未來(미래) 往來(왕래) 由來(유래) 將來(장래) 招來(초래)

苦盡甘來(고진감래) : '쓴 것이 다하면 단 것이 온다'라는 뜻으로, 고생 끝에 낙(樂)이
온다라는 말. 說往說來(설왕설래) : 서로 변론(辯論)을 주고받으며 옥신각신함.

人部(사람인) 6획총8획 | 영come 중来[lái] 일来[ライ](きたす・きたる)【난이도】중학용, 읽기 7급, 쓰기 6급Ⅱ

冷 冷 冷 冷 冷 冷 冷

冷 冷 冷 冷 冷

찰 랭/냉

冷徹(냉철) 冷戰(냉전) 冷酷(냉혹) 冷却(냉각) 冷情(냉정) 冷淡(냉담) 冷房(냉방)

殘杯冷炙(잔배냉적) : 마시다 남은 술과 다 식은 구운 고기라는 뜻으로, 약소(略少)하
고 보잘것없는 주안상으로 푸대접(-待接)받는 것을 말함.

冫部(이수변) 5획총7획 | 영cool 중lěng 일レイ(さます・さめる・ひや)【난이도】중학용, 읽기 5급, 쓰기 4급

良 良 良 良 **良 良 良**

良 良 良 良 良

어질 량/양

良書(양서) 良識(양식) 良心(양심) 良好(양호) 改良(개량) 不良(불량) 優良(우량)

良藥苦口(양약고구) : 좋은 약은 입에 쓰다는 뜻으로, 충언(忠言)은 귀에 거슬린다는 말.
美風良俗(미풍양속) : 아름답고 좋은 풍속(風俗).

艮部(어긋날간)1획총7획 | 영good nature 중liáng 일リョウ(よい)【난이도】중학용, 읽기 5급Ⅱ, 쓰기 4급Ⅱ

兩 兩 兩 兩 兩 兩 兩 兩

兩 兩 兩 兩 兩

두 량/양

兩國(양국) 兩面(양면) 兩班(양반) 兩人(양인) 兩者(양자) 兩側(양측) 兩手(양수)

一擧兩得(일거양득) : ① 한 번 들어 둘을 얻음. ② 한 가지의 일로 두 가지의 이
익을 보는 것. 進退兩難(진퇴양난) : 나아갈 수도 물러설 수도 없는 궁지에 빠짐.

入部(들입) 6획총8획 | 영both 중两[liǎng] 일両[リョウ]【난이도】중학용, 읽기 4급Ⅱ, 쓰기 3급Ⅱ

凉

서늘할 량/양

冫部(이수변) 8획 총10획

凉凉凉凉凉凉凉凉凉凉

凉 凉 凉 凉 凉

納凉(납량) 炎凉(염량) 凄凉(처량) 淸凉(청량) 寒凉(한량) 荒凉(황량) 溫凉(온량)

炎凉世態(염량세태) : 뜨거웠다가 차가워지는 세태라는 뜻으로, 권세가 있을 때에는 아첨(阿諂)하여 좇고 권세(權勢)가 떨어지면 푸대접하는 세속(世俗)의 형편.

영cool 중凉[liáng] 일リョウ(すずしい·すずむ)【난이도】중학용, 읽기 특급II

量

헤아릴 량/양

里部(마을리) 5획 총12획

量量量量量量量量量量量量

量 量 量 量 量

量産(양산) 計量(계량) 器量(기량) 度量(도량) 數量(수량) 容量(용량) 測量(측량)

自由裁量(자유재량) : ① 자기 스스로가 옳다고 믿는 바에 따라서 일을 결단함. ② 국가 기관이 자기의 판단에 따라서 적당(適當)한 처리(處理)를 할 수 있는 일.

영amount 중liáng 일リョウ(はかる)【난이도】중학용, 읽기 5급, 쓰기 4급

旅

나그네 려/여

方部(모방) 6획 총10획

旅旅旅旅旅旅旅旅旅旅

旅 旅 旅 旅 旅

旅行(여행) 旅團(여단) 旅券(여권) 軍旅(군려) 旅情(여정) 旅客(여객) 旅館(여관)

旅進旅退(여진여퇴) : 나란히 나아가고 나란히 물러선다는 뜻으로, 정견(定見)이나 절조(節操)가 없이 다만 남의 의견(意見)을 추종(追從)함을 이르는 말.

영traveler 중lǚ 일リョ(たび)【난이도】중학용, 읽기 5급II, 쓰기 4급II

力

힘 력/역

力部(힘력) 0획 총2획

力力

力 力 力 力 力

力量(역량) 權力(권력) 努力(노력) 能力(능력) 總力(총력) 協力(협력) 活力(활력)

全心全力(전심전력) : 온 마음과 온 힘을 다 기울임.
盡忠竭力(진충갈력) : 충성(忠誠)을 다하고 힘을 다함.

영strength, energy 중lì 일リキ·リョク](ちから)【난이도】중학용, 읽기 7급II, 쓰기 6급

歷

지낼 력/역

止部(그칠지) 12획 총16획

歷歷歷歷歷歷歷歷歷歷歷歷歷歷歷歷

歷 歷 歷 歷 歷

歷史(역사) 歷史的(역사적) 經歷(경력) 履歷書(이력서) 學歷(학력) 前歷(전력)

故事來歷(고사내력) : ① 예로부터 전해 내려온 사물(事物)에 관한 유래나 역사(歷史). ② 또는, 사물(事物)이 그런 결과(結果)가 된 이유(理由)나 경위(經緯).

영go through 중历[lì] 일歷[レキ](へる)【난이도】중학용, 읽기 5급II, 쓰기 4급II

連連連連連直車連連連連

| 連 | 連 | 連 | 連 | 連 | | | | | |

이을 련/연

連結(연결) 連帶(연대) 連絡(연락) 連繫(연계) 連累(연루) 連續(연속) 連鎖(연쇄)

連理枝(연리지) : 두 나무의 가지가 맞닿아서 결이 서로 통(通)한 것의 뜻으로, 화목 (和睦)한 부부(夫婦) 또는 남녀(男女) 사이를 비유(比喩·譬喩)하여 이르는 말.

辶部(책받침)7획 총11획

영connect 중连[lián] 일連[レン](つらなる) 【난이도】중학용, 읽기 4급II, 쓰기 3급II

練練練練練練練練練練練練練練練

| 練 | 練 | 練 | 練 | 練 | | | | | |

익힐 련/연

訓練(훈련) 洗練(세련) 練習(연습) 未練(미련) 熟練(숙련) 調練(조련) 修練(수련)

非熟練工(비숙련공) : 아직 일에 숙달(熟達)하지 못한 직공(職工).
各個訓練(각개훈련) : 개개인(個個人)을 상대(相對)로 하는 훈련(訓鍊).

糸部(실사)9획 총15획

영practice 중练[liàn] 일練[レン](ねる) 【난이도】중학용, 읽기 5급II, 쓰기 4급II

列列列列列列

| 列 | 列 | 列 | 列 | 列 | | | | | |

벌릴 렬/열

列車(열차) 系列(계열) 隊列(대열) 陳列(진열) 齒列(치열) 行列(행렬) 序列(서열)

所經列邑(소경열읍) : 중도에 지나는 여러 고을.
列眉(열미) : 두 눈썹이 나란히 있다는 뜻으로, 명백(明白)함의 비유.

刂部(선칼도방) 4획 총6획

영display 중liè 일レツ(ねる) 【난이도】중학용, 읽기 4급II, 쓰기 3급II

烈烈烈烈烈烈烈烈烈烈

| 烈 | 烈 | 烈 | 烈 | 烈 | | | | | |

세찰 렬/열

烈女(열녀) 烈士(열사) 强烈(강렬) 先烈(선열) 熱烈(열렬) 壯烈(장렬) 猛烈(맹렬)

殉國烈士(순국열사) : 나라를 위(爲)해 목숨을 바치며 싸운 열사(烈士).
烈不二更(열불이경) : 열녀(烈女)는 두 번 시집가지 않는다는 의미.

灬部(연화발)6획 총10획

영fierce 중liè 일レツ(はげしい) 【난이도】중학용, 읽기 4급, 쓰기 3급

令令令令令

| 令 | 令 | 令 | 令 | 令 | | | | | |

하여금 령/영

令愛(영애) 令狀(영장) 命令(명령) 法令(법령) 司令官(사령관) 傳令(전령)

巧言令色(교언영색) : 남의 환심(歡心)을 사기 위(爲)해 교묘(巧妙)히 꾸며서 하는 말과 아첨(阿諂)하는 얼굴빛.

人部(사람인) 3획 총5획

영order 중lìng 일レイ 【난이도】중학용, 읽기 5급, 쓰기 4급

領

領領領領領領領領領領領領領領

領	領	領	領	領					

領收證(영수증) 領袖(영수) 領域(영역) 領土(영토) 大統領(대통령) 橫領(횡령)

要領不得(요령부득) : 사물(事物)의 주요(主要)한 부분(部分)을 잡을 수 없다는 뜻으로, 말이나 글의 요령(要領)을 잡을 수 없음을 이르는 말.

거느릴 령/영

頁部(머리혈)5획 총14획 | 영lead, command 중領[lǐng] 일リョウ(えり) 【난이도】중학용, 읽기 5급, 쓰기 4급

例

例例例例例例例例

例	例	例	例	例					

次例(차례) 事例(사례) 類例(유례) 條例(조례) 例外(예외) 例事(예사) 慣例(관례)

考例施賞(고례시상) : 전례(前例)를 참고(參考)하여 상을 줌.
異例的(이례적) : 상례(常例)를 벗어난 특이(特異)한 것.

법식 례/예

イ部(사람인변)6획 총8획 | 영instance 중lì 일レイ(たとえる) 【난이도】중학용, 읽기 6급, 쓰기 5급

禮

禮禮禮禮禮禮禮禮禮禮禮禮禮禮禮禮禮禮

禮	禮	禮	禮	禮					

禮儀(예의) 禮節(예절) 缺禮(결례) 冠禮(관례) 茶禮(차례) 祭禮(제례) 婚禮(혼례)

仁義禮智(인의예지) : 인(仁), 의(義), 예(禮), 지(智)의 사단(四端). 사람으로서 갖추어야 할 네 가지 마음가짐, 곧 어짊과 의로움과 예의(禮儀)와 지혜(智慧・知慧).

예도 례/예

示部(보일시)13획 총18획 | 영courtesy 중礼[lǐ] 일礼[レイ] 【난이도】중학용, 읽기 6급, 쓰기 5급

老

老老老老老老

老	老	老	老	老					

老鍊(노련) 老少(노소) 老人(노인) 老子(노자) 敬老(경로) 元老(원로) 村老(촌로)

百年偕老(백년해로) : 부부가 서로 사이좋고 화락하게 같이 늙음을 이르는 말.
男女老少(남녀노소) : 남자와 여자와 늙은이와 젊은이. 곧 모든 사람.

늙을 로/노

老部(늙을노)0획 총6획 | 영old 중lǎo 일ロウ(おいる) 【난이도】중학용, 읽기 7급, 쓰기 6급

勞

勞勞勞勞勞勞勞勞勞勞勞勞

勞	勞	勞	勞	勞					

勞動(노동) 勞務(노무) 勞使(노사) 勞組(노조) 勞總(노총) 勤勞(근로) 慰勞(위로)

犬馬之勞(견마지로) : 개나 말의 하찮은 힘이라는 뜻으로, ① 임금이나 나라에 충성을 다하는 노력. ② 윗사람에게 바치는 자기의 노력을 낮추어 말할 때 쓰는 말.

일할 로/노

力部(힘력)10획 총12획 | 영work 중劳[láo] 일労[ロウ](いたわる) 【난이도】중학용, 읽기 5급Ⅱ, 쓰기 4급Ⅱ

路路路路路路路路路路路路路

路	路	路	路	路					

路線(노선) 經路(경로) 岐路(기로) 道路(도로) 隘路(애로) 鍾路(종로) 水路(수로)

路不拾遺(노불습유) : 백성(百姓)이 길에 떨어진 물건(物件)을 줍지 않는다는 뜻으로, 나라가 평화(平和)롭고 모든 백성(百姓)이 매우 정직(正直)한 모양을 이르는 말.

길 로/노

足部(발족)6획 총13획

영road 중lù 일ロ(じ) 【난이도】중학용, 읽기 6급, 쓰기 5급

露露露露露露露露露露露露露露露露露露露露露

露	露	露	露	露					

露出(노출) 露呈(노정) 白露(백로) 寒露(한로) 吐露(토로) 暴露(폭로) 結露(결로)

雨露之恩(우로지은) : 비와 이슬이 만물을 기르는 것처럼 은혜가 골고루 미침을 이르는 말.
草露人生(초로인생) : 해가 나면 없어질 풀잎에 맺힌 이슬처럼 덧없는 인생을 이르는 말.

이슬 로/노

雨部(비우)13획 총21획

영dew 중lù 일ロ(つゆ) 【난이도】중학용, 읽기 3급II, 쓰기 2급

綠綠綠綠綠綠綠綠綠綠綠綠綠綠

綠	綠	綠	綠	綠					

綠色(녹색) 草綠(초록) 綠末(녹말) 葉綠素(엽록소) 綠地(녹지) 新綠(신록)

草綠同色(초록동색) : 풀빛과 녹색(綠色)은 같은 빛깔이란 뜻으로, 같은 처지(處地)의 사람과 어울리거나 기우는 것.

푸를 록/녹

糸部(실사) 8획 총14획

영green 중綠[lù] 일綠[ロク](みどり) 【난이도】중학용, 읽기 6급, 쓰기 5급

論論論論論論論論論論論論論論論

論	論	論	論	論					

論難(논란) 論爭(논쟁) 論議(논의) 勿論(물론) 言論(언론) 輿論(여론) 討論(토론)

卓上空論(탁상공론) : 탁자(卓子) 위에서만 펼치는 헛된 논설(論說)이란 뜻으로, 실현성(實現性)이 없는 허황(虛荒)된 이론(理論)을 일컬음.

논의할 론/논

言部(말씀언)8획총15획

영discuss 중论[lùn] 일ロン 【난이도】중학용, 읽기 4급II, 쓰기 3급II

料料料料料料料料料料

料	料	料	料	料					

資料(자료) 料金(요금) 保險料(보험료) 材料(재료) 手數料(수수료) 調味料(조미료)

鼻元料簡(비원요간) : ① 당장 만을 생각하는 얕은 생각. ② 그 자리에서 떠오른 생각. ③ 임기응변(臨機應變). 大違所料(대위소료) : 생각하는 바와 크게 다름.

헤아릴 료/요

斗部(말두) 6획 총10획

영measure 중liào 일リョウ(はかる) 【난이도】중학용, 읽기 5급, 쓰기 4급

柳 버들 류/유 木部(나무목)5획 총9획	柳柳柳柳柳柳柳柳柳 柳 柳 柳 柳 柳 柳京(유경) 楊柳(양류) 花柳(화류) 柳器(유기) 細柳(세류) 柳腰(유요) 柳枝(유요) 路柳墻花(노류장화) : 길 가의 버들과 담 밑의 꽃은 누구든지 쉽게 만지고 꺾을 수 있다는 뜻으로, 기생(妓生)을 의미(意味)함. 영willow 중liú 일リュウ(やなぎ)【난이도】중학용, 읽기 4급, 쓰기 3급

流 흐를 류/유 氵部(삼수변)7획총10획	流流流流流流流流流流 流 流 流 流 流 流水(유수) 流入(유입) 流出(유출) 流通(유통) 流行(유행) 交流(교류) 物流(물류) 落花流水(낙화유수) : 떨어지는 꽃과 흐르는 물이라는 뜻으로, ① 가는 봄의 경치. ② 남녀 간 서로 그리워하는 애틋한 정을 이르는 말. ③ 힘과 세력이 약해져 아주 보잘것없이 됨. 영stream 중流[liú] 일リュウ(ながす·ながれる)【난이도】중학용, 읽기 5급Ⅱ, 쓰기 4급Ⅱ

留 머무를 류/유 田部(밭전) 5획 총10획	留留留留留留留留留留 留 留 留 留 留 滯留(체류) 保留(보류) 留保(유보) 抑留(억류) 繫留(계류) 留念(유념) 留學(유학) 人死留名(인사유명) : 「사람은 죽어서 이름을 남긴다」는 뜻으로, 사람의 삶이 헛되지 아니하면 그 이름이 길이 남음을 이르는 말. 영stay 중liú 일リュウ(とまる·とめる)【난이도】중학용, 읽기 4급Ⅱ, 쓰기 3급Ⅱ

六 여섯 륙/육 八部(여덟팔)2획 총4획	六六六六 六 六 六 六 六 五臟六腑(오장육부) 六何原則(육하원칙) 六道(육도) 六月(유월) 六界(육계) 八面六臂(팔면육비) : 「여덟 개의 얼굴과 여섯 개의 팔」이라는 뜻으로, 뛰어난 능력으로 다방면에 걸쳐 눈부신 수완(手腕)을 발휘(發揮)하는 사람을 이르는 말. 영six 중liú 일ロク【난이도】중학용, 읽기 8급, 쓰기 6급Ⅱ

陸 뭍 륙/육 阝(阜)部(좌부방)8획총11획	陸陸陸陸陸陸陸陸陸陸陸 陸 陸 陸 陸 陸 大陸(대륙) 陸軍(육군) 連陸橋(연륙교) 着陸(착륙) 陸上(육상) 軟着陸(연착륙) 陸地行船(육지행선) : 육지(陸地)에서 배를 저으려 한다는 뜻으로, 곧 되지 않을 일을 억지로 하고자 함의 비유(比喩·譬喩). 영land 중陆[liú] 일リク(おか)【난이도】중학용, 읽기 5급Ⅱ, 쓰기 4급Ⅱ

倫

인륜 륜/윤

亻部(사람인변)8획총10획

倫倫倫倫倫倫倫倫倫倫

| 倫 | 倫 | 倫 | 倫 | 倫 | | | | | |

倫理(윤리) 不倫(불륜) 五倫(오륜) 人倫(인륜) 天倫(천륜) 悖倫(패륜) 背倫(배륜)

三綱五倫(삼강오륜) : 유교 도덕의 바탕이 되는 세 가지 강령과 다섯 가지의 인륜을 이르는 말. 삼강(三綱) : 군위신강(君爲臣綱), 부위자강(父爲子綱), 부위부강(夫爲婦綱).

영 morals 중 伦[lún] 일 リン(みち·たぐい)【난이도】중학용, 읽기 3급Ⅱ, 쓰기 2급

律

법 률/율

彳部(두인변)6획 총9획

律律律律律律律律律

| 律 | 律 | 律 | 律 | 律 | | | | | |

規律(규율) 法律(법률) 韻律(운율) 自律(자율) 自律的(자율적) 調律(조율)

千篇一律(천편일률) : 여러 시문(詩文)의 격조가 변화 없이 비슷비슷하다는 뜻으로, 여러 사물이 거의 비슷비슷하여 특색이 없음을 비유하여 이르는 말.

영 law 중 lǜ 일 リツ·リチ【난이도】중학용, 읽기 4급Ⅱ, 쓰기 3급Ⅱ

利

이로울 리/이

刂部(선칼도방)5획총7획

利利利利利利利

| 利 | 利 | 利 | 利 | 利 | | | | | |

利用(이용) 利益(이익) 利害(이해) 權利(권리) 勝利(승리) 有利(유리) 不利(불리)

漁夫之利(어부지리) : 어부지리(漁父之利). 어부(漁夫)의 이익이라는 뜻으로, 둘이 다투는 틈을 타서 엉뚱한 제3자(第三者)가 이익(利益)을 가로챔을 이르는 말.

영 profit 중 lì 일 リ(きく)【난이도】중학용, 읽기 6급Ⅱ, 쓰기 5급Ⅱ

李

오얏 리/이

木部(나무 목)3획총7획

李李李李李李李

| 李 | 李 | 李 | 李 | 李 | | | | | |

李朝(이조) 李氏王朝(이씨왕조) 李朝史(이조사) 李太白(이태백) 李花(이화)

李下不整冠(이하부정관) : 오얏나무 밑에서 갓을 고쳐 쓰면 오얏 도둑으로 오해받기 쉬우므로 그런 곳에서는 갓을 고쳐 쓰지 말라는 뜻으로, 남에게 의심받을 만한 일은 아예 하지 말라는 말.

영 plum 중 lǐ 일 リ(すもも)【난이도】중학용, 읽기 6급, 쓰기 5급

里

마을 리/이

里部(마을리) 0획총7획

里里里里里里里

| 里 | 里 | 里 | 里 | 里 | | | | | |

洞里(동리) 鄕里(향리) 舊里(구리) 里落(이락) 村里(촌리) 里巷(이항) 郊里(교리)

五里霧中(오리무중) : 짙은 안개가 5리나 끼어 있는 속에 있다는 뜻으로, ① 무슨 일에 대(對)하여 방향이나 상황을 알 길이 없음을 이르는 말. ② 일의 갈피를 잡기 어려움.

영 village 중 lǐ 일 リ(さと)【난이도】중학용, 읽기 7급, 쓰기 6급

理	理理理理理理理理理理
	理 理 理 理 理
다스릴 리/이	理由(이유) 理解(이해) 管理(관리) 整理(정리) 處理(처리) 總理(총리) 無理(무리)
	連理枝(연리지) : 두 나무의 가지가 맞닿아서 결이 서로 통(通)한 것의 뜻으로, 화목(和睦)한 부부(夫婦) 또는 남녀(男女) 사이를 비유(比喩·譬喩)하여 이르는 말.
王部(구슬옥)7획총11획	영reason, logic 중lǐ 일リ(ことわり) 【난이도】 중학용, 읽기 6급Ⅱ, 쓰기 5급Ⅱ

林	林林林林林林林林
	林 林 林 林 林
수풀 림/임	林木(임목) 林業(임업) 林學(임학) 密林(밀림) 山林(산림) 森林(삼림) 育林(육림)
	桂林一枝(계림일지) : 계수나무 숲의 한 가지라는 뜻으로, ① '사람됨이 비범(非凡)하면서도 겸손(謙遜)함'의 비유. ② '대수롭지 않은 출세(出世)'의 비유.
木部(나무목)4획총8획	영forest 중lín 일リン(はやし) 【난이도】 중학용, 읽기 7급, 쓰기 6급

立	立立立立立
	立 立 立 立 立
설 립/입	立冬(입동) 立秋(입추) 立春(입춘) 立夏(입하) 建立(건립) 孤立(고립) 自立(자립)
	立春大吉(입춘대길) : 입춘(立春)을 맞이하여 길운(吉運)을 기원(祈願)하는 글.
	無援孤立(무원고립) : 아무도 도와 줄 사람이 없는 외로운 처지(處地).
立部(설립) 0획총5획	영establish 중lì 일リツ(たつ·たてる) 【난이도】 중학용, 읽기 7급Ⅱ, 쓰기 6급

馬	馬馬馬馬馬馬馬馬馬馬
	馬 馬 馬 馬 馬
말 마	出馬(출마) 車馬(거마) 愛馬(애마) 騎馬(기마) 駑馬(노마) 駿馬(준마) 落馬(낙마)
	馬耳東風(마이동풍) : 말의 귀에 동풍이라는 뜻으로, 남의 비평(批評)이나 의견(意見)을 조금도 귀담아 듣지 아니하고 흘려 버림을 이르는 말.
馬部(말마) 0획 총10획	영horse 중马[mǎ] 일バ(うま·ま) 【난이도】 중학용, 읽기 5급, 쓰기 4급

莫	莫莫莫莫莫莫莫莫莫莫莫
	莫 莫 莫 莫 莫
없을 막	莫强(막강) 莫大(막대) 莫論(막론) 莫甚(막심) 莫逆(막역) 莫重(막중) 莫及(막급)
	莫逆之友(막역지우) : 마음이 맞아 서로 거스르는 일이 없는, 생사(生死)를 같이할 수 있는 친밀(親密)한 벗. 莫無可奈(막무가내) : 도무지 어찌할 수 없음.
++部(초두머리)7획11획	영not 중莫[mò] 일莫[バク](くれ·さびしい) 【난이도】 중학용, 읽기 3급Ⅱ, 쓰기 2급

晚

晚晚晚晚晚晚晚晚晚晚晚

| 晚 | 晚 | 晚 | 晚 | 晚 | | | | | |

晚期(만기) 晚年(만년) 晚餐(만찬) 晚秋(만추) 晚婚(만혼) 早晚間(조만간)

大器晚成(대기만성) 큰 그릇은 늦게 이루어진다는 뜻으로, ① 크게 될 인물은 오랜 공적(功績)을 쌓아 늦게 이루어짐. ② 또는, 만년(晚年)이 되어 성공하는 일을 이름.

늦을 만

日部(날일)7획총11획

영late 중wǎn 일バン(おくれる) 【난이도】 중학용, 읽기 3급Ⅱ, 쓰기 2급

萬

萬萬萬萬萬萬萬萬萬萬萬萬萬

| 萬 | 萬 | 萬 | 萬 | 萬 | | | | | |

萬金(만금) 萬物(만물) 萬事(만사) 萬象(만상) 家和萬事成(가화만사성)

氣高萬丈(기고만장) : 기운(氣運)이 만장이나 뻗치었다는 뜻으로, ① 펄펄 뛸 만큼 크게 성이 남. ② 또는 일이 뜻대로 되어 나가 씩씩한 기운(氣運)이 대단하게 뻗침.

일만 만

艹部(초두머리)9획총13획

영ten thousand 중万[wàn] 일万[マン](よろず) 【난이도】 중학용, 읽기 8급, 쓰기 6급Ⅱ

滿

滿滿滿滿滿滿滿滿滿滿滿滿滿滿

| 滿 | 滿 | 滿 | 滿 | 滿 | | | | | |

滿足(만족) 未滿(미만) 不滿(불만) 肥滿(비만) 小滿(소만) 圓滿(원만) 滿喫(만끽)

滿身瘡痍(만신창이) : 온몸이 성한 데 없는 상처(傷處)투성이라는 뜻으로, 아주 형편(形便)없이 엉망임을 형용(形容)해 이르는 말.

찰 만

氵部(삼수변)11획 총14획

영full 중滿[mǒn] 일滿[マン](みちる) 【난이도】 중학용, 읽기 4급Ⅱ, 쓰기 3급Ⅱ

末

末末末末末

| 末 | 末 | 末 | 末 | 末 | | | | | |

週末(주말) 年末(연말) 終末(종말) 顚末(전말) 結末(결말) 本末(본말) 末期(말기)

強弩之末(강노지말) : 「힘찬 활에서 튕겨나온 화살도 마지막에는 힘이 떨어져 비단(緋緞)조차 구멍을 뚫지 못한다」는 뜻으로, 아무리 강한 힘도 마지막에는 결국 쇠퇴하고 만다는 의미.

끝 말

木部(나무 목)1획 총5획

영end 중mò 일マツ(すえ) 【난이도】 중학용, 읽기 5급, 쓰기 4급

亡

亡亡亡

| 亡 | 亡 | 亡 | 亡 | 亡 | 亡 | | | | |

亡靈(망령) 亡命(망명) 亡身(망신) 逃亡(도망) 滅亡(멸망) 死亡(사망) 興亡(흥망)

亡羊補牢(망양보뢰) : 양을 잃고서 그 우리를 고친다는 뜻으로, ① 실패(失敗)한 후에 일을 대비(對備)함. ② 이미 어떤 일을 실패(失敗)한 뒤에 뉘우쳐도 소용이 없음.

망할 망

亠部(돼지해머리)1획 총3획

영ruin 중wáng 일ボウ・モウ(ない) 【난이도】 중학용, 읽기 5급, 쓰기 4급

忙	忙忙忙忙忙忙
	忙 忙 忙 忙 忙
	多忙(다망) 煩忙(번망) 奔忙(분망) 繁忙(번망) 忙中(망중) 忙月(망월) 忙殺(망살)
바쁠 망	忙中有閑(망중유한) : 바쁜 가운데에도 한가(閑暇)한 짬이 있음. 多事多忙(다사다망) : 일이 많아 몹시 바쁨. 눈코 뜰 사이 없이 바쁨.
忄(心)部(심방변)3획총6획	영busy 중máng 일ボウ(いそがしい) 【난이도】중학용, 읽기 3급, 쓰기 2급

忘	忘忘忘忘忘忘忘
	忘 忘 忘 忘 忘
	忘却(망각) 忘恩(망은) 健忘(건망) 難忘(난망) 勿忘草(물망초) 備忘錄(비망록)
잊을 망	白骨難忘(백골난망) : 죽어도 잊지 못할 큰 은혜(恩惠)를 입음이란 뜻으로, 남에게 큰 은혜(恩惠)나 덕을 입었을 때 고마움을 표시(表示)하는 말.
心部(마음심)3획총7획	영forget 중wàng 일ボウ(わすれる) 【난이도】중학용, 읽기 3급, 쓰기 2급

望	望望望望望望望望望望望
	望 望 望 望 望
	展望(전망) 希望(희망) 失望(실망) 絶望(절망) 所望(소망) 怨望(원망) 眺望(조망)
바랄 망	望雲之情(망운지정) : 구름을 바라보며 그리워한다는 뜻으로, ① 타향에서 고향 에 계신 부모를 생각함. ② 멀리 떠나온 자식이 어버이를 사모하여 그리는 정.
月部(달월) 7획 총11획	영hope 중wàng 일ボウ(のぞむ) 【난이도】중학용, 읽기 5급Ⅱ, 쓰기 4급Ⅱ

	每每每每每每每
	每 每 每 每 每
	每年(매년) 每番(매번) 每事(매사) 每月(매월) 每日(매일) 每時(매주) 每週(매주)
매양 매	每事不成(매사불성) : 하는 일마다 실패(失敗)함. 每人悅之(매인열지) : 각 사람의 마음을 다 기쁘게 함.
毋部(말무) 2획 총7획	영every, always 중měi 일每[マイ](ごと) 【난이도】중학용, 읽기 7급Ⅱ, 쓰기 6급

	妹妹妹妹妹妹妹妹
	妹 妹 妹 妹 妹
	男妹(남매) 兄弟姉妹(형제자매) 妹弟(매제) 妹兄(매형) 姉妹結緣(자매결연)
손아래누이 매	三從妹夫(삼종매부) : 팔촌(八寸) 누이의 남편(男便). 兄弟姉妹同氣而生(형제자매동기이생) : 형제와 자매는 기운을 같이하여 태어났음.
女部(계집녀)5획총8획	영younger sister 중mèi 일マイ(いもうと) 【난이도】중학용, 읽기 3급Ⅱ, 쓰기 2급

買

살 매

貝部(조개패) 5획 총12획

買買買買買買買買買買買買

| 買 | 買 | 買 | 買 | 買 | | | | | |

賣買(매매) 購買(구매) 買入(매입) 買收(매수) 買價(매가) 買票(매표) 買上(매상)

買占賣惜(매점매석) : 물건값이 오를 것을 예상하고 물건(物件)을 많이 사두었다가 값이 오른 뒤 아껴서 팖.

영buy 중买[mǎi] 일バイ(かう) 【난이도】중학용, 읽기 5급, 쓰기 4급

賣

팔 매

貝部(조개패) 8획 총15획

賣賣賣賣賣賣賣賣賣賣賣賣賣賣賣

| 賣 | 賣 | 賣 | 賣 | 賣 | | | | | |

販賣(판매) 賣却(매각) 賣買(매매) 賣出(매출) 競賣(경매) 賣渡(매도) 賣場(매장)

薄利多賣(박리다매) : 이익(利益)을 적게 보고 많이 팔아 이문을 올림

立稻先賣(입도선매) : 벼를 논에 세워 둔 채로 미리 돈을 받고 팖.

영sell 중卖[mài] 일売[バイ](うる·うれる) 【난이도】중학용, 읽기 5급, 쓰기 4급

麥

보리 맥

麥部(보리맥) 0획 총11획

麥麥麥麥麥麥麥麥麥麥麥

| 麥 | 麥 | 麥 | 麥 | 麥 | | | | | |

麥酒(맥주) 生麥酒(생맥주) 蕎麥麴(교맥국) 麥芽糖(맥아당) 麥浪(맥랑) 麥芽(맥아)

麥秀之歎(맥수지탄) : 보리만 무성하게 자란 것을 탄식함이라는 뜻으로, 고국의 멸망을 탄식함.

菽麥不辨(숙맥불변) : 콩인지 보리인지 분별하지 못한다는 뜻으로, 어리석고 못난 사람.

영barley 중麦[mài] 일麦[バク](むぎ) 【난이도】중학용, 읽기 3급II, 쓰기 2급

免

면할 면

儿部(어진사람인발) 5획 총7획

免免免免免免免

| 免 | 免 | 免 | 免 | 免 | | | | | |

赦免(사면) 謀免(모면) 罷免(파면) 免除(면제) 免疫(면역) 減免(감면) 免責(면책)

功勞免賤(공로면천) : 조선(朝鮮) 시대(時代)에, 나라에 공로(功勞)를 세운 노비(奴婢)가 그 신분(身分)에서 벗어나던 일.

영avoid 중miǎn 일メン(まぬかれる) 【난이도】중학용, 읽기 3급II, 쓰기 2급

勉

힘쓸 면

力部(힘력) 7획 총9획

勉勉勉勉勉勉勉勉勉

| 勉 | 勉 | 勉 | 勉 | 勉 | | | | | |

勉强(면강) 勉勵(면려) 勉力(면력) 勉學(면학) 勸勉(권면) 勤勉(근면) 力勉(역면)

刻苦勉勵(각고면려) : ① 심신(心身)을 괴롭히고 노력(努力)함.

② 대단히 고생(苦生)하여 힘써 정성(精誠)을 들임.

영exert 중miǎn 일ベン(つとめる) 【난이도】중학용, 읽기 4급, 쓰기 3급

面	面面面面面面面面面
	面 面 面 面 面
낯 면	面接(면접) 局面(국면) 反面(반면) 外面(외면) 相面(상면) 全面(전면) 畵面(화면)
	四面楚歌(사면초가) : 사방에서 들리는 초(楚)나라의 노래라는 뜻으로, 적에게 둘러싸인 상태나 누구의 도움도 받을 수 없는 고립 상태에 빠짐을 이르는 말.
面部(낯면)0획 총9획	영face 중miàn 일メン(おも·おもて·つら) 【난이도】중학용, 읽기 7급, 쓰기 6급

眠	眠眠眠眠眠眠眠眠眠眠
	眠 眠 眠 眠 眠
잠잘 면	眠食(면식) 冬眠(동면) 不眠症(불면증) 睡眠(수면) 永眠(영면) 休眠(휴면)
	春眠不覺曉(춘면불각효) : '봄 잠에 날이 새는 줄 모른다'라는 뜻으로, 좋은 분위기 (雰圍氣)에 취(醉)하여 시간 가는 줄 모르는 경우를 비유(比喩·譬喩)하는 말.
目部(눈목)5획 총10획	영sleep 중mián 일ミン(ねむい·ねむる) 【난이도】중학용, 읽기 3급Ⅱ, 쓰기 2급

名	名名名名名名
	名 名 名 名 名
이름 명	名分(명분) 名譽(명예) 名義(명의) 名節(명절) 名稱(명칭) 姓名(성명) 號名(호명)
	立身揚名(입신양명) : ① 사회적으로 인정을 받고 출세하여 이름을 세상(世上)에 드날림. ② 후세(後世)에 이름을 떨쳐 부모(父母)를 영광(榮光)되게 해 드리는 것.
口部(입구) 3획 총6획	영name 중míng 일メイ(な) 【난이도】중학용, 읽기 7급Ⅱ, 쓰기 6급

命	命命命命命命命命
	命 命 命 命 命
목숨 명	命令(명령) 命題(명제) 使命(사명) 生命(생명) 人命(인명) 運命(운명) 特命(특명)
	佳人薄命(가인박명) : 아름다운 사람은 명이 짧다는 뜻으로, 여자(女子)의 용모(容貌)가 너무 아름다우면 운명(運命)이 기박(棋博)하고 명이 짧다는 말.
口部(입구) 5획 총8획	영life 중mìng 일メイ(いのち) 【난이도】중학용, 읽기 7급, 쓰기 6급

明	明明明明明明明明
	明 明 明 明 明
밝을 명	明白(명백) 糾明(규명) 辨明(변명) 說明(설명) 淸明(청명) 透明(투명) 解明(해명)
	燈下不明(등하불명) : '등잔 밑이 어둡다'는 뜻으로, ① 가까이 있는 것이 도리어 알아내기 어려움을 이르는 말. ② 남의 일은 잘 알 수 있으나 제 일은 자기가 잘 모른다는 말.
日部(날일)4획 총8획	영right 중míng 일メイ(あかす·あかり) 【난이도】중학용, 읽기 6급Ⅱ, 쓰기 5급Ⅱ

鳴鳴鳴鳴鳴鳴鳴鳴鳴鳴鳴鳴鳴鳴

鳴 鳴 鳴 鳴 鳴

울 명

鳥部(새조) 3획 총14획

鳴動(명동) 鷄鳴(계명) 共鳴(공명) 悲鳴(비명) 自鳴(자명) 自鳴鼓(자명고)

孤掌難鳴(고장난명) : 외손뼉은 울릴 수 없다는 뜻으로, ① 혼자서는 어떤 일을 이룰 수 없다는 말. ② 상대(相對) 없이는 싸움이 일어나지 않음을 이르는 말.

영chirp 중鸣[míng] 일メイ(なく)【난이도】중학용, 읽기 4급, 쓰기 3급

毛毛毛毛

毛 毛 毛 毛 毛

털 모

毛部(털모) 0획 총4획

毛孔(모공) 毛髮(모발) 毛皮(모피) 不毛(불모) 羊毛(양모) 二毛(이모) 毫毛(호모)

九牛一毛(구우일모) : 아홉 마리 소에 털 한가닥이 빠진 정도라는 뜻으로, ① 아주 큰 물건 속에 있는 아주 작은 물건. ② 여러 마리의 소의 털 중에서 한 가닥의 털.

영hair 중máo 일[モウ](け)【난이도】중학용, 읽기 4급II, 쓰기 3급II

母母母母母

母 母 母 母 母

어미 모

母部(말무) 1획 총 5획

母校(모교) 母國(모국) 老母(노모) 父母(부모) 學父母(학부모) 祖母(조모)

孟母三遷(맹모삼천) : 맹자(孟子)의 어머니가 맹자를 제대로 교육하기 위하여 집을 세 번이나 옮겼다는 뜻으로, 교육에는 주위 환경(環境)이 중요하다는 가르침.

영mother 중mǔ 일ボ(はは)【난이도】중학용, 읽기 8급, 쓰기 6급II

暮暮暮暮暮暮暮暮暮暮暮暮暮暮暮

暮 暮 暮 暮 暮

저물 모

日部(날일)11획 총15획

歲暮(세모) 旦暮(단모) 暮秋(모추) 暮牛(모우) 年暮(연모) 朝暮(조모) 晚暮(만모)

朝三暮四(조삼모사) :「아침에 세 개, 저녁에 네 개」라는 뜻으로, ① 당장 눈앞에 나타나는 차별만을 알고 그 결과가 같음을 모름의 비유. ② 간사한 꾀를 써서 남을 속임을 이르는 말.

영evening 중mù 일ボ(くらす・くれる)【난이도】중학용, 읽기 3급, 쓰기 2급

木木木木

木 木 木 木 木

나무 목

木部(나무목) 0획 총4획

木工(목공) 木手(목수) 木材(목재) 木草(목초) 草木(초목) 枕木(침목) 植木(식목)

緣木求魚(연목구어) : 나무에 인연(因緣)하여 물고기를 구(求)한다라는 뜻으로, 목적이나 수단이 일치(一致)하지 않아 성공(成功)이 불가능(不可能)함을 이르는 말.

영tree 중mù 일ボク(き・こ)【난이도】중학용, 읽기 8급, 쓰기 6급II

中等用

目 눈 목 目部(눈목) 0획 총5획	目目目目目 目 目 目 目 目 目的(목적) 目標(목표) 科目(과목) 刮目(괄목) 題目(제목) 注目(주목) 刮目(괄목) 刮目相對(괄목상대) : 눈을 비비고 다시 보며 상대(相對)를 대(對)한다는 뜻으로, 다른 사람의 학식(學識)이나 업적(業績)이 크게 진보(進步)한 것을 말함. 영eye 중mù 일モク(おも·おもて·つら) 【난이도】 중학용, 읽기 6급, 쓰기 5급

卯 토끼 묘 卩部(병부절)3획총5획	卯卯卯卯卯 卯 卯 卯 卯 卯 卯酒(묘주) 卯時(묘시) 卯酉(묘유) 丁卯(정묘) 乙卯(을묘) 癸卯(계묘) 己卯(기묘) 己卯名臣(기묘명신) : 중종(中宗) 14년의 기묘사화(己卯士禍)에 관련된 신하들. 寅葬卯發(인장묘발) : 장사(葬事) 지낸 뒤에 곧 복(福)을 받음. 영rabbit 중mǎo 일ボウ(う) 【난이도】 중학용, 읽기 3급, 쓰기 2급

妙 묘할 묘 女部(계집녀)4획 총7획	妙妙妙妙妙妙妙 妙 妙 妙 妙 妙 妙齡(묘령) 妙技(묘기) 妙案(묘안) 巧妙(교묘) 奇妙(기묘) 微妙(미묘) 絶妙(절묘) 當意卽妙(당의즉묘) : ① 그 경우에 적합한 재치를 그 자리에서 부림, 곧 임기응변(臨機應變). ② 그 자리의 분위기에 맞추어 즉각 재치 있는 언동(言動)을 함. 영strange 중miào 일チョク(なおす) 【난이도】 중학용, 읽기 4급, 쓰기 3급

戊 다섯째 천간 무 戈部(창과) 1획 총5획	戊戊戊戊戊 戊 戊 戊 戊 戊 戊辰(무진) 戊戌(무술) 戊午(무오) 戊子(무자) 戊申(무신) 戊夜(무야) 戊寅(무인) 丙辛夜半生戊子(병신야반생무자) : '일진(日辰)의 천간(天干)이 병(丙)이나 신(辛)으로 된 날의 자시(子時)는 무자시(戊子時)가 됨'이라는 말. 중wù 일ボ·ボウ(つちのえ) 【난이도】 중학용, 읽기 3급, 쓰기 2급

武 호반 무 止部(그칠지)4획 총8획	武武武武武武武武 武 武 武 武 武 武官(무관) 武器(무기) 武力(무력) 武裝(무장) 武帝(무제) 核武器(핵무기) 武陵桃源(무릉도원) : 이 세상(世上)을 떠난 별천지(別天地)를 이르는 말. 文武兼全(문무겸전) : 문식과 무략을 다 갖추고 있음. 영military 중wǔ 일ブ(たけしい) 【난이도】 중학용, 읽기 4급II, 쓰기 3급II

茂

茂茂茂茂茂茂茂茂茂

茂 茂 茂 茂 茂

茂林(무림) 茂山郡(무산군) 茂盛(무성) 茂朱郡(무주군) 繁茂(번무)

松茂柏悅(송무백열) : 소나무가 무성(茂盛)하면 잣나무가 기뻐한다는 뜻으로, 남이 잘되는 것을 기뻐함을 비유(比喩·譬喩)하여 이르는 말.

무성할 무

艹部(초두머리)5획 총9획

영flourishing 중茂[mào] 일茂[モ](しげる) 【난이도】 중학용, 읽기 3급Ⅱ, 쓰기 2급

務

務務務務務務務務務務務

務 務 務 務 務

勤務(근무) 業務(업무) 義務(의무) 任務(임무) 職務(직무) 債務(채무) 實務(실무)

開物成務(개물성무) : ① 만물의 뜻을 열어 천하의 사무(事務)를 성취(成就)함. ② 사람이 아직 모르는 곳을 개발하고, 사람이 하고자 하는 바를 성취(成就)시킴.

힘쓸 무

力部(힘력) 9획 총11획

영exert 중务[wù] 일ム(つとまる·つとめる) 【난이도】 중학용, 읽기 4급Ⅱ, 쓰기 3급Ⅱ

無

無無無無無無無無無無無無

無 無 無 無 無

無關(무관) 無能(무능) 無理(무리) 無視(무시) 無條件(무조건) 無效(무효)

有備無患(유비무환) : 준비가 있으면 근심이 없다라는 뜻으로, ① 미리 준비(準備)가 되어 있으면 우환(憂患)을 당(當)하지 아니함. ② 또는 뒷걱정이 없다는 뜻.

없을 무

灬部(연화발) 8획 총12획

영nothing 중无[wú] 일ム(ない) 【난이도】 중학용, 읽기 5급, 쓰기 4급

舞

舞舞舞舞舞舞舞舞舞舞舞舞舞舞

舞 舞 舞 舞 舞

舞臺(무대) 鼓舞(고무) 舞踊(무용) 僧舞(승무) 亂舞(난무) 鼓舞的(고무적)

商羊鼓舞(상양고무) : 상양(商羊)이라는 새가 날아다니면 큰 비가 온다는 전설(傳說)에서, 홍수(洪水)·수해가 있을 것을 미리 알린다는 뜻. 歌舞音曲(가무음곡) : 노래와 춤과 음악.

춤출 무

舛部(어그러질천)8획총14획

영dance 중wǔ 일ボ·ブ(まい·まう) 【난이도】 중학용, 읽기 4급, 쓰기 3급

墨

墨墨墨墨墨墨墨墨墨墨墨墨墨墨墨

墨 墨 墨 墨 墨

墨家(묵가) 墨客(묵객) 墨子(묵자) 墨刑(묵형) 墨畵(묵화) 筆墨(필묵) 白墨(백묵)

近墨者黑(근묵자흑) : 먹을 가까이하면 검어진다는 뜻으로, 나쁜 사람을 가까이 하면 그 버릇에 물들기 쉽다는 말.

먹 묵

土部(흙토)12획 총15획

영ink 중mò 일ボク(すみ) 【난이도】 중학용, 읽기 3급Ⅱ, 쓰기 2급

文

글월 문

文部(글월문) 0획 총4획

文 文 文 文

文書(문서) 文字(문자) 文章(문장) 文化(문화) 論文(논문) 注文(주문) 序文(서문)

文房四友(문방사우) : 서재에 꼭 있어야 할 네 벗, 즉 종이, 붓, 벼루, 먹을 말함.
一文不通(일문불통) : 한 글자에도 통하지 못한다는 뜻으로, 한 글자도 읽지 못함.

영letter 중wén 일ブン(もじ) 【난이도】 중학용, 읽기 7급, 쓰기 6급

門

문 문

門部(문문) 0획 총8획

門 門 門 門 門 門 門 門

門中(문중) 家門(가문) 南大門(남대문) 部門(부문) 專門(전문) 窓門(창문)

門前成市(문전성시) : 대문(大門) 앞이 저자를 이룬다는 뜻으로, 세도가(勢道家)나 부잣집 문 앞이 방문객(訪問客)으로 저자(=市)를 이루다시피 함을 이르는 말.

영door 중门[mén] 일モン(かど) 【난이도】 중학용, 읽기 8급, 쓰기 6급II

問

물을 문

口部(입구) 8획 총11획

問 問 問 問 問 問 問 問 問 問 問

問題(문제) 訪問(방문) 疑問(의문) 諮問(자문) 質問(질문) 學問(학문) 顧問(고문)

不問曲直(불문곡직) : 굽음과 곧음을 묻지 않는다는 뜻으로, ① 옳고 그름을 가리지 않고 함부로 일을 처리(處理)함. ② 잘잘못을 묻지 않고 함부로 행(行)함.

영ask 중问[wèn] 일モン(とい·とう·とん) 【난이도】 중학용, 읽기 7급, 쓰기 6급

聞

들을 문

耳部(귀이) 8획 총14획

聞 聞 聞 聞 聞 聞 聞 聞 聞 聞 聞 聞 聞 聞

見聞(견문) 所聞(소문) 新聞(신문) 申聞鼓(신문고) 聽聞會(청문회) 醜聞(추문)

前代未聞(전대미문) : 지난 시대(時代)에는 들어 본 적이 없다는 뜻으로, 매우 놀랍거나 경이로운 일을 이르는 말.

영hear 중闻[wèn] 일モン·ブン(きく·きこえる) 【난이도】 중학용, 읽기 6급II, 쓰기 5급II

勿

말 물

勹部(쌀포몸) 2획 총4획

勿 勿 勿 勿

勿驚(물경) 勿論(물론) 勿忘草(물망초) 勿施(물시) 勿念(물념) 勿侵(물침)

勿忘草(물망초) : 지칫과에 딸린 여러해살이풀. 높이는 20~30㎝이며, 잎은 길둥근꼴로 어긋 맞게 나고, 봄·여름에 남색의 작은 꽃이 겹총상꽃차례로 핌. 유럽 원산으로, 관상용.

영don't 중wù 일モツ·モチ(なかれ) 【난이도】 중학용, 읽기 3급II, 쓰기 2급

物	物物物物物物物物
	物 物 物 物 物
만물 물	物件(물건) 物質(물질) 物品(물품) 事物(사물) 膳物(선물) 植物(식물) 人物(인물)
	見物生心(견물생심) : 물건(物件)을 보면 욕심(慾心)이 생긴다는 뜻. 物心一如(물심일여) : 마음과 형체가 구별없이 하나로 일치된 상태.
牛部(소우) 4획 총8획	영matter, goods 중wù 일ブツ(もの) 【난이도】 중학용, 읽기 7급II, 쓰기 6급

未	未未未未未
	未 未 未 未 未
아닐 미	未洽(미흡) 未來(미래) 未滿(미만) 未熟(미숙) 未決(미결) 未盡(미진) 未完(미완)
	未曾有(미증유) : 지금까지 아직 한 번도 있어 본 적이 없음. 前代未聞(전대미문) :「지난 시대에는 들어 본 적이 없다」는 뜻으로, 매우 놀랍거나 새로운 일을 이르는 말.
木部(나무목)1획 총5획	영not 중wèi 일ミ·ビ(いまだ) 【난이도】 중학용, 읽기 4급II, 쓰기 3급II

米	米米米米米米
	米 米 米 米 米
쌀 미	庚加米(경가미) 白米(백미) 玄米(현미) 米穀(미곡) 米價(미가) 米飮(미음) 米作(미작)
	米珠薪桂(미주신계) :「쌀은 구슬 보다 비싸고, 땔감은 계수나무보다 비싸다」는 뜻으로, 물가가 치솟아 생활(生活)하기 어렵다는 것을 이르는 말.
米部(쌀미) 0획 총6획	영rice 중mǐ 일マイ·ベイ(こめ) 【난이도】 중학용, 읽기 6급, 쓰기 5급

尾	尾尾尾尾尾尾尾
	尾 尾 尾 尾 尾
꼬리 미	尾行(미행) 尾星(미성) 尾宿(미수) 語尾(어미) 曆尾(역미) 末尾(말미) 交尾(교미)
	去頭截尾(거두절미) :「머리와 꼬리를 잘라버린다」는 뜻으로, ① 앞뒤의 잔사설을 빼놓고 요점(要點)만을 말함. ② 앞뒤를 생략(省略)하고 본론(本論)으로 들어감.
尸部(주검시)4획 총7획	영tail 중wěi 일ビ(お) 【난이도】 중학용, 읽기 3급II, 쓰기 2급

味	味味味味味味味味
	味 味 味 味 味
맛 미	意味(의미) 調味料(조미료) 興味(흥미) 趣味(취미) 口味(구미) 吟味(음미) 無味(무미)
	山海珍味(산해진미) : 산과 바다의 산물(産物)을 다 갖추어 아주 잘 차린 진귀(珍貴)한 음식이란 뜻으로, 온갖 귀한 재료로 만든 맛. 좋은 음식.
口部(입구) 5획 총8획	영taste 중wèi 일ミ(あじ·あじわう) 【난이도】 중학용, 읽기 4급II, 쓰기 3급II

美美美美美美美美美

| 美 | 美 | 美 | 美 | 美 | | | | |

美國(미국) 美軍(미군) 美德(미덕) 美術(미술) 美人(미인) 甘美(감미)

絶世代美(절세대미) : 이 세상(世上)에서는 견줄 사람이 없을 정도(程度)로 뛰어나게
아름다운 여자(女子). 絶世美人(절세미인) : ☞ 절세가인(絶世佳人).

영beautiful 중美[měi] 일ビ(うつくしい) 【난이도】 중학용, 읽기 6급, 쓰기 5급

아름다울 미

羊部(양양) 3획 총 9획

民民民民民

| 民 | 民 | 民 | 民 | 民 | | | | |

民間(민간) 國民(국민) 庶民(서민) 市民(시민) 住民(주민) 大韓民國(대한민국)

經世濟民(경세제민) : 세사(世事)를 잘 다스려 도탄(塗炭)에 빠진 백성(百姓)을
구(求)함. 경국제세(經國濟世) 라고도 함. (준말)경제(經濟).

영people 중mín 일ミン(たみ) 【난이도】 중학용, 읽기 8급, 쓰기 6급II

백성 민

氏部(각씨씨) 1획 총 5획

密密密密密密密密密密密

| 密 | 密 | 密 | 密 | 密 | | | | |

機密(기밀) 綿密(면밀) 秘密(비밀) 隱密(은밀) 精密(정밀) 緻密(치밀) 密談(밀담)

奧密稠密(오밀조밀) : ① (솜씨나 재주가) 매우 세밀(細密)하고 교묘(巧妙)한 모양.
② (성질(性質)이) 매우 자상스럽고 꼼꼼한 모양.

영dense, secrete 중mì 일ミツ(ひそか) 【난이도】 중학용, 읽기 4급II, 쓰기 3급II

빽빽할 밀

宀部(갓머리) 8획 총 11획

朴朴朴朴朴朴

| 朴 | 朴 | 朴 | 朴 | 朴 | | | | |

純朴(순박) 簡朴(간박) 質朴(질박) 厚朴(후박) 朴質(박질) 儉朴(검박) 朴忠(박충)

朴正熙(박정희) : 한국의 군인, 정치가. 1963년 12월 제5대, 제6대 , 제7대, 제8대, 대
통령(大統領). 1978년 12월 제9대 대통령(大統領).

영naive 중pǔ 일ボク(ほお) 【난이도】 중학용, 읽기 6급, 쓰기 5급

후박나무박/성씨 박

木部(나무목) 2획 총 6획

反反反反

| 反 | 反 | 反 | 反 | 反 | | | | |

反對(반대) 反駁(반박) 反映(반영) 反省(반성) 違反(위반) 反應(반응) 反面(반면)

反哺之孝(반포지효) :「까마귀 새끼가 자란 뒤에 늙은 어미에게 먹이를 물어다 주는
효성(孝誠)」이라는 뜻으로, 자식(子息)이 자라서 부모(父母)를 봉양(奉養)함.

영return 중fǎn 일タン・ハン(そらす・そる) 【난이도】 중학용, 읽기 6급II, 쓰기 5급II

되돌릴 반

又部(또우) 2획 총 4획

半

반 반

十部(열십) 3획 총5획

半 半 半 半 半
半 半 半 半 半

折半(절반) 韓半島(한반도) 半導體(반도체) 上半期(상반기) 下半期(하반기)

半百(반백) : 백의 절반, 또는 백 살의 절반. 半面之分(반면지분) : 일면지분(一面之分)도 못 되는 교분(交分)으로 얼굴만 겨우 알 뿐이고 교제(交際)는 얕은 사이.

영half 중bàn 일ハン(なかば) 【난이도】 중학용, 읽기 6급II, 쓰기 5급II

飯

밥 반

食部(밥식변)4획 총13획

飯 飯 飯 飯 飯 飯 飯 飯 飯 飯 飯 飯
飯 飯 飯 飯 飯

飯店(반점) 飯酒(반주) 飯饌(반찬) 加飯(가반) 白飯(백반) 朝飯(조반) 麥飯(맥반)

十匙一飯(십시일반) : 열 사람이 한 술씩 보태면 한 사람 먹을 분량(分量)이 된다는 뜻으로, 여러 사람이 힘을 합(合)하면 한 사람을 돕기는 쉽다는 말.

영cooked rice 중饭[fàn] 일ハン(めし) 【난이도】 중학용, 읽기 3급II, 쓰기 2급

發

필 발/쏠 발

⺀部(필발머리) 7획 총 12획

發 發 發 發 發 發 發 發 發 發 發 發
發 發 發 發 發

發生(발생) 發展(발전) 發表(발표) 發揮(발휘) 開發(개발) 摘發(적발) 出發(출발)

一觸卽發(일촉즉발) : 한 번 닿기만 하여도 곧 폭발(爆發)한다는 뜻으로, 조그만 자극(刺戟)에도 큰 일이 벌어질 것 같은 아슬아슬한 상태(狀態)를 이르는 말.

영bloom 중发[fā] 일発[ハツ](ひらく) 【난이도】 중학용, 읽기 6급II, 쓰기 5급II

方

모 방

方部(모방) 0획 총4획

方 方 方 方
方 方 方 方 方

方法(방법) 方式(방식) 方針(방침) 方向(방향) 四方(사방) 地方(지방) 處方(처방)

八方美人(팔방미인) : ① 어느 모로 보나 아름다운 미인. ② 누구에게나 두루 곱게 보이는 방법으로 처세하는 사람. ③ 여러 방면(方面)의 일에 능통(能通)한 사람.

영square 중fāng 일ホウ(かた) 【난이도】 중학용, 읽기 7급II, 쓰기 6급

防

막을 방

阝(阜)部(좌부방)4획 총7획

防 防 防 防 防 防 防
防 防 防 防 防

防禦(방어) 豫防(예방) 防止(방지) 攻防(공방) 防牌(방패) 國防(국방) 防疫(방역)

衆口難防(중구난방) : 여러 사람의 입을 막기 어렵다는 뜻으로, 막기 어려울 정도(程度)로 여럿이 마구 지껄임을 이르는 말.

영block 중fáng 일ボウ(ふせぐ) 【난이도】 중학용, 읽기 4급II, 쓰기 3급II

放	放放放放放放放放
	放 放 放 放 放
놓을 방	放送(방송) 開放(개방) 放置(방치) 放漫(방만) 解放(해방) 釋放(석방) 放棄(방기)
	凍足放尿(동족방뇨) : 언 발에 오줌 누기라는 뜻으로, 잠시의 효력이 있을 뿐, 그 효력은 없어지고 마침내는 더 나쁘게 될 일을 함. 앞을 내다보지 못하는 고식지계를 비웃는 말.
攴部(등글월문)4획 총8획	영release 중fàng 일ホウ(はなす) 【난이도】 중학용, 읽기 6급II, 쓰기 5급II

房	房房房房房房房房
	房 房 房 房 房
방 방	暖房(난방) 煖房(난방) 冷房(냉방) 藥房(약방) 店房(점방) 廚房(주방) 獨房(독방)
	洞房華燭(동방화촉) : 부인의 방에 촛불이 아름답게 비친다는 뜻으로, 신랑이 신부의 방에서 첫날밤을 지내는 일. 결혼식(結婚式)날 밤 또는 혼례(婚禮)를 이르는 말.
戶部(지게호)4획 총8획	영room 중fáng 일ボウ(ふさ) 【난이도】 중학용, 읽기 4급II, 쓰기 3급II

訪	訪訪訪訪訪訪訪訪訪訪訪
	訪 訪 訪 訪 訪
찾을 방	訪問(방문) 巡訪(순방) 訪韓(방한) 禮訪(예방) 探訪(탐방) 尋訪(심방) 答訪(답방)
	戶別訪問(호별방문) : 집집마다 찾아다님. 探訪(탐방) : ① 탐문하여 찾아 봄. ② 기자 등이 어떤 기사 거리를 얻기 위하여 목적하는 사람을 찾아가는 일.
言部(말씀언)4획 총11획	영visit 중访[fǎng] 일ホウ(おとずれる・とう) 【난이도】 중학용, 읽기 4급II, 쓰기 3급II

杯	杯杯杯杯杯杯杯杯
	杯 杯 杯 杯 杯
잔 배	角杯(각배) 乾杯(건배) 苦杯(고배) 毒杯(독배) 祝杯(축배) 暴杯(폭배) 勸杯(권배)
	杯中蛇影(배중사영) : 술잔 속의 뱀 그림자라는 뜻으로, ① 자기 스스로 의혹된 마음이 생겨 고민하는 일. ② 아무 것도 아닌 일에 의심을 품고 지나치게 근심을 함.
木部(나무목)4획 총8획	영cup 중bēi 일ハイ(さかずき) 【난이도】 중학용, 읽기 3급, 쓰기 2급

拜	拜拜拜拜拜拜拜拜拜
	拜 拜 拜 拜 拜
절 배	拜別(배별) 拜謁(배알) 答拜(답배) 歲拜(세배) 禮拜(예배) 崇拜(숭배) 參拜(참배)
	百拜致謝(백배치사) : 수 없이 절을 하며 치사(致詞・致辭)함. 拜上(배상) : '절하고 올림'의 뜻으로, 편지 끝의 자기 이름 밑에 쓰는 말.
手部(손수) 5획 총9획	영bow 중bài 일拜[ハイ](おがむ) 【난이도】 중학용, 읽기 4급II, 쓰기 3급II

白 흰 백

白白白白白

| 白 | 白 | 白 | 白 | 白 | | | | | |

白駒(백구) 白露(백로) 白馬(백마) 白鳥(백조) 明白(명백) 自白(자백) 黑白(흑백)

紅東白西(홍동백서) : 제사 때 제물을 차려 놓는 차례. 붉은 과실(果實)은 동쪽에 흰 과실은 서쪽에 차리는 격식을 뜻함. 집사자를 기준으로 왼쪽이 동쪽.

白部(흰백) 0획 총5획 | 영white 중bái 일ハク(しろい) 【난이도】 중학용, 읽기 8급, 쓰기 6급Ⅱ

百 일백 백

百百百百百百

| 百 | 百 | 百 | 百 | 百 | | | | | |

百穀(백곡) 百萬(백만) 百姓(백성) 百濟(백제) 百中(백중) 百貨店(백화점)

一罰百戒(일벌백계) : 한 사람을 벌주어 백 사람을 경계(警戒)한다는 뜻으로, 한 가지 죄와 또는 한 사람을 벌(罰)줌으로써 여러 사람의 경각심을 불러일으킴.

白部(흰백)1획 총 6획 | 영a hundred 중bǎi 일ヒャク(もも) 【난이도】 중학용, 읽기 7급, 쓰기 6급

番 차례 번

番番番番番番番番番番番番

| 番 | 番 | 番 | 番 | 番 | | | | | |

番號(번호) 番地(번지) 當番(당번) 今番(금번) 這番(저번) 單番(단번) 順番(순번)

不寢番(불침번) : ① 자지 않고 번갈아 실내(室內)의 경비(警備) 안전(安全) 을 맡는 일. ② 또는 그 사람.

田部(밭전) 7획 총12획 | 영number 중fān 일バン(つかい) 【난이도】 중학용, 읽기 6급, 쓰기 5급

伐 칠 벌

伐伐伐伐伐伐

| 伐 | 伐 | 伐 | 伐 | 伐 | | | | | |

伐木工(벌목공) 矜伐(긍벌) 盜伐(도벌) 自伐(자벌) 征伐(정벌) 討伐(토벌)

百馬伐驥(백마벌기) : 백 마리의 말이 한 마리의 준마를 친다는 뜻으로, 뭇 신하 들이 한 현신(賢臣)을 제거하기 위해 몰아침을 비유(比喻·譬喻)해 이르는 말.

亻部(사람인변) 4획 총 6획 | 영attack 중fá 일バツ(うつ) 【난이도】 중학용, 읽기 4급Ⅱ, 쓰기 3급Ⅱ

凡 무릇 범

凡凡凡

| 凡 | 凡 | 凡 | 凡 | 凡 | | | | | |

平凡(평범) 非凡(비범) 凡人(범인) 出凡(출범) 凡例(범례) 凡常(범상) 凡節(범절)

禮儀凡節(예의범절) : 모든 예의(禮儀)와 절차(節次). 凡聖不二(범성불이) : 범인 (凡人)과 성인(聖人)의 구별은 있지만, 본성(本性)은 일체 평등하다는 말.

几部(안석 궤)1획 총3획 | 영common 중fán 일ボン・ハン(およそ) 【난이도】 중학용, 읽기 3급Ⅱ, 쓰기 2급

69

法

법 법

氵部(삼수변) 5획 총8획

法法法法法法法法

法	法	法	法	法					

法律(법률) 法案(법안) 法院(법원) 方法(방법) 不法(불법) 民法(민법) 憲法(헌법)

法古創新(법고창신) : 옛것을 본받아 새로운 것을 창조한다는 뜻으로, 옛것에 토대를 두되 그것을 변화시킬 줄 알고 새 것을 만들어 가되 근본을 잃지 않아야 한다는 뜻.

영law 중fǎ 일ホウ(のり) 【난이도】 중학용, 읽기 5급II, 쓰기 4급II

變

변할 변

言部(말씀언)16획총23획

變變變變變變變變變變變變變變變變

變	變	變	變	變					

變化(변화) 變動(변동) 變質(변질) 變形(변형) 變貌(변모) 變遷(변천) 異變(이변)

天災地變(천재지변) : 지진·홍수·태풍 따위와 같이, 자연 현상에 의해 빚어지는 재앙.
變化無雙(변화무쌍) : 세상이 변하여 가는 것이 더할 수 없이 많고 심함.

영change 중変[biàn] 일変[ベン](かえる・かわる) 【난이도】 중학용, 읽기 5급II, 쓰기 4급II

別

다를 별

刂部(선칼도방) 5획 총7획

別別別別別別別

別	別	別	別	別					

別途(별도) 各別(각별) 個別(개별) 區別(구별) 差別(차별) 離別(이별) 特別(특별)

別世界(별세계) : ① 이 세상(世上) 밖의 다른 세상(世上).
② 속(俗)된 세상(世上)과는 딴 판으로 아주 좋은 세상(世上).

영different 중bié 일ベツ(わかれる) 【난이도】 중학용, 읽기 6급, 쓰기 5급

丙

남녘 병

一部(한일)4획 총5획

丙丙丙丙丙

丙	丙	丙	丙	丙					

丙子胡亂(병자호란) 丙寅洋擾(병인양요) 丙子(병자) 丙寅(병인) 丙戌(병술)

丙舍傍啓(병사방계) : 병사(丙舍) 곁에 통로(通路)를 열어 궁전(宮殿) 내(內)를 출입(出入)하는 사람들의 편리(便利)를 도모(圖謀)했음.

영south 중bǐng 일ヘイ(ひのえ) 【난이도】 중학용, 읽기 3급II, 쓰기 2급

兵

군사 병

八部(여덟팔) 5획 총7획

兵兵兵兵兵兵兵

兵	兵	兵	兵	兵					

兵力(병력) 兵士(병사) 兵役(병역) 士兵(사병) 將兵(장병) 派兵(파병) 工兵(공병)

草木皆兵(초목개병) : 온 산의 풀과 나무까지도 모두 적병으로 보인다는 뜻으로, 적의 힘을 두려워한 나머지 하찮은 것에도 겁냄을 이르는 말.

영soldier 중bīng 일ヘイ(つわもの) 【난이도】 중학용, 읽기 5급II, 쓰기 4급II

病	病病*病*病病病病病病病
	病 病 病 病 病
질병 병	病院(병원) 疾病(질병) 病弊(병폐) 病菌(병균) 發病(발병) 問病(문병) 病者(병자)
	同病相憐(동병상련) : 같은 병자(病者)끼리 가엾게 여긴다는 뜻으로, 어려운 처지 (處地)에 있는 사람끼리 서로 불쌍히 여겨 동정(同情)하고 서로 도움.
疒部(병질엄)5획총10획	영illness 중bìng 일ビョウ·ヘイ(やまい·やむ)【난이도】중학용, 읽기 6급, 쓰기 5급II

步	步*步*步步步步步
	步 步 步 步 步
걸음 보	步道(보도) 踏步(답보) 散步(산보) 初步(초보) 退步(퇴보) 闊步(활보) 輕步(경보)
	五十步百步(오십보백보) : 오십 보 도망한 자가 백 보 도망한 자를 비웃는다라는 뜻으로, 조금 낫고 못한 차이는 있지만 본질적으로 차이가 없음.
止部(그칠지)3획 총7획	영walk 중bù 일ホ·ブ·フ(あゆむ·あるく)【난이도】중학용, 읽기 4급II, 쓰기 3급II

保	保保保保保保保保保
	保 保 保 保 保
보전할 보	保護(보호) 保障(보장) 確保(확보) 安保(안보) 擔保(담보) 保險(보험) 保守(보수)
	民保於信(민보어신) : 백성(百姓)은 신의(信義)가 있을 때에 안정(安定)된다는 뜻으로, 백성(百姓)은 신의(信義)에 의(依)해서만 잘 다스려진다는 말.
亻部(사람인변)7획총9획	영keep 중bǎo 일ホ·フ(たもつ)【난이도】중학용, 읽기 4급II, 쓰기 3급II

報	報報報報報報報報報報報報
	報 報 報 報 報
갚을 보	報道(보도) 情報(정보) 報告(보고) 弘報(홍보) 報酬(보수) 通報(통보) 諜報(첩보)
	結草報恩(결초보은) :「풀을 묶어서 은혜를 갚는다」라는 뜻으로, ① 죽어 혼이 되더라도 입은 은혜를 잊지 않고 갚음. ② 무슨 짓을 하여서든지 잊지 않고 은혜에 보답(報答)함.
土部(흙 토)9획 총12획	영repay 중报[bào] 일ホウ(むくいる)【난이도】중학용, 읽기 4급II, 쓰기 3급II

伏	伏伏伏伏伏伏
	伏 伏 伏 伏 伏
엎드릴 복	伏兵(복병) 伏線(복선) 屈伏(굴복) 三伏(삼복) 潛伏(잠복) 降伏(항복) 埋伏(매복)
	伏地不動(복지부동) : 땅에 엎드려 움직이지 아니한다는 뜻으로, 마땅히 해야 할 일을 하지 않고 몸을 사림을 비유(比喩·譬喩)하여 이르는 말.
亻部(사람인변)4획총6획	영lie face down 중fú 일フク(ふす·ふせる)【난이도】중학용, 읽기 4급, 쓰기 3급

服 服 服 服 服 服 服 服

服

옷 복

月部(달월) 4획 총8획

服務(복무) 服從(복종) 屈服(굴복) 克服(극복) 衣服(의복) 降服(항복) 服裝(복장)

上命下服(상명하복) : 윗사람의 명령(命令)에 아랫사람이 따름.

微服潛行(미복잠행) : 남이 알아보지 못하게 미복으로 넌지시 다님.

영clothes 중fú 일フク(きもの) 【난이도】중학용, 읽기 6급, 쓰기 5급

復 復 復 復 復 復 復 復 復 復

復

돌아올 복/부

彳部(두인변) 9획총12획

回復(회복) 復歸(복귀) 反復(반복) 復活(부활) 復元(복원) 復舊(복구) 光復(광복)

死灰復燃(사회부연) : 「다 탄 재가 다시 불이 붙었다」는 뜻으로, ① 세력을 잃었던 사람이 다시 세력을 잡음. ② 혹은 곤경에 처해 있던 사람이 훌륭하게 됨을 비유하는 말.

영restore 중复[fù] 일フク(かえる·また) 【난이도】중학용, 읽기 4급Ⅱ, 쓰기 3급Ⅱ

福 福 福 福 福 福 福 福 福 福 福 福 福

福

복 복

示部(보일시) 9획 총14획

福券(복권) 福利(복리) 福音(복음) 多福(다복) 晩福(만복) 幸福(행복) 天福(천복)

吉凶禍福(길흉화복) : 길흉(吉凶)과 화복(禍福)이라는 뜻으로, 즉 사람의 운수(運數)를 이름. 反禍爲福(반화위복) : ☞ 전화위복(轉禍爲福).

영fortune 중福[fú] 일福[フク](さいわい) 【난이도】중학용, 읽기 5급Ⅱ, 쓰기 4급Ⅱ

本 本 本 本 本

근본 본

木部(나무목) 1획 총5획

本分(본분) 本質(본질) 本末(본말) 基本(기본) 根本(근본) 日本(일본) 資本(자본)

拔本塞源(발본색원) : 근본(根本)을 빼내고 원천(源泉)을 막아 버린다는 뜻으로, 사물(事物)의 폐단(弊端)을 없애기 위(爲)해서 그 뿌리째 뽑아 버림을 이르는 말.

영origin 중běn 일ホン(もと) 【난이도】중학용, 읽기 6급, 쓰기 5급

奉 奉 奉 奉 奉 奉 奉 奉

奉

받들 봉

大部(큰대) 5획총8획

奉畓(봉답) 奉仕(봉사) 奉事(봉사) 奉獻(봉헌) 奉化(봉화) 天奉畓(천봉답)

滅私奉公(멸사봉공) : 사(私)를 버리고 공(公)을 위(爲)하여 힘써 일함.

奉養(봉양) : 어버이나 할아버지, 할머니를 받들어 모시고 섬김.

영revere 중fèng 일ホウ(たてまつる) 【난이도】중학용, 읽기 5급Ⅱ, 쓰기 4급Ⅱ

逢

逢逢逢逢逢逢逢逢逢逢逢

逢 逢 逢 逢 逢

만날 봉

辶部(책받침) 7획 총11획

相逢(상봉) 逢着(봉착) 逢變(봉변) 遭逢(조봉) 逢辱(봉욕) 更逢(갱봉) 逢年(봉년)

欲哭逢打(욕곡봉타) : 「울려는 아이 뺨치기라는 속담(俗談)」의 한역으로, 불평(不平)을 품고 있는 사람을 선동(煽動)함을 비유(比喩·譬喩)한 말.

영meet 중逢[féng] 일逢[ホウ](あう·おおきい) 【난이도】 중학용, 읽기 3급Ⅱ, 쓰기 2급

父

父父父父

父 父 父 父 父

아비 부

父部(아비부)0획 총4획

父母(부모) 父子(부자) 父親(부친) 父兄(부형) 師父(사부) 神父(신부) 祖父(조부)

父子有親(부자유친) : 오륜(五倫 ; 父子有親, 君臣有義, 夫婦有別, 長幼有序, 朋友有信))의 하나. 아버지와 아들 사이의 도는 친애(親愛)에 있음.

영father 중fù 일フ(ちち) 【난이도】 중학용, 읽기 8급, 쓰기 6급Ⅱ

夫

夫夫夫夫

夫 夫 夫 夫 夫

지아비 부

大部(큰대) 1획 총4획

夫君(부군) 夫婦(부부) 夫人(부인) 工夫(공부) 農夫(농부) 漁夫(어부) 匹夫(필부)

漁夫之利(어부지리) : 어부지리(漁父之利). 어부(漁夫)의 이익(利益)이라는 뜻으로, 둘이 다투는 틈을 타서 엉뚱한 제3자(第三者)가 이익(利益)을 가로챔을 이르는 말.

영husband 중fú 일フ(おっと) 【난이도】 중학용, 읽기 7급, 쓰기 6급

扶

扶扶扶扶扶扶扶

扶 扶 扶 扶 扶

도울 부

扌(手)部(재방변)4획총7획

扶安(부안) 扶養(부양) 扶餘(부여) 扶助(부조) 扶持(부지) 扶護(부호) 扶腋(부액)

相扶相助(상부상조) : 서로서로 도움.
相互扶助(상호부조) : 서로 돕는 일.

영assist 중fú 일フ(たすける) 【난이도】 중학용, 읽기 3급Ⅱ, 쓰기 2급

否

否否否否否否否

否 否 否 否 否

아닐 부

口部(입구) 4획 총7획

拒否(거부) 與否(여부) 否認(부인) 否定(부정) 否決(부결) 安否(안부) 當否(당부)

曰可曰否(왈가왈부) : 좋으니 나쁘니 하고 떠들어댐. 運否天賦(운부천부) : 운이 좋고 나쁨은 모두가 하늘의 뜻이라는 의미(意味)로, 운을 하늘에 맡김을 이르는 말.

영not, no 중fǒu 일ヒ(いな) 【난이도】 중학용, 읽기 4급, 쓰기 3급

浮

뜰 부

氵部(삼수변)7획총10획

浮浮浮浮浮浮浮浮浮浮

浮 浮 浮 浮 浮

浮刻(부각) 浮力(부력) 浮上(부상) 浮揚(부양) 浮揚策(부양책) 浮遊(부유)

浮言流說(부언유설) : 아무 근거없이 널리 퍼진 소문(所聞). 터무니없이 떠도는 말.

羅浮之夢(나부지몽) : 나부산(羅浮山)의 꿈이라는 뜻으로, 덧없는 한바탕의 꿈을 이르는 말.

영float 중fú 일フ(うかぶ·うかべる) 【난이도】중학용, 읽기 3급Ⅱ, 쓰기 2급

婦

아내 부

女部(계집녀)8획총11획

婦婦婦婦婦婦婦婦婦婦婦

婦 婦 婦 婦 婦

婦人(부인) 家政婦(가정부) 内命婦(내명부) 慰安婦(위안부) 主婦(주부)

匹夫匹婦(필부필부) : 평범(平凡)한 남자(男子)와 평범(平凡)한 여자(女子).

夫爲婦綱(부위부강) : 남편(男便)은 아내의 벼리가 됨. [三綱(삼강)].

영wife 중妇[fù] 일婦[フ](おんな) 【난이도】중학용, 읽기 4급Ⅱ, 쓰기 3급Ⅱ

部

거느릴 부/떼 부

阝部(우부방) 8획 총11획

部部部部部部部部部部部

部 部 部 部 部

一部(일부) 部分(부분) 部隊(부대) 幹部(간부) 部處(부처) 内部(내부) 部門(부문)

半部論語(반부논어) : 반 권의 논어라는 뜻으로, ① 학습(學習)의 중요함을 이르는 말. ② 자신의 지식을 겸손(謙遜)하게 이르는 말.

영department 중bù 일ブ(ベ) 【난이도】중학용, 읽기 6급Ⅱ, 쓰기 5급Ⅱ

富

부자 부

宀部(갓머리)9획 총12획

富富富富富富富富富富富富

富 富 富 富 富

富貴(부귀) 富裕(부유) 富者(부자) 貧富(빈부) 貧富(빈부) 致富(치부) 猝富(졸부)

富國强兵(부국강병) : 부유(富裕)한 나라와 강(强)한 군사(軍士)라는 뜻으로, 나라를 부유(富裕)하게 하고, 군대(軍隊)를 강(强)하게 함.

영rich 중fù 일フ·フウ(とみ·とむ) 【난이도】중학용, 읽기 4급Ⅱ, 쓰기 3급Ⅱ

北

북녘 북

匕部(비수비)3획 총5획

北北北北北

北 北 北 北 北

北韓(북한) 敗北(패배) 對北(대북) 南北(남북) 慶北(경북) 北側(북측) 拉北(납북)

南男北女(남남북녀) : 예전부터 우리나라에서 남쪽 지방(地方)은 남자(男子)가 잘나고, 북쪽 지방(地方)은 여자(女子)가 곱다는 뜻으로 일러 내려오는 말.

영north 중běi 일ホク(きた) 【난이도】중학용, 읽기 8급, 쓰기 6급Ⅱ

分

分分分分

分 分 分 分 分

分明(분명) 分析(분석) 分野(분야) 部分(부분) 大部分(대부분) 充分(충분)

兩寡分悲(양과분비) : 두 과부(寡婦)가 슬픔을 서로 나눈다는 뜻으로, 같은 처지(處地)에 있는 사람끼리 서로 동정(同情)한다는 말.

나눌 분

刀部(칼도) 2획 총4획

영 divide 중 fēn 일 フン(わける) 【난이도】 중학용, 읽기 6급II, 쓰기 5급II

不

不不不不

不 不 不 不 不

不可(불가) 不過(불과) 不動産(부동산) 不足(부족) 不法(불법) 不安(불안)

過猶不及(과유불급) : 모든 사물(事物)이 정도(程度)를 지나치면 미치지 못한 것과 같다는 뜻으로, 중용(中庸)이 중요(重要)함을 가리키는 말.

아니 불/아닐 부

一部(한일) 3획 총4획

영 not 중 bù 일 フ·ブ 【난이도】 중학용, 읽기 7급II, 쓰기 6급

佛

佛佛佛佛佛佛佛

佛 佛 佛 佛 佛

佛敎(불교) 彌勒佛(미륵불) 佛家(불가) 抑佛(억불) 彷佛(방불) 佛堂(불당)

佛頭着糞(불두착분) : 부처의 얼굴에 똥을 묻힌다는 뜻으로, ① 훌륭한 저서에 서투른 서문을 쓴다는 말. ② 깨끗한 것을 더럽히거나 착한 사람이 모욕을 당할 때 비유하여 이르는 말.

부처 불

亻部(사람인변)5획총7획

영 buddha 중 佛[fó] 일 仏[ブツ](ほとけ) 【난이도】 중학용, 읽기 4급II, 쓰기 3급II

朋

朋朋朋朋朋朋朋朋

朋 朋 朋 朋 朋

朋友(붕우) 朋知(붕지) 朋執(붕집) 同朋(동붕) 佳朋(가붕) 朋黨(붕당) 面朋(면붕)

朋友責善(붕우책선) : 친구는 서로 착한 일을 권한다는 뜻으로, 참다운 친구라면 서로 나쁜 짓을 못 하도록 권(勸)하고 좋은 길로 이끌어야 함.

벗 붕

月部(달월)4획 총8획

영 friend 중 péng 일 ホウ(とも) 【난이도】 중학용, 읽기 3급, 쓰기 2급

比

比比比比

比 比 比 比 比

比較(비교) 比率(비율) 比重(비중) 比較的(비교적) 櫛比(즐비) 對比(대비)

比翼鳥(비익조) : 암컷과 수컷이 눈과 날개가 하나씩이라서 짝을 짓지 않으면 날지 못한다는 새로서, 남녀(男女) 사이 혹은 부부애(夫婦愛)가 두터움을 이르는 말.

견줄 비

比部(견줄비) 0획 총4획

영 compare 중 bǐ 일 ヒ(くらべる) 【난이도】 중학용, 읽기 5급, 쓰기 4급

非	非 非 非 非 非 非 非 非
	非 非 非 非 非
	非難(비난) 非但(비단) 非理(비리) 非命(비명) 非常(비상) 是非(시비) 非凡(비범)
	非一非再(비일비재) : 같은 일이 한두 번이 아님이란 뜻으로, 한둘이 아님. 似而非(사이비) : 겉으로 보기에는 비슷한 듯하지만 근본적으로는 아주 다른 것.
아닐 비 非部(아닐비) 0획 총8획	영not 중fēi 일ヒ(あらず) 【난이도】중학용, 읽기 4급II, 쓰기 3급II

飛	飛 飛 飛 飛 飛 飛 飛 飛 飛
	飛 飛 飛 飛 飛
	飛馬(비마) 飛躍的(비약적) 飛行機(비행기) 飛火(비화) 雄飛(웅비) 飛龍(비룡)
	烏飛梨落(오비이락) : '까마귀 날자 배 떨어진다'는 속담의 한역으로, 아무런 관계도 없이 한 일이 공교롭게 다른 일과 때가 일치해 혐의(嫌疑)를 받게 됨을 이르는 말.
날 비 飛部(날비) 0획 총9획	영fly 중飞[fē] 일飛[ヒ](とぶ) 【난이도】중학용, 읽기 4급II, 쓰기 3급II

備	備 備 備 備 備 備 備 備 備 備 備
	備 備 備 備 備
	準備(준비) 對備(대비) 裝備(장비) 設備(설비) 整備(정비) 警備(경비) 豫備(예비)
	有備無患(유비무환) : 「준비가 있으면 근심이 없다」라는 뜻으로, ① 미리 준비(準備)가 되어 있으면 우환(憂患)을 당(當)하지 아니함. ② 또는 뒷걱정이 없다는 뜻.
갖출 비 亻部(사람인변)10획총12획	영prepare 중备[bèi] 일ビ(そなえる·そなわる) 【난이도】중학용, 읽기 4급II, 쓰기 3급II

悲	悲 悲 悲 悲 悲 悲 悲 悲 悲 悲 悲 悲
	悲 悲 悲 悲 悲
	悲觀(비관) 悲劇(비극) 悲鳴(비명) 悲報(비보) 悲哀(비애) 悲慘(비참) 喜悲(희비)
	興盡悲來(흥진비래) : 즐거운 일이 지나가면 슬픈 일이 닥쳐온다는 뜻으로, ① 세상일이 순환됨을 가리키는 말. ② 세상의 온갖 일에 너무 자만하거나 낙담하지 말라는 뜻.
슬플 비 心部(마음심)8획 총12획	영sad 중bēi 일ヒ(かなしい·かなしむ) 【난이도】중학용, 읽기 4급II, 쓰기 3급II

鼻	鼻 鼻 鼻 鼻 鼻 鼻 鼻 鼻 鼻 鼻 鼻 鼻 鼻 鼻
	鼻 鼻 鼻 鼻 鼻
	鼻祖(비조) 鼻炎(비염) 鼻音(비음) 阿鼻(아비) 高鼻(고비) 鼻孔(비공) 鼻骨(비골)
	阿鼻叫喚(아비규환) : 「아비 지옥과 규환 지옥」이라는 뜻으로, 여러 사람이 비참한 지경에 처하여 그 고통에서 헤어나려고 비명을 지르며 몸부림침을 형용해 이르는 말.
코 비 鼻部(코비) 0획 총14획	영nose 중bí 일ビ(はな) 【난이도】중학용, 읽기 5급, 쓰기 4급

貧 가난할 빈

貧貧貧貧貧貧貧貧貧貧貧

貧 貧 貧 貧 貧

貧困(빈곤) 貧富(빈부) 貧血(빈혈) 貧賤(빈천) 貧弱(빈약) 淸貧(청빈) 賤貧(천빈)

安貧樂道(안빈낙도) : ① 구차(苟且)하고 궁색(窮塞)하면서도 그것에 구속되지 않고 평안하게 즐기는 마음으로 살아감. ② 가난에 구애받지 않고 도를 즐김.

영poor 중貧[pín] 일ヒン・ビン(まずしい) 【난이도】 중학용, 읽기 4급II, 쓰기 3급II

貝部(조개패)4획 총11획

氷 얼음 빙

氷氷氷氷氷

氷 氷 氷 氷 氷

氷河(빙하) 氷晶(빙정) 解氷(해빙) 流氷(유빙) 薄氷(박빙) 結氷(결빙) 細氷(세빙)

氷姿玉質(빙자옥질) : 얼음같이 투명(透明)한 모습과 옥과 같이 뛰어난 바탕이라는 뜻으로, ① 용모(容貌)와 재주가 모두 뛰어남. ② 매화(梅花)의 다른 이름.

영ice 중冰[bīng] 일ヒョウ[こおり・ひ] 【난이도】 중학용, 읽기 5급, 쓰기 4급

水部(물수) 1획 총5획

巳 뱀 사

巳巳巳

巳 巳 巳 巳 巳

上巳(상사) 巳方(사방) 乙巳(을사) 癸巳(계사) 己巳(기사) 巳初(사초) 巳時(사시)

乙巳條約(을사조약) : 1905년 일본(日本)이 한국(韓國)의 외교권(外交權)을 박탈(剝奪)하기 위(爲)해 한국(韓國) 정부(政府)를 강압(強壓)하여 체결(締結)한 조약(條約).

영snake 중sì 일シ(み) 【난이도】 중학용, 읽기 3급, 쓰기 2급

己部(몸기) 0획 총3획

士 선비 사

士士士

士 士 士 士 士

士兵(사병) 博士(박사) 辯護士(변호사) 人士(인사) 操縱士(조종사) 武士(무사)

士農工商(사농공상) : 선비・농부・공장(工匠)・상인 등 네 가지 신분을 아울러 이르는 말. 봉건(封建) 시대의 계급 관념(觀念)을 순서(順序)대로 일컫는 말.

영scholar 중shì 일シ 【난이도】 중학용, 읽기 5급II, 쓰기 4급II

士部(선비사) 0획 총3획

仕 벼슬 사

仕仕仕仕仕

仕 仕 仕 仕 仕

仕進(사진) 仕退(사퇴) 勤仕(근사) 奉仕(봉사) 奉仕者(봉사자) 出仕(출사)

仕非爲貧(사비위빈) : 관리(官吏)는 빈한(貧寒)해도 녹을 먹기 위(爲)해 일하지 않는다는 뜻으로, 관리(官吏)된 사람은 덕(德)을 천하(天下)에 펴야 한다는 말.

영public office 중shì 일シ(つかえる) 【난이도】 중학용, 읽기 5급II, 쓰기 4급II

1部(사람인변)3획 총5획

史史史史史

史	史	史	史	史					

역사 사

史家(사가) 史記(사기) 史料(사료) 史上(사상) 史書(사서) 女史(여사) 歷史(역사)

三冬文史(삼동문사) : 가난한 사람은 농사(農事) 짓느라고 여가(餘暇)가 없어 다만 삼동에 학문(學問)을 닦는다는 뜻으로, 자기(自己)를 겸손(謙遜)히 이르는 말.

口部(입구) 2획 총5획　　영history　중shǐ　일シ(ふみ)　【난이도】중학용, 읽기 5급Ⅱ, 쓰기 4급Ⅱ

四四四四四

四	四	四	四	四					

넉 사

四君子(사군자) 四德(사덕) 四方(사방) 四書(사서) 四寸(사촌) 四海(사해)

朝三暮四(조삼모사) : 아침에 세 개, 저녁에 네 개라는 뜻으로, 당장 눈앞에 나타나는 차별(差別)만을 알고 그 결과(結果)가 같음을 모름의 비유.

口部(큰입구몸) 2획 총5획　　영four　중sì　일シ(よ·よつ)　【난이도】중학용, 읽기 8급, 쓰기 6급Ⅱ

死死死死死死

死	死	死	死	死					

죽을 사

死亡(사망) 死藏(사장) 生死(생사) 橫死(횡사) 死亡者(사망자) 飢死(기사) 慘死(참사)

兎死狗烹(토사구팽) : 「사냥하러 가서 토끼를 잡으면, 사냥하던 개는 쓸모가 없게 되어 삶아 먹는다」는 뜻으로, ① 필요할 때 요긴하게 써 먹고 쓸모가 없어지면 가혹하게 버린다는 뜻.

歹部(죽을사) 2획 총6획　　영die　중sǐ　일シ(しぬ)　【난이도】중학용, 읽기 6급, 쓰기 5급

寺寺寺寺寺寺

寺	寺	寺	寺	寺					

절 사

寺刹(사찰) 寺院(사원) 寺門(사문) 佛寺(불사) 寺人(시인) 寺宇(사우) 寺社(사사)

上下寺不及(상하사불급) : 위에 미치기에는 짧고, 아래에 대기는 길다는 뜻으로, 두 가지 일이 모두 실패(失敗)하게 됨을 비유한 말.

寸部(마디촌) 3획 총6획　　영temple　중sì　일ジ(てら)　【난이도】중학용, 읽기 4급Ⅱ, 쓰기 3급Ⅱ

私私私私私私私

私	私	私	私	私					

사사로울 사

私學(사학) 私人(사인) 私淑(사숙) 私生活(사생활) 私的(사적) 私教育(사교육)

先公後私(선공후사) : 사(私)보다 공(公)을 앞세움이란 뜻으로, 사사(私事)로운 일이나 이익(利益)보다 공익(公益)을 앞세움.

禾部(벼화) 2획 총7획　　영private　중sī　일シ(わたくし·わたし)　【난이도】중학용, 읽기 4급, 쓰기 3급

使

부릴 사

亻部(사람인변) 6획 총8획

使使使使使使使使

| 使 | 使 | 使 | 使 | 使 | | | | | |

使命(사명) 使臣(사신) 使用(사용) 勞使(노사) 大使(대사) 行使(행사) 特使(특사)

咸興差使(함흥차사) : ① 심부름꾼이 가서 소식(消息)이 없거나, 또는 회답(回答)이 더딜 때의 비유. ② 한 번 간 사람이 돌아오지 않거나 소식(消息)이 없음.

영employ 중shǐ 일シ(すかう) 【난이도】 중학용, 읽기 6급, 쓰기 5급

舍

집 사

舌部(혀설) 2획 총8획

舍舍舍舍舍舍舍舍

| 舍 | 舍 | 舍 | 舍 | 舍 | | | | | |

舍廊(사랑) 廳舍(청사) 寄宿舍(기숙사) 精舍(정사) 驛舍(역사) 畜舍(축사)

舍己從人(사기종인) : 자기의 이전 행위를 버리고 타인의 선행(善行)을 본떠 행함.
作舍道傍(작사도방) : 의견이 서로 달라서 일을 결정하지 못함을 일컫는 말.

영house 중shè 일舍[シャ] 【난이도】 중학용, 읽기 4급II, 쓰기 3급II

事

일 사

亅部(갈고리궐)7획 총8획

事事事事事事事事

| 事 | 事 | 事 | 事 | 事 | | | | | |

事件(사건) 事故(사고) 事例(사례) 事實(사실) 事業(사업) 從事(종사) 行事(행사)

事必歸正(사필귀정) : 처음에는 시비(是非) 곡직(曲直)을 가리지 못하여 그릇되더라도 모든 일은 결국에 가서는 반드시 정리(正理)로 돌아감.

영work, occupation 중shì 일ジ·ズ(こと) 【난이도】 중학용, 읽기 7급II, 쓰기 6급

思

생각 사

心部(마음심)5획 총9획

思思思思思思思思思

| 思 | 思 | 思 | 思 | 思 | | | | | |

思考(사고) 思慮(사려) 思慕(사모) 思惟(사유) 思想(사상) 深思(심사) 意思(의사)

居安思危(거안사위) : 평안(平安)할 때에도 위험(危險)과 곤란(困難)이 닥칠 것을 생각하며 잊지말고 미리 대비(對備)해야 함.

영think 중sī 일シ(おもう) 【난이도】 중학용, 읽기 5급, 쓰기 4급

射

쏠 사

寸部(마디촌)7획 총10획

射射射射射射射射射射

| 射 | 射 | 射 | 射 | 射 | | | | | |

射擊(사격) 射手(사수) 亂射(난사) 反射(반사) 發射(발사) 注射(주사) 速射(속사)

射魚指天(사어지천) : 물고기를 잡으려고 하늘을 향해 쏜다는 뜻으로, 고기는 물에서 구해야 하는데 하늘에서 구함, 곧 불가능한 일을 하려 함을 이르는 말.

영shoot 중shè 일シャ(いる) 【난이도】 중학용, 읽기 4급, 쓰기 3급

師師師師師師師師師師
| 師 | 師 | 師 | 師 | 師 | | | | | |

師範(사범) 師弟(사제) 講師(강사) 教師(교사) 牧師(목사) 醫師(의사) 看護師(간호사)

師弟同行(사제동행) : ① 스승과 제자(弟子)가 함께 길을 감.
② 스승과 제자(弟子)가 한 마음으로 연구(研究)하여 나아감.

師 스승 사
巾部(수건건)7획 총10획 · 영teacher 중师[shī] 일シ(せんせい) 【난이도】중학용, 읽기 4급Ⅱ, 쓰기 3급Ⅱ

絲絲絲絲絲絲絲絲絲絲絲絲
| 絲 | 絲 | 絲 | 絲 | 絲 | | | | | |

絹絲(견사) 螺絲(나사) 綿絲(면사) 毛絲(모사) 原絲(원사) 製絲(제사) 製絲(제사)

一絲不亂(일사불란) : 한 오라기의 실도 흐트러지지 않았다는 뜻으로, 질서(秩序)나 체계(體系) 따위가 잘 잡혀 있어서 조금도 흐트러짐이 없음을 이르는 말.

絲 실 사
糸部(실사)6획 총12획 · 영thread 중丝[sī] 일シ(いと) 【난이도】중학용, 읽기 4급, 쓰기 3급

謝謝謝謝謝謝謝謝謝謝謝謝謝謝謝謝謝
| 謝 | 謝 | 謝 | 謝 | 謝 | | | | | |

謝過(사과) 謝禮(사례) 謝罪(사죄) 感謝(감사) 代謝(대사) 薄謝(박사) 謝意(사의)

新陳代謝(신진대사) : 묵은 것이 없어지고 새것이 대신(代身) 생기거나 들어서는 일.
百拜致謝(백배치사) : 수 없이 절을 하며 치사(致詞·致辭)함.

謝 사례할 사
言部(말씀언)10획 총17획 · 영thank 중谢[xiè] 일シャ(あやまる) 【난이도】중학용, 읽기 4급Ⅱ, 쓰기 3급Ⅱ

山山山
| 山 | 山 | 山 | 山 | 山 | | | | | |

寺刹(사찰) 寺院(사원) 寺門(사문) 佛寺(불사) 寺人(시인) 寺宇(사우) 寺社(사사)

上下寺不及(상하사불급) : 위에 미치기에는 짧고, 아래에 대기는 길다는 뜻으로, 두 가지 일이 모두 실패(失敗)하게 됨을 비유한 말.

山 뫼 산
山部(뫼산) 0획 총3획 · 영mountain 중shān 일サン·セン(やま) 【난이도】중학용, 읽기 8급, 쓰기 6급Ⅱ

産産産産産産産産産産
| 産 | 産 | 産 | 産 | 産 | | | | | |

財産(재산) 不動産(부동산) 産業(산업) 生産(생산) 資産(자산) 遺産(유산) 破産(파산)

蕩敗家産(탕패가산) : ☞ 탕진가산(蕩盡家産). 傾家破産(경가파산) : 온 집안의 재산(財産)을 모두 없앰. 蕩盡家産(탕진가산) : 집안의 재산을 모두 써서 없애 버림.

産 낳을 산
生部(날생)6획 총11획 · 영bear 중产[chǎn] 일サン(うまれる·うむ·うぶ) 【난이도】중학용, 읽기 5급Ⅱ, 쓰기 4급Ⅱ

散

흩을 산

攵部(등글월문)8획 총12획

散散散散散散散散散散散散

散	散	散	散	散					

霧散(무산) 分散(분산) 離散家族(이산가족) 解散(해산) 擴散(확산) 散步(산보)

風飛雹散(풍비박산) : 바람이 불어 우박(雨雹)이 이리 저리 흩어진다는 뜻으로, 엉망으로 깨어져 흩어져 버림. 사방(四方)으로 흩어짐. '풍지박산'은 잘못된 말임.

영scatter 중sǎn 일サン(ちらかす·ちらかる·ちる·ちらす)【난이도】중학용, 읽기 4급, 쓰기 3급

算

셈할 산

竹部(대죽)8획 총14획

算算算算算算算算算算算算算算

算	算	算	算	算					

豫算(예산) 計算(계산) 淸算(청산) 推算(추산) 決算(결산) 算數(산수) 公算(공산)

利害打算(이해타산) : 이해(利害) 관계(關係)를 이모저모 따져 헤아리는 일.
謀算之輩(모산지배) : 꾀를 내어 이해타산(利害打算)을 일삼는 무리.

영count 중suàn 일サン(かぞえる)【난이도】중학용, 읽기 7급, 쓰기 6급

殺

죽일 살/감할 쇄

殳部(창수)7획 총11획

殺殺殺殺殺殺殺殺殺殺殺

殺	殺	殺	殺	殺					

被殺(피살) 自殺(자살) 殺害(살해) 相殺(상쇄) 抹殺(말살) 殺到(쇄도) 殺菌(살균)

矯角殺牛(교각살우) :「쇠뿔을 바로 잡으려다 소를 죽인다」라는 뜻으로, 결점(缺點)이나 흠을 고치려다 수단(手段)이 지나쳐 도리어 일을 그르침.

영kill 중杀[shā] 일サツ(ころす)【난이도】중학용, 읽기 4급Ⅱ, 쓰기 3급Ⅱ

三

석 삼

一部(한 일) 2획 총3획

三三三

三	三	三	三	三					

三伏(삼복) 三秋(삼추) 三極(삼극) 三昧(삼매) 三神山(삼신산) 三次元(삼차원)

朝三暮四(조삼모사) :「아침에 세 개, 저녁에 네 개」라는 뜻으로, ① 당장 눈앞에 나타나는 차별만을 알고 그 결과가 같음을 모름의 비유. ② 간사한 꾀를 써서 남을 속임을 이르는 말.

영three 중sān 일サン(み·みつ·みっつ)【난이도】중학용, 읽기 8급, 쓰기 6급Ⅱ

上

위 상

一部(한일) 2획 총3획

上上上

上	上	上	上	上					

上級(상급) 上昇(상승) 以上(이상) 引上(인상) 世上(세상) 祖上(조상) 賣上(매상)

雪上加霜(설상가상) : 눈 위에 또 서리가 내린다는 뜻으로, 어려운 일이 겹침을 이름 또는 '환난(患難)이 거듭됨'을 비유(比喩·譬喩)하여 이르는 말.

영upper 중shàng 일ジョウ(うえ)【난이도】중학용, 읽기 7급Ⅱ, 쓰기 6급

尚 尚 尚 尚 尚 尚 尚 尚

尚 尚 尚 尚 尚

高尚(고상) 尚宮(상궁) 崇尚(숭상) 呂尚(여상) 嘉尚(가상) 慶尚(경상) 尚書(상서)

口尚乳臭(구상유취) : 입에서 아직 젖내가 난다는 뜻으로, 말과 하는 짓이 아직 유치함을 일컬음. 時機尚早(시기상조) : 오히려 때가 이르다는 뜻으로, 아직 때가 되지 않음을 이르는 말.

오히려 상

小部(적을소) 5획 총8획

영rather 중shàng 일ショウ(なお) 【난이도】중학용, 읽기 3급II, 쓰기 2급

相 相 相 相 相 相 相 相 相

相 相 相 相 相

相當(상당) 相對(상대) 相面(상면) 相殺(상쇄) 相互(상호) 樣相(양상) 眞相(진상)

刮目相對(괄목상대) : 눈을 비비고 다시 보며 상대(相對)를 대(對)한다는 뜻으로, 다른 사람의 학식(學識)이나 업적(業績)이 크게 진보(進步)한 것을 말함.

서로 상

目部(눈목) 4획 총9획

영mutually 중xiàng 일ショウ(あい) 【난이도】중학용, 읽기 5급II, 쓰기 4급II

常 常 常 常 常 常 常 常 常 常 常

常 常 常 常 常

常識(상식) 非常(비상) 異常(이상) 日常的(일상적) 正常(정상) 恒常(항상)

無常(무상) : 상주(常住)하는 것이 없다는 뜻으로, ① '나고 죽으며 흥하고 망(亡)하는 것이 덧없음'의 일컬음. ② 모든 것이 늘 변(變)함.

항상 상

巾部(수건건) 8획 총11획

영always 중cháng 일ジョウ(つね·とこ) 【난이도】중학용, 읽기 4급II, 쓰기 3급II

商 商 商 商 商 商 商 商 商 商 商

商 商 商 商 商

協商(협상) 商品(상품) 通商(통상) 商人(상인) 商業(상업) 商店(상점) 商品券(상품권)

士農工商(사농공상) : 선비·농부(農夫)·공장(工匠)·상인(商人) 등 네 가지 신분을 아울러 이르는 말. 봉건(封建) 시대의 계급 관념(觀念)을 순서대로 일컫는 말.

장사 상

口部(입구) 8획 총11획

영trade 중shāng 일ジョウ(あきなう) 【난이도】중학용, 읽기 5급II, 쓰기 4급II

喪 喪 喪 喪 喪 喪 喪 喪 喪 喪

喪 喪 喪 喪 喪

喪失(상실) 喪家(상가) 弔喪(조상) 喪亡(상망) 初喪(초상) 喪妻(상처) 喪輿(상여)

冠婚喪祭(관혼상제) : 관례(冠禮)·혼례(婚禮)·상례(喪禮)·제례(祭禮)의 네 가지 예를 두고 말함. 落膽喪魂(낙담상혼) : 몹시 놀라 얼이 빠지고 정신(精神) 없음.

죽을 상

口部(입구) 9획 총12획

영mourning 중喪[sàng] 일ソウ(うしなう) 【난이도】중학용, 읽기 3급II, 쓰기 2급

想

想想想想想想想想想想想想

想 想 想 想 想

構想(구상) 發想(발상) 思想(사상) 想像(상상) 豫想(예상) 幻想(환상) 夢想(몽상)

無念無想(무념무상) : 일체(一切)의 생각이 없다는 뜻으로, 무아(無我)의 경지(境地)에 이르러 일체(一切)의 상념(想念)이 없음을 이르는 말.

생각할 상

心部(마음심)9획총13획

영think 중xiǎng 일ソウ・ソ(おもう) 【난이도】중학용, 읽기 4급Ⅱ, 쓰기 3급Ⅱ

傷

傷傷傷傷傷傷傷傷傷傷傷傷傷

傷 傷 傷 傷 傷

傷處(상처) 傷害(상해) 凍傷(동상) 負傷(부상) 殺傷(살상) 損傷(손상) 火傷(화상)

中傷謀略(중상모략) : 터무니없는 말로 헐뜯거나 남을 해치려고 속임수를 써서 일을 꾸밈. 傷哉之歎(상재지탄) : 살림이 군색(窘塞)하고 가난함에 대한 한탄(恨歎).

상할 상

亻部(사람인변)11획총13획

영injure 중伤[shāng] 일ショウ(きず・いたむ) 【난이도】중학용, 읽기 4급, 쓰기 3급

賞

賞賞賞賞賞賞賞賞賞賞賞賞賞賞賞

賞 賞 賞 賞 賞

賞罰(상벌) 賞讚(상찬) 鑑賞(감상) 受賞(수상) 褒賞(포상) 懸賞(현상) 大賞(대상)

信賞必罰(신상필벌) : 상을 줄 만한 훈공(勳功)이 있는 자에게 반드시 상을 주고, 벌할 죄과가 있는 자에게는 반드시 벌을 준다는 뜻으로, 곧, 상벌을 공정·엄중히 하는 일.

상줄 상

貝部(조개패)8획 총15획

영award 중賞[shǎng] 일ショウ(ぽめる) 【난이도】중학용, 읽기 5급, 쓰기 4급

霜

霜霜霜霜霜霜霜霜霜霜霜霜霜霜霜霜

霜 霜 霜 霜 霜

霜降(상강) 霜菊(상국) 霜露(상로) 霜雪(상설) 降霜(강상) 風霜(풍상) 加霜(가상)

雪上加霜(설상가상) : 눈 위에 또 서리가 내린다는 뜻으로, 어려운 일이 겹침을 이름 또는 '환난(患難)이 거듭됨'을 비유(比喩·譬喩)하여 이르는 말.

서리 상

雨部(비우)9획 총17획

영frost 중shuāng 일ソウ(しも) 【난이도】중학용, 읽기 3급Ⅱ, 쓰기 2급

色

色色色色色色

色 色 色 色 色

色彩(색채) 綠色(녹색) 靑色(청색) 無色(무색) 遜色(손색) 特色(특색) 灰色(회색)

草綠同色(초록동색) : 풀빛과 녹색(綠色)은 같은 빛깔이란 뜻으로, 같은 처지(處地)의 사람과 어울리거나 기우는 것.

빛 색

色部(빛색) 0획총6획

영color 중sè 일ショク(いわ) 【난이도】중학용, 읽기 7급, 쓰기 6급

生 날 생 生部(날생)0획 총5획	生 生 生 生 生 生 生 生 生 生 ☐ ☐ ☐ ☐ ☐ 生計(생계) 生命(생명) 生産(생산) 生活(생활) 誕生(탄생) 學生(학생) 學生(학생) 生者必滅(생자필멸) : 생명(生命)이 있는 것은 반드시 죽게 마련이라는 뜻으로, 불교(佛敎)에서 세상만사(世上萬事)가 덧없음을 이르는 말. 영born 중shēng 일セイ(いかす·いきる) 【난이도】 중학용, 읽기 8급, 쓰기 6급Ⅱ

西 서녘 서 襾部(덮을아)1획 총6획	西 西 西 西 西 西 西 西 西 西 西 ☐ ☐ ☐ ☐ ☐ 西歐(서구) 西紀(서기) 西部(서부) 西洋(서양) 西海(서해) 東西(동서) 西向(서향) 紅東白西(홍동백서) : 제사(祭祀) 때 제물(祭物)을 차려 놓는 차례(次例). 붉은 과 실(果實)은 동쪽에 흰 과실(果實)은 서쪽에 차리는 격식(格式)을 뜻함. 영west 중xī 일サイ·セイ(にし) 【난이도】 중학용, 읽기 8급, 쓰기 6급Ⅱ

序 차례 서 广部(엄호)4획총7획	序 序 序 序 序 序 序 序 序 序 序 序 ☐ ☐ ☐ ☐ ☐ 秩序(질서) 順序(순서) 次序(차서) 序列(서열) 序文(서문) 序論(서론) 序詩(서시) 夫婦有別長幼有序(부부유별장유유서) : 남편(男便)과 아내 사이에는 분별(分別)이 있어야 하고, 어른과 어린이 사이에는 차례(次例)가 있어야 함. 영order 중xù 일ジョ(ついで) 【난이도】 중학용, 읽기 5급, 쓰기 4급

書 글 서 日部(가로왈)6획 총10획	書 書 書 書 書 書 書 書 書 書 書 書 書 書 書 ☐ ☐ ☐ ☐ ☐ 書類(서류) 書翰(서한) 敎科書(교과서) 讀書(독서) 文書(문서) 報告書(보고서) 家書萬金(가서만금) : 타국이나 타향에 살 때는 고향 가족의 편지가 더없이 반갑고, 그 소식의 값이 황금 만 냥보다 더 소중하다는 말. 가서저만금(家書抵萬金)의 준말. 영writing 중书[shū] 일ショ(かく) 【난이도】 중학용, 읽기 6급Ⅱ, 쓰기 5급Ⅱ

暑 더울 서 日部(날일)9획 총13획	暑 暑 暑 暑 暑 暑 暑 暑 暑 暑 暑 暑 暑 暑 暑 暑 暑 暑 ☐ ☐ ☐ ☐ ☐ 大暑(대서) 小暑(소서) 處暑(처서) 避暑(피서) 避暑客(피서객) 酷暑(혹서) 病風傷暑(병풍상서) : '바람에 병들고 더위에 상함'이라는 뜻으로, '고생(苦生)스러운 세상(世上) 살이에 쪼들림'이라는 말. 영hot 중暑[shǔ] 일暑[ショ](あつい) 【난이도】 중학용, 읽기 3급, 쓰기 2급

夕
저녁 석
夕部(저녁석) 0획총3획

夕 夕 夕

夕刊(석간) 夕陽(석양) 夕潮(석조) 月夕(월석) 朝夕(조석) 秋夕(추석) 七夕(칠석)

朝令夕改(조령석개) : 아침에 명령(命令)을 내리고 저녁에 다시 바꾼다는 뜻으로, 법령(法令)의 개정(改定)이 너무 빈번(頻煩)하여 믿을 수가 없음을 이르는 말.

영evening 중xī 일セキ(ゆう) 【난이도】중학용, 읽기 7급, 쓰기 6급

石
돌 석
石部(돌석) 0획총5획

石 石 石 石 石

石榴(석류) 石油(석유) 石炭(석탄) 巖石(암석) 寶石(보석) 玉石(옥석) 隕石(운석)

一石二鳥(일석이조) : 한 개의 돌을 던져 두 마리의 새를 맞추어 떨어뜨린다는 뜻으로, 한 가지 일을 해서 두 가지 이익(利益)을 얻음을 이르는 말.

영stone 중shí 일シャク·セキ·コク(いし) 【난이도】중학용, 읽기 6급, 쓰기 5급

昔
옛 석
日部(날 일)4획총8획

昔 昔 昔 昔 昔

昔年(석년) 昔歲(석세) 崇昔(숭석) 昔人(석인) 遙昔(요석) 今昔(금석) 古昔(고석)

今昔之感(금석지감) : 지금과 옛날을 비교할 때 차이가 매우 심하여 느껴지는 감정.
宿昔之憂(숙석지우) : 밤낮으로 잊을 수 없는 근심이라는 뜻으로, 깊은 근심이나 묵은 근심을 이름.

영past·ancient 중xī 일シャク·セキ(むかし) 【난이도】중학용, 읽기 3급, 쓰기 2급

席
자리 석
巾部(수건건)7획총10획

席 席 席 席 席

缺席(결석) 私席(사석) 首席(수석) 座席(좌석) 酒席(주석) 參席(참석) 出席(출석)

席薰待罪(석고대죄) : 거적을 깔고 엎드려 벌(罰) 주기를 기다린다는 뜻으로, 죄과(罪過)에 대(對)한 처분(處分)을 기다림.

영seat 중xí 일セキ(むしろ·せき) 【난이도】중학용, 읽기 6급, 쓰기 5급

惜
아낄 석
忄部(심방변)8획총11획

惜 惜 惜 惜 惜

惜別(석별) 哀惜(애석) 惜敗(석패) 賣惜(매석) 愛惜(애석) 憐惜(연석) 悼惜(도석)

不惜身命(불석신명) : 불도(佛道)를 닦으려면 스스로의 몸이나 목숨을 아끼지 말아야 함. 일반적(一般的)으로 자기(自己)의 몸을 돌보지 않음을 이름.

영prize 중xī 일セキ(おしい·おしむ) 【난이도】중학용, 읽기 3급Ⅱ, 쓰기 2급

仙	仙仙仙仙仙
	仙 仙 仙 仙 仙
	仙客(선객) 仙禽(선금) 仙靈(선령) 仙人(선인) 仙院(선원) 詩仙(시선) 神仙(신선)
신선 선	仙姿玉質(선자옥질) : 신선(神仙)의 자태(姿態)와 옥 같은 바탕이라는 뜻으로, 용모(容貌)도 아름다운데다가 기품(氣稟)도 뛰어난 사람을 형용(形容)해 이르는 말.
亻部(사람인변) 3획 총 5획	영hermit 중xiān 일セン 【난이도】 중학용, 읽기 5급II, 쓰기 4급II

先	先先先先先先
	先 先 先 先 先
	于先(우선) 先生(선생) 優先(우선) 先祖(선조) 先輩(선배) 先導(선도) 先手(선수)
먼저 선	先夫人(선부인) : 남의 돌아가신 어머니를 일컫는 말. 先大人(선대인) : 남의 돌아가신 아버지를 일컫는 말. 先考丈(선고장) : 남의 돌아가신 아버지를 높이어 일컫는 말.
儿部(어진사람인발) 4획 총 6획	영first 중xiān 일セン(さき) 【난이도】 중학용, 읽기 8급, 쓰기 6급II

船	船船船船船船船船船船船
	船 船 船 船 船
	船舶(선박) 漁船(어선) 船員(선원) 船長(선장) 風船(풍선) 商船(상선) 造船(조선)
배 선	破釜沈船(파부침선) : 「솥을 깨뜨리고 배를 가라앉힌다」는 뜻으로, 싸움터로 나가면서 살아 돌아오기를 바라지 않고 결전(決戰)을 각오함을 이르는 말.
舟部(배주) 5획 총 11획	영ship 중chuán 일セン(ふな·ふね) 【난이도】 중학용, 읽기 5급, 쓰기 4급

善	善善善善善善善善善善善善
	善 善 善 善 善
	善導(선도) 善隣(선린) 善惡(선악) 善戰(선전) 善行(선행) 獨善(독선) 最善(최선)
착할 선	善男善女(선남선녀) : 착한 남자(男子)와 착한 여자(女子)라는 뜻으로, ① 불교(佛敎)에 귀의(歸依)한 남녀(男女). ② 신심이 깊은 사람들을 이르는 말.
口部(입구) 9획 총 12획	영good 중shàn 일ゼン(よい) 【난이도】 중학용, 읽기 5급, 쓰기 4급

線	線線線線線線線線線線線線線線線
	線 線 線 線 線
	混線(혼선) 路線(노선) 戰線(전선) 視線(시선) 無線(무선) 一線(일선) 伏線(복선)
줄 선	絲來線去(사래선거) : 일이 얽히고 설키거나 더욱 번거로워짐. 赤線地帶(적선지대) : 홍등가(紅燈街)를 달리 일컫는 말.
糸部(실사) 9획 총 15획	영line 중线[xiàn] 일セン(すじ) 【난이도】 중중학용, 읽기 6급II, 쓰기 5급II

選

가릴 선

辶部(책받침)12획 총16획

選選選選選選選選選選選選選選選選

選 選 選 選 選

選擧(선거) 選擇(선택) 總選(총선) 選拔(선발) 大選(대선) 選定(선정) 當選(당선)

人工選擇(인공선택) : ☞ 인위선택(人爲選擇).

取捨選擇(취사선택) : 취할 것은 취(取)하고, 버릴 것은 버려서 골라잡음.

영select 중选[xuǎn] 일セン(えらぶ) 【난이도】 중학용, 읽기 5급, 쓰기 4급

鮮

고울 선

魚部(물고기어) 6획총17획

鮮鮮魚魚魚魚魚魚魚魚魚鮮鮮鮮鮮鮮

鮮 鮮 鮮 鮮 鮮

朝鮮(조선) 新鮮(신선) 鮮明(선명) 古朝鮮(고조선) 生鮮(생선) 南朝鮮(남조선)

若烹小鮮(약팽소선) : 치대국약팽소선(治大國若烹小鮮)의 준말. 큰 나라를 다스리는 것은 작은 생선을 삶는 것과 같다는 뜻으로, 무엇이든 가만히 두면서 지켜보는 것이 가장 좋은 정치란 뜻.

영pretty 중鮮[xiān] 일セン(あざやか) 【난이도】 중학용, 읽기 5급Ⅱ, 쓰기 4급Ⅱ

舌

혀 설

舌部(혀설)0획 총6획

舌舌舌舌舌舌

舌 舌 舌 舌 舌

口舌數(구설수) 雀舌茶(작설차) 毒舌(독설) 舌戰(설전) 言舌(언설) 筆舌(필설)

金口閉舌(금구폐설) : 「귀중(貴重)한 말을 할 수 있는 입을 다물고 혀를 놀리지 않는다」는 뜻으로, 침묵(沈默)함을 이르는 말.

영tongue 중shé 일ゼツ(した) 【난이도】 중학용, 읽기 4급, 쓰기 3급

雪

눈 설

雨部(비우)3획 총11획

雪雪雪雪雪雪雪雪雪雪雪

雪 雪 雪 雪 雪

小雪(소설) 大雪(대설) 白雪(백설) 雪糖(설탕) 暴雪(폭설) 雪嶽山(설악산) 雪景(설경)

雪上加霜(설상가상) : 눈 위에 또 서리가 내린다는 뜻으로, 어려운 일이 겹침을 이름 또는 '환난(患難)이 거듭됨'을 비유(比喩·譬喩)하여 이르는 말.

영snow 중xuě 일セツ(すすぐ·ゆき) 【난이도】 중학용, 읽기 6급Ⅱ, 쓰기 5급Ⅱ

設

베풀 설

言部(말씀언)4획 총11획

設設設設設設設設設設設

設 設 設 設 設

設立(설립) 設備(설비) 設置(설치) 建設(건설) 施設(시설) 新設(신설)

醴酒不設(예주불설) : 익은 술을 베풀지 않는다는 뜻으로, 손님을 대우(待遇)하는 예가 차츰 없어짐을 이르는 말.

영give 중設[shè] 일セツ(もうける) 【난이도】 중학용, 읽기 4급Ⅱ, 쓰기 3급Ⅱ

說	說說說說說說說說說說說說說說
	說說說說說
	說得(설득) 說明(설명) 演說(연설) 發說(발설) 辱說(욕설) 遊說(유세) 傳說(전설)
말씀 설	甘言利說(감언이설) : 달콤한 말과 이로운 이야기라는 뜻으로, 남의 비위에 맞도록 꾸민 달콤한 말과 이로운 조건(條件)을 내세워 남을 꾀이는 말.
言部(말씀언) 7획 총14획	영speak 중说[shuō] 일說[セツ·ゼイ(とく)] 【난이도】 중학용, 읽기 5급II, 쓰기 4급II

成	成成成成成成成
	成成成成成
	成功(성공) 成果(성과) 成熟(성숙) 成長(성장) 成績(성적) 成敗(성패) 造成(조성)
이룰 성	門前成市(문전성시) : 대문(大門) 앞이 저자를 이룬다는 뜻으로, 세도가(勢道家) 나 부잣집 문 앞이 방문객(訪問客)으로 저자(市)를 이루다시피 함을 이르는 말.
戈部(창과) 3획 총7획	영accomplish 중chéng 일セイ·ジウ(なす·なる) 【난이도】 중학용, 읽기 6급II, 쓰기 5급II

姓	姓姓姓姓姓姓姓
	姓姓姓姓姓
	百姓(백성) 姓名(성명) 姓氏(성씨) 姓孫(성손) 異姓(이성) 同姓(동성) 他姓(타성)
성 성	二姓之合(이성지합) : 성이 다른 남자와 여자가 혼인(婚姻)을 하는 일. 同姓同本(동성동본) : 같은 성(姓)에다 같은 관향. 성(姓)도 같고 본(本)도 같음.
女部(계집녀)5획 총8획	영family name 중xìng 일ショウ·セイ(みょうじ) 【난이도】 중학용, 읽기 7급II, 쓰기 6급

性	性性性性性性性性
	性性性性性
	性格(성격) 性質(성질) 個性(개성) 女性(여성) 理性(이성) 特性(특성)
성품 성	失性痛哭(실성통곡) : 정신에 이상이 생길 정도(程度)로 슬피 통곡(痛哭)함. 自性本佛(자성본불) : 본디부터 갖추고 있는 불성(佛性).
忄部(심방변) 5획 총8획	영nature 중xìng 일ショウ·セイ(さが) 【난이도】 중학용, 읽기 5급II, 쓰기 4급II

星	星星星星星星星星星
	星星星星星
	冥王星(명왕성) 衛星(위성) 土星(토성) 流星(유성) 恒星(항성) 行星(행성) 彗星(혜성)
별 성	井中視星(정중시성) : 우물 속에서 별을 본다는 뜻으로, 우물 안에서는 겨우 몇 개의 별밖에 보이지 않는 것과 같이 사사로운 마음에 가리우면 견해가 한 편에 치우치게 됨을 이르는 말.
日部(날일)5획 총9획	영star 중xīng 일セイ·ショウ(ほし) 【난이도】 중학용, 읽기 4급II, 쓰기 3급II

省

省省省省省省省省省

省 省 省 省 省

省略(생략) 省墓(성묘) 省察(성찰) 歸省(귀성) 反省(반성) 自省(자성) 節省(절생)

昏定晨省(혼정신성) : 저녁에는 잠자리를 보아 드리고, 아침에는 문안을 드린다는 뜻으로, 자식이 아침저녁으로 부모의 안부를 물어서 살핌을 이르는 말.

살필 성/덜 생

目部(눈목) 4획총9획

영 investigate 중 shěng 일 ショウ·セイ(かえりみる) 【난이도】중학용, 읽기 6급II, 쓰기 5급II

城

城城城城圿圿圢城城城

城 城 城 城 城

城郭(성곽) 城門(성문) 開城(개성) 籠城(농성) 陰城(음성) 築城(축성) 土城(토성)

金城湯池(금성탕지) : 쇠로 만든 성과 끓는 물을 채운 못이란 뜻으로, ① 매우 견고한 성과 해자(垓子). ② 전(傳)하여, 침해받기 어려운 장소를 비유(比喩·譬喩).

재 성

土部(흙토) 7획총10획

영 castle 중 chéng 일 ジョウ(しろ) 【난이도】중학용, 읽기 4급II, 쓰기 3급II

盛

盛盛盛盛盛成成成盛盛盛盛

盛 盛 盛 盛 盛

盛典(성전) 盛行(성행) 茂盛(무성) 繁盛(번성) 旺盛(왕성) 隆盛(융성) 豊盛(풍성)

榮枯盛衰(영고성쇠) : 영화(榮華)롭고 마르고 성(盛)하고 쇠함이란 뜻으로, 개인(個人)이나 사회(社會)의 성(盛)하고 쇠함이 서로 뒤바뀌는 현상(現象).

성할 성

皿部(그릇명) 7획 총12획

영 thriving 중 shèng 일 セイ(もる·さかる) 【난이도】중학용, 읽기 4급II, 쓰기 3급II

聖

聖聖聖聖聖聖聖聖聖聖聖聖聖

聖 聖 聖 聖 聖

聖君(성군) 聖神(성신) 聖域(성역) 聖人(성인) 聖誕節(성탄절) 聖賢(성현)

聖人不仁(성인불인) : 성인(聖人)은 인애(仁愛)를 모르는 불인(不仁)한 사람이라는 뜻으로, 백성을 자연의 순리(順理)에 맡기는 성인(聖人)의 대인(大仁)을 이르는 말.

성인 성

耳部(귀이) 7획총13획

영 saint 중 圣[shèng] 일 セイ(ひじり) 【난이도】중학용, 읽기 4급II, 쓰기 3급II

誠

誠誠誠誠誠誠誠誠誠誠誠誠誠誠

誠 誠 誠 誠 誠

誠實(성실) 誠意(성의) 精誠(정성) 至誠(지성) 致誠(치성) 忠誠(충성) 孝誠(효성)

至誠感天(지성감천) : 지극(至極)한 정성(精誠)에는 하늘도 감동(感動)한다라는 뜻으로, 무엇이든 정성껏(精誠-) 하면 하늘이 움직여 좋은 결과(結果)를 맺는다는 뜻.

정성 성

言部(말씀언)7획 총14획

영 sincerity 중 诚[chéng] 일 セイ(まこと) 【난이도】중학용, 읽기 4급II, 쓰기 3급II

聲	聲聲聲聲聲聲声聲聲聲殼殼聲聲聲聲聲
	聲 聲 聲 聲 聲
소리 성	聲價(성가) 聲帶(성대) 聲明(성명) 聲援(성원) 發聲(발성) 音聲(음성) 喊聲(함성)
	虛張聲勢(허장성세) : 헛되이 목소리의 기세(氣勢)만 높인다는 뜻으로, 실력(實力) 이 없으면서도 허세(虛勢)로만 떠벌림.
耳部(귀이)11획 총17획	영sound 중声[shēng] 일セイ·ショウ(こえ·こわ)【난이도】 중학용, 읽기 4급Ⅱ, 쓰기 3급Ⅱ

世	世世世世世
	世 世 世 世 世
인간 세	世界(세계) 世紀(세기) 世代(세대) 世上(세상) 世俗(세속) 世襲(세습) 出世(출세)
	隔世之感(격세지감) : 아주 바뀐 다른 세상(世上)이 된 것 같은 느낌 또는 딴 세대(世代)와 같이 많은 변화(變化)가 있었음을 비유(比喩·譬喩)하는 말.
一部(한일)4획 총5획	영generation 중shì 일セ·セイ(よ)【난이도】 중학용, 읽기 7급Ⅱ, 쓰기 6급

洗	洗洗洗洗洗洗洗洗洗
	洗 洗 洗 洗 洗
씻을 세	洗濯(세탁) 洗練(세련) 洗鍊(세련) 洗手(세수) 洗面(세면) 洗滌(세척) 洗禮(세례)
	刮腸洗胃(괄장세위) :「칼로 창자를 도려내고 잿물로 위를 씻어 낸다」는 뜻으로, 마음을 고쳐먹고 스스로 새사람이 됨을 이르는 말.
氵部(삼수변)6획 총9획	영wash 중xǐ 일セン(あらう)【난이도】 중학용, 읽기 5급Ⅱ, 쓰기 4급Ⅱ

細	細細細細細細細細細細細
	細 細 細 細 細
가늘 세	細胞(세포) 仔細(자세) 零細(영세) 詳細(상세) 纖細(섬세) 細菌(세균) 微細(미세)
	細微之事(세미지사) : 자지레하고 대수롭지 않은 일.
	零細農民(영세농민) : 농사(農事)를 적게 지어 겨우 살아가는 가난한 농민(農民).
糸部(실사) 5획 총11획	영thin 중細[xì] 일サイ(こまか·こまかい)【난이도】 중학용, 읽기 4급Ⅱ, 쓰기 3급Ⅱ

稅	稅稅稅稅稅稅稅稅稅稅稅稅
	稅 稅 稅 稅 稅
구실 세	稅金(세금) 租稅(조세) 稅制(세제) 課稅(과세) 國稅廳(국세청) 讓渡稅(양도세)
	稅熟貢新(세숙공신) : 곡식(穀食)이 익으면 부세(負稅)하여 국용(國用)을 준비(準備)하고, 신곡(新穀)으로 종묘(宗廟)에 제사(祭祀)를 올림.
禾部(벼화)7획 총12획	영tax 중稅[shuì] 일稅[セイ]【난이도】 중학용, 읽기 4급Ⅱ, 쓰기 3급Ⅱ

勢

勢 勢 勢 勢 勢 勢 壑 壑 執 執 執 勢 勢

勢	勢	勢	勢	勢					

권세 세

姿勢(자세) 趨勢(추세) 勢力(세력) 攻勢(공세) 情勢(정세) 症勢(증세) 政勢(정세) 優勢(우세)

累卵之勢(누란지세) : 포개어 놓은 알의 형세(形勢)라는 뜻으로, 몹시 위험(危險)한 형세(形勢)를 비유적으로 이르는 말.

力部(힘력)11획총13획 | 영 force, power | 중 势[shì] | 일 セイ(いきおい) 【난이도】 중학용, 읽기 4급II, 쓰기 3급II

歲

歲 歲 歲 歲 歲 歲 歲 歲 歲 歲 歲 歲 歲

歲	歲	歲	歲	歲					

해 세

歲暮(세모) 歲拜(세배) 歲時風俗(세시풍속) 歲月(세월) 歲饌(세찬) 歲費(세비)

歲寒三友(세한삼우) : 추운 겨울의 세 벗이라는 뜻으로, 겨울철 관상용(觀賞用)의 세 가지 나무, 곧 소나무(松)・대나무(竹)・매화나무(梅)를 말함.

止部(그칠지) 9획총13획 | 영 age, year | 중 岁[suì] | 일 サイ・セイ(とし) 【난이도】 중학용, 읽기 5급II, 쓰기 4급II

小

小 小 小

小	小	小	小	小					

작을 소

縮小(축소) 小滿(소만) 小暑(소서) 小寒(소한) 小雪(소설) 最小限(최소한)

大同小異(대동소이) : 혜시(惠施)의 소동이(小同異), 대동이(大同異) 론(論)에서 비롯된 말로, ①거의 같고 조금 다름. ② 비슷함.

小部(작을소)0획 총3획 | 영 small | 중 xiǎo | 일 ショウ(お・こ・ちいさい) 【난이도】 중학용, 읽기 8급, 쓰기 6급II

少

小 小 小 少

少	少	少	少	少					

적을 소/젊을 소

少年(소년) 少數(소수) 減少(감소) 老少(노소) 多少(다소) 些少(사소) 靑少年(청소년)

男女老少(남녀노소) : 남자(男子)와 여자(女子)와 늙은이와 젊은이. 곧 모든 사람.
老少同樂(노소동락) : 노인(老人)과 젊은이가 함께 즐김.

小部(작을소) 1획 총4획 | 영 young | 중 shǎo | 일 ショウ(すくない・すこし) 【난이도】 중학용, 읽기 7급, 쓰기 6급

所

所 所 所 所 所 所 所 所

所	所	所	所	所					

바 소

所見(소견) 所得(소득) 所聞(소문) 所屬(소속) 所有(소유) 場所(장소) 住所(주소)

無所不爲(무소불위) : ① 못 할 일이 없음. ② 하지 못하는 일이 없음.
所願成就(소원성취) : 원하던 바를 이룸.

戶部(지게호) 4획 총8획 | 영 place | 중 所[suǒ] | 일 所[ショ](ところ) 【난이도】 중학용, 읽기 7급, 쓰기 6급

笑
웃음 소
竹部(대죽) 4획 총10획

笑笑笑笑笑笑笑笑笑笑

笑	笑	笑	笑	笑					

微笑(미소) 大笑(대소) 談笑(담소) 嘲笑(조소) 冷笑(냉소) 笑覽(소람) 媚笑(미소)

笑裏藏刀(소리장도) : 웃음 속에 칼을 감춘다는 뜻으로, 말은 좋게 하나 마음속으로는 해칠 뜻을 가진 것을 비유(比喩·譬喩)하여 일컫는 말.

영laugh 중笑[xiào] 일ショウ(えむ·わらう) 【난이도】중학용, 읽기 4급Ⅱ, 쓰기 3급Ⅱ

消
꺼질 소
氵部(삼수변) 7획 총10획

消消消消消消消消消消

消	消	消	消	消					

消費(소비) 消費者(소비자) 取消(취소) 消極的(소극적) 消耗(소모) 消滅(소멸)

雲消霧散(운소무산) : 구름이나 안개가 걷힐 때처럼 산산이 흩어져 흔적도 없이 됨을 이르는 말, 즉, 의심이나 근심 걱정 등이 깨끗이 사라짐을 비유.

영extinguish 중xiāo 일ショウ(きえる·けす) 【난이도】중학용, 읽기 6급Ⅱ, 쓰기 5급Ⅱ

素
흴 소
糸部(실사)4획 총10획

素素素素素素素素素素

素	素	素	素	素					

素材(소재) 素地(소지) 酸素(산소) 水素(수소) 要素(요소) 平素(평소) 酵素(효소)

尸位素餐(시위소찬) : 재덕(才德)이나 공적(功績)도 없이 높은 자리에 앉아 녹만 받는다는 뜻으로, 자기(自己) 직책(職責)을 다하지 않음을 이르는 말.

영hwite, as usual 중素[sù] 일ソ·ツ(しろい) 【난이도】중학용, 읽기 4급Ⅱ, 쓰기 3급Ⅱ

俗
풍속 속
亻部(사람인변) 7획 총9획

俗俗俗俗俗俗俗俗俗

俗	俗	俗	俗	俗					

俗談(속담) 俗字(속자) 俗諦(속제) 民俗(민속) 世俗(세속) 低俗(저속) 風俗(풍속)

半僧半俗(반승반속) : 반은 승려(僧侶)가고, 반은 속인(俗人)이라는 뜻으로, 어중간(於中間)하여 무엇이라고 분명(分明)하게 명목(名目)을 붙이기 어려움을 이르는 말.

영custom 중sú 일ゾク 【난이도】중학용, 읽기 4급Ⅱ, 쓰기 3급Ⅱ

速
빠를 속
辶部(책받침) 7획 총11획

速速速速束束束速速速速

速	速	速	速	速					

迅速(신속) 速度(속도) 拙速(졸속) 早速(조속) 急速(급속) 高速(고속) 超高速(초고속)

欲速不達(욕속부달) : ① 빨리 하고자 하면 도달(到達)하지 못함. ② 어떤 일을 급(急)하게 하면 도리어 이루지 못함. 不速之客(불속지객) : 불청객(不請客). 군손님.

영fast 중速[sù] 일速[ソク](はやい·はやまる)【난이도】중학용, 읽기 6급, 쓰기 5급급Ⅱ

續

잇닿을 속

糸部(실사)15획총21획

續續續續續續續續續續續續續續續

| 續 | 續 | 續 | 續 | 續 | | | | |

續續(속속) 繼續(계속) 連續(연속) 接續(접속) 持續(지속) 持續的(지속적)

狗尾續貂(구미속초) : 담비 꼬리가 모자라 개 꼬리로 잇는다는 뜻으로, ① 좋은 것 다음에 나쁜 것을 잇는 것. ② 쓸 만한 인격자가 없어 자질이 부족한 사람을 고관에 등용함을 이름.

영continue 중续[xù] 일続[ゾク](つづく) 【난이도】중학용, 읽기 4급Ⅱ, 쓰기 3급Ⅱ

孫

손자 손

子部(아들자) 7획총10획

孫孫孫孫孫孫孫孫孫孫

| 孫 | 孫 | 孫 | 孫 | 孫 | | | | |

孫子(손자) 後孫(후손) 子孫(자손) 孫兒(손아) 世孫(세손) 姓孫(성손) 絶孫(절손)

車螢孫雪(차형손설) : 차윤(車胤)의 반딧불과 손강(孫康)의 눈(雪)이라는 뜻으로, 어려운 처지(處地)에서의 면학(勉學)을 비유해 이르는 말.

영grandson 중孙[sūn] 일ソン(まご) 【난이도】중학용, 읽기 6급, 쓰기 5급

松

소나무 송

木部(나무목) 4획 총8획

松松松松松松松松

| 松 | 松 | 松 | 松 | 松 | | | | |

松島(송도) 松柏(송백) 松嶽(송악) 松炭(송탄) 松坡區(송파구) 松花(송화)

歲寒松柏(세한송백) : 추운 계절(季節)에도 소나무와 잣나무는 잎이 지지 않는다는 뜻으로, 어떤 역경 속에서도 변하지 않는 굳은 절개(節槪·節介)를 의미(意味)함.

영pine 중sōng 일ショウ(まつ) 【난이도】중학용, 읽기 4급, 쓰기 3급

送

보낼 송

辶部(책받침) 6획총10획

送送送送送送送送送送

| 送 | 送 | 送 | 送 | 送 | | | | |

放送(방송) 運送(운송) 送還(송환) 輸送(수송) 發送(발송) 送金(송금) 送別(송별)

送舊迎新(송구영신) : 묵은해를 보내고 새해를 맞는다는 뜻으로, ① 묵은해를 보내고, 새해를 맞이함. ② 구관(舊官)을 보내고, 신관(新官)을 맞이함.

영send 중送[sòng] 일送[ソウ](おくる) 【난이도】중학용, 읽기 4급Ⅱ, 쓰기 3급Ⅱ

水

물 수

水部(물수) 0획 총4획

水水水水

| 水 | 水 | 水 | 水 | 水 | | | | |

水泳(수영) 水面(수면) 水位(수위) 水準(수준) 雨水(우수) 湖水(호수) 洪水(홍수)

水魚之交(수어지교) : 물과 물고기의 사귐이란 뜻으로, ① 임금과 신하 또는 부부 사이처럼 매우 친밀한 관계를 이르는 말. ② 서로 떨어질 수 없는 친한 사이를 일컫는 말.

영water 중shuǐ 일スイ(みず) 【난이도】중학용, 읽기 8급, 쓰기 6급Ⅱ

手手手手

手	手	手	手	手					

手段(수단) 手數料(수수료) 手帖(수첩) 拍手(박수) 失手(실수) 着手(착수)

束手無策(속수무책) : 손을 묶인 듯이 어찌 할 방책(方策)이 없어 꼼짝 못하게 된다는 뜻으로, 뻔히 보면서 어찌할 바를 모르고 꼼짝 못한다는 뜻.

손 수

手部(손수) 0획총4획

영hand 중shǒu 일シュ(て·た)【난이도】중학용, 읽기 7급Ⅱ, 쓰기 6급

守守守守守守

守	守	守	守	守					

守備(수비) 守勢(수세) 守節(수절) 守則(수칙) 守護(수호) 保守(보수) 遵守(준수)

獨守空房(독수공방) : 빈방에서 혼자 잠이란 뜻으로, 부부(夫婦)가 서로 별거(別居)하여 여자(女子)가 남편(男便) 없이 혼자 지냄을 뜻함.

지킬 수

宀部(갓머리) 3획총6획

영keep 중shǒu 일シュ·ツ(まもる·もり)【난이도】중학용, 읽기 4급Ⅱ, 쓰기 3급Ⅱ

收收收收收收

收	收	收	收	收					

收斂(수렴) 收拾(수습) 收入(수입) 押收(압수) 領收(영수) 撤收(철수) 吸收(흡수)

覆水不收(복수불수) : ① 엎질러진 물은 다시 담지 못한다는 뜻. ② 한 번 저지른 일은 다시 어찌 할 수 없음을 이름. ③ 다시 어떻게 수습(收拾)할 수 없을 만큼 일이 그릇됨.

거둘 수

攵部(등글월문)2획 총6획

영gather 중shōu 일收[シュウ](おさまる)【난이도】중학용, 읽기 4급Ⅱ, 쓰기 3급Ⅱ

秀秀秀秀秀秀秀

秀	秀	秀	秀	秀					

優秀(우수) 秀才(수재) 秀敏(수민) 俊秀(준수) 秀越(수월) 閨秀(규수) 特秀(특수)

麥秀之歎(맥수지탄) : 보리만 무성(茂盛)하게 자란 것을 탄식(歎息)함이라는 뜻으로, 고국의 멸망(滅亡)을 탄식(歎息)함.

빼어날 수

禾部(벼화) 2획 총7획

영surpass 중xiù 일シュウ(ひいでる)【난이도】중학용, 읽기 4급, 쓰기 3급

受受受受受受受受

受	受	受	受	受					

受諾(수락) 受信(수신) 受容(수용) 受取(수취) 甘受(감수) 引受(인수) 接受(접수)

自受用身(자수용신) : 수행(修行)이 완성되어 복덕(福德)과 지혜(智慧·知慧)가 원만(圓滿)하고 밝아 늘 진리를 관조하여 스스로 그 법락을 받는 불신(佛身).

받을 수

又部(또우) 6획총8획

영receive 중shòu 일ジュ(うかる·うける)【난이도】중학용, 읽기 4급Ⅱ, 쓰기 3급Ⅱ

首

首首首首首首首首首

| 首 | 首 | 首 | 首 | 首 | | | | |

머리 수

首肯(수긍) 首腦部(수뇌부) 首都(수도) 首席(수석) 部首(부수) 歲首(세수)

首丘初心(수구초심) : 여우는 죽을 때 구릉을 향해 머리를 두고 초심으로 돌아간다라는 뜻으로, ① 근본을 잊지 않음. ② 또는 죽어서라도 고향 땅에 묻히고 싶어하는 마음.

首部(머리수) 0획총9획   영head 중shǒu 일シュ(くび) 【난이도】중학용, 읽기 5급II, 쓰기 4급II

修

修修修修修修修修修

| 修 | 修 | 修 | 修 | 修 | | | | |

닦을 수

修交(수교) 修能(수능) 修辭(수사) 修身(수신) 修正(수정) 修學(수학) 研修(연수)

阿修羅場(아수라장) : ① 전란이나 그밖의 일로 인하여 큰 혼란 상태에 빠진 곳. 또는 그 상태(狀態). ② 아수라(阿修羅) 왕(王)이 제석천과 싸운 마당.

亻部(사람인변) 8획총10획   영cultivate 중修[xiū] 일シュウ・シュ(おさめる) 【난이도】중학용, 읽기 4급II, 쓰기 3급II

授

授授授授授授授授授授授

| 授 | 授 | 授 | 授 | 授 | | | | |

줄 수

教授(교수) 授業(수업) 授受(수수) 授與(수여) 傳授(전수) 授乳(수유) 授賞(수상)

見危授命(견위수명) : 「위험(危險)을 보면 목숨을 바친다」는 뜻으로, 나라의 위태(危殆)로운 지경(地境)을 보고 목숨을 바쳐 나라를 위(爲)해 싸우는 것을 말함.

扌(手)部(재방변) 8획총11획   영give 중shòu 일ジュ(さずかる・さずける) 【난이도】중학용, 읽기 4급II, 쓰기 3급II

須

須須須須須須須須須須須須

| 須 | 須 | 須 | 須 | 須 | | | | |

모름지기 수

必須(필수) 須要(수요) 必須的(필수적) 須彌山(수미산) 必須科目(필수과목)

男兒須讀五車書(남아수독오거서) : 남자(男子)는 모름지기 다섯수레에 실을 만큼의 책을 읽으라는 말. 不須多言(불수다언) : 여러 말을 할 필요(必要)가 없음.

頁部(머리혈) 3획총12획   영should 중須[xū] 일シュ(すべからく) 【난이도】중학용, 읽기 3급, 쓰기 2급

愁

愁愁愁愁愁愁愁愁愁愁愁愁愁

| 愁 | 愁 | 愁 | 愁 | 愁 | | | | |

근심 수

鄕愁(향수) 憂愁(우수) 愁心(수심) 客愁(객수) 旅愁(여수) 悲愁(비수) 哀愁(애수)

桂玉之愁(계옥지수) : 「땔나무는 계수나무와 같고 쌀은 옥과 같이 귀해서 근심」이라는 뜻으로, 양식(糧食)과 땔감이 매우 귀하여 생활이 빈곤함을 두고 이르는 말.

心部(마음심) 9획총13획   영worry 중chóu 일シュウ(うれい・うれえる) 【난이도】중학용, 읽기 3급II, 쓰기 2급

壽

목숨 수

士部(선비사)11획총14획

壽 壽 壽 壽 壽 壽 壽 壽 壽 壽 壽 壽 壽 壽

壽 壽 壽 壽 壽

天壽(천수) 壽宴(수연) 長壽(장수) 祝壽宴(축수연) 萬壽(만수) 壽命(수명)

卒壽(졸수) : 졸(卒)의 약자의 모양에서 따와 졸수(卒壽)는 구십세, 즉 90세.

米壽(미수) : 「미(米)」자를 분해하면 팔십팔이 되기 때문에 미수는 '(88세)'의 다른 이름.

영longevity 중寿[shòu] 일寿[ジュ](ことぶき) 【난이도】중학용, 읽기 3급Ⅱ, 쓰기 2급

誰

누구 수

言部(말씀언)8획총15획

誰 誰 誰 誰 誰 誰 誰 誰 誰 誰 誰 誰 誰 誰 誰

誰 誰 誰 誰 誰

誰某(수모) 誰何(수하) 誰何者(수하자) 我誰堂(아수당) 誰某誰某(수모수모)

誰怨誰咎(수원수구) : 누구를 원망(怨望)하며 누구를 탓하랴라는 뜻으로, 곧, 남을 원망(怨望)하거나 꾸짖을 것이 없음.

영who 중谁[shéi] 일スイ(だれ) 【난이도】중학용, 읽기 3급, 쓰기 2급

數

셀 수/자주 삭

攵部(등글월문)11획 총15획

數 數 數 數 數 數 數 數 數 數 數 數 數 數 數

數 數 數 數 數

數値(수치) 額數(액수) 多數(다수) 相當數(상당수) 指數(지수) 手數料(수수료)

權謀術數(권모술수) : 목적 달성을 위해서는 인정이나 도덕을 가리지 않고 권세(權勢)와 모략(謀略) 중상(中傷) 등(等) 갖은 방법(方法)과 수단(手段)을 쓰는 술책(術策).

영count 중数[shǔ] 일数[スウ·ス](かず·かぞえる) 【난이도】중학용, 읽기 7급, 쓰기 6급

樹

나무 수

木部(나무목)12획총16획

樹 樹 樹 樹 樹 樹 樹 樹 樹 樹 樹 樹 樹 樹 樹 樹

樹 樹 樹 樹 樹

樹林(수림) 樹立(수립) 樹木(수목) 樹脂(수지) 建樹(건수) 果樹(과수) 植樹(식수)

風樹之歎(풍수지탄) : 부모(父母)에게 효도(孝道)를 다하려고 생각할 때에는 이미 돌아가셔서 그 뜻을 이룰 수 없음을 이르는 말.

영tree 중树[shù] 일ジュ(き) 【난이도】중학용, 읽기 6급, 쓰기 5급

雖

비록 수

隹部(새추)9획 총17획

雖 雖 雖 雖 雖 雖 雖 雖 雖 雖 雖 雖 雖 雖 雖 雖

雖 雖 雖 雖 雖

一歌雖美豈達永夜(일가수미기달영야) 僧雖憎袈裟何憎(승수증가사하증)

飮食雖厭賜之必嘗(음식수염사지필상) : 음식(飮食)이 비록 먹기 싫더라도 부모(父母)님이 주시면 반드시 맛을 봄

영even if 중虽[suī] 일スイ(いえども) 【난이도】중학용, 읽기 3급, 쓰기 2급

叔 아재비 숙 又部(또우) 6획 총8획	叔叔叔叔叔叔叔叔 叔 叔 叔 叔 叔 叔母(숙모) 叔父(숙부) 叔姪(숙질) 堂叔(당숙) 堂叔母(당숙모) 外叔(외숙) 伯仲叔季(백중숙계) : 형제(兄弟)의 차례(次例)를 나타내는 말. 백(伯)은 맏이, 중(仲)은 둘째, 숙(叔)은 셋째, 계(季)는 막내. 영uncle 중shū 일シュク(おじ) 【난이도】 중학용, 읽기 4급, 쓰기 3급
淑 맑을 숙 氵部(삼수변) 8획 총11획	淑淑淑淑淑淑淑淑淑淑淑 淑 淑 淑 淑 淑 淑景(숙경) 淑女(숙녀) 淑明(숙명) 私淑(사숙) 貞淑(정숙) 賢淑(현숙) 淑心(숙심) 窈窕淑女(요조숙녀) : ① 마음씨가 고요하고 맑은 여자(女子). ② 마음씨가 얌전하고 자태(姿態)가 아름다운 여자(女子). 영pure 중shū 일シュク(よし·しとやか) 【난이도】 중학용, 읽기 3급II, 쓰기 2급
宿 잘 숙 宀部(갓머리) 8획 총11획	宿宿宿宿宿宿宿宿宿宿宿 宿 宿 宿 宿 宿 宿命(숙명) 宿泊(숙박) 宿所(숙소) 宿食(숙식) 宿願(숙원) 宿題(숙제) 星宿(성수) 風餐露宿(풍찬노숙) : 바람에 불리면서 먹고, 이슬을 맞으면서 잔다는 뜻으로, 떠돌아다니며 고생(苦生)스러운 생활(生活)을 비유(比喩·譬喩)해 이르는 말. 영sleep 중sù 일シュク(さやど·やどす·やどる) 【난이도】 중학용, 읽기 5급II, 쓰기 4급II
純 순수할 순 糸部(실사) 4획 총10획	純純純純純純純純純純 純 純 純 純 純 單純(단순) 純粹(순수) 不純(불순) 純利益(순이익) 純眞(순진) 純潔(순결) 純情(순정) 純眞無垢(순진무구) : 마음과 몸이 아주 깨끗하여 조금도 더러운 때가 없음. 至高至純(지고지순) : 더할 수 없이 높고 순수(純粹)함. 영pure 중純[chún] 일ジュン(きいと) 【난이도】 중학용, 읽기 4급II, 쓰기 3급II
順 순할 순 頁部(머리혈)3획 총12획	順順順順順順順順順順順順 順 順 順 順 順 順序(순서) 順位(순위) 順坦(순탄) 順理(순리) 順從(순종) 順調(순조) 順風(순풍) 雨順風調(우순풍조) : 바람 불고 비오는 것이 때와 분량(分量)이 알맞음. 名正言順(명정언순) : 명분(名分)이 정당(正當)하고 말이 사리(事理)에 맞음. 영mild 중順[shùn] 일ジュン(したがう) 【난이도】 중학용, 읽기 5급II, 쓰기 4급II

中等用

| 戌 戌 戌 戌 戌 戌 |
| 戌 戌 戌 戌 戌 |

戌

개 술

戈部(창과) 2획 총6획

壬戌(임술) 戌方(술방) 戌時(술시) 丙戌(병술) 庚戌(경술) 戌初(술초) 甲戌(갑술)

庚戌國恥(경술국치) : 국권피탈(國權被奪)을 경술년(庚戌年)에 당(當)한 나라의 수치(羞恥)라는 뜻으로 일컫는 말.

영dog 중xū 일ジュツ(いぬ) 【난이도】 중학용, 읽기 3급, 쓰기 2급

崇 崇 崇 崇 崇 崇 崇 崇 崇 崇 崇

崇 崇 崇 崇 崇

崇

높을 숭

山部(뫼산) 8획총11획

崇禮門(숭례문) 崇拜(숭배) 崇尙(숭상) 崇仰(숭앙) 崇高(숭고) 石崇(석숭)

欽崇之禮(흠숭지례) : 천주(天主)에게만 드리는 흠모(欽慕)와 공경(恭敬).
欽崇(흠숭) : ☞ 흠숭지례(欽崇之禮).

영high 중chóng 일スウ(あがめる) 【난이도】 중학용, 읽기 4급, 쓰기 3급

拾 拾 拾 拾 拾 拾 拾 拾 拾

拾 拾 拾 拾 拾

拾

주을 습/열 십

扌(手)部(재방변)6획 총9획

收拾(수습) 拾得(습득) 收拾策(수습책) 拾得者(습득자) 拾遺(습유) 再收拾(재수습)

路不拾遺(노불습유) : 백성(百姓)이 길에 떨어진 물건(物件)을 줍지 않는다는 뜻으로, 나라가 평화(平和)롭고 모든 백성(百姓)이 매우 정직(正直)한 모양을 이르는 말.

영pick up 중shí 일シュウ·ジュウ(ひろう) 【난이도】 중학용, 읽기 3급II, 쓰기 2급

習 習 習 習 習 習 習 習 習 習

習 習 習 習 習

習

익힐 습

羽部(깃우) 5획총11획

習慣(습관) 習性(습성) 復習(복습) 修習(수습) 練習(연습) 自習(자습) 學習(학습)

學而時習(학이시습) : 배우고 때로 익힌다는 뜻으로, 배운 것을 항상 복습(復習)하고 연습(練習)하면 그 참 뜻을 알게 됨.

영study, practice 중习[xí] 일シュウ(ならう) 【난이도】 중학용, 읽기 6급, 쓰기 5급

承 承 承 承 承 承 承 承

承 承 承 承 承

承

이을 승

手部(손수) 4획 총8획

承諾(승낙) 承服(승복) 承恩(승은) 承認(승인) 承化(승화) 繼承(계승) 傳承(전승)

起承轉結(기승전결) : 시문(詩文)을 짓는 형식의 한 가지, 글의 첫머리를 기(起), 그 뜻을 이어받아 쓰는 것을 승(承), 뜻을 한번 부연시키는 것을 전(轉), 전체를 맺는 것을 결(結)이라 함.

영support 중chéng 일ショウ(うけたまわる) 【난이도】 중학용, 읽기 4급II, 쓰기 3급II

乘

乘乘乘乘乘乘乘乘乘乘

乘乘乘乘乘

탈 승

乘客(승객) 大乘的(대승적) 便乘(편승) 乘用車(승용차) 乘降場(승강장) 搭乘(탑승)

千乘之國(천승지국) : 일천 수레의 나라라는 뜻으로, 대 제후(諸侯)의 나라를 이르는 말. 無賃乘車(무임승차) : 차비를 내지 않고 차를 타는 일.

ノ部(삐침별)9획 총10획

영ride 중chéng 일ジョウ(のせる·のる) 【난이도】중학용, 읽기 3급II, 쓰기 2급

勝

勝勝勝勝勝勝勝勝勝勝勝勝

勝勝勝勝勝

이길 승

勝利(승리) 勝敗(승패) 勝負(승부) 名勝(명승) 勝者(승자) 壓勝(압승) 勝訴(승소)

百戰百勝(백전백승) : 백번 싸워 백번 이긴다는 뜻으로, 싸울 때마다 번번이 이김. 景勝之地(경승지지) : 경치(景致) 좋기로 이름난 곳.

力部(힘력)10획총12획

영win 중胜[shèng] 일ショウ(かつ·まさる) 【난이도】중학용, 읽기 6급, 쓰기 5급

示

示示示示示

示示示示示

보일 시

提示(제시) 示威(시위) 示唆(시사) 指示(지시) 誇示(과시) 表示(표시) 示範(시범)

勿秘昭示(물비소시) : '감춤 없이 밝히어 보이라'의 뜻으로, 점쟁이가 외는 주문(呪文)의 맨 끝마디 말.

示部(보일시) 0획 총5획

영exhibit 중shì 일ジ·シ(しめす) 【난이도】중학용, 읽기 5급, 쓰기 4급급II

市

市市市市市

市市市市市

저자 시

市内(시내) 市外(시외) 市民(시민) 市場(시장) 市長(시장) 市廳(시청) 都市(도시)

門前成市(문전성시) : 대문(大門) 앞이 저자를 이룬다는 뜻으로, 세도가(勢道家)나 부잣집 문 앞이 방문객(訪問客)으로 저자(=市)를 이루다시피 함을 이르는 말.

巾部(수건건) 2획 총5획

영market 중shì 일シ(いち) 【난이도】중학용, 읽기 7급II, 쓰기 6급

始

始始始始始始始始

始始始始始

비로소 시

始乘(시승) 始作(시작) 始祖(시조) 始初(시초) 開始(개시) 原始(원시) 創始(창시)

始終一貫(시종일관) : 처음부터 끝까지 한결같이 관철(貫徹)함. 始終如一(시종여일) : 처음이나 나중이 한결같아서 변(變)함없음.

女部(계집녀) 5획 총8획

영begin 중shǐ 일シ(はじまる·はじめる) 【난이도】중학용, 읽기 6급II, 쓰기 5급II

是 옳을 시 日部(날일) 5획 총9획	是是是是是是是是是 [是][是][是][是][是][ ][ ][ ][ ] 亦是(역시) 是非(시비) 是認(시인) 或是(혹시) 是正(시정) 都是(도시) 必是(필시) **實事求是**(실사구시) : 사실에 바탕을 두어 진리를 탐구함. 공리공론을 떠나 정확한 고증을 바탕으로 하는 과학적, 객관적 학문 태도를 이르는 것으로, 중국 청나라 고증학의 학문 태도에서 볼 수 있다. 조선 시대 실학파의 학문에 큰 영향을 주었다. 영right 중shì 일ゼ(これ) 【난이도】 중학용, 읽기 4급II, 쓰기 3급II
施 베풀 시 方部(모방) 5획총9획	施施施施施施施施施 [施][施][施][施][施][ ][ ][ ][ ] 實施(실시) 施設(시설) 施行(시행) 施設物(시설물) 布施(포시) 施行令(시행령) **方圓可施**(방원가시) : 방형(方形)이나 원형(圓形)에나 다 잘 들어맞다는 뜻으로, 갖가지 재능(才能)이 있어서 어떤 일에도 적합(適合)함을 이르는 말. 영give 중shī 일シ·セ(しく·ほどこす) 【난이도】 중학용, 읽기 4급II, 쓰기 3급II
時 때 시 日部(날일) 6획 총10획	時時時時時時時時時時 [時][時][時][時][時][ ][ ][ ][ ] 時間(시간) 時期(시기) 時點(시점) 當時(당시) 同時(동시) 隨時(수시) 臨時(임시) **晚時之歎**(만시지탄) : 때늦은 한탄(恨歎)이라는 뜻으로, 시기(時期)가 늦어 기회(機會)를 놓친 것이 원통(冤痛)해서 탄식(歎息)함을 이르는 말. 영time 중shí 일ジ(とき) 【난이도】 중학용, 읽기 7급II, 쓰기 6급
視 볼 시 示部(보일시) 7획총12획	視視視視視視視視視視視視 [視][視][視][視][視][ ][ ][ ][ ] 無視(무시) 監視(감시) 視角(시각) 視覺(시각) 重視(중시) 視線(시선) 視聽(시청) **白眼視**(백안시) : 업신여기거나 냉대(冷待)하여 흘겨봄. **左顧右視**(좌고우시) : 이쪽저쪽을 돌아본다는 뜻으로, 주위의 사람을 염려하여 결단을 주저함. 영look 중視[shì] 일視[シ](みる) 【난이도】 중학용, 읽기 4급II, 쓰기 3급II
試 시험할 시 言部(말씀언) 6획 총13획	試試試試試試試試試試試試試 [試][試][試][試][試][ ][ ][ ][ ] 試驗(시험) 試圖(시도) 入試(입시) 試案(시안) 應試(응시) 考試(고시) 試料(시료) **試行錯誤**(시행착오) : 학습(學習) 양식(樣式)의 한 가지로 실패(失敗)를 거듭하여 적용(適用)하는 일. 손다이크의 관찰(觀察)로 이론화(理論化)되었음. 영examine 중试[shì] 일シ(こころみる·ためす) 【난이도】 중학용, 읽기 4급II, 쓰기 3급II

詩詩詩詩詩詩詩詩詩詩詩詩詩

| 詩 | 詩 | 詩 | 詩 | 詩 | | | | | |

詩歌(시가) 詩經(시경) 詩句(시구) 詩文(시문) 詩仙(시선) 詩人(시인) 詩集(시집)

詩禮之訓(시례지훈) : 시(詩)와 예(禮)의 가르침이라는 뜻으로, 자식(子息)이 아버지에게서 받는 교훈(敎訓).

시 시

言部(말씀언)6획총13획

영poetry 중诗[shī] 일シ(からうた) 【난이도】중학용, 읽기 4급II, 쓰기 3급II

式式式式式式

| 式 | 式 | 式 | 式 | 式 | | | | | |

方式(방식) 公式(공식) 正式(정식) 形式(형식) 樣式(양식) 株式(주식) 儀式(의식)

應行格式(응행격식) : 마땅히 갖추어야 할 격식(格式).

公式的(공식적) : 공적(公的)인 형식(形式)이나 방식(方式)을 가지는 (것).

법 식

弋部(주살익)3획총6획

영rule, mode 중shì 일シキ(のり) 【난이도】중학용, 읽기 6급, 쓰기 5급

食食食食食食食食食

| 食 | 食 | 食 | 食 | 食 | | | | | |

食口(식구) 食器(식기) 食堂(식당) 食事(식사) 禁食(금식) 斷食(단식) 飽食(포식)

三旬九食(삼순구식) : 삼순, 곧 한 달에 아홉 번 밥을 먹는다는 뜻으로, 집안이 가난하여 먹을 것이 없어 굶주린다는 말.

밥 식

食部(밥식)0획총9획

영food, eat 중shì 일ショク·ジキ(くう·たべる) 【난이도】중학용, 읽기 7급II, 쓰기 6급

植植植植植植植植植植植植

| 植 | 植 | 植 | 植 | 植 | | | | | |

植木(식목) 植物(식물) 植民(식민) 植樹(식수) 動植物(동식물) 移植(이식)

孤根弱植(고근약식) : 일가(一家) 친척(親戚)이나 뒤에서 지원(支援)해 주는 사람이 없는 외로운 사람을 비유(比喩·譬喩)해 이르는 말.

심을 식

木部(나무목)8획총12획

영plant 중植[zhí] 일ショク(うえる·うわる) 【난이도】중학용, 읽기 7급, 쓰기 6급

識識識識識識識識識識識識識識識識識識

| 識 | 識 | 識 | 識 | 識 | | | | | |

認識(인식) 意識(의식) 知識(지식) 常識(상식) 良識(양식) 標識(표지) 識見(식견)

目不識丁(목불식정) : 고무래를 보고도 그것이 고무래 정(丁)자인 줄 모른다는 뜻으로, 글자를 전혀 모름, 또는 그러한 사람을 비유(比喩·譬喩)해 이르는 말.

알 식

言部(말씀언)12획총19획

영recognize 중识[shí] 일シキ(しる) 【난이도】중학용, 읽기 5급II, 쓰기 4급II

申申申申申

| 申 | 申 | 申 | 申 | 申 | | | | | |

申請(신청) 申告(신고) 内申(내신) 申請書(신청서) 甲申(갑신) 申請書(신청서) 甲申(갑신)

三令五申(삼령오신) : 세 번 호령(號令)하고 다섯 번 거듭 일러준다는 뜻으로, 옛 군대(軍隊)에서 여러 차례(次例) 되풀이하여 자세(仔細)히 명령(命令)함을 이르는 말.

아홉째지지 신

田部(밭전) 0획 총5획 | 영Chinese zodiac 중shēn 일シン(さる) 【난이도】중학용, 읽기 4급II, 쓰기 3급II

臣臣臣臣臣臣

| 臣 | 臣 | 臣 | 臣 | 臣 | | | | | |

臣僕(신복) 臣下(신하) 功臣(공신) 君臣(군신) 大臣(대신) 使臣(사신) 忠臣(충신)

亂臣賊子(난신적자) : 나라를 어지럽게 하는 신하(臣下)와 어버이를 해(害)치는 자식(子息) 또는 불충(不忠)한 무리.

신하 신

臣部(신하신) 0획 총6획 | 영minister 중chén 일シン(もうす) 【난이도】중학용, 읽기 5급II, 쓰기 4급II

辛辛辛辛辛辛辛

| 辛 | 辛 | 辛 | 辛 | 辛 | | | | | |

艱辛(간신) 辛苦(신고) 辛辣(신랄) 辛壬獄事(신임옥사) 辛艱(신간) 辛酸(신산)

千辛萬苦(천신만고) : ① 마음과 몸을 온가지로 수고롭게 하고 애씀. ② 온갖 신고(辛苦). ③ 또는, 그것을 겪음.

매울 신

辛部(매울신)0획 총7획 | 영hot 중xīn 일シン(からい) 【난이도】중학용, 읽기 3급, 쓰기 2급

身身身身身身身

| 身 | 身 | 身 | 身 | 身 | | | | | |

身分(신분) 身體(신체) 補身(보신) 分身(분신) 立身(입신) 處身(처신) 獻身(헌신)

立身揚名(입신양명) : ① 사회적으로 인정을 받고 출세(出世)하여 이름을 세상에 드날림. ② 후세에 이름을 떨쳐 부모(父母)를 영광(榮光)되게 해 드리는 것.

몸 신

身部(몸신) 0획총7획 | 영body 중xīn 일シン(み) 【난이도】중학용, 읽기 6급II, 쓰기 5급II

信信信信信信信信信

| 信 | 信 | 信 | 信 | 信 | | | | | |

信徒(신도) 信賴(신뢰) 信心(신심) 信義(신의) 不信(불신) 自信(자신) 確信(확신)

朋友有信(붕우유신) : 친구(親舊) 사이의 도리(道理)는 믿음에 있다는 뜻으로, 오륜(五倫 ; 父子有親, 君臣有義, 夫婦有別, 長幼有序, 朋友有信)의 하나.

믿을 신

亻部(사람인변)7획 총9획 | 영believe, trust 중shēn 일シン(まこと) 【난이도】중학용, 읽기 6급II, 쓰기 5급II

神神神神神神神神神神

神	神	神	神	神					

神經(신경) 神奇(신기) 神祀(신사) 神主(신주) 神話(신화) 鬼神(귀신) 精神(정신)

神出鬼沒(신출귀몰) : 귀신(鬼神)처럼 자유자재(自由自在)로 나타나기도 하고, 숨기도 한다는 뜻으로, 날쌔게 나타났다 숨었다 하는 모양(模樣)을 이르는 말.

귀신 신

示部(보일시) 5획 총10획

영 god, soul 중 神[shén] 일 神[ジン](かみ) 【난이도】 중학용, 읽기 6급Ⅱ, 쓰기 5급Ⅱ

新新新新亲亲辛新新新新新新

新	新	新	新	新					

新規(신규) 新羅(신라) 新聞(신문) 刷新(쇄신) 維新(유신) 斬新(참신) 革新(혁신)

送舊迎新(송구영신) : 묵은해를 보내고 새해를 맞는다는 뜻으로, ① 묵은해를 보내고, 새해를 맞이함. ② 구관(舊官)을 보내고, 신관(新官)을 맞이함.

새 신

斤部(날근) 9획 총13획

영 new 중 xīn 일 シン(あたらしい) 【난이도】 중학용, 읽기 6급Ⅱ, 쓰기 5급Ⅱ

失失失失失

失	失	失	失	失					

失敗(실패) 失踪(실종) 損失(손실) 喪失(상실) 失業(실업) 失望(실망) 失手(실수)

茫然自失(망연자실) : 제 정신(精神)을 잃고 어리둥절한 모양(模樣)을 이르는 말.
小貪大失(소탐대실) : 작은 것을 탐하다가 오히려 큰 것을 잃음.

잃을 실

大部(큰대) 2획 총5획

영 lose 중 shī 일 シツ(うしなう) 【난이도】 중학용, 읽기 6급, 쓰기 5급

室室室室室室室室室

室	室	室	室	室					

敎室(교실) 蠶室(잠실) 室長(실장) 化粧室(화장실) 娛樂室(오락실) 室內(실내)

虛室生白(허실생백) : 방을 비우면 빛이 그 틈새로 들어와 환하다는 뜻으로, 무념무상(無念無想)의 경지에 이르면 저절로 진리에 도달할 수 있음을 비유해 이르는 말.

집 실

宀部(갓머리) 6획 총9획

영 house 중 shì 일 シツ(むろ) 【난이도】 중학용, 읽기 8급, 쓰기 6급Ⅱ

實實實實實實實實實實實實實

實	實	實	實	實					

實施(실시) 實際(실제) 實踐(실천) 實驗(실험) 事實(사실) 現實(현실) 確實(확실)

實事求是(실사구시) : 사실을 토대하여 진리를 탐구하는 일이란 뜻으로, 공론만 일삼는 양명학에 대한 반동으로서 청조의 고증 학파(學派)가 내세운 표어(標語).

열매 실

宀部(갓머리)11획총14획

영 fruit 중 实[shí] 일 実[ジツ](み·みのる) 【난이도】 중학용, 읽기 5급Ⅱ, 쓰기 4급Ⅱ

心	心心心心
	心 心 心 心 心

心臟(심장) 關心(관심) 民心(민심) 疑心(의심) 中心(중심) 核心(핵심)

以心傳心(이심전심) : 석가(釋迦)와 가섭이 마음으로 마음에 전한다는 뜻으로, 말로써 설명(說明)할 수 없는 심오(深奧)한 뜻은 마음으로 깨닫는 수밖에 없다는 말.

마음 심

心部(마음심) 0획 총4획

영heart 중xīn 일シン(こころ) 【난이도】 중학용, 읽기 7급, 쓰기 6급

甚	甚甚甚甚甚甚甚甚甚
	甚 甚 甚 甚 甚

甚大(심대) 甚至於(심지어) 激甚(격심) 極甚(극심) 尤甚(우심) 酷甚(혹심)

恩甚怨生(은심원생) : 사람에게 은혜(恩惠)를 베푸는 것이 도에 지나치면 도리어 원망(怨望)을 사게 됨. 去去益甚(거거익심) : 갈수록 더 심(甚)함.

심할 심

甘部(달감) 4획총9획

영severe 중chén 일ジン(はなはだ·はなはだしい) 【난이도】 중학용, 읽기 3급II, 쓰기 2급

深	深深深深深深深深深深深
	深 深 深 深 深

深刻(심각) 深度(심도) 深奧(심오) 深層(심층) 深化(심화) 水深(수심)

深思熟考(심사숙고) : ① 깊이 생각하고 깊이 고찰(考察)함. ② 신중(愼重)을 기하여 곰곰이 생각함. 深山幽谷(심산유곡) : 깊숙하고 고요한 산과 골짜기.

깊을 심

氵部(삼수변)8획 총11획

영deep 중深[shēn] 일シン(ふかい·ふかまる) 【난이도】 중학용, 읽기 4급II, 쓰기 3급II

十	十十
	十 十 十 十 十

身分(신분) 身體(신체) 分身(분신) 立身(입신) 處身(처신) 獻身(헌신)

立身揚名(입신양명) : ① 사회적으로 인정을 받고 출세(出世)하여 이름을 세상에 드날림. ② 후세에 이름을 떨쳐 부모(父母)를 영광(榮光)되게 해 드리는 것.

열 십

十部(열십) 0획총2획

영ten 중shí 일ジツ·ジュウ(と·とお) 【난이도】 중학용, 읽기 6급II, 쓰기 5급II

氏	氏氏氏氏
	氏 氏 氏 氏 氏

攝氏(섭씨) 姓氏(성씨) 氏族(씨족) 慈氏尊(자씨존) 某氏(모씨) 慈氏(자씨)

和氏之璧(화씨지벽) : 화씨가 발견한 구슬이라는 뜻으로, 천하 명옥(明玉)의 이름.
倉氏庫氏(창씨고씨) : 어떤 사물(事物)이 오래도록 변(變)하지 않음을 이르는 말.

성 씨

氏部(성씨) 0획 총4획

영family name 중shì 일シ(うじ) 【난이도】 중학용, 읽기 4급, 쓰기 3급

我我我我我我我

我	我	我	我	我					

나 아

戈部(창과) 3획 총7획

我國(아국) 我輩(아배) 我執(아집) 我意(아의) 我執(아집) 小我(소아) 自我(자아)

唯我獨尊(유아독존) : ① 이 세상에 나보다 존귀(尊貴)한 사람은 없다는 말. ② 또는, 자기만 잘 났다고 자부(自負)하는 독선적(獨善的)인 태도(態度)의 비유.

영 I·we 중 wǒ 일 ガ(われ·わ) 【난이도】 중학용, 읽기 3급II, 쓰기 2급

兒兒兒兒兒兒兒兒

兒	兒	兒	兒	兒					

아이 아

儿部(어진사람인발)6획 총8획

兒童(아동) 男兒(남아) 女兒(여아) 迷兒(미아) 幼兒(유아) 育兒(육아) 孤兒(고아)

男兒須讀五車書(남아수독오거서) : 남자(男子)는 모름지기 다섯수레에 실을 만큼의 책을 읽으라는 말.

영 child 중 ér 일 ジ·ニ(こ) 【난이도】 중학용, 읽기 5급II, 쓰기 4급II

惡惡惡惡惡惡惡惡惡惡惡惡

惡	惡	惡	惡	惡					

악할 악/미워할 오

心部(마음심)8획 총12획

惡談(악담) 惡法(악법) 惡習(악습) 惡種(악종) 惡疾(악질) 悖惡(패악) 暴惡(포악)

勸善懲惡(권선징악) : 착한 행실을 권장하고 악한 행실(行實)을 징계(懲戒)함.
羞惡之心(수오지심) : 사단(四端)의 하나. 자기의 옳지 못함을 부끄러워하고, 남의 옳지 못함을 미워하는 마음.

영 bad 중 惡[è] 일 惡[アク·オ](わるい) 【난이도】 중학용, 읽기 5급II, 쓰기 4급II

安安安安安安

安	安	安	安	安					

편안 안

宀部(갓머리) 3획 총6획

安否(안부) 安心(안심) 安易(안이) 安逸(안일) 安靜(안정) 保安(보안) 治安(치안)

安貧樂道(안빈낙도) : ① 구차(苟且)하고 궁색하면서도 그것에 구속되지 않고 평안하게 즐기는 마음으로 살아감. ② 가난에 구애(拘碍)받지 않고 도(道)를 즐김.

영 peaceful 중 ān 일 アン(やすい) 【난이도】 중학용, 읽기 7급II, 쓰기 6급

案案案案案案案案案案

案	案	案	案	案					

책상 안

木部(나무목) 6획총10획

勘案(감안) 方案(방안) 懸案(현안) 提案(제안) 法案(법안) 事案(사안) 代案(대안)

擧案齊眉(거안제미) :「밥상을 눈썹 높이로 들어 공손(恭遜)히 남편(男便) 앞에 가지고 간다」는 뜻으로, 남편(男便)을 깍듯이 공경(恭敬)함을 일컫는 말.

영 table 중 àn 일 アン 【난이도】 중학용, 읽기 5급, 쓰기 4급

眼

눈 안

目部(눈목) 6획 총11획

眼眼眼眼眼眼眼眼眼眼眼

眼 眼 眼 眼 眼

眼目(안목) 眼界(안계) 眼鏡(안경) 眼中(안중) 眼力(안력) 眼球(안구) 面眼(면안)

眼下無人(안하무인) : 눈 아래에 사람이 없다는 뜻으로, ① 사람됨이 교만하여 남을 업신여김을 이르는 말. ② 태도가 몹시 거만하여 남을 사람같이 대하지 않는 것.

몡eye 쥥yǎn 일ガン·ゲン(まなこ)【난이도】중학용, 읽기 4급Ⅱ, 쓰기 3급Ⅱ

顏

얼굴 안

頁部(머리혈)9획총18획

顏顏顏顏顏顏顏顏顏顏顏顏顏顏顏顏顏

顏 顏 顏 顏 顏

顏面(안면) 顏色(안색) 顏回(안회) 顏子(안자) 面顏(면안) 紅顏(홍안) 容顏(용안)

破顏大笑(파안대소) : 얼굴이 찢어지도록 크게 웃는다는 뜻으로, 즐거운 표정(表情)으로 한바탕 크게 웃음을 이르는 말.

몡face 쥥顔[yán] 일ガン(かお)【난이도】중학용, 읽기 3급Ⅱ, 쓰기 2급

暗

어두울 암

日部(날일)9획 총13획

暗暗暗暗暗暗暗暗暗暗暗暗暗

暗 暗 暗 暗 暗

暗示(암시) 暗澹(암담) 暗鬱(암울) 明暗(명암) 暗記(암기) 暗躍(암약) 暗殺(암살)

暗中摸索(암중모색) : 어둠 속에서 손을 더듬어 찾는다라는 뜻으로, 어림짐작(斟酌)으로 사물(事物)을 알아내려 함을 이르는 말.

몡dark 쥥àn 일アン(くらい)【난이도】중학용, 읽기 4급Ⅱ, 쓰기 3급Ⅱ

巖

바위 암

山部(뫼산)20획총23획

巖巖巖巖巖巖巖巖巖巖巖巖巖巖巖巖巖巖巖巖巖

巖 巖 巖 巖 巖

巖石(암석) 奇巖(기암) 火山巖(화산암) 火成巖(화성암) 玄武巖(현무암)

念力徹巖(염력철암) : 전념하는 힘이 바위를 뚫는다는 뜻으로, 불가능(不可能)해 보이는 일도 진심(眞心)으로 노력(努力)하면 이루지 못할 리가 없음을 이르는 말.

몡rock 쥥岩[yán] 일巖[ガン](いわ·いわお)【난이도】중학용, 읽기 3급Ⅱ, 쓰기 2급

仰

우러를 앙

亻部(사람인) 4획 총6획

仰仰仰仰仰仰

仰 仰 仰 仰

信仰(신앙) 崇仰(숭앙) 推仰(추앙) 仰釜日晷(앙부일구) 仰騰(앙등) 仰角(앙각)

仰天大笑(앙천대소) : 하늘을 쳐다보고 크게 웃음. 俯仰無愧(부앙무괴) : 하늘을 우러러보나 땅을 굽어보나 양심(良心)에 부끄러움이 없음을 이르는 말.

몡respect 쥥yǎng 일ギョウ·コウ(あおぐ·おおせ)【난이도】중학용, 읽기 3급Ⅱ, 쓰기 2급

哀哀哀哀哀哀哀哀哀
哀 哀 哀 哀 哀

슬플 애

哀悼(애도) 悲哀(비애) 哀惜(애석) 哀痛(애통) 哀慕(애모) 哀戚(애척) 哀歡(애환)

喜怒哀樂(희로애락) : 기쁨과 노여움, 슬픔과 즐거움이라는 뜻으로, 곧 사람의 여러 가지 감정을 이르는 말. 哀乞伏乞(애걸복걸) : 애처롭게 하소연하면서 빌고 또 빎.

口部(입구) 6획 총9획　영sad　중āi　일アイ(あわれ·あわれむ)【난이도】중학용, 읽기 3급II, 쓰기 2급

愛愛愛愛愛愛愛愛愛愛愛愛愛
愛 愛 愛 愛 愛

사랑 애

愛國(애국) 愛情(애정) 博愛(박애) 戀愛(연애) 令愛(영애) 友愛(우애) 割愛(할애)

孝子愛日(효자애일) : 효자(孝子)는 날을 아낀다는 뜻으로, '될 수 있는 한 오래 부모(父母)에게 효성(孝誠)을 다하여 섬기고자 하는 마음'을 이름.

心部(마음심)9획 총13획　영love　중爱[ài]　일アイ(あいする)【난이도】중학용, 읽기 6급, 쓰기 5급

乜也也
也 也 也 也 也

어조사 야

厥也(궐야) 及其也(급기야) 雍也(옹야) 必也(필야) 兮也(혜야) 或也(혹야)

獨也靑靑(독야청청) : 홀로 푸르다는 뜻으로, 홀로 높은 절개(節槪·節介)를 지켜 늘 변(變)함이 없음을 이르는 말.

乙部(새을)2획 총3획　영a particle, also　중yě　일ヤ(か·なり·また·や)【난이도】중학용, 읽기 3급, 쓰기 2급

夜夜夜夜夜夜夜夜
夜 夜 夜 夜 夜

밤 야

夜間(야간) 夜景(야경) 夜光(야광) 夜勤(야근) 晝夜(주야) 徹夜(철야) 秋夜(추야)

晝耕夜讀(주경야독) : 낮에는 농사(農事) 짓고 밤에는 공부(工夫)한다는 뜻으로, 바쁜 틈을 타서 어렵게 공부(工夫)함을 이르는 말.

夕部(저녁석) 5획 총8획　영night　중yè　일ヤ(よ·よる)【난이도】중학용, 읽기 6급, 쓰기 5급

野野野野野野野野野野野
野 野 野 野 野

들 야

野黨(야당) 野蠻(야만) 野外(야외) 野菜(야채) 分野(분야) 視野(시야) 與野(여야)

家鷄野鶩(가계야목) : 집의 닭을 미워하고 들의 물오리를 사랑한다는 뜻으로, 일상(日常) 흔한 것을 피(避)하고 새로운 것, 진기한 것을 존중(尊重)함을 비유(比喩·譬喩).

里部(마을리) 4획총11획　영field　중yě　일ヤ(の)【난이도】중학용, 읽기 6급, 쓰기 5급

約

맺을 약

糸部(실사) 3획 총9획

約約約約約約約約約

約	約	約	約	約				

約束(약속) 契約(계약) 約定(약정) 公約(공약) 節約(절약) 條約(조약) 請約(청약)

百年佳約(백년가약) : 백년을 두고 하는 아름다운 언약(言約)이라는 뜻으로, 부부(夫婦)가 되겠다는 약속(約束).

영bind 중约[yuē] 일ヤク(おおむれ) 【난이도】 중학용, 읽기 5급II, 쓰기 4급II

若

같을 약

艹部(초두머리)5획총9획

若若若若若若若若若

若	若	若	若	若				

莫若(막약) 萬若(만약) 般若心經(반야심경) 不若(불약) 有若無(유약무)

傍若無人(방약무인) : 곁에 아무도 없는 것처럼 여긴다는 뜻으로, 주위(周圍)에 있는 다른 사람을 전혀 의식(意識)하지 않고 제멋대로 행동(行動)하는 것을 이르는 말.

영like 중若[ruò] 일若[ジャク](わかい·もしくは) 【난이도】 중학용, 읽기 3급II, 쓰기 2급

弱

약할 약

弓部(활궁)7획 총10획

弱弱弱弱弱弱弱弱弱弱

弱	弱	弱	弱	弱				

弱骨(약골) 弱者(약자) 弱化(약화) 强弱(강약) 懦弱(나약) 衰弱(쇠약) 脆弱(취약)

弱肉强食(약육강식) : 약한 자는 강한 자에게 먹힘이란 뜻으로, 생존 경쟁의 살벌함을 말함.
弱冠(약관) : 남자가 스무 살에 관례를 한다는 데서, 남자의 스무 살 된 때를 일컫는 말.

영weak 중弱[ruò] 일弱[ジャク](よわい·よわまる) 【난이도】 중학용, 읽기 6급II, 쓰기 5급II

藥

약 약

艹部(초두머리)15획총19획

藥藥藥藥藥藥藥藥藥藥藥藥藥藥藥藥藥

藥	藥	藥	藥	藥				

痲藥(마약) 藥局(약국) 農藥(농약) 藥房(약방) 藥品(약품) 藥效(약효) 藥用(약용)

死後藥方文(사후약방문) : 죽은 뒤에 약방문(藥方文)을 쓴다는 뜻으로, 이미 때가 지난 후(後)에 대책(對策)을 세우거나 후회(後悔)해도 소용(所用)없다는 말.

영medicine 중药[Yào] 일薬[ヤク](くすり) 【난이도】 중학용, 읽기 6급II, 쓰기 5급II

羊

양 양

羊部(양양)0획 총6획

羊羊羊羊羊羊

羊	羊	羊	羊	羊				

羊毛(양모) 羊水(양수) 亡羊之歎(망양지탄) 白羊(백양) 山羊(산양) 黑羊(흑양)

羊頭狗肉(양두구육) : 양 머리를 걸어놓고 개고기를 판다는 뜻으로, ① 겉은 훌륭해 보이나 속은 그렇지 못한 것. ② 겉과 속이 서로 다름. ③ 말과 행동이 일치하지 않음.

영sheep 중yáng 일ヨウ(ひつじ) 【난이도】 중학용, 읽기 4급II, 쓰기 3급II

洋	洋洋洋洋洋洋洋洋洋
	洋 洋 洋 洋 洋

太平洋(태평양) 西洋(서양) 東洋(동양) 洋藥(양약) 遠洋漁船(원양어선)

望洋之歎(망양지탄) : 넓은 바다를 보고 탄식한다는 뜻으로, ① 남의 원대함에 감탄하고, 나의 미흡함을 부끄러워함의 비유. ② 제 힘이 미치지 못할 때 하는 탄식(歎息).

큰 바다 양

氵部(삼수변)6획 총9획

영ocean 중yáng 일ヨウ(おおうみ) 【난이도】중학용, 읽기 6급, 쓰기 5급

陽	陽陽陽陽陽陽陽陽陽陽陽陽
	陽 陽 陽 陽 陽

陽曆(양력) 斜陽(사양) 陰陽(음양) 重陽節(중양절) 太陽(태양) 太陽曆(태양력)

建陽多慶(건양다경) : 입춘(立春)을 맞이하여 길운(吉運)을 기원(祈願)하는 글. 입춘대길(立春大吉).

볕 양

阝部(좌부방)9획 총12획

영sunshine 중阳[yáng] 일ヨウ(ひ) 【난이도】중학용, 읽기 6급, 쓰기 5급

揚	揚揚揚揚揚揚揚揚揚揚揚
	揚 揚 揚 揚 揚

讚揚(찬양) 浮揚策(부양책) 浮揚(부양) 止揚(지양) 揭揚(게양) 稱揚(칭양) 宣揚(선양)

意氣揚揚(의기양양) : ① 의기(義氣)가 드높아 매우 자랑스럽게 행동(行動)하는 모양(模樣). ② 자랑스러워 뽐내는 모양(模樣).

날릴 양

扌(手)部(재방변)9획총12획

영raise 중扬[yáng] 일ヨウ(あがる·あげる) 【난이도】중학용, 읽기 3급Ⅱ, 쓰기 2급

養	養養養養養養養養養養養養養養
	養 養 養 養 養

養成(양성) 養殖(양식) 敎養(교양) 培養(배양) 營養(영양) 療養(요양) 涵養(함양)

養虎遺患(양호유환) : '범을 길러 화근을 남긴다'는 뜻으로, ① '화근을 길러서 걱정거리를 산다' 스스로 화를 자초했다는 말. ② 은혜를 베풀어 준 이로부터 도리어 해를 입게 됨을 이르는 말.

기를 양

食部(밥식)6획 총15획

영breed 중养[yǎng] 일ヨウ(やしなう) 【난이도】중학용, 읽기 5급Ⅱ, 쓰기 4급Ⅱ

讓	讓讓讓讓讓讓讓讓讓讓讓讓讓讓讓讓讓
	讓 讓 讓 讓 讓

讓渡(양도) 讓渡稅(양도세) 讓步(양보) 謙讓(겸양) 分讓(분양) 移讓(이양)

辭讓之心(사양지심) : 사단(四端)의 하나. 겸손(謙遜)히 마다하며 받지 않거나 남에게 양보(讓步)하는 마음. 예(禮)의 근본(根本).

사양할 양

言部(말씀언)17획총24획

영concede 중让[ràng] 일讓[ジョウ](ゆずる) 【난이도】중학용, 읽기 3급Ⅱ, 쓰기 2급

於 어조사 어 方部(모방) 4획 총8획	於 於 於 方 於 於 於 於 於 於 於 於 於 於半(어반) 於焉間(어언간) 於中間(어중간) 於此彼(어차피) 甚至於(심지어) **青出於藍**(청출어람) : 푸른 색이 쪽에서 나왔으나 쪽보다 더 푸르다는 뜻으로, 제자 (弟子)가 스승보다 나은 것을 비유하는 말. 영in·particle 중yū 일オ·ヨ(おいて·おける) 【난이도】중학용, 읽기 3급, 쓰기 2급
魚 물고기 어 魚部(물고기어)0획총11획	魚 魚 魚 魚 魚 魚 魚 魚 魚 魚 魚 魚 魚 魚 魚 魚 魚卵(어란) 魚類(어류) 魚族(어족) 文魚(문어) 長魚(장어) 大魚(대어) 態魚(태어) **魚東肉西**(어동육서) : 제사상(祭祀床)을 차릴 때에 어찬(魚饌)은 동쪽에, 육찬(肉 饌)은 서쪽에 놓음. **水魚之交**(수어지교) : 물과 물고기의 사귐이란 뜻. 영fish 중鱼[yú] 일ギョ(うお·さかな) 【난이도】중학용, 읽기 5급, 쓰기 4급
漁 고기잡을 어 氵部(삼수변)11획총14획	漁 漁 漁 漁 漁 漁 漁 漁 漁 漁 漁 漁 漁 漁 漁 漁 漁 漁 漁夫(어부) 漁船(어선) 農漁村(농어촌) 漁村(어촌) 漁場(어장) 漁具(어구) **漁夫之利**(어부지리)어부지리(漁父之利). 어부(漁夫)의 이익(利益)이라는 뜻으로, 둘이 다투는 틈을 타서 엉뚱한 제3자(第三者)가 이익(利益)을 가로챔을 이르는 말. 영fishing 중渔[yú] 일ギョ·リョウ(よわい·よわまる) 【난이도】중학용, 읽기 5급, 쓰기 4급
語 말씀 어 言部(말씀언)7획총14획	語 語 語 語 語 語 語 語 語 語 語 語 語 語 語 語 語 語 語錄(어록) 國語(국어) 論語(논어) 言語(언어) 英語(영어) 單語(단어) 用語(용어) **語不成說**(어불성설) : 말이 하나의 일관(一貫)된 논의(論議)로 되지 못함. 즉, 말이 이 치(理致)에 맞지 않음을 뜻함. 영words 중语[yǔ] 일ゴ(かたらう·かたる) 【난이도】중학용, 읽기 7급, 쓰기 6급
億 억 억 亻部(사람인)13획총15획	億 億 億 億 億 億 億 億 億 億 億 億 億 億 億 億 億 千億(천억) 十億(십억) 億臺(억대) 億劫(억겁) 百億(백억) 億兆(억조) 數億(수억) **億兆蒼生**(억조창생) : ① 수 많은 백성(百姓). ② 수 많은 사람. **億萬之衆**(억만지중) : 수많은 백성. 億萬蒼生(억만창생) : 수많은 백성(百姓). 영hundred million 중亿[yì] 일オク(おく) 【난이도】중학용, 읽기 5급, 쓰기 4급

憶

憶憶憶憶憶憶憶憶憶憶憶憶憶憶憶

| 憶 | 憶 | 憶 | 憶 | 憶 | | | |

記憶(기억) 追憶(추억) 記憶力(기억력) 回憶(회억) 憶起(억기) 憶測(억측)

憶吹簫樂(억취소악) : 제가 보아서 아는 대로 제 생각만으로 추측. 어림치고 하는 생각. 억지 추측. **憶昔當年(억석당년)** : 오래 전(前)에 지난 일을 돌이켜 생각함.

생각할 억

忄部(심방변)13획 총16획

영recall 중忆[yì] 일オク(おもう) 【난이도】 중학용, 읽기 3급II, 쓰기 2급

言

言言言言言言言

| 言 | 言 | 言 | 言 | 言 | | | |

言及(언급) 言論(언론) 言語(언어) 發言(발언) 宣言(선언) 證言(증언)

甘言利說(감언이설) : 달콤한 말과 이로운 이야기라는 뜻으로, 남의 비위에 맞도록 꾸민 달콤한 말과 이로운 조건(條件)을 내세워 남을 꾀이는 말.

말씀 언

言部(말씀언)0획 총7획

영talk 중yán 일ケン・コン(いう・こと) 【난이도】 중학용, 읽기 6급, 쓰기 5급

嚴

嚴嚴嚴嚴嚴嚴嚴嚴嚴嚴嚴嚴嚴嚴嚴嚴嚴嚴

| 嚴 | 嚴 | 嚴 | 嚴 | 嚴 | | | |

嚴格(엄격) 嚴密(엄밀) 嚴肅(엄숙) 嚴正(엄정) 嚴重(엄중) 尊嚴(존엄) 森嚴(삼엄)

嚴親(엄친) : ① 엄하게 길러 주는 어버이라는 뜻으로, 남에게 '자기(自己)의 아버지'를 일컫는 말. ② 주로 밖의 일을 보는 어버이란 뜻으로, 아버지를 일컫는 말.

엄할 엄

口部(입구)17획 총20획

영strict 중严[yán] 일嚴[グン・ゴン](きびしい・おごそか) 【난이도】 중학용, 읽기 4급, 쓰기 3급

業

業業業業業業業業業業業業業

| 業 | 業 | 業 | 業 | 業 | | | |

業務(업무) 企業(기업) 事業(사업) 産業(산업) 職業(직업) 就業(취업)

自業自得(자업자득) : 불교(佛教)에서, 제가 저지른 일의 과보(果報)를 제스스로 받음을 이르는 말. **安居樂業(안거낙업)** : 편안(便安)히 살면서 생업(生業)을 즐김.

업 업

木部(나무목)9획 총13획

영business 중业[yè] 일ギョウ・ゴウ(わざ) 【난이도】 중학용, 읽기 6급II, 쓰기 5급II

汝

汝汝汝汝汝汝

| 汝 | 汝 | 汝 | 汝 | 汝 | | | |

汝等(여등) 宋汝志(송여지) 汝刀干(여도간) 丁汝昌(정여창) 汝輩(여배)

汝矣島(여의도) : 서울 영등포구 여의도동에 딸린 한강의 하중도(河中島). 한강(漢江)에 발달(發達)한 범람원으로 영등포(永登浦) 쪽에 작은 샛강이 있음.

너 여

氵部(삼수변)3획 총6획

영you 중rǔ 일ジョ(なんじ) 【난이도】 중학용, 읽기 3급, 쓰기 2급

如

같을 여

女部(계집녀) 3획 총6획

如如如如如如

| 如 | 如 | 如 | 如 | 如 | | | | | |

如干(여간) 如意(여의) 如前(여전) 如此(여차) 缺如(결여) 如何(여하) 或如(혹여)

見金如石(견금여석) : 황금(黃金) 보기를 돌같이 한다는 뜻에서, ① 지나친 욕심을 절제함. ② 대의를 위(爲)해서 부귀영화(富貴榮華)를 돌보지 않는다는 의미(意味).

영same 중rú 일ジョ·ニョ(ごとし) 【난이도】 중학용, 읽기 4급Ⅱ, 쓰기 3급Ⅱ

余

나 여

人部(사람인) 5획총7획

余余余余余余余

| 余 | 余 | 余 | 余 | 余 | | | | | |

余輩(여배) 余等(여등) 余月(여월) 余那山(여나산)

余那山(여나산) : 신라 때, 어떤 서생이 여나산에서 공부하여 과거에 급제하고 출세했다고, 처가에서 기뻐서 불렀다는 노래 이름. 여나산은 경주 계림 경내에 있는 산(山)임.

영more 중yú 일ヨ(あます·あまる) 【난이도】 중학용, 읽기 3급, 쓰기 2급

與

더불어 여

臼部(절구구)6획총13획

與與與與與與與與與與與與與

| 與 | 與 | 與 | 與 | 與 | 다른 사전에는 「與」를 14획으로 계산하고 있으나, 필자는 「與」를 13획으로 보고 있음. 이의 있으신 독자는 언제든 연락 바람. | | | |

與件(여건) 與黨(여당) 與否(여부) 與野(여야) 關與(관여) 寄與(기여) 給與(급여)

與狐謀皮(여호모피) : 여우하고 여우의 모피를 벗길 모의를 한다는 뜻으로, 이해가 상충하는 사람하고 의논하면 결코 이루어지지 않음을 비유해 이르는 말.

영join, participate 중与[yǔ] 일ヨ(あたえる) 【난이도】 중학용, 읽기 4급, 쓰기 3급

餘

남을 여

食部(밥식)7획 총16획

餘餘餘餘餘餘餘餘餘餘餘餘餘餘餘

| 餘 | 餘 | 餘 | 餘 | 餘 | | | | | |

餘暇(여가) 餘技(여기) 餘年(여년) 餘分(여분) 餘裕(여유) 餘地(여지) 餘波(여파)

窮餘之策(궁여지책) : ① 궁한 끝에 나오는 한 꾀. ② 막다른 골목에서 그 국면(局面)을 타개하려고 생각다 못해 짜낸 꾀.

영remain 중馀[yú] 일余[ヨ](あまる) 【난이도】 중학용, 읽기 4급Ⅱ, 쓰기 3급Ⅱ

亦

또 역

亠部(돼지해머리)4획 총6획

亦亦亦亦亦亦

| 亦 | 亦 | 亦 | 亦 | 亦 | | | | | |

亦是(역시) 此亦(차역) 其亦(기역) 亦可(역가) 亦如是(역여시) 亦然(역연)

不亦說乎(불역열호) : 또한 기쁘지 아니한가. 『논어(論語)』의 학이편(學而篇)에 나오는 말. 盜亦有道(도역유도) : 도둑에게도 도둑으로서의 도리가 있다는 뜻.

영also 중yì 일エキ·ヤク(また·わき) 【난이도】 중학용, 읽기 3급Ⅱ, 쓰기 2급

易

易易易易易易易易
易 易 易 易 易

易經(역경) 簡易(간이) 交易(교역) 貿易(무역) 周易(주역) 安易(안이) 容易(용이)

易地思之(역지사지) : 처지(處地)를 서로 바꾸어 생각함이란 뜻으로, 상대방(相對方)의 처지(處地)에서 생각해봄.

바꿀 역/쉬울 이

日部(날일) 4획 총8획

영 easy, exchange 중 yì 일 イ·エキ(やさしい) 【난이도】 중학용, 읽기 4급, 쓰기 3급

逆

逆逆逆逆逆逆逆逆逆逆
逆 逆 逆 逆 逆

逆轉(역전) 逆行(역행) 逆風(역풍) 拒逆(거역) 逆說(역설) 叛逆(반역) 反逆(반역)

莫逆之友(막역지우) : 마음이 맞아 서로 거스르는 일이 없는, 생사(生死)를 같이 할 수 있는 친밀(親密)한 벗.

거스를 역

辶部(책받침) 6획 총10획

영 disobey 중 逆[nì] 일 逆[ギャク](さか·さからう) 【난이도】 중학용, 읽기 4급II, 쓰기 3급II

研

研研研研研研研研研研研
研 研 研 研 研

研究(연구) 研究員(연구원) 研究所(연구소) 研究費(연구비) 研修(연수) 研磨(연마)

研之究之(연지구지) : ① 어떤 사물(事物)을 과학적(科學的)으로 분석(分析), 관찰(觀察)하는 일. ② 어떤 일에 대(對)하여 깊이 생각하고 사리(事理)를 따지어 보는 일.

갈 연

石部(돌석) 6획 총11획

영 grind, study 중 研[yán] 일 研[ケン](とぐ) 【난이도】 중학용, 읽기 4급II, 쓰기 3급II

然

然然然然然然然然然然然
然 然 然 然 然

自然(자연) 當然(당연) 蓋然性(개연성) 偶然(우연) 儼然(엄연) 果然(과연) 漠然(막연)

浩然之氣(호연지기) : ① 도의(道義)에 근거(根據)를 두고 굽히지 않고 흔들리지 않는 바르고 큰 마음. ② 하늘과 땅 사이에 가득 찬 넓고 큰 정기(精氣).

그러할 연

灬部(연화발) 8획 총12획

영 so, such 중 然[rán] 일 然[ゼン·ネン](しかり) 【난이도】 중학용, 읽기 7급, 쓰기 6급

煙

煙煙煙煙煙煙煙煙煙煙煙煙
煙 煙 煙 煙 煙

喫煙(끽연) 吸煙(흡연) 禁煙(금연) 煙氣(연기) 無煙炭(무연탄) 煤煙(매연)

康衢煙月(강구연월) : 강구(康衢)는 사통오달의 큰길로서 사람의 왕래가 많은 거리, 연월(煙月)은 연기가 나고 달빛이 비친다는 뜻으로, 태평한 세상의 평화로운 풍경.

연기 연

火部(불화) 9획 총13획

영 smoke 중 烟[yān] 일 煙[エン](けむい·けむり) 【난이도】 중학용, 읽기 4급II, 쓰기 3급II

悅悅悅悅悅悅悅悅悅悅

| 悅 | 悅 | 悅 | 悅 | 悅 | | | | | |

悅樂(열락) 悅慕(열모) 悅愛(열애) 媚悅(미열) 不悅(불열) 和悅(화열) 喜悅(희열)

近悅遠來(근열원래) : 부근(附近)에 있는 사람들이 즐거워하고, 먼 곳의 사람들이 흠모(欽慕)하여 모여든다는 뜻으로, 德(덕)이 널리 미침을 이르는 말.

영joyful·pleased 중悅[yué] 일悅[エツ](よろこぶ) 【난이도】 중학용, 읽기3급II, 쓰기 2급기 3급II

기쁠 열

忄部(심방변) 7획총 10획

熱熱熱熱熱熱熱熱熱熱熱熱熱熱熱

| 熱 | 熱 | 熱 | 熱 | 熱 | | | | | |

熱狂(열광) 熱氣(열기) 熱心(열심) 熱風(열풍) 加熱(가열) 過熱(과열) 熱中(열중)

以熱治熱(이열치열) : 열(熱)은 열로써 다스린다는 뜻으로, 힘에는 힘으로 또는 강(強)한 것에는 강(強)한 것으로 상대함을 이르는 말.

영hot 중热[rè] 일ネツ(あつい) 【난이도】 중학용, 읽기 5급, 쓰기 4급

더울 열

灬部(연화발)11획총15획

炎炎炎炎炎炎炎炎

| 炎 | 炎 | 炎 | 炎 | 炎 | | | | | |

肝炎(간염) 肺炎(폐렴) 咽頭炎(인두염) 喉頭炎(후두염) 鼻炎(비염) 炎症(염증)

炎凉世態(염량세태) : 뜨거웠다가 차가워지는 세태라는 뜻으로, 권세가 있을 때에는 아첨(阿諂)하여 좇고 권세가 떨어지면 푸대접하는 세속(世俗)의 형편.

영flame 중yán 일エン(ほのお) 【난이도】 중학용, 읽기 3급II, 쓰기 2급

불꽃 염

火部(불화) 4획 총8획

葉葉葉葉葉葉葉葉葉葉葉葉葉

| 葉 | 葉 | 葉 | 葉 | 葉 | | | | | |

葉綠素(엽록소) 葉書(엽서) 落葉(낙엽) 中葉(중엽) 枝葉(지엽) 闊葉(활엽)

金枝玉葉(금지옥엽) : '금 가지에 옥 잎사귀'란 뜻으로, ① 임금의 자손이나 집안을 이르는 말. ② 귀한 자손을 이르는 말. ③ 아름다운 구름을 형용하여 이르는 말.

영leaf 중叶[yè] 일葉[ヨウ](は) 【난이도】 중학용, 읽기 5급, 쓰기 4급

잎 엽

艹部(초두머리)9획총13획

永永永永永

| 永 | 永 | 永 | 永 | 永 | | | | | |

永劫(영겁) 永久(영구) 永眠(영면) 永生(영생) 永壽(영수) 永遠(영원) 永住(영주)

永遠無窮(영원무궁) : 영원(永遠)히 다함이 없음.
永世不忘(영세불망) : 영구(永久)히 잊지 아니함.

영eternal 중yǒng 일エイ(ながい) 【난이도】 중학용, 읽기 6급, 쓰기 5급

길 영

水部(물수) 1획총5획

맞을 영

辶部(책받침) 4획 총8획

迎 迎 迎 迎 迎 迎 迎 迎

歡迎(환영) 迎入(영입) 迎合(영합) 迎接(영접) 迎阿(영아) 迎鼓(영고) 迎歲(영세)

送舊迎新(송구영신) : 묵은해를 보내고 새해를 맞는다는 뜻으로, ① 묵은해를 보내고, 새해를 맞이함. ② 구관(舊官)을 보내고, 신관(新官)을 맞이함.

영welcome 중迎[yíng] 일ゲイ(むかえる) 【난이도】중학용, 읽기 4급, 쓰기 3급

英

꽃부리 영

艹部(초두머리)5획 총9획

英 英 英 英 英 英 英 英 英

英國(영국) 英文(영문) 英敏(영민) 英語(영어) 英雄(영웅) 英才(영재) 英特(영재)

蓋世英雄(개세영웅) : 기상(氣像)이나 위력(威力)이 세상(世上)을 뒤엎을 만큼 큰 영웅(英雄). 英雄豪傑(영웅호걸) : 영웅(英雄)과 호걸(豪傑).

영elite 중英[yīng] 일英[エイ](はなぶさ) 【난이도】중학용, 읽기 6급, 쓰기 5급

榮

영화 영

木部(나무목)10획 총14획

榮 榮 榮 榮 榮 榮 榮 榮 榮 榮 榮 榮 榮 榮

榮光(영광) 榮譽(영예) 榮辱(영욕) 榮轉(영전) 榮華(영화) 繁榮(번영) 虛榮(허영)

榮枯盛衰(영고성쇠) : 영화(榮華)롭고 마르고 성(盛)하고 쇠함이란 뜻으로, 개인(個人)이나 사회(社會)의 성(盛)하고 쇠함이 서로 뒤바뀌는 현상(現象).

영glory 중荣[róng] 일栄[エイ](さかえる・はえ) 【난이도】중학용, 읽기 4급II, 쓰기 3급II

藝

재주 예

艹部(초두머리)15획총19획

藝 藝 藝 藝 藝 藝 藝 藝 藝 藝 藝 藝 藝 藝 藝 藝 藝 藝

藝能(예능) 藝術的(예술적) 工藝(공예) 武藝(무예) 文藝(문예) 書藝(서예)

百工技藝(백공기예) : 온갖 장인(匠人)의 재주.
貪欲無藝(탐욕무예) : 뇌물(賂物)을 탐함에 그 끝이 없음.

영art, skill 중艺[yì] 일芸[ゲイ](わざ) 【난이도】중학용, 읽기 4급II, 쓰기 3급II

다섯 오

二部(두이) 2획 총4획

五 五 五 五

五大山(오대산) 五福(오복) 五十步百步(오십보백보) 五月(오월) 五行(오행)

五里霧中(오리무중) : 짙은 안개가 5리나 끼어 있는 속에 있다는 뜻으로, ① 무슨 일에 대하여 방향이나 상황을 알 길이 없음을 이르는 말. ② 일의 갈피를 잡기 어려움.

영five 중wǔ 일ゴ(いつ・いつつ) 【난이도】중학용, 읽기 8급, 쓰기 6급II

午午午午

| 午 | 午 | 午 | 午 | 午 | | | | |

午後(오후) 午前(오전) 端午(단오) 午餐(오찬) 正午(정오) 甲午(갑오) 下午(하오)

午後閑良(오후한량) : 배가 출출한 판에 함부로 먹어대는 짓.
午睡(오수) : 낮잠. 낮에 자는 잠.

낮 오

十部(열십) 2획총4획

영noon 중wǔ 일ゴ(うま·ひる) 【난이도】 중학용, 읽기 7급Ⅱ, 쓰기 6급

吾吾吾吾吾吾

| 吾 | 吾 | 吾 | 吾 | 吾 | | | | |

吾等(오등) 吾道(오도) 吾人(오인) 吾輩(오배) 金吾(금오) 吾家(오가) 吾君(오군)

吾鼻三尺(오비삼척) : 오비체수삼척(吾鼻涕垂三尺)의 준말로, 곤경(困境)에 처해 자기 일도 해결하기 어려운 판국에 어찌 남을 도울 여지가 있겠는가라는 말.

나 오

口部(입구) 4획총7획

영I 중wú 일ゴ(われ) 【난이도】 중학용, 읽기 3급, 쓰기 2급

烏烏烏烏烏烏烏烏烏烏

| 烏 | 烏 | 烏 | 烏 | 烏 | | | | | |

烏竹軒(오죽헌) 三足烏(삼족오) 烏梅(오매) 日烏(일오) 烏鵲橋(오작교)

烏飛梨落(오비이락) : '까마귀 날자 배 떨어진다' 는 속담의 한역으로, 아무런 관계도 없이 한 일이 공교롭게 다른 일과 때가 일치해 혐의(嫌疑)를 받게 됨을 이르는 말.

까마귀 오

灬部(연화발)6획 총10획

영crow 중乌[wū] 일ウオ(いずくんぞ·からす) 【난이도】 중학용, 읽기 3급Ⅱ, 쓰기 2급

悟悟悟悟悟悟悟悟悟悟

| 悟 | 悟 | 悟 | 悟 | 悟 | | | | |

覺悟(각오) 悟性(오성) 悟道(오도) 開悟(개오) 頓悟(돈오) 英悟(영오) 朗悟(낭오)

大悟覺醒(대오각성) : 크게 깨달아서 번뇌(煩惱), 의혹(疑惑)이 다 없어짐.
大悟大徹(대오대철) : 크게 깨달아서 번뇌(煩惱), 의혹(疑惑)이 다 없어짐.

깨달을 오

忄部(심방변) 7획총10획

영awake 중wú 일ゴ(さとる) 【난이도】 중학용, 읽기 3급Ⅱ, 쓰기 2급

誤誤誤誤誤誤誤誤誤誤誤誤誤誤

| 誤 | 誤 | 誤 | 誤 | 誤 | | | | |

誤謬(오류) 錯誤(착오) 誤解(오해) 過誤(과오) 誤認(오인) 誤審(오심) 誤導(오도)

試行錯誤(시행착오) : 학습(學習) 양식(樣式)의 한 가지로 실패(失敗)를 거듭하여 적용(適用)하는 일. 몬다이크의 관찰(觀察)로 이론화(理論化)되었음.

그르칠 오

言部(말씀언)7획총14획

영mistake 중误[wú] 일誤[ゴ](あやまる) 【난이도】 중학용, 읽기 4급Ⅱ, 쓰기 3급Ⅱ

玉

구슬 옥

玉部(구슬옥)0획 총5획

玉 玉 玉 玉 玉

玉童(옥동) 玉門(옥문) 玉石(옥석) 玉詠(옥영) 玉韻(옥운) 玉璽(옥새) 玉篇(옥편)

金枝玉葉(금지옥엽) : '금 가지에 옥 잎사귀'란 뜻으로, ① 임금의 자손이나 집안을 이르는 말. ② 귀한 자손을 이르는 말. ③ 아름다운 구름을 형용하여 이르는 말.

영gem, gewel 중yù 일ギョク(たま) 【난이도】 중학용, 읽기 4급Ⅱ, 쓰기 3급Ⅱ

屋

집 옥

尸部(주검시)6획 총9획

屋 屋 屋 屋 屋

家屋(가옥) 屋上(옥상) 酒屋(주옥) 書屋(서옥) 長屋(장옥) 屋內(옥내) 草屋(초옥)

三間草屋(삼간초옥) : 썩 작은 초가(草家).

數間茅屋(수간모옥 : 두서너 칸밖에 안 되는 띠집. 오두막집.

영house 중wū 일オク(や) 【난이도】 중학용, 읽기 5급, 쓰기 4급

溫

따뜻할 온

氵部(삼수변)10획 총13획

溫 溫 溫 溫 溫

溫暖(온난) 溫度(온도) 溫乭(온돌) 溫室(온실) 溫情(온정) 溫厚(온후) 微溫(미온)

溫故知新(온고지신) : 옛것을 익히고 그것을 미루어서 새것을 앎. 다시 말하면, 옛 학문을 되풀이하여 연구하고, 현실을 처리할 수 있는 새로운 학문을 이해하여야 남의 스승이 될 수 있다.

영warm 중溫[oēn] 일溫[オン](あたたか) 【난이도】 중학용, 읽기 6급, 쓰기 5급

瓦

기와 와

瓦部(기와와) 0획 총5획

瓦 瓦 瓦 瓦 瓦

瓦器(와기) 煉瓦(연와) 瓦家(와가) 蓋瓦(개와) 瓦松(와송) 瓦花(와화) 靑瓦(청와)

弄瓦(농와) : 옛날 중국(中國)에서, 딸을 낳으면 실패를 장난감으로 주었다는 옛 일에서 온 말로, 딸을 낳은 일을 한문투(漢文-)로 이르는 말.

영tile 중wǎ 일ガ(かわら) 【난이도】 중학용, 읽기 3급Ⅱ, 쓰기 2급

臥

누울 와

臣部(신하신) 2획 총8획

臥 臥 臥 臥 臥

困臥(곤와) 臥床(와상) 臥席(와석)臥炳(와병) 臥瓜(와과) 閑臥(한와) 臥榻(와탑)

臥薪嘗膽(와신상담) : 섶에 누워 쓸개를 씹는다는 뜻으로, 원수(怨讐)를 갚으려고 온갖 괴로움을 참고 견딤을 이르는 말.

영down 중臥[wò] 일ガ(ふしど·ふす) 【난이도】 중학용, 읽기 3급, 쓰기 2급

117

完

완전할 완

宀部(갓머리) 4획 총7획

完完完完完完完

完	完	完	完	完				

補完(보완) 完全(완전) 完成(완성) 未完(미완) 完了(완료) 完工(완공) 完固(완고)

完璧歸趙(완벽귀조) : '구슬을 온전히 조나라로 돌려보내다'라는 뜻으로, ① 흠이 없는 구슬. 결점이 없이 완전함. ② 빌렸던 물건(物件)을 온전히 반환함.

영perfect 중wán 일カン(まっとうする) 【난이도】 중학용, 읽기 5급, 쓰기 4급

曰

가로 왈

曰部(가로왈)0획총4획

曰口曰曰

曰	曰	曰	曰	曰				

或曰(혹왈) 予曰(여왈) 又曰(우왈) 子曰(자왈) 曰是曰非(왈시왈비)

曰可曰否(왈가왈부) : 좋으니 나쁘니 하고 떠들어댐.
號曰百萬(호왈백만) : 말로는 백만을 일컬으나, 실상(實相)은 얼마 안 됨.

영speak 중yuē 일エツ(いわく) 【난이도】 중학용, 읽기 3급, 쓰기 2급

王

임금 왕

王部(구슬옥변)0획총4획

王王王王

王	王	王	王	王				

王宮(왕궁) 王孫(왕손) 王室(왕실) 王子(왕자) 王朝(왕조) 大王(대왕) 先王(선왕)

王尊丈(왕존장) : ① 남의 할아버지를 일컫는 말.
② 할아버지와 나이가 비슷한 어른을 일컫는 말.

영king 중wáng 일オウ(きみ) 【난이도】 중학용, 읽기 8급, 쓰기 6급II

往

갈 왕

彳部(두인변) 5획총8획

往往往往往往往往

往	往	往	往	往				

往年(왕년) 往來(왕래) 往復(왕복) 往事(왕사) 往往(왕왕) 旣往(기왕) 已往(이왕)

右往左往(우왕좌왕) : ① 오른쪽으로 갔다 왼쪽으로 갔다하며 종잡지 못함.
② 사방(四方)으로 왔다갔다 함.

영go 중wǎng 일オウ(ゆく) 【난이도】 중학용, 읽기 4급II, 쓰기 3급II

外

바깥 외

夕部(저녁석) 2획총5획

外夕外外外

外	外	外	外	外				

外交(외교) 外國(외국) 外面(외면) 外部(외부) 列外(열외) 除外(제외) 海外(해외)

門外漢(문외한) : ① 어떤 일에 바로 관계(關係)가 없는 사람. ② 어떤 일에 전문적(專門的) 지식(知識)이나 조예(造詣)가 없는 사람.

영outside 중wài 일ガイ・ゲ(そと) 【난이도】 중학용, 읽기 8급, 쓰기 6급II

要要要要要要要要要

| 要 | 要 | 要 | 要 | 要 | | | | |

要求(요구) 要素(요소) 要請(요청) 所要(소요) 需要(수요) 重要(중요) 必要(필요)

要言不煩(요언불번) : 요긴(要緊)한 말은 번잡(煩雜)하지 않다는 뜻으로, 중요(重要)한 말은 긴 이야기를 듣지 않아도 그 뜻을 알 수 있음을 이르는 말.

영important 중yào 일ヨウ(かなめ·いる) 【난이도】중학용, 읽기 5급II, 쓰기 4급II

요긴할 요

両部(덮을아)3획 총9획

浴浴浴浴浴浴浴浴浴浴

| 浴 | 浴 | 浴 | 浴 | 浴 | | | | |

浴室(욕실) 浴槽(욕조) 浴桶(욕통) 沐浴(목욕) 海水浴場(해수욕장) 浴湯(욕탕)

沐浴齋戒(목욕재계) : 제사(祭祀)를 지내거나 신성(神聖)한 일 따위를 할 때, 목욕(沐浴)해서 몸을 깨끗이 하고 마음을 가다듬어 부정(不淨)을 피(避)함.

영bathe 중yù 일ヨク(あびせる·あびる) 【난이도】중학용, 읽기 5급, 쓰기 4급

목욕할 욕

氵部(삼수변)7획 총10획

欲欲欲欲欲欲欲欲欲欲欲

| 欲 | 欲 | 欲 | 欲 | 欲 | | | | |

欲界(욕계) 欲求(욕구) 欲情(욕정) 欲天(욕천) 三欲(삼욕) 六欲天(육욕천)

欲速不達(욕속부달) : ① 빨리 하고자 하면 도달(到達)하지 못함.
② 어떤 일을 급(急)하게 하면 도리어 이루지 못함.

영desire 중yù 일ヨク(ほしい·ほっする) 【난이도】중학용, 읽기 3급II, 쓰기 2급

하고자할 욕

欠部(하품흠)7획 총11획

用用用用用

| 用 | 用 | 用 | 用 | 用 | | | | |

用途(용도) 雇用(고용) 費用(비용) 使用(사용) 適用(적용) 採用(채용) 效用(효용)

無用之物(무용지물) : 아무 소용이 없는 물건이나 아무짝에도 쓸데없는 사람.
節用而愛人(절용이애인) : 나라의 재물을 아껴 쓰는 것이 곧 백성을 사랑함을 말함.

영use, employ 중yòng 일ヨウ(もちいる) 【난이도】중학용, 읽기 6급II, 쓰기 5급II

쓸 용

用部(쓸용) 0획 총5획

勇勇勇勇勇勇勇勇勇

| 勇 | 勇 | 勇 | 勇 | 勇 | | | | |

勇氣(용기) 勇敢(용감) 勇猛(용맹) 勇斷(용단) 蠻勇(만용) 强勇(강용) 猛勇(맹용)

匹夫之勇(필부지용) : 하찮은 남자(男子)의 용기(勇氣)라는 뜻으로, 소인(小人)이 깊은 생각 없이 혈기(血氣)만 믿고 함부로 부리는 용기(勇氣)를 이름.

영quick, brave 중yǒng 일ユウ(いさむ) 【난이도】중학용, 읽기 6급II, 쓰기 5급II

날랠 용

力部(힘력) 7획 총9획

容

얼굴 용

宀部(갓머리)7획총10획

容容容容容容容容容容

容 容 容 容 容

容納(용납) 容貌(용모) 容恕(용서) 容易(용이) 内容(내용) 包容(포용) 許容(허용)

花容月態(화용월태) : '꽃다운 얼굴과 달 같은 자태(姿態)'라는 뜻으로, 아름다운 여자(女子)의 고운 자태(姿態)를 이르는 말.

영face 중róng 일ヨウ(いれる) 【난이도】 중학용, 읽기 4급II, 쓰기 3급II

又

또 우

又部(또우)0획총2획

又又

又 又 又 又 又

又重之(우중지) 又況(우황) 又一李(우일이) 又曰(우왈) 自乘又乘(자승우승)

三年不飛又不鳴(삼년불비우불명) : 「삼 년간이나 한 번도 날지 않고 울지도 않는다」는 뜻으로, 뒷날에 웅비(雄飛)할 기회(機會)를 기다림을 이르는 말.

영and, again 중yòu 일ユウ(また) 【난이도】 중학용, 읽기 3급, 쓰기 2급

于

어조사 우

二部(두이) 1획총3획

于于于

于 于 于 于 于

于今(우금) 于山國(우산국) 至于今日(지우금일) 于歸(우귀) 至于今(지우금)

三歲之習至于八十(삼세지습지우팔십) : 세 살 버릇 여든까지 감.
飛于千里(비우천리) : 천리까지 날아감.

영particle 중yú 일ウ 【난이도】 중학용, 읽기 3급, 쓰기 2급

牛

소 우

牛部(소우) 0획총4획

牛牛牛牛

牛 牛 牛 牛 牛

狂牛病(광우병) 牛乳(우유) 牡牛(모우) 暮牛(모우) 牝牛(빈우) 牽牛星(견우성)

矯角殺牛(교각살우) : 「쇠뿔을 바로 잡으려다 소를 죽인다」라는 뜻으로, 결점(缺點)이나 흠을 고치려다 수단(手段)이 지나쳐 도리어 일을 그르침.

영ox, cow 중wǎng 일ギュウ(うし) 【난이도】 중학용, 읽기 5급, 쓰기 4급

友

벗 우

又部(또우) 2획총4획

友友友友

友 友 友 友 友

友邦(우방) 友愛(우애) 友誼(우의) 友情(우정) 友好(우호) 朋友(붕우) 親友(친우)

竹馬故友(죽마고우) : 대나무 말을 타고 놀던 옛 친구(親舊)라는 뜻으로, 어릴 때부터 가까이 지내며 자란 친구(親舊)를 이르는 말.

영friend 중yǒu 일ユウ(とも) 【난이도】 중학용, 읽기 5급II, 쓰기 4급II

尤

尤 尤 尤 尤

尤 尤 尤 尤 尤

더욱 우

怨尤(건우) 尤隙(우극) 尤甚(우심) 尤極(우극) 尤妙(우묘) 尤物(우물) 怨尤(원우)

不怨天不尤人(불원천불우인) : 고난이나 역경(逆境)을 만나더라도 하늘이나 다른 사람을 원망(怨望)하지 않고 제 분수(分數)를 지켜 자기 발전과 향상(向上)을 꾀함.

尤 部(절름발이왕)1획 총4획

영 more over 중 yóu 일 ユウ(すぐれる·とがめる) 【난이도】 중학용, 읽기 3급, 쓰기 2급

右

右 右 右 右 右

右 右 右 右 右

오른쪽 우

右傾化(우경화) 右相(우상) 右議政(우의정) 右翼(우익) 極右(극우) 右側(우측)

左顧右眄(좌고우면) : 왼쪽을 둘러보고 오른쪽을 짝눈으로 자세(仔細)히 살핀다는 뜻으로, 무슨 일에 얼른 결정(決定)을 짓지 못함을 비유(比喩·譬喩)함.

口部(입구) 2획총5획

영 right 중 yòu 일 ウ·ユウ(みぎ) 【난이도】 중학용, 읽기 7급II, 쓰기 6급

宇

宇 宇 宇 宇 宇 宇

宇 宇 宇 宇 宇

집 우

宇宙(우주) 宇宙工學(우주공학) 宇宙船(우주선) 宇宙人(우주인)

上棟下宇(상동하우) : 대들보는 위에 꼿꼿이 가로 놓였고, 서까래는 그 양편에서 밑으로 내려뜨렸다는 뜻으로, 집을 짓는 것을 이르는 말.

宀部(갓머리) 3획 총6획

영 house 중 yǔ 일 ウ(いえ) 【난이도】 중학용, 읽기 3급II, 쓰기 2급

雨

雨 雨 雨 雨 雨 雨 雨 雨

雨 雨 雨 雨 雨

비 우

雨水(우수) 降雨(강우) 穀雨(곡우) 夜雨(야우) 暴風雨(폭풍우) 豪雨(호우)

雨後竹筍(우후죽순) : 비가 온 뒤에 솟는 죽순(竹筍)이라는 뜻으로, 어떤 일이 일시(一時)에 많이 일어남을 이르는 말.

雨部(비우) 0획 총8획

영 rain 중 yǔ 일 ウ(あま·あめ) 【난이도】 중학용, 읽기 5급II, 쓰기 4급II

遇

遇 遇 遇 遇 遇 遇 遇 遇 遇 遇 遇 遇

遇 遇 遇 遇 遇

만날 우

境遇(경우) 待遇(대우) 處遇(처우) 禮遇(예우) 不遇(불우) 遭遇(조우) 接遇(접우)

盲龜遇木(맹귀우목) : 눈먼 거북이 물에 뜬 나무를 만났다는 뜻으로, 어려운 지경(地境)에 뜻밖의 행운(幸運)을 만나 어려움을 면하게 됨을 이르는 말.

辶部(책받침) 9획 총13획

영 meet 중 遇[yù] 일 遇[グウ](めう) 【난이도】 중학용, 읽기 4급, 쓰기 3급

憂	憂憂憂憂憂憂憂憂憂憂憂憂憂憂憂
	憂 憂 憂 憂 憂
	憂慮(우려) 憂鬱(우울) 憂鬱症(우울증) 外憂(외우) 憂患(우환) 內憂(내우)
근심 우	識字憂患(식자우환) : 글자를 아는 것이 오히려 근심이 된다는 뜻으로, 알기는 알아도 똑바로 잘 알고 있지 못하기 때문에 그 지식이 오히려 걱정거리가 됨.
心部(마음심)11획총15획	영anxiety 중忧[yōu] 일ユウ(うい) 【난이도】 중학용, 읽기 3급II, 쓰기 2급

云	云云云云
	云 云 云 云 云
	云云(운운) 云爲(운위) 云謂(운위) 紛云(분운) 或云(혹운)
이를 운	奉云山(봉운산) : 평안북도(平安北道) 후창군(厚昌郡) 동흥면(東興面)에 있는 산(山). 낭림산맥(狼林山脈)의 첫머리 부분(部分)을 이룸. 높이 1천 474m.
二部(두이) 2획총4획	영say, cloud 중yún 일ウン(いう) 【난이도】 중학용, 읽기 3급, 쓰기 2급

雲	雲雲雲雲雲雲雲雲雲雲雲雲
	雲 雲 雲 雲 雲
	雲橋(운교) 雲母(운모) 雲霧(운무) 九雲夢(구운몽) 靑雲(청운) 風雲(풍운)
구름 운	望雲之情(망운지정) : 구름을 바라보며 그리워한다는 뜻으로, ① 타향에서 고향에 계신 부모를 생각함. ② 멀리 떠나온 자식이 어버이를 사모(思慕)하여 그리는 정.
雨部(비우) 4획총12획	영cloud 중yún 일ウン(くも) 【난이도】 중학용, 읽기 5급II, 쓰기 4급II

運	運運運運運運運運運運運運運
	運 運 運 運 運
	運動(운동) 運命(운명) 運營(운영) 運用(운용) 運行(운행) 不運(불운) 幸運(행운)
옮길 운	運籌帷幄(운주유악) : 장막(帳幕) 안에서 산(算)가지를 놀린다는 뜻으로, 가만히 들어앉아 계책(計策)을 꾸밈을 나타냄.
辶部(책받침) 9획총13획	영move 중运[yùn] 일運[ウン](はこぶ) 【난이도】 중학용, 읽기 6급II, 쓰기 5급II

雄	雄雄雄雄雄雄雄雄雄雄雄雄
	雄 雄 雄 雄 雄
	雄辯(웅변) 英雄(영웅) 雌雄(자웅) 雄壯(웅장) 雄大(웅대) 雄飛(웅비) 雄雌(웅자)
수컷 웅	蓋世英雄(개세영웅) : 기상(氣像)이나 위력(威力)이 세상(世上)을 뒤엎을 만큼 큰 영웅(英雄). 英雄豪傑(영웅호걸) : 영웅(英雄)과 호걸(豪傑).
隹部(새추) 4획총12획	영male 중xióng 일ユウ(お·おす) 【난이도】 중학용, 읽기 5급, 쓰기 4급

元

으뜸 원

儿部(어진사람인발) 2획 총 4획

元元元元

元 元 元 元 元

次元(차원) 復元(복원) 還元(환원) 元旦(원단) 元日(원일) 元老(원로) 元首(원수)

元亨利貞(원형이정) : 역학(易學)에서 말하는 천도(天道)의 네 원리(原理)라는 뜻으로, 사물(事物)의 근본(根本) 되는 원리(原理).

영 principal 중 yuán 일 カン・ゲン(もと) 【난이도】 중학용, 읽기 5급Ⅱ, 쓰기 4급Ⅱ

怨

원망할 원

心部(마음심) 5획 총 9획

怨怨怨怨怨怨怨怨怨

怨 怨 怨 怨 怨

怨恨(원한) 怨望(원망) 怨讐(원수) 怨讎(원수) 怨聲(원성) 仇怨(구원) 宿怨(숙원)

戴天之怨讐(대천지원수) : 한 하늘 아래서는 같이 살 수 없는 원수(怨讐)란 뜻으로, 원한(怨恨)이 깊이 사무친 원수(怨讐)를 말함.

영 grudge 중 yuàn 일 エン・オン(うらむ) 【난이도】 중중학용, 읽기 4급, 쓰기 3급

原

근원 원

厂部(민엄호) 8획 총 10획

原原原原原原原原原原

原 原 原 原 原

原因(원인) 原則(원칙) 原理(원리) 高原(고원) 原料(원료) 原告(원고) 原價(원가)

中原逐鹿(중원축록) : 중원(中原)은 중국 또는 천하를 말하며, 축록(逐鹿)은 서로 경쟁한다는 말로, 영웅(英雄)들이 다투어 천하(天下)는 얻고자 함을 뜻함.

영 origin 중 yuán 일 ゲン(はら) 【난이도】 중학용, 읽기 5급, 쓰기 4급

圓

둥글 원

口部(큰입구몸) 10획 총 13획

圓圓圓圓圓圓圓圓圓圓圓圓圓

圓 圓 圓 圓 圓

圓滿(원만) 圓卓(원탁) 圓形(원형) 圓滑(원활) 卵圓形(난원형) 楕圓形(타원형)

方圓可施(방원가시) : 방형(方形)에나 원형(圓形)에나 다 잘 들어맞다는 뜻으로, 갖가지 재능(才能)이 있어서 어떤 일에도 적합(適合)함을 이르는 말.

영 round 중 圓[yuán] 일 エン(まる) 【난이도】 중학용, 읽기 4급Ⅱ, 쓰기 3급Ⅱ

園

동산 원

口部(큰입구몸) 10획 총 13획

園園園園園園園園園園園園園

園 園 園 園 園

園藝(원예) 公園(공원) 樂園(낙원) 動物園(동물원) 田園(전원) 庭園(정원)

桃園結義(도원결의) : 도원에서 의형제(義兄弟)를 맺다는 뜻으로, ① 의형제를 맺음. ② 서로 다른 사람들이 사욕을 버리고 목적을 향해 합심할 것을 결의함.

영 garden 중 園[yuán] 일 エン(その) 【난이도】 중학용, 읽기 6급, 쓰기 5급

遠

멀 원

辶部(책받침)10획총14획

遠 遠 遠 遠 遠 遠 遠 袁 袁 袁 遠 遠 遠 遠

遠 遠 遠 遠 遠

遠隔(원격) 遠近(원근) 遠征(원정) 遠行(원행) 疏遠(소원) 永遠(영원) 遙遠(요원)

日暮途遠(일모도원) : 날은 저물었는데 갈 길은 멀다는 뜻으로, 이미 늙어 앞으로 목적(目的)한 것을 쉽게 달성(達成)하기 어렵다는 말.

영far 중远[yuǎn] 일遠[エン·オン](とおい) 【난이도】중학용, 읽기 6급, 쓰기 5급

願

원할 원

頁部(머리혈)10획총19획

願 願 願 願 願 願 原 原 原 原 原 願 願 願 願 願 願

願 願 願 願 願

願望(원망) 願書(원서) 民願(민원) 所願(소원) 訴願(소원) 宿願(숙원) 志願(지원)

憲法訴願(헌법소원) : 헌법 정신에 위배된 법률에 의하여 기본권(基本權)의 침해(侵害)를 받은 사람이 직접 헌법 재판소(裁判所)에 구제(救濟)를 청구(請求)하는 일.

영want, hope 중愿[yuàn] 일ガン(ねがう) 【난이도】중학용, 읽기 5급, 쓰기 4급

月

달 월

月部(달 월)0획총4획

月 月 月 月

月 月 月 月 月

月光(월광) 月給(월급) 月蝕(월식) 月曜日(월요일) 月次(월차) 個月(개월) 歲月(세월)

清風明月(청풍명월) : 맑은 바람과 밝은 달이라는 뜻으로, ① 결백하고 온건한 성격을 평하여 이르는 말. ② 풍자와 해학(諧謔)으로 세상사를 논함을 비유하여 이르는 말.

영moon 중yuè 일ガツ·ゲツ(つき) 【난이도】중학용, 읽기 8급, 쓰기 6급Ⅱ

危

위태할 위

卩部(병부절)4획총6획

危 危 危 危 危 危

危 危 危 危 危

危機(위기) 危險(위험) 危殆(위태) 危險性(위험성) 危機感(위기감) 危急(위급)

危機一髮(위기일발) : 머리털 하나로 천균(千鈞)이나 되는 물건(物件)을 끌어당긴다는 뜻으로, 당장에라도 끊어질 듯한 위험(危險)한 순간(瞬間)을 비유해 이르는 말.

영danger 중wēi 일キ(あぶない·あやうい) 【난이도】중학용, 읽기 4급, 쓰기 3급

位

자리 위

亻部(사람인변)5획총7획

位 位 位 位 位 位 位

位 位 位 位 位

位置(위치) 高位(고위) 單位(단위) 水位(수위) 順位(순위) 優位(우위) 地位(지위)

不遷之位(불천지위) : 큰 공훈(功勳)이 있는 사람으로서 영구히 사당(祠堂)에 위해 두는 것을 나라에서 허락(許諾)한 신위(神位).

영position 중wèi 일イ(くらい) 【난이도】중학용, 읽기 5급, 쓰기 4급

威

威威威反反反威威威

威 威 威 威 威

威力(위력) 威勢(위세) 威信(위신) 威嚴(위엄) 威脅(위협) 權威(권위) 示威(시위)

狐假虎威(호가호위) : 여우가 호랑이의 위세(威勢)를 빌려 호기(豪氣)를 부린다는 뜻으로, 남의 세력(勢力)을 빌어 위세(威勢)를 부림.

영 dignity 중 wēi 일 イ(たけし) 【난이도】 중학용, 읽기 4급, 쓰기 3급

위엄 위

女部(계집녀) 6획총9획

偉

偉偉偉偉偉偉偉偉偉偉

偉 偉 偉 偉 偉

容貌魁偉(용모괴위) 偉大(위대) 偉人(위인) 偉力(위력) 偉業(위업) 偉勳(위훈)

偉人傳記(위인전기) : 동서(東西) 고금(古今)의 위인(偉人)들의 일생(一生)의 업적(業績) 및 일화(逸話) 등(等)을 사실(史實)에 입각(立脚)하여 적어 놓은 글

영 great 중 伟[wěi] 일 イ(えらい) 【난이도】 중학용, 읽기 5급II, 쓰기 4급II

훌륭할 위

亻部(사람인변)9획총11획

爲

爲爲爲爲爲爲爲爲爲爲爲爲

爲 爲 爲 爲 爲

爲主(위주) 當爲(당위) 無作爲(무작위) 人爲(인위) 行爲(행위) 商行爲(상행위)

磨斧爲針(마부위침) : '도끼를 갈아 바늘을 만든다'는 뜻으로, 아무리 이루기 힘든 일도 끊임없는 노력(努力)과 끈기 있는 인내(忍耐)로 성공(成功)하고야 만다는 뜻.

영 for 중 为[wèi] 일 為[イ](なす・ため) 【난이도】 중학용, 읽기 4급II, 쓰기 3급II

할 위

爪部(손톱조) 8획 총12획

由

由由由由由

由 由 由 由 由

理由(이유) 自由(자유) 事由(사유) 由來(유래) 原由(원유) 緣由(연유) 經由(경유)

自由貿易協定(자유무역협정) : 국가 간 상품(商品)의 자유(自由)로운 이동(移動)을 위(爲)해 모든 무역(貿易) 장벽(障壁)을 제거(除去)시키는 협정(協定).

영 cause 중 yóu 일 ユ・ユウ・ユイ(よし) 【난이도】 중학용, 읽기 6급, 쓰기 5급

말미암을 유

田部(밭전) 0획 총5획

幼

幼幼幼幼幼

幼 幼 幼 幼 幼

幼稚園(유치원) 幼兒(유아) 幼子(유자) 幼者(유자) 童幼(동유) 長幼(장유)

長幼有序(장유유서) : 오륜의 하나. 어른과 어린이 사이에는 순서와 질서가 있음.
黃口幼兒(황구유아) : 새 새끼의 주둥이가 노랗다는 뜻에서, 어린아이를 일컬음.

영 young 중 yòu 일 ヨウ(おさない) 【난이도】 중학용, 읽기 3급II, 쓰기 2급

어릴 유

幺部(작을요) 2획총5획

有

있을 유

月部(달월) 2획 총6획

有有有有有有

有 有 有 有 有

有權者(유권자) 有利(유리) 有名(유명) 固有(고유) 保有(보유) 所有(소유)

有備無患(유비무환) : 준비가 있으면 근심이 없다라는 뜻으로, ① 미리 준비(準備)가 되어 있으면 우환(憂患)을 당(當)하지 아니함. ② 또는 뒷걱정이 없다는 뜻.

영exist 중yǒu 일ユウ·ウ(ある) 【난이도】중학용, 읽기 7급, 쓰기 6급

酉

닭 유

酉部(닭유) 0획총7획

酉酉酉酉酉酉酉

酉 酉 酉 酉 酉

乙酉(을유) 酉時(유시) 丁酉再亂(정유재란) 卯酉(묘유) 癸酉(계유) 己酉(기유)

己酉條約(기유조약) : 조선 광해군 원년(기유, 1609)에 조선과 일본 사이에, 사신의 접대(接待), 벌칙(罰則) 및 무역선의 출입(出入) 따위에 관해 맺은 조약.

영cock 중yǒu 일ユウ(とり·ひよみのとり) 【난이도】중학용, 읽기 3급, 쓰기 2급

油

기름 유

氵部(삼수변)5획총8획

油油油油油油油油

油 油 油 油 油

石油(석유) 油價(유가) 揮發油(휘발유) 潤滑油(윤활유) 原油(원유) 油田(유전)

麥秀黍油(맥수서유) : 보리의 이삭과 기장의 윤기라는 뜻으로, 고국의 멸망을 탄식함.
水上油(수상유) : '물 위에 뜬 기름'이란 뜻으로, 곧 서로 잘 어울릴 수 없는 사이를 이르는 말.

영oil 중yóu 일ユ(あぶら) 【난이도】중학용, 읽기 6급, 쓰기 5급

柔

부드러울 유

木部(나무목)5획총9획

柔柔柔柔柔柔柔柔柔

柔 柔 柔 柔 柔

柔軟(유연) 懷柔(회유) 柔道(유도) 優柔(우유) 柔弱(유약) 柔和(유화) 溫柔(온유)

外柔內剛(외유내강) : 겉으로 보기에는 부드러우나 속은 꿋꿋하고 강(强)함.
內柔外剛(내유외강) : 속은 부드럽고, 겉으로는 굳셈.

영soft 중róu 일ジュウ·ニュウ(やわらか) 【난이도】중학용, 읽기 3급II, 쓰기 2급

唯

오직 유

口部(입구) 8획총11획

唯唯唯唯唯唯唯唯唯唯唯

唯 唯 唯 唯 唯

唯一(유일) 唯獨(유독) 唯物論(유물론) 唯心論(유심론) 唯物主義(유물주의)

唯我獨尊(유아독존) : ① 이 세상에 나보다 존귀(尊貴)한 사람은 없다는 말. ② 또는, 자기만 잘 났다고 자부(自負)하는 독선적(獨善的)인 태도(態度)의 비유(比喩·譬喩).

영only·we 중wéi 일イ·ユイ(ただ) 【난이도】중학용, 읽기 3급, 쓰기 2급

猶猶猶猶猶猶猶猶猶猶猶猶

猶猶猶猶猶

猶不足(유부족) 猶豫未決(유예미결) 猶太人(유태인) 執行猶豫(집행유예)

過猶不及(과유불급) : 모든 사물(事物)이 정도(程度)를 지나치면 미치지 못한 것과 같다는 뜻으로, 중용(中庸)이 중요(重要)함을 가리키는 말.

오히려 유

犭部(개사슴록변) 9획총12획

영 yet·rather 중 犹[yóu] 일 猶[ユウ](なお) 【난이도】중학용, 읽기 3급Ⅱ, 쓰기 2급

遊遊遊方方方方旃旃游游游遊

遊遊遊遊遊

遊覽(유람) 遊離(유리) 遊說(유세) 遊園地(유원지) 遊戲(유희) 浮遊(부유)

魚遊釜中(어유부중) : 고기가 솥 속에서 논다는 뜻으로, 목숨이 붙어 있다 할지라도 오래 가지 못할 것을 비유(比喩·譬喩)하는 말.

놀 유

辶部(책받침)9획총13획

영 swim, play 중 游[yóu] 일 遊[ユウ·ユ](あそぶ) 【난이도】중학용, 읽기4급, 쓰기 3급

遺遺遺遺遺貴貴貴貴貴貴遺遺遺遺

遺遺遺遺遺

遺憾(유감) 後遺症(후유증) 遺傳子(유전자) 遺跡(유적) 遺棄(유기) 遺産(유산)

路不拾遺(노불습유) : 백성(百姓)이 길에 떨어진 물건(物件)을 줍지 않는다는 뜻으로, 나라가 평화(平和)롭고 모든 백성(百姓)이 매우 정직(正直)한 모양을 이르는 말.

끼칠 유

辶部(책받침)12획총16획

영 leave, remain 중 遗[yí] 일 遺[イ·ユイ](のこす) 【난이도】중학용, 읽기 4급, 쓰기 3급

肉肉肉肉肉肉

肉肉肉肉肉

筋肉(근육) 肉體(육체) 肉身(육신) 肉薄(육박) 熟肉(숙육) 肉體的(육체적)

魚東肉西(어동육서) : 제사상(祭祀床)을 차릴 때에 어찬(魚饌)은 동쪽에, 육찬(肉饌)은 서쪽에 놓음. 水魚之交(수어지교) : 물과 물고기의 사귐이란 뜻.

고기 육

肉部(고기육) 0획 총6획

영 meat 중 ròu 일 ニク(しし) 【난이도】중학용, 읽기 4급Ⅱ, 쓰기 3급Ⅱ

育育育育育育育育

育育育育育

育成(육성) 教育(교육) 教育部(교육부) 教育廳(교육청) 保育(보육) 體育(체육)

父生母育(부생모육) : 아버지는 낳게 하고, 어머니는 낳아 기른다는 뜻으로, 부모(父母)가 자식(子息)을 낳아 길러 주심을 이르는 말.

기를 육

肉(月)部(육달월)4획총8획

영 bring up 중 yù 일 イク(そだつ·そだてる) 【난이도】중학용, 읽기 7급, 쓰기 6급

恩恩㤙因恩因因恩恩恩恩

| 恩 | 恩 | 恩 | 恩 | 恩 | | | | | |

恩惠(은혜) 恩師(은사) 承恩(승은) 背恩(배은) 報恩(보은) 恩誼(은의) 恩德(은덕)

恩甚怨生(은심원생) : 사람에게 은혜(恩惠)를 베푸는 것이 도에 지나치면 도리어 원망(怨望)을 사게 됨.

은혜 은

心部(마음심)6획총10획 영favor 중ēn 일オン【난이도】중학용, 읽기 4급II, 쓰기 3급II

銀銀銀銀銀銀銀銀銀銀銀銀銀銀

| 銀 | 銀 | 銀 | 銀 | 銀 | | | | | |

銀粧刀(은장도) 銀河水(은하수) 銀行(은행) 銀婚式(은혼식) 韓銀(한은)

銀河鵲橋(은하작교) : 견우 직녀(牽牛織女)의 전설(傳說)에 있는 7월 칠석(七夕)에 은하수(銀河水)에 놓는다는 까막까치의 다리.

은 은

金部(쇠금) 6획총14획 영silver 중银[yín] 일ギン(しろがね)【난이도】중학용, 읽기 6급, 쓰기 5급

乙

乙

| 乙 | 乙 | 乙 | 乙 | 乙 | | | | | |

乙巳(을사) 乙酉(을유) 乙未(을미) 乙密臺(을밀대) 乙夜(을야) 乙丑(을축)

甲男乙女(갑남을녀) : 甲(갑)이라는 남자와 乙(을)이라는 여자라는 뜻으로, 신분이나 이름이 알려지지 아니한 그저 평범(平凡)한 사람들을 이르는 말, 보통(普通) 평범한 사람들.

새 을

乙部(새을) 0획총1획 영bird 중yǐ 일オツ(きのと) 【난이도】중학용, 읽기 3급II, 쓰기 2급

吟吟吟吟吟吟吟

| 吟 | 吟 | 吟 | 吟 | 吟 | | | | | |

呻吟(신음) 吟味(음미) 吟客(음객) 吟詠(음영) 吟諷(음풍) 詠吟(영음) 愛吟(애음)

吟風詠月(음풍영월) : 맑은 바람과 밝은 달에 대(對)하여 시를 짓고 즐겁게 놂.
一觴一詠(일상일영) : 한 잔 술을 마시고는 한 수의 시를 읊음.

읊을 음

口部(입구) 4획 총7획 영recite 중róu 일ギン(くちずさむ)【난이도】중학용, 읽기 3급, 쓰기 2급

音音音音音音音音音

| 音 | 音 | 音 | 音 | 音 | | | | | |

音樂(음악) 錄音(녹음) 騷音(소음) 字音(자음) 雜音(잡음) 轉音(전음)

空谷足音(공곡족음) : 아무 것도 없는 골짜기에 울리는 사람의 발자국 소리라는 뜻으로, 쓸쓸할 때 손님이나 기쁜 소식(消息)이 온다는 말.

소리 음

音部(소리음) 0획총9획 영sound 중yīn 일オン・イン(おと・ね)【난이도】중학용, 읽기 6급II, 쓰기 5급II

陰陰陰陰陰陰陰陰陰陰陰

| 陰 | 陰 | 陰 | 陰 | 陰 | | | |

그늘 음

阝(阜)部(좌부방)8획 총11획

陰極(음극) 陰謀(음모) 陰部(음부) 陰性(음성) 陰地(음지) 光陰(광음) 寸陰(촌음)

隙駒光陰(극구광음) : 흘러가는 세월(歲月)의 빠름은 달려가는 말을 문틈으로 보는 것과 같다는 뜻으로, 인생(人生)의 덧없고 짧음을 비유.

영shade 중阴[yīn] 일陰[イン](かげ・かげる) 【난이도】중학용, 읽기 4급Ⅱ, 쓰기 3급Ⅱ

飲飲飲今今今食食食飲飲飲飲

| 飲 | 飲 | 飲 | 飲 | 飲 | | | |

마실 음

食部(밥식) 4획총13획

遊覽(유람) 遊離(유리) 遊說(유세) 遊園地(유원지) 遊戲(유희) 浮遊(부유)

魚遊釜中(어유부중) : 고기가 솥 속에서 논다는 뜻으로, 목숨이 붙어 있다 할지라도 오래 가지 못할 것을 비유(比喩・譬喩)하는 말.

영drink 중饮[yǐn] 일飲[イン・オン](のむ) 【난이도】중학용, 읽기 4급, 쓰기 3급

邑邑邑邑邑邑邑

| 邑 | 邑 | 邑 | 邑 | 邑 | | | |

고을 읍

邑部(고을읍) 0획총7획

都邑(도읍) 都邑地(도읍지) 井邑(정읍) 京邑(경읍) 邑内(읍내) 邑長(읍장)

都邑華夏(도읍화하) : 도읍(都邑)은 왕성(王城)의 지위(地位)를 말한 것이고, 화하(華夏)는 당시(當時) 중국(中國)을 지칭(指稱)하던 말임.

영town 중yì 일オウ・ユウ(くに・うれえる・むら) 【난이도】중학용, 읽기 7급, 쓰기 6급

泣泣泣泣泣泣泣泣

| 泣 | 泣 | 泣 | 泣 | 泣 | | | |

울 읍

氵部(삼수변) 5획 총8획

泣訴(읍소) 哭泣(곡읍) 感泣(감읍) 泣哭(읍곡) 涕泣(체읍) 悲泣(비읍) 泣感(읍감)

泣斬馬謖(읍참마속) : 눈물을 머금고 마속의 목을 벤다는 뜻으로, 사랑하는 신하(臣下)를 법(法)대로 처단(處斷)하여 질서(秩序)를 바로잡음을 이르는 말.

영weep 중qì 일リュウ(なく) 【난이도】중학용, 읽기 3급, 쓰기 2급

應應庇庇庇庇庇庇雁雁應應應

| 應 | 應 | 應 | 應 | 應 | | | |

응할 응

心部(마음심)13획총17획

對應(대응) 反應(반응) 適應(적응) 應答(응답) 應援(응원) 呼應(호응) 應用(응용)

因果應報(인과응보) : 원인과 결과는 서로 물고 물린다는 뜻으로, 과거 또는 전생의 선악(善惡)의 인연에 따라서 뒷날 길흉 화복의 갚음을 받게 됨을 이르는 말.

영reply 중应[yīng] 일応[オウ](こたえる) 【난이도】중학용, 읽기 4급Ⅱ, 쓰기 3급Ⅱ

衣衣衣衣衣衣

| 衣 | 衣 | 衣 | 衣 | 衣 | | | | |

衣服(의복) 衣裳(의상) 衣食(의식) 衣食住(의식주) 内衣(내의) 脫衣(탈의)

錦衣夜行(금의야행) : 비단옷(緋緞−)을 입고 밤길을 간다는 뜻으로, 아무 보람없는 행동(行動)을 비유(比喩・譬喩)하여 이르는 말.

영clothing 중yī 일イ(ころも) 【난이도】 중학용, 읽기 6급, 쓰기 5급

옷 의

衣部(옷의) 0획총6획

矣矣矣矣矣矣矣

| 矣 | 矣 | 矣 | 矣 | 矣 | | | | |

矣段(의단) 矣徒(의도) 矣徒等(의도등) 矣等(의등) 矣父(의아비) 矣任(의임)

萬事休矣(만사휴의) : 만 가지 일이 끝장이라는 뜻으로, 모든 일이 전혀 가망(可望)이 없는 절망(絶望)과 체념(諦念)의 상태(狀態)임을 이르는 말.

영particle 중yǐ 일イ(じとじ) 【난이도】 중학용, 읽기 3급, 쓰기 2급

어조사 의

矣部(화살시) 2획총7획

依依依依依依依依

| 依 | 依 | 依 | 依 | 依 | | | | |

依賴(의뢰) 依存(의존) 依支(의지) 依據(의거) 依他(의타) 歸依(귀의) 依託(의탁)

輔車相依(보거상의) : 수레의 덧방나무(輔)와 바퀴(車)가 서로 의지(依支)한다는 뜻으로, 서로 도와서 의지(依支)하는 깊은 관계(關係)를 이르는 말.

영depend, rely 중yī 일イ・エ(よる) 【난이도】 중학용, 읽기 4급, 쓰기 3급

의지할 의

亻部(사람인변) 6획총8획

意意意意意意意意意意意意意

| 意 | 意 | 意 | 意 | 意 | | | | |

意見(의견) 意圖(의도) 意味(의미) 意思(의사) 意識(의식) 意志(의지) 自意(자의)

意氣揚揚(의기양양) : ① 의기(義氣)가 드높아 매우 자랑스럽게 행동(行動)하는 모양(模樣). ② 자랑스러워 뽐내는 모양(模樣).

영intention, will 중yì 일イ 【난이도】 중학용, 읽기 6급II, 쓰기 5급II

뜻 의

心部(마음심)9획 총13획

義義義義義義義義義義義義義

| 義 | 義 | 義 | 義 | 義 | | | | |

義務(의무) 講義(강의) 信義(신의) 民主主義(민주주의) 意義(의의) 正義(정의)

捨生取義(사생취의) : 목숨을 버리고 의리(義理)를 좇음의 뜻으로, 비록 목숨을 버릴지언정 옳은 일을 함을 일컫는 말.

영righteous 중义[yì] 일ギ(よし) 【난이도】 중학용, 읽기 4급II, 쓰기 3급II

옳을 의

羊部(양양) 7획총13획

醫

醫 醫 醫 醫 醫 醫 醫 醫 醫 醫 醫 醫 醫 醫 醫 醫 醫
醫 醫 醫 醫 醫

醫師(의사) 醫療(의료) 醫藥品(의약품) 醫學(의학) 醫療費(의료비) 名醫(명의)

先病者醫(선병자의) : 먼저 앓아 본 사람이 의원(醫員)이라는 뜻으로, 경험(經驗) 있는 사람이 남을 인도(引導)할 수 있다는 말.

영doctor 중医[yī] 일医[イ](いやす) 【난이도】중학용, 읽기 6급, 쓰기 5급

의원 의

酉部(닭유) 11획총18획

議

議 議 議 議 議 議 議 議 議 議 議 議 議 議 議 議 議
議 議 議 議 議

議員(의원) 論議(논의) 協議(협의) 審議(심의) 抗議(항의) 會議(회의) 合議(합의)

不可思議(불가사의) : 사람의 생각으로는 미루어 헤아릴 수도 없다는 뜻으로, 사람의 힘이 미치지 못하고 상상(想像)조차 할 수 없는 오묘(奧妙)한 것.

영discuss 중议[yì] 일ギ(はおる) 【난이도】중학용, 읽기 4급II, 쓰기 3급II

의논할 의

言部(말씀언)13획총20획

二

二 二
二 二 二 二 二

二毛(이모) 二酸化(이산화) 二十(이십) 二元(이원) 二重(이중) 十二支(십이지)

一石二鳥(일석이조) : 한 개의 돌을 던져 두 마리의 새를 맞추어 떨어뜨린다는 뜻으로, 한 가지 일을 해서 두 가지 이익(利益)을 얻음을 이르는 말.

영two 중êr 일二(ふた·ふたつ) 【난이도】중학용, 읽기 8급, 쓰기 6급II

두 이

二部(두이) 0획총2획

已

已 已 已
已 已 已 已 已

不得已(부득이) 已往(이왕) 已後(이후) 已成(이성) 萬不得已(만부득이) 已決(이결)

迫不得已(박부득이) : 일이 매우 급박하여 어떻게 할 수가 없음. **哭不得已笑(곡부득이소)** : 울어야 할 것을 마지못해 웃는다는 뜻으로, 어쩔 수 없이 그 일을 하게 됨을 이르는 말.

영already 중yǐ 일イ(すでに·のみ·やむ) 【난이도】중학용, 읽기 3급II, 쓰기 2급

이미 이

己部(몸기) 0획 총3획

以

以 以 以 以 以
以 以 以 以 以

以南(이남) 以內(이내) 以上(이상) 以外(이외) 以前(이전) 以下(이하) 以後(이후)

以心傳心(이심전심) : 석가(釋迦)와 가섭이 마음으로 마음에 전한다는 뜻으로, ① 말로써 설명할 수 없는 심오(深奧)한 뜻은 마음으로 깨닫는 수밖에 없다는 말.

영by, with 중yǐ 일イ(もつて) 【난이도】중학용, 읽기 5급II, 쓰기 4급II

써 이

人部(사람인) 3획총5획

耳 귀 이 耳部(귀이) 0획총6획	耳耳耳耳耳耳 耳 耳 耳 耳 耳 耳目口鼻(이목구비) 内耳(내이) 外耳(외이) 馬耳山(마이산) 中耳炎(중이염) 耳順(이순) : 나이 60세를 이르는 말로, 공자(孔子)가 60세가 되어 천지(天地) 만물의 이치(理致)에 통달(通達)하게 되고, 듣는 대로 모두 이해(理解)하게 된 데서 온 말. 영ear 중ěr 일ジ(みみ) 【난이도】 중학용, 읽기 5급, 쓰기 4급
而 말이을 이 而部(말이을이)0획총6획	而而而而而而 而 而 而 而 而 學而時習之不亦說乎(학이시습지불역열호) 然而(연이) 乃而浦(내이포) 渴而穿井(갈이천정) : 목이 말라야 비로소 샘을 판다는 뜻으로, 미리 준비(準備)를 하지 않고 있다가 일이 지나간 뒤에는 아무리 서둘러 봐도 아무 소용(所用)이 없음. 영and then 중ér 일ジ(しかして) 【난이도】 중학용, 읽기 3급, 쓰기 2급
移 옮길 이 禾部(벼화) 6획총11획	移移移移移移移移移移移 移 移 移 移 移 移動(이동) 移徙(이사) 移植(이식) 移轉(이전) 移住(이주) 移替(이체) 推移(추이) 愚公移山(우공이산) : 우공이 산을 옮긴다는 말로, 남이 보기엔 어리석은 일처럼 보이지만 한 가지 일을 끝까지 밀고 나가면 언젠가는 목적을 달성할 수 있다는 뜻. 영carry, move 중yí 일イ(うつす・うつる) 【난이도】 중학용, 읽기 4급II, 쓰기 3급II
異 다를 이 田部(밭전)6획 총11획	異異異異異異異異異異異 異 異 異 異 異 異見(이견) 異例的(이례적) 異常(이상) 異議(이의) 差異(차이) 特異(특이) 同床異夢(동상이몽) : 같은 침상(寢床)에서 서로 다른 꿈을 꾼다는 뜻으로, 겉으로는 같이 행동(行動)하면서 속으로는 각기 딴 생각을 함을 이르는 말. 영different 중异[yì] 일イ[こと] 【난이도】 중학용, 읽기 4급, 쓰기 3급
益 더할 익 皿部(그릇명) 5획총10획	益益益益益益益益益益 益 益 益 益 益 公益(공익) 國益(국익) 私益(사익) 收益(수익) 有益(유익) 利益(이익) 差益(차익) 開卷有益(개권유익) : 책을 펴서 읽으면 반드시 이로움이 있다는 뜻으로, 독서(讀書)를 권장(勸奬)하는 말. 개권(開卷)은 책을 펴서 읽는 것을 말함. 영add, benefit 중益[yì] 일益[エキ・ヤク](ます) 【난이도】 중학용, 읽기 4급II, 쓰기 3급II

人人

人 人 人 人 人

人權(인권) 人物(인물) 人士(인사) 人事(인사) 人生(인생) 個人(개인) 老人(노인)

佳人薄命(가인박명) : 아름다운 사람은 명이 짧다는 뜻으로, 여자(女子)의 용모(容貌)가 너무 아름다우면 운명(運命)이 기박(棋博)하고 명이 짧다는 말.

영person 중rén 일ジン・ニン(ひと) 【난이도】중학용, 읽기 8급, 쓰기 6급Ⅱ

人 사람 인
人部(사람인) 0획총2획

引引引引

引 引 引 引 引

引導(인도) 引渡(인도) 引上(인상) 引受(인수) 引用(인용) 引下(인하) 割引(할인)

我田引水(아전인수) : 자기 논에만 물을 끌어넣는다는 뜻으로, ① 자기의 이익을 먼저 생각하고 행동함. ② 또는 억지로 자기에게 이롭도록 꾀함을 이르는 말.

영draw, attract 중yǐn 일イン(ひく・ひける) 【난이도】중학용, 읽기 4급Ⅱ, 쓰기 3급Ⅱ

引 끌 인
弓部(활궁) 1획총4획

仁仁仁仁

仁 仁 仁 仁 仁

仁君(인군) 仁德(인덕) 仁壽(인수) 仁義(인의) 仁慈(인자) 仁祖(인조) 仁川(인천)

殺身成仁(살신성인) : 자신(自身)의 몸을 죽여 인(仁)을 이룬다는 뜻으로, 자기(自己)의 몸을 희생(犧牲)하여 옳은 도리(道理)를 행(行)함.

영benevolent 중rén 일ジン・ニ(しみ) 【난이도】중학용, 읽기 4급, 쓰기 3급

仁 어질 인
亻部(사람인변) 2획총4획

因因因因因因

因 因 因 因 因

因果(인과) 因緣(인연) 起因(기인) 死因(사인) 要因(요인) 原因(원인) 確因(확인)

因果應報(인과응보) : 원인과 결과는 서로 물고 물린다는 뜻으로, 과거 또는 전생의 선악의 인연에 따라서 뒷날 길흉 화복(禍福)의 갚음을 받게 됨을 이르는 말.

영cause 중yīn 일イン(よる) 【난이도】중학용, 읽기 5급, 쓰기 4급

因 인할 인
囗部(큰입구몸) 3획 총6획

印印印印印印

印 印 印 印 印

印度(인도) 印刷(인쇄) 烙印(낙인) 印尼(인니) 印象(인상) 印章(인장) 印影(인영)

諸行無常印(제행무상인) : 삼법인(三法印)의 하나. 우주(宇宙) 만물(萬物)은 항상(恒常) 돌고 변(變)하여 한 모양(模樣)으로 머물러 있지 아니함.

영seal 중yìn 일イン(しるし) 【난이도】중학용, 읽기 4급Ⅱ, 쓰기 3급Ⅱ

印 도장 인
卩部(병부절) 4획총6획

中等用

133

忍

참을 인

心部(마음심) 3획총7획

忍忍忍忍忍忍忍

忍 忍 忍 忍 忍

忍耐(인내) 忍耐心(인내심) 殘忍(잔인) 忍耐力(인내력) 耐忍(내인) 忍苦(인고)

隱忍自重(은인자중) : 밖으로 드러내지 아니하고 참고 감추어 몸가짐을 신중히 함.
目不忍見(목불인견) : 차마 눈으로 볼 수 없을 정도로 딱하거나 참혹한 상황.

영bear 중rěn 일ニン(しのばせる·しのぶ)【난이도】중학용, 읽기 3급II, 쓰기 2급

寅

범 인

宀部(갓머리) 8획총11획

寅寅寅寅寅寅寅寅寅寅寅

寅 寅 寅 寅 寅

丙寅洋擾(병인양요) 甲寅字(갑인자) 甲寅(갑인) 丙寅(병인) 丙寅邪獄(병인사옥)

壬寅獄(임인옥) : 조선(朝鮮) 경종(景宗) 2년 임인(壬寅) 년에 대옥(大獄)으로 끝났다
는 뜻으로, 신임사화(辛壬士禍)를 일컫는 딴 이름.

영tiger 중yín 일イン(つつしむ·とら)【난이도】중학용, 읽기 3급, 쓰기 2급

認

알 인

言部(말씀언)7획총14획

認認認認認認認認認認認認認認

認 認 認 認 認

認識(인식) 認定(인정) 承認(승인) 是認(시인) 否認(부인) 誤認(오인) 公認(공인)

自他共認(자타공인) : 자기(自己)나 남들이 다 같이 인정(認定)함.
檢認定(검인정) : 검정(檢定)하고 인정(認定)함.

영recognize 중认[rèn] 일ニン(みとめる)【난이도】중학용, 읽기 4급II, 쓰기 3급II

一

한 일

一部(한일) 0획 총1획

一

一 一 一 一 一

一部(일부) 一般(일반) 一旦(일단) 一定(일정) 統一(통일) 唯一(유일) 一致(일치)

一場春夢(일장춘몽) : 한바탕의 봄꿈처럼 헛된 영화(榮華)나 덧없는 일이란 뜻으로,
인생(人生)의 허무(虛無)함을 비유(比喩·譬喩)하여 이르는 말.

영one 중yī 일イチ·イツ[ひと·ひとつ]【난이도】중학용, 읽기 8급, 쓰기 6급II

日

날 일

日部(날일) 0획총4획

日日日日

日 日 日 日 日

日記(일기) 日本(일본) 日常(일상) 日程(일정) 嘉俳日(가배일) 每日(매일)

日就月將(일취월장) : 날마다 달마다 성장(成長)하고 발전(發展)한다는 뜻으로, 학
업(學業)이 날이 가고 달이 갈수록 진보(進步)함을 이름.

영day, sun 중rì 일ジツ·ニチ(か·ひ)【난이도】중학용, 읽기 8급, 쓰기 6급II

壬 壬壬壬壬

壬 壬 壬 壬 壬

壬辰倭亂(임진왜란) 壬辰(임진) 壬戌(임술) 壬午軍亂(임오군란) 壬亂(임란)

壬寅獄(임인옥) : 조선(朝鮮) 경종(景宗) 2년 임인(壬寅) 년에 대옥(大獄)으로 끝났다는 뜻으로, 신임사화(辛壬士禍)를 일컫는 딴 이름.

북방 임

士部(선비사)1획총4획 　영north 중rén 일ジン・ニン(みずのえ) 【난이도】중학용, 읽기 3급Ⅱ, 쓰기 2급

入 入入

入 入 入 入 入

入試(입시) 入學(입학) 加入(가입) 介入(개입) 購入(구입) 亂入(난입) 進入(진입)

漸入佳境(점입가경) : 가면 갈수록 경치(景致)가 더해진다는 뜻으로, 일이 점점 더 재미있는 지경(地境)으로 돌아가는 것을 비유(比喻·譬喻)하는 말로 쓰임.

들 입

入部(들입) 0획총2획 　영enter 중rù 일ニュウ(いる・いれる・はいる)【난이도】중학용, 읽기 7급, 쓰기 6급

子 子子子

子 子 子 子 子

子女(자녀) 子息(자식) 骨子(골자) 孫子(손자) 男子(남자) 女子(여자) 電子(전자)

君子三樂(군자삼락) : 군자의 세 가지 즐거움이라는 뜻으로, 첫째는 부모가 다 살아 계시고 형제가 무고한 것, 둘째는 하늘과 사람에게 부끄러워할 것이 없는 것, 셋째는 천하의 영재를 얻어 교육하는 것.

아들 자

子部(아들자) 0획총3획 　영son 중zǐ 일シ・ス(こ) 【난이도】중학용, 읽기 7급Ⅱ, 쓰기 6급

字 字字字字字字

字 字 字 字 字

同字(동자) 文字(문자) 俗字(속자) 數字(숫자) 赤字(적자) 漢字(한자) 字劃(자획)

識字憂患(식자우환) : 글자를 아는 것이 오히려 근심이 된다는 뜻으로, 알기는 알아도 똑바로 잘 알고 있지 못하기 때문에 그 지식이 오히려 걱정거리가 됨.

글자 자

子部(아들자) 3획 총6획 　영letter 중zì 일ジ(あざ) 【난이도】중학용, 읽기 7급, 쓰기 6급

自 自自自自自自

自 自 自 自 自

自己(자기) 自動(자동) 自動車(자동차) 自身(자신) 自然(자연) 自由(자유) 自體(자체)

自暴自棄(자포자기) : 자신(自身)을 스스로 해(害)치고 버린다는 뜻으로, 몸가짐이나 행동(行動)을 되는 대로 취(取)함.

스스로 자

自部(스스로자) 0획총6획 　영self 중zì 일ジ・シ(みずから) 【난이도】중학용, 읽기 7급Ⅱ, 쓰기 6급

姉 姉 姉 姉 姉 姉 姉 姉

| 姉 | 姉 | 姉 | 姉 | 姉 | | | | |

姉兄(자형) 姉夫(자부) 姉妹(자매) 伯姉(백자) 長姉(장자) 異父姉妹(이부자매)

同母異父姉妹(동모이부자매) : 어머니는 같고 아버지가 다른 자매.
長姉(장자) : 자매 중 나이가 제일 많은 누이.

손윗누이 자

女部(계집녀) 5획총8획

영elder sister 중zǐ 일シ(あね)【난이도】중학용, 읽기 4급, 쓰기 3급

者 者 者 者 者 者 者 者 者

| 者 | 者 | 者 | 者 | 者 | | | | |

勤勞者(근로자) 勞動者(노동자) 消費者(소비자) 被害者(피해자) 患者(환자)

結者解之(결자해지) : '일을 맺은 사람이 풀어야 한다'는 뜻으로, 일을 저지른 사람이
그 일을 해결(解決)해야 한다는 말.

놈 자

耂部(늙을로) 5획총9획

영person, man 중者[zhě] 일者[シャ](もの)【난이도】중학용, 읽기 6급, 쓰기 5급

慈 慈 慈 慈 慈 慈 慈 慈 慈 慈 慈 慈 慈

| 慈 | 慈 | 慈 | 慈 | 慈 | | | | |

慈悲心(자비심) 慈愛(자애) 無慈悲(무자비) 慈悲(자비) 仁慈(인자) 慈尊(자존)

慈親(자친) : 인자(仁慈)한 애정(愛情)으로 길러주는 어버이의 뜻으로, 남에게 대해
자기 어머니를 일컫는 말. 先慈(선자) : 세상(世上)을 떠난 어머니.

사랑 자

心部(마음심) 9획총13획

영mercy 중慈[cí] 일ジ(いつくしむ)【난이도】중학용, 읽기 3급II, 쓰기 2급

作 作 作 作 作 作 作

| 作 | 作 | 作 | 作 | 作 | | | | |

作家(작가) 作動(작동) 作物(작물) 作心(작심) 作用(작용) 作態(작태)

磨斧作針(마부작침) : 도끼를 갈아 바늘을 만든다는 뜻으로, 아무리 어려운 일이라
도 끈기 있게 노력(努力)하면 이룰 수 있음을 비유(比喩·譬喩)하는 말.

지을 작

亻部(사람인변) 5획 총7획

영make 중zuò 일サ·サク(つくる)【난이도】중학용, 읽기 6급II, 쓰기 5급II

昨 昨 昨 昨 昨 昨 昨 昨 昨

| 昨 | 昨 | 昨 | 昨 | 昨 | | | | |

昨年(작년) 昨今(작금) 再昨年(재작년) 昨非(작비) 昨歲(작세) 昨冬(작동)

今是昨非(금시작비) : 「오늘은 옳고 어제는 그르다」는 뜻으로, 과거(過去)의 잘
못을 지금에 와서야 비로소 깨달음을 이르는 말.

어제 작

日部(날일) 5획총9획

영yesterday 중zuó 일サク(きのう)【난이도】중학용, 읽기 6급II, 쓰기 5급II

壯

壯壯壯壯壯壯壯

壯 壯 壯 壯 壯

씩씩할 장

士部(선비사) 4획총7획

壯談(장담) 壯雪(장설) 雄壯(웅장) 壯觀(장관) 壯元(장원) 少壯(소장) 宏壯(굉장)

老當益壯(노당익장) : ① 나이를 먹을수록 기력이 더욱 좋아짐. ② 그런 사람을 이름.
老益壯(노익장) : ① 나이는 들었으나 기력(氣力)은 더욱 좋아짐. ② 또는, 그런 사람.

영valiant 중壯[zhuàng] 일壯[ソウ](さかん) 【난이도】 중학용, 읽기 4급, 쓰기 3급

長

長長長長長長長長

長 長 長 長 長

긴 장

長部(길장) 0획총8획

長官(장관) 長期(장기) 長技(장기) 長點(장점) 校長(교장) 社長(사장) 船長(선장)

教學相長(교학상장) : 가르침과 배움이 서로 진보시켜 준다는 뜻으로, 사람에게 가르쳐 주거나 스승에게 배우거나 모두 자신의 학업(學業)을 증진(增進)시킴.

영long 중長[cháng] 일チョウ(ながい) 【난이도】 중학용, 읽기 8급, 쓰기 6급II

將

將將將將將將將將將將將

將 將 將 將 將

장수 장

寸部(마디촌) 8획총11획

將校(장교) 將軍(장군) 將來(장래) 將兵(장병) 將星(장성) 將帥(장수) 將次(장차)

日就月將(일취월장) : 날마다 달마다 성장(成長)하고 발전(發展)한다는 뜻으로, 학업(學業)이 날이 가고 달이 갈수록 진보(進步)함을 이름.

영general 중將[jiāng] 일將[ショウ](はた) 【난이도】 중학용, 읽기 4급II, 쓰기 3급II

章

章章章章章章章章章章章

章 章 章 章 章

글 장

立部(설립) 6획 총11획

奎章閣(규장각) 圖章(도장) 文章(문장) 腕章(완장) 印章(인장) 勳章(훈장)

斷章取義(단장취의) : 남의 시문(詩文) 중(中)에서 전체(全體)의 뜻과는 관계(關係) 없이 자기(自己)가 필요(必要)한 부분(部分)만을 따서 마음대로 해석(解釋)하여 씀.

영sentence 중zhāng 일ショウ(あや) 【난이도】 중학용, 읽기 6급, 쓰기 5급

場

場場場場場場場場場場場場

場 場 場 場 場

마당 장

土部(흙토) 9획총12획

場所(장소) 廣場(광장) 工場(공장) 當場(당장) 市場(시장) 入場(입장) 退場(퇴장)

一場春夢(일장춘몽) : 한바탕의 봄꿈처럼 헛된 영화(榮華)나 덧없는 일이란 뜻으로, 인생(人生)의 허무(虛無)함을 비유(比喩·譬喩)하여 이르는 말.

영place 중場[chǎng] 일ショウ(みずから) 【난이도】 중학용, 읽기 7급II, 쓰기 6급

才	才才才
	才 才 才 才 才
	才能(재능) 才弄(재롱) 才質(재질) 秀才(수재) 人才(인재) 天才(천재) 俊才(준재)
	三才(삼재) : ① 음양설(陰陽說)에서 만물(萬物)을 제재(制裁)한다는 뜻으로, 하늘 (天)과 땅(地)과 사람(人). ② 관상(觀相)에서 이마와 코와 턱을 일컫는 말.
재주 재	
扌部(재방변) 0획총3획	영talent 중cái 일サイ(もちまえ·わざ)【난이도】중학용, 읽기 6급Ⅱ, 쓰기 5급Ⅱ

再	再再再再再再
	再 再 再 再 再
	再開(재개) 再建(재건) 再考(재고) 再演(재연) 再次(재차) 再編(재편) 再發(재발)
	東山再起(동산재기) : 동산(東山)에서 다시 일어난다는 뜻으로, 은퇴(隱退)한 사 람이나 실패(失敗)한 사람이 재기(再起)하여 다시 세상(世上)에 나옴을 뜻함.
두 재	
冂部(멀경몸) 4획총6획	영twice 중zài 일サ·サイ(ふたたび)【난이도】중학용, 읽기 5급, 쓰기 4급

在	在在在在在在
	在 在 在 在 在
	在庫(재고) 在籍(재적) 不在(부재) 所在(소재) 存在(존재) 現在(현재) 駐在(주재)
	命在頃刻(명재경각) : 목숨이 경각(頃刻)에 달렸다는 뜻으로, 숨이 곧 끊어질 지 경(地境)에 이름, 거의 죽게 됨.
있을 재	
土部(흙토) 3획총6획	영exist 중zài 일ザイ(ある)【난이도】중학용, 읽기 6급, 쓰기 5급

材	材材材材材材材
	材 材 材 材 材
	素材(소재) 材料(재료) 取材(취재) 人材(인재) 敎材(교재) 木材(목재) 資材(자재)
	棟梁之材(동량지재) : 마룻대와 들보로 쓸 만한 재목(材木)이라는 뜻으로, 나라의 중 임을 맡을 만한 큰 인재(人材). 棟樑之材(동량지재) : ☞ 동량지재(棟樑之材)
재목 재	
木部(나무목) 3획 총7획	영timber 중cái 일ザイ【난이도】중학용, 읽기 5급Ⅱ, 쓰기 4급Ⅱ

哉	哉哉哉哉哉哉哉哉哉
	哉 哉 哉 哉 哉
	德哉(덕재) 善哉(선재) 哀哉(애재) 壯哉(장재) 快哉(쾌재) 殆哉(태재) 乎哉(호재)
	康哉之歌(강재지가) : 온 천하(天下)가 태평(太平)함을 칭송(稱頌)한 노래. 傷哉之歎(상재지탄) : 살림이 군색(窘塞)하고 가난함에 대한 한탄(恨歎).
어조사 재	
口部(입구) 6획총9획	영particle 중zāi 일サイ(か·かな·や)【난이도】중학용, 읽기 3급, 쓰기 2급

栽
심을 재
木部(나무목)6획총10획

栽栽栽栽栽栽栽栽栽栽

栽培(재배) 盆栽(분재) 植栽(식재) 栽植(재식) 輪栽(윤재) 栽植耕(재식경)

促成栽培(촉성재배) : 자연(自然)의 상태(狀態)에서는 성숙(成熟)하지 않는 시기(時期)에 빨리 성숙(成熟)시키는 재배(栽培) 방법(方法), 온실(溫室) 재배(栽培) 따위.

영plant 중zāi 일サイ 【난이도】중학용, 읽기 3급II, 쓰기 2급

財
재물 재
貝部(조개패)3획총10획

財財財財財財財財財財

財閥(재벌) 財産(재산) 財政(재정) 財源(재원) 財界(재계) 財物(재물) 財貨(재화)

以財發身(이재발신) : 재물(財物)로써 출세(出世)함.
德本財末(덕본재말) : 사람이 살아가는 데 덕이 뿌리가 되고 재물은 사소한 부분임.

영wealth 중財[cái] 일ザイ·サイ (たから) 【난이도】중학용, 읽기 5급II, 쓰기 4급II

爭
다툴 쟁
爪部(손톱조)4획총8획

爭爭爭爭爭爭爭爭

競爭(경쟁) 戰爭(전쟁) 鬪爭(투쟁) 紛爭(분쟁) 論爭(논쟁) 爭點(쟁점) 爭取(쟁취)

百家爭鳴(백가쟁명) : ① 여러 사람이 서로 자기(自己) 주장(主張)을 내세우는 일.
② 많은 학자(學者)들의 활발(活潑)한 논쟁(論爭).

영quarrel 중爭[zhēng] 일爭[ソウ](あらそう)【난이도】중학용, 읽기 5급, 쓰기 4급

底
밑 저
广部(엄호) 5획 총8획

底底底底底底底底

徹底(철저) 到底(도저) 根底(근저) 海底(해저) 底邊(저변) 底意(저의) 天底(천저)

井底蛙(정저와) :「우물 안의 개구리」라는 뜻으로, 세상(世上) 물정(物情)을 모르는 사람을 이르는 말. 海底(해저) : 바다 밑바닥.

영bottom 중dǐ 일テイ(そこ) 【난이도】고등용, 읽기 4급, 쓰기 3급

貯
쌓을 저
貝部(조개패)5획총12획

貯貯貯貯貯貯貯貯貯貯貯貯

貯藏(저장) 貯蓄(저축) 貯金(저금) 勤儉貯蓄(근검저축) 貯水池(저수지)

金屋貯嬌(금옥저교) : 집을 화려(華麗)하게 꾸며 놓고 총애(寵愛)하는 미인(美人)을 살게 함을 이르는 말.

영save 중貯[zhù] 일チョ(わえる)【난이도】중학용, 읽기 5급, 쓰기 4급

著	著著著著著著著著著著著著著
	著 著 著 著 著
나타날 저	顯著(현저) 著者(저자) 著作權(저작권) 著述(저술) 著書(저서) 著名(저명)
	著作權料(저작권료) : 저작권(著作權)을 사용(使用)한 대가(代價)로 저작권자(著作權者)에게 지불(支拂)하는 돈.
⻌部(초두머리)9획총13획	영write 중著[zhù] 일著[チョ](あらわす)【난이도】읽기 3급Ⅱ, 쓰기 2급

赤	赤赤赤赤赤赤赤
	赤 赤 赤 赤 赤
붉을 적	赤道(적도) 赤信號(적신호) 赤字(적자) 赤潮(적조) 赤血球(적혈구) 赤化(적화)
	赤裸裸(적나라) : 몸에 아무것도 걸치지 않은 발가벗은 상태라는 뜻으로, ① 아무것도 걸치지 않음. ② 숨김 없이 본디 모습 그대로 드러남.
赤部(붉을적) 0획총7획	영red 중chì 일セキ・シャク(あか・あかい)【난이도】중학용, 읽기 5급, 쓰기 4급

的	的的的的的的的的
	的 的 的 的 的
과녁 적	根本的(근본적) 目的(목적) 社會的(사회적) 心的(심적) 政治的(정치적)
	弓的相適(궁적상적) : 활과 과녁이 서로 맞았다는 뜻으로, 기회(機會)가 서로 들어맞는다는 말. 積極的(적극적) : 사물(事物)에 대하여 긍정(肯定)하고 능동적인 것.
白部(흰백) 3획총8획	영target 중de 일テキ(まと)【난이도】중학용, 읽기 5급Ⅱ, 쓰기 4급Ⅱ

適	適適適適適適適適適適適適適適適
	適 適 適 適 適
맞을 적	適當(적당) 適法(적법) 適性(적성) 適用(적용) 適應(적응) 適切(적절) 適合(적합)
	悠悠自適(유유자적) : 여유가 있어 한가롭고 걱정이 없는 모양(模樣)이라는 뜻으로, 속세에 속박(束縛)됨이 없이 자기가 하고 싶은 대로 마음 편히 지냄을 이르는 말.
⻍部(책받침)11획총15획	영suit, fit 중适[shì] 일適[テキ](かなう)【난이도】중학용, 읽기 4급, 쓰기 3급

敵	敵敵敵敵敵敵敵敵敵敵敵敵敵敵敵
	敵 敵 敵 敵 敵
원수 적	敵對視(적대시) 敵愾心(적개심) 敵對的(적대적) 無敵(무적) 敵軍(적군)
	衆寡不敵(중과부적) : ① 적은 수효(數爻)로 많은 수효(數爻)를 대적(對敵)하지 못한다는 뜻. ② 적은 사람으로는 많은 사람을 이기지 못함.
攵部(둥글월문)11획총15획	영enemy 중敵[dí] 일テキ(かたき)【난이도】중학용, 읽기 4급Ⅱ, 쓰기 3급Ⅱ

田

田田日田田

田	田	田	田	田					

田畓(전답) 田婦(전부) 田園(전원) 大田(대전) 油田(유전) 土田(토전) 私田(사전)

我田引水(아전인수) : 자기 논에만 물을 끌어넣는다는 뜻으로, ① 자기의 이익을 먼저 생각하고 행동함. ② 또는 억지로 자기에게 이롭도록 꾀함을 이르는 말.

영field 중tián 일デン(た) 【난이도】 중학용, 읽기 4급II, 쓰기 3급II

밭 전

田部(밭전) 0획총5획

全

全全全全全全

全	全	全	全	全					

全體(전체) 全般(전반) 安全(안전) 穩全(온전) 全國(전국) 完全(완전) 健全(건전)

文武雙全(문무쌍전) : 문무(文武)를 다 갖춤. 完全無缺(완전무결) : 충분(充分)하게 구비(具備)하여서 결점(缺點)이나 부족(不足)한 것이 없음.

영perfect 중quán 일ゼン(すべて・まったく) 【난이도】 중학용, 읽기 7급II, 쓰기 6급II

온전할 전

入部(들입) 4획총6획

典

典典典典典典典典

典	典	典	典	典					

典型的(전형적) 經典(경전) 古典(고전) 法典(법전) 事典(사전) 盛典(성전)

高文典冊(고문전책) : 국가 또는 임금의 명령에 의하여 간행된 귀중한 저술(著述). 華燭之典(화촉지전) : '화촉을 밝히는 의식'이란 뜻으로, 혼인식을 달리 일컫는 말.

영law 중diǎn 일テン 【난이도】중학용, 읽기 5급II, 쓰기 4급II

법 전

八部(여덟팔)6획총8획

前

前前前前前前前前前

前	前	前	前	前					

如前(여전) 前提(전제) 以前(이전) 午前(오전) 事前(사전) 從前(종전) 前哨(전초)

門前成市(문전성시) : 「대문 앞이 저자를 이룬다」는 뜻으로, 세도가(勢道家)나 부잣집 문 앞이 방문객(訪問客)으로 저자를 이루다시피 함을 이르는 말.

영front 중qián 일ゼン(まえ) 【난이도】 중학용, 읽기 7급II, 쓰기 6급

앞 전

刂部(선칼도방)7획 총9획

展

展展展展展展展展展展

展	展	展	展	展					

展望(전망) 發展(발전) 進展(진전) 展開(전개) 展示(전시) 祝發展(축발전)

親展(친전) : 편지(便紙)에서, 받는 사람이 직접(直接) 펴 보아 주기를 바란다는 뜻으로, 겉봉의 받는 사람의 이름 옆이나 아래에 쓰는 말.

영spread 중展[zhǎn] 일テン(のびる)【난이도】중학용, 읽기 5급II, 쓰기 4급II

펼 전

尸部(주검시엄)7획총10획

電

번개 전

雨部(비우) 5획총13획

電電電電電電電電電電電電電

電	電	電	電	電					

携帶電話(휴대전화) 電話(전화) 電氣(전기) 電擊(전격) 電子(전자) 電擊的(전격적)

電光石火(전광석화) : 번갯불이나 부싯돌의 불이 번쩍이는 것처럼, ① 극히 짧은 시간(時間). ② 아주 신속(迅速)한 동작(動作). ③ 일이 매우 빠른 것을 가리키는 말.

영lightning 중电[diàn] 일デン(あらわす) 【난이도】 중학용, 읽기 7급II, 쓰기 6급

傳

전할 전

亻部(사람인변)11획총13획

傳傳傳傳傳傳傳傳傳傳傳傳傳

傳	傳	傳	傳	傳					

傳家(전가) 傳記(전기) 傳達(전달) 傳說(전설) 傳言(전언) 傳染(전염) 傳統(전통)

以心傳心(이심전심) : 석가(釋迦)와 가섭이 마음으로 마음에 전한다는 뜻으로, 말로써 설명(說明)할 수 없는 심오(深奧)한 뜻은 마음으로 깨닫는 수밖에 없다는 말.

영convey 중传[chuán] 일伝[デン](つたえる) 【난이도】 중학용, 읽기 5급II, 쓰기 4급II

戰

싸움 전

戈部(창과)12획 총16획

戰戰戰戰戰戰戰戰戰戰戰戰戰戰戰戰

戰	戰	戰	戰	戰					

戰爭(전쟁) 戰略(전략) 挑戰(도전) 作戰(작전) 冷戰(냉전) 戰線(전선) 戰鬪(전투)

臨戰無退(임전무퇴) : 삼국 통일의 원동력이 된 화랑(花郎)의 세속오계(世俗五戒)의 하나. 싸움에 임하여 물러섬이 없음. 사군이충, 사친이효, 교우이신.

영war 중战[zhàn] 일セン(たたかう·いくさ) 【난이도】 중학용, 읽기 6급II, 쓰기 5급II

錢

돈 전

金部(쇠금)8획 총16획

錢錢錢錢錢錢錢錢錢錢錢錢錢錢錢錢

錢	錢	錢	錢	錢					

銅錢(동전) 金錢(금전) 稅錢(세전) 口錢(구전) 代錢(대전) 換錢(환전) 分錢(분전)

擧放錢債(거방전채) : 조선 시대에, 벼슬아치가 그의 관내 주민에게 이자를 받고 돈을 꿔주던 일. 無錢取食(무전취식) : 돈이 없이 남의 파는 음식(飮食)을 먹음.

영money 중钱[qián] 일錢[セン](ぜに) 【난이도】 중학용, 읽기 4급, 쓰기 3급

絶

끊을 절

糸部(실사) 6획총12획

絶絶絶絶絶絶絶絶絶絶絶

絶	絶	絶	絶	絶					

絶對(절대) 根絶(근절) 絶望(절망) 拒絶(거절) 絶叫(절규) 悽絶(처절) 斷絶(단절)

絶世代美(절세대미) : 이 세상(世上)에서는 견줄 사람이 없을 정도(程度)로 뛰어나게 아름다운 여자(女子). 絶世美人(절세미인) : ☞ 절세가인(絶世佳人).

영cut off 중绝[jué] 일ゼツ(たえる·たつ) 【난이도】 중학용, 읽기 4급II, 쓰기 3급II

節

마디 절

竹部(대죽)9획총15획

節約(절약) 節次(절차) 季節(계절) 名節(명절) 守節(수절) 時節(시절) 調節(조절)

傲霜孤節(오상고절) : 서릿발이 심한 추위 속에서도 굴하지 않고 홀로 꼿꼿하다는 뜻으로, 충신(忠臣) 또는 국화(菊花)를 말함.

영joint 중节[jié] 일セツ・セチ(ふし) 【난이도】 중학용, 읽기 5급Ⅱ, 쓰기 4급Ⅱ

店

가게 점

广部(엄호) 5획총8획

店鋪(점포) 便宜店(편의점) 商店(상점) 割引店(할인점) 飮食店(음식점) 酒店(주점)

百貨店(백화점) : 여러 가지 상품을 갖춰 놓고 파는 큰 규모의 상점(商店).
山寺野店(산사야점) : 산 속의 절간과 들의 객주집.

영shop 중diàn 일テン(みせ) 【난이도】 중학용, 읽기 5급Ⅱ, 쓰기 4급Ⅱ

接

이을 접

扌(手)部(재방변)8획총11획

接近(접근) 接線(접선) 接續(접속) 接觸(접촉) 間接(간접) 待接(대접) 直接(직접)

破器相接(파기상접) : 깨어진 그릇 조각을 서로 맞춘다는 뜻으로, 이미 잘못된 일을 바로잡으려고 쓸데없이 애씀을 이르는 말.

영associate 중jiē 일セツ(つぐ) 【난이도】 중학용, 읽기 4급Ⅱ, 쓰기 3급Ⅱ

丁

고무래 정

一部(한일) 1획총2획

丁寧(정녕) 丁若鏞(정약용) 丁香(정향) 白丁(백정) 兵丁(병정) 壯丁(장정)

目不識丁(목불식정) : 고무래를 보고도 그것이 고무래 정(丁)자인 줄 모른다는 뜻으로, 글자를 전혀 모름, 또는 그러한 사람을 비유(比喩・譬喩)해 이르는 말.

영rake, adult 중dīng 일チョウ・テイ(まえ) 【난이도】 중학용, 읽기 4급, 쓰기 3급

井

우물 정

井部(우물정) 0획총4획

井邑(정읍) 油井(유정) 市井(시정) 坎井之蛙(감정지와) 井田(정전) 管井(관정)

井中視星(정중시성) : 우물 속에서 별을 본다는 뜻으로, 우물 안에서는 겨우 몇 개의 별밖에 보이지 않는 것과 같이 사사로운 마음에 가리우면 견해가 한 편에 치우치게 됨을 이르는 말.

영well 중jǐng 일ショウ・セイ(い) 【난이도】 중학용, 읽기 3급Ⅱ, 쓰기 2급

正

바를 정

止部(그칠지) 1획 총5획

正 正 正 正 正

正 正 正 正 正

正答(정답) 正當(정당) 正道(정도) 正面(정면) 正式(정식) 正直(정직) 正確(정확)

事必歸正(사필귀정) : 처음에는 시비(是非) 곡직(曲直)을 가리지 못하여 그릇되더라도 모든 일은 결국에 가서는 반드시 정리(正理)로 돌아감.

영straight 중zhèng 일ショウ·セイ(ただしい) 【난이도】 중학용, 읽기 7급II, 쓰기 6급

政

정사 정

攴部(등글월문) 5획 총9획

政 政 政 政 政 政 政 政 政

政 政 政 政 政

政權(정권) 政府(정부) 政策(정책) 政治(정치) 國政(국정) 施政(시정) 財政(재정)

垂簾聽政(수렴청정) : 발을 내리고 정사(政事)를 듣는다는 뜻으로, 나이 어린 임금이 등극(登極)했을 때 왕대비나 대왕대비가 왕을 도와서 정사를 돌봄을 이르는 말.

영politice 중zhèng 일セイ·ショウ(まつりごと) 【난이도】 중학용, 읽기 4급II, 쓰기 3급II

定

정할 정

宀部(갓머리) 5획 총8획

定 定 定 定 定 定 定 定

定 定 定 定 定

定期(정기) 定額(정액) 決定(결정) 規定(규정) 豫定(예정) 認定(인정) 指定(지정)

會者定離(회자정리) : 만나면 언젠가는 헤어지게 되어 있다는 뜻으로, 인생의 무상(無常)함을 인간의 힘으로는 어찌 할 수 없는 이별의 아쉬움을 일컫는 말.

영settle 중dìng 일ジョウ·テイ(さだまる·さだめる) 【난이도】 중학용, 읽기 6급, 쓰기 5급

貞

곧을 정

貝部(조개패) 2획 총9획

貞 貞 貞 貞 貞 貞 貞 貞 貞

貞 貞 貞 貞 貞

貞烈(정렬) 貞淑(정숙) 貞節(정절) 貞操(정조) 不貞(부정) 忠貞(충정) 貞潔(정결)

元亨利貞(원형이정) : 역학(易學)에서 말하는 천도(天道)의 네 원리(原理)라는 뜻으로, 사물(事物)의 근본(根本) 되는 원리(原理).

영virtuous 중貞[zhēn] 일テイ(ただしい) 【난이도】 중학용, 읽기 3급II, 쓰기 2급

庭

뜰 정

广部(엄호) 7획 총10획

庭 庭 庭 庭 庭 庭 庭 庭 庭

庭 庭 庭 庭 庭

庭園(정원) 家庭(가정) 校庭(교정) 家庭婦(가정부) 宮庭(궁정) 法庭(법정) 親庭(친정)

門庭若市(문정약시) : 대문(大門) 안 뜰이 저자와 같다는 뜻으로, 집안에 모여드는 사람이 많음을 비유(比喩·譬喩)해 이르는 말.

영garden 중tíng 일テイ(にわ) 【난이도】 중학용, 읽기 6급II, 쓰기 5급II

淨淨淨淨淨淨淨淨淨淨淨

깨끗할 정

自淨(자정) 淨化(정화) 不淨(부정) 淨宮(정궁) 淨刹(정찰) 淸淨(청정) 淨水(정수)

極樂淨土(극락정토) : 아미타불이 살고 있다는 정토. 이 세상에서 서쪽으로 십만 억의 불토를 지나서 있으며, 모든 것이 완전히 갖추어 불과(佛果)를 얻은 사람이 죽어서 이곳에 다시 태어난다는 곳.

영 clean 중 净[jìng] 일 ジョウ(きよい) 【난이도】중학용, 읽기 3급II, 쓰기 2급

氵部(삼수변) 8획총11획

情情情情情情情情情情情

뜻 정

情報(정보) 情緖(정서) 情況(정황) 感情(감정) 事情(사정) 眞情(진정) 情趣(정취)

多情多感(다정다감) : 정이 많고 느낌이 많다는 뜻으로, 생각과 느낌이 섬세(纖細)하고 풍부(豊富)함을 이르는 말.

영 affection 중 情[qíng] 일 ジョウ・セイ(なさけ) 【난이도】중학용, 읽기 5급II, 쓰기 4급II

忄部(심방변) 8획총11획

停停停停停停停停停停停

머무를 정

停止(정지) 停年(정년) 停滯(정체) 停戰(정전) 停車(정차) 調停(조정) 停職(정직)

馬不停蹄(마불정제) : 달리는 말은 말굽을 멈추지 않는다는 뜻으로, 지난 성과(成果)에 안주(安住)하지 말고 더욱 발전(發展)하고 정진(精進)하자는 뜻.

영 stay 중 tíng 일 テイ 【난이도】중학용, 읽기 5급, 쓰기 4급

亻部(사람인변) 9획총11획

頂頂頂頂頂頂頂頂頂頂頂

정수리 정

頂上會談(정상회담) 頂上(정상) 頂點(정점) 絶頂(절정) 山頂(산정) 頂上級(정상급)

頂門一鍼(정문일침) : 정수리에 침 하나를 꽂는다는 뜻으로, 상대방(相對方)의 급소(急所)를 찌르는 따끔한 충고(忠告)나 교훈(敎訓)을 이르는 말.

영 summit 중 頂[dǐng] 일 チョウ(いただき・いただく) 【난이도】중학용, 읽기 3급II, 쓰기 2급

頁部(머리혈) 2획총11획

精精精精精精精精精精精精

정밀할 정

精巧(정교) 精讀(정독) 精力(정력) 精密(정밀) 精誠(정성) 精神(정신) 精進(정진)

精神一到何事不成(정신일도하사불성) : '정신을 한 곳으로 집중하면 무슨 일인들 이루어지지 않으랴'라는 뜻으로, 정신을 집중하여 노력하면 어떤 어려운 일이라도 성취할 수 있다는 말.

영 detailed 중 精[jīng] 일 精[ショウ・セイ] 【난이도】중학용, 읽기 4급II, 쓰기 3급II

米部(쌀미) 8획총14획

靜	靜靜靜靜靜靜靜靜靜靜靜靜靜靜靜靜
	靜 靜 靜 靜 靜

靜肅(정숙) 靜寂(정적) 靜的(정적) 冷靜(냉정) 動靜(동정) 安靜(안정) 鎭靜(진정)

性靜情逸(성정정일) : 성품(性品)이 고요하면 뜻이 편안(便安)하니 고요함은 천성(天性)이요, 동작(動作)함은 인정(人情)임 써서 남을 속임을 이르는 말.

고요할 정

靑部(푸를청)8획총16획

영tranquil 중静[jìng] 일静[ショウ·セイ](しず·しずか)【난이도】 중학용, 읽기 4급, 쓰기 3급

弟	弟弟弟弟弟弟弟
	弟 弟 弟 弟 弟

弟氏(제씨) 弟子(제자) 師弟之間(사제지간) 妻弟(처제) 妹弟(매제) 兄弟(형제)

難兄難弟(난형난제) : 누구를 형이라 아우라 하기 어렵다는 뜻으로, ① 누가 더 낫다고 할 수 없을 정도로 서로 비슷함. ② 사물의 우열이 없다는 말로, 곧 비슷하다는 말.

아우 제

弓部(활궁) 4획총7획

영younger brother 중dì 일だイ·テイ(おとうと)【난이도】 중학용, 읽기 8급, 쓰기 6급II급II

帝	帝帝帝帝帝帝帝帝帝
	帝 帝 帝 帝 帝

帝國(제국) 光武帝(광무제) 武帝(무제) 始皇帝(시황제) 日帝(일제) 皇帝(황제)

關聖帝君(관성제군) : 관왕묘에서 무덕의 신으로 모시는 관우(關羽)의 영을 일컫는 말.
三神上帝(삼신상제) : 아기 낳는 일을 맡은 삼신(三神)을 높이어 이르는 말.

임금 제

巾部(수건건) 6획 총9획

영emperor 중dì 일テイ(みかど)【난이도】 중학용, 읽기 4급, 쓰기 3급

除	除除除除除除除除除除
	除 除 除 除 除

排除(배제) 除外(제외) 削除(삭제) 除去(제거) 控除(공제) 解除(해제) 免除(면제)

窓前草不除(창전초부제) : 창 앞에 돋은 풀은 뽑아 버리지 않는다는 뜻으로, 되어 가는 대로 천지(天地) 자연(自然)을 따름을 이르는 말.

덜 제

阝(阜)部(좌부방) 7획 총10획

영deduct 중chú 일ジョ·ジ(のぞく)【난이도】 중학용, 읽기 4급II, 쓰기 3급II

第	第第第第第第第第第第第
	第 第 第 第 第

及第(급제) 落第(낙제) 第一(제일) 第次(제차) 次第(차제) 下第(하제) 居第(거제)

謁聖及第(알성급제) : ① 알성과(謁聖科)에 합격(合格)함. ② 알성과에 합격한 사람.
天下第一(천하제일) : 세상(世上)에서 견줄 만한 것이 없음.

차례 제

竹部(대죽) 5획총11획

영order, turn 중dì 일ダイ(ついで·やしき)【난이도】 중학용, 읽기 6급II, 쓰기 5급II

祭

제사 제

祭 ク タ タ 癸 祭 祭 祭 祭 祭 祭

祭 祭 祭 祭 祭

祭器(제기) 祭物(제물) 祭祀(제사) 祭儀(제의) 祭品(제품) 祭享(제향) 祝祭(축제)

冠婚喪祭(관혼상제) : 관례(冠禮)·혼례(婚禮)·상례(喪禮)·제례(祭禮)의 네 가지
예를 두고 말함. 祭器(제기) : 제사 때에 쓰이는 그릇. 유기, 사기, 목기 등이 있음.

示部(보일시) 6획총11획   영sacrifice 중jì 일サイ(まつり·まつる)【난이도】중학용, 읽기 4급II, 쓰기 3급II

製

지을 제

製 製 製 制 制 制 制 制 制 製 製 製 製

製 製 製 製 製

製品(제품) 製作(제작) 製造(제조) 複製(복제) 創製(창제) 精製(정제) 製圖(제도)

製造業(제조업) : ① 물품을 제조하는 영업. ② 원료품(原料品)을 가공하여 새로
운 물자(物資)를 생산(生産)하는 산업(産業). 제2차 산업(産業)에 속(屬)함.

衣部(옷의) 8획총14획   영make 중制[zhì] 일セイ(つくる)【난이도】중학용, 읽기 4급II, 쓰기 3급II

諸

모두 제

諸 諸 諸 諸 諸 諸 諸 諸 諸 諸 諸 諸 諸 諸 諸 諸

諸 諸 諸 諸 諸

諸葛亮(제갈량) 諸國(제국) 諸君(제군) 諸島(제도) 諸般(제반) 諸侯(제후)

反求諸己(반구저기) : '잘못을 자신에게서 찾는다'라는 뜻으로, 어떤 일이 잘못 되었을
때 남의 탓을 하지 않고 그 일이 잘못된 원인을 자기 자신에게서 찾아 고쳐 나간다는 의미.

言部(말씀언)9획총16획   영all 중諸[zhū] 일ショ(もろもろ)【난이도】중학용, 읽기 3급II, 쓰기 2급

題

제목 제

題 題 題 題 題 是 是 是 題 題 題 題 題 題 題 題 題

題 題 題 題 題

問題(문제) 課題(과제) 宿題(숙제) 題目(제목) 議題(의제) 主題(주제) 難題(난제)

首題之件(수제지건) : 공문(公文)을 작성할 때 '수제(首題)에 관하여'란 뜻으로, 본문
의 첫머리에 쓰던 낡은 투. 題目之件(제목지건) : ☞ 수제지건(首題之件).

頁部(머리혈)9획총18획   영title 중題[tí] 일ダイ【난이도】중학용, 읽기 6급II, 쓰기 5급II

兆

억조 조

兆 兆 兆 兆 兆 兆

兆 兆 兆 兆 兆

兆朕(조짐) 佳兆(가조) 吉兆(길조) 凶兆(흉조) 徵兆(징조) 嘉兆(가조) 前兆(전조)

五日京兆(오일경조) : 닷새 동안의 경조윤(京兆尹)이라는 뜻으로, 오래 계속(繼續)되
지 못한 관직(官職), 또는 그런 일.

儿部(어진사람인발)4획총6획   영omen 중zhào 일チョウ(きざす)【난이도】중학용, 읽기 3급II, 쓰기 2급

早 早 早 早 早 早

| 早 | 早 | 早 | 早 | 早 | | | | |

早期(조기) 早老(조로) 早晩間(조만간) 早速(조속) 早熟(조숙) 早秋(조추)

時機尙早(시기상조) : 오히려 때가 이르다는 뜻으로, 아직 때가 되지 않음을 이르는 말. 早失父母(조실부모) : 어려서 부모(父母)를 여읨.

일찍 조

日部(날일) 2획총6획 | 영early 중zǎo 일ソウ・サツ(はやい・はやまる)【난이도】중학용, 읽기 4급Ⅱ, 쓰기 3급Ⅱ

助 助 助 助 助 助 助

| 助 | 助 | 助 | 助 | 助 | | | | |

共助(공조) 救助(구조) 幫助(방조) 補助(보조) 扶助(부조) 援助(원조) 協助(협조)

江山之助(강산지조) : 강산(江山)의 도움이란 뜻으로, 산수(山水)의 풍경(風景)이 사람의 시정(詩情)을 도와 좋은 작품(作品)을 만들게 함을 이르는 말.

도울 조

力部(힘력) 5획총7획 | 영help 중zhù 일ジョ(たすかる・たすける)【난이도】중학용, 읽기 4급Ⅱ, 쓰기 3급Ⅱ

祖 祖 祖 祖 祖 祖 祖 祖 祖

| 祖 | 祖 | 祖 | 祖 | 祖 | | | | |

曾祖(증조) 祖上(조상) 先祖(선조) 祖母(조모) 祖國(조국) 始祖(시조) 祖考(조고)

敬神崇祖(경신숭조) : 신을 공경(恭敬)하고 조상(祖上)을 숭배(崇拜)함.
開山祖師(개산조사) : 절이나 종파(宗派)를 새로 세운 사람.

조상 조

示部(보일시) 5획총10획 | 영grand father 중祖[zǔ] 일祖[ソ](じじ)【난이도】중학용, 읽기 7급, 쓰기 6급

鳥 鳥 鳥 鳥 鳥 鳥 鳥 鳥 鳥 鳥 鳥

| 鳥 | 鳥 | 鳥 | 鳥 | 鳥 | | | | |

鳥瞰圖(조감도) 鳥類(조류) 冬鳥(동조) 白鳥(백조) 留鳥(유조) 匹鳥(필조)

一石二鳥(일석이조) : 한 개의 돌을 던져 두 마리의 새를 맞추어 떨어뜨린다는 뜻으로, 한 가지 일을 해서 두 가지 이익(利益)을 얻음을 이르는 말.

새 조

鳥部(새조) 0획 총11획 | 영bird 중鸟[niǎo] 일ジョウ(とり) 【난이도】중학용, 읽기 4급Ⅱ, 쓰기 3급Ⅱ

造 造 造 造 告 告 告 造 造 造 造

| 造 | 造 | 造 | 造 | 造 | | | | |

造作(조작) 造成(조성) 捏造(날조) 構造(구조) 模造(모조) 製造(제조) 創造(창조)

一切唯心造(일체유심조) : 모든 것은 오로지 마음이 지어내는 것임을 뜻하는 불교(佛敎) 용어(用語). 僞造紙幣(위조지폐) : 위조(僞造)한 지폐(紙幣).

지을 조

辶部(책받침) 7획총11획 | 영make 중造[zào] 일造[ゾウ](つくる)【난이도】중학용, 읽기 4급Ⅱ, 쓰기 3급Ⅱ

朝

아침 조

月部(달월) 8획총12획

朝朝朝古古古卓卓朝朝朝朝

朝 朝 朝 朝 朝

朝夕(조석) 朝鮮(조선) 古朝鮮(고조선) 王朝(왕조) 元朝(원조) 正朝(정조)

朝三暮四(조삼모사) : 아침에 세 개, 저녁에 네 개라는 뜻으로, 당장 눈앞에 나타나는 차별(差別)만을 알고 그 결과(結果)가 같음을 모름의 비유.

영morning 중cháo 일ヂョウ(あさ) 【난이도】중학용, 읽기 6급, 쓰기 5급

調

고를 조

言部(말씀언)8획총15획

調調調調調調調調調調調調調調調

調 調 調 調 調

調査(조사) 調節(조절) 調整(조정) 強調(강조) 構造調整(구조조정) 調達(조달)

雨順風調(우순풍조) : 바람 불고 비오는 것이 때와 분량(分量)이 알맞음.
풍조우순(風調雨順) : 기후(氣候)가 순조(順調)로워 곡식(穀食)이 잘 됨.

영harmonize 중调[tiào] 일ヂョウ(しらべる·ととのう) 【난이도】중학용, 읽기 5급II, 쓰기 4급II

足

발 족

足部(발족) 0획총7획

足足足足足足足

足 足 足 足 足

足鎖(족쇄) 滿足(만족) 發足(발족) 不足(부족) 手足(수족) 豊足(풍족) 洽足(흡족)

凍足放尿(동족방뇨) : 언 발에 오줌 누기라는 뜻으로, 잠시의 효력이 있을 뿐, 그 효력은 없어지고 마침내는 더 나쁘게 될 일을 함. 앞을 내다보지 못하는 고식지계(姑息之計)를 비웃는 말.

영foot 중zú 일ソク(あし·たす·たりる·たる) 【난이도】중학용, 읽기 7급II, 쓰기 6급

族

겨레 족

方部(모방) 7획총11획

族族族族族族族族族族族

族 族 族 族 族

家族(가족) 民族(민족) 遺族(유족) 族譜(족보) 親族(친족) 離散家族(이산가족)

名門巨族(명문거족) : 이름난 집안과 크게 번창(繁昌)한 겨레.
巨家大族(거가대족) : 대대(代代)로 번영(繁榮)한 문벌(門閥)이 있는 집안.

영tribe, nation 중zú 일ゾク(やから) 【난이도】중학용, 읽기 5급, 쓰기 5급

存

있을 존

子部(아들자) 3획총6획

存存存存存存

存 存 存 存 存

存立(존립) 存亡(존망) 存在(존재) 旣存(기존) 保存(보존) 生存(생존) 依存(의존)

適者生存(적자생존) : 생존 경쟁의 결과, 그 환경에 맞는 것만이 살아 남고 그렇지 못한 것은 차차 쇠퇴(衰退), 멸망(滅亡)해 가는 자연 도태의 현상을 일컫는 말.

영exist 중cún 일ソン·ゾン(ある) 【난이도】중학용, 읽기 4급, 쓰기 3급

尊	尊尊尊尊尊旮旮尊尊尊尊尊 尊 尊 尊 尊 尊
	尊敬(존경) 尊嚴(존엄) 尊重(존중) 尊稱(존칭) 自尊(자존) 自尊心(자존심)
높을 존	唯我獨尊(유아독존) : ① 이 세상(世上)에 나보다 존귀(尊貴)한 사람은 없다는 말. ② 또는, 자기(自己)만 잘 났다고 자부하는 독선적(獨善的)인 태도(態度)의 비유.
寸部(마디촌)9획총12획	영respect 중尊[zūn] 일尊[ソン](たっとい·たっとぶ)【난이도】중학용, 읽기 4급II, 쓰기 3급II

卒	卒卒卒卒卒卒卒卒 卒 卒 卒 卒 卒
	卒業(졸업) 腦卒中(뇌졸중) 兵卒(병졸) 驛卒(역졸) 卒兵(졸병) 卒業生(졸업생)
마칠 졸	烏合之卒(오합지졸) :「까마귀가 모인 것 같은 무리」라는 뜻으로, 질서(秩序) 없 이 어중이떠중이가 모인 군중(群衆) 또는 제각기 보잘것없는 수많은 사람.
十部(열십) 6획총8획	영millitary 중zú 일ソツ(おわ)【난이도】중학용, 읽기 5급II, 쓰기 4급II

宗	宗宗宗宗宗宗宗宗 宗 宗 宗 宗 宗
	宗敎(종교) 宗廟(종묘) 高宗(고종) 禪宗(선종) 曹溪宗(조계종) 太宗(태종)
마루 종	宗廟社稷(종묘사직) : 왕실(王室)과 나라를 함께 이르는 말. 盤石之宗(반석지종) : 견고(堅固)한 기초(基礎).
宀部(갓머리) 5획총8획	영ancestral 중zōng 일シュウ·ソウ(むね)【난이도】중학용, 읽기 4급II, 쓰기 3급II

終	終終終終終終終終終終終 終 終 終 終 終
	終結(종결) 終了(종료) 終末(종말) 終熄(종식) 終業(종업) 臨終(임종) 最終(최종)
마칠 종	始終一貫(시종일관) : 처음부터 끝까지 한결같이 관철(貫徹)함. ☞ 始終如一(시종여일) : 처음이나 나중이 한결같아서 변(變)함없음.
糸部(실사) 5획 총11획	영finish 중終[zhōng] 일シュウ(おえる)【난이도】중학용, 읽기 5급, 쓰기 4급

從	從從從從從從從從從從從 從 從 從 從 從
	從事(종사) 從業員(종업원) 從前(종전) 服從(복종) 順從(순종) 追從(추종)
좇을 종	類類相從(유유상종) : 사물은 같은 무리끼리 따르고, 같은 사람은 서로 찾아 모인다 는 뜻. 面從腹背(면종복배) : 겉으로는 순종하는 체하고 속으로는 딴 마음을 먹음.
彳部(두인변) 8획총11획	영obey 중从[cóng] 일從[ジュウ](したがう)【난이도】중학용, 읽기 4급, 쓰기 3급

種

씨 종

禾部(벼화) 9획총14획

種種種種種種種種種種種種種種

種種種種種

各種(각종) 芒種(망종) 種類(종류) 業種(업종) 一種(일종) 種目(종목) 變種(변종)

種豆得豆(종두득두) : 콩을 심어 콩을 얻는다는 뜻으로, 원인에 따라 결과가 생긴다는 말.
種玉(종옥) : 구슬을 심는다는 뜻으로, 아름다운 여인을 아내로 맞이하는 것을 말함.

영seed 중种[zhǒng] 일シュ(たね) 【난이도】중학용, 읽기 5급Ⅱ, 쓰기 4급Ⅱ

鐘

쇠북 종

金部(쇠금)12획총20획

鐘鐘鐘鐘鐘鐘鐘鐘鐘鐘鐘鐘鐘鐘

鐘鐘鐘鐘鐘

警鐘(경종) 自鳴鐘(자명종) 打鐘(타종) 鐘閣(종각) 三鐘(삼종) 曙鐘(서종)

擊鐘鼎食(격종정식) : 「종을 쳐서 식솔(食率)을 모아 솥을 걸어 놓고 먹는다」는 뜻으로, 부유(富裕)한 생활(生活)을 이르는 말.

영bell 중钟[zhōng] 일ショウ(かね) 【난이도】중학용, 읽기 특급Ⅱ

左

왼 좌

工部(장인공) 2획총5획

左左左左左

左左左左左

左手(좌수) 左右(좌우) 左翼(좌익) 左遷(좌천) 左側(좌측) 左派(좌파) 證左(증좌)

左脯右醢(좌포우해) : 제사(祭祀)의 제물(祭物)을 진설(陳設)할 때, 육포(肉脯)는 왼쪽에, 식해(食醢)는 오른쪽에 차리는 격식(格式).

영left 중zuǒ 일サ(ひだり) 【난이도】중학용, 읽기 7급Ⅱ, 쓰기 6급

坐

앉을 좌

土部(흙토) 4획총7획

坐坐坐坐坐坐坐

坐坐坐坐坐

坐席(좌석) 坐礁(좌초) 坐板(좌판) 跏趺坐(가부좌) 結跏趺坐(결가부좌)

坐井觀天(좌정관천) : 우물 속에 앉아 하늘을 쳐다본다는 뜻으로, ① 견문(見聞)이 매우 좁음을 말함. ② 세상(世上) 물정(物情)을 너무 모름.

영sit 중zuò 일ザ(いながら·います·おわす) 【난이도】중학용, 읽기 3급Ⅱ, 쓰기 2급

罪

허물 죄

罒部(그물망머리)8획총13획

罪罪罪罪罪罪罪罪罪罪罪罪罪

罪罪罪罪罪

罪悚(죄송) 輕犯罪(경범죄) 斷罪(단죄) 犯罪(범죄) 謝罪(사죄) 有罪(유죄)

席藁待罪(석고대죄) : 거적을 깔고 엎드려 벌(罰) 주기를 기다린다는 뜻으로, 죄과(罪過)에 대(對)한 처분(處分)을 기다림.

영sin, crime 중zuì 일ザイ(つみ) 【난이도】중학용, 읽기 5급, 쓰기 4급

主

주인 주

、部(점주) 4획총5획

主主主主主

主主主主主

主導(주도) 主婦(주부) 主要(주요) 主人(주인) 主張(주장) 主題(주제) 主體(주체)

客反爲主(객반위주) : 손이 도리어 주인 행세를 한다는 뜻으로, ① 주객이 전도(顚倒)됨을 이르는 말. ② 사물(事物)의 대소(大小), 경중(輕重), 전후(前後)을 뒤바꿈.

영owner 중zhǔ 일シュ・ス(おも・ぬし) 【난이도】 중학용, 읽기 7급, 쓰기 6급

朱

붉을 주

木部(나무목)2획총6획

朱朱朱牛朱朱

朱朱朱朱朱

朱木(주목) 朱蒙(주몽) 茂朱(무주) 朱子(주자) 朱雀(주작) 印朱(인주) 朱黃(주황)

近朱者赤(근주자적) : 「붉은빛에 가까이 하면 반드시 붉게 된다」는 뜻으로, 주위(周圍) 환경(環境)이 중요(重要)하다는 것을 이르는 말.

영red 중zhū 일シュ(あか・あけ) 【난이도】 중학용, 읽기 4급, 쓰기 3급

住

살 주

亻部(사람인변) 5획총7획

住住住住住住住

住住住住住

住宅(주택) 住民(주민) 住所(주소) 居住(거주) 住居(주거) 移住(이주) 安住(안주)

住宅街(주택가) : 도회지(都會地)의 번잡(煩雜)한 상가(商街)나 공업(工業) 지대(地帶)와 격리(隔離)되어 주택(住宅)들로만 이루어진 조용한 거리.

영live 중zhù 일ジュウ(すまう・すむ) 【난이도】 중학용, 읽기 7급, 쓰기 6급

走

달릴 주

走部(달릴주) 0획총7획

走走走走走走走

走走走走走

走行(주행) 疾走(질주) 走者(주자) 逃走(도주) 競走(경주) 奔走(분주) 遁走(둔주)

阪上走丸(판상주환) : 언덕 위에서 공을 굴린다는 뜻으로, 어떤 세력(勢力)에 힘입어 일을 꾀하면 쉽게 이루어지거나, 또는 그 일이 잘 진전됨의 비유(比喩・譬喩).

영run, rush 중zǒu 일ソウ(はしる) 【난이도】 중학용, 읽기 4급II, 쓰기 3급II

宙

집 주

宀部(갓머리) 5획총8획

宙宙宙宙宙宙宙宙

宙宙宙宙宙

宙合樓(주합루) 宇宙萬物(우주만물) 宇宙旅行(우주여행) 大宇宙(대우주)

宇宙萬物(우주만물) : 우주(宇宙) 안에 있는 온갖 사물(事物).
宇宙往復船(우주왕복선) : 우주(宇宙) 수송(輸送) 수단(手段).

영house 중zhòu 일チュウ 【난이도】 중학용, 읽기 3급II, 쓰기 2급

注

注注注注注注注注
注 注 注 注 注

注目(주목) 注文(주문) 注意(주의) 注視(주시) 注射(주사) 注油(주유) 注入(주입)

孤注一擲(고주일척) : 노름꾼이 남은 돈을 한 번에 다 걸고 마지막 승패(勝敗)를 겨룬다는 뜻으로, 전력(全力)을 기울여 어떤 일에 모험(冒險)을 거는 것을 비유(比喩·譬喩)한 말.

물댈 주

氵部(삼수변) 5획 총8획

영pour, infuse 중zhù 일チュウ(そそぐ) 【난이도】 읽기 6급II, 쓰기 5급II

晝

晝晝晝晝晝晝晝晝晝晝晝
晝 晝 晝 晝 晝

晝間(주간) 晝宵(주소) 晝夜(주야) 晝餐(주찬) 晝寢(주침) 晝後(주후) 白晝(백주)

晝耕夜讀(주경야독) : 낮에는 농사(農事) 짓고 밤에는 공부(工夫)한다는 뜻으로, 바쁜 틈을 타서 어렵게 공부(工夫)함을 이르는 말.

낮 주

日部(날일) 7획 총11획

영day time 중晝[zhòu] 일晝[チュウ](ひる) 【난이도】 중학용, 읽기 6급, 쓰기 5급

酒

酒酒酒酒酒酒酒酒酒酒
酒 酒 酒 酒 酒

酒店(주점) 農酒(농주) 麥酒(맥주) 歲酒(세주) 燒酒(소주) 洋酒(양주) 飮酒(음주)

酒池肉林(주지육림) : 술이 못을 이루고 고기가 수풀을 이룬다는 뜻으로, 매우 호화(豪華)스럽고 방탕(放蕩)한 생활(生活)을 이르는 말.

술 주

酉部(닭유) 3획 총10획

영wine, liquor 중jiǔ 일シュ(さか·さけ) 【난이도】 중학용, 읽기 4급, 쓰기 3급

竹

竹竹竹竹竹竹
竹 竹 竹 竹 竹

烏竹軒(오죽헌) 爆竹(폭죽) 竹槍(죽창) 竹器(죽기) 善竹橋(선죽교) 松竹(송죽)

竹馬故友(죽마고우) : 대나무 말을 타고 놀던 옛 친구(親舊)라는 뜻으로, 어릴 때부터 가까이 지내며 자란 친구(親舊)를 이르는 말.

대 죽

竹部(대죽) 0획 총6획

영bamboo 중zhú 일チク(たけ) 【난이도】 중학용, 읽기 4급II, 쓰기 3급II

中

中中中中
中 中 中 中 中

中間(중간) 中國(중국) 中斷(중단) 中心(중심) 中央(중앙) 貴中(귀중) 集中(집중)

囊中之錐(낭중지추) : 주머니 속에 있는 송곳이란 뜻으로, 재능(才能)이 아주 빼어난 사람은 숨어 있어도 저절로 남의 눈에 드러난다는 비유적(比喩的) 의미(意味).

가운데 중

丨部(뚫을곤) 3획 총4획

영middle 중zhōng 일ジュウ·チュウ(なか) 【난이도】 중학용, 읽기 8급, 쓰기 6급II

重

重重重重重重重重重

重重重重重

무거울 중

里部(마을리) 2획총9획

重量(중량) 重要(중요) 愼重(신중) 尊重(존중) 比重(비중) 重複(중복) 嚴重(엄중)

捲土重來(권토중래) : 흙먼지를 날리며 다시 온다는 뜻으로, ① 한 번 실패(失敗)에 굴하지 않고 몇 번이고 다시 일어남. ② 패한 자가 세력(勢力)을 되찾아 다시 쳐들어옴.

영heavy 중zhòng 일ジュウ・チョウ(おもい・かさなる)【난이도】중학용, 읽기 7급, 쓰기 6급

衆

衆衆衆衆衆衆衆衆衆衆衆衆

衆衆衆衆衆

무리 중

血部(피혈) 6획총12획

公衆(공중) 大衆(대중) 民衆(민중) 群衆(군중) 衆論(중론) 百衆(백중) 聽衆(청중)

衆寡不敵(중과부적) : ① 적은 수효(數爻)로 많은 수효(數爻)를 대적(對敵)하지 못한다는 뜻. ② 적은 사람으로는 많은 사람을 이기지 못함.

영crowd 중众[zhòng] 일シュウ・シュ(むれ)【난이도】중학용, 읽기 4급Ⅱ, 쓰기 3급Ⅱ

卽

卽卽卽卽卽卽卽卽卽

卽卽卽卽卽

곧 즉

卩部(병부절) 7획총9획

卽刻(즉각) 卽決(즉결) 卽答(즉답) 卽席(즉석) 卽時(즉시) 卽審(즉심) 卽位(즉위)

一觸卽發(일촉즉발) : 한 번 닿기만 하여도 곧 폭발(爆發)한다는 뜻으로, 조그만 자극(刺戟)에도 큰 일이 벌어질 것 같은 아슬아슬한 상태(狀態)를 이르는 말.

영namely 중jí 일ソク【난이도】중학용, 읽기 3급Ⅱ, 쓰기 2급

曾

曾曾曾曾曾曾曾曾曾曾曾曾

曾曾曾曾曾

일찍 증

日部(가로왈)8획총12획

曾孫(증손) 曾子(증자) 曾坪郡(증평군) 曾孫子(증손자) 曾孫壻(증손서)

曾祖(증조) : 할아버지의 아버지. 曾參殺人(증삼살인) : 증삼이 사람을 죽였다는 뜻으로, 거짓말도 되풀이 해 들으면 믿어버리게 된다는 말.

영run, rush 중曾[zēng] 일曾[ソウ](かさなる・かつて)【난이도】중학용, 읽기 3급Ⅱ, 쓰기 2급

增

增增增增增增增增增增增增增增增

增增增增增

더할 증

土部(흙토)12획총15획

增加(증가) 增大(증대) 增産(증산) 增殖(증식) 增進(증진) 增幅(증폭) 急增(급증)

五濁增時(오탁증시) : 오탁(五濁)이 시대(時代)가 지남에 따라 점점 그 정도(程度)를 더하여 가는 때. 歲加月增(세가월증) : 해마다 달마다 늘어남.

영increase 중增[zēng] 일增[ゾウ](ます・ふやす)【난이도】중학용, 읽기 4급Ⅱ, 쓰기 3급Ⅱ

證證證證證證證證證證證證證證證證證
證 證 證 證 證

證據(증거) 檢證(검증) 傍證(방증) 證言(증언) 保證(보증) 證券(증권) 證明(증명)

直躬證父(직궁증부) : 직궁(直躬)이 아비를 고발(告發)하고 증인(證人)이 된다는 뜻으로, 지나친 정직(正直)은 도리어 정직이 아님을 비유해 이르는 말.

증거 증

言部(말씀언)12획 총19획

영evidence 중证[zhèng] 일証[ショウ](あかし)【난이도】중학용, 읽기 4급, 쓰기 3급

止止止止
止 止 止 止 止

止揚(지양) 禁止(금지) 防止(방지) 停止(정지) 制止(제지) 中止(중지) 廢止(폐지)

明鏡止水(명경지수) : 맑은 거울과 고요한 물이라는 뜻으로, 사념(邪念)이 전혀 없는 깨끗한 마음을 비유(比喩·譬喩)해 이르는 말.

그칠 지

止部(그칠지) 0획총4획

영stop 중zhǐ 일シ(とまる·とめる)【난이도】중학용, 읽기 5급, 쓰기 4급

之之之之
之 之 之 之 之

當之者(당지자) 師弟之間(사제지간) 興仁之門(흥인지문) 王羲之(왕희지)

囊中之錐(낭중지추) : 주머니 속에 있는 송곳이란 뜻으로, 재능(才能)이 아주 빼어난 사람은 숨어 있어도 저절로 남의 눈에 드러난다는 비유적(比喩的) 의미.

갈 지

ノ部(삐침별) 3획총4획

영go 중zhī 일シ(これ·この·の·ゆく)【난이도】중학용, 읽기 3급II, 쓰기 2급

支支支支
支 支 支 支 支

支援(지원) 支持(지지) 支配(지배) 支給(지급) 支出(지출) 收支(수지) 支障(지장)

一木難支(일목난지) : 나무 한 그루로 지탱하기 어렵다는 뜻으로, 이미 기울어지는 대세를 혼자서는 감당할 수 없음을 비유(比喩·譬喩)하는 말.

지탱할 지

支部(지탱할지)0획 총4획

영devide, support 중zhī 일シ(ささえる)【난이도】중학용, 읽기 4급II, 쓰기 3급II

只只只只只
只 只 只 只 只

只今(지금) 但只(단지) 內斯只城(내사지성) 忽只(홀지) 靑山只磨靑(청산지마청)

狗逐鷄屋只睇(구축계옥지제) :「닭 쫓던 개 지붕 쳐다보기」라는 속담(俗談)의 한역으로, 일에 실패(失敗)하고 낙심만 한다는 말.

다만 지

口部(입구) 2획 총5획

영only 중zhǐ 일シ(ただ)【난이도】중학용, 읽기 3급, 쓰기 2급

地	地地地地地地
	地 地 地 地 地
땅 지	地球(지구) 地方(지방) 地域(지역) 地位(지위) 敷地(부지) 處地(처지) 天地(천지)
	地殼變動(지각변동) : 지구 내부의 원인으로 일어나는 지각의 움직임과 그것에 의한 지각의 변형. 易地思之(역지사지) : 처지(處地)를 서로 바꾸어 생각함이란 뜻.
土部(흙토) 3획총6획	영earth, land 중dì 일ジ・チ(つち) 【난이도】 중학용 읽기 7급, 쓰기 6급

至	至至至至至至
	至 至 至 至 至
이를 지	甚至於(심지어) 夏至(하지) 冬至(동지) 至急(지급) 至毒(지독) 至上(지상)
	至誠感天(지성감천) : 지극(至極)한 정성(精誠)에는 하늘도 감동(感動)한다라는 뜻으로, 무엇이든 정성껏 하면 하늘이 움직여 좋은 결과(結果)를 맺는다는 뜻.
至部(이를지) 0획총6획	영reach 중zhǐ 일シ(いたる) 【난이도】 중학용, 읽기 4급II, 쓰기 3급II

志	志志志志志志志
	志 志 志 志 志
뜻 지	志士(지사) 志願(지원) 志操(지조) 志向(지향) 同志(동지) 意志(의지) 鬪志(투지)
	寸志(촌지) : ① 촌심(寸心). ② 자그마한 뜻을 나타낸 적은 선물(膳物). ③ 약간의 성의. 三寸之舌(삼촌지설) : '세 치의 혀'라는 뜻으로, 뛰어난 말재주를 이르는 말.
心部(마음심) 3획총7획	영will 중zhì 일シ(こころざし・こころざす) 【난이도】 중학용, 읽기 4급II, 쓰기 3급II

枝	枝枝枝枝枝枝枝枝
	枝 枝 枝 枝 枝
가지 지	枝幹(지간) 枝葉(지엽) 楊枝(양지) 柳枝(유지) 一枝春(일지춘) 剪枝(전지)
	金枝玉葉(금지옥엽) : '금 가지에 옥 잎사귀'란 뜻으로, ① 임금의 자손이나 집안을 이르는 말. ② 귀한 자손을 이르는 말. ③ 아름다운 구름을 형용하여 이르는 말.
木部(나무목) 4획총8획	영branch 중zhī 일シ(えだ) 【난이도】 중학용, 읽기 3급II, 쓰기 2급

知	知知知知知知知知
	知 知 知 知 知
알 지	知能(지능) 知性(지성) 知識(지식) 知慧(지혜) 無知(무지) 周知(주지) 通知(통지)
	知己之友(지기지우) : ① 자기(自己)를 가장 잘 알아주는 친(親)한 친구(親舊). ② 서로 뜻이 통(通)하는 친(親)한 벗.
矢部(화살시) 3획총8획	영know 중zhī 일ち(しる) 【난이도】 중학용, 읽기 5급II, 쓰기 4급II

持

持持持持持持持持持

持	持	持	持	持				

가질 지

持分(지분) 持續(지속) 持參(지참) 堅持(견지) 矜持(긍지) 維持(유지) 支持(지지)

持斧伏闕(지부복궐) : 상소(上疏)할 때에 도끼를 가지고 대궐문 밖에 나아가 엎드리던 일. 중난(重難)한 일에 대하여 간할 때에 그 뜻을 받아들일 수 없다면 이 도끼로 죽여 달라는 결의를 나타냄.

才(手)部(재방변) 6획총9획 　영hold, have 　중chí 　일ジ(もつ)【난이도】중학용, 읽기 4급, 쓰기 3급

指

指指指指指指指指指

指	指	指	指	指				

가리킬 지

指導(지도) 指數(지수) 指示(지시) 指摘(지적) 指定(지정) 指針(지침) 指揮(지휘)

指鹿爲馬(지록위마) : 사슴을 가리켜 말이라고 한다라는 뜻으로, ① 사실이 아닌 것을 사실로 만들어 강압으로 인정하게 함. ② 윗사람을 농락(籠絡)하여 권세를 마음대로 함.

才(手)部(재방변) 6획총9획 　영finger 　중zhǐ 　일シ(さす・ゆび)【난이도】중학용, 읽기 4급Ⅱ, 쓰기 3급Ⅱ

紙

紙紙紙紙紙紙紙紙紙紙

紙	紙	紙	紙	紙				

종이 지

紙物(지물) 紙面(지면) 製紙(제지) 紙幣(지폐) 用紙(용지) 便紙(편지) 休紙(휴지)

僞造紙幣(위조지폐) : 위조(僞造)한 지폐(紙幣).
白紙狀態(백지상태) : 아무 것도 없거나 모르는 상태(狀態).

糸部(실사) 4획총10획 　영paper 　중纸[zhǐ] 　일シ(かみ) 　【난이도】중학용, 읽기 7급, 쓰기 6급

直

直直直直直直直直

直	直	直	直	直				

곧을 직

直屬(직속) 直視(직시) 直接(직접) 直後(직후) 硬直(경직) 率直(솔직) 正直(정직)

不問曲直(불문곡직) : 굽음과 곧음을 묻지 않는다는 뜻으로, ① 옳고 그름을 가리지 않고 함부로 일을 처리(處理)함. ② 잘잘못을 묻지 않고 함부로 행(行)함.

目部(눈목) 3획총8획 　영straight 　중直[zhí] 　일ジキ・チョク(なおす)【난이도】중학용, 읽기 7급Ⅱ, 쓰기 6급

辰

辰辰辰辰辰辰辰

辰	辰	辰	辰	辰				

별 진

辰宿(진수) 辰韓(진한) 星辰(성신) 壬辰倭亂(임진왜란) 生辰(생신) 誕辰(탄신)

日月星辰(일월성신) : 성좌(星座)가 해, 달과 같이 하늘에 넓게 벌려져 있음을 말함.
落落辰星(낙락신성) : 드물기가 새벽별 같다는 뜻.

辰部(별진) 0획 총7획 　영star 　중chén 　일シン(たつ・とき・ひ) 　【난이도】중학용, 읽기 3급Ⅱ, 쓰기 2급

眞

참 진

眞 眞 眞 眞 眞 眞 眞 眞 眞 眞

眞 眞 眞 眞 眞

眞理(진리) 眞相(진상) 眞實(진실) 眞心(진심) 眞僞(진위) 眞情(진정) 寫眞(사진)

假弄成眞(가롱성진) : 농담이나 실없이 한일이 나중에 진실로 한 것처럼 됨.
純眞無垢(순진무구) : 마음과 몸이 아주 깨끗하여 조금도 더러운 때가 없음.

目部(눈목) 5획총10획 영true 중眞[zhēn] 일眞[シン](まこと) 【난이도】 중학용, 읽기 4급Ⅱ, 쓰기 3급Ⅱ

進

나아갈 진

進 進 進 進 進 進 進 進 進 進 進

進 進 進 進 進

推進(추진) 進行(진행) 進展(진전) 促進(촉진) 進步(진보) 昇進(승진) 邁進(매진)

進退兩難(진퇴양난) : 나아갈 수도 물러설 수도 없는 궁지에 빠짐. 進退維谷(진퇴유곡) :
앞으로도 뒤로도 나아가거나 물러서지 못하다라는 뜻으로, 궁지에 빠진 상태(狀態).

辶部(책받침)8획총12획 영advance 중进[jìn] 일進[シン](すすむ) 【난이도】 중학용, 읽기 4급Ⅱ, 쓰기 3급Ⅱ

盡

다할 진

盡 盡 盡 盡 盡 盡 盡 盡 盡 盡 盡 盡 盡 盡

盡 盡 盡 盡 盡

盡力(진력) 曲盡(곡진) 極盡(극진) 賣盡(매진) 未盡(미진) 消盡(소진) 蕩盡(탕진)

苦盡甘來(고진감래) : '쓴 것이 다하면 단 것이 온다'라는 뜻으로, 고생 끝에 낙이
온다라는 말. 無窮無盡(무궁무진) : 끝이 없고 다함이 없음을 형용해 이르는 말.

皿部(그릇명)9획총14획 영exhaust 중尽[jìn] 일尽[ジン](つかす·つきる) 【난이도】 중학용, 읽기 4급, 쓰기 3급

質

바탕 질

質 質 質 質 質 質 質 質 質 質 質 質 質 質 質

質 質 質 質 質

物質(물질) 性質(성질) 質問(질문) 本質(본질) 實質的(실질적) 品質(품질)

仙姿玉質(선자옥질) : 신선(神仙)의 자태(姿態)와 옥 같은 바탕이라는 뜻으로, 용모
(容貌)도 아름다운데다가 기품(氣稟)도 뛰어난 사람을 형용(形容)해 이르는 말.

貝部(조개패)8획총15획 영disposition 중质[zhì] 일シツ(ただす) 【난이도】 중학용, 읽기 5급Ⅱ, 쓰기 4급Ⅱ

執

잡을 집

執 執 執 執 執 執 執 執 執 執 執

執 執 執 執 執

執權(집권) 執念(집념) 執務(집무) 執拗(집요) 執着(집착) 執行(집행) 固執(고집)

兩手執餅(양수집병) : 양손에 떡을 쥐었다는 뜻으로, 가지기도 어렵고 버리기도
어려운 경우(境遇)를 이르는 말.

土部(흙토) 8획총11획 영catch 중执[zhí] 일シツ·シュウ(とる) 【난이도】 중학용, 읽기 3급Ⅱ, 쓰기 2급

集

集集集集集集集集集集集

集 集 集 集 集

모을 집

集團(집단) 集積(집적) 集中(집중) 集合(집합) 集會(집회) 募集(모집) 蒐集(수집)

集大成(집대성) : 많은 훌륭한 것을 모아서 하나의 완전한 것으로 만들어 내는 일.
集中豪雨(집중호우) : 짧은 시간(時間)에 집중적(集中的)으로 쏟아지는 비.

隹部(새추) 4획 총12획 | 영assemble, collect 중jí 일シュウ(あつまる) 【난이도】중학용, 읽기 6급Ⅱ, 쓰기 5급Ⅱ

且

且且且且且

且 且 且 且 且

또 차

且說(차설) 且月(차월) 且置(차치) 苟且(구차) 重且大(중차대) 況且(황차)

死且不朽(사차불후) : 죽더라도 썩지 않는다는 뜻으로, 몸은 죽어 썩어 없어져도 그 명성(名聲)은 길이 후세(後世)에까지 남음.

一部(한일) 4획 총5획 | 영also 중qiě 일シャ(かつ) 【난이도】중학용, 읽기 3급, 쓰기 2급

此

此此此此此此

此 此 此 此 此

이 차

此夜(차야) 此際(차제) 此回(차회) 此後(차후) 如此(여차) 彼此(피차) 此期(차기)

在此一擧(재차일거) : 이 한번으로 담판(談判)을 짓는다는 뜻으로, 단 한 번의 거사(擧事)로 흥하거나 망(亡)하거나 끝장을 냄.

止部(그칠지) 2획 총6획 | 영this 중cǐ 일シ(かく・ここ・この・これ) 【난이도】중학용, 읽기 3급Ⅱ, 쓰기 2급

次

次次次次次次

次 次 次 次 次

버금 차

次官(차관) 次例(차례) 次元(차원) 次長(차장) 再次(재차) 節次(절차) 漸次(점차)

去官當次(거관당차) : 연한이 차서 퇴직(退職)할 차례(次例).
造次不離(조차불리) : 잠깐도 떠나지 않음.

欠部(하품흠) 2획 총6획 | 영second 중cì 일ジ・シ(つぎ・つぐ) 【난이도】중학용, 읽기 4급Ⅱ, 쓰기 3급Ⅱ

借

借借借借借借借借借借

借 借 借 借 借

빌릴 차

借款(차관) 借名(차명) 借債(차채) 賃借(임차) 假借(가차) 借用(차용) 貸借(대차)

借廳入室(차청입실) : 남의 대청을 빌려 쓰다가 안방까지 들어간다는 뜻으로, 남에게 의지(依支)하다가 차차 그의 권리(權利)까지 침범(侵犯)함을 이르는 말.

亻部(사람인변) 8획 총10획 | 영borrow 중jiè 일シャク(かりる) 【난이도】중학용, 읽기 3급Ⅱ, 쓰기 2급

着	着着着着着着着着着着着
	着 着 着 着 着

執着(집착) 定着(정착) 膠着(교착) 着手(착수) 倒着(도착) 着工(착공) 着陸(착륙)

自家撞着(자가당착) : 자기의 언행이 전후 모순(矛盾)되어 일치(一致)하지 않음.
入耳着心(입이착심) : 들은 것을 마음속에 간직해 잊지 아니하는 일.

붙을 착

目部(눈목) 7획총12획 | 영attach 중着[zhuó] 일チャク(きる) 【난이도】중학용, 읽기 4급II, 쓰기 3급II

察	察察察察察察察察察察察察察察
	察 察 察 察 察

監察(감찰) 檢察(검찰) 警察(경찰) 觀察(관찰) 省察(성찰) 巡察(순찰) 洞察(통찰)

觀形察色(관형찰색) : ① 마음을 떠보기 위하여 얼굴빛을 자세히 살펴봄.
② 잘 모르는 사물(事物)을 자세히 관찰함.

살필 찰

宀部(갓머리)11획총14획 | 영watch 중察[chá] 일サツ 【난이도】중학용, 읽기 4급II, 쓰기 3급II

參	參參參參參參參參參參參
	參 參 參 參 參

參與(참여) 參席(참석) 參加(참가) 參拜(참배) 參考(참고) 同參(동참) 不參(불참)

情狀參酌(정상참작) : 재판관(裁判官)이 범죄(犯罪)의 사정(事情)을 헤아려서 형벌(刑罰)을 가볍게 하는 일.

간여할 참/석 삼

厶部(마늘모)9획총11획 | 영participate 중參[cān] 일參[サン](まいる)【난이도】중학용, 읽기 5급II, 쓰기 4급II

昌	昌昌昌昌昌昌昌昌
	昌 昌 昌 昌 昌

繁昌(번창) 昌德宮(창덕궁) 昌盛(창성) 昌慶宮(창경궁) 居昌郡(거창군) 昌原(창원)

碧昌牛(벽창우) : 평안북도 벽동(碧潼)과 창성(昌城) 지방(地方)의 크고 억센 소란 뜻으로, 미련하고 고집(固執)이 센 사람을 비유(比喩·譬喩). 벽창호의 본딧말.

창성할 창

日部(날일) 4획총8획 | 영prosper 중chāng 일ショウ(さかん)【난이도】중학용, 읽기 3급II, 쓰기 2급

唱	唱唱唱唱唱唱唱唱唱唱唱
	唱 唱 唱 唱 唱

歌唱(가창) 復唱(복창) 先唱(선창) 提唱(제창) 主唱(주창) 衆唱(중창) 合唱(합창)

夫唱婦隨(부창부수) : 남편(男便)이 주장(主將)하고 아내가 이에 따름. 가정(家庭)에서의 부부(夫婦) 화합(和合)의 도리(道理)를 이르는 말임.

부를 창

口部(입구) 8획총11획 | 영sing 중chàng 일ショウ(さかん)【난이도】중학용, 읽기 5급, 쓰기 4급

窓窓窓窓窓窓窓窓窓窓窓

窓 窓 窓 窓 窓

창문 창

窓口(창구) 窓門(창문) 同窓(동창) 東窓(동창) 窓觸(창촉) 窓戶紙(창호지) 學窓(학창)

螢窓雪案(형창설안) : 반딧불이(螢)에 비치는 창과 눈(雪)에 비치는 책상(冊床)이라는 뜻으로, 어려운 가운데서도 학문(學問)에 힘씀을 비유한 말.

穴部(구멍혈) 6획총11획

영window 중窓[chuāng] 일ソウ(まど) 【난이도】중학용, 읽기 6급II, 쓰기 5급II

採採採採採採採採採採採

採 採 採 採 採

캘 채

採擇(채택) 採用(채용) 採取(채취) 採點(채점) 採問(채문) 公採(공채) 採集(채집)

敎子採薪(교자채신) : 자식에게 땔나무 캐오는 법을 가르치라는 뜻으로, 무슨 일이든 장기적(長期的)인 안목(眼目)을 갖고 근본적인 처방에 힘씀을 이르는 말.

抁(手)部(재방변)8획총11획

영pick 중采[cǎi] 일サイ(とる) 【난이도】중학용, 읽기 4급, 쓰기 3급

菜菜菜菜菜菜菜菜菜菜菜菜

菜 菜 菜 菜 菜

나물 채

菜蔬(채소) 菜食(채식) 菜園(채원) 菜油(채유) 菜田(채전) 野菜(야채) 冷菜(냉채)

薄酒山菜(박주산채) : 맛이 변변하지 못한 술과 산나물이란 뜻으로, 자기(自己)가 내는 술과 안주를 겸손(謙遜)하게 이르는 말.

艹部(초두머리)8획총12획

영vegetable 중菜[cài] 일菜[サイ](な) 【난이도】중학용, 읽기 3급II, 쓰기 2급

冊冊冊冊冊

冊 冊 冊 冊 冊

책 책

冊床(책상) 冊子(책자) 歷史冊(역사책) 史冊(사책) 冊房(책방) 漫畵冊(만화책)

黑冊公事(흑책공사) : 벼슬아치들이 정목을 제 멋대로 고치고 지우고 하여 협잡을 일삼던 일의 일컬음. 고려 충숙왕(忠肅王) 때 정방정치 과정에서 나온 말.

冂部(멀경몸) 3획총5획

영book 중册[cè] 일冊[サツ·サク](ほん) 【난이도】중학용, 읽기 4급, 쓰기 3급

責責責責責責責責責責責

責 責 責 責 責

꾸짖을 책

責任(책임) 無責任(무책임) 叱責(질책) 譴責(견책) 責任者(책임자) 責務(책무)

朋友責善(붕우책선) : 친구(親舊)는 서로 착한 일을 권(勸)한다는 뜻으로, 참다운 친구(親舊)라면 서로 나쁜 짓을 못 하도록 권하고 좋은 길로 이끌어야 함.

貝部(조개패) 4획총11획

영scold 중责[zé] 일シャク·セキ(せめる) 【난이도】중학용, 읽기 5급II, 쓰기 4급II

妻 妻 妻 妻 妻 妻 妻 妻	
妻 妻 妻 妻 妻	

妻子(처자) 妻家(처가) 妻男(처남) 愛妻家(애처가) 妻子息(처자식) 喪妻(상처)

糟糠之妻(조강지처) : 지게미와 쌀겨로 끼니를 이어가며 고생을 같이 해온 아내란 뜻으로, 곤궁(困窮)할 때부터 간고(艱苦)를 함께 겪은 본처를 흔히 일컬음.

妻

아내 처

女部(계집녀) 5획총8획

영wife 중qī 일サイ(つま) 【난이도】중학용, 읽기 3급II, 쓰기 2급

處 處 處 處 處 處 處 處 處 處 處	
處 處 處 處 處	

處理(처리) 處罰(처벌) 處暑(처서) 處地(처지) 居處(거처) 對處(대처) 措處(조처)

善後處置(선후처치) : 잘한 뒤에 처리한다는 뜻으로, 후환이 없도록 그 사물(事物)의 다루는 방법을 정한다는 말로서 뒤처리를 잘하는 방법(方法).

處

곳 처

虍部(범호엄)5획총11획

영place, site 중处[chǔ] 일ショ(おる) 【난이도】중학용, 읽기 4급II, 쓰기 3급II

尺 尺 尺 尺	
尺 尺 尺 尺 尺	

尺簡(척간) 尺度(척도) 尺寸(척촌) 三尺(삼척) 咫尺(지척) 縮尺(축척) 禾尺(화척)

百尺竿頭(백척간두) : 백 자나 되는 높은 장대 위에 올라섰다는 뜻으로, 위태(危殆)로움이 극도(極度)에 달함.

尺

자 척

尸部(주검시엄) 1획총4획

영ruler 중chǐ 일シャク(ものさし) 【난이도】중학용, 읽기 3급II, 쓰기 2급

千 千 千	
千 千 千 千 千	

千萬(천만) 千字文(천자문) 千億(천억) 數千(수천) 千金(천금) 千年(천년)

千載一遇(천재일우) : 천 년에 한 번 만난다는 뜻으로, 좀처럼 얻기 어려운 좋은 기회를 이르는 말.
一攫千金(일확천금) : 한꺼번에 많은 돈을 얻는다는 뜻으로, 벼락부자가 되는 일.

千

일천 천

十部(열십) 1획총3획

영thousand 중qiān 일セン(ち) 【난이도】중학용, 읽기 7급, 쓰기 6급

川 川 川	
川 川 川 川 川	

仁川(인천) 淸溪川(청계천) 春川(춘천) 河川(하천) 陜川(합천) 洪川(홍천)

山川草木(산천초목) : 산천(山川)과 초목(草木). 곧 산과 물과 나무와 풀이라는 뜻으로, 자연(自然)을 일컫는 말.

川

내 천

川(巛)部(내천)0획총3획

영stream 중chuān 일セン(かわ) 【난이도】중학용, 읽기 7급, 쓰기 6급

天

하늘 천

天天天天

| 天 | 天 | 天 | 天 | 天 | | | |

天國(천국) 天氣(천기) 天上(천상) 天地(천지) 天體(천체) 天秋(천추) 天下(천하)

天高馬肥(천고마비) : 하늘은 높고 말은 살찐다는 뜻으로, 하늘이 맑고 모든 것이 풍성함을 이르는 말.
知天命(지천명) : 나이 50세를 말함. 50세에 드디어 천명을 알게 된다는 나이.

大部(큰대) 1획총4획　영heaven　중tiān　일テン(あま・あめ)【난이도】중학용 읽기 7급, 쓰기 6급

泉

샘 천

泉泉泉泉泉泉泉泉泉

| 泉 | 泉 | 泉 | 泉 | 泉 | | | |

源泉(원천) 溫泉(온천) 金泉(김천) 源泉的(원천적) 黃泉客(황천객) 噴泉(분천)

渴不飮盜泉水(갈불음도천수) :「목이 말라도 도천의 물은 마시지 않는다」는 뜻으로,
아무리 궁해도 불의는 저지르지 않는다는 말인데, 도덕률의 엄격한 준행을 이르는 말.

水部(물수) 5획총9획　영spring　중cǎi　일セン(いずみ)【난이도】중학용, 읽기 4급, 쓰기 3급

淺

얕을 천

淺淺淺淺淺淺淺淺淺淺淺

| 淺 | 淺 | 淺 | 淺 | 淺 | | | |

淺薄(천박) 淺水灣(천수만) 淺學(천학) 鄙淺(비천) 深淺(심천) 淺智(천지) 淺識(천식)

淺學菲才(천학비재) : 학문이나 지식이 미숙(未熟)하고 재능(才能)이 변변치 않다
는 뜻으로, 학자(學者)가 자기의 학식(學識)을 낮추어 말할 때에 쓰는 말.

氵部(삼수변) 8획총11획　영shallow　중浅[cài]　일浅[サイ](な)【난이도】중학용, 읽기 3급II, 쓰기 2급

鐵

쇠 철

鐵鐵鐵鐵鐵鐵鐵鐵鐵鐵鐵鐵鐵鐵

| 鐵 | 鐵 | 鐵 | 鐵 | 鐵 | | | |

地下鐵(지하철) 鐵道(철도) 鐵筋(철근) 鐵鋼(철강) 鐵道廳(철도청) 電鐵(전철)

寸鐵殺人(촌철살인) : 한 치밖에 안 되는 칼로 사람을 죽인다는 뜻으로, ① 간단
한 경구(警句)나 단어로 사람을 감동시킴. ② 또는 사물의 급소를 찌름의 비유.

金部(쇠금)13획총21획　영iron, metal　중铁[tiě]　일鉄[テツ](くろがね)【난이도】중학용, 읽기 5급, 쓰기 4급

靑

푸를 청

靑靑靑靑靑靑靑靑

| 靑 | 靑 | 靑 | 靑 | 靑 | | | |

靑年(청년) 靑史(청사) 靑山(청산) 靑少年(청소년) 靑瓦臺(청와대) 靑雲(청운)

靑天霹靂(청천벽력) : 맑게 갠 하늘에서 갑자기 떨어지는 벼락이라는 뜻으로, ① 필
세(筆勢)의 세참을 이르는 말. ② 돌발적(突發的)인 사태나 사변을 이르는 말.

靑部(푸를청) 0획 총8획　영blue　중靑[qīng]　일靑[セイ·ショウ](あお·あおい)【난이도】중학용, 읽기 8급, 쓰기 6급II

163

清	清清清清清清清清清清清 清 清 清 清 清 清明(청명) 清算(청산) 清掃(청소) 清溪川(청계천) 清原郡(청원군) 清廉(청렴)
맑을 청	百年河清(백년하청) : 백 년을 기다린다 해도 황하(黃河)의 흐린 물은 맑아지지 않는다는 뜻으로, 오랫동안 기다려도 바라는 것이 이루어질 수 없음을 이르는 말.
氵部(삼수변) 8획총11획	영clear 중淸[qīng] 일淸[セイ·ショウ](きよい) 【난이도】 중학용, 읽기 3급II, 쓰기 2급

晴	晴晴晴晴晴晴晴晴晴晴晴晴 晴 晴 晴 晴 晴 晴天(청천) 快晴(쾌청) 晴虛(청허) 祈晴祭(기청제) 晴空(청공) 晴明(청명)
갤 청	晴耕雨讀(청경우독) : 갠 날에는 밖에 나가 농사일을 하고, 비오는 날에는 책을 읽는다는 뜻으로, 부지런히 일하면서 틈나는 대로 공부(工夫)함을 이르는 말.
日部(날일) 8획총12획	영clear 중晴[qíng] 일晴[セイ](はらす·はれる)【난이도】 읽기 3급, 쓰기 2급

請	請請請請請請請請請請請請請請 請 請 請 請 請 要請(요청) 申請(신청) 請求(청구) 招請(초청) 請約(청약) 請託(청탁) 下請(하청)
청할 청	負荊請罪(부형청죄) : 가시 나무를 등(等)에 지고 때려 주기를 바란다는 뜻으 로, 자신의 잘못을 인정(認定)하고 사죄(謝罪)하는 것을 의미(意味)함.
言部(말씀언) 8획총15획	영request 중请[qǐng] 일請[セイ·シン](こう)【난이도】 중학용, 읽기 4급II, 쓰기 3급II

聽	聽聽聽聽聽聽聽聽聽聽聽聽聽聽聽聽聽聽聽聽 聽 聽 聽 聽 聽 聽覺(청각) 聽力(청력) 聽聞會(청문회) 聽取者(청취자) 難聽(난청) 盜聽(도청)
들을 청	道聽塗說(도청도설) : 길거리에서 들은 이야기를 곧 그 길에서 다른 사람에게 말한다는 뜻 으로, ① 거리에서 들은 것을 남에게 아는 체하며 말함. ② 깊이 생각 않고 예사로 듣고 말함.
耳部(귀이)16획총22획	영hear 중听[tīng] 일聽[チョウ](きく)【난이도】 중학용, 읽기 4급, 쓰기 3급

體	體體體體體體體體體體體體體體體體體體體體體體 體 體 體 體 體 體系(체계) 體制(체제) 具體的(구체적) 團體(단체) 業體(업체) 全體(전체)
몸 체	絶體絶命(절체절명) : 궁지(窮地)에 몰려 살아날 길이 없게 된 막다른 처지(處地). 君師父一體(군사부일체) : 임금과 스승과 아버지의 은혜(恩惠)는 똑같다는 말.
骨部(뼈골)13획총23획	영body 중体[tǐ] 일体[タイ·テイ](からだ)【난이도】 중학용, 읽기 6급II, 쓰기 5급II

初 처음 초

刀部(칼도) 5획총7획

初初初初初初初

初初初初初

初級(초급) 初盤(초반) 初等學校(초등학교) 初步(초보) 當初(당초) 最初(최초)

初志一貫(초지일관) : ① 처음에 세운 뜻을 이루려고 끝까지 밀고 나감.
② 처음 품은 뜻을 한결같이 꿰뚫음.

영beginning 중chū 일ショ(はじめ・はじめて) 【난이도】 중학용, 읽기 5급, 쓰기 4급

招 부를 초

扌(手)部(재방변) 5획총8획

招招招招招招招招

招招招招招

招待(초대) 招來(초래) 招聘(초빙) 招請(초청) 招致(초치) 問招(문초) 自招(자초)

招搖過市(초요과시) : 남의 이목을 끌도록 요란스럽게 하며 저자거리를 지나간다는
뜻으로, 허풍을 떨며 요란(搖亂)하게 사람의 이목(耳目)을 끄는 것을 비유하는 말.

영invite, call 중zhāo 일ショウ(まねく) 【난이도】 중학용, 읽기 4급, 쓰기 3급

草 풀 초

++部(초두머리)6획총10획

草草草草草草草草草草

草草草草草

草綠(초록) 草木(초목) 草案(초안) 草原(초원) 甘草(감초) 雜草(잡초) 花草(화초)

三顧草廬(삼고초려) : 유비(劉備)가 제갈공명(諸葛孔明)을 세 번이나 찾아가 군
사(軍師)로 초빙(招聘)한 데서 유래한 말로, 임금의 두터운 사랑을 입다라는 뜻.

영grass 중草[cǎo] 일草[ソウ](くさ) 【난이도】 중학용, 읽기 7급, 쓰기 6급

寸 마디 촌

寸部(마디촌) 0획총3획

寸寸寸

寸寸寸寸寸

寸劇(촌극) 寸步(촌보) 寸數(촌수) 寸陰(촌음) 寸志(촌지) 四寸(사촌) 三寸(삼촌)

寸鐵殺人(촌철살인) : 한 치밖에 안 되는 칼로 사람을 죽인다는 뜻으로, ① 간단
한 경구(警句)나 단어로 사람을 감동시킴. ② 또는 사물의 급소를 찌름의 비유.

영inch, moment 중cùn 일スン 【난이도】 중학용, 읽기 8급, 쓰기 6급Ⅱ

村 마을 촌

木部(나무목) 3획총7획

村村村村村村村

村村村村村

農村(농촌) 地球村(지구촌) 村落(촌락) 江村(강촌) 農漁村(농어촌) 村里(촌리)

面面村村(면면촌촌) : 한 군데도 빼놓지 아니한 모든 곳.
山村水廓(산촌수곽) : 산에 따른 마을과 물에 면한 마을. 시골의 여러 마을.

영village 중cūn 일ソン(むら) 【난이도】 중학용, 읽기 7급, 쓰기 6급

最

가장 최

最最最最最最最最最最最

最 最 最 最 最

最高(최고) 最古(최고) 最近(최근) 最大(최대) 最低(최저) 最終(최종) 最初(최초)

爲善最樂(위선최락) : 선을 행(行)함이 가장 큰 즐거움이라는 말.
最後一刻(최후일각) : 마지막 순간(瞬間).

曰部(가로왈) 8획 총12획 | 영 most, best 중 zuì 일 サイ(もっとも)【난이도】중학용, 읽기 5급, 쓰기 4급

秋

가을 추

秋秋秋秋秋秋秋秋秋

秋 秋 秋 秋 秋

秋分(추분) 秋夕(추석) 秋野(추야) 立秋(입추) 仲秋節(중추절) 春秋(춘추)

秋風落葉(추풍낙엽) : 가을 바람에 떨어지는 낙엽(落葉)이라는 뜻으로, 세력(勢力) 따위가 갑자기 기울거나 시듦을 이르는 말.

禾部(벼화) 4획 총9획 | 영 autumn 중 qiū 일 シュウ(あき)【난이도】중학용, 읽기 7급, 쓰기 6급

追

좇을 추

追追追追追追追追追追

追 追 追 追 追

追加(추가) 追跡(추적) 追求(추구) 追慕(추모) 追憶(추억) 追悼(추도) 訴追(소추)

愼終追遠(신종추원) : 양친(兩親)의 상사(喪事)에는 슬픔을 다하고, 제사(祭祀)에는 공경(恭敬)을 다함.

辶部(책받침) 6획 총10획 | 영 pursue 중 追[zhuī] 일 追[ツイ](おう)【난이도】중학용, 읽기 3급II, 쓰기 2급

推

밀 추

推推推推推推推推推推推

推 推 推 推 推

推算(추산) 推尋(추심) 推移(추이) 推定(추정) 推進(추진) 推薦(추천) 推測(추측)

推己及人(추기급인) : 자기 마음을 미루어 보아 남에게도 그렇게 대하거나 행동한다는 뜻으로, '제 배 부르면 남의 배 고픈 줄 모른다'는 속담과 그 뜻이 일맥상통함.

扌(手)部(재방변) 8획 총11획 | 영 push, remove 중 tuī 일 スイ(おす)【난이도】중학용, 읽기 4급, 쓰기 3급

丑

소 축

丑丑丑丑

丑 丑 丑 丑 丑

公孫丑(공손추) 癸丑日記(계축일기) 乙丑甲子(을축갑자) 癸丑士禍(계축사화)

鷄鳴丑時(계명축시) : 「새벽닭이 축시 곧 새벽 한 시에서 세 시 사이에 운다」는 뜻에서, 「축시(丑時)」를 일컫는 말.

一部(한일) 3획 총4획 | 영 cattle 중 chǒu 일 チュウ(うし)【난이도】중학용, 읽기 3급, 쓰기 2급

祝	祝 祝 祝 祝 祝 祝 祝 祝 祝 祝
	祝 祝 祝 祝 祝

祝賀(축하) 祝祭(축제) 祝華婚(축화혼) 祝福(축복) 祝聖婚(축성혼) 祝盛典(축성전)

無祝單獻(무축단헌) : 제사(祭祀) 지낼 때에 축문(祝文)이 없이 술을 한 잔만 올림.
行禪祝願(행선축원) : 나라와 백성을 위하여 아침 저녁으로 부처님 앞에 비는 일.

빌 축

示部(보일시)5획총10획　영pray 중祝[zhù] 일祝[シュク·シュウ](いわう)【난이도】중학용, 읽기 5급, 쓰기 4급

春	春 春 春 春 春 春 春 春 春
	春 春 春 春 春

立春(입춘) 春分(춘분) 春秋(춘추) 春夏秋冬(춘하추동) 春困症(춘곤증) 回春(회춘)

春眠不覺曉(춘면불각효) : '봄 잠에 날이 새는 줄 모른다'라는 뜻으로, 좋은 분위기
(雰圍氣)에 취(醉)하여 시간 가는 줄 모르는 경우를 비유하는 말.

봄 춘

日部(날일) 5획총9획　영spring 중zhāo 일ショウ(まねく)【난이도】중학용, 읽기 7급, 쓰기 6급

出	出 出 出 出 出
	出 出 出 出 出

出發(출발) 出帆(출범) 貸出(대출) 輸出(수출) 提出(제출) 支出(지출) 抽出(추출)

青出於藍(청출어람) : 푸른 색이 쪽에서 나왔으나 쪽보다 더 푸르다는 뜻으로, 제자
(弟子)가 스승보다 나은 것을 비유(比喻·譬喻)하는 말.

날 출

凵部(위튼입구몸) 3획총5획　영come out 중chū 일シュツ·スイ(だす·でる)【난이도】중학용, 읽기 7급, 쓰기 6급

充	充 充 充 充 充 充
	充 充 充 充 充

充當(충당) 充満(충만) 充分(충분) 充實(충실) 充足(충족) 補充(보충) 擴充(확충)

汗牛充棟(한우충동) : 수레에 실어 운반(運搬)하면 소가 땀을 흘리게 되고, 쌓
아올리면 들보에 닿을 정도의 양이라는 뜻으로, 장서(藏書)가 많음을 이르는 말.

채울 충

儿部(어진사람인발)4획총6획　영fill 중chōng 일ジュウ(あてる)【난이도】중학용, 읽기 5급Ⅱ, 쓰기 4급Ⅱ

忠	忠 忠 忠 忠 忠 忠 忠 忠
	忠 忠 忠 忠 忠

忠犬(충견) 忠告(충고) 忠南(충남) 忠武公(충무공) 忠誠(충성) 忠臣(충신)

事君以忠(사군이충) : 삼국 통일의 원동력이 된 화랑(花郎)의 세속오계(世俗五戒)
의 하나. 임금을 섬김에 충성(忠誠)으로써 함.

충성 충

心部(마음심) 4획 총8획　영loyalty 중zhōng 일チュウ(まごころ)【난이도】중학용, 읽기 7급, 쓰기 6급

167

蟲蟲蟲蟲蟲蟲蟲蟲蟲蟲蟲蟲蟲蟲蟲蟲蟲蟲

蟲 蟲 蟲 蟲 蟲

昆蟲(곤충) 寄生蟲(기생충) 爬蟲類(파충류) 害蟲(해충) 蛔蟲(회충) 蟲齒(충치)

冬蟲夏草(동충하초) : 겨울에는 벌레이던 것이 여름에는 풀이 된다는 뜻으로, 동충하초과의 버섯을 통틀어 이르는 말. 거미·매미 따위의 곤충의 시체에 기생하여 자실체를 냄.

벌레 충

虫部(벌레충)12획총18획

영insect 중虫[chóng] 일虫[チュウ](むし) 【난이도】 중학용, 읽기 4급II, 쓰기 3급II

吹吹吹吹吹吹吹

吹 吹 吹 吹 吹

吹樂器(취악기) 吹奏樂器(취주악기) 吹打(취타) 鼓吹(고취) 大吹打(대취타)

南郭濫吹(남곽남취) : 남곽(南郭)이 함부로 분다는 뜻으로, 학예(學藝)에 전문(專門)지식(知識)도 없이 함부로 날뜀을 두고 이르는 말.

불 취

口部(입구) 4획총7획

영blow 중chuī 일スイ(ふく) 【난이도】 중학용, 읽기 3급II, 쓰기 2급

取取取取取取取取

取 取 取 取 取

取扱(취급) 取得(취득) 取消(취소) 取才(취재) 攝取(섭취) 採取(채취) 聽取(청취)

捨短取長(사단취장) : 장단(長短)을 가려서 격식(格式)에 맞춘다는 뜻으로, 나쁜 것은 버리고 좋은 점은 취한다는 말.

취할 취

又部(또우) 6획총8획

영take, pick 중qǔ 일シュ(とる) 【난이도】 중학용, 읽기 4급II, 쓰기 3급II

就就就就就就就就就就

就 就 就 就 就

就業(취업) 就任(취임) 成就(성취) 去就(거취) 就職(취직) 就學(취학) 就寢(취침)

日就月將(일취월장) : 날마다 달마다 성장(成長)하고 발전(發展)한다는 뜻으로, 학업(學業)이 날이 가고 달이 갈수록 진보(進步)함을 이름.

나아갈 취

尤部(절름발이왕)9획총12획

영advance 중jiù 일シュウ·ジュ(つく·つける) 【난이도】 중학용, 읽기 4급, 쓰기 3급

治治治治治治治治

治 治 治 治 治

治療(치료) 治水(치수) 治安(치안) 治癒(치유) 自治(자치) 政治(정치) 統治(통치)

以熱治熱(이열치열) : 열(熱)은 열로써 다스린다는 뜻으로, 힘에는 힘으로 또는 강(强)한 것에는 강(强)한 것으로 상대함을 이르는 말.

다스릴 치

氵部(삼수변) 5획총8획

영govern 중zhì 일ジ·チ(おさまる·おさめる) 【난이도】 중학용, 읽기 4급II, 쓰기 3급II

致

致致致致致致致致致
致 致 致 致 致

極致(극치) 致賀(치하) 拉致(납치) 誘致(유치) 理致(이치) 一致(일치) 招致(초치)

格物致知(격물치지) : 사물(事物)의 이치(理致)를 구명(究明)하여 자기(自己)의 지식(知識)을 확고(確固)하게 함.

이룰 치

至部(이를지)4획총10획　영arrive, reach　중zhì　일チ(いたす)【난이도】중학용, 읽기 5급, 쓰기 4급

齒

齒齒齒齒齒齒齒齒齒齒齒齒齒齒齒
齒 齒 齒 齒 齒

齒列(치열) 白齒(백치) 齒牙(치아) 齒科(치과) 蟲齒(충치) 齒藥(치약) 齒石(치석)

脣亡齒寒(순망치한) : 입술을 잃으면 이가 시리다는 뜻으로, 가까운 사이의 한쪽이 망하면 다른 한쪽도 그 영향을 받아 온전하기 어려움을 비유하여 이르는 말.

이 치

齒部(이치)0획총15획　영tooth　중齿[chǐ]　일歯[シ](は)【난이도】중학용, 읽기 4급Ⅱ, 쓰기 3급Ⅱ

則

則則則則則則則則則
則 則 則 則 則

原則(원칙) 規則(규칙) 法則(법칙) 原則的(원칙적) 犯則金(범칙금) 罰則(벌칙)

然則(연즉) : 그런즉, 그러면. [漢文(한문)에서는 '곧 즉'자로 해석되는 경우가 흔히 있다.]
不然則(불연즉) : 그렇지 아니하면.

법칙 칙/곧 즉

刂部(선칼도방) 7획총9획　영rule, soon　중则[zé]　일ソク(のり)【난이도】중학용, 읽기 5급, 쓰기 4급

親

親親親親親親親親親親親親親親親親
親 親 親 親 親

親舊(친구) 親姻戚(친인척) 親戚(친척) 家親(가친) 親族(친족) 親切(친절)

嚴親(엄친) : ① 엄하게 길러 주는 어버이라는 뜻으로, 남에게 '자기(自己)의 아버지'를 일컫는 말. ② 주로 밖의 일을 보는 어버이란 뜻으로, 아버지를 일컫는 말.

친할 친

見部(볼견)9획총16획　영friendly　중亲[qīn]　일シン(おや·したしい)【난이도】중학용, 읽기 6급, 쓰기 5급

七

七七
七 七 七 七 七

七夕(칠석) 七書(칠서) 七月(칠월) 七十(칠십) 北斗七星(북두칠성) 七言(칠언)

七顚八起(칠전팔기) : 일곱 번 넘어져도 여덟 번째 일어난다는 뜻으로, 실패(失敗)를 거듭하여도 굴하지 않고 다시 일어섬.

일곱 칠

一部(한일) 1획 총2획　영seven　중qī　일シチ(なな·ななつ·なの)【난이도】중학용, 읽기 8급, 쓰기 6급Ⅱ

針

針針針針針針針針針針

針 針 針 針 針

바늘 침

針葉樹(침엽수) 針房(침방) 羅針盤(나침반) 針線(침선) 擊針(격침) 時針(시침)

磨斧爲針(마부위침) : '도끼를 갈아 바늘을 만든다'는 뜻으로, 아무리 이루기 힘든 일도 끊임없는 노력(努力)과 끈기 있는 인내(忍耐)로 성공(成功)하고야 만다는 뜻.

金部(쇠금) 2획총10획 | 영needle, pin 중针[jīn] 일シン(はり) 【난이도】 중학용, 읽기 4급, 쓰기 3급

快

快快快快快快快

快 快 快 快 快

쾌할 쾌

欣快(흔쾌) 快擧(쾌거) 愉快(유쾌) 爽快(상쾌) 快樂(쾌락) 明快(명쾌) 快活(쾌활)

快刀亂麻(쾌도난마) : 헝클어진 삼을 잘 드는 칼로 자른다는 뜻으로, 복잡하게 얽힌 사물이나 비꼬인 문제들을 솜씨 있고 바르게 처리함을 비유해 이르는 말.

忄部(심방변) 4획총7획 | 영cheerful 중kuài 일カイ(こころよい) 【난이도】 중학용, 읽기 4급Ⅱ, 쓰기 3급Ⅱ

他

他他他他他

他 他 他 他 他

다를 타

他國(타국) 他鄉(타향) 他人(타인) 其他(기타) 他邦(타방) 他關(타관) 他殺(타살)

他人之宴曰梨曰栗(타인지연왈리왈률) : 남의 잔치에 배 놓아라 밤 놓아라 한다는 뜻으로, 남의 일에 공연히 쓸데없는 참견(參見)을 한다는 뜻.

亻部(사람인변) 3획총5획 | 영different 중tā 일夕(ほか) 【난이도】 중학용, 읽기 5급, 쓰기 4급

打

打打打打打

打 打 打 打 打

칠 타

打擊(타격) 毆打(구타) 打破(타파) 打撲(타박) 打開(타개) 强打(강타) 打診(타진)

一網打盡(일망타진) : 「그물을 한번 쳐서 물고기를 모조리 잡는다」는 뜻으로, 한꺼번에 죄다 잡는다는 말. 利害打算(이해타산) : 이해 관계를 이모저모 따져 헤아리는 일.

扌(手)部(재방변)2획총5획 | 영strike, hit 중dǎ 일夕・チョウ(うつ) 【난이도】 중학용, 읽기 5급, 쓰기 4급

脫

脫脫脫脫脫脫脫脫脫脫脫

脫 脫 脫 脫 脫

벗을 탈

逸脫(일탈) 離脫(이탈) 脫出(탈출) 脫黨(탈당) 虛脫(허탈) 脫漏(탈루) 脫落(탈락)

足脫不及(족탈불급) : 맨발로 뛰어도 따라가지 못한다는 뜻으로, 능력(能力)이나 재질(才質)・역량(力量) 따위가 뚜렷한 차이(差異)가 있음을 이르는 말.

月部(육달월)7획총11획 | 영slip off 중脫[tuō] 일脫[ダツ](ぬぐ・ぬげる) 【난이도】 중학용, 읽기 4급, 쓰기 3급

探 찾을 탐

探探探探探探探探探探探
探 探 探 探 探

探究(탐구) 探査(탐사) 探索(탐색) 探問(탐문) 探訪(탐방) 探知(탐지) 探照(탐조)

探囊取物(탐낭취물) : 주머니 속에 든 물건(物件)을 꺼낸다는 뜻으로, 아주 쉬운 일 또는 매우 쉽게 얻음을 이르는 말.

扌(手)部(재방변)8획총11획　영 search　중 探[tàn]　일 タン(さがす・さぐる)【난이도】중학용, 읽기 4급, 쓰기 3급

太 클 태

太大大太
太 太 太 太 太

太陽(태양) 太極旗(태극기) 太陽曆(태양력) 太平洋(태평양) 姜太公(강태공)

太平聖代(태평성대) : 어질고 착한 임금이 다스리는 태평한 세상.
天下太平(천하태평) : ☞ 천하태평(天下泰平).

大部(큰대) 1획총4획　영 great　중 tài　일 タ・タイ(ふとい・ふとる)【난이도】중학용, 읽기 6급, 쓰기 5급

泰 클 태

泰泰泰泰泰泰泰泰泰泰
泰 泰 泰 泰 泰

泰國(태국) 泰斗(태두) 泰山(태산) 泰然(태연) 泰初(태초) 泰東(태동) 泰陵(태릉)

天下泰平(천하태평) : 천하태평(天下太平). ① 온 세상이 태평함. ② 근심 걱정이 없거나 성질(性質)이 느긋하여 세상 근심을 모르고 편안(便安)함, 또는 그런 사람.

水部(아래물수) 5획총10획　영 great　중 tài　일 タイ(やすい)【난이도】중학용, 읽기 3급Ⅱ, 쓰기 2급

宅 집 택

宅宅宅宅宅宅
宅 宅 宅 宅 宅

宅地(택지) 古宅(고택) 自宅(자택) 邸宅(저택) 住宅(주택) 住宅街(주택가)

徙宅忘妻(사택망처) : '집을 옮기며 아내를 잊어버린다'라는 뜻으로, 정신(精神)이 나간 사람처럼 소중(所重)한 것을 잊어버린다는 말.

宀部(갓머리) 3획총6획　영 house　중 zhái　일 タク(すまい)【난이도】중학용, 읽기 5급Ⅱ, 쓰기 4급Ⅱ

土 흙 토

土土土
土 土 土 土 土

土臺(토대) 土壤(토양) 土地(토지) 土質(토질) 國土(국토) 領土(영토) 風土(풍토)

捲土重來(권토중래) : 흙먼지를 날리며 다시 온다는 뜻으로, ① 한 번 실패(失敗)에 굴하지 않고 몇 번이고 다시 일어남. ② 패한 자가 세력(勢力)을 되찾아 다시 쳐들어옴.

土部(흙토) 0획 총3획　영 soil, earth　중 tǔ　일 ト・ド(つち)【난이도】중학용, 읽기 8급, 쓰기 6급Ⅱ

通

통할 통

辶部(책받침) 7획 총11획

通通通通通通通通通通通

| 通 | 通 | 通 | 通 | 通 | | | | | |

通過(통과) 通信(통신) 通行(통행) 交通(교통) 普通(보통) 疏通(소통) 流通(유통)

一脈相通(일맥상통) : 생각·성질(性質)·처지(處地) 등(等)이 어느 면에서 한 가지로 서로 통(通)함, 서로 비슷함

영go through 중通[tōng] 일通[ツウ·ツ](とおす) 【난이도】중학용, 읽기 6급, 쓰기 5급

統

거느릴 통

糸部(실사) 6획 총12획

統統統統統統統統統統統統

| 統 | 統 | 統 | 統 | 統 | | | | | |

大統領(대통령) 統合(통합) 統制(통제) 統一(통일) 統計廳(통계청) 統計(통계)

創業垂統(창업수통) : 나라나 사업(事業)을 먼저 일으켜 자손(子孫)이 이어받을 수 있도록 그 통서(統緒)를 전(傳)해 줌.

영command 중統[tōng] 일トウ(すべる) 【난이도】중학용, 읽기 4급Ⅱ, 쓰기 3급Ⅱ

退

물러날 퇴

辶部(책받침) 6획 총10획

退退退退退退退退退退

| 退 | 退 | 退 | 退 | 退 | | | | | |

退勤(퇴근) 退路(퇴로) 退場(퇴장) 退職(퇴직) 退陣(퇴진) 辭退(사퇴) 進退(진퇴)

進退維谷(진퇴유곡) : '앞으로도 뒤로도 나아가거나 물러서지 못하다'라는 뜻으로, 궁지(窮地)에 빠진 상태(狀態).

영retreat 중退[tui] 일退[タイ](しりぞく) 【난이도】중학용, 읽기 4급Ⅱ, 쓰기 3급Ⅱ

投

던질 투

扌(手)部(재방변) 4획 총7획

投投投投投投投

| 投 | 投 | 投 | 投 | 投 | | | | | |

投機(투기) 投棄(투기) 投身(투신) 投入(투입) 投資(투자) 投票(투표) 投降(투항)

漢江投石(한강투석) : 한강에 아무리 돌을 많이 집어 넣어도 메울 수 없다는 뜻으로, ① 아무리 도와도 보람이 없는 것. ② 아무리 투자를 하거나 애를 써도 보람이 없음을 이르는 말.

영throw 중tóu 일トウ(なげる) 【난이도】중학용, 읽기 4급, 쓰기 3급

特

특별할 특

牛部(소우) 6획 총10획

特特特特特特特特特特

| 特 | 特 | 特 | 特 | 特 | | | | | |

特別(특별) 特色(특색) 特性(특성) 特殊(특수) 特定(특정) 特輯(특집) 特徵(특징)

大書特筆(대서특필) : '뚜렷이 드러나게 큰 글씨로 쓰다'라는 뜻으로, 누구나 알게 크게 여론화(輿論化)함을 이르는 말.

영special 중tè 일トク(ことに) 【난이도】중학용, 읽기 6급, 쓰기 5급

波 물결 파

波波波波波波波波

波 波 波 波 波

波紋(파문) 波動(파동) 波長(파장) 餘波(여파) 波濤(파도) 波高(파고) 波及(파급)

江湖煙波(강호연파) : ① 강이나 호수 위에 안개처럼 보얗게 이는 잔물결. ② 산수의 좋은 경치. 萬頃蒼波(만경창파) : 만 이랑의 푸른 물결이라는 뜻으로, 한없이 넓고 푸른 바다.

영wave 중bō 일ハ(なみ) 【난이도】중학용, 읽기 4급II, 쓰기 3급II

氵部(삼수변) 5획 총8획

破 깨뜨릴 파

破破破破破破破破破破

破 破 破 破 破

破綻(파탄) 破壞(파괴) 突破(돌파) 破棄(파기) 破産(파산) 爆破(폭파) 破局(파국)

破廉恥(파렴치) : ① 수치(羞恥)를 수치(羞恥)로 알지 아니함.
② 염치(廉恥)를 모름. 몰염치(沒廉恥). ③ 뻔뻔스러움.

영break 중pò 일ハ(やぶる·やぶれる) 【난이도】중학용, 읽기 4급II, 쓰기 3급II

石部(돌석)5획총10획

判 판단할 판

判判判判判判判

判 判 判 判 判

批判(비판) 判斷(판단) 審判(심판) 判決(판결) 裁判(재판) 判定(판정) 判事(판사)

理判事判(이판사판) : 「이판(理判)과 사판(事判)이 붙어서 된 말」로, 막다른 데 이르러 어찌할 수 없게 된 지경(地境)을 뜻함.

영judge 중判[pàn] 일判[ハン·パン](わける) 【난이도】중학용, 읽기 4급, 쓰기 3급

刂部(선칼도방)5획 총7획

八 여덟 팔

八八

八 八 八 八 八

八公山(팔공산) 八道(팔도) 八道江山(팔도강산) 八字(팔자) 初八日(초파일)

七顚八起(칠전팔기) : 일곱 번 넘어져도 여덟 번째 일어난다는 뜻으로, 실패(失敗)를 거듭하여도 굴하지 않고 다시 일어섬.

영eight 중bā 일ハチ(や·やつ·やっつ) 【난이도】중학용, 읽기 8급, 쓰기 6급II

八部(여덟팔) 0획총2획

貝 조개 패

貝貝貝貝貝貝貝

貝 貝 貝 貝 貝

貝物(패물) 魚貝(어패) 貝類(패류) 貝殼(패각) 貝塚(패총) 文貝(문패) 貝甲(패갑)

金銀寶貝(금은보패) : 「금은보배」의 원말. 금, 은, 옥, 진주 따위의 매우 귀중한 물건.
寶貝(보패) : 보배의 원말. 아주 귀(貴)하고 소중(所重)한 물건(物件).

영shell 중贝[bèi] 일カイ 【난이도】중학용, 읽기 3급, 쓰기 2급

貝部(조개패) 0획 총7획

敗	敗敗敗敗敗敗敗敗敗敗
	敗 敗 敗 敗 敗
패할 패	腐敗(부패) 失敗(실패) 敗北(패배) 勝敗(승패) 慘敗(참패) 成敗(성패) 敗走(패주)
	不正腐敗(부정부패) : 생활(生活)이 바르지 못하고 썩을 대로 썩음.
	敗家亡身(패가망신) : 가산(家産)을 탕진(蕩盡)하고 몸을 망침.
攵部(등글월문)7획총11획	영defeated 중敗[bài] 일ハイ(bài) 【난이도】중학용, 읽기 5급, 쓰기 4급

片	片片片片
	片 片 片 片 片
조각 편	片刻(편각) 片肉(편육) 片紙(편지) 片楮(편저) 破片(파편) 花片(화편) 阿片(아편)
	一片丹心(일편단심) : 한 조각의 붉은 마음이란 뜻으로, ① 한결같은 참된 정성, 변치 않는 참된 마음을 이름. ② 오로지 한 곳으로 향한, 한 조각의 붉은 마음.
片部(조각편) 0획총4획	영splinter 중fēng 일ヘン(かた) 【난이도】중학용, 읽기 4급Ⅱ, 쓰기 3급Ⅱ

便	便便便便便便便便便
	便 便 便 便 便
편할 편	形便(형편) 便宜(편의) 便紙(편지) 男便(남편) 不便(불편) 便安(편안) 便利(편리)
	便宜主義(편의주의) : 어떤 사물(事物)을 근본적(根本的)으로 처리(處理)하지 아니하고, 임시(臨時)로 둘러맞추는 방법(方法).
亻部(사람인변)7획총9획	영handy 중biàn 일ビン・ベン](たより) 【난이도】중학용, 읽기 7급, 쓰기 6급

篇	篇篇篇篇篇篇篇篇篇篇篇篇篇篇篇
	篇 篇 篇 篇 篇
책 편	玉篇(옥편) 短篇(단편) 長篇(장편) 小篇(소편) 中篇(중편) 短篇小說(단편소설)
	千篇一律(천편일률) : 여러 시문(詩文)의 격조가 변화 없이 비슷비슷하다는 뜻으로, 여러 사물(事物)이 거의 비슷비슷하여 특색이 없음을 비유하여 이르는 말.
竹部(대죽)9획총15획	영book 중篇[piān] 일ヘン(ふだ・ふみ・まき) 【난이도】중학용, 읽기 4급, 쓰기 3급

平	平平平平平
	平 平 平 平 平
평평할 평	平均(평균) 平等(평등) 平凡(평범) 平生(평생) 平素(평소) 平壤(평양) 平和(평화)
	太平聖代(태평성대) : 어질고 착한 임금이 다스리는 태평(太平)한 세상(世上).
	天下太平(천하태평) : ☞ 천하태평(天下泰平).
干部(방패간) 2획총5획	영flat・even 중píng 일ビョウ・ヘイ(たいら・ひら) 【난이도】중학용, 읽기 7급Ⅱ, 쓰기 6급

閉

閇 閉 閉 閉 閉 閉 閉 閉 閉 閉 閉

閉	閉	閉	閉	閉					

달을 폐

閉鎖(폐쇄) 閉幕(폐막) 密閉(밀폐) 閉塞(폐색) 開閉(개폐) 閉會(폐회) 閉止(폐지)

金口閉舌(금구폐설) :「귀중(貴重)한 말을 할 수 있는 입을 다물고 혀를 놀리지 않는다」는 뜻으로, 침묵(沈默)함을 이르는 말.

門部(문문) 3획 총11획　영shut　중闭[bi]　일ヘイ(とじる·とざす)　【난이도】중학용, 읽기 4급, 쓰기 3급

布

布 布 布 布 布

布	布	布	布	布					

베 포

布告(포고) 布施(포시) 公布(공포) 配布(배포) 排布(배포) 撒布(살포) 宣布(선포)

季布一諾(계포일낙) : 계포가 한 번 한 약속이라는 뜻으로, 초나라의 계포(季布)는 한 번 승낙한 일이면 꼭 실행하는 약속을 잘 지키는 사람이었음에서 비롯하여, 틀림없이 승낙함을 뜻함.

巾部(수건건) 2획 총5획　영linen　중bù　일フ(ぬの)　【난이도】중학용, 읽기 4급II, 쓰기 3급II

抱

抱 抱 抱 抱 抱 抱 抱 抱

抱	抱	抱	抱	抱					

안을 포

抱負(포부) 懷抱(회포) 抱擁(포옹) 抱主(포주) 旅抱(여포) 抱槍(포창) 抱卵(포란)

抱薪救火(포신구화) :「땔나무를 안고 불을 끄러 간다」는 뜻으로, 재해(災害)를 방지(防止)하려다가, 자기도 말려들어가 자멸하거나 도리어 크게 손해를 입음을 이르는 말.

扌(手)部(재방변) 5획 총8획　영embrace　중bào　일ホウ(いだく·かかえる)　【난이도】중학용, 읽기 3급, 쓰기 2급

暴

暴 暴 暴 暴 暴 暴 暴 暴 暴 暴 暴 暴 暴 暴 暴

暴	暴	暴	暴	暴					

사나울 폭/모질 포

暴力(폭력) 暴騰(폭등) 橫暴(횡포) 暴露(폭로) 暴行(폭행) 暴風(폭풍) 暴政(폭정)

自暴自棄(자포자기) : 자신(自身)을 스스로 해(害)치고 버린다는 뜻으로, 몸가짐이나 행동(行動)을 되는 대로 취(取)함.

日部(날일) 11획 총15획　영wild, expose　중bā　일ボウ(あばれる)　【난이도】중학용, 읽기 4급II, 쓰기 3급II

表

表 表 表 表 表 表 表 表

表	表	表	表	表					

겉 표

表決(표결) 表裏(표리) 表面(표면) 表明(표명) 表示(표시) 表題(표제) 表紙(표지)

表裏不同(표리부동) : 겉과 속이 같지 않음이란 뜻으로, 마음이 음흉맞아서 겉과 속이 다름. 德爲人表(덕위인표) : 덕망(德望)이 높아 세상 사람의 사표(師表)가 됨.

衣部(옷의) 2획 총8획　영surface　중biǎo　일ヒョウ(おもて)　【난이도】중학용, 읽기 6급II, 쓰기 5급II

品

물건 품

口部(입구) 6획 총9획

品品品品品品品品品

品	品	品	品	品					

製品(제품) 商品(상품) 物品(물품) 部品(부품) 作品(작품) 品質(품질) 納品(납품)

天下一品(천하일품) : 비교(比較)할 수 없을 정도(程度)로 뛰어남.
品行方正(품행방정) : 품성(品性)과 행실(行實)이 바르고 단정(端正)함.

영goods 중pǐn 일ヒン(しな) 【난이도】 중학용, 읽기 5급II, 쓰기 4급II

風

바람 풍

風部(바람풍) 0획총9획

風風風風風風風風風

風	風	風	風	風					

熱風(열풍) 風景(풍경) 颱風(태풍) 風俗(풍속) 風土(풍토) 風潮(풍조) 暴風(폭풍)

風前燈火(풍전등화) :「바람 앞의 등불」이란 뜻으로, ① 사물이 오래 견디지 못하고 매우 위급(危急)한 자리에 놓여 있음을 가리키는 말. ② 사물이 덧없음을 가리키는 말.

영wind 중风[fēng] 일フウ·フ(かざ·かぜ) 【난이도】 중학용, 읽기 6급II, 쓰기 5급II

豊

풍년 풍

豆部(콩두) 6획총13획

豊豊豊豊豊豊豊豊豊豊豊豊豊

豊	豊	豊	豊	豊					

豊富(풍부) 豊饒(풍요) 豊盛(풍성) 豊足(풍족) 豊裕(풍유) 豊漁(풍어) 豊滿(풍만)

時和年豊(시화연풍) : ☞ 시화연풍(時和年豊).
時和歲豊(시화세풍) : ☞ 시화세풍(時和歲豊).

영abundant 중lǐ 일ホウ(ゆたか) 【난이도】 읽기 4급II, 쓰기 3급II

皮

가죽 피

皮部(가죽피) 0획총5획

皮皮皮皮皮

皮	皮	皮	皮	皮					

皮膚(피부) 脫皮(탈피) 皮膚科(피부과) 毛皮(모피) 皮膚炎(피부염) 表皮(표피)

鐵面皮(철면피) :쇠처럼 두꺼운 낯가죽이라는 뜻으로, 뻔뻔스럽고 염치(廉恥)없는 사람을 이르는 말.

영skin 중pí 일ヒ(かわ) 【난이도】 중학용, 읽기 3급II, 쓰기 2급

彼

저 피

彳部(두인변) 5획총8획

彼彼彼彼彼彼彼彼

彼	彼	彼	彼	彼					

彼我(피아) 彼岸(피안) 彼日(피일) 彼此(피차) 於此彼(어차피) 到彼岸(도피안)

知彼知己(지피지기) : 적을 알고 나를 알아야 한다는 뜻으로, 적의 형편(形便)과 나의 형편(形便)을 자세(仔細)히 알아야 한다는 의미(意味).

영that 중bǐ 일ヒ(かの·かれ) 【난이도】 중학용, 읽기 3급II, 쓰기 2급

匹

짝 필

匚部(감출혜) 2획 총4획

匹 匹 匹 匹

| 匹 | 匹 | 匹 | 匹 | 匹 | | | | | |

配匹(배필) 匹鳥(필조) 匹夫(필부) 匹敵(필적) 馬匹(마필) 分匹(분필) 匹馬(필마)

匹夫匹婦(필부필부) : 평범(平凡)한 남자(男子)와 평범(平凡)한 여자(女子).

天生配匹(천생배필) : 하늘에서 미리 전(傳)해 준 배필(配匹).

영partner 중pǐ 일ヒツ(ひき) 【난이도】중학용, 읽기 3급, 쓰기 2급

必

반드시 필

心部(마음심)1획총5획

必 必 必 必 必

| 必 | 必 | 必 | 必 | 必 | | | | | |

必要(필요) 必須(필수) 必需的(필수적) 必要性(필요성) 不必要(불필요)

生者必滅(생자필멸) : 생명(生命)이 있는 것은 반드시 죽게 마련이라는 뜻으로, 불교(佛敎)에서 세상만사(世上萬事)가 덧없음을 이르는 말.

영surely 중bì 일ヒツ(かならず) 【난이도】중학용, 읽기 5급II, 쓰기 4급II

筆

붓 필

竹部(대죽) 6획총12획

筆 筆 筆 筆 筆 筆 筆 筆 筆 筆 筆 筆

| 筆 | 筆 | 筆 | 筆 | 筆 | | | | | |

筆記(필기) 筆頭(필두) 筆跡(필적) 筆筒(필통) 明筆(명필) 隨筆(수필) 執筆(집필)

能書不擇筆(능서불택필) : 글씨를 잘 쓰는 이는 붓을 가리지 않는다는 뜻으로, 일에 능한 사람은 도구를 탓하지 않음을 이르는 말.

영pen, writing brush 중笔[bǐ] 일ヒツ(ふで) 【난이도】중학용, 읽기 5급II, 쓰기 4급II

下

아래 하

一部(한일) 2획 총3획

下 下 下

| 下 | 下 | 下 | 下 | 下 | | | | | |

下降(하강) 下落(하락) 以下(이하) 傘下(산하) 地下鐵(지하철) 貶下(폄하)

眼下無人(안하무인) : 눈 아래에 사람이 없다는 뜻으로, ① 사람됨이 교만하여 남을 업신여김을 이르는 말. ② 태도가 몹시 거만하여 남을 사람같이 대하지 않는 것.

영below 중xià 일カ·ゲ(おりる·おろす) 【난이도】중학용, 읽기 7급II, 쓰기 6급

何

어찌 하

亻部(사람인변) 5획 총7획

何 何 何 何 何 何 何

| 何 | 何 | 何 | 何 | 何 | | | | | |

何等(하등) 何時(하시) 何必(하필) 幾何(기하) 誰何(수하) 若何(약하) 如何(여하)

何必曰利(하필왈이) : '어찌 꼭 이익(利益)만을 말하는가'라는 뜻으로, 오직 인의(仁義)에 입각(立脚)해서 일을 하면 이익(利益)을 추구(追求)하지 않더라도 이익이 돌아온다는 말.

영how 중hé 일カ·グ(なに·なん) 【난이도】중학용, 읽기 3급II, 쓰기 2급

河 물 하 氵部(삼수변) 5획 총8획	河河河河河河河河 河 河 河 河 河 河口(하구) 河川(하천) 河海(하해) 氷河(빙하) 銀河水(은하수) 黃河(황하) 百年河淸(백년하청) : 백 년을 기다린다 해도 황하(黃河)의 흐린 물은 맑아지지 않는다는 뜻으로, 오랫동안 기다려도 바라는 것이 이루어질 수 없음을 이르는 말. 영river 중hé 일カ(かわ) 【난이도】 중학용, 읽기 5급, 쓰기 4급
夏 여름 하 夂部(천천히걸을쇠)7획총10획	夏夏夏夏夏夏夏夏夏夏 夏 夏 夏 夏 夏 夏期(하기) 夏服(하복) 夏至(하지) 盛夏(성하) 立夏(입하) 春夏秋冬(춘하추동) 冬蟲夏草(동충하초) : 겨울에는 벌레이던 것이 여름에는 풀이 된다는 뜻으로, 동충하초과 의 버섯을 통틀어 이르는 말. 거미·매미 따위의 곤충의 시체에 기생하여 자실체(子實體)를 냄. 영summer 중xià 일カ·ゲ(なつ) 【난이도】 중학용, 읽기 7급, 쓰기 6급
賀 하례할 하 貝部(조개패)5획총12획	賀賀賀賀賀賀賀賀賀賀賀賀 賀 賀 賀 賀 賀 賀儀(하의) 祝賀(축하) 致賀(치하) 年賀狀(연하장) 賀壽宴(하수연) 賀壽筵(하수연) 恭賀新年(공하신년) : 삼가 새해를 축하(祝賀)함. 恭賀新禧(공하신희) : ☞ 근하신년(謹賀新年). 영congratulate 중贺[hè] 일ガ(いわう) 【난이도】 중학용, 읽기 3급Ⅱ, 쓰기 2급
學 배울 학 子部(아들자)13획총16획	學學學學學學學學學學學學學學學學 學 學 學 學 學 學校(학교) 學問(학문) 學生(학생) 科學(과학) 數學(수학) 大學(대학) 哲學(철학) 曲學阿世(곡학아세) : 학문(學問)을 굽히어 세상(世上)에 아첨(阿諂)한다는 뜻으로, 정도(正道)를 벗어난 학문(學問)으로 세상(世上) 사람에게 아첨(阿諂)함을 이르는 말. 영learn 중学[xué] 일学[ガク](まなぶ) 【난이도】 중학용, 읽기 8급, 쓰기 6급Ⅱ
恨 한할 한 忄部(심방변) 6획총9획	恨恨恨恨恨恨恨恨恨 恨 恨 恨 恨 恨 恨歎(한탄) 怨恨(원한) 悔恨(회한) 仇恨(구한) 恨嘆(한탄) 慨恨(개한) 大恨(대한) 多情多恨(다정다한) : ① 유난히 잘 느끼고 또 원한도 잘 가짐. ② 애틋한 정도 많 고 한스러운 일도 많음. 刻骨憤恨(각골분한) : 마음속 깊이 분하고 한스러움. 영grudge 중bǐ 일コン(うらむ·うらめしい) 【난이도】 중학용, 읽기 4급, 쓰기 3급

限

限限限限限限限限限

限	限	限	限	限					

한정할 한

制限(제한) 限界(한계) 權限(권한) 最小限(최소한) 限定(한정) 時限(시한)

不在此限(부재차한) : 어떠한 한계(限界)에 얽매이지 않고 그 구속(拘束)을 벗어날
수가 있음. 限死決斷(한사결단) : 죽기로써 결단(決斷)함.

阝(阜)部(좌부방)6획 총9획 　영limit　중xiàn　일ゲン(かぎる)【난이도】중학용, 읽기 4급Ⅱ, 쓰기 3급Ⅱ

閑

閑閑閑閑閑閑閑閑閑閑閑閑

閑	閑	閑	閑	閑					

한가할 한

閑暇(한가) 閑談(한담) 閑良(한량) 閑散(한산) 閑寂(한적) 等閑(등한) 有閑(유한)

閑話休題(한화휴제) : '쓸데없는 이야기는 그만 하고'라는 뜻으로, 글을 쓸 때, 한동안
본론(本論)에서 벗어난 이야기를 써 내려가다가 다시 본론으로 돌아갈 때 쓰는 말.

門部(문문)4획 총12획 　영leisure, relaxed　중闲[xián]　일カン【난이도】중학용, 읽기 4급, 쓰기 3급

寒

寒寒寒寒寒寒寒寒寒寒寒寒寒

寒	寒	寒	寒	寒					

찰 한

寒露(한로) 寒食(한식) 寒流(한류) 寒心(한심) 大寒(대한) 小寒(소한) 惡寒(오한)

脣亡齒寒(순망치한) : 입술을 잃으면 이가 시리다는 뜻으로, 가까운 사이의 한쪽이
망하면 다른 한쪽도 그 영향을 받아 온전(穩全)하기 어려움을 비유하여 이르는 말.

宀部(갓머리)10획 총13획 　영cold　중寒[hán]　일カン(さむい)【난이도】중학용, 읽기 5급, 쓰기 4급

漢

漢漢漢漢漢漢漢漢漢漢漢漢漢漢

漢	漢	漢	漢	漢					

한수 한

漢江(한강) 漢拏山(한라산) 漢文(한문) 漢書(한서) 漢字(한자) 前漢(전한)

漢江投石(한강투석) : 한강에 아무리 돌을 많이 집어 넣어도 메울 수 없다는 뜻으로, ① 아
무리 도와도 보람이 없는 것. ② 아무리 투자를 하거나 애를 써도 보람이 없음을 이르는 말.

氵部(삼수변)11획 총14획 　영name of a river　중汉[hàn]　일漢[カン]【난이도】중학용, 읽기 7급Ⅱ, 쓰기 6급

韓

韓韓韓韓韓韓韓韓韓韓韓韓韓韓韓韓

韓	韓	韓	韓	韓					

한나라 한

韓流(한류) 韓美(한미) 韓半島(한반도) 大韓民國(대한민국) 訪韓(방한) 北韓(북한)

韓海蘇潮(한해소조) : 한유(韓愈)의 문장은 왕양(汪洋)하여 바다와 같고, 소식(蘇軾)
의 문장은 파란이 있어 조수와 같다는 뜻으로, 한유와 소식의 문장을 비교해 이르는 말.

韋部(가죽위)8획 총17획 　영korea　중韩[Hán]　일カン(から)【난이도】중학용, 읽기 3급Ⅱ, 쓰기 2급

179

	合合合合合合
合	合 合 合 合 合

合格(합격) 合計(합계) 合心(합심) 合一(합일) 結合(결합) 聯合(연합) 綜合(종합)

烏合之卒(오합지졸) : 까마귀가 모인 것 같은 무리라는 뜻으로, 질서(秩序) 없이 어중이떠중이가 모인 군중(群衆) 또는 제각기 보잘것없는 수많은 사람.

합할 합

口部(입구) 3획 총6획 | 영unite 중hé 일カッ·ゴウ(あう·あわす) 【난이도】 중학용, 읽기 6급, 쓰기 5급

	恒恒恒恒恒恒恒恒恒
恒	恒 恒 恒 恒 恒

恒久的(항구적) 恒等式(항등식) 恒常(항상) 恒星(항성) 恒溫(항온) 恒用(항용)

恒茶飯事(항다반사) : 항다반(恒茶飯)으로 있는 일. 곧, 예사(例事)로운 일.
愛人者人恒愛之(애인자인항애지) : 다른 사람들을 사랑하는 사람은 다른 사람들도 늘 그를 사랑해줌.

항상 항

忄部(심방변) 6획총9획 | 영constant 중héng 일コウ(つね) 【난이도】 중학용, 읽기 3급II, 쓰기 2급

	亥亥亥亥亥亥
亥	亥 亥 亥 亥 亥

癸亥(계해) 乙亥(을해) 癸亥反正(계해반정) 亥時(해시) 乙亥獄事(을해옥사)

己亥邪獄(기해사옥) : 조선 헌종(憲宗) 5년(1839)에 프랑스 신부(神父)를 비롯한 천주(天主) 교도(教徒) 70여 명을 처형한 천주교 박해(迫害) 사건(事件).

돼지 해

亠部(돼지해머리) 4획총6획 | 영pig 중hài 일ガイ·カイ(い) 【난이도】 중학용, 읽기 3급, 쓰기 2급

	海海海海海海海海海海
海	海 海 海 海 海

海軍(해군) 海女(해녀) 海洋(해양) 海溢(해일) 海戰(해전) 西海(서해) 黃海(황해)

桑田碧海(상전벽해) : 뽕나무밭이 푸른 바다가 되었다라는 뜻으로, 세상(世上)이 몰라 볼 정도(程度)로 바뀐 것. 세상(世上)의 모든 일이 엄청나게 변해버린 것.

바다 해

氵部(삼수변)7획총10획 | 영sea 중hǎi 일海[カイ](うみ) 【난이도】 중학용, 읽기 7급II, 쓰기 6급

	害害害害害害害害害害
害	害 害 害 害 害

被害(피해) 侵害(침해) 弊害(폐해) 妨害(방해) 損害(손해) 利害(이해) 殺害(살해)

利害打算(이해타산) : 이해(利害) 관계(關係)를 이모저모 따져 헤아리는 일.
百害無益(백해무익) : 해(害)롭기만 하고 하나도 이로울 것이 없음.

해칠 해

宀部(갓머리) 7획총10획 | 영harm 중害[hài] 일ガイ(そこなう) 【난이도】 중학용, 읽기 5급II, 쓰기 4급II

解

풀 해

角部(뿔각) 6획 총13획

解 解 解 角 角 角 解 解 解 解 解 解

解 解 解 解 解

解決(해결) 解雇(해고) 解放(해방) 解釋(해석) 解消(해소) 解弛(해이) 理解(이해)

結者解之(결자해지) : '일을 맺은 사람이 풀어야 한다'는 뜻으로, 일을 저지른 사람이 그 일을 해결(解決)해야 한다는 말.

영disentangle 중jiě 일カイ・ゲ(とかす・とく) 【난이도】 중학용, 읽기4급Ⅱ, 쓰기 3급Ⅱ

行

행할 행

行部(행할행) 0획 총6획

行 行 行 行 行 行

行 行 行 行 行

施行(시행) 慣行(관행) 行爲(행위) 進行(진행) 遂行(수행) 執行(집행) 行動(행동)

錦衣夜行(금의야행) : 비단옷을 입고 밤길을 간다는 뜻으로, ① 아무 보람없는 행동을 비유하여 이르는 말. ② 또는 입신 출세하여 고향으로 돌아가지 않음을 이르는 말.

영go, act 중xíng 일コウ(いく・おこなう・ゆく) 【난이도】 중학용, 읽기 6급, 쓰기 5급

幸

다행 행

干部(방패간)5획 총8획

幸 幸 幸 幸 幸 幸 幸 幸

幸 幸 幸 幸 幸

幸福(행복) 幸祐(행우) 幸運(행운) 多幸(다행) 大幸(대행) 不幸(불행) 天幸(천행)

千萬多幸(천만다행) : 매우 다행(多幸)함.
萬萬多幸(만만다행) : ☞ 천만다행(千萬多幸).

영fortunate 중xìng 일コウ(さいわい) 【난이도】 중학용, 읽기 6급Ⅱ, 쓰기 5급Ⅱ

向

향할 향

口部(입구) 3획 총6획

向 向 向 向 向 向

向 向 向 向 向

方向(방향) 向上(향상) 動向(동향) 向後(향후) 傾向(경향) 偏向(편향) 指向(지향)

家狗向裏吠(가구향리폐) :「집에서 기르는 개가 집 안쪽을 향(向)해 짖는다」는 뜻으로, 은혜(恩惠)를 원수(怨讐)로 갚음을 이르는 말.

영face 중xiàng 일コウ(むかう・むく) 【난이도】 중학용, 읽기 6급, 쓰기 5급

香

향기 향

香部(향기향) 0획 총9획

香 香 香 香 香 香 香 香 香

香 香 香 香 香

香奠(향전) 香氣(향기) 馨香(형향) 薰香(훈향) 香臭(향취) 丁香(정향) 香水(향수)

天香國色(천향국색) : 고상(高尙)한 향기(香氣)와 제일(第一)가는 색깔이라는 뜻으로, ① 모란을 달리 이르는 말. ② 절세미인(絶世美人)을 이르는 말.

영perfume 중xiāng 일コウ・キョウ(か・かおり) 【난이도】 중학용, 읽기4급Ⅱ, 쓰기 3급Ⅱ

鄕

郷 郷 郷 郷 郷 郷 郷 郷 郷 郷 郷 郷 郷

郷 郷 郷 郷 郷

시골 향

故鄕(고향) 鄕友(향우) 鄕札(향찰) 他鄕(타향) 鄕愁(향수) 歸鄕(귀향) 京鄕(경향)

錦衣還鄕(금의환향) : 「비단옷 입고 고향(故鄕)에 돌아온다」는 뜻으로, 출세(出世)하여 고향(故鄕)에 돌아옴을 이르는 말.

阝(邑)部(우부방)10획 총13획

영country 중乡[xiāng] 일キョウ・ゴウ(さと) 【난이도】중학용, 읽기 4급II, 쓰기 3급II

許

許 許 許 許 許 許 許 許 許 許 許

許 許 許 許 許

허락할 허

許容(허용) 許可(허가) 許諾(허락) 不許(불허) 免許(면허) 特許(특허) 許多(허다)

免許皆傳(면허개전) : 스승이 예술(藝術)이나 무술(武術)의 깊은 뜻을 모두 제자(弟子)에게 전(傳)해 줌을 이르는 말.

言部(말씀언)4획 총11획

영permit 중许[xǔ] 일キョ(ゆるす) 【난이도】중학용, 읽기 5급, 쓰기 4급

虛

虛 虛 虛 虛 虛 虛 虛 虛 虛 虛 虛 虛

虛 虛 虛 虛 虛

빌 허

虛構(허구) 虛勢(허세) 虛僞(허위) 虛點(허점) 虛脫(허탈) 虛荒(허황) 謙虛(겸허)

虛張聲勢(허장성세) : 헛되이 목소리의 기세(氣勢)만 높인다는 뜻으로, 실력(實力)이 없으면서도 허세(虛勢)로만 떠벌림.

虍部(범호엄)6획 총12획

영empty 중虚[xū] 일虚[キョ・コ](むなしい) 【난이도】중학용, 읽기 4급II, 쓰기 3급II

革

革 革 革 革 革 革 革 革 革

革 革 革 革 革

가죽 혁

改革(개혁) 革新(혁신) 革命(혁명) 革罷(혁파) 兵革(병혁) 變革(변혁) 沿革(연혁)

小人革面(소인혁면) : 어진 임금이 나라를 다스리면 소인(小人)들은 겉모양(模樣)만이라도 고쳐 불의(不義)한 것을 함부로 하지 못함.

革部(가죽혁) 0획총9획

영leather 중gé 일カク(かわ) 【난이도】중학용, 읽기 4급, 쓰기 3급

現

現 現 現 現 現 現 現 現 現 現 現

現 現 現 現 現

나타날 현

現在(현재) 現實(현실) 現象(현상) 表現(표현) 現場(현장) 現狀(현상) 實現(실현)

現身說法(현신설법) : 부처가 여러 가지 모습으로 나타나 중생(衆生)을 위(爲)해 불법(佛法)을 설파(說破)하는 것.

王部(구슬옥)7획 총11획

영appear 중现[xiàn] 일ゲン(あらわれる) 【난이도】중학용, 읽기 6급II, 쓰기 5급II

賢

어질 현

貝部(조개패) 8획 총15획

賢明(현명) 賢淑(현숙) 賢人(현인) 賢哲(현철) 先賢(선현) 聖賢(성현) 儒賢(유현)

江左七賢(강좌칠현) : 고려 후기에 명리를 떠나 사귀던 일곱 선비. '이인로, 오세재, 임춘, 조통, 황보항, 함순, 이담지' 등을 중국 진(秦)나라 때의 죽림칠현에 비교하여 일컫는 말.

영 wise 중 贤[xián] 일 ケン(かしこい) 【난이도】 중학용, 읽기 4급II, 쓰기 3급II

血

피 혈

血部(피혈) 0획 총6획

血液(혈액) 獻血(헌혈) 輸血(수혈) 喀血(객혈) 貧血(빈혈) 血族(혈족) 血脈(혈맥)

鳥足之血(조족지혈) : '새발의 피'란 뜻으로, ① 극히 적은 분량(分量)을 말함. ② 아주 적어서 비교(比較)가 안됨. ③ 물건(物件)이 아주 작은 것을 가리킴.

영 blood 중 xiě 일 ケチ·ケツ(ち) 【난이도】 중학용, 읽기 4급II, 쓰기 3급II

協

화할 협

十部(열십) 6획 총8획

協商(협상) 妥協(타협) 協議(협의) 協力(협력) 協助(협조) 協定(협정) 協約(협약)

不協和音(불협화음) : ① 서로 뜻이 맞지 않아 일어나는 충돌(衝突). ② 둘 이상(以上)의 음(音)이 같이 울릴 때, 서로 어울리지 않고 탁하게 들리는 음(音).

영 harmony 중 协[xié] 일 キョウ(かなう) 【난이도】 중학용, 읽기 4급II, 쓰기 3급II

兄

맏 형

儿部(어진사람인발) 3획 총5획

兄夫(형부) 兄嫂(형수) 兄弟(형제) 兄弟姉妹(형제자매) 妹兄(매형) 姉兄(자형)

結義兄弟(결의형제) : ① 남남끼리 의리(義理)로써 형제 관계(關係)를 맺음. ② 또는 그런 형제(兄弟).

영 elder brother 중 xiōng 일 キョウ·ケイ(あに) 【난이도】 중학용, 읽기 8급, 쓰기 6급II

刑

형벌 형

刂部(선칼도방) 4획 총6획

刑吏(형리) 刑罰(형벌) 刑法(형법) 刑事(형사) 死刑(사형) 處刑(처형) 笞刑(태형)

刑期于無刑(형기우무형) : 형벌(刑罰)을 만드는 까닭은 악인(惡人)을 징계(懲戒)하여 또다시 죄(罪)를 지어 형벌(刑罰)을 받는 일이 없도록 하기 위(爲)한 것임.

영 punishment 중 xíng 일 ケイ(のり) 【난이도】 중학용, 읽기 4급, 쓰기 3급

形

형상 형

彡部(터럭삼) 4획 총7획

形形形形形形形

| 形 | 形 | 形 | 形 | 形 | | | | |

形成(형성) 形式(형식) 形體(형체) 形便(형편) 大形(대형) 變形(변형) 整形(정형)

形而上學(형이상학) : 형체(形體)를 초월(超越)한 영역(領域)에 관(關)한 과학(科學)이라는 뜻으로, 철학(哲學)을 일컫는 말.

영form 중xíng 일キョウ·ケイ(かた·かたち) 【난이도】중학용, 읽기 6급II, 쓰기 5급II

惠

은혜 혜

心部(마음심) 8획 총12획

惠惠惠惠惠惠惠惠惠惠惠惠

| 惠 | 惠 | 惠 | 惠 | 惠 | | | | |

惠書(혜서) 惠存(혜존) 惠澤(혜택) 受惠(수혜) 恩惠(은혜) 天惠(천혜) 特惠(특혜)

惠諒(혜량) : 살펴서 이해(理解)함의 뜻으로, 편지(便紙)에서 쓰는 말. 겸손(謙遜)한 표현(表現)임. 부디 저의 간청(懇請)을 혜량(惠諒)하여 주시기 바랍니다의 뜻.

영favor 중惠[huì] 일エ·ケ·イ(めぐむ) 【난이도】중학용, 읽기 4급II, 쓰기 3급II

戶

지게 호

戶部(지게호) 0획 총4획

戶戶戶戶

| 戶 | 戶 | 戶 | 戶 | 戶 | | | | |

戶籍(호적) 戶主(호주) 門戶(문호) 戶曹(호조) 窓戶紙(창호지) 戶籍簿(호적부)

家家戶戶(가가호호) : ① 각 집. ② 집집마다. ③ 또는 모든 집.
萬戶長安(만호장안) : 집 등(等)이 썩 많은 서울.

영door, house 중hù 일コ(と) 【난이도】중학용, 읽기 4급II, 쓰기 3급II

乎

어조사 호

丿部(삐침별) 4획 총5획

乎乎乎乎乎

| 乎 | 乎 | 乎 | 乎 | 乎 | | | | |

斷乎(단호) 純乎(순호) 宜乎(의호) 嗟乎(차호) 確乎(확호) 屹乎(흘호) 乎哉(확호)

老馬厭太乎(노마염태호) : '늙은 말이 콩 마다 하랴'라는 속담(俗談)의 한역으로, 본능적(本能的)인 욕망(慾望)은 늙는다고 없어지는 것이 아니라는 말.

영a particle 중hū 일コ(か·かな·や·を) 【난이도】중학용, 읽기 3급, 쓰기 2급

好

좋을 호

女部(계집녀) 3획 총6획

好好好好好好

| 好 | 好 | 好 | 好 | 好 | | | | |

好感(호감) 好轉(호전) 好調(호조) 嗜好(기호) 選好(선호) 愛好(애호) 友好(우호)

好事多魔(호사다마) : 좋은 일에는 방해(妨害)가 되는 일이 많음.
好衣好食(호의호식) : ① 좋은 옷과 좋은 음식(飮食). ② 잘 입고 잘 먹음.

영good 중hǎo 일コウ(このむ·すく) 【난이도】중학용, 읽기 4급II, 쓰기 3급II

呼
부를 호
口部(입구) 5획 총8획

呼呼呼呼呼呼呼呼

| 呼 | 呼 | 呼 | 呼 | 呼 | | | | | |

呼訴(호소) 呼吸(호흡) 呼應(호응) 歡呼(환호) 呼稱(호칭) 呼價(호가) 呼出(호출)

歡呼雀躍(환호작약) : 기뻐서 소리치며 날뜀.
暗中飛躍(암중비약) : 어둠 속에서 날고 뛴다는 뜻으로, 남모르게 활동함을 이르는 말.

영call 중hū 일コ(よぶ) 【난이도】 중학용, 읽기 4급II, 쓰기 3급II

虎
범 호
虍部(범호엄) 2획총8획

虎虎虎虎虎虎虎虎

| 虎 | 虎 | 虎 | 虎 | 虎 | | | | | |

虎班(호반) 猛虎(맹호) 白虎(백호) 虎皮(호피) 虎叱(호질) 兩虎(양호) 虎患(호환)

狐假虎威(호가호위) :「여우가 호랑이의 위세(威勢)를 빌려 호기(豪氣)를 부린다」는 뜻으로, 남의 세력(勢力)을 빌려 위세(威勢)를 부림.

영tiger 중hǔ 일コ(とら) 【난이도】 중학용, 읽기 3급II, 쓰기 2급

湖
호수 호
氵部(삼수변) 9획총12획

湖湖湖湖湖湖湖湖湖湖湖湖

| 湖 | 湖 | 湖 | 湖 | 湖 | | | | | |

湖南(호남) 湖水(호수) 江湖(강호) 水湖志(수호지) 淡水湖(담수호) 墨湖(묵호)

江湖歌道(강호가도) : 조선(朝鮮) 시대(時代)에 속세(俗世)를 떠나 자연(自然)을 벗하여 지내면서 일어난 시가(詩歌) 생활(生活)의 경향(傾向).

영lake 중hú 일コ(みずうみ) 【난이도】 중학용, 읽기 5급, 쓰기 4급

號
이름 호
虍部(범호엄)7획총13획

號號號號號號號號號號號號號

| 號 | 號 | 號 | 號 | 號 | | | | | |

口號(구호) 記號(기호) 番號(번호) 符號(부호) 商號(상호) 諡號(시호) 信號(신호)

號令如山(호령여산) : 호령(號令)이 산과 같다는 뜻으로, 호령(號令)은 엄중(嚴重)해 움직일 수 없음을 이르는 말.

영call out 중号[hào] 일号[コウ](さけぶ) 【난이도】 중학용, 읽기 6급, 쓰기 5급

或
혹시 혹
戈部(창과) 4획 총8획

或或或或或或或或

| 或 | 或 | 或 | 或 | 或 | | | | | |

或是(혹시) 間或(간혹) 設或(설혹) 或者(혹자) 或如(혹여) 或也(혹야) 或曰(혹왈)

多言或中(다언혹중) : 말을 많이 하다 보면 어쩌다가 사리(事理)에 맞는 말도 있음
或是或非(혹시혹비) : 옳기도 하고 그르기도 하여 옳고 그른 것이 질정되지 못함

영perhaps 중huò 일ワク(ある・あるいは) 【난이도】 중학용, 읽기 4급, 쓰기 3급

混

섞일 혼

氵部(삼수변) 8획총11획

混混混混混混混混混混混

混混混混混

混亂(혼란) 混線(혼선) 混濁(혼탁) 混雜(혼잡) 混同(혼동) 混用(혼용) 混合(혼합)

玉石混淆(옥석혼효) : 옥과 돌이 함께 뒤섞여 있다는 뜻으로, 선과 악, 좋은 것과 나쁜 것이 함께 섞여 있음.

영mix 중hùn 일コン(まぜる) 【난이도】중학용, 읽기 4급, 쓰기 3급

婚

혼인할 혼

女部(계집녀) 8획총11획

婚婚婚婚婚婚婚婚婚婚婚

婚婚婚婚婚

婚姻(혼인) 結婚(결혼) 華婚(화혼) 離婚(이혼) 祝華婚(축화혼) 婚禮(혼례)

冠婚喪祭(관혼상제) : 관례(冠禮)·혼례(婚禮)·상례(喪禮)·제례(祭禮)의 네 가지 예를 두고 말함.

영marry 중hūn 일コン 【난이도】중학용, 읽기 4급, 쓰기 3급

紅

붉을 홍

糸部(실사) 3획총9획

紅紅紅紅紅紅紅紅紅

紅紅紅紅紅

紅疫(홍역) 紅茶(홍차) 紅海(홍해) 紅袖(홍수) 百日紅(백일홍) 紅裳(홍상)

同價紅裳(동가홍상) : '같은 값이면 다홍치마'라는 뜻으로, 같은 조건(條件)이라면 좀 더 낫고 편리(便利)한 것을 택함.

영red 중紅[hóng] 일コウ·ク(べに·くれない) 【난이도】중학용, 읽기 4급, 쓰기 3급

化

될 화

亻部(사람인변) 2획총4획

化化化化

化化化化化

化學(화학) 强化(강화) 激化(격화) 文化(문화) 變化(변화) 消化(소화) 惡化(악화)

橘化爲枳(귤화위지) : 강남(江南)의 귤을 강북(江北)에 심으면 탱자가 된다는 뜻으로, 사람도 환경(環境)에 따라 기질(氣質)이 변한다는 말.

영become 중huà 일カ·ケ(ばかす·ばける) 【난이도】중학용, 읽기 5급II, 쓰기 4급II

火

불 화

火部(불화) 0획총4획

火火火火

火火火火火

火山(화산) 火星(화성) 火焰(화염) 火災(화재) 噴火口(분화구) 飛火(비화)

燈火可親(등화가친) : 등불을 가까이 할 수 있다는 뜻으로, 가을 밤은 시원하고 상쾌(爽快)하므로 등불을 가까이 하여 글 읽기에 좋음을 이르는 말.

영fire 중huǒ 일カ(ひ·ほ) 【난이도】중학용, 읽기 8급, 쓰기 6급II

꽃 화

艹部(초두머리) 4획 총8획

花花花花花花花花

| 花 | 花 | 花 | 花 | 花 | | | | | |

無窮花(무궁화) 杏花(행화) 花草(화초) 櫻花(앵화) 梅花(매화) 菊花(국화)

落花流水(낙화유수) : 떨어지는 꽃과 흐르는 물이라는 뜻으로, ① 가는 봄의 경치. ② 남녀 간 서로 그리워하는 애틋한 정을 이르는 말. ③ 힘과 세력이 약해져 아주 보잘것없이 됨.

영flower 중花[huā] 일花[カ](はな) 【난이도】중학용, 읽기 7급, 쓰기 6급

화할 화

口部(입구) 5획총8획

和和和和和和和和

| 和 | 和 | 和 | 和 | 和 | | | | | |

和睦(화목) 和親(화친) 和合(화합) 和解(화해) 緩和(완화) 調和(조화) 平和(평화)

附和雷同(부화뇌동) : 우레 소리에 맞춰 함께한다는 뜻으로, 자신(自身)의 뚜렷한 소신 없이 그저 남이 하는 대로 따라가는 것을 의미(意味)함.

영harmonize 중hé 일ワ·オ(なごむ·なごやか) 【난이도】중학용, 읽기 6급II, 쓰기 5급II

재화 화

貝部(조개패) 4획총11획

貨貨貨貨貨貨貨貨貨貨貨

| 貨 | 貨 | 貨 | 貨 | 貨 | | | | | |

貨幣(화폐) 貨物(화물) 財貨(재화) 外貨(외화) 雜貨(잡화) 通貨(통화) 円貨(엔화)

奇貨可居(기화가거) : ① 진기(珍奇)한 물건(物件)은 사서 잘 보관(保管)해 두면 장차 큰 이득(利得)을 본다는 말. ② 좋은 기회(機會)로 이용(利用)하기에 알맞음.

영goods 중货[huò] 일カ(かね) 【난이도】중학용, 읽기 4급II, 쓰기 3급II

빛날 화

艹部(초두머리)7획총11획

華華華華華華華華華華華

| 華 | 華 | 華 | 華 | 華 | | | | | |

華婚(화혼) 華麗(화려) 昇華(승화) 榮華(영화) 祝華婚(축화혼) 豪華(호화)

華燭(화촉) : ① 빛깔 들인 밀초. ② 그림을 그리는 데 쓰는 밀초. ③ 혼인식(婚姻式) 따위에서 좌상의 등화(燈火). 뜻이 바뀌어 혼례를 달리 일컫는 말이 되었음.

영brilliant 중华[huá] 일華[カ·ケ](はな) 【난이도】중학용, 읽기 4급, 쓰기 3급

그림 화

田部(밭전) 8획총13획

畵畵畵畵畵畵畵畵畵畵畵畵畵

| 畵 | 畵 | 畵 | 畵 | 畵 | | | | | |

畵家(화가) 畵伯(화백) 畵宣紙(화선지) 劇畵(극화) 漫畵(만화) 人物畵(인물화)

畵龍點睛(화룡점정) : 용을 그리고 눈동자를 찍는다는 듯으로, 사물의 가장 중요한 부분을 완성시키거나 끝손질을 하는 것을 비유하는 말이다.

영picture 중画[huà] 일画[ガ·カク](ある·あるいは) 【난이도】읽기 특급II기 3급

話	話話話話話話話話話話話話話
	話 話 話 話 話
	携帶電話(휴대전화) 對話(대화) 電話(전화) 神話(신화) 話頭(화두) 通話(통화)
	閑話休題(한화휴제) : '쓸데없는 이야기는 그만 하고'라는 뜻으로, 글을 쓸 때, 한동안 본론(本論)에서 벗어난 이야기를 써 내려가다가 다시 본론으로 돌아갈 때 쓰는 말.
말할 화	
言部(말씀언) 6획총13획	영talk 중话[huà] 일ワ(はなし·はなす)【난이도】중학용, 읽기 7급II, 쓰기 6급

患	患患患患患患患患患患患
	患 患 患 患 患
	患者(환자) 疾患(질환) 外患(외환) 時患(시환) 患難(환난) 憂患(우환) 患部(환부)
	識字憂患(식자우환) : 글자를 아는 것이 오히려 근심이 된다는 뜻으로, 알기는 알아도 똑바로 잘 알고 있지 못하기 때문에 그 지식이 오히려 걱정거리가 됨.
근심 환	
心部(마음심) 7획총11획	영anxiety 중huàn 일カン(わずらう)【난이도】중학용, 읽기 5급, 쓰기 4급

歡	歡歡歡歡歡歡歡歡歡歡歡歡歡歡歡歡歡歡歡歡歡歡
	歡 歡 歡 歡 歡
	歡樂(환락) 歡心(환심) 歡迎(환영) 歡呼(환호) 歡喜(환희) 交歡(교환) 哀歡(애환)
	歡天喜地(환천희지) : 하늘을 우러르고 기뻐하고, 땅을 굽어보고 기뻐한다는 뜻으로, 대단히 즐거워하고 기뻐함을 이르는 말.
기뻐할 환	
欠部(하품흠)18획총22획	영delight 중欢[huān] 일歡[カン](よろこぶ)【난이도】중학용, 읽기 4급, 쓰기 3급

活	活活活活活活活活活
	活 活 活 活 活
	活動(활동) 生活(생활) 活用(활용) 活潑(활발) 復活(부활) 活性化(활성화)
	死中求活(사중구활) : 죽을 고비에서 살길을 찾는다는 뜻으로, 난국을 타개하기 위(爲)해 감(敢)히 위험(危險)한 상태(狀態)에 뛰어듦을 이르는 말.
살 활	
氵部(삼수변) 6획총9획	영live 중huó 일カツ(いきる)【난이도】중학용, 읽기 7급II, 쓰기 6급

皇	皇皇皇皇皇皇皇皇皇
	皇 皇 皇 皇 皇
	皇宮(황궁) 皇闕(황궐) 皇帝(황제) 皇后(황후) 敎皇(교황) 始皇帝(시황제)
	玉皇上帝(옥황상제) : 도가(道家)에서 '하느님'을 일컫는 말.
	不必張皇(불필장황) : 말을 길게 늘어놓을 필요(必要)가 없음.
임금 황	
白部(흰백) 4획총9획	영emperor 중huáng 일オウ·コウ(きみ)【난이도】중학용, 읽기 3급II, 쓰기 2급

黃

누를 황

黃部(누를황) 0획 총 12획

黃 黃 黃 黃 黃 黃 黃 黃 黃 黃 黃 黃

黃 黃 黃 黃 黃

黃狗(황구) 黃金(황금) 黃沙(황사) 黃色(황색) 黃土(황토) 黃昏(황혼) 卵黃(난황)

黃金萬能(황금만능) : 돈만 있으면 무엇이든 마음대로 할 수 있다는 뜻.
黃粱一炊夢(황량일취몽) : 부귀 공명은 꿈처럼 덧없음의 비유.

영 yellow 중 黃[huáng] 일 黃[オウ・コウ](き・こ) 【난이도】 중학용 읽기 6급, 쓰기 5급

回

돌 회

口部(큰입구몸) 3획 총 6획

回 回 回 回 回 回

回 回 回 回 回

回復(회복) 撤回(철회) 挽回(만회) 回避(회피) 回收(회수) 回附(회부) 回生(회생)

九回之腸(구회지장) : ① 장이 뒤틀릴 정도로 괴롭고 고통스러움. ② 꼬불꼬불 뒤틀려 꼬부라진 모양(模樣). 起死回生(기사회생) : 죽을 뻔하다가 살아남.

영 return 중 huí 일 カイ・エ(まわす・まわる) 【난이도】 중학용, 읽기 4급II, 쓰기 3급II

會

모일 회

日部(가로왈) 9획 총 13획

會 會 會 會 會 會 會 會 會 會 會 會 會

會 會 會 會 會

會計(회계) 會談(회담) 會社(회사) 會議(회의) 國會(국회) 機會(기회) 社會(사회)

會者定離(회자정리) : 만나면 언젠가는 헤어지게 되어 있다는 뜻으로, 인생의 무상(無常)함을 인간의 힘으로는 어찌 할 수 없는 이별의 아쉬움을 일컫는 말.

영 get together 중 会[huì] 일 会[カイ・エ](あう) 【난이도】 중학용, 읽기 6급II, 쓰기 5급II

孝

효도 효

子部(아들자) 4획 총 7획

孝 孝 孝 孝 孝 孝 孝

孝 孝 孝 孝 孝

孝女(효녀) 孝道(효도) 孝誠(효성) 孝心(효심) 孝孫(효손) 孝子(효자) 不孝(불효)

反哺之孝(반포지효) : 까마귀 새끼가 자란 뒤에 늙은 어미에게 먹이를 물어다 주는 효성이라는 뜻으로, 자식이 자라서 부모를 봉양(奉養)함을 이르는 말.

영 filial duty 중 xiào 일 コウ(まこと) 【난이도】 중학용, 읽기 7급II, 쓰기 6급

效

본받을 효

攵部(등글월문) 6획 총 10획

效 效 效 效 效 效 效 效 效 效

效 效 效 效 效

效果(효과) 效力(효력) 效驗(효험) 無效(무효) 失效(실효) 有效(유효) 奏效(주효)

東施效矉(동시효빈) : 동시(東施), 곧 못생긴 여자가 서시(西施)의 눈썹 찌푸림을 본받는다는 뜻으로, 시비나 선악의 판단 없이 남을 흉내냄을 이르는 말. 서시는 월나라의 미녀.

영 effect 중 xiào 일 コウ(きく) 【난이도】 중학용, 읽기 5급II, 쓰기 4급II

厚厚厚厚厚厚厚厚厚

| 厚 | 厚 | 厚 | 厚 | 厚 | | | | |

重厚(중후) 厚生(후생) 濃厚(농후) 厚待(후대) 淳厚(순후) 醇厚(순후) 厚朴(후박)

溫厚篤實(온후독실) : ① 성격(性格)이 온화(溫和)하고 착실(着實)함.
② 인품(人品)이 따뜻하고 성실(誠實)함이 넘침.

두터울 후

厂部(민엄호) 7획총9획 | 영thick 중hòu 일コウ(あつい) 【난이도】 중학용, 읽기 4급, 쓰기 3급

後後後後後後後後後

| 後 | 後 | 後 | 後 | 後 | | | | |

後續(후속) 後遺症(후유증) 午後(오후) 以後(이후) 直後(직후) 向後(향후)

死後藥方文(사후약방문) : 죽은 뒤에 약방문(藥方文)을 쓴다는 뜻으로, 이미 때가 지난 후(後)에 대책(對策)을 세우거나 후회(後悔)해도 소용(所用)없다는 말.

뒤 후

彳部(두인변) 6획총9획 | 영back 중后[hòu] 일ゴ·コウ(あと·うしろ) 【난이도】 중학용, 읽기 7급II, 쓰기 6급

訓訓訓訓訓訓訓訓訓訓

| 訓 | 訓 | 訓 | 訓 | 訓 | | | | |

訓戒(훈계) 訓練(훈련) 訓民正音(훈민정음) 家訓(가훈) 教訓(교훈)

過庭之訓(과정지훈) : 뜰에서 가르친다는 뜻으로, 아버지가 자식(子息)에게 사람의 도리를 가르치는 것을 말함.

가르칠 훈

言部(말씀언)3획총10획 | 영teach 중训[xùn] 일クン(おしえる) 【난이도】 중학용, 읽기 6급, 쓰기 5급

休休休休休休

| 休 | 休 | 休 | 休 | 休 | | | | |

休暇(휴가) 休息(휴식) 休日(휴일) 連休(연휴) 公休日(공휴일) 休戰線(휴전선)

萬事休矣(만사휴의) : 만 가지 일이 끝장이라는 뜻으로, 모든 일이 전혀 가망(可望)이 없는 절망(絶望)과 체념(諦念)의 상태(狀態)임을 이르는 말.

쉴 휴

亻部(사람인변) 4획총6획 | 영rest 중xiū 일キュウ(やすまる·やすむ) 【난이도】 중학용, 읽기 7급, 쓰기 6급

凶凶凶凶

| 凶 | 凶 | 凶 | 凶 | 凶 | | | | |

吉凶(길흉) 凶器(흉기) 凶吉(흉길) 凶兆(흉조) 凶惡(흉악) 陰凶(음흉) 凶證(흉증)

吉凶禍福(길흉화복) : 길흉(吉凶)과 화복(禍福)이라는 뜻으로, 즉 사람의 운수(運數)를 이름.

흉할 흉

凵部(위튼입구몸)2획 총4획 | 영wicked 중xiōng 일キョウ(わるい) 【난이도】 중학용, 읽기 5급II, 쓰기 4급II

胸

胸胸胸胸胸胸胸胸胸胸

胸 胸 胸 胸 胸

胸襟(흉금) 胸像(흉상) 胸心(흉심) 胸中(흉중) 胸腔(흉강) 胸次(흉차) 胸部(흉부)

成竹胸中(성죽흉중) : 대나무를 그리려 할 때, 먼저 완전한 대나무의 모양을 머리에 떠올린 후에 붓을 든다는 뜻으로, 어떤 일을 시도할 때는 미리 마음에 계획을 가짐.

가슴 흉

月部(육달월) 6획 총10획 ｜ 영 breast ｜ 중 xiōng ｜ 일 キョウ(むね·むな) 【난이도】 중학용, 읽기 3급II, 쓰기 2급

黑

黑黑黑黑黑黑黑黑黑黑黑黑

黑 黑 黑 黑 黑

黑白(흑백) 黑字(흑자) 黑板(흑판) 暗黑(암흑) 黑人(흑인) 黑色(흑색) 黑海(흑해)

近墨者黑(근묵자흑) : 「먹을 가까이하면 검어진다」는 뜻으로, 나쁜 사람을 가까이하면 그 버릇에 물들기 쉽다는 말.

검을 흑

黑部(검을흑) 0획 총12획 ｜ 영 black ｜ 중 黑[hēi] ｜ 일 黑[コク](くろ·くろい) 【난이도】 중학용, 읽기 5급, 쓰기 4급

興

興興興興興興興興興興興興興興

興 興 興 興 興

興奮(흥분) 興味(흥미) 振興(진흥) 復興(부흥) 興亡(흥망) 隆興(융흥) 興行(흥행)

興亡盛衰(흥망성쇠) : 흥하고 망(亡)하고 성(盛)하고 쇠하는 일.
興味津津(흥미진진) : 흥미(興味)가 넘칠 만큼 많다는 뜻.

일 흥

臼部(절구구) 9획 총16획 ｜ 영 lise ｜ 중 兴[xīng] ｜ 일 興[コウ](おこす) 【난이도】 중학용, 읽기 4급II, 쓰기 3급II

希

希希希希希希希

希 希 希 希 希

希望(희망) 希幸(희행) 希冀(희기) 希求(희구) 希願(희원) 希仙(희선) 希念(희념)

抱炭希凉(포탄희량) : 「숯불을 안고 서늘하기를 바란다」는 뜻으로, 행동(行動)과 목적(目的)이 상치됨을 이르는 말.

바랄 희

巾部(수건건) 4획 총7획 ｜ 영 expect ｜ 중 xī ｜ 일 キ(ねがう) 【난이도】 중학용, 읽기 4급II, 쓰기 3급II

喜

喜喜喜喜喜喜喜喜喜喜喜喜

喜 喜 喜 喜 喜

歡喜(환희) 喜悅(희열) 喜悲(희비) 喜捨(희사) 黃喜(황희) 喜劇(희극) 喜子(희자)

喜怒哀樂(희로애락) : 기쁨과 노여움, 슬픔과 즐거움이라는 뜻으로, 곧 사람의 여러 가지 감정(感情)을 이르는 말.

기쁠 희

口部(입구) 9획 총12획 ｜ 영 glad ｜ 중 xǐ ｜ 일 キ(よろこぶ) 【난이도】 중학용, 읽기 4급, 쓰기 3급

교육용
한자

教育用漢字
高等用

架

시렁 가

木部(나무목) 5획 총9획

架架架架架架架架架

架 架 架 架 架

架空(가공) 架橋(가교) 間架(간가) 架設(가설) 高架(고가) 開架(개가) 橋架(교가)

屋下架屋(옥하가옥) : 지붕 밑에 또 지붕을 만든다는 뜻으로, 독창성(獨創性) 없이 앞 시대(時代)의 것을 모방(模倣)만 함을 경멸(輕蔑)해 이르는 말.

영shelf 중jià 일カ(かかる·かける) 【난이도】 고등용, 읽기 3급Ⅱ, 쓰기 2급

暇

겨를 가

日部(날일) 9획총13획

暇暇暇暇暇暇暇暇暇暇暇暇暇

暇 暇 暇 暇 暇

閑暇(한가) 休暇(휴가) 餘暇(여가) 公暇(공가) 年暇(연가) 求暇(구가) 暇隙(가극)

席不暇暖(석불가난) : 자주 드나들어 방이 따뜻할 겨를이 없다는 뜻으로, 자리나 주소(住所)를 자주 옮기거나 매우 바쁘게 돌아다님을 일컫는 말.

영leisure 중xiá 일カ(ひま)【난이도】 고등용, 읽기 4급, 쓰기 3급

却

물리칠 각

卩部(병부절) 5획총7획

却却却却却却却

却 却 却 却 却

棄却(기각) 賣却(매각) 却下(각하) 燒却(소각) 減價償却(감가상각) 冷却(냉각)

心頭滅却(심두멸각) : 심두(마음)를 멸각(滅却)하면 불 또한 시원하다라는 뜻으로, 잡념을 버리고 무념무상의 경지에 이르면 불 속에서도 오히려 시원함을 느낀다는 말임.

영reject 중què 일キャク(しりぞける)【난이도】고등용, 읽기 3급, 쓰기 2급

刻

새길 각

刂部(선칼도방)6획총8획

刻刻刻刻刻刻刻刻

刻 刻 刻 刻 刻

浮刻(부각) 時刻(시각) 深刻(심각) 一刻(일각) 彫刻(조각) 卽刻(즉각) 遲刻(지각)

刻骨難忘(각골난망) : 입은 은혜(恩惠)에 대(對)한 고마운 마음이 뼈에까지 사무쳐 잊혀지지 아니함. 刻骨銘心(각골명심) : 마음속 깊이 새겨 둠.

영 carve 중kè 일コク(きざむ)【난이도】 고등용, 읽기 4급, 쓰기 3급

閣

누각 각

門部(문문) 6획총14획

閣閣閣閣閣閣閣閣閣閣閣閣閣閣

閣 閣 閣 閣 閣

改閣(개각) 內閣(내각) 閣僚(각료) 入閣(입각) 傑閣(걸각) 閨閣(규각) 金閣(금각)

沙上樓閣(사상누각) : 모래 위에 세운 다락집이라는 뜻으로, 기초(基礎)가 약하여 무너질 염려(念慮)가 있을 때나 실현(實現) 불가능한 일을 두고 이르는 말.

영gate post 중阁[gé] 일カク(たかどの) 【난이도】 고등용, 읽기 3급Ⅱ, 쓰기 2급

깨달을 각

見部(볼견)13획총20획

覺悟(각오) 覺醒(각성) 視覺(시각) 感覺(감각) 觸覺(촉각) 幻覺(환각) 聽覺(청각)

大悟覺醒(대오각성) : 크게 깨달아서 번뇌(煩惱), 의혹(疑惑)이 다 없어짐.
大覺世尊(대각세존) : 불타(佛陀)의 존칭(尊稱).

영conscious 중觉[jué] 일覺[カク](おぼえる) 【난이도】 고등용, 읽기 4급, 쓰기 3급

새길 간

刂部(선칼도방)3획총5획

刊行(간행) 發刊(발간) 月刊(월간) 季刊(계간) 刊本(간본) 刊刻(간각) 出刊(출간)

萬世不刊(만세불간) : 만세(萬世)에 지우지 못한다는 뜻으로, 영원(永遠)히 전(傳)함의 뜻. 간(刊)은 삭(削)과 같음.

영carve·publish 중kān 일カン(きざむ) 【난이도】 고등용, 읽기 3급II, 쓰기 2급

간 간

月部(육달월)3획총7획

肝臟(간장) 肝炎(간염) 肝膽(간담) 肝癌(간암) 肝腸(간장) 肝臟炎(간장염)

九曲肝腸(구곡간장) : 아홉 번 구부러진 간과 창자라는 뜻으로, 굽이 굽이 사무친 마음속 또는 깊은 마음속.

영liver 중gān 일カン(きも) 【난이도】 고등용, 읽기 3급II, 쓰기 2급

간사할 간

女部(계집녀)6획총9획

强姦(강간) 姦慝(간특) 鷄姦(계간) 劫姦(겁간) 姦非(간비) 輪姦(윤간) 姦臣(간신)

大姦似忠(대간사충) : 크게 간사(奸邪)한 사람은 그 아첨(阿諂)하는 수단(手段)이 매우 교묘(巧妙)하므로 흡사(恰似) 크게 충성(忠誠)된 사람과 같이 보임.

영adultery 중奸[jiān] 일カン(かしましい·みだら) 【난이도】 고등용, 읽기 3급, 쓰기 2급

줄기 간

干部(방패간)10획총13획

幹部(간부) 根幹(근간) 緊幹(긴간) 幹線(간선) 幹理(간리) 穀幹(곡간) 幹事(간사)

幹國之器(간국지기) : 국가(國家)를 다스릴 기량(器量)이 있음.
能手能幹(능수능간) 잘 해치우는 재간(才幹)과 익숙한 솜씨.

영trunk 중干[gàn] 일カン(みき) 【난이도】 고등용, 읽기 3급II, 쓰기 2급

懇	懇 懇 懇 懇 懇 懇 懇 懇 懇 懇 懇 懇 懇 懇 懇 懇
	懇 懇 懇 懇 懇
정성 간	懇談會(간담회) 懇切(간절) 懇曲(간곡) 懇請(간청) 懇談(간담) 懇囑(간촉) 懇求(간구)
	懇曲(간곡) : ① 간절(懇切)하고 곡진(曲盡)함. ② 간절(懇切)하고 마음과 정성(精誠)이 지극(至極)함.
心部(마음심)13획총17획	영sincerity 중恳[kěn] 일コン(ねんごろ) 【난이도】 고등용, 읽기 3급II, 쓰기 2급

簡	簡 簡 簡 簡 簡 簡 簡 簡 簡 簡 簡 簡 簡 簡 簡 簡 簡
	簡 簡 簡 簡 簡
편지 간	簡潔(간결) 簡單(간단) 簡牘(간독) 簡略(간략) 簡易(간이) 簡便(간편) 書簡(서간)
	斷簡零墨(단간영묵) : 종이가 발명되기 전까지 종이 대신 썼던 대쪽과 먹 한 방울이라는 뜻으로, 종이 조각에 적힌 완전하지 못한 조각난 글월을 이르는 말.
竹部(대죽)12획총18획	영letter 중简[jiǎn] 일カン(てがみ) 【난이도】 고등용, 읽기 4급, 쓰기 3급

監	監 監 監 監 監 監 監 監 監 監 監 監 監 監
	監 監 監 監 監
볼 감 / 살필 감	監督(감독) 監視(감시) 監査(감사) 監獄(감옥) 監査院(감사원) 監察(감찰) 收監(수감)
	縣監(현감) : 고려(高麗)·조선(朝鮮) 시대(時代)에 현의 우두머리 벼슬아치. 종6품(從六品)으로 고려(高麗) 때의 감무에 해당(該當)함臣을 봉(封)함.
皿部(그릇명)9획총14획	영oversee 중监[gǔ] 일カン(がみる) 【난이도】 고등용, 읽기 4급II, 쓰기 3급II

鑑	鑑 鑑 鑑 鑑 鑑 鑑 鑑 鑑 鑑 鑑 鑑 鑑 鑑 鑑 鑑 鑑 鑑 鑑 鑑 鑑
	鑑 鑑 鑑 鑑 鑑
거울 감	鑑別(감별) 鑑賞(감상) 鑑識(감식) 鑑定(감정) 龜鑑(귀감) 惠鑑(혜감) 印鑑(인감)
	殷鑑不遠(은감불원) : 은(殷)나라 왕(王)이 거울삼을 만한 것은 먼 데 있지 않다는 뜻으로, 본받을 만한 좋은 전례(前例)는 가까운 곳에 있다는 말.
金部(쇠금)14획총22획	영mirror 중鉴[jiàn] 일カン(かんがみる) 【난이도】 고등용, 읽기 3급II, 쓰기 2급

剛	剛 剛 剛 剛 剛 剛 剛 剛 剛 剛
	剛 剛 剛 剛 剛
굳셀 강	金剛山(금강산) 剛勁(강경) 健剛(건강) 剛健(강건) 剛耿(강경) 剛塊(강괴)
	外柔内剛(외유내강) : 겉으로 보기에는 부드러우나 속은 꿋꿋하고 강(强)함. 内柔外剛(내유외강) : 속은 부드럽고, 겉으로는 굳셈.
刂部(선칼도방)8획총10획	영ferm 중剛[gāng] 일ゴウ(つよい) 【난이도】 고등용, 읽기 3급II, 쓰기 2급

康

편안할 강

厂部(엄호) 8획 총11획

康 康 康 康 康 康 康 康 康 康 康

康健(강건) 康年(강년) 康寧(강녕) 健康(건강) 太康(태강) 健康保險(건강보험)

康衢煙月(강구연월) : 강구(康衢)는 사통오달의 큰길로서 사람의 왕래가 많은 거리, 연월(煙月)은 연기가 나고 달빛이 비친다는 뜻으로, 태평한 세상의 평화로운 풍경.

영healthy 중kāng 일コウ【난이도】고등용, 읽기 4급II, 쓰기 3급II

綱

벼리 강

糸部(실사) 8획 총14획

綱 綱 綱 糸 綱 綱 綱 綱 綱 綱 綱 綱 綱

紀綱(기강) 乾綱(건강) 大綱(대강) 綱領(강령) 政綱(정강) 三綱(삼강) 要綱(요강)

夫爲婦綱(부위부강) : 남편은 아내의 벼리가 됨. 父爲子綱(부위자강) : 아버지는 자식의 벼리가 됨. 君爲臣綱(군위신강) : 임금은 그 신하의 벼리가 되어야 함.

영outline 중纲[gāng] 일コウ(つな)【난이도】고등용, 읽기 3급II, 쓰기 2급

鋼

강철 강

金部(쇠금) 8획 총16획

鋼 鋼 鋼 鋼 鋼 鋼 鋼 金 鋼 鋼 鋼 鋼 鋼 鋼 鋼

鐵鋼(철강) 粗鋼(조강) 鋼鐵(강철) 製鋼(제강) 鋼玉(강옥) 鋼玉石(강옥석)

高速度鋼(고속도강) : 보통의 강철보다 단단하며 열에 견디는 성질(性質)이 강(強)하여 쇠붙이를 고속도(高速度)로 자르거나 깎는 공구(工具)로 쓰이는 강철(鋼鐵).

영steel 중钢[gàng] 일コウ(はがね)【난이도】고등용, 읽기 3급II, 쓰기 2급

慨

슬퍼할 개

忄部(심방변) 11획 총14획

慨 慨 慨 慨 慨 慨 慨 慨 慨 慨 慨 慨 慨 慨

慨歎(개탄) 慨嘆(개탄) 憤慨(분개) 感慨(감개) 慨恨(개한) 慷慨(강개) 慨世(개세)

悲憤慷慨(비분강개) : 슬프고 분(憤)한 느낌이 마음속에 가득 차 있음.

感慨無量(감개무량) : 그지없도록 마음속 깊이 스며들어 느낌.

영lament 중慨[kǎi] 일ガイ(なげく)【난이도】고등용, 읽기 3급, 쓰기 2급

介

끼일 개

人部(사람인) 2획 총4획

介 介 介 介

介 介 介 介 介

紹介(소개) 介入(개입) 媒介(매개) 一介(일개) 節介(절개) 仲介人(중개인)

少不介意(소불개의) : 조금도 개의하지 아니함.

一介之士(일개지사) : ① 보잘것없는 선비. ② 식견이 얕은 완고(頑固)한 사람.

영between 중jiè 일カイ(はさまる)【난이도】고등용, 읽기 3급II, 쓰기 2급

蓋

덮을 개

++部(초두머리)10획총14획

蓋蓋蓋蓋蓋蓋蓋蓋蓋蓋蓋

蓋蓋蓋蓋蓋

蓋然性(개연성) 蓋瓦(개와) 口蓋骨(구개골) 菌蓋(균개) 覆蓋(복개) 膝蓋骨(슬개골)

蓋棺事定(개관사정) : 관(棺) 뚜껑을 덮고 일을 정(定)한다는 뜻으로, 사람은 죽고 난 뒤에라야 올바르고 정당(正當)한 평가(評價)를 할 수 있다는 말.

영cover 중蓋[gài] 일蓋[ガイ](ふた) 【난이도】 고등용, 읽기 3급Ⅱ, 쓰기 2급

槪

대개 개

木部(나무목)11획총15획

槪槪槪槪槪槪槪槪槪槪槪槪槪槪槪

槪槪槪槪槪

槪念(개념) 節槪(절개) 大槪(대개) 槪括(개괄) 景槪(경개) 槪觀(개관) 氣槪(기개)

土地公槪念(토지공개념) : 토지(土地)의 소유(所有)와 처분(處分)은 공공(公共)의 이익(利益)을 위(爲)하여 적절(適切)히 제한(制限)할 수 있다는 개념(槪念).

영generally 중槪[gài] 일槪[ガイ](おおむね) 【난이도】 고등용, 읽기 3급Ⅱ, 쓰기 2급

拒

막을 거

扌(手)部(재방변) 5획총8획

拒拒拒拒拒拒拒拒

拒拒拒拒拒

拒否(거부) 拒絶(거절) 抗拒(항거) 拒否權(거부권) 拒否感(거부감) 拒逆(거역)

螳螂拒轍(당랑거철) :「사마귀가 수레바퀴를 막는다」는 뜻으로, 자기(自己)의 힘은 헤아리지 않고 강자(强者)에게 함부로 덤빔.

영defend 중jù 일キョ(こばむ) 【난이도】고등용, 읽기 4급, 쓰기 3급

距

떨어질 거

足部(발족) 5획총12획

距距距距距距距距距距距距

距距距距距

距離(거리) 長距離(장거리) 短距離(단거리) 近距離(근거리) 射距離(사거리)

可視距離(가시거리) : ① 육안으로 볼 수 있는 목표물까지의 수평 거리. ② 방송 전파(電波)가 방해(妨害)를 받지 않고 텔레비전 방송을 수상(受像) 할 수 있는 거리.

영distant 중jù 일キョ(へだたる) 【난이도】 고등용, 읽기 3급Ⅱ, 쓰기 2급

據

의지할 거

扌(手)部(재방변)13획총16획

據據據據據據據據據據據據據據據據

據據據據據

據點(거점) 根據(근거) 論據(논거) 依據(의거) 雄據(웅거) 占據(점거) 證據(증거)

群雄割據(군웅할거) : 많은 영웅(英雄)들이 각각(各各) 한 지방(地方)에 웅거(雄據)하여 세력(勢力)을 과시(誇示)하며 서로 다투는 상황(狀況)을 이르는 말.

영dependent 중据[jù] 일拠[キョ·コ](よる) 【난이도】 고등용, 읽기 4급, 쓰기 3급

件件件件件件

| 件 | 件 | 件 | 件 | 件 | | | | | |

事件(사건) 條件(조건) 物件(물건) 與件(여건) 無條件(무조건) 要件(요건)

綏遠事件(수원사건) : 1936년 중국(中國) 수원성(綏遠省) 동부(東部)에서 일본(日本)의 관동군(關東軍)이 지도한 몽고인(蒙古人)의 반란(叛亂).

件
물건 건
亻部(사람인변) 4획총6획
영case 중jiàn 일ケン(くだん) 【난이도】 고등용, 읽기 5급, 쓰기 4급

健健健健健健健健健健

| 健 | 健 | 健 | 健 | 健 | | | | | |

健康(건강) 健全(건전) 健康保險(건강보험) 保健福祉部(보건복지부) 健剛(건강)

春寒老健(춘한노건) : 봄 추위와 노인(老人)의 건강(健康)이라는 뜻으로, 모든 사물(事物)이 오래가지 않음을 이르는 말.

健
굳셀 건
亻部(사람인변) 9획총11획
영strong 중jiàn 일ケン(すこやか) 【난이도】 고등용, 읽기 5급, 쓰기 4급

乞乞乞

| 乞 | 乞 | 乞 | 乞 | 乞 | | | | | |

乞粒(걸립) 乞暇(걸가) 乞士(걸사) 乞食(걸식) 哀乞(애걸) 乞客(걸객) 乞求(걸구)

門前乞食(문전걸식) : 이 집 저 집 돌아다니며 빌어 먹음.
哀乞伏乞(애걸복걸) : 애처롭게 하소연하면서 빌고 또 빎.

乞
빌 걸
乙部(새을) 2획총3획
영beg 중qǐ 일コウ 【난이도】 고등용, 읽기 3급, 쓰기 2급

傑傑傑傑傑傑傑傑傑傑傑傑

| 傑 | 傑 | 傑 | 傑 | 傑 | | | | | |

傑作(걸작) 傑閣(걸각) 豪傑(호걸) 怪傑(괴걸) 俊傑(준걸) 女傑(여걸) 人傑(인걸)

英雄豪傑(영웅호걸) : 영웅(英雄)과 호걸(豪傑).
女中豪傑(여중호걸) : 호협(豪俠)한 기상(氣像)이 있는 여자(女子).

傑
호걸 걸
亻部(사람인변)10획총12획
영eminent 중杰[jié] 일ケツ(すぐれる) 【난이도】 고등용, 읽기 4급, 쓰기 3급

劍劍劍劍劍劍劍劍劍劍劍劍劍劍劍

| 劍 | 劍 | 劍 | 劍 | 劍 | | | | | |

劍家(검가) 劍客(검객) 劍道(검도) 短劍(단검) 大劍(대검) 小劍(소검) 長劍(장검)

刻舟求劍(각주구검) : 칼을 강물에 떨어뜨리자 뱃전에 그 자리를 표시했다가 나중에 그 칼을 찾으려 한다는 뜻으로, 판단력이 둔하여 융통성이 없고 세상일에 어둡고 어리석다는 뜻.

劍
칼 검
刂部(선칼도방)13획총15획
영sword 중剑[jiàn] 일剣[ケン](つるぎ) 【난이도】 고등용, 읽기 3급Ⅱ, 쓰기 2급

儉

검소할 검

儉儉儉儉儉儉儉儉儉儉儉

儉	儉	儉	儉	儉					

儉約(검약) 儉素(검소) 勤儉貯蓄(근검저축) 檀君王儉(단군왕검) 勤儉節約(근검절약)

不侈不儉(불치불검) : 의식주(衣食住)에 있어서 사치(奢侈)하지도 검소(儉素)하지도
아니함. 곧 모든 면에 아주 수수함.

亻部(사람인변)13획총15획 　영thrifty 　중俭[jiǎn] 　일倹[ケン](つましい) 【난이도】고등용, 읽기 4급, 쓰기 3급

檢

검사할 검

檢檢檢檢檢檢檢檢檢檢檢檢檢檢檢檢檢

檢	檢	檢	檢	檢					

檢察(검찰) 檢討(검토) 檢査(검사) 檢證(검증) 點檢(점검) 檢事(검사) 檢索(검색)

檢擧旋風(검거선풍) : 휩쓸어서 검거(檢擧)하는 소동(騷動).
不審檢問(불심검문) : 수상(殊常)쩍게 여기어 검문(檢問)함.

木部(나무목)13획총17획 　영inspect 　중检[jiǎn] 　일検[ケン](しらべる) 【난이도】고등용, 읽기 4급Ⅱ, 쓰기 3급Ⅱ

格

격식 격

格格格格格格格格格格

格	格	格	格	格					

價格(가격) 資格(자격) 嚴格(엄격) 性格(성격) 規格(규격) 合格(합격) 格差(격차)

格物致知(격물치지) : 사물(事物)의 이치(理致)를 구명(究明)하여 자기(自己)의
지식(知識)을 확고(確固)하게 함.

木部(나무목) 6획총10획 　영formality 　중gé 　일カク・コウ 【난이도】고등용, 읽기 5급Ⅱ, 쓰기 4급Ⅱ

隔

막힐 격

隔隔隔隔隔隔隔隔隔隔隔隔隔

隔	隔	隔	隔	隔					

隔差(격차) 間隔(간격) 遠隔(원격) 隔離(격리) 隔週(격주) 隔意(격의) 懸隔(현격)

隔世之感(격세지감) : 아주 바뀐 다른 세상(世上)이 된 것 같은 느낌 또는 딴
세대(世代)와 같이 많은 변화(變化)가 있었음을 비유하는 말.

阝(阜)部(좌부방)10획총13획 　영separate 　중隔[gé] 　일カク(へだたる) 【난이도】고등용, 읽기 3급Ⅱ, 쓰기 2급

激

부딪칠 격

激激激激激激激激激激激激激激激激

激	激	激	激	激					

急激(급격) 激勵(격려) 過激(과격) 激烈(격렬) 激化(격화) 激昂(격앙) 激減(격감)

自激之心(자격지심) : 자기가 일을 해놓고 그 일에 대하여 스스로 미흡하게 여기는 마음.
激化一路(격화일로) : ① 다만 격화하여 갈 뿐. ② 격렬하게 되는 과정.

氵部(삼수변)13획총16획 　영flow 　중jī 　일ゲキ(はげしい) 【난이도】고등용, 읽기 4급, 쓰기 3급

擊

칠 격

手部(손수)13획총17획

衝擊(충격) 攻擊(공격) 衝擊的(충격적) 打擊(타격) 電擊(전격) 目擊(목격)

鼓腹擊壤(고복격양) : 배를 두드리고 흙덩이를 친다는 뜻으로, 배불리 먹고 흙덩이를 치는 놀이를 한다, 즉 매우 살기 좋은 시절(時節)을 말함.

영hit 중击[jī] 일擊[ゲキ](うつ) 【난이도】고등용, 읽기 4급, 쓰기 3급

肩

어깨 견

月部(육달월) 4획총8획

比肩(비견) 肩章(견장) 肩骨(견골) 肩頭(견두) 打肩(타견) 竝肩(병견) 肩等(견등)

比肩隨踵(비견수종) :「어깨를 나란히 하고, 발뒤꿈치를 따른다」는 뜻으로, 차례(次例)로 이어져서 끊이지 않음을 이르는 말.

영shoulder 중肩[jiān] 일ケン(かた) 【난이도】고등용, 읽기 3급, 쓰기 2급

牽

이끌 견

牛部(소우) 7획총11획

牽制(견제) 牽引車(견인차) 牽制球(견제구) 牽引(견인) 牽牛星(견우성) 牽馬(견마)

牽强附會(견강부회) : 이치(理致)에 맞지 않는 말을 억지로 끌어 붙여 자기(自己) 주장(主張)의 조건(條件)에 맞도록 함.

영draw 중牵[qiān] 일ケン(つらなる・ひく) 【난이도】고등용, 읽기 3급, 쓰기 2급

絹

비단 견

糸部(실사)7획총13획

絹織物(견직물) 絹絲(견사) 絹綿(견면) 絹織(견직) 生絹(생견) 絹毛(견모)

隻紙斷絹(척지단견) : 글을 쓴 얼마 안 되는 종이와 비단(緋緞).
零絹殘墨(영견잔묵) : 아주 낡은 글씨나 그림 따위.

영silk 중绢[juàn] 일ケン(きぬ) 【난이도】고등용, 읽기 3급, 쓰기 2급

遣

보낼 견

辶部(책받침)10획총14획

遣使(견사) 遣奠祭(견전제) 發遣(발견) 分遣所(분견소) 派遣(파견) 派遣隊(파견대)

消遣歲月(소견세월) : ① 하는 일없이 세월을 보냄. ② 어떤 것에 마음을 붙이고 세월을 보냄.
情恕理遣(정서이견) : 잘못이 있으면 온정으로 참고 이치에 비추어 용서함.

영send 중遣[qiǎn] 일遣[ケン](つかわす) 【난이도】고등용, 읽기 3급, 쓰기 2급

缺

缺 缺 缺 缺 缺 缺 缺 缺 缺 缺

缺 缺 缺 缺 缺

이지러질 결

缶部(장군부) 4획 총10획

缺陷(결함) 缺乏(결핍) 缺如(결여) 欠缺(흠결) 缺席(결석) 缺禮(결례) 缺點(결점)

陶者用缺盆(도자용결분) : 도공은 깨진 동이만 사용한다는 뜻으로, 남을 위해서는 하지만 자기를 위해서는 하지 못함을 두고 비유해 이르는 말.

영wane 중quē 일欠[ケツ](かける) 【난이도】 고등용, 읽기 4급Ⅱ, 쓰기 3급Ⅱ

兼

兼 兼 兼 兼 兼 兼 兼 兼 兼 兼

兼 兼 兼 兼 兼

겸할 겸

八部(여덟팔) 8획 총10획

兼備(겸비) 兼任(겸임) 兼營(겸영) 兼職(겸직) 兼史(검사) 兼業(겸업) 兼帶(겸대)

文武兼全(문무겸전) : 문식과 무략을 다 갖추고 있음.
文武兼備(문무겸비) : 문식(文識)과 무략(武略)을 모두 갖추고 있음.

영combine 중兼[jiān] 일兼[ケン](かねる) 【난이도】 고등용, 읽기 3급Ⅱ, 쓰기 2급

謙

謙 謙 謙 謙 謙 謙 謙 謙 謙 謙 謙 謙 謙 謙 謙 謙 謙

謙 謙 謙 謙 謙

겸손할 겸

言部(말씀언) 10획 총17획

謙廉(겸렴) 謙謝(겸사) 謙遜(겸손) 謙巽(겸손) 謙讓(겸양) 謙稱(겸칭) 謙虛(겸허)

謙讓之德(겸양지덕) : 겸손(謙遜)하게 사양(辭讓)하는 미덕(美德).
慢招損謙受益(만초손겸수익) : 거만하면 손해를 보며, 겸손하면 이익을 본다는 뜻.

영humble 중谦[qiān] 일謙[ケン](かねる) 【난이도】 고등용, 읽기 3급Ⅱ, 쓰기 2급

徑

徑 徑 徑 徑 徑 徑 徑 徑 徑 徑

徑 徑 徑 徑 徑

지름길 경

彳部(두인변) 7획 총10획

捷徑(첩경) 徑易(경이) 直徑(직경) 徑輪(경륜) 半徑(반경) 三徑(삼경) 徑道(경도)

徑先啓下(경선계하) : 정(定)해진 절차(節次)를 밟지 않고 먼저 임금에게 아뢰어 재가를 받음. 원칙적(原則的)으로 금지(禁止)되어 있음.

영short cut 중径[jìng] 일徑[ケイ](てみち) 【난이도】 고등용, 읽기 3급Ⅱ, 쓰기 2급

竟

竟 竟 竟 竟 竟 竟 竟 竟 竟 竟 竟

竟 竟 竟 竟 竟

마침내 경

立部(설립) 6획 총11획

竟境(경경) 畢竟(필경) 竟夜(경야) 究竟(구경) 究竟願(구경원) 究竟卽(구경즉)

究竟不淨(구경부정) : 사람이 죽으면 그 육신(肉身)은 땅에 묻히어 흙이 되고, 벌레가 먹으면 똥이 되는 등 신체(身體)의 종말(終末)이 깨끗하지가 못하다는 말.

영finish 중jìng 일キョウ·ケイ(ついに) 【난이도】 고등용, 읽기 3급, 쓰기 2급

頃

頃 頃 頃 頃 頃 頃 頃 頃 頃 頃 頃

頃 頃 頃 頃 頃

頃刻(경각) 食頃(식경) 頃日(경일) 頃者(경자) 萬頃(만경) 頃步(경보) 少頃(소경)

命在頃刻(명재경각) : 목숨이 경각(頃刻)에 달렸다는 뜻으로, 숨이 곧 끊어질 지경(地境)에 이름, 거의 죽게 됨.

잠깐 경

頁部(머리혈)2획총11획 │ 영 for a while │ 중 顷[qǐng] │ 일 ケイ(ころ) 【난이도】고등용, 읽기 3급II, 쓰기 2급

硬

硬 硬 硬 硬 硬 硬 硬 硬 硬 硬 硬 硬

硬 硬 硬 硬 硬

强硬(강경) 强硬派(강경파) 硬直(경직) 硬直性(경직성) 硬度(경도) 强硬策(강경책)

動脈硬化(동맥경화) : ① 동맥벽이 두꺼워지고 굳어져서 탄력을 잃은 상태. 고혈압증·비만증·당뇨병 따위가 이를 촉진(促進)함. 동맥경화증(動脈硬化症).

굳을 경

石部(돌석) 7획총12획 │ 영 hard │ 중 yìng │ 일 コウ(かたい) 【난이도】고등용, 읽기 3급II, 쓰기 2급

卿

卿 卿 卿 卿 卿 卿 卿 卿 卿 卿 卿

卿 卿 卿 卿 卿

卿相(경상) 卿尹(경윤) 卿爵(경작) 卿宰(경재) 公卿(공경) 樞機卿(추기경)

公卿大夫(공경대부) : 삼공과 구경과 대부, 곧 벼슬이 높은 사람들.
名公巨卿(명공거경) : 정승(政丞), 판서(判書) 따위 이름난 높은 벼슬아치들.

벼슬 경

卩部(병부절)10획총12획 │ 영 government job │ 중 卿[qīng] │ 일 卿[キョウ・ケイ](きみ・くげ) 【난이도】고등용, 읽기 3급, 쓰기 2급

傾

傾 傾 傾 傾 傾 傾 傾 傾 傾 傾 傾 傾

傾 傾 傾 傾 傾

傾斜(경사) 傾心(경심) 傾注(경주) 傾聽(경청) 傾向(경향) 右傾化(우경화)

傾國之色(경국지색) : 나라를 기울일 만한 여자(女子)라는 뜻으로, ① 첫눈에 반할 만큼 매우 아름다운 여자(女子). ② 나라를 위태(危殆)롭게 한다는 말.

기울어질 경

亻部(사람인변)11획총13획 │ 영 incline, tilt │ 중 倾[qīng] │ 일 ケイ(かたむく・かたむける) 【난이도】고등용, 읽기 4급, 쓰기 3급

境

境 境 境 境 境 境 境 境 境 境 境 境

境 境 境 境 境

境遇(경우) 環境(환경) 地境(지경) 境界(경계) 困境(곤경) 心境(심경) 國境(국경)

漸入佳境(점입가경) : 가면 갈수록 경치(景致)가 더해진다는 뜻으로, 일이 점점 더 재미있는 지경(地境)으로 돌아가는 것을 비유(比喩·譬喩)하는 말로 쓰임.

지경 경

土部(흙토)11획총14획 │ 영 baundary │ 중 jìng │ 일 キョウ・ケイ(さかい) 【난이도】고등용, 읽기 4급II, 쓰기 3급II

鏡	鏡鏡鏡鏡鏡鏡鏡鏡鏡鏡鏡鏡鏡鏡鏡鏡鏡鏡
	鏡 鏡 鏡 鏡 鏡
거울 경	顯微鏡(현미경) 望遠鏡(망원경) 眼鏡(안경) 鏡架(경가) 龜鏡(귀경) 掛鏡(괘경)
	明鏡止水(명경지수) : 맑은 거울과 고요한 물이라는 뜻으로, 사념(邪念)이 전혀 없는 깨끗한 마음을 비유(比喩·譬喩)해 이르는 말.
金部(쇠금)11획총19획	영mirror 중镜[jìng] 일キョウ(かがみ) 【난이도】고등용, 읽기 4급, 쓰기 3급

警	警警警警警苟苟苟苟警警警警警警警警警警警
	警 警 警 警 警
경계할 경	警察(경찰) 警告(경고) 警戒(경계) 警備艇(경비정) 警察廳(경찰청) 警備(경비)
	警世訓民(경세훈민) : 세상(世上)을 깨우치고 사람들을 타이름. 羽書之警(우서지경) : 전쟁(戰爭) 발발(勃發)의 경보(警報).
言部(말씀언)13획총20획	영warn 중jiān 일ケイ(いましめる) 【난이도】고등용, 읽기 4급II, 쓰기 3급II

系	系系系系系系系
	系 系 系 系 系
이을 계	體系(체계) 系統(계통) 生態系(생태계) 世系(세계) 體系的(체계적) 系列社(계열사)
	直系(직계) : ① 혈연(血緣)이 친자(親子) 관계에 의하여 직접 이어져 있는 계통. ② 사제·단체(團體) 등(等)의 관계(關係)에서, 직접(直接) 잇는 계통(系統).
糸部(실사) 1획총7획	영connect 중xì 일ケイ(つなぐ) 【난이도】고등용, 읽기 4급, 쓰기 3급

戒	戒戒戒戒戒戒戒
	戒 戒 戒 戒 戒
경계할 계	警戒(경계) 懲戒(징계) 訓戒(훈계) 警戒心(경계심) 戒嚴令(계엄령) 鏡戒(경계)
	斷機之戒(단기지계) : 베를 끊는 훈계(訓戒)란 뜻으로, 학업을 중도(中途)에 폐(廢)함은 짜던 피륙의 날을 끊는 것과 같아 아무런 이익이 없다는 훈계(訓戒).
戈部(창과)3획총7획	영warning 중jiè 일カイ(いましめる) 【난이도】고등용, 읽기 4급, 쓰기 3급

係	係係係係係係係係係
	係 係 係 係 係
맬 계	關係(관계) 係長(계장) 係屬(계속) 係關(계관) 係數(계수) 關係國(관계국)
	利害關係(이해관계) : 서로 사이에 이해(利害)가 걸려 있는 관계(關係). 關係者(관계자) : 어떤 일에 관계(關係)되는 사람.
亻部(사람인변) 7획총9획	영tie 중xì 일ケイ(かかり·かかる) 【난이도】고등용, 읽기 4급II, 쓰기 3급II

契

맺을 계

大部(큰대) 6획총9획

契 契 契 契 契 契 契 契 契

契 契 契 契 契

契機(계기) 契約(계약) 契約書(계약서) 隨意契約(수의계약) 甲契(갑계) 契丹(글안)

金蘭契(금란계): ① 친목(親睦)의 뜻으로 친(親)한 친구(親舊)끼리 모은 계.
② 금란지계(金蘭之契).

영sign 중qì 일ケイ(ちぎる) 【난이도】고등용, 읽기 3급Ⅱ, 쓰기 2급

桂

계수나무 계

木部(나무목) 6획총10획

桂 桂 桂 桂 桂 桂 桂 桂 桂 桂

桂 桂 桂 桂 桂

月桂樹(월계수) 官桂(관계) 月桂冠(월계관) 桂冠詩人(계관시인) 桂陽琴(계양금)

桂林一枝(계림일지): 계수나무 숲의 한 가지라는 뜻으로, ① '사람됨이 비범(非凡)
하면서도 겸손(謙遜)함'의 비유. ② '대수롭지 않은 출세(出世)'의 비유.

영cassia 중guì 일ケイ(かつら) 【난이도】고등용, 읽기 3급Ⅱ, 쓰기 2급

械

기계 계

木部(나무목) 7획총11획

械 械 械 械 械 械 械 械 械 械 械

械 械 械 械 械

機械(기계) 機械的(기계적) 器械(기계) 兵械(병계) 捲揚機械(권양기계)

機械之心(기계지심): 책략(策略)을 꾸미는 마음.
機械人形(기계인형): 움직일 수 있게 기계(機械) 장치(裝置)로 된 인형(人形).

영machine 중xiè 일カイ 【난이도】고등용, 읽기 3급Ⅱ, 쓰기 2급

啓

열 계

口部(입구) 8획총11획

啓 啓 啓 啓 啓 啓 啓 啓 啓 啓

啓 啓 啓 啓 啓

啓蒙(계몽) 啓發(계발) 啓蟄(계칩) 啓導(계도) 啓明星(계명성) 啓明(계명)

徑先啓下(경선계하): 정(定)해진 절차(節次)를 밟지 않고 먼저 임금에게 아뢰어 재
가를 받음. 원칙적(原則的)으로 금지(禁止)되어 있음.

영open 중启[qǐ] 일ケイ(ひらく) 【난이도】고등용, 읽기 3급Ⅱ, 쓰기 2급

階

섬돌 계

阝(阜)部(좌부방) 9획총12획

階 階 階 階 階 階 階 階 階 階 階 階

階 階 階 階 階

階級(계급) 階段(계단) 段階(단계) 階層(계층) 段階的(단계적) 層階(층계)

下流階級(하류계급): 신분(身分), 생활(生活) 수준(水準) 따위로 계층(階層)을
나눌 때 제일(第一) 낮은 계층(階層).

영stairs, steps 중阶[jiē] 일カイ 【난이도】고등용, 읽기 4급, 쓰기 3급

繋	繋繋繋繋繋繋繋繋繋繋繋繋繋繋繋繋繋繋
	繋 繋 繋 繋 繋
	連繋(연계) 繋留(계류) 繋屬(계속) 繋縛(계박) 聯繋(연계) 連繋性(연계성)
맬 계	繋頸以組(계경이조) : ① 갓이나 머리에 매는 끈을 목에 맴. ② 목을 매어 죽여 달라는 말로 항복(降伏)한다는 뜻.
糸部(실사)13획총19획	영tie 중系[xi] 일ケイ(かかる・きずな)【난이도】고등용, 읽기 3급, 쓰기 2급

繼	繼繼繼繼繼繼繼繼繼繼繼繼繼繼繼繼繼繼繼繼
	繼 繼 繼 繼 繼
	繼續(계속) 中繼(중계) 繼父(계부) 家繼(가계) 後繼(후계) 繼母(계모) 繼子(계자)
이을 계	夜以繼晝(야이계주) : 「밤에 시작(始作)하여 낮까지 계속(繼續)함」의 뜻으로, 「어떤 일을 밤낮으로 쉬지 않고 함」의 형용(形容).
糸部(실사)14획총20획	영connect 중继[ji] 일継[ケイ](つぐ)【난이도】고등용, 읽기 4급, 쓰기 3급

孤	孤孤孤孤孤孤孤孤
	孤 孤 孤 孤 孤
	孤獨(고독) 孤立(고립) 孤峰(고봉) 孤兒(고아) 孤雲(고운) 孤掌(고장) 孤寂(고적)
외로울 고	孤城落日(고성낙일) : 성(城)이 해가 지려고 하는 곳에 있다는 뜻으로, ① 도움이 없이 고립된 상태(狀態). ② 남은 삶이 얼마 남지 않은 쓸쓸한 심경(心境).
子部(아들자)5획총8획	영lonely 중gū 일コ(みなしご)【난이도】고등용, 읽기 4급, 쓰기 3급

姑	姑姑姑姑姑姑姑姑
	姑 姑 姑 姑 姑
	姑舅(고구) 姑母(고모) 姑母夫(고모부) 姑婦(고부) 姑息(고식) 姑從(고종)
시어미 고	姑息之計(고식지계) : ① 근본(根本) 해결책(解決策)이 아닌 임시(臨時)로 편한 것을 취(取)하는 계책(計策). ② 당장의 편안함만을 꾀하는 일시적(一時的)인 방편(方便).
女部(계집녀)5획총8획	영mother in law 중gū 일コ(しばらく・しゅうと)【난이도】고등용, 읽기 3급Ⅱ, 쓰기 2급

枯	枯枯枯枯枯枯枯枯枯
	枯 枯 枯 枯 枯
	枯渴(고갈) 枯死(고사) 乾枯(건고) 枯葉(고엽) 枯花(고화) 枯木(고목) 枯草(고초)
마를 고	榮枯盛衰(영고성쇠) : 영화(榮華)롭고 마르고 성(盛)하고 쇠함이란 뜻으로, 개인(個人)이나 사회(社會)의 성(盛)하고 쇠함이 서로 뒤바뀌는 현상(現象).
木部(나무목)5획총9획	영wither 중kū 일コ(からす・かれる)【난이도】고등용, 읽기 3급, 쓰기 2급

庫

곳집 고

广部(엄호) 7획 총 10획

庫庫庫庫庫庐庐庫庫庫

庫 庫 庫 庫 庫

倉庫(창고) 國庫(국고) 庫間(곳간) 府庫(부고) 在庫(재고) 庫舍(고사) 寶庫(보고)

九經庫(구경고) : '아홉 가지 경서(經書)에 정통(精通)함'이란 뜻으로, '많은 경서(經書)에 밝고 통(通)함'이라는 말.

영warehouse 중庫[shè] 일コク(くら) 【난이도】고등용, 읽기 4급, 쓰기 3급

鼓

북 고

鼓部(북고) 0획 총 13획

鼓鼓鼓鼓鼓鼓鼓鼓鼓鼓鼓鼓鼓

鼓 鼓 鼓 鼓 鼓

鼓膜(고막) 鼓舞(고무) 鼓舞的(고무적) 鼓手(고수) 鼓吹(고취) 申聞鼓(신문고)

鼓腹擊壤(고복격양) : 배를 두드리고 흙덩이를 친다는 뜻으로, 배불리 먹고 흙덩이를 치는 놀이를 한다, 즉 매우 살기 좋은 시절(時節)을 말함.

영drum 중gǔ 일コ(つづみ) 【난이도】고등용, 읽기 3급Ⅱ, 쓰기 2급

稿

볏짚 고

禾部(벼화) 10획 총 15획

稿稿稿稿稿稿稿稿稿稿稿稿稿稿稿

稿 稿 稿 稿 稿

原稿(원고) 改稿(개고) 草稿(초고) 玉稿(옥고) 原稿紙(원고지) 拙稿(졸고)

寄稿(기고) : ① 신문(新聞), 잡지(雜誌) 따위에 싣기 위(爲)하여 원고(原稿)를 보냄. ② 또는 그 보낸 원고(原稿).

영straw 중gǎo 일コウ(わら·したがき) 【난이도】고등용, 읽기 3급Ⅱ, 쓰기 2급

顧

돌아볼 고

頁部(머리혈) 12획 총 21획

顧顧顧顧顧顧顧顧顧雇雇雇雇顧顧顧顧顧顧顧顧

顧 顧 顧 顧 顧

顧客(고객) 顧命(고명) 顧問(고문) 四顧(사고) 枉顧(왕고) 主顧(주고) 回顧(회고)

三顧草廬(삼고초려) : 유비(劉備)가 제갈공명(諸葛孔明)을 세 번이나 찾아가 군사(軍師)로 초빙(招聘)한 데서 유래한 말로, 임금의 두터운 사랑을 입다라는 뜻.

영look back 중顾[gù] 일コ(かえりみる) 【난이도】고등용, 읽기 3급, 쓰기 2급

哭

울 곡

口部(입구) 7획 총 10획

哭哭哭哭哭哭哭哭哭哭

哭 哭 哭 哭 哭

痛哭(통곡) 哭婢(곡비) 鬼哭(귀곡) 慟哭(통곡) 哭聲(곡성) 哭泣(곡읍) 止哭(지곡)

失性痛哭(실성통곡) : 정신(精神)에 이상(異常)이 생길 정도(程度)로 슬피 통곡(痛哭)함.

영weep 중kū 일コク(なく) 【난이도】고등용, 읽기 4급, 쓰기 3급

207

孔孔孔孔

孔子(공자) 氣孔(기공) 骨多孔症(골다공증) 毛孔(모공) 鼻孔(비공) 穿孔(천공)

孔子穿珠(공자천주) : 공자(孔子)가 구슬을 꿴다는 뜻으로, 어진 사람도 남에게 배울 점이 있다는 말. 孔子(공자) : 중국 춘추시대의 대철학자(哲學者)·사상가.

구멍 공

子部(아들자) 1획 총4획 　영hole　중kǒng　일コウ(あな)　【난이도】고등용, 읽기 4급, 쓰기 3급

攻攻攻攻攻攻攻

攻擊(공격) 攻勢(공세) 攻防(공방) 專攻(전공) 侵攻(침공) 攻駁(공박) 攻掠(공략)

遠交近攻(원교근공) : 먼 나라와 친하고 가까운 나라를 쳐서 점차로 영토를 넓힘, 중국 전국시대에 범저(范雎)가 진왕(秦王)에게 진언(進言)한 외교 정책.

칠 공

攵部(등글월문) 3획 총7획　영attack　중gōng　일コウ(せめる)　【난이도】고등용, 읽기 4급, 쓰기 3급

供供供供供供供供

提供(제공) 供給(공급) 供述(공술) 供養(공양) 供與(공여) 供覽(공람) 法供(법공)

惟正之供(유정지공) : 해마다 의례(儀禮)로 궁중(宮中) 및 서울의 고관(高官)에게 바치던 공물(貢物). 佛供(불공) : 부처의 앞에 공양(供養)하는 일.

이바지할 공

亻部(사람인변) 6획 총8획　영offer　중gòng　일キョウ·ク(そなえる·とも)　【난이도】고등용, 읽기 3급II, 쓰기 2급

恐恐恐恐恐恐恐恐恐恐

恐喝(공갈) 恐怖(공포) 恐龍(공룡) 恐迫(공박) 恐怖心(공포심) 恐慌(공황)

恐喝(공갈) : ① 남으로 하여금 공포심(恐怖心)을 자아내게 하려고 을러서 무섭게 함. ② 거짓말.

두려울 공

心部(마음심) 6획 총10획　영afraid　중kǒng　일キョウ(おそれる·おそろしい)　【난이도】고등용, 읽기 3급II, 쓰기 2급

恭恭恭恭恭恭恭恭恭恭

恭敬(공경) 恭遜(공손) 恭惟(공유) 恭虔(공건) 恭儉(공검) 謙恭(겸공) 恭順(공순)

恭賀新年(공하신년) : 삼가 새해를 축하(祝賀)함.
恭賀新禧(공하신희) : ☞ 근하신년(謹賀新年).

공손할 공

心(忄)部(마음심) 6획 총10획　영respectful　중gōng　일キョウ(うやうやしい)　【난이도】고등용, 읽기 3급II, 쓰기 2급

貢貢貢貢貢貢貢貢貢貢

바칠 공

貝部(조개패) 3획 총10획

貢納(공납) 貢物(공물) 貢獻(공헌) 年貢(연공) 歲貢(세공) 子貢(자공) 朝貢(조공)

朝貢(조공) : 옛날 종주국(宗主國)에 속국(屬國)이 때맞추어 예물(禮物)로 물건을 바치는 일. 惟正之貢(유정지공) : ☞ 유정지공(惟正之供).

영 tribute 중 贡[gòng] 일 コウ·ク(みつぐ) 【난이도】 고등용, 읽기 3급II, 쓰기 2급

誇誇誇誇誇誇誇誇誇誇誇誇誇

자랑할 과

言部(말씀언) 6획 총13획

誇張(과장) 誇示(과시) 誇大(과대) 誇矜(과긍) 矜誇(긍과) 浮誇(부과) 自誇(자과)

誇大妄想(과대망상) : 턱없이 과장(誇張)하여 엉뚱하게 생각함.

自誇自尊(자과자존) : 제 스스로를 자랑하고 높임.

영 pride 중 夸[kuā] 일 コ(ほこる) 【난이도】 고등용, 읽기 3급II, 쓰기 2급

寡寡寡寡寡寡寡寡寡寡寡寡寡寡

적을 과

宀部(갓머리) 11획 총14획

寡默(과묵) 寡婦(과부) 寡宅(과택) 多寡(다과) 獨寡占(독과점) 衆寡(중과)

衆寡不敵(중과부적) : ① 적은 수효(數爻)로 많은 수효(數爻)를 대적(對敵)하지 못한다는 뜻. ② 적은 사람으로는 많은 사람을 이기지 못함.

영 few 중 guǎ 일 カ(すない) 【난이도】 고등용, 읽기 3급II, 쓰기 2급

郭郭郭郭郭郭郭郭郭郭郭

외성 곽

阝(邑)部(우부방) 8획 총11획

郭内(곽내) 外郭(외곽) 城郭(성곽) 郭公(곽공) 玄風郭(현풍곽) 清州郭(청주곽)

南郭濫吹(남곽남취) : 남곽(南郭)이 함부로 분다는 뜻으로, 학예(學藝)에 전문(專門) 지식(知識)도 없이 함부로 날뜀을 두고 이르는 말.

영 outer wall 중 guō 일 カク(くるみ) 【난이도】 고등용, 읽기 3급, 쓰기 2급

冠冠冠冠冠冠冠冠冠

갓 관

冖部(민갓머리) 7획 총9획

冠根(관근) 冠禮(관례) 冠帽(관모) 冠詞(관사) 冠岳區(관악구) 冠婚(관혼)

李下不整冠(이하부정관) : 오얏(자두)나무 밑에서 갓을 고쳐 쓰면 오얏 도둑으로 오해받기 쉬우므로 그런 곳에서는 갓을 고쳐 쓰지 말라는 뜻으로, 남에게 의심받을 만한 일은 아예 하지 말라는 말.

영 crown 중 guàn 일 カン(かんむり) 【난이도】 고등용, 읽기 3급II, 쓰기 2급

貫 꿸 관 貝部(조개패) 4획 총11획	貫 貫 貫 貫 貫 貫 貫 貫 貫 貫 貫 貫 貫 貫 貫 貫 貫徹(관철) 本貫(본관) 貫通(관통) 貫鄕(관향) 貫籍(관적) 貫流(관류) 鄕貫(향관) 始終一貫(시종일관) : 처음부터 끝까지 한결같이 관철(貫徹)함. 初志一貫(초지일관) : 처음에 세운 뜻을 이루려고 끝까지 밀고 나감. 영pierce 중貫[guàn] 일カン(つらぬく) 【난이도】 고등용, 읽기 3급Ⅱ, 쓰기 2급

管 대롱 관 竹部(대죽) 8획총14획	管 管 管 管 管 管 管 管 管 管 管 管 管 管 管 管 管 管 管 管理(관리) 保管(보관) 管轄(관할) 主管(주관) 移管(이관) 血管(혈관) 雷管(뇌관) 管鮑之交(관포지교) : 옛날 중국의 관중(管仲)과 포숙(鮑叔)처럼 친구 사이가 다정(多情)함을 이르는 말로, 친구 사이의 매우 다정하고 허물없는 교제(交際). 영pipe, manage 중guǎn 일カン(くだ) 【난이도】 고등용, 읽기 4급, 쓰기 3급

慣 익숙할 관 忄部(심방변)11획총14획	慣 慣 慣 慣 慣 慣 慣 慣 慣 慣 慣 慣 慣 慣 慣 慣 慣 慣 慣 慣行(관행) 習慣(습관) 慣習(관습) 慣性(관성) 慣例(관례) 習慣性(습관성) 習慣成自然(습관성자연) : 습관(習慣)은 종내 타고난 천성(天性)과 같이 됨을 이름. 習慣若自然(습관약자연) : 습관(習慣)은 종내 타고난 천성(天性)과 같이 됨을 이름. 영accustomed 중慣[guàn] 일カン(ならす·なれる)【난이도】 고등용, 읽기3급Ⅱ, 쓰기 2급

寬 너그러울 관 宀部(갓머리)12획총15획	寬 寬 寬 寬 寬 寬 寬 寬 寬 寬 寬 寬 寬 寬 寬 寬 寬 寬 寬 寬 寬大(관대) 寬容(관용) 寬弘(관홍) 寬待(관대) 寬政(관정) 寬仁(관인) 寬厚(관후) 寬大長者(관대장자) : 너그럽고 덕망이 있어 여러 사람의 위에 설 수 있는 사람. 水寬魚大(수관어대) : 깊고 넓은 물에는 큰 고기가 깃듦. 영generous 중寬[kuān] 일寬[カン] 【난이도】 고등용, 읽기 3급Ⅱ, 쓰기 2급

館 객사 관 食部(밥식) 8획총17획	館 館 館 館 館 館 館 館 館 館 館 館 館 館 館 館 館 館 館 館 館 館 博物館(박물관) 大使館(대사관) 白堊館(백악관) 圖書館(도서관) 公館(공관) 國會圖書館(국회도서관) : 국회의원들이 직무 수행(遂行)에 필요(必要)한 조사(調査)연구(研究)를 위(爲)하여 설립(設立)한 도서관(圖書館). 영lodge 중馆[guǎn] 일カン(やかた) 【난이도】 고등용, 읽기 3급Ⅱ, 쓰기 2급

狂

미칠 광

犭部(개사슴록변) 4획 총7획

狂狂狂狂狂狂狂

| 狂 | 狂 | 狂 | 狂 | 狂 | | | |

熱狂(열광) 狂風(광풍) 狂氣(광기) 狂奔(광분) 狂犬(광견) 狂歌(광가) 狂畵(광화)

狂夫之言(광부지언) : ① 미친 사내의 말. ② 미친 사람의 말.
狂蕩之人(광탕지인) : 방탕함으로써 예의 범절을 무시하는 사람.

영mad 중kuáng 일キョウ(くるう·くるおしい) 【난이도】 고등용, 읽기 3급II, 쓰기 2급

鑛

쇳돌 광

金部(쇠금) 15획 총23획

鑛鑛鑛鑛鑛鑛鑛鑛鑛鑛鑛鑛鑛鑛鑛鑛鑛鑛鑛鑛鑛

| 鑛 | 鑛 | 鑛 | 鑛 | 鑛 | | | |

鑛物(광물) 炭鑛(탄광) 鑛石(광석) 磁鐵鑛(자철광) 鑛區(광구) 廢鑛(폐광)

鑛區(광구) : 광업권자(鑛業權者)가 관청(官廳)의 허가(許可)를 얻어 광물(鑛物)을 채굴(採掘)할 수 있는 구역(區域).

영mineral 중矿[kuàng] 일鉱[コウ](あらがね) 【난이도】 고등용, 읽기 4급, 쓰기 3급

掛

걸 괘

扌(手)部(재방변) 8획 총11획

掛掛掛掛掛掛掛掛掛掛掛

| 掛 | 掛 | 掛 | 掛 | 掛 | | | |

掛金(괘금) 掛鏡(괘경) 掛竿(괘간) 掛念(괘념) 掛圖(괘도) 掛鐘(괘종) 掛書(괘서)

牛角掛書(우각괘서) : 소의 뿔에 책을 걸어 놓는다는 뜻으로, 소를 타고 독서함을 이르는 말. 즉, 시간을 아껴 오로지 공부하는 데 힘쓰는 태도를 비유함.

영hang 중挂[guà] 일ケ·カイ(かける) 【난이도】 고등용, 읽기 3급, 쓰기 2급

怪

괴이할 괴

忄部(심방변) 5획 총8획

怪怪怪怪怪怪怪怪

| 怪 | 怪 | 怪 | 怪 | 怪 | | | |

怪傑(괴걸) 怪疾(괴질) 迂怪(우괴) 駭怪(해괴) 奇怪(기괴) 怪常(괴상) 怪漢(괴한)

駭怪罔測(해괴망측) : 헤아릴 수도 없을 만큼 몹시 괴이(怪異)함.
駭遁(해둔) : 놀라서 달아남.

영strange 중guài 일カイ(あやしい·あやしむ) 【난이도】 고등용, 읽기 3급II, 쓰기 2급

塊

덩어리 괴

土部(흙토) 10획 총13획

塊塊塊塊塊塊塊塊塊塊塊塊塊

| 塊 | 塊 | 塊 | 塊 | 塊 | | | |

剛塊(강괴) 團塊(단괴) 大塊(대괴) 塊莖(괴경) 金塊(금괴) 氷塊(빙괴) 山塊(산괴)

礫塊(역괴) : 자갈과 흙덩이라는 뜻으로, 아무 가치(價値)도 없는 물건(物件)의 비유(比喩·譬喩).

영lump of earth 중kuài 일カイ(かたまり) 【난이도】 고등용, 읽기 3급, 쓰기 2급

愧

부끄러워할 괴

愧愧愧愧愧愧愧愧愧愧愧愧愧

愧 愧 愧 愧 愧

慙愧(참괴) 自愧(자괴) 感愧(감괴) 面愧(면괴) 愧死(괴사) 愧心(괴심) 愧汗(괴한)

恬不爲愧(염불위괴) : 올바르지 못한 일을 하고도 조금도 부끄러워하지 않음.
恬而不知怪(염이부지괴) : 평범(平凡)히 보아 넘겨 이상히 여기지 아니함.

忄部(심방변)10획총13획 영bashful 중kuì 일キ(はじる) 【난이도】 고등용, 읽기 3급, 쓰기 2급

壞

무너질 괴

壞壞壞壞壞壞壞壞壞壞壞壞壞壞壞

壞 壞 壞 壞 壞

崩壞(붕괴) 破壞(파괴) 壞苦(괴고) 壞決(괴결) 壞滅(괴멸) 壞廢(괴폐) 損壞(손괴)

壞汝萬里長城(괴여만리장성) : 「스스로 만리장성(萬里長城)을 허물어 버린다」
는 뜻으로, 어리석은 생각에서 일을 그르치게 한다는 뜻.

土部(흙토)16획총19획 영collapse 중坏[huài] 일壊[カイ](こわれる) 【난이도】 고등용, 읽기 3급Ⅱ, 쓰기 2급

巧

공교로울 교

巧巧巧巧巧

巧 巧 巧 巧 巧

巧妙(교묘) 巧辯(교변) 巧言(교언) 工巧(공교) 技巧(기교) 精巧(정교) 慧巧(혜교)

巧言令色(교언영색) : 남의 환심(歡心)을 사기 위(爲)해 교묘(巧妙)히 꾸며서 하
는 말과 아첨(阿諂)하는 얼굴빛.

工部(장인공) 2획총5획 영skilful 중qiǎo 일コウ(たくみ) 【난이도】 고등용, 읽기 3급Ⅱ, 쓰기 2급

郊

들 교

郊郊郊郊郊郊郊郊郊

郊 郊 郊 郊 郊

郊外(교외) 郊里(교리) 江郊(강교) 近郊(근교) 郊野(교야) 郊祭(교제) 郊原(교원)

近郊農業(근교농업) : 도시에 내다 팔기 위하여 도시 가까운 들에서 이루어지는 집약
적(集約的)인 농업(農業). 주(主)로 채소(菜蔬), 과실(果實), 꽃 따위를 심어 가꿈.

阝(邑)部(우부방)6획총9획 영suburb 중jiāo 일コウ(はずれ) 【난이도】 고등용, 읽기 3급, 쓰기 2급

較

비교할 교

較較較較較較較較較較較較較

較 較 較 較 較

比較(비교) 比較的(비교적) 比較測定器(비교측정기) 比較生勿學(비교생물학)

長短相較(장단상교) : 길고 짧음은 상대적(相對的) 관계(關係)에서 비교(比較)할 수
있음을 이르는 말.

車部(수레거)6획총13획 영compare 중较[jiào] 일カク(らべる) 【난이도】 고등용, 읽기 3급Ⅱ, 쓰기 2급

矯

바로잡을 교

矢部(화살시)12획총17획

矯導(교도) 矯監(교감) 矯導所(교도소) 矯正(교정) 矯直(교직) 矯革(교혁)

矯角殺牛(교각살우) : '쇠뿔을 바로 잡으려다 소를 죽인다'라는 뜻으로, 결점(缺點)이나 흠을 고치려다 수단(手段)이 지나쳐 도리어 일을 그르침.

영reform 중矫[jiǎo] 일キョウ(ためる) 【난이도】고등용, 읽기 3급, 쓰기 2급

丘

언덕 구

一部(한일) 4획총5획

殘丘(잔구) 丘陵(구릉) 三丘(삼구) 蓬丘(봉구) 丘墳(구분) 丘塚(구총) 丘墓(구묘)

首丘初心(수구초심) : 여우는 죽을 때 구릉을 향해 머리를 두고 초심으로 돌아간다라는 뜻으로, ① 근본을 잊지 않음. ② 또는 죽어서라도 고향 땅에 묻히고 싶어하는 마음.

영hill 중qiū 일キュウ(おか) 【난이도】고등용, 읽기 3급II, 쓰기 2급

狗

개 구

犭部(개사슴록변) 5획총8획

狗加(구가) 畜狗(축구) 狗肉(구육) 狗黃(구황) 堂狗(당구) 狗耶(구야) 海狗(해구)

兔死狗烹(토사구팽) : 「사냥하러 가서 토끼를 잡으면, 사냥하던 개는 쓸모가 없게 되어 삶아 먹는다」는 뜻으로, ①필요할 때 요긴하게 써 먹고 쓸모가 없어지면 가혹하게 버린다는 뜻.

영dog 중gǒu 일ク·コウ(いぬ) 【난이도】고등용, 읽기 3급, 쓰기 2급

拘

잡을 구

扌(手)部(재방변) 5획총8획

拘束(구속) 不拘(불구) 拘留(구류) 不拘束(불구속) 拘置所(구치소) 拘禁(구금)

拘束令狀(구속영장) : (법률(法律)·법학) 피의자의 신체(身體)를 구속(拘束)하는 명령서(命令書). 검사(檢事)의 신청(申請)으로 판사(判事)가 발부(發付)함.

영catch 중jū 일コウ(かかわる) 【난이도】고등용, 읽기 3급II, 쓰기 2급

具

갖출 구

八部(여덟팔) 6획총8획

具備(구비) 具現(구현) 家具(가구) 器具(기구) 茶具(다구) 道具(도구) 不具(불구)

拜具(배구) : '삼가 글월을 갖춘다'는 뜻으로, 편지(便紙)의 끝에 써서 받을이에게 경의(敬意)를 표(表)하는 말.

영equipped 중jù 일グ(そなえる) 【난이도】고등용, 읽기 5급II, 쓰기 4급II

苟

진실로 구

艹部(초두머리)5획 총9획

苟苟苟苟苟苟苟苟苟

苟 苟 苟 苟 苟

苟且(구차) 苟安(구안) 苟生(구생) 苟合(구합) 艱苟(간구) 苟充(구충) 苟活(구활)

苟命圖生(구명도생) : 구차스럽게 겨우 목숨만을 보전하며 부질없이 살아감을 이르는 말.
苟全性命(구전성명) : 구차(苟且)하게 생명(生命)을 보전(保全)함.

영lame 중苟[gǒu] 일苟[コウ](いやしくも) 【난이도】고등용, 읽기 3급, 쓰기 2급

俱

함께 구

亻部(사람인)8획총10획

俱俱俱俱俱俱俱俱俱俱

俱 俱 俱 俱 俱

俱慶下(구경하) 俱現(구현) 俱備(구비) 俱存(구존) 俱樂部(구락부) 俱沒(구몰)

不俱戴天之讐(불구대천지수) : 한 하늘을 이고 살 수 없을 만큼 깊은 원수(怨讐). 원래(原來)는 아버지의 원수(怨讐)를 의미(意味).

영together 중jù 일ク・グ(ともに) 【난이도】고등용, 읽기 3급, 쓰기 2급

區

구분할 구

匚部(감출혜)9획총11획

區區區區區區區區區區區

區 區 區 區 區

區域(구역) 區分(구분) 區別(구별) 區間(구간) 區民(구민) 區劃(구획) 區廳(구청)

區區不一(구구불일) : 제각기 달라서 일치(一致)하지 아니함.
名區勝地(명구승지) : 이름난 지구(地區)와 경치(景致) 좋은 곳.

영separately 중区[qū] 일区[ク](まち) 【난이도】고등용, 읽기 6급, 쓰기 5급

球

공 구

王部(구슬옥)7획총11획

球球球球球球球球球球球

球 球 球 球 球

地球(지구) 蹴球(축구) 地球村(지구촌) 卓球(탁구) 牽制球(견제구) 野球(야구)

全力投球(전력투구) : ① (어떤 일에) 모든 힘을 다 기울임. ② 야구(野球)에서, 투수(投手)가 타자(打者)를 상대(相對)로 모든 힘을 기울여 공을 던지는 것.

영beads 중qiú 일キュウ(たま) 【난이도】고등용, 읽기 6급Ⅱ, 쓰기 5급Ⅱ

構

얽을 구

木部(나무목)10획총14획

構構構構構構構構構構構構構構

構 構 構 構 構

構造(구조) 構成(구성) 構築(구축) 機構(기구) 構成員(구성원) 構想(구상)

構造調整(구조조정) : 기업(企業)이나 산업(産業)의 구조적(構造的)인 불합리(不合理)한 점(點)을 해결(解決)하거나 조정(調整)하는 일.

영frame 중构[gòu] 일コウ(かまう・かまえる) 【난이도】고등용, 읽기 4급, 쓰기 3급

龜

거북 구/귀/균

龜部(거북구)0획총16획

龜裂(균열) 龜坼(균탁) 龜裂(균렬) 龜鏡(귀경) 龜鑑(구감) 龜坼(귀탁) 龜船(구선)

盲龜遇木(맹귀우목) : 눈먼 거북이 물에 뜬 나무를 만났다는 뜻으로, 어려운 지경(地境)에 뜻밖의 행운(幸運)을 만나 어려움을 면하게 됨을 이르는 말.

영tortoise 중龟[jūn] 일亀[キ](かめ) 【난이도】고등용, 읽기 3급, 쓰기 2급

懼

두려워할 구

忄部(심방변)18획총21획

懼憂(구우) 恐懼(공구) 愧懼(괴구) 兢懼(긍구) 悚懼(송구) 畏懼(외구) 疑懼(의구)

多男多懼(다남다구) : 아들을 많이 두면 여러 가지로 두려움과 근심 걱정이 많음.

喜懼之心(희구지심) : 한편으로는 기쁘면서 한편으로는 두려운 마음.

영fear 중惧[jù] 일ク·グ(おそれる·おどろく) 【난이도】고등용, 읽기 3급, 쓰기 2급

驅

몰 구

馬部(말마)11획총21획

驅迫(구박) 驅使(구사) 驅逐艦(구축함) 驅逐(구축) 驅蟲(구충) 先驅者(선구자)

爲叢驅雀(위총구작) : 자기(自己)를 이롭게 하려다가 도리어 남을 이롭게 하는 일을 이르는 말. 驅馳(구치) : 말이나 수레를 몰아 빨리 달림.

영drive 중驱[qū] 일驅[ク](かける·かる) 【난이도】고등용, 읽기 3급, 쓰기 2급

局

판 국

尸部(주검시)4획총7획

結局(결국) 當局(당국) 局長(국장) 局限(국한) 政局(정국) 破局(파국) 藥局(약국)

局面(국면) : ① 일이 되어 나가는 상태(狀態) 또는 그 장면(場面). ② 승패(勝敗)를 겨루기 위(爲)한 바둑, 장기판(將棋板)의 형세(形勢).

영bureau 중jú 일キョク(つぼね) 【난이도】고등용, 읽기 5급II, 쓰기 4급II

菊

국화 국

⺿部(초두머리)8획총12획

菊花(국화) 黃菊(황국) 楓菊(풍국) 甘菊(감국) 霜菊(상국) 觀菊(관국) 大菊(대국)

梅蘭菊竹(매란국죽) : 매화(梅花)·난초(蘭草)·국화(菊花)·대나무(竹), 즉 사군자(四君子)를 말함.

영chrysanthemum 중jú 일キク(きく) 【난이도】고등용, 읽기 3급II, 쓰기 2급

高等用

215

群

무리 군

羊部(양양)7획총13획

群群群群群群君君君群群群群

群群群群群

群舞(군무) 群山(군산) 群像(군상) 群衆(군중) 群花(군화) 出群(출군) 學群(학군)

群鷄一鶴(군계일학) : 무리 지어 있는 닭 가운데 있는 한 마리의 학이라는 뜻으로, 여러 평범(平凡)한 사람들 가운데 있는 뛰어난 한 사람을 이르는 말.

영crowd 중qún 일グン(むら・むれ・むれる)【난이도】고등용, 읽기 4급, 쓰기 3급

屈

굽힐 굴

尸部(주검시)5획총8획

屈屈屈屈屈屈屈屈

屈屈屈屈屈

屈伏(굴복) 屈服(굴복) 屈辱(굴욕) 屈原(굴원) 屈折(굴절) 屈强(굴강) 屈曲(굴곡)

不撓不屈(불요불굴) : 휘지도 않고 굽히지도 않는다는 뜻으로, 어떤 난관도 꿋꿋이 견디어 나감을 이르는 말.

영stooped 중qū 일クツ(かがむ)【난이도】고등용, 읽기 4급, 쓰기 3급

宮

집 궁

宀部(갓머리)7획총10획

宮宮宮宮宮宮宮宮宮宮

宮宮宮宮宮

宮闕(궁궐) 宮女(궁녀) 宮殿(궁전) 宮中(궁중) 景福宮(경복궁) 尙宮(상궁)

月宮姮娥(월궁항아) : ① 전설에서, 달에 있는 궁(宮)에 산다는 선녀(仙女). ② 견줄 만한 사람이 없을 정도로 아름다운 여자를 비유적으로 이르는 말.

영palace 중gōng 일キュウ・グウ・ク(みや)【난이도】고등용, 읽기 4급Ⅱ, 쓰기 3급Ⅱ

窮

다할 궁

穴部(구멍혈)10획총15획

窮窮窮窮窮窮窮窮窮窮窮窮窮

窮窮窮窮窮

窮極的(궁극적) 無窮花(무궁화) 窮理(궁리) 困窮(곤궁) 追窮(추궁) 窮塞(궁색)

窮鼠齧猫(궁서설묘) : 궁지(窮地)에 몰린 쥐가 기를 쓰고 고양이를 물어 뜯는다는 뜻으로, 곧 사지(死地)에 몰린 약자가 강적에게 필사적으로 반항함을 비유해 이르는말.

영finish 중穷[qióng] 일キュウ(きわまる)【난이도】고등용, 읽기 4급, 쓰기 3급

券

문서 권

刀部(칼도)6획총8획

券券券券券券券券

券券券券券

債券(채권) 福券(복권) 證券(증권) 旅券(여권) 高額券(고액권) 乘車券(승차권)

商品券(상품권) : 액면에 상당(相當)하는 상품(商品)과 교환(交換)할 수 있는, 상점(商店)이 발행(發行)하는 무기명(無記名) 유가증권(有價證券).

영document 중券[quàn] 일券[ケン](てがた)【난이도】고등용, 읽기 4급, 쓰기 3급

拳

주먹 권

拳拳拳拳拳拳拳拳拳拳

跆拳道(태권도) 拳銃(권총) 拳鬪(권투) 跆拳(태권) 蓮花拳印(연화권인) 鐵拳(철권)

赤手空拳(적수공권) : 맨손과 맨주먹이란 뜻으로, 곧 아무 것도 가진 것이 없음.
鐵拳(철권) : 쇠뭉치같이 단단한 주먹.

手部(손수)6획총10획 ｜ 영fist 중拳[quán] 일拳[ケン](こぶし) 【난이도】 고등용, 읽기 3급Ⅱ, 쓰기 2급

厥

그 궐

厥厥厥厥厥厥厥厥厥厥厥厥

厥角(궐각) 厥公(궐공) 厥女(궐녀) 厥明(궐명) 厥也(궐야) 厥者(궐자) 突厥(돌궐)

突厥語(돌궐어) : 고대 튀르크어의 방언(方言)의 하나. 튀르크어의 가장 오래 된 비문(碑文)인 8세기 경의 오르콘 비문의 언어. 돌궐(突厥) 문자(文字)로 새겨져 있음.

厂部(민엄호)10획총12획 ｜ 영that 중jué 일ケツ(それ) 【난이도】 고등용, 읽기 3급, 쓰기 2급

軌

수레바퀴 궤

軌軌軌軌軌軌軌軌軌

軌道(궤도) 常軌(상궤) 本軌道(본궤도) 軌迹(궤적) 軌跡(궤적) 範軌(범궤)

同文同軌(동문동궤) : 각 나라의 문자(文字)가 같고 수레 만드는 법이 같다는 뜻으로, 천하(天下)가 통일(統一)되어 한 임금에게 충성(忠誠)함을 이르는 말.

車部(수레거) 2획총9획 ｜ 영track 중軌[guǐ] 일キ(わだち) 【난이도】 고등용, 읽기 3급, 쓰기 2급

鬼

귀신 귀

鬼鬼鬼鬼鬼鬼鬼鬼鬼鬼

魔鬼(마귀) 鬼神(귀신) 鬼哭(귀곡) 惡鬼(악귀) 瘟鬼(온귀) 餓鬼(아귀) 疫鬼(역귀)

神出鬼沒(신출귀몰) : 귀신(鬼神)처럼 자유자재(自由自在)로 나타나기도 하고, 숨기도 한다는 뜻으로, 날쌔게 나타났다 숨었다 하는 모양(模樣)을 이르는 말.

鬼部(귀신귀)0획 총10획 ｜ 영ghost 중guǐ 일キ(おに) 【난이도】 고등용, 읽기 3급Ⅱ, 쓰기 2급

叫

부르짖을 규

叫叫叫叫叫

絶叫(절규) 叫彈(규탄) 叫喚地獄(규환지옥) 叫聲(규성) 聽叫(청규) 叫騷(규소)

阿鼻叫喚(아비규환) : 아비 지옥과 규환 지옥이라는 뜻으로, 여러 사람이 비참한 지경에 처하여 그 고통에서 헤어나려고 비명을 지르며 몸부림침을 형용해 이르는 말.

口部(입구) 2획총5획 ｜ 영cry 중jiào 일キョウ(さけぶ) 【난이도】 고등용, 읽기 3급, 쓰기 2급

糾	糾 糾 糾 糾 糾 糾 糾 糾
	糾 糾 糾 糾 糾
얽힐 규	糾明(규명) 紛糾(분규) 糾彈(규탄) 糾合(규합) 糾錯(규착) 糾問(규문) 監糾(감규)
	監察糾正(감찰규정) : 고려시대, 감찰사(監察司)의 종6품 벼슬. 또는 그 벼슬아치. 공민왕 11년(1362)에 감찰어사(監察御史)를 고친 이름이다. "監察司"를 참고하라.
糸部(실사) 2획총8획	영entangled 중纠[jiū] 일キュウ(ただす) 【난이도】고등용, 읽기 3급, 쓰기 2급

規	規 規 規 規 規 規 規 規 規 規 規
	規 規 規 規 規
법 규	規格(규격) 規範(규범) 規定(규정) 規制(규제) 規則(규칙) 大規模(대규모)
	過失相規(과실상규) : 잘못을 서로 고쳐 줌. 切磨箴規(절마잠규) : 열심히 닦고 배워서 사람으로서의 도리(道理)를 지켜야 함.
見部(볼견) 4획총11획	영rule 중規[guī] 일キ(のり) 【난이도】고등용, 읽기 5급, 쓰기 4급

菌	菌 菌 菌 菌 菌 菌 菌 菌 菌 菌 菌 菌
	菌 菌 菌 菌 菌
버섯 균	細菌(세균) 殺菌(살균) 病菌(병균) 菌蓋(균개) 滅菌(멸균) 病原菌(병원균)
	菌交代症(균교대증) : 항생 물질 등을 사용함으로 해서, 약을 쓰면 없애려고 하는 세균(細菌)은 줄거나 죽지만 다른 세균이 도리어 성하게 되어 생기는 병(病).
⺿部(초두머리)8획총12획	영mushroom 중菌[jūn] 일菌[キン](きのこ) 【난이도】고등용, 읽기 3급II, 쓰기 2급

克	克 克 克 克 克 克 克
	克 克 克 克 克
이길 극	克服(극복) 金克己(김극기) 克明(극명) 克家(극가) 永川克(영천극) 克孝(극효)
	克己復禮(극기복례) : 욕망(慾望)이나 사(詐)된 마음 등(等)을 자기자신(自己自身)의 의지력(意志力)으로 억제(抑制)하고 예의(禮儀)에 어그러지지 않도록 함.
儿部(어진사람인발)5획총7획	영overcome 중kè 일コク(かつ) 【난이도】고등용, 읽기 3급II, 쓰기 2급

劇	劇 劇 劇 劇 劇 劇 劇 劇 劇 劇 劇 劇 劇 劇 劇
	劇 劇 劇 劇 劇
심할 극	演劇(연극) 悲劇(비극) 劇的(극적) 諷刺劇(풍자극) 劇藝術(극예술) 劇場(극장)
	輕歌劇(경가극) : 오페라, 뮤지컬 플레이 등(等)과 같이 가벼운 희극(喜劇) 속에 통속적(通俗的)인 노래나 춤을 넣은 오락성(娛樂性)이 풍부한 음악극(音樂劇).
⺉部(선칼도방)13획총15획	영violent 중剧[jù] 일ゲキ(はげしい) 【난이도】고등용, 읽기 4급, 쓰기 3급

斤斤斤斤

斤 斤 斤 斤 斤

千斤(천근) 斤兩(근량) 萬斤(만근) 斤量(근량) 半斤(반근) 作斤(작근) 解斤(해근)

千斤萬斤(천근만근) : 무게가 천 근이나 만 근이 된다는 뜻으로, '아주 무거움'을 뜻하는 말. 千斤力士(천근역사) : 천 근을 들어올릴 만한 장사. 곧, 힘이 썩 센 사람.

도끼 근

斤部(도끼근) 0획총4획 / 영axe, pound 중jīn 일キン(おの) 【난이도】 고등용, 읽기 3급, 쓰기 2급

僅僅僅僅僅僅僅僅僅僅僅僅

僅 僅 僅 僅 僅

僅少(근소) 僅僅(근근) 幾死僅生(기사근생) 捉頭僅捉尾(착두근착미)

僅具人形(근구인형) : ① 겨우 사람의 형상(形象・形像)을 갖춤.
② 인간의 모습만 갖추고 속이 빈 철없는 사람을 비유적(比喩的)으로 이르는 말.

겨우 근

亻部(사람인변)11획총13획 / 영recently 중仅[jǐn] 일キン(わずか) 【난이도】 고등용, 읽기 3급, 쓰기 2급

謹謹謹謹謹謹謹謹謹謹謹謹謹謹謹謹

謹 謹 謹 謹 謹

謹告(근고) 謹悼(근도) 謹封(근봉) 謹愼(근신) 謹呈(근정) 謹弔(근조) 兼謹(겸근)

謹封(근봉) : ① 사주단자 등을 싼 보자기에 끼우는 근봉이라는 두 글자를 쓴 종이.
② 삼가 봉한다는 뜻으로, 편지(便紙)나 소포(小包)의 겉을 봉한 자리에 쓰는 말.

삼갈 근

言部(말씀언)11획총18획 / 영refain, respectful 중谨[jǐn] 일キン(つつしむ) 【난이도】 고등용, 읽기 3급, 쓰기 2급

琴琴琴琴琴琴琴琴琴琴琴琴

琴 琴 琴 琴 琴

琴徽(금휘) 伽倻琴(가야금) 心琴(심금) 奚琴(해금) 彈琴臺(탄금대) 徽琴(휘금)

琴瑟之樂(금슬지락) : 거문고와 비파(琵琶)의 조화로운 소리라는 뜻으로, 부부(夫婦) 사이의 다정(多情)하고 화목(和睦)한 즐거움.

거문고 금

王部(구슬옥)8획총12획 / 영harp 중qín 일キン(こと) 【난이도】 고등용, 읽기 3급II, 쓰기 2급

禽禽禽禽禽禽禽禽禽禽禽禽禽

禽 禽 禽 禽 禽

禽獲(금획) 家禽(가금) 露禽(노금) 猛禽(맹금) 仙禽(선금) 胎禽(태금) 寒禽(한금)

禽獸(금수) : 날짐승과 길짐승이라는 뜻으로, ① 즉 모든 짐승을 말함. ② 무례(無禮)하고 추잡(醜雜)한 행실(行實)을 하는 사람을 빗대어 하는 말.

새 금

内部(짐승발자국유)8획총13획 / 영birds 중qíno 일キン(とらえる・とり) 【난이도】 고등용, 읽기 3급II, 쓰기 2급

錦	錦錦錦錦錦錦錦錦錦錦錦錦錦錦錦
	錦　錦　錦　錦　錦
비단 금	錦衣(금의) 錦江(금강) 錦繡(금수) 反錦(반금) 錦還(금환) 錦袈(금가) 錦山(금산)
	錦衣還鄕(금의환향) : 「비단옷(緋緞-) 입고 고향(故鄕)에 돌아온다」는 뜻으로, 출세(出世)하여 고향(故鄕)에 돌아옴을 이르는 말.
金部(쇠금)8획총16획	영silk 중錦[jǐn] 일キン(にしき) 【난이도】 고등용, 읽기 3급Ⅱ, 쓰기 2급

級	級級級級級級級級級級
	級　級　級　級　級
차례 급	階級(계급) 等級(등급) 上級(상급) 高級(고급) 各級(각급) 下級審(하급심)
	下流階級(하류계급) : 신분(身分), 생활(生活) 수준(水準) 따위로 계층(階層)을 나눌 때 제일(第一) 낮은 계층(階層).
糸部(실사)4획총10획	영grade 중級[jí] 일キュウ(しな) 【난이도】 고등용, 읽기 6급, 쓰기 5급

肯	肯肯肯肯肯肯肯肯
	肯　肯　肯　肯　肯
즐길 긍	肯定的(긍정적) 首肯(수긍) 肯定(긍정) 肯可(긍가) 肯志(긍지) 不肯(불긍)
	肯構肯堂(긍구긍당) : 아버지가 업을 시작(始作)하고 자식(子息)이 이것을 이음. 不肯底意(불긍저의) : 마음에 즐기지 아니함.
月部(육달월)4획총8획	영enjoy 중肯[kěn] 일コウ(うなずく) 【난이도】 고등용, 읽기 3급, 쓰기 2급

企	企企企企企企
	企　企　企　企　企
꾀할 기	企業(기업) 企待(기대) 企劃(기획) 大企業(대기업) 企圖(기도) 公企業(공기업)
	中小企業(중소기업) : 자본금(資本金)이나 시설(施設)·종업원(從業員)의 수 등(等)이 중소(中小) 규모(規模)인 기업(企業).
人部(사람인)4획총6획	영scheme 중企[qǐ] 일キ(くわだてる) 【난이도】 읽기 3급Ⅱ, 쓰기 2급

忌	忌忌忌忌忌忌忌
	忌　忌　忌　忌　忌
꺼릴 기	忌避(기피) 禁忌(금기) 猜忌(시기) 妬忌(투기) 忌諱(기휘) 忌憚(기탄) 忌妬(기투)
	入山忌虎(입산기호) : 「산에 들어가 놓고 범 잡기를 꺼린다」는 뜻으로, 막상 일을 당하면 처음과 달리 뒤로 꽁무니를 뺌을 이르는 말.
心部(마음심)3획총7획	영avoid 중忌[jì] 일キ(いまわしい·いむ) 【난이도】 고등용, 읽기 3급, 쓰기 2급

奇

기이할 기

大部(큰대) 5획 총8획

奇奇奇奇奇奇奇奇

奇 奇 奇 奇 奇

奇跡(기적) 神奇(신기) 奇拔(기발) 奇妙(기묘) 奇襲(기습) 奇異(기이) 奇迹(기적)

晴好雨奇(청호우기) : 갠 날에는 좋은 경치를 보이고, 비 오는 날에는 기이(奇異)한 경관(景觀)을 보인다는 뜻으로, 산수(山水)의 경관이 언제나 좋음을 이르는 말.

영strange 중qí 일キ(くし・めずらしぃ)【난이도】읽기 4급, 쓰기 3급

祈

빌 기

示部(보일시) 4획 총9획

祈祈祈祈祈祈祈祈祈

祈 祈 祈 祈 祈

祈願(기원) 祈禱(기도) 默祈禱(묵기도) 祈雨祭(기우제) 祈晴祭(기청제)

三鍾祈禱(삼종기도) : 천주 성자(聖子)의 강생(降生)과 성모 마리아를 공경(恭敬)하는 뜻으로, 날마다 아침·점심·저녁에 종을 세 번 칠 때마다 드리는 기도(祈禱).

영pray 중祈[qí] 일祈[キ](いのる)【난이도】고등용, 읽기 3급Ⅱ, 쓰기 2급

紀

벼리 기

糸部(실사) 3획 총9획

紀紀紀紀紀紀紀紀紀

紀 紀 紀 紀 紀

紀綱(기강) 世紀(세기) 紀念(기념) 半世紀(반세기) 紀元(기원) 西紀(서기)

風紀紊亂(풍기문란) : ☞ 문란(紊亂)

罔有紀極(망유기극) : 기율(紀律)에 어그러짐이 몹시 심(甚)함.

영discipline 중纪[jì] 일キ(のり)【난이도】고등용, 읽기 4급, 쓰기 3급

豈

어찌 기/개

豆部(콩두) 3획 총10획

豈豈豈豈豈豈豈豈豈豈

豈 豈 豈 豈 豈

豈敢(기감) 豈不(기불) 豈弟(개제) 雖有他親豈能如此(수유타친기능여차)

積功之塔豈毁乎(적공지탑기훼호) : '공을 들인 탑이 어찌 무너지랴'라는 뜻으로, 정성(精誠)을 기울여 이룩해 놓은 일은 그리 쉽게 무너지지 않는다는 말.

영how 중岂[qǐ] 일キ(あに)【난이도】고등용, 읽기 3급, 쓰기 2급

飢

주릴 기

食部(밥식) 2획 총11획

飢飢飢飢飢飢飢飢飢飢飢

飢 飢 飢 飢 飢

飢渴(기갈) 飢饉(기근) 飢死(기사) 飢色(기색) 飢餓(기아) 虛飢(허기)

飢不擇食(기불택식) : 굶주린 사람은 먹을 것을 가리지 않는다는 뜻으로, '빈곤(貧困)한 사람은 대수롭지 않은 은혜(恩惠)에도 감격함'의 비유(比喩·譬喩).

영hunger 중饥[jī] 일キ(うえる)【난이도】고등용, 읽기 3급, 쓰기 2급

寄	寄寄寄寄寄寄寄寄寄寄寄
	寄 寄 寄 寄 寄

寄與(기여) 寄贈(기증) 寄附(기부) 寄稿(기고) 寄附金(기부금) 寄生蟲(기생충)

生寄死歸(생기사귀) : 삶은 잠깐 머무르는 것이고, 죽음은 돌아간다는 뜻으로, 사람이 이 세상에 사는 것은 잠깐 동안 머물러 있음에 지나지 않는 것이고, 죽는 것은 본래의 곳으로 되돌아가는 것이라는 말.

부칠 기

宀部(갓머리)8획총11획 | 영send 중jì 일キ(よせる·よる) 【난이도】고등용, 읽기 4급, 쓰기 3급

欺	欺欺欺欺欺其其其欺欺欺欺
	欺 欺 欺 欺 欺

階級(계급) 等級(등급) 上級(상급) 高級(고급) 各級(각급) 下級審(하급심)

下流階級(하류계급) : 신분(身分), 생활(生活) 수준(水準) 따위로 계층(階層)을 나눌 때 제일(第一) 낮은 계층(階層).

속일 기

欠部(하품흠)8획총12획 | 영cheat 중qī 일ギ(あざむく) 【난이도】고등용, 읽기 6급, 쓰기 5급

棄	棄棄棄棄棄棄棄棄棄棄棄棄
	棄 棄 棄 棄 棄

抛棄(포기) 廢棄(폐기) 棄却(기각) 遺棄(유기) 破棄(파기) 放棄(방기) 棄權(기권)

自暴自棄(자포자기) : 자신(自身)을 스스로 해(害)치고 버린다는 뜻으로, 몸가짐이나 행동(行動)을 되는 대로 취(取)함.

버릴 기

木部(나무목)8획총12획 | 영abandon 중弃[qì] 일キ(すてる) 【난이도】고등용, 읽기 3급, 쓰기 2급

旗	旗旗旗旗旗旗旗旗旗旗旗旗旗旗
	旗 旗 旗 旗 旗

旗幟(기치) 太極旗(태극기) 白旗(백기) 國旗(국기) 軍旗(군기) 旗手(기수)

星旗電戟(성기전극) : 별처럼 많은 군기(軍旗)와 번개처럼 번쩍이는 창이라는 뜻으로, 군용(軍容)이 대단함의 비유(比喩·譬喩).

기 기

方部(모방)10획총14획 | 영flag 중qí 일キ(はた) 【난이도】고등용, 읽기 7급, 쓰기 6급

畿	畿畿畿畿畿畿畿畿畿畿畿畿畿畿畿
	畿 畿 畿 畿 畿

京畿(경기) 京畿道(경기도) 畿甸(기전) 畿近(기근) 畿伯(기백) 畿湖(기호)

畿湖學派(기호학파) : 조선 선조 이후 율곡 이이를 조종으로 하여 이루어진 성리학의 한 파(派). 조헌, 김상헌, 김장생, 송시열, 권상하, 김창집 등이 이에 속한다.

경기 기

田部(밭전)10획총15획 | 영subuebs 중jī 일キ 【난이도】고등용, 읽기 3급II, 쓰기 2급

器

그릇 기

口部(입구)13획 총16획

器具(기구) 器官(기관) 茶器(다기) 武器(무기) 食器(식기) 樂器(악기) 凶器(흉기)

大器晚成(대기만성) : 큰 그릇은 늦게 이루어진다는 뜻으로, ① 크게 될 인물은 오랜 공적을 쌓아 늦게 이루어짐. ② 또는, 만년이 되어 성공하는 일을 이름.

영vessel 중qì 일キ(うつわ) 【난이도】 고등용, 읽기 4급Ⅱ, 쓰기 3급Ⅱ

機

베틀 기

木部(나무목)12획 총16획

機關(기관) 機構(기구) 機能(기능) 機智(기지) 機會(기회) 契機(계기) 危機(위기)

斷機之戒(단기지계) : 베를 끊는 훈계(訓戒)란 뜻으로, 학업(學業)을 중도(中途)에 폐(廢)함은 짜던 피륙의 날을 끊는 것과 같아 아무런 이익(利益)이 없다는 훈계(訓戒).

영machine 중机[jī] 일キ(はた) 【난이도】 고등용, 읽기 4급, 쓰기 3급

騎

말탈 기

馬部(말마)8획 총18획

騎馬(기마) 騎士(기사) 輕騎兵(경기병) 騎兵(기병) 騎士戰爭(기사전쟁)

騎驢覓驢(기려멱려) : 나귀를 타고 나귀를 찾아다닌다는 뜻으로, 가까이에 있는 것을 도리어 먼 데서 구(求)하는 어리석음을 비유(比喩·譬喩)해 이르는 말.

영ride a horse 중骑[qí] 일キ 【난이도】 고등용, 읽기 3급Ⅱ, 쓰기 2급

緊

긴요할 긴

糸部(실사) 8획 총14획

緊張(긴장) 緊急(긴급) 緊要(긴요) 緊密(긴밀) 要緊(요긴) 緊幹(긴간) 緊簡(긴간)

緊縮(긴축) : ① 바싹 줄임. ② 재정(財政) 상(上)의 기초(基礎)를 단단하게 하기 위(爲)해 지출(支出)을 줄임.

영urgent 중紧[jǐn] 일キン(ひきしめる) 【난이도】 고등용, 읽기 3급Ⅱ, 쓰기 2급

那

어찌 나

阝(邑)部(우부방) 4획 총7획

刹那(찰나) 那落(나락) 那落迦(나락가) 徐那伐(서라벌) 夫乙那(부을나)

禪那波羅密(선나바라밀) : 육바라밀(六波羅密)의 하나. 진리(眞理)를 올바로 사유(思惟)하며, 조용히 생각하여 마음을 한곳에 모으는 일.

영how 중nà 일ナ 【난이도】 고등용, 읽기 3급, 쓰기 2급

諾

諾 허락할 낙

言部(말씀언)9획총16획

許諾(허락) 受諾(수락) 承諾(승낙) 受諾(수낙) 快諾(쾌락) 唯諾(유락) 感諾(감나)

季布一諾(계포일낙) : 계포가 한 번 한 약속이라는 뜻으로, 초나라의 계포(季布)는 한 번 승낙한 일이면 꼭 실행하는 약속을 잘 지키는 사람이었음에서 비롯하여, 틀림없이 승낙함을 뜻함.

영respond 중諾[nuò] 일ダク(うべなう)【난이도】고등용, 읽기 3급Ⅱ, 쓰기 2급

納

納 들일 납

糸部(실사)4획총10획

納得(납득) 容納(용납) 納付(납부) 納品(납품) 上納(상납) 返納(반납) 納幣(납폐)

瓜田不納履(과전불납리) : 「오이 밭에서는 신을 고쳐 신지 않는다」는 뜻으로, 의심(疑心)받을 짓은 처음부터 하지 말라는 말.

영receive 중納[nà] 일ノウ(おさまる·おさめる)【난이도】고등용, 읽기 4급, 쓰기 3급

娘

娘 아가씨 낭

女部(계집녀)7획총10획

令娘(영랑) 娘子(낭자) 娘家(낭가) 姑娘菜(고랑채) 靑娘子(청낭자) 女娘(여랑)

娘子軍(낭자군) : 여자(女子)로 조직(組織)한 군대(軍隊), 부인(婦人) 또는 소녀(少女)의 단체(團體).

영girl 중niáng 일ロウ(むすめ)【난이도】고등용, 읽기 3급Ⅱ, 쓰기 2급

奈

奈 어찌 나/내

大部(큰대) 5획총8획

奈落(나락) 無可奈(무가내) 奈落迦(나락가) 奈率(내솔) 羅州奈(나주내)

莫無可奈(막무가내) : 도무지 어찌할 수 없음.
無可奈何(무가내하) : 몹시 고집(固執)을 부려 어찌할 수가 없음.

영how 중nài 일ナ(いかん)【난이도】고등용, 읽기 3급, 쓰기 2급

耐

耐 견딜 내

寸部(마디촌) 6획총9획

堪耐(감내) 忍耐(인내) 忍耐力(인내력) 耐性(내성) 耐久性(내구성) 耐忍(내인)

耐怨害忍(내원해인): 삼인의 하나. 남의 해(害)침을 받고도 앙갚음할 마음을 내지 않는 일. 忍耐心(인내심) : 참고 견디는 마음.

영andure 중nài 일タイ(たえる)【난이도】고등용, 읽기 3급Ⅱ, 쓰기 2급

寧 편안할 녕/영

一部(갓머리)11획총14획

寧寧寧寧寧寧寧寧寧寧寧寧寧寧
寧 寧 寧 寧 寧

寧歲(영세) 康寧(강녕) 安寧(안녕) 晏寧(안녕) 宜寧(의령) 丁寧(정녕) 寧暇(영가)

壽福康寧(수복강녕) : 오래 살고 복되며 건강(健康)하고 편안(便安)함.
載寧(재령) : 황해도(黃海道) 재령군의 군청(郡廳) 소재지(所在地).

영peaceful 중宁[níng] 일ネイ(むしろ) 【난이도】 고등용, 읽기 3급II, 쓰기 2급

奴 종 노

女部(계집녀) 2획총5획

奴奴奴奴奴
奴 奴 奴 奴 奴

奴隷(노예) 奴婢(노비) 賣國奴(매국노) 奴隷化(노예화) 匈奴(흉노) 雇奴(고노)

騎馬欲率奴(기마욕솔노) : 말을 타면 노비(奴婢)를 거느리고 싶다라는 뜻으로, '말 타면 경마 잡히고 싶다'라는 속담과 같은 말로, 곧 사람의 욕심은 끝이 없다는 말.

영servant 중nú 일ド(やつこ) 【난이도】 고등용, 읽기 3급II, 쓰기 2급

努 힘쓸 노

力部(힘력) 5획총7획

努努努努努努努
努 努 努 努 努

努力家(노력가) 努目(노목) 努肉(노육) 水努(수노) 瑚努呼河(호노호하)

奮鬪努力(분투노력) : 힘을 다하여 노력(努力)함.
努力家(노력가) : 무엇을 이루려고 끈질기게 애를 쓰고 힘을 들이는 사람.

영andeavor 중nǔ 일ド(つとめる) 【난이도】 고등용, 읽기 4급II, 쓰기 3급II

惱 괴로워할 뇌

忄部(심방변) 9획총12획

惱惱惱惱惱惱惱惱惱惱惱惱
惱 惱 惱 惱 惱

苦惱(고뇌) 煩惱(번뇌) 惱殺(뇌쇄) 懊惱(오뇌) 困惱(곤뇌) 煩惱道(번뇌도)

百八煩惱(백팔번뇌) : 불교에서 나온 말로 인간(人間)의 과거(過去), 현재(現在), 미래(未來)에 걸친 108가지의 번뇌(煩惱), 즉 사람의 마음속에 엄청난 번뇌를 이름.

영vexed 중恼[nǎo] 일悩[ノウ](なやます・なやむ) 【난이도】 고등용, 읽기 3급, 쓰기 2급

腦 뇌 뇌

月部(육달월)9획총13획

腦腦腦腦腦腦腦腦腦腦腦腦腦
腦 腦 腦 腦 腦

首腦部(수뇌부) 腦卒中(뇌졸중) 頭腦(두뇌) 大腦(대뇌) 腦裡(뇌리) 腦出血(뇌출혈)

肝腦塗地(간뇌도지) :「간과 뇌장(腦漿)을 땅에 쏟아낸다」는 뜻으로, 나라를 위하여 목숨을 돌보지 않고 힘을 다함.

영brain 중脑[nǎo] 일脳[ノウ](のう) 【난이도】 고등용, 읽기 3급II, 쓰기 2급

高等用

225

泥	泥泥泥泥泥泥泥泥
	泥 泥 泥 泥 泥
진흙 니	泥犁(이리) 印泥(인니) 泥鰍(이추) 亂泥流(난니류) 沙泥(사니) 泥丘(이구)
	泥田鬪狗(이전투구) : 「진탕에서 싸우는 개」라는 뜻으로, ① 강인(强靭)한 성격의 함경도 사람을 평한 말. ② 또는 명분이 서지 않는 일로 몰골 사납게 싸움.
?部(삼수변) 5획총8획	영mud 중ní 일デイ(どろ·なずむ)【난이도】고등용, 읽기 3급II, 쓰기 2급

茶	茶茶茶茶茶茶茶茶茶茶
	茶 茶 茶 茶 茶
차 다/차	茶禮(차례) 茶母(다모) 甘茶(감차) 茶飯事(다반사) 茶菓(다과) 茶器(다기)
	恒茶飯事(항다반사) : 항다반(恒茶飯)으로 있는 일. 곧, 예사(例事)로운 일. 茶具(다구) : 차(茶)에 관(關)한 여러 가지 기물. 찻종·찻숟가락 등(等).
++部(초두머리)6획총10획	영tea plant 중茶[chá] 일茶[チャ·サ](ちやのき)【난이도】고등용, 읽기 3급II, 쓰기 2급

旦	旦口旦旦旦
	旦 旦 旦 旦 旦
아침 단	旦暮(단모) 旦夕(단모) 旦晝(단주) 歲旦(세단) 元旦(원단) 一旦(일단) 正旦(정단)
	枕戈待旦(침과대단) : '창을 베고 자면서 아침을 기다린다'라는 뜻으로, 항상(恒常) 전투태세(戰鬪態勢)를 갖추고 있는 군인의 자세(姿勢)를 비유(比喩·譬喩)하는 말.
日部(날일) 1획총5획	영morning 중dàn 일タン·ダン【난이도】고등용, 읽기 3급II, 쓰기 2급II

段	段段段段段段段段段
	段 段 段 段 段
조각 단	段階(단계) 手段(수단) 段階的(단계적) 階段(계단) 一段落(일단락) 特段(특단)
	分段同居(분단동거) : 부처와 보살(菩薩)이 중생(衆生)을 교화(敎化)하기 위(爲)해 분단(分段) 생사(生死)의 세계(世界)에서 범부(凡夫)와 함께 사는 일.
殳部(칠수) 5획총9획	영stairs 중duàn 일タン·ダン【난이도】고등용, 읽기 3급, 쓰기 2급

團	團團團團團團團團團團團團團團
	團 團 團 團 團
둥글 단	團體(단체) 集團(집단) 團束(단속) 團地(단지) 代表團(대표단) 財團(재단)
	大同團結(대동단결) : 여러 단체나 정당(政黨)·당파(黨派)가 서로 대립하는 작은 문제(問題)를 무시(無視)하고, 큰 목적(目的)을 위해서 일치 단결(團結)함을 이르는 말.
口部(큰입구몸)11획총14획	영round 중团[tuán] 일団[ダン](あつまり)【난이도】고등용, 읽기 5급II, 쓰기 4급II

壇

壇壇壇壇壇壇壇壇壇壇壇壇壇壇壇

壇 壇 壇 壇 壇

제단 단

講壇(강단) 敎壇(교단) 老姑壇(노고단) 奬忠壇(장충단) 壇上(단상) 祭壇(제단)

社稷壇(사직단) : 임금이 백성을 위하여 토신(土神)과 곡신(穀神)을 제사하던 제단. 우리나라에서는 신라 선덕왕 4(873)년에 처음으로 사직단을 세웠다.

土部(흙토)13획총16획　영altar　중坛[níng]　일タン・ダン【난이도】고등용, 읽기 5급, 쓰기 4급

檀

檀檀檀檀檀檀檀檀檀檀檀檀檀檀檀檀

檀 檀 檀 檀 檀

박달나무 단

檀君(단군) 檀施(단시) 神檀樹(신단수) 檀紀(단기) 檀君朝鮮(단군조선)

檀君王儉(단군왕검) : ① 제사(祭祀)와 정사(政事)를 맡은 지도자(指導者). ② 우리 겨레의 시조(始祖)로 받드는 태초(太初)의 임금.

木部(나무목)13획총17획　영birch　중檀[tán]　일檀[タン・ダン](まゆみ)【난이도】고등용, 읽기 4급II, 쓰기 3급II

斷

斷斷斷斷斷斷斷斷斷斷斷斷斷斷斷斷斷斷

斷 斷 斷 斷 斷

끊을 단

判斷(판단) 遮斷(차단) 斷手(단호) 診斷(진단) 中斷(중단) 裁斷(재단) 決斷(결단)

斷章取義(단장취의) : 남의 시문(詩文) 중(中)에서 전체(全體)의 뜻과는 관계(關係) 없이 자기(自己)가 필요(必要)한 부분(部分)만을 따서 마음대로 해석(解釋)하여 씀.

斤部(도끼근)14획총18획　영cut off　중斷[duàn]　일斷[ダン](たつ)【난이도】고등용, 읽기 4급II, 쓰기 3급II

淡

淡淡淡淡淡淡淡淡淡淡淡

淡 淡 淡 淡 淡

맑을 담

淡淡(담담) 淡味(담미) 淡白(담백) 淡水(담수) 冷淡(냉담) 濃淡(농담) 雅淡(아담)

淡水之交(담수지교) : 맑은 물의 사귐이라는 뜻으로, 담박(淡泊)하고 변(變)함 없는 우정(友情). 교양(敎養)이 있는 군자(君子)의 교제(交際)를 이르는 말.

氵部(삼수변) 8획 총11획　영clear　중dàn　일タン(あわい)【난이도】고등용, 읽기 3급II, 쓰기 2급

擔

擔擔擔擔擔擔擔擔擔擔擔擔擔擔擔

擔 擔 擔 擔 擔

멜 담

負擔(부담) 擔當(담당) 擔保(담보) 分擔(분담) 加擔(가담) 擔當者(담당자)

家無擔石(가무담석) :「석(石)은 한 항아리, 담(擔)은 두 항아리」의 뜻으로, 집에 조 금도 없다는 말로, 집에 재물(財物)의 여유(餘裕)가 조금도 없음.

扌(手)部(재방변)13획총16획　영bear　중担[dàn]　일担[タン](かつぐ・になう)【난이도】고등용, 읽기 4급II, 쓰기 3급II

227

畓

논 답

田部(밭전) 4획총9획

水 水 水 水 沓 沓 沓 畓 畓

沃畓(옥답) 田畓(전답) 安全畓(안전답) 天水畓(천수답) 反畓(번답) 天奉畓(천봉답)

門前沃畓(문전옥답) : 집 앞 가까이에 있는 좋은 논이라는 뜻으로, 곧 많은 재산(財産)을 일컫는 말.

영rice field 중tà 일トウ【난이도】고등용, 읽기 3급, 쓰기 2급

踏

밟을 답

足部(발족) 8획총15획

踏 踏 踏 踏 踏 踏 踏 踏 踏 踏 踏 踏 踏 踏 踏

踏襲(답습) 踏步(답보) 踏査(답사) 踏靑節(답청절) 洗踏房(세답방) 踐踏(천답)

前人未踏(전인미답) : 「이전(以前) 사람이 아직 밟지 않았다」는 뜻으로, 지금까지 아무도 손을 대거나 발을 디딘 일이 없음.

영tread 중tà 일トウ(ふまえる・ふむ)【난이도】고등용, 읽기 3급Ⅱ, 쓰기 2급

唐

당나라 당

口部(입구) 7획총10획

唐 唐 唐 唐 唐 唐 唐 唐 唐 唐

唐突(당돌) 唐本(당본) 唐書(당서) 唐冊(당책) 唐惶(당황) 唐慌(당황) 荒唐(황당)

荒唐無稽(황당무계) : '허황(虛荒)되고 근거(根據)가 없다'라는 뜻으로, 말이나 행동(行動)이 터무니 없고 근거(根據)가 없음.

영tang(state) 중táng 일トウ(から)【난이도】고등용, 읽기 3급Ⅱ, 쓰기 2급

糖

사탕 당

米部(쌀미)10획총16획

糖 糖 糖 糖 糖 糖 糖 糖 糖 糖 糖 糖 糖 糖 糖

屑糖(설탕) 葡萄糖(포도당) 糖尿(당뇨) 果糖(과당) 糖類(당류) 雪糖(설탕)

糖尿病(당뇨병) : 당뇨가 오래 계속되는 병. 인슐린 부족에 의한 대사 장애로, 유전적 소인(小人)에 비만(肥滿)・감염(感染)・임신(姙娠) 따위의 유인이 겹쳐 일어남.

영sugar 중táng 일トウ【난이도】고등용, 읽기 3급Ⅱ, 쓰기 2급

黨

무리 당

黑部(검을흑) 8획총20획

黨 黨 黨 黨 黨 黨 黨 黨 黨 黨 黨 黨 黨 黨 黨 黨 黨 黨 黨

與黨(여당) 野黨(야당) 政黨(정) 脫黨(탈당) 黨政(당정) 黨派(당파) 黨籍(당적)

黨同伐異(당동벌이) : 옳고 그름을 가리지 않고 같은 의견(意見)의 사람끼리 한패가 되고 다른 의견(意見)의 사람은 물리친다는 말.

영company 중党[dǎng] 일党[トウ]【난이도】고등용, 읽기 4급Ⅱ, 쓰기 3급Ⅱ

帶 帶 帶 帶 帶 帶 帶 帶 帶 帶 帶

帶	帶	帶	帶	帶					

띠 대

共感帶(공감대) 連帶(연대) 紐帶(유대) 携帶(휴대) 携帶電話(휴대전화)

一衣帶水(일의대수) : 옷의 띠와 같은 물이라는 뜻으로, ① 좁은 강, 해협(海峽), 또는 그와 같은 강을 사이에 두고 가까이 접해 있음을 이르는 말. ② 겨우 냇물 하나를 사이에 둔 가까운 이웃.

巾部(수건건)8획총11획　영belt 중帶[dài] 일帶[タイ](おび·おびる)【난이도】고등용, 읽기 4급Ⅱ, 쓰기 3급Ⅱ

高等用

隊 隊 隊 隊 隊 隊 隊 隊 隊 隊 隊 隊

隊	隊	隊	隊	隊					

떼 대

部隊(부대) 軍隊(군대) 示威隊(시위대) 隊列(대열) 隊員(대원) 豫備隊(예비대)

隨衆逐隊(수중축대) : 자기(自己)의 뚜렷한 주견(主見)이 없이 여러 사람의 틈에 끼어 덩달아 행동(行動)을 함.

阝(阜)部(좌부방)9획총12획　영band 중队[duì] 일隊[タイ]【난이도】고등용, 읽기 4급Ⅱ, 쓰기 3급Ⅱ

貸 貸 貸 貸 貸 貸 貸 貸 貸 貸 貸 貸

貸	貸	貸	貸	貸					

빌릴 대

貸出(대출) 賃貸(임대) 貸出金(대출금) 貸與(대여) 賃貸料(임대료) 貸借(대차)

東西貸取(동서대취) : 이곳저곳에서 빚을 짐.
東推西貸(동추서대) : 이곳저곳에서 빚을 짐.

貝部(조개패)5획총12획　영lend 중贷[dài] 일タイ(かす)【난이도】고등용, 읽기 3급Ⅱ, 쓰기 2급

臺 臺 臺 臺 臺 臺 臺 臺 臺 臺 臺 臺 臺 臺

臺	臺	臺	臺	臺					

돈대 대

青瓦臺(청와대) 土臺(토대) 臺灣(대만) 舞臺(무대) 五臺山(오대산) 寢臺(침대)

高臺廣室(고대광실) : 높은 누대(樓臺)와 넓은 집이라는 뜻으로, 크고도 좋은 집을 이르는 말. 廣大無邊(광대무변) : 너르고 커서 끝이 없음.

至部(이를지)8획총14획　영height 중tái 일台[ダイ](だいうてな)【난이도】고등용, 읽기 3급Ⅱ, 쓰기 2급

挑 挑 挑 挑 挑 挑 挑 挑 挑

挑	挑	挑	挑	挑					

돋울 도

挑戰(도전) 挑發(도발) 挑發的(도발적) 挑出(도출) 挑戰狀(도전장) 挑戰者(도전자)

挑戰(도전) : ① 싸움을 걸거나 돋움. ② 비유적(比喩的)으로, 어려운 사업(事業)이나 기록(記錄) 경신(更新)에 맞섬.

扌(手)部(재방변)6획총9획　영incite 중tiāo 일チョウ(いどむ)【난이도】고등용, 읽기 3급, 쓰기 2급

倒	倒倒倒倒倒倒倒倒倒倒
	倒 倒 倒 倒 倒
넘어질 도	罵倒(매도) 壓倒(압도) 倒着(도착) 壓倒的(압도적) 顚倒(전도) 一邊倒(일변도)
	冠履顚倒(관리전도) : 관(冠)과 신발을 놓는 장소(場所)를 바꾼다는 뜻으로, 상하(上下)의 순서(順序)가 거꾸로 됨을 두고 이르는 말.
亻部(사람인변) 8획총10획	영fall 중dào 일トウ(たおす・たおれる)【난이도】고등용, 읽기 3급II, 쓰기 2급

桃	桃桃桃桃桃桃桃桃桃桃
	桃 桃 桃 桃 桃
복숭아나무 도	桃花(도화) 扁桃腺(편도선) 山櫻桃(산앵도) 桃李(도리) 天桃(천도) 桃毛(도모)
	桃園結義(도원결의) : 도원에서 의형제(義兄弟)를 맺다는 뜻으로, ① 의형제를 맺음. ② 서로 다른 사람들이 사욕을 버리고 목적을 향해 합심할 것을 결의함.
木部(나무목)6획총10획	영peach 중táo 일トウ(もも)【난이도】고등용, 읽기 3급II, 쓰기 2급

逃	逃逃逃逃逃逃逃逃逃逃
	逃 逃 逃 逃 逃
달아날 도	逃亡(도망) 逃避(도피) 逃走(도주) 逃避性(도피성) 逃避處(도피처) 逃亡者(도망자)
	夜半逃走(야반도주) : 한밤중에 몰래 도망(逃亡)함. 背夫逃走(배부도주) : 남편(男便)을 배반(背反)하고 도망(逃亡)감.
辶部(책받침)6획 총10획	영escape 중逃[táo] 일逃[トウ](にがす・にげる)【난이도】고등용, 읽기 4급, 쓰기 3급

陶	陶陶陶陶陶陶陶陶陶陶陶
	陶 陶 陶 陶 陶
질그릇 도	陶山書院(도산서원) 陶冶(도야) 陶瓷器(도자기) 陶潛(도잠) 陶醉(도취)
	陶犬瓦鷄(도견와계) : 흙으로 구워 만든 개와 기와로 만든 닭이라는 뜻으로, 외모(外貌)만 훌륭하고 실속이 없어 아무 쓸모도 없는 사람을 비웃어 하는 말.
阝部(좌부방) 8획총11획	영earthenware 중táo 일トウ(すえやの)【난이도】고등용, 읽기 3급II, 쓰기 2급

途	途途途途途途途途途途途
	途 途 途 途 途
길 도	途中(도중) 開途國(개도국) 方途(방도) 別途(별도) 用途(용도) 中途(중도)
	日暮途遠(일모도원) : 날은 저물었는데 갈 길은 멀다는 뜻으로, 이미 늙어 앞으로 목적(目的)한 것을 쉽게 달성(達成)하기 어렵다는 말.
辶部(책받침) 7획총11획	영road 중途[tú] 일途[ト・ズ](みち)【난이도】중고등용, 읽기 3급II, 쓰기 2급

盗

盗盗盗盗盗盗次次盗盗盗盗

盗	盗	盗	盗	盗					

도둑 도

盜難(도난) 盜伐(도벌) 盜用(도용) 盜賊(도적) 盜聽(도청) 强盜(강도) 竊盜(절도)

鷄鳴狗盜(계명구도) : 닭의 울음소리를 잘 내는 사람과 개의 흉내를 잘 내는 좀도둑이라는 뜻으로, 천한 재주를 가진 사람도 때로는 요긴하게 쓸모가 있음을 비유하여 이르는 말.

皿部(그릇명)7획총12획　영thief　중盜[dào]　일盜[トウ](ぬすむ)【난이도】고등용, 읽기 4급, 쓰기 3급

塗

塗塗塗塗塗塗塗塗塗塗塗塗

塗	塗	塗	塗	塗					

진흙 도

三塗(삼도) 塗料(도료) 塗裝(도장) 塗飾(도식) 道塗(도도) 戒塗(계도) 塗漆(도칠)

道聽塗說(도청도설) : 길거리에서 들은 이야기를 곧 그 길에서 다른 사람에게 말한다는 뜻으로, ① 거리에서 들은 것을 남에게 아는 체하며 말함. ② 깊이 생각 않고 예사로 듣고 말함.

土部(흙토)10획총13획　영mud　중涂[tú]　일ト(ぬる)【난이도】고등용, 읽기 3급, 쓰기 2급

渡

渡渡渡渡渡渡渡渡渡渡渡渡

渡	渡	渡	渡	渡					

건널 도

讓渡(양도) 賣渡(매도) 讓渡稅(양도세) 不渡(부도) 過渡(과도) 引渡(인도)

無面渡江東(무면도강동) : 강동으로 건너갈 면목(面目)이 없다는 뜻으로, 일에 실패(失敗)하여 고향(故鄕)에 돌아갈 면목(面目)이 없는 형편(形便)을 이르는 말.

氵部(삼수변)9획총12획　영cross over　중dù　일ト(わたす・わたる)【난이도】고등용, 읽기 3급Ⅱ, 쓰기 2급

跳

跳跳跳跳跳跳跳跳跳跳跳跳跳

跳	跳	跳	跳	跳					

뛸 도

跳躍(도약) 跳梁(도량) 跳躍臺(도약대) 高跳(고도) 跳舞(도무) 高跳臺(고도대)

千里一跳(천리일도) : 큰 새가 단번에 천 리를 난다는 뜻으로, 먼 길을 짧은 시간(時間)에 가거나 갑자기 성공(成功)함을 이르는 말.

足部(발족) 6획총13획　영jump　중tiào　일チョウ(とぶ・はねる)【난이도】고등용, 읽기 3급, 쓰기 2급

稻

稻稻稻稻稻稻稻稻稻稻稻稻稻稻

稻	稻	稻	稻	稻					

벼 도

水稻(수도) 山稻(산도) 陸稻(육도) 穫稻(확도) 稻植(도식) 稻熱病(도열병) 稻作(도작)

稻孫(도손) : 벼를 베고 난 뒤에 그 그루터기에서 다시 돋아 자란 벼.
立稻賣買(입도매매) : ☞ 입도선매(立稻先賣).

禾部(벼화)10획총15획　영rice plant　중稻[dào]　일稻[トウ](いな・いね)【난이도】고등용, 읽기 3급, 쓰기 2급

231

導	導導導導導導導導導導導導導**導導導**
	導 導 導 導 導
	導入(도입) 誘導(유도) 主導(주도) 指導(지도) 半導體(반도체) 指導者(지도자)
인도할 도	當來導師(당래도사) : 내세(來世)에 출현하는 도사. 지금으로부터 56억 7천만 세(歲)를 지나 이 세계에 출현, 성도(成道)하여 중생을 화도(化導) 한다는 미륵보살.
寸部(마디촌)13획총16획	영guide 중导[dǎo] 일ドウ(みちびく) 【난이도】 고등용, 읽기 4급Ⅱ, 쓰기 3급Ⅱ

毒	毒毒毒毒**毒毒毒毒毒**
	毒 毒 毒 毒 毒
	酷毒(혹독) 毒素(독소) 毒感(독감) 毒性(독성) 至毒(지독) 解毒(해독) 毒杯(독배)
독 독	以毒制毒(이독제독) :「독을 없애는 데 다른 독을 쓴다」는 뜻으로, 악인(惡人)을 물리치는 데 다른 악인으로써 함.
毋部(말무) 4획총9획	영poison 중dú 일ドク(どく) 【난이도】 고등용, 읽기 4급Ⅱ, 쓰기 3급Ⅱ

督	督督督督督督**督督督督督督督**
	督 督 督 督 督
	監督(감독) 督勵(독려) 基督敎(기독교) 督促(독촉) 監督者(감독자) 總督(총독)
살필 독	星火督促(성화독촉) : (별똥이 떨어지듯이) 몹시 심(甚)하고 급(急)하게 재촉함. 監督官(감독관) : 감독(監督)하는 직무(職務)를 맡은 관리(官吏).
目部(눈목)8획총13획	영supervise 중dū 일トク(みる・ただす) 【난이도】 고등용, 읽기 4급Ⅱ, 쓰기 3급Ⅱ

篤	篤篤篤篤篤篤篤篤篤篤篤**篤篤篤篤篤**
	篤 篤 篤 篤 篤
	篤友(독우) 篤志(독지) 篤志家(독지가) 篤行(독행) 敦篤(돈독) 危篤(위독)
도타울 독	溫厚篤實(온후독실) : ① 성격(性格)이 온화(溫和)하고 착실(着實)함. ② 인품(人品)이 따뜻하고 성실(誠實)함이 넘침.
竹部(대죽)10획총16획	영kind, generous 중笃[dǔ] 일トク(あつい) 【난이도】 고등용, 읽기 3급, 쓰기 2급

豚	豚豚豚豚豚豚**豚豚豚豚豚**
	豚 豚 豚 豚 豚
	江豚(강돈) 養豚(양돈) 海豚(해돈) 豚肉(돈육) 豚毛(돈모) 豚油(돈유) 河豚(하돈)
돼지 돈	迷豚(미돈) : 남에게 대(對)한 자기 아들의 낮춤말. 豚兒(돈아) : 어리석고 철이 없는 아이라는 뜻으로, 남에게 자기(自己)의 아들을 낮추어 부르는 겸사말.
豕部(돼지시) 4획총11획	영pig 중tún 일トン(ぶた) 【난이도】 고등용, 읽기 3급, 쓰기 2급

	敦敦敦敦敦敦敦敦敦敦敦
	敦 敦 敦 敦 敦

敦篤(돈독) 敦睦(돈목) 敦實(돈실) 敦義門(돈의문) 敦化門(돈화문) 敦厚(돈후)

溫柔敦厚(온유돈후) : 부드럽고 온화(溫和)하며 성실한 인품(人品)이나 시를 짓는 데 기묘(奇妙)하기보다 마음에서 우러난 정취(情趣)가 있음을 두고 이르는 말.

도타울 돈

攵部(등글월문)8획총12획

영cordial 중dūn 일トン(あつい) 【난이도】 고등용, 읽기 3급, 쓰기 2급

	突突突突突突突突突
	突 突 突 突 突

衝突(충돌) 突入(돌입) 突破口(돌파구) 突然變異(돌연변이) 突出(돌출) 突然(돌연)

左衝右突(좌충우돌) : ① 이리저리 닥치는대로 부딪침.
② 아무사람이나 구분(區分)하진 않고 함부로 맞딱뜨림.

부딪칠 돌

穴部(구멍혈)4획총9획

영collide 중突[tū] 일トツ(つく) 【난이도】 고등용, 읽기 3급II, 쓰기 2급

	凍凍凍凍凍凍凍凍凍凍
	凍 凍 凍 凍 凍

凍結(동결) 凍梨(동리) 凍傷(동상) 解凍(해동) 冷凍(냉동) 凍害(동해) 凍裂(동렬)

凍足放尿(동족방뇨) : 언 발에 오줌 누기라는 뜻으로, 잠시의 효력이 있을 뿐, 그 효력은 없어지고 마침내는 더 나쁘게 될 일을 함. 앞을 내다보지 못하는 고식지계를 비웃는 말.

얼 동

冫部(이수변)8획총10획

영freeze 중冻[dòng] 일トウ(こおる・こごえる) 【난이도】 고등용, 읽기 3급II, 쓰기 2급

	銅銅銅銅銅銅銅銅銅銅銅銅銅銅
	銅 銅 銅 銅 銅

銅錢(동전) 銅像(동상) 銅貨幣(동화폐) 銅貨(동화) 赤銅貨(적동화) 靑銅(청동)

銅頭鐵額(동두철액) : 구리로 만든 머리와 쇠로 만든 이마라는 뜻으로, 성질(性質)이 모질고 거만(倨慢)한 사람을 비유(比喩・譬喩)해 이르는 말.

구리 동

金部(쇠금) 6획총14획

영copper 중銅[tóng] 일ドウ(あかがね) 【난이도】 고등용, 읽기 4급II, 쓰기 3급II

	屯屯屯屯
	屯 屯 屯 屯 屯

駐屯(주둔) 大屯山(대둔산) 駐屯地(주둔지) 雲屯(운둔) 臨屯(임둔) 屯卦(둔괘)

屯田(둔전) : 고려(高麗)・조선(朝鮮) 시대(時代) 때 지방(地方)에 주둔(駐屯)한 군대(軍隊)의 군량이나 관청(官廳)의 경비(經費)에 쓰도록 지급(支給)된 토지(土地).

진칠 둔

屮部(왼손좌) 1획총4획

영assemble 중tún 일トン 【난이도】 고등용, 읽기 3급, 쓰기 2급

鈍

둔할 둔

金部(쇠금) 4획 총12획

鈍鈍鈍鈍鈍鈍鈍鈍鈍鈍鈍鈍

鈍化(둔화) 愚鈍(우둔) 遲鈍(지둔) 鈍濁(둔탁) 鈍感(둔감) 鈍角(둔각) 鈍器(둔기)

聰明不如鈍筆(총명불여둔필) : 총명(聰明)은 둔필만 못하다는 뜻으로, 아무리 기억력(記憶力)이 좋다 해도 그때그때 적어 두어야 한다는 말.

영dull 중鈍[dùn] 일ドン(にぶい·にぶる) 【난이도】 고등용, 읽기 3급, 쓰기 2급

騰

오를 등

馬部(말마)10획 총20획

騰騰騰騰騰騰騰騰騰騰騰騰騰騰騰騰騰騰騰

騰貴(등귀) 騰落(등락) 急騰(급등) 反騰(반등) 沸騰(비등) 昂騰(앙등) 暴騰(폭등)

怒氣騰騰(노기등등) : 몹시 성이나서 노한 기색(氣色)이 얼굴에 가득함.
殺氣騰騰(살기등등) : 살기가 얼굴에 잔뜩 올라 있음.

영ascend 중腾[téng] 일トウ 【난이도】 고등용, 읽기 3급, 쓰기 2급

羅

벌릴 라

罒部(그물망머리)14획 총19획

羅羅羅羅羅羅羅羅羅羅羅羅羅羅羅羅羅羅羅

歐羅巴(구라파) 馬羅島(마라도) 網羅(망라) 新羅(신라) 全羅道(전라도)

門前雀羅(문전작라) : 문 밖에 새 그물을 쳐놓을 만큼 손님들의 발길이 끊어짐을 뜻하는 말로, 권세(權勢)가 약(弱)해지면 방문객(訪問客)들이 끊어진다는 뜻.

영spread, net 중罗[luó] 일ラ 【난이도】 고등용, 읽기 4급II, 쓰기 3급II

絡

이을 락

糸部(실사) 6획 총12획

絡絡絡絡絡絡絡絡絡絡絡絡

連絡(연락) 脈絡(맥락) 籠絡(농락) 聯絡(연락) 經絡(경락) 絡脈(낙맥) 絡車(낙거)

脈絡貫通(맥락관통) : 조리(條理)가 일관(一貫)하여 계통이 서 있음을 이르는 말.
連絡不絕(연락부절) : 자주 오고 가서 끊이지 아니함.

영connect 중络[luò] 일ラク(からまる) 【난이도】 고등용, 읽기 3급II, 쓰기 2급

亂

어지러울 란

乙部(새을)12획 총13획

亂亂亂亂亂亂亂亂亂亂亂亂亂

混亂(혼란) 搖亂(요란) 攪亂(교란) 淫亂(음란) 騷亂(소란) 紊亂(문란) 亂離(난리)

亂臣賊子(난신적자) : 나라를 어지럽게 하는 신하(臣下)와 어버이를 해(害)치는 자식(子息) 또는 불충(不忠)한 무리.

영confuse 중乱[luàn] 일乱[ラン](みだれる) 【난이도】 고등용, 읽기 4급, 쓰기 3급

蘭

난초 난/란

++ 部(초두머리)17획총21획

蘭蘭蘭蘭蘭蘭蘭蘭蘭蘭蘭蘭蘭蘭蘭蘭蘭蘭蘭
蘭 蘭 蘭 蘭 蘭

蘭契(난계) 蘭草(난초) 金蘭(금란) 梅蘭(매란) 春蘭(춘란) 寒蘭(한란) 和蘭(화란)

金蘭之誼(금란지의) : 사이 좋은 벗끼리 마음을 합치면 단단한 쇠도 자를 수 있고, 우정의 아름다움은 난의 향기와 같다는 뜻으로, 아주 친밀한 친구 사이를 이름.

영orchid 중兰[lán] 일ラン(あららぎ)【난이도】고등용, 읽기 3급Ⅱ, 쓰기 2급

欄

막을 난/란

木部(나무목)17획총21획

欄欄欄欄欄欄欄欄欄欄欄欄欄欄欄欄欄欄欄
欄 欄 欄 欄 欄

本欄(본란) 空欄(공란) 欄杆(난간) 欄檻(난함) 經濟欄(경제란) 懸欄(현란)

欄干(난간) : 누각(樓閣)이나 층계(層階)나 다리 등(等)에서 떨어지지 않도록 가장자리를 막은 부분(部分).

영rail 중栏[lán] 일欄[ラン](てすり)【난이도】고등용, 읽기 3급Ⅱ, 쓰기 2급

濫

넘칠 람/남

氵部(삼수변)14획총17획

濫濫濫濫濫濫濫濫濫濫濫濫濫濫濫濫濫濫
濫 濫 濫 濫 濫

濫用(남용) 濫發(남발) 汎濫(범람) 氾濫(범람) 濫費(남비) 濫讀(남독) 濫獲(남획)

南郭濫吹(남곽남취) : 남곽(南郭)이 함부로 분다는 뜻으로, 학예(學藝)에 전문(專門) 지식(知識)도 없이 함부로 날뜀을 두고 이르는 말.

영over flow 중濫[làn] 일ラン(あふれ)【난이도】고등용, 읽기 3급, 쓰기 2급급

覽

볼 람

見部(볼견)14획 총21획

覽覽覽覽覽覽覽覽覽覽覽覽覽覽覽覽覽覽覽覽
覽 覽 覽 覽 覽

觀覽(관람) 閱覽(열람) 觀覽客(관람객) 博覽會(박람회) 遊覽(유람) 笑覽(소람)

乙夜之覽(을야지람) : 천자(天子)의 독서(讀書). 천자(天子)가 정무(政務)를 끝내고 취침하기 전 열 시경에 독서(讀書)를 하므로 이르는 말임.

영view 중览[lǎn] 일覽[ラン](あかがね)【난이도】고등용, 읽기 4급, 쓰기 3급

廊

행랑 랑/낭

广部(엄호)10획총13획

廊廊廊廊廊廊廊廊廊廊廊廊
廊 廊 廊 廊 廊

廊下(낭하) 舍廊(사랑) 斜廊(사랑) 行廊(행랑) 畵廊(화랑) 迴廊(회랑) 回廊(회랑)

行廊(행랑) : 대문간에 붙어 있는 방. 옛날 대문 안에 죽 벌여 있어 하인들이 거처(居處)하는 방. 고려(高麗)와 조선 시대에, 각기 수도(首都)에 세운 어용 상가.

영carridor 중láng 일ロウ(ひなし)【난이도】고등용, 읽기 3급Ⅱ, 쓰기 2급

掠掠掠掠掠掠掠掠掠掠掠

掠 掠 掠 掠 掠

掠

노략질할 략/약

侵掠(침략) 劫掠(겁략) 攻掠(공략) 殺掠(살략) 鹵掠(노략) 奪掠(탈략) 拷掠(고략)

掠奪(약탈) : 폭력(暴力)을 써서 무리하게 빼앗음.
擄掠(노략) : 떼를 지어 돌아다니며 사람과 재물(財物)을 약탈(掠奪)함.

扌(手)部(재방변)8획총11획 | 영plunder 중lüè 일リャク·リョウ(かすめる) 【난이도】고등용, 읽기 3급, 쓰기 2급

略略略略略略略略略略略

略 略 略 略 略

略

생략할 략/약

戰略(전략) 侵略(침략) 戰略的(전략적) 省略(생략) 政略(정략) 略字(약자)

中傷謀略(중상모략) : 터무니없는 말로 헐뜯거나 남을 해치려고 속임수를 써서 일을 꾸밈.
謀略中傷(모략중상) : 남을 모략(謀略)하여 명예(名譽)를 손상(損傷)시키는 일.

田部(밭전) 6획총11획 | 영govern 중lüè 일リャク(はかる) 【난이도】고등용, 읽기 4급, 쓰기 3급

梁梁梁梁梁梁梁梁梁梁梁

梁 梁 梁 梁 梁

梁

대들보 량/양

橋梁(교량) 梁山(양산) 脊梁(척량) 跳梁(도량) 梁山市(양산시) 梁部(양부)

梁上君子(양상군자) : 대들보 위에 있는 군자(君子)라는 뜻으로, ① 집안에 들어온 도둑. ② 도둑을 미화(美化)하여 점잖게 부르는 말.

木部(나무목)7획총11획 | 영beam 중liáng 일リョウ(うつばり·はし) 【난이도】고등용, 읽기 3급Ⅱ, 쓰기 2급

諒諒諒諒諒諒諒諒諒諒諒諒諒諒諒

諒 諒 諒 諒 諒

諒

살필 양/량

諒解(양해) 諒陰(양음) 諒知(양지) 諒會(양회) 體諒(체량) 下諒(하량) 默諒(묵량)

惠諒(혜량) : 살펴서 이해(理解)함의 뜻으로, 편지에서 쓰는 말. 겸손(謙遜)한 표현(表現)임. 부디 저의 간청(懇請)을 혜량(惠諒)하여 주시기 바랍니다의 뜻.

言部(말씀언)8획총15획 | 영credible 중谅[liàng] 일リョウ(さとる·まこと) 【난이도】고등용, 읽기 3급, 쓰기 2급

糧糧糧糧糧糧糧糧糧糧糧糧糧糧糧糧糧

糧 糧 糧 糧 糧

糧

양식 량

糧穀(양곡) 糧食(양식) 看糧(간량) 乾糧(건량) 食糧(식량) 食糧難(식량난)

壓縮糧食(압축양식) : 가치(價値), 품질, 입맛에는 별 차이(差異) 없이 하되, 작고 간단(簡單)한 용기 안에 들어갈 수 있도록 부피를 농축(濃縮)시킨 양식(樣式).

米部(쌀미)12획총18획 | 영food 중粮[liáng] 일リョウ·ロウ(かて) 【난이도】고등용, 읽기 4급, 쓰기 3급

慮

慮慮慮慮慮慮慮慮慮慮慮慮慮慮慮

慮 慮 慮 慮 慮

생각할 려/여

考慮(고려) 無慮(무려) 配慮(배려) 思慮(사려) 念慮(염려) 憂慮(우려)

千慮一失(천려일실) : 천 가지 생각 가운데 한 가지 실책(失策)이란 뜻으로, 지혜로운 사람이라도 많은 생각을 하다 보면 하나쯤은 실수(失手)가 있을 수 있다는 말.

心部(마음심)11획총15획 | 영consider 중慮[lǜ] 일リョ(おもんぱかり)【난이도】고등용, 읽기 4급, 쓰기 3급

勵

勵勵勵勵勵勵勵勵勵勵勵勵勵勵勵勵勵

勵 勵 勵 勵 勵

힘쓸 려/여

激勵(격려) 督勵(독려) 獎勵(장려) 勸勵(권려) 獎勵金(장려금) 激勵金(격려금)

刻苦勉勵(각고면려) : ① 심신(心身)을 괴롭히고 노력(努力)함. ② 대단히 고생(苦生) 하여 힘써 정성(精誠)을 들임.

力部(힘력)15획총17획 | 영encourage 중励[lì] 일励[レイ](はげます)【난이도】고등용, 읽기 3급II, 쓰기 2급

麗

麗麗麗麗麗麗麗麗麗麗麗麗麗麗麗麗麗

麗 麗 麗 麗 麗

고울 려/여

麗水(여수) 高句麗(고구려) 高麗(고려) 高麗葬(고려장) 美麗(미려) 秀麗(수려)

美辭麗句(미사여구) : 아름다운 말과 글귀(-句)라는 뜻으로, ① 아름다운 문장 (文章).② 아름다운 말로 꾸민 듣기 좋은 글귀(-句).

鹿部(사슴록)8획총19획 | 영beautiful 중丽[lì] 일レイ(うるわしい)【난이도】고등용, 읽기 4급II, 쓰기 3급II

曆

曆曆曆曆曆曆曆曆曆曆曆曆曆曆曆曆

曆 曆 曆 曆 曆

책력 력/역

陽曆(양력) 陰曆(음력) 太陽曆(태양력) 還曆(환력) 舊曆(구력) 新曆(신력)

夏扇冬曆(하선동력) : 여름철의 부채와 겨울철의 책력, 곧 선사품이 철에 맞음.
天之曆數(천지역수) : 제왕(帝王)이 될 천운. 제왕이 될 자연의 순서.

日部(날일)12획총16획 | 영calendar 중历[lì] 일曆[レキ](こよみ)【난이도】고등용, 읽기 3급II, 쓰기 2급

蓮

蓮蓮蓮蓮蓮蓮蓮蓮蓮蓮蓮蓮蓮蓮蓮

蓮 蓮 蓮 蓮 蓮

연꽃 연/련

木蓮(목련) 蓮根(연근) 心蓮(심련) 蓮荷(연하) 蓮花(연화) 蓮座(연좌) 蓮池(연지)

蓮花世界(연화세계) : 아미타불(阿彌陀佛)의 극락정토(極樂淨土)가 있는 세계(世界). 지극(至極)히 안락(安樂)하고 아무 걱정이 없다고 하는 곳.

艹部(초두머리)11획총15획 | 영lotus 중莲[lián] 일蓮[レン](はす・はちす)【난이도】고등용, 읽기 3급II, 쓰기 2급

憐

불쌍히여길 련/연

忄部(심방변)12획총15획

憐憫(연민) 憐愍(연민) 可憐(가련) 哀憐(애련) 憐惜(연석) 慈憐(자련) 憫憐(민련)

同病相憐(동병상련) : 같은 병자(病者)끼리 가엾게 여긴다는 뜻으로, 어려운 처지(處地)에 있는 사람끼리 서로 불쌍히 여겨 동정(同情)하고 서로 도움.

영pity 중怜[lián] 일レン(あわれみ·あわれむ) 【난이도】고등용, 읽기 3급, 쓰기 2급

鍊

단련할 련/연

金部(쇠금)9획총17획

訓鍊(훈련) 洗鍊(세련) 老鍊(노련) 鍛鍊(단련) 試鍊(시련) 鍊磨(연마) 鍊習(연습)

精金百鍊(정금백련) : 쇠붙이가 충분(充分)히 단련(鍛鍊)되었다는 뜻으로, 충분(充分)히 숙련(熟練)되고 많은 경험(經驗)을 쌓음을 비유(比喩·譬喩)해 이르는 말.

영temper 중炼[lián] 일鍊[レン](ねる) 【난이도】고등용, 읽기 3급Ⅱ, 쓰기 2급

聯

잇닿을 련/연

耳部(귀이)11획총17획

關聯(관련) 聯合(연합) 聯關(연관) 蘇聯(소련) 聯邦(연방) 全經聯(전경련)

聯合軍(연합군) : 공동(共同)의 목적(目的) 아래, 한 통수(統帥)의 지휘(指揮)를 받는, 두 나라 이상(以上)의 군대(軍隊). 연합국(聯合國)의 군대(軍隊).

영adjoin 중联[lián] 일レン(つらなる·つらねる) 【난이도】고등용, 읽기 3급Ⅱ, 쓰기 2급

戀

사모할 련/연

心部(마음심)19획총23획

戀戀(연연) 戀慕(연모) 戀歌(연가) 戀人(연인) 戀愛(연애) 戀病(연병) 悲戀(비련)

籠鳥戀雲(농조연운) : 새장에 갇힌 새가 구름을 그리워한다는 뜻으로, 몸이 속박(束縛)당(當)한 사람이 자유(自由)를 얻기를 바람을 비유해 이르는 말.

영love 중恋[liàn] 일恋[レン](こい·こいしい) 【난이도】고등용, 읽기 3급Ⅱ, 쓰기 2급

劣

용렬할 렬/열

力部(힘력)4획총6획

優劣(우열) 劣惡(열악) 卑劣(비열) 劣等感(열등감) 拙劣(졸렬) 庸劣(용렬)

優勝劣敗(우승열패) : ① 나은 자는 이기고 못한 자는 패함. 강(强)한 자는 번성(蕃盛·繁盛)하고 약한 자는 쇠멸(衰滅)함. ② 적자(適者) 생존(生存).

영inferior 중liè 일レツ(おとる) 【난이도】고등용, 읽기 3급, 쓰기 2급

238

裂裂裂裂裂列裂裂裂裂裂裂

裂 裂 裂 裂 裂

龜裂(균열) 分裂(분열) 決裂(결렬) 分裂(분렬) 龜裂(구렬) 龜裂(균렬) 破裂(파열)

四分五裂(사분오열) : 네 갈래 다섯 갈래로 나눠지고 찢어진다는 뜻으로, ① 이리저리 갈기갈기 찢어짐. ② 천하가 심히 어지러움. ③ 질서 없이 몇 갈래로 뿔뿔이 헤어지거나 떨어짐.

찢어질 렬/열

衣部(옷의) 6획총12획

영be torn 중liè 일レツ(さく·さける) 【난이도】 고등용, 읽기 4급, 쓰기 3급

廉廉廉廉廉廉廉廉廉廉廉廉廉

廉 廉 廉 廉 廉

低廉(저렴) 廉恥(염치) 淸廉(청렴) 廉價(염가) 沒廉恥(몰염치) 廉探(염탐)

破廉恥(파렴치) : ① 수치(羞恥)를 수치(羞恥)로 알지 아니함. ② 염치(廉恥)를 모름. 몰염치(沒廉恥). ③ 뻔뻔스러움.

청렴할 렴/염

广部(엄호)10획총13획

영upright 중廉[lián] 일廉[レン](かど) 【난이도】 고등용, 읽기 3급, 쓰기 2급

獵獵獵獵獵獵獵獵獵獵獵獵獵獵獵獵獵獵

獵 獵 獵 獵 獵

獵奇的(엽기적) 涉獵(섭렵) 密獵(밀렵) 獵酒(엽주) 獵奇(엽기) 獵銃(엽총)

見獵心喜(견렵심희) :「사냥하는 모습을 보니 마음이 기쁘다」는 뜻으로, 어렸을 때를 그리워하는 마음을 비유하는 말.

사냥 렵/엽

犭部(개사슴록변)15획총18획

영hunting 중猎[liè] 일猟[リョウ](かり) 【난이도】 고등용, 읽기 3급, 쓰기 2급

零零零零零零零零零零零零零

零 零 零 零 零

零細(영세) 零下(영하) 零上(영상) 零點(영점) 丁零(정령) 零落(영락) 零時(영시)

斷簡零墨(단간영묵) : 종이가 발명되기 전까지 종이 대신 썼던 대쪽과 먹 한 방울이라는 뜻으로, 종이 조각에 적힌 완전(完全)하지 못한 조각난 글월을 이르는 말.

떨어질 령/영

雨部(비우) 5획총13획

영drizzle 중零[líng] 일レイ(こほれる) 【난이도】 고등용, 읽기 3급, 쓰기 2급

靈靈靈靈靈靈靈靈靈靈靈靈靈靈靈靈靈靈靈靈靈靈

靈 靈 靈 靈 靈

靈感(영감) 靈魂(영혼) 高感(고감) 妄靈(망령) 心靈(심령) 神靈(신령) 幽靈(유령)

虛靈不昧(허령불매) : 사심(私心)이 없고 영묘(靈妙)하여 어둡지 않다는 뜻으로, 마음의 실체(實體)와 작용(作用)을 비유(比喩·譬喩)해 이르는 말.

신령 령/영

雨部(비우)16획총24획

영spirit 중灵[líng] 일靈[レイ·リョウ](たま) 【난이도】 고등용, 읽기 3급Ⅱ, 쓰기 2급

嶺

재 령/영

山部(뫼산) 14획 총17획

嶺南(영남) 大關嶺(대관령) 陳富嶺(진부령) 秋風嶺(추풍령) 梨花嶺(이화령)

高峯峻嶺(고봉준령) : 높이 솟은 산봉우리와 험한 산마루.
泰山峻嶺(태산준령) : 큰 산과 험한 고개.

영 ridge 중 岭[lǐng] 일 リョウ・レイ(みね) 【난이도】 고등용, 읽기 3급Ⅱ, 쓰기 2급

隷

종 예/례

隶部(미칠이) 8획 총16획

隷書(예서) 隷屬(예속) 隷屬物(예속물) 隷臣(예신) 隷下(예하) 奴隷(노예)

隷書(예서) : 한자(漢字) 서체 종류의 하나. 전서(篆書)의 번잡함을 생략하여 만들었음. 노예와 같이 천한 일을 하는 사람도 이해하기 쉽도록 한 글씨라는 뜻에서 붙은 이름.

영 slave 중 隶[lì] 일 レイ(ねる) 【난이도】 고등용, 읽기 3급, 쓰기 2급

爐

화로 로/노

火部(불화) 16획 총20획

鎔鑛爐(용광로) 輕水爐(경수로) 熔鑛爐(용광로) 乾燥爐(건조로) 火爐(화로)

冬扇夏爐(동선하로) : 겨울의 부채와 여름의 화로(火爐)라는 뜻으로, 시기(時期)에 맞지 아니하여 쓸모 없이 된 사물(事物)을 비유(比喩・譬喩)해 이르는 말.

영 fireplace 중 炉[lián] 일 炉[ロ](いろり) 【난이도】 고등용, 읽기 3급Ⅱ, 쓰기 2급

鹿

사슴 록/녹

鹿部(사슴록) 0획 총11획

白鹿潭(백록담) 鹿茸(녹용) 小鹿島(소록도) 鹿骨(녹골) 馬鹿(마록) 鹿角(녹각)

指鹿爲馬(지록위마) : 사슴을 가리켜 말이라고 한다라는 뜻으로, ① 사실이 아닌 것을 사실로 만들어 강압으로 인정하게 함. ② 윗사람을 농락(籠絡)하여 권세를 마음대로 함.

영 deer 중 lù 일 ロウ(か・しか) 【난이도】 고등용, 읽기 3급, 쓰기 2급

祿

복 록/녹

示部(보일시) 8획 총13획

俸祿(봉록) 國祿(국록) 越祿(월록) 祿俸(녹봉) 光祿(광록) 家祿(가록) 爵祿(작록)

天不生無祿之人(천불생무록지인) : 하늘은 녹(祿) 없는 사람을 낳지 않는다는 뜻으로, 사람은 누구나 태어나면서 자기가 먹을 것은 가지고 태어남을 이르는 말.

영 fortune 중 禄[lù] 일 禄[ロク](さいわい・ふち) 【난이도】 고등용, 읽기 3급Ⅱ, 쓰기 2급

錄錄錄錄錄錄錄錄錄錄錄鋉鋉鋉錄錄

錄 錄 錄 錄 錄

記錄(기록) 登錄(등록) 目錄(목록) 收錄(수록) 錄音(녹음) 登錄金(등록금)

磻溪隨錄(반계수록) : 실학파의 선구자인 유형원(柳馨遠)이 지은 책. 제도(制度)에 관한 고증을 하고 그 개혁(改革)의 경위 등(等)을 기록(記錄)했음.

기록할 록/녹

金部(쇠금)8획총16획　영record　중录[lù]　일錄[ロク](しるす)【난이도】고등용, 읽기 4급II, 쓰기 3급II

弄弄弄弄弄弄弄

弄 弄 弄 弄 弄

弄談(농담) 嘲弄(조롱) 才弄(재롱) 愚弄(우롱) 戲弄(희롱) 弄奸(농간) 弄璋(농장)

假弄成眞(가롱성진) : 농담(弄談)이나 실없이 한일이 나중에 진실(眞實)로 한 것처럼 됨.

희롱할 롱/농

廾部(두손으로받들공)4획총7획　영mock　중nòng　일ロウ(もてあそぶ)【난이도】고등용, 읽기 3급, 쓰기 2급

雷雷雷雷雷雷雷雷雷雷雷雷雷

雷 雷 雷 雷 雷

雷管(뇌관) 地雷(지뢰) 雷聲(뇌성) 魚雷(어뢰) 落雷(낙뢰) 雷雨(뇌우) 雷芝(뇌지)

附和雷同(부화뇌동) : 우레 소리에 맞춰 함께한다는 뜻으로, 자신(自身)의 뚜렷한 소신 없이 그저 남이 하는 대로 따라가는 것을 의미(意味)함.

우레 뢰/뇌

雨部(비우)5획총13획　영thunder　중léi　일ライ(かみなり)【난이도】고등용, 읽기 3급II, 쓰기 2급

賴賴賴賴賴賴賴賴賴賴賴賴賴賴賴賴

賴 賴 賴 賴 賴

無賴輩(무뢰배) 無賴漢(무뢰한) 信賴(신뢰) 信賴性(신뢰성) 依賴(의뢰)

賴及萬方(뇌급만방) : 만방(萬方)이 극(極)히 넓으나 어진 덕(德)이 고루 미치게 됨.
無賴之輩(무뢰지배) : ☞ 부랑배(浮浪輩).

의지할 뢰

貝部(조개패)9획 총16획　영trust to　중賴[lài]　일賴[ライ](たのむ·たのもしい)【난이도】고등용, 읽기 3급II, 쓰기 2급

了了

了 了 了 了 了

終了(종료) 完了(완료) 滿了(만료) 了解(요해) 修了(수료) 了勘(요감) 魅了(매료)

三世了達(삼세요달) : 모든 부처의 지혜(智慧·知慧)가 과거(過去)·현재(現在)·미래(未來)의 삼세를 달관하여 환하게 되어 있음을 이르는 말.

마칠 료/요

亅部(갈고리궐) 1획 총2획　영finish　중le　일リョウ(おわる)【난이도】고등용, 읽기 3급, 쓰기 2급

僚	僚僚僚僚僚僚僚僚僚僚僚僚僚僚
	僚 僚 僚 僚 僚
동료 료/요	同僚(동료) 官僚(관료) 閣僚(각료) 黨僚(당료) 職僚(직료) 屬僚(속료) 僚屬(요속)
	布射僚丸(포사요환) : 한(漢)나라 여포(呂布)는 화살을 잘 쐈고, 웅의료(熊宜僚)는 탄자(彈子)를 잘 던졌음.
亻部(사람인변)12획총14획	영comrade 중liáo 일リョウ 【난이도】 고등용, 읽기 3급, 쓰기 2급

龍	龍龍龍龍龍龍龍龍龍龍龍龍龍龍龍龍
	龍 龍 龍 龍 龍
용 룡/용	龍駕(용가) 龍馬(용마) 龍車(용거) 龍門(용문) 龍壽(용수) 恐龍(공룡) 伏龍(복룡)
	龍頭蛇尾(용두사미) : 머리는 용이고 꼬리는 뱀이라는 뜻으로, ① 시작은 좋았다가 갈수록 나빠짐의 비유. ② 처음 출발은 야단스러운데, 끝장은 보잘것없이 흐지부지되는 것.
龍部(용룡) 0획총16획	영dragon 중龙[lóng] 일竜[リュウ](たつ) 【난이도】 고등용, 읽기 4급, 쓰기 3급

淚	淚淚淚淚淚淚淚淚淚淚淚
	淚 淚 淚 淚 淚
눈물 루/누	催淚彈(최루탄) 垂淚(수루) 鬼淚(귀루) 墮淚(타루) 落淚(낙루) 別淚(별루)
	花笑聲未聽鳥啼淚難看(화소성미청조제루난간) : 꽃은 웃으나 소리는 들리지 않고, 새는 우나 눈물은 보기가 어렵다.
氵部(삼수변) 8획총11획	영tears 중泪[mì] 일ルイ(なみだ)【난이도】 고등용, 읽기 3급, 쓰기 2급

累	累累累累累累累累累累累
	累 累 累 累 累
여러 루/누	累計(누계) 累積(누적) 累次(누차) 連累(연루) 緣累(연루) 瑕累(하루) 累月(누월)
	累卵之勢(누란지세) : 포개어 놓은 알의 형세(形勢)라는 뜻으로, 몹시 위험(危險)한 형세(形勢)를 비유적(比喩的)으로 이르는 말.
糸部(실사) 5획총11획	영tie 중累[lèi] 일ルイ(かさなる)【난이도】고등용, 읽기 3급Ⅱ, 쓰기 2급

漏	漏漏漏漏漏漏漏漏漏漏漏漏漏漏
	漏 漏 漏 漏 漏
샐 루/누	漏落(누락) 漏泄(누설) 脫漏(탈루) 漏出(누출) 漏水(누수) 遺漏(유루) 漏洩(누설)
	天機漏洩(천기누설) : 하늘의 비밀(秘密)이 새어 나간다는 뜻으로, 중대(重大)한 기밀(機密)이 외부로 새어나감.
氵部(삼수변)11획총14획	영leak 중lòu 일ロウ(もらす·もる·もれる)【난이도】 고등용, 읽기 3급Ⅱ, 쓰기 2급

屢

屢屢屢屢屢屢屢屢屢屢屢屢屢屢

屢 屢 屢 屢 屢

여러 루/누

屢次(누차) 屢回(누회) 屢年(누년) 屢屢(누누) 屢空(누공) 屢歲(누세) 屢日(누일)

屢見不鮮(누견불선) : 자주 대하니 신선함이 없다는 뜻으로, 너무 자주 보아 전혀 새롭지 않음. 屢典郡邑(누전군읍) : 여러 고을의 원(수령(首領))을 지냄.

尸部(주검시)11획총14획

영frequently 중屢[lǚ] 일屢[ル](しばしば) 【난이도】 고등용, 읽기 3급, 쓰기 2급

樓

樓樓樓樓樓樓樓樓樓樓樓樓樓樓樓

樓 樓 樓 樓 樓

다락 루/누

樓閣(누각) 樓門(누문) 樓上(누상) 慶會樓(경회루) 望樓(망루) 門樓(문루)

摩天樓(마천루) : '하늘에 닿는 집'이라는 뜻으로, 아주 높게 지은 고층 건물(建物). 특(特)히, 미국(美國) 뉴욕의 같은 곳의 수십 층 되는 건물(建物).

木部(나무목)11획총15획

영loft 중楼[lóu] 일楼[ロウ](たかどの) 【난이도】 고등용, 읽기 3급II, 쓰기 2급

類

類類類類類類類類類類類類類類類類類類

類 類 類 類 類

무리 류/유

類似(유사) 種類(종류) 書類(서류) 人類(인류) 類例(유례) 分類(분류) 鳥類(조류)

類類相從(유유상종) : 사물(事物)은 같은 무리끼리 따르고, 같은 사람은 서로 찾아 모인다는 뜻.

頁部(머리혈)10획총19획

영crowd 중类[lèi] 일類[ルイ](たぐい) 【난이도】 고등용, 읽기 5급II, 쓰기 4급II

輪

輪輪輪輪輪輪輪輪輪輪輪輪輪輪輪

輪 輪 輪 輪 輪

바퀴 륜/윤

輪廓(윤곽) 輪彩(윤채) 日輪(일륜) 輪廻(윤회) 輪疾(윤질) 輪姦(윤간) 徑輪(경륜)

五輪成身(오륜성신) : 5대가 육체(肉體)를 이룬다는 뜻으로, 진언종(眞言宗)에서 말하는 부모(父母)로부터 물려받은 몸.

車部(수레거)8획 총15획

영wheel 중轮[lún] 일リン(わ) 【난이도】 고등용, 읽기 4급, 쓰기 3급

栗

栗栗栗栗栗栗栗栗栗栗

栗 栗 栗 栗 栗

밤 률/율

栗谷(율곡) 生栗(생률) 棗栗(조율) 栗谷集(율곡집) 栗木洞(율목동) 黃栗(황률)

棗栗梨柿(조율이시) : 제사(祭祀)의 제물(祭物)을 진설(陳設)할 때, 동편에서부터 대추, 밤, 배, 감 순으로 놓으며 그 외의 과일은 순서(順序)가 없음.

木部(나무목)6획 총10획

영chestnut tree 중lì 일リ・リツ(おののく・くり) 【난이도】 고등용, 읽기 3급II, 쓰기 2급

隆										
隆	隆	隆	隆	隆						

隆

높을 륭/융

阝(阜)部(좌부방)9획총12획

隆起(융기) 隆盛(융성) 隆興(융흥) 汚隆(오륭) 隆替(융체) 隆熙(융희) 隆昌(융창)

三五之隆(삼오지륭) : ① 삼황(三皇) 오제(五帝) 때의 융성(隆盛)했던 세상. ② 한(漢)나라 삼세(三世) 문제와 오세(五世) 무제의 융성(隆盛)했던 시대(時代).

영eminent 중lóng 일隆[リョウ]【난이도】고등용, 읽기 3급II, 쓰기 2급

陵										
陵	陵	陵	陵	陵						

陵

언덕 륭/능

阝(阜)部(좌부방)8획총11획

江陵(강릉) 陵園(능원) 丘陵(구릉) 徽陵(휘릉) 陵侮(능모) 泰陵(태릉) 王陵(왕릉)

武陵桃源(무릉도원) : 이 세상(世上)을 떠난 별천지(別天地)를 이르는 말. 陵遲處斬(능지처참) : 머리, 몸, 손, 발을 자르는 극형(極刑).

영hill 중陵[líng] 일リョウ(みささぎ)【난이도】고등용, 읽기 3급II, 쓰기 2급

吏										
吏	吏	吏	吏	吏						

吏

아전 리/이

口部(입구) 3획총6획

官吏(관리) 吏讀(이두) 吏頭(이두) 胥吏(서리) 小吏(소리) 吏胥(이서) 下吏(하리)

貪官汚吏(탐관오리) : 탐욕(貪慾)이 많고 부정(不正)을 일삼는 벼슬아치. 淸白吏(청백리) : 청백한 관리(官吏).

영official 중lì 일リ(つかさ)【난이도】고등용, 읽기 3급II, 쓰기 2급

梨										
梨	梨	梨	梨	梨						

배나무 리/이

木部(나무목) 7획총11획

梨花(이화) 梨花嶺(이화령) 黃梨(황리) 生梨(생리) 山梨(산리) 梨子(이자)

烏飛梨落(오비이락) : '까마귀 날자 배 떨어진다' 는 속담의 한역으로, 아무런 관계도 없이 한 일이 공교롭게 다른 일과 때가 일치해 혐의(嫌疑)를 받게 됨을 이르는 말.

영pear 중lí 일リ(なし)【난이도】고등용, 읽기 3급, 쓰기 2급

裏										
裏	裏	裏	裏	裏						

속 리/이

衣部(옷의) 7획총13획

裏面(이면) 禁裏(금리) 內裏(내리) 心裏(심리) 表裏(표리) 宮裏(궁리) 腦裏(뇌리)

笑裏藏刀(소리장도) : 웃음 속에 칼을 감춘다는 뜻으로, 말은 좋게 하나 마음속으로는 해칠 뜻을 가진 것을 비유(比喩·譬喩)하여 일컫는 말.

영inside 중里[lǐ] 일リ(うち·うら)【난이도】고등용, 읽기 3급II, 쓰기 2급

履

신 리/이

尸部(주검시)12획총15획

履歷(이력) 履歷書(이력서) 履修(이수) 履行(이행) 不履行(불이행) 木履(목리)

冠履顚倒(관리전도) : 관(冠)과 신발을 놓는 장소(場所)를 바꾼다는 뜻으로, 상하(上下)의 순서(順序)가 거꾸로 됨을 두고 이르는 말.

영step on, shoes 중lǚ 일リ(はく·ふむ) 【난이도】고등용, 읽기 3급Ⅱ, 쓰기 2급

離

떠날 리/이

隹部(새추)11획총19획

離別(이별) 離脫(이탈) 離婚(이혼) 距離(거리) 隔離(격리) 分離(분리) 亂離(난리)

會者定離(회자정리) : 만나면 언젠가는 헤어지게 되어 있다는 뜻으로, 인생의 무상(無常)함을 인간의 힘으로는 어찌 할 수 없는 이별의 아쉬움을 일컫는 말.

영leave 중离[lí] 일リ(はなす·はなれる) 【난이도】고등용, 읽기 4급, 쓰기 3급

隣

이웃 린/인

阝(阜)部(좌부방)12획총15획

隣近(인근) 隣接(인접) 善隣(선린) 隔隣(격린) 交隣(교린) 近隣(근린) 隣家(인가)

德不孤必有隣(덕불고필유린) : 덕이 있으면 따르는 사람이 있으므로 외롭지 않다는 뜻.
德必有隣(덕필유린) : 덕이 있으면 따르는 사람이 있어 외롭지 않음을 이르는 말.

영neighbor 중邻[lín] 일リン(となり·となる)【난이도】고등용, 읽기 3급, 쓰기 2급

臨

임할 림/임

臣部(신하신)11획 총17획

臨床(임상) 臨迫(임박) 臨時(임시) 臨終(임종) 降臨(강림) 君臨(군림) 枉臨(왕림)

臨戰無退(임전무퇴) : 삼국 통일의 원동력이 된 화랑(花郎)의 세속오계의 하나. 싸움에 임하여 물러섬이 없음. 사군이충(事君以忠), 사친이효(事親以孝), 교우이신(交友以信).

영confront 중临[lín] 일リン(のぞむ) 【난이도】고등용, 읽기 3급Ⅱ, 쓰기 2급

麻

삼 마

麻部(삼마) 0획 총11획

麻衣(마의) 麻姑(마고) 大麻(대마) 麻袋(마대) 麻黃(마황) 麻布(마포) 麻浦(마포)

快刀亂麻(쾌도난마) : 헝클어진 삼을 잘 드는 칼로 자른다는 뜻으로, 복잡(複雜)하게 얽힌 사물이나 비꼬인 문제들을 솜씨 있고 바르게 처리함을 비유해 이르는 말.

영hemp 중麻[mā] 일麻[マ](あさ) 【난이도】고등용, 읽기 3급Ⅱ, 쓰기 2급

245

磨	磨磨磨磨磨磨磨磨麻麻麻磨磨磨磨磨
	磨 磨 磨 磨 磨
갈 마	磨滅(마멸) 磨耗(마모) 減磨(감마) 講磨(강마) 不磨(불마) 研磨(연마) 鍊磨(연마)
	磨斧爲針(마부위침) : '도끼를 갈아 바늘을 만든다'는 뜻으로, 아무리 이루기 힘든 일도 끊임없는 노력(努力)과 끈기 있는 인내(忍耐)로 성공(成功)하고야 만다는 뜻.
石部(돌석)11획총16획	영grind 중磨[mó] 일磨[マ](みがく) 【난이도】 등용, 읽기 3급Ⅱ, 쓰기 2급

幕	幕幕幕幕幕幕幕莫莫莫莫幕幕
	幕 幕 幕 幕 幕
장막 막	開幕(개막) 閉幕(폐막) 帳幕(장막) 天幕(천막) 幕後(막후) 幕間(막간) 內幕(내막)
	煙幕作戰(연막작전) : 적이 볼 수 없도록 연막을 치는 전술. 교묘하고 능청스러운 수단(手段)으로 상대방에게 문제의 핵심을 숨기어 갈피를 못 잡게 하는 일.
巾部(수건건)11획총14획	영curtain 중幕[mù] 일幕[バク·マク] 【난이도】 고등용, 읽기 3급Ⅱ, 쓰기 2급

漠	漠漠漠漠漠漠漠漠漠漠漠漠漠漠
	漠 漠 漠 漠 漠
사막 막	漠然(막연) 廣漠(광막) 漠漠(막막) 渺漠(묘막) 沙漠(사막) 砂漠(사막) 索漠(삭막)
	漠然不知(막연부지) : 막연(漠然)하여 알 수 없음. 漠漠大海(막막대해) : ☞ 망망대해(茫茫大海).
氵部(삼수변)11획총14획	영desert 중漠[mò] 일漠[バク](ひろい) 【난이도】 고등용, 읽기 3급Ⅱ, 쓰기 2급

	漫漫漫漫漫漫漫漫漫漫漫漫漫漫
	漫 漫 漫 漫 漫
질펀할 만	放漫(방만) 漫畵(만화) 漫然(만연) 漫談家(만담가) 散漫(산만) 漫評(만평)
	爛漫同歸(난만동귀) : 옳지 않은 일에 부화뇌동(附和雷同)함을 이르는 말. 百花爛漫(백화난만) : 온갖 꽃이 활짝 피어 아름답게 흐드러짐.
氵部(삼수변)11획총14획	영flood 중màn 일マン(そぞろ) 【난이도】 고등용, 읽기 3급, 쓰기 2급

慢	慢慢慢慢慢慢慢慢慢慢慢慢慢
	慢 慢 慢 慢 慢
게으를 만	傲慢(오만) 怠慢(태만) 慢性(만성) 驕慢(교만) 倨慢(거만) 緩慢(완만) 自慢(자만)
	傲慢不遜(오만불손) : 잘난 체하고 방자(放恣)하여 제 멋대로 굴거나 남 앞에 겸손(謙遜)하지 않음.
忄部(심방변)11획총14획	영idle 중màn 일マン(あなどる) 【난이도】 고등용, 읽기 3급, 쓰기 2급

妄妄妄妄妄妄

| 妄 | 妄 | 妄 | 妄 | 妄 | | | | |

妄言(망언) 妄靈(망령) 妄想(망상) 輕妄(경망) 迂妄(우망) 妄發(망발) 妄說(망설)

輕擧妄動(경거망동) : 가볍고 망령(妄靈)되게 행동(行動)한다는 뜻으로, 도리(道理)나 사정(事情)을 생각하지 아니하고 경솔(輕率)하게 행동(行動)함.

망령될 망

女部(계집녀) 3획 총6획 | 영be silly 중wàng 일ボウ・モウ(わすれる) 【난이도】고등용, 읽기 3급II, 쓰기 2급

罔罔罔罔罔罔罔罔

| 罔 | 罔 | 罔 | 罔 | 罔 | | | | |

欺罔(기망) 誣罔(무망) 罔夜(망야) 罔測(망측) 罔民(망민) 罔象(망상) 罔然(망연)

駭怪罔測(해괴망측) : 헤아릴 수도 없을 만큼 몹시 괴이(怪異)함.
駭遁(해둔) : 놀라서 달아남.

그물 망/이

罓部(그물망) 4획 총8획 | 영net 중wǎng 일ホウ・モウ(なし) 【난이도】고등용, 읽기 3급, 쓰기 2급

茫茫茫茫茫茫茫茫茫茫

| 茫 | 茫 | 茫 | 茫 | 茫 | | | | |

茫漠(망막) 茫茫(망망) 滄茫(창망) 茫洋(망양) 茫蒼(망창) 茫然(망연) 蒼茫(창망)

茫然自失(망연자실) : 제 정신(精神)을 잃고 어리둥절한 모양(模樣)을 이르는 말.
茫茫大海(망망대해) : 한없이 넓고 큰 바다.

아득할 망

艹部(초두머리)6획 총10획 | 영remote 중máng 일ボウ・モウ(とおい・はるか)【난이도】고등용, 읽기 3급, 쓰기 2급

埋埋埋埋埋埋埋埋埋埋

| 埋 | 埋 | 埋 | 埋 | 埋 | | | | |

埋沒(매몰) 埋立地(매립지) 埋葬(매장) 埋立(매립) 埋名(매명) 埋伏(매복)

耕田埋春色汲水斗月光(경전매춘색급수두월광) : 밭을 가니 봄빛을 묻고, 물을 길으니 달빛을 되질함.

묻을 매

土部(흙토) 7획 총10획 | 영bury 중mái 일マイ(うまる・うめる) 【난이도】고등용, 읽기 3급, 쓰기 2급

梅梅梅梅梅梅梅梅梅梅

| 梅 | 梅 | 梅 | 梅 | 梅 | | | | |

梅實(매실) 梅天(매천) 梅毒(매독) 梅瓶(매병) 雪中梅(설중매) 梅香(매향)

梅蘭菊竹(매란국죽) : 매화(梅花)・난초(蘭草)・국화(菊花)・대나무(竹), 즉 사군자(四君子)를 말함.

매화나무 매

木部(나무목) 7획 총11획 | 영plum 중méi 일バイ(うめ) 【난이도】고등용, 읽기 3급II, 쓰기 2급

媒

중매 매

女部(계집녀) 9획 총12획

媒媒媒媒媒媒媒媒媒媒媒媒

| 媒 | 媒 | 媒 | 媒 | 媒 | | | | | |

媒體(매체) 媒介(매개) 觸媒(촉매) 媒介物(매개물) 觸媒劑(촉매제) 仲媒(중매)

媒子(매자) : 중매(仲媒)하는 사람.
媒合容止(매합용지) : 남녀(男女)를 매합시키어서 자기(自己) 집에 머무르게 함.

영 match-making 중 méi 일 バイ(なかだち) 【난이도】 고등용, 읽기 3급II, 쓰기 2급

脈

맥 맥

月部(육달월) 6획 총10획

脈脈脈脈脈脈脈脈脈脈

| 脈 | 脈 | 脈 | 脈 | 脈 | | | | | |

脈絡(맥락) 山脈(산맥) 血脈(혈맥) 文脈(문맥) 亂脈(난맥) 經脈(경맥) 絡脈(낙맥)

一脈相通(일맥상통) : 생각·성질(性質)·처지(處地) 등(等)이 어느 면에서 한 가지로 서로 통(通)함, 서로 비슷함.

영 pulse 중 脉[mài] 일 脈[ミャク] (すじ) 【난이도】 고등용, 읽기 4급II, 쓰기 3급II

盲

소경 맹

目部(눈목) 3획 총8획

盲盲盲盲盲盲盲盲

| 盲 | 盲 | 盲 | 盲 | 盲 | | | | | |

盲目的(맹목적) 盲人(맹인) 盲腸(맹장) 盲點(맹점) 盲動(맹동) 文盲(문맹)

群盲撫象(군맹무상) : 여러 맹인(盲人)이 코끼리를 더듬는다는 뜻으로, 즉 자기(自己)의 좁은 소견(所見)과 주관(主觀)으로 사물(事物)을 그릇 판단(判斷)함.

영 blind 중 máng 일 漠[モウ](めくら) 【난이도】 고등용, 읽기 3급II, 쓰기 2급

孟

만 맹

子部(아들자) 5획 총8획

孟子子子孟孟孟孟

| 孟 | 孟 | 孟 | 孟 | 孟 | | | | | |

孟嘗君(맹상군) 孟子(맹자) 孟秋(맹추) 孟春(맹춘) 孟夏(맹하) 孔孟學(공맹학)

孟母斷機(맹모단기) : 맹자(孟子)의 어머니가 베를 끊었다는 뜻으로, 학업(學業)을 중도(中途)에서 그만둠을 훈계(訓戒)하는 말.

영 first 중 mèng 일 モウ(はじめ) 【난이도】고등용, 읽기 3급II, 쓰기 2급

猛

사나울 맹

犭部(개사슴록변) 8획 총11획

猛猛猛猛猛猛猛猛猛猛猛

| 猛 | 猛 | 猛 | 猛 | 猛 | | | | | |

猛烈(맹렬) 猛獸(맹수) 猛威(맹위) 勇猛(용맹) 猛虎(맹호) 猛勇(맹용) 猛敵(맹적)

苛政猛於虎(가정맹어호) :「가혹(苛酷)한 정치(政治)는 호랑이 보다 더 사납다」는 뜻으로, 가혹(苛酷)한 정치(政治)의 폐해(弊害)를 비유(比喩·譬喩)하는 말.

영 fierce 중 màn 일 モウ(たけし) 【난이도】 고등용, 읽기 3급II, 쓰기 2급

盟

맹세 맹

盟盟盟盟盟盟盟盟盟盟盟盟盟

盟	盟	盟	盟	盟					

盟邦(맹방) 盟誓(맹서) 盟約(맹약) 盟兄(맹형) 加盟(가맹) 同盟(동맹) 聯盟(연맹)

城下之盟(성하지맹) : 수도의 성 밑까지 적군의 공격을 받아 할 수 없이 강화(講和)를 맹세하고 굳게 약속한다는 뜻으로, 대단히 굴욕적인 강화나 항복을 이르는 말.

皿部(그릇명)8획총13획　영oath　중méng　일メイ(ちかう)　【난이도】고등용, 읽기 3급Ⅱ, 쓰기 2급

綿

솜 면

綿綿綿綿綿綿綿綿綿綿綿綿綿綿

綿	綿	綿	綿	綿					

綿代(면대) 絹綿(견면) 綿綿(면면) 綿密(면밀) 綿棒(면봉) 綿絲(면사) 綿山(면산)

周到綿密(주도면밀) : 주의(注意)가 두루 미처 자세하고 빈틈이 없음.
綿紡織(면방직) : 목화(木花)를 원료(原料)로 하는 방직(紡織).

糸部(실사) 8획총14획　영cotton　중绵[mián]　일メン(わた)　【난이도】고등용, 읽기 3급Ⅱ, 쓰기 2급

滅

멸망할 멸

滅滅滅滅滅滅滅滅滅滅滅滅滅

滅	滅	滅	滅	滅					

滅菌(멸균) 滅亡(멸망) 滅種(멸종) 潰滅(궤멸) 不滅(불멸) 消滅(소멸) 湮滅(인멸)

生者必滅(생자필멸) : 생명(生命)이 있는 것은 반드시 죽게 마련이라는 뜻으로, 불교(佛敎)에서 세상만사(世上萬事)가 덧없음을 이르는 말.

氵部(삼수변)10획총13획　영ruin　중灭[miè]　일メツ(ほろびる・ほろぼす)　【난이도】고등용, 읽기 3급Ⅱ, 쓰기 2급

冥

어두울 명

冥冥冥冥冥冥冥冥冥冥

冥	冥	冥	冥	冥					

冥界(명계) 冥福(명복) 冥府(명부) 冥想(명상) 冥王星(명왕성) 幽冥(유명)

冥冥之中(명명지중) : 듣거나 볼 수 없이 은연 중에 느껴지는 가운데. 어두운 저승.
冥冥之志(명명지지) : 마음속에 깊이 간직하여 외부에 드러내지 않고 힘쓰는 뜻.

冖部(민갓머리)8획총10획　영dark　중míng　일メイ(くらい)　【난이도】고등용, 읽기 3급, 쓰기 2급

銘

새길 명

銘銘銘銘銘銘銘銘銘銘銘銘銘銘

銘	銘	銘	銘	銘					

銘記(명기) 銘念(명념) 銘文(명문) 銘心(명심) 銘佩(명패) 感銘(감명) 碑銘(비명)

刻骨銘心(각골명심) : 마음속 깊이 새겨 둠.
座右銘(좌우명) : 늘 자리 옆에 적어놓고 자기(自己)를 경계(警戒)하는 말.

金部(쇠금) 6획총14획　영engrave　중铭[míng]　일メイ　【난이도】고등용, 읽기 3급Ⅱ, 쓰기 2급

侮

업신여길 모

侮侮侮侮侮侮侮侮侮

侮 侮 侮 侮 侮

侮辱(모욕) 受侮(수모) 侮蔑(모멸) 陵侮(능모) 侮蔑感(모멸감) 凌侮(능모)

非我言侮惟聖之謨(비아언모유성지모) : 내가 늙은이의 망령(妄靈)으로 말하는 것이 아니라, 오직 성인(聖人)이 하신 말씀인 것임.

亻部(사람인변) 7획총9획　영despice　중wǔ　일侮[ブ](あなどる) 【난이도】고등용, 읽기 3급, 쓰기 2급

冒

무릅쓰 모

冒冒冒冒冒冒冒冒冒

冒 冒 冒 冒 冒

冒瀆(모독) 冒險(모험) 冒頭(모두) 感冒(감모) 冒險家(모험가) 冒嫉(모질)

冒沒廉恥(모몰염치) : 염치 없는 줄 알면서도 이를 무릅쓰고 일을 행함을 이르는 말.
冒萬死(모만사) : 만 번 죽기를 무릅쓴다는 뜻으로, 온갖 어려움을 무릅씀.

冂部(멸경몸)7획총9획　영risk　중mào　일ボウ(おかす) 【난이도】고등용, 읽기 3급, 쓰기 2급

某

아무 모

某某某某某某某某某

某 某 某 某 某

某氏(모씨) 某種(모종) 某年(모년) 某處(모처) 某樣(모양) 某事(모사) 某某(모모)

某月某日(모월모일) : 어느 달, 어떤 날.
誰也某也(수야모야) : 아무아무. 누구누구.

木部(나무목) 5획총9획　영someone　중mǒu　일ボウ(それがし) 【난이도】고등용, 읽기 3급, 쓰기 2급

募

모을 모

募募募募募募募募募募募募募

募 募 募 募 募

募集(모집) 募金(모금) 公募(공모) 私募(사모) 召募(소모) 募集人(모집인)

間接募集(간접모집) : 국가(國家) 기관(機關)에 의(依)하지 아니하고 자치단체(自治團體)에 의(依)하여 행(行)해지는 국가(國家) 행정(行政),

力部(힘력) 11획총13획　영collect　중募[mù]　일募[ボ](つのる) 【난이도】고등용, 읽기 3급, 쓰기 2급

貌

모양 모

貌貌貌貌貌貌貌貌貌貌貌貌貌貌

貌 貌 貌 貌 貌

貌樣(모양) 面貌(면모) 美貌(미모) 變貌(변모) 容貌(용모) 外貌(외모) 全貌(전모)

以貌取人(이모취인) : 생김새로 사람을 취한다는 뜻으로, 사람이 어질고 어질지 않음을 보는데 그 사람의 덕의 여하는 고려하지 않고, 다만 용모의 미추만을 보고 정하는 행위.

豸部(갖은돼지시변) 7획총14획　영appearance　중mào　일ボウ(つのる) 【난이도】고등용, 읽기 3급II, 쓰기 2급

慕
사모할 모
忄部(마음심밑)11획총15획

慕慕慕慕慕慕慕慕莫莫莫莫慕慕慕
慕 慕 慕 慕 慕

敬慕(경모) 思慕(사모) 愛慕(애모) 哀慕(애모) 戀慕(연모) 欽慕(흠모) 追慕(추모)

戀慕之情(연모지정) : 사랑하여 그리워하는 정.
思慕不忘(사모불망) : 사모(思慕)해 잊지 않음.

옝yearn for 쥥慕[mù] 일慕[ボ](したう) 【난이도】 고등용, 읽기 3급, 쓰기 2급

模
본뜰 모
木部(나무목)11획총15획

模模模模模模模模模模模模模模模
模 模 模 模 模

規模(규모) 模樣(모양) 大規模(대규모) 模糊(모호) 模範(모범) 模倣(모방)

曖昧模糊(애매모호) : 사물(事物)의 이치(理致)가 희미(稀微)하고 분명(分明)치 않음. 模造品(모조품) : 딴 물건(物件)을 본떠서 만든 물건(物件).

옝form 쥥模[mú] 일模[ボ・モ](のり) 【난이도】 고등용, 읽기 4급, 쓰기 3급

謀
꾀할 모
言部(말씀언)9획총16획

謀謀謀謀謀謀謀謀謀謀謀謀謀謀謀
謀 謀 謀 謀 謀

謀免(모면) 圖謀(도모) 陰謀(음모) 參謀(참모) 無謀(무모) 謀反(모반) 共謀(공모)

權謀術數(권모술수) : 목적 달성을 위해서는 인정이나 도덕을 가리지 않고 권세(權勢)와 모략(謀略) 중상(中傷) 등 갖은 방법과 수단(手段)을 쓰는 술책(術策).

옝 plot 쥥谋[móu] 일ボウ・ム(はかる) 【난이도】 고등용, 읽기 3급II, 쓰기 2급

牧
칠 목
牛部(소우) 4획총8획

牧牧牧牧牧牧牧牧
牧 牧 牧 牧 牧

牧師(목사) 牧場(목장) 牧丹(목단) 遊牧(유목) 牧使(목사) 遊牧民(유목민)

牧民之官(목민지관) : 백성(百姓)을 기르는 벼슬아치라는 뜻으로, 원이나 수령(守令) 등(等) 외직 문관(文官)을 통칭(通稱)하는 말.

옝pasture 쥥mù 일ボク(まき) 【난이도】 고등용, 읽기 4급II, 쓰기 3급II

睦
화목할 목
目部(눈목)8획총13획

睦睦睦睦睦睦睦睦睦睦睦睦睦
睦 睦 睦 睦 睦

睦友(목우) 睦族(목족) 敦睦(돈목) 不睦(불목) 輯睦(집목) 親睦(친목) 和睦(화목)

上下和睦(상하화목) : 윗사람과 아랫사람이 서로 화목(和睦)하게 지냄.
一家和睦(일가화목) : 한집안 식구(食口)가 서로 뜻이 맞아 정다움.

옝in harmony 쥥睦[mù] 일ボク(むつましい) 【난이도】 고등용, 읽기 3급II, 쓰기 2급

高等用

沒
빠질 몰

氵部(삼수변) 4획총7획

沒沒沒沒沒沒沒

汨沒(골몰) 沒頭(몰두) 埋沒(매몰) 沒落(몰락) 日沒(일몰) 沈沒(침몰) 陷沒(함몰)

神出鬼沒(신출귀몰) : 귀신(鬼神)처럼 자유자재(自由自在)로 나타나기도 하고, 숨기도 한다는 뜻으로, 날쌔게 나타났다 숨었다 하는 모양(模樣)을 이르는 말.

영sink 중mò 일ボツ(しずむ·かくれる) 【난이도】 고등용, 읽기 3급, 쓰기 2급

蒙
어릴 몽

艹部(초두머리)10획총14획

蒙蒙蒙蒙蒙蒙蒙蒙蒙蒙蒙蒙蒙蒙

蒙古(몽고) 蒙求(몽구) 蒙利(몽리) 蒙昧(몽매) 啓蒙(계몽) 童蒙(동몽) 朱蒙(주몽)

蒙塵(몽진) : 머리에 티끌을 뒤집어 쓴다는 뜻으로, 나라에 난리(亂離)가 있어 임금이 나라 밖으로 도주(逃走)함을 말함.

영benighted, ignorant 중蒙[méng] 일蒙[モウ](こうむる) 【난이도】 고등용, 읽기 3급II, 쓰기 2급

夢
꿈 몽

夕部(저녁석)11획총14획

夢夢夢夢夢夢夢夢夢夢夢夢夢夢

惡夢(악몽) 夢寐(몽매) 夢遊病(몽유병) 吉夢(길몽) 夢兆(몽조) 夢寐間(몽매간)

莊周之夢(장주지몽) : ① 자아(自我)와 외계(外界)와의 구별(區別)을 잊어버린 경지(境地)를 말함.② 사물(事物)과 자신(自身)이 한 몸이 된 경지(境地).

영dream 중梦[mèng] 일夢[ム](ゆめ) 【난이도】 고등용, 읽기 3급II, 쓰기 2급

苗
모 묘

艹部(초두머리) 5획총9획

苗苗苗苗苗苗苗苗苗

種苗(종묘) 苗木(묘목) 育苗(육묘) 苗族(묘족) 苗脈(묘맥) 禾苗(화묘) 痘苗(두묘)

助長拔苗(조장발묘) : 빨리 자라라고 모를 뽑는다는 뜻으로, 빠른 성과(成果)를 보려고 무리하게 다른 힘을 더하여 도리어 그것을 해(害)치게 됨을 이르는 말.

영sprout 중苗[miáo] 일苗[ビョウ](なえ·なわ) 【난이도】고등용, 읽기 3급, 쓰기 2급

墓
무덤 묘

土部(흙토)11획총14획

墓墓墓墓墓墓墓墓墓莫莫莫墓墓

省墓(성묘) 墓域(묘역) 墓碑(묘비) 墓地(묘지) 墳墓(분묘) 墓所(묘소) 參墓(참묘)

墓碣銘(묘갈명) : 묘갈에 새겨 놓은 글.
丘墓之鄕(구묘지향) : 조상(祖上)의 묘가 있는 고향(故鄕).

영grave 중墓[mù] 일墓[ボ](はか) 【난이도】 고등용, 읽기 4급, 쓰기 3급

廟

사당 묘

廣部(엄호)12획총15획

廟廟廟廟廟廟廟廟廟廟廟廟廟廟廟

廟 廟 廟 廟 廟

廟堂(묘당) 家廟(가묘) 大廟(대묘) 文廟(문묘) 宗廟(종묘) 太廟(태묘)

廟堂公論(묘당공론) : 조정(朝廷)의 군신(君臣)들이 모여 나라일을 논의(論議)하는 일.
廊廟之志(낭묘지지) : 재상(宰相)이나 대신이 되어 국사(國事)를 맡아 볼 뜻.

영 shrine 중 庙[miào] 일 ビョウ(たまや・みたまや) 【난이도】 고등용, 읽기 3급, 쓰기 2급

貿

무역할 무

貝部(조개패) 5획총12획

貿貿貿貿貿貿貿貿貿貿貿貿

貿 貿 貿 貿 貿

自由貿易(자유무역) 加工貿易(가공무역) 國際貿易(국제무역) 外國貿易(외국무역)

貿首之讎(무수지수) : 서로 상대(相對)의 목을 베고자 하는 깊은 원수(怨讎), 특(特)히 아버지를 죽인 원수(怨讎).

영 trade 중 贸[mào] 일 ボウ(あきなう) 【난이도】 고등용, 읽기 3급Ⅱ, 쓰기 2급

霧

안개 무

雨部(비우)11획총19획

霧霧霧霧霧霧霧霧霧霧霧霧霧霧霧霧霧霧霧

霧 霧 霧 霧 霧

霧散(무산) 霧集(무집) 噴霧器(분무기) 氷霧(빙무) 濃霧(농무) 雲霧(운무)

五里霧中(오리무중) : 짙은 안개가 5리나 끼어 있는 속에 있다는 뜻으로, ① 무슨 일에 대하여 방향이나 상황을 알 길이 없음을 이르는 말. ② 일의 갈피를 잡기 어려움.

영 fog 중 雾[wù] 일 ム(きり) 【난이도】 고등용, 읽기 3급, 쓰기 2급

默

잠잠할 묵

黑部(검을흑)4획총16획

默默默默默默默默默默默默默默默默

默 默 默 默 默

默念(묵념) 默禱(묵도) 默默(묵묵) 默殺(묵살) 默想(묵상) 默認(묵인) 沈默(침묵)

默默不答(묵묵부답) : 입을 다문 채 아무 대답(對答)도 하지 아니함.
默然不答(묵연부답) : 잠자코 대답(對答)하지 아니함.

영 quiet, still 중 默[mò] 일 默[モク](だまる) 【난이도】 읽기 3급Ⅱ, 쓰기 2급

眉

눈썹 미

目部(눈목) 4획 총9획

眉眉眉眉眉眉眉眉眉

眉 眉 眉 眉 眉

鬚眉(수미) 愁眉(수미) 頭眉(두미) 眉間(미간) 眉宇(미우) 曲眉(곡미) 眉目(미목)

焦眉之急(초미지급) : 「눈썹이 타게 될 만큼 위급한 상태(狀態)」란 뜻으로, 그대로 방치(放置)할 수 없는 매우 다급(多急)한 일이나 경우(境遇)를 비유한 말.

영 eyebrow 중 méi 일 ミ・ビ(まゆ) 【난이도】 고등용, 읽기 3급, 쓰기 2급

迷迷迷迷迷迷迷迷迷迷

| 迷 | 迷 | 迷 | 迷 | 迷 | | | | | |

미혹할 미

迷惑(미혹) 迷兒(미아) 昏迷(혼미) 迷信(미신) 迷路(미로) 迷途(미도) 迷宮(미궁)

金迷紙醉(금미지취) : 「금종이에 정신이 미혹(迷惑)되고 취한다」는 뜻으로, 사치스런 생활(生活)을 비유(比喩·譬喩)하는 말.

辶部(책받침) 6획총10획 | 영confused 중迷[mí] 일迷[メイ](まよう) 【난이도】 고등용, 읽기 3급, 쓰기 2급

微微微微微微微微微微微微微

| 微 | 微 | 微 | 微 | 微 | | | | | |

가늘 미

微妙(미묘) 微生物(미생물) 微細(미세) 微笑(미소) 輕微(경미) 幾微(기미)

拈華微笑(염화미소) : '꽃을 집어 들고 웃음을 띠다'란 뜻으로, 말로 하지 않고 마음에서 마음으로 전하는 일을 이르는 말. 불교에서 이심전심의 뜻으로 쓰이는 말.

彳部(두인변)10획총13획 | 영tiny 중wēi 일ビ(こうむる) 【난이도】 고등용, 읽기 3급II, 쓰기 2급

敏敏敏敏敏敏敏敏敏敏

| 敏 | 敏 | 敏 | 敏 | 敏 | | | | | |

민첩할 민

敏感(민감) 銳敏(예민) 敏捷(민첩) 機敏(기민) 英敏(영민) 敏速(민속) 過敏(과민)

訥言敏行(눌언민행) : 「더듬는 말과 민첩(敏捷)한 행동」이라는 뜻으로, 말하기는 쉬워도 행하기는 어려우므로, 군자는 말은 둔하여도 행동은 민첩해야 함을 이름.

攵部(등글월문)7획총11획 | 영quick 중mǐn 일敏[ビン](さとい) 【난이도】 고등용, 읽기 3급, 쓰기 2급

憫憫憫憫憫憫憫憫憫憫憫憫憫憫

| 憫 | 憫 | 憫 | 憫 | 憫 | | | | | |

근심할 민

憐憫(연민) 憫憫(민민) 不憫(불민) 憫憐(민련) 憫笑(민소) 憫然(민연) 憫情(민정)

憫燥(민조) : 고려(高麗) 때 육조(六曹)의 하나. 충렬왕(忠烈王) 24(1298)년 판도사(版圖司)를 고친 이름으로 그 34(1308)년에 민부로 고침.

忄部(심방변)12획총15획 | 영pity 중憫[mǐn] 일ビン·ミン(あわれむ) 【난이도】고등용, 읽기 3급, 쓰기 2급

蜜蜜蜜蜜蜜蜜蜜蜜蜜蜜蜜蜜蜜蜜

| 蜜 | 蜜 | 蜜 | 蜜 | 蜜 | | | | | |

꿀 밀

蜜蠟(밀랍) 蜜語(밀어) 木蜜(목밀) 蜜蜂(밀봉) 蜜月(밀월) 糖蜜(당밀) 蜂蜜(봉밀)

口蜜腹劍(구밀복검) : 입으로는 달콤함을 말하나 뱃속에는 칼을 감추고 있다는 뜻으로, 겉으로는 친절(親切)하나 마음속은 음흉(陰凶)한 생각을 품고 있는 것.

虫部(벌레충)8획총14획 | 영honey 중mì 일ミツ(みつ) 【난이도】 고등용, 읽기 3급, 쓰기 2급

拍

拍拍拍拍拍拍拍拍

拍手(박수) 拍車(박차) 拍子(박자) 拍掌(박장) 四拍子(사박자) 拍賣(박매)

拍掌大笑(박장대소) : 손뼉을 치면서 크게 웃음. 拍笑(박소) : 손뼉을 치며 크게 웃음.
拍案大叫(박안대규) : 책상(冊床)을 치며 큰 소리를 지름.

칠 박

扌(手)部(재방변)5획 총8획 　영strike 　중pāi 　일ハク·ヒョウ(うつ) 【난이도】고등용, 읽기 4급, 쓰기 3급

泊

泊泊泊泊泊泊泊泊

宿泊(숙박) 漂泊(표박) 憩泊(게박) 碇泊(정박) 民泊(민박) 淡泊(담박) 船泊(선박)

流離漂泊(유리표박) : 일정한 직업을 가지지 아니하고 정처 없이 이리저리 떠돌아
다니는 일. 轉轉漂泊(전전표박) : 여기저기로 돌아다니거나 옮겨 다니면서 삶.

배댈 박

氵部(삼수변) 5획 총8획 　영anchor 　중bó 　일ハク(とまる·とめる)【난이도】고등용, 읽기 3급, 쓰기 2급

迫

迫迫迫迫迫迫迫迫迫

切迫(절박) 臨迫(임박) 迫害(박해) 逼迫(핍박) 緊迫(긴박) 促迫(촉박) 急迫(급박)

迫不得已(박부득이) : 일이 매우 급박(急迫)하여 어떻게 할 수가 없음.
優遊不迫(우유불박) : 느긋하고 침착(沈着)하여 서둘지 않음.

핍박할 박

辶部(책받침) 5획 총9획 　영urgency 　중迫[pò] 　일迫[ハク](せまる)【난이도】고등용, 읽기 3급Ⅱ, 쓰기 2급

博

博博博博博博博博博博博

博士(박사) 賭博(도박) 博物館(박물관) 博愛(박애) 該博(해박) 博覽會(박람회)

博學詳說(박학상설) : 군자가 박학함으로써 상세히 풀이하는 것은 세인(世人)에게
학문을 자랑하려 함이 아니라, 요점(要點)을 알아듣도록 설명하기 위함이라는 말.

넓을 박

十部(열십)10획총12획 　영wide, broad 　중bó 　일博[ハク](ひろい)【난이도】고등용, 읽기 4급Ⅱ, 쓰기 3급Ⅱ

薄

薄薄薄薄薄薄薄薄薄薄薄薄薄薄薄薄薄

薄命(박명) 薄氷(박빙) 薄弱(박약) 薄土(박토) 野薄(야박) 淺薄(천박) 薄情(박정)

紅顔薄命(홍안박명) : 얼굴에 복숭아빛을 띤 예쁜 여자는 팔자가 사납다는 뜻으로
이르는 말. 如履薄氷(여리박빙) : 얇은 얼음을 밟듯 몹시 위험함을 가리키는 말.

엷을 박

艹部(초두머리)13획총17획 　영thin 　중薄[báo] 　일薄[ハク](うすい·うすまる)【난이도】고등용, 읽기 3급Ⅱ, 쓰기 2급

伴

짝 반

亻部(사람인변) 5획 총7획

伴伴伴伴伴伴伴

| 伴 | 伴 | 伴 | 伴 | 伴 | | | | |

隨伴(수반) 同伴(동반) 同伴者(동반자) 伴侶者(반려자) 伴侶(반려) 伴星(반성)

伴食宰相(반식재상) : 곁에 모시고 밥을 먹는 재상(宰相)이라는 뜻으로, 무위도식(無爲徒食)으로 자리만 차지하고 있는 무능(無能)한 대신(大臣)을 비꼬아 이르는 말.

영companion 중bàn 일ハン・バン(ともなう) 【난이도】 고등용, 읽기 3급, 쓰기 2급

返

돌이킬 반

辶部(책받침) 4획 총8획

返返返返返返返返

| 返 | 返 | 返 | 返 | 返 | | | | |

返戾(반려) 返還(반환) 返納(반납) 返送(반송) 返濟(반제) 返品(반품) 返路(반로)

覆水不返盆(복수불반분) :「한번 쏟은 물은 다시 그릇에 담을 수 없다」는 뜻으로, ① 한번 헤어진 부부가 다시 결합할 수 없음을 비유한 말. ② 한번 끝난 일은 되풀이 못함.

영return 중返[fǎn] 일返[ヘン](かえす・かえる) 【난이도】 고등용, 읽기 3급, 쓰기 2급

叛

배반할 반

又部(또우)7획 총9획

叛叛叛叛叛叛叛叛叛

| 叛 | 叛 | 叛 | 叛 | 叛 | | | | |

叛徒(반도) 叛逆(반역) 叛亂(반란) 謀叛(모반) 背叛(배반) 委叛(위반) 離叛(이반)

叛服無常(반복무상) : 언행(言行)이 배반(背反)했다 복종(服從)했다 하며 일정(一定)하지 않거나 그 태도(態度)가 한결같지 아니함.

영betrayal 중叛[pàn] 일叛[ビン](さとい) 【난이도】 고등용, 읽기 3급, 쓰기 2급

般

일반 반

舟部(배주) 4획 총10획

般般般般般般般般般般

| 般 | 般 | 般 | 般 | 般 | | | | |

一般(일반) 全般(전반) 今般(금반) 一般的(일반적) 全般的(전반적) 諸般(제반)

金剛般若波羅密經(금강반야파라밀경) : 대승(大乘)의 반야의 경지에서, 공혜로써 체를 삼고 일체법(一體法) 무아(無我)의 이치(理致)를 말한 경문(經文).

영turn 중bān 일ハン(ついで) 【난이도】고등용, 읽기 3급II, 쓰기 2급

班

나눌 반

王部(구슬옥)6획 총10획

班班班班班班班班班

| 班 | 班 | 班 | 班 | 班 | | | | |

首班(수반) 班長(반장) 兩班(양반) 虎班(호반) 西班(서반) 東班(동반) 武班(무반)

兩班踏橋(양반답교) : 예전에, 양반(兩班)들이 서민(庶民)과 뒤섞이기를 꺼리어, 하루 앞당겨 음력(陰曆) 정월(正月) 14일에 다리 밟기를 하던 일.

영devide 중bān 일ハン 【난이도】 고등용, 읽기 6급II, 쓰기 5급II

盤

盤 盤 刀 刀 舟 舟 舟 盤 盤 盤 盤 盤 盤 盤 盤

盤 盤 盤 盤 盤

盤石(반석) 基盤(기반) 音盤(음반) 中盤(중반) 地盤(지반) 初盤(초반) 茶盤(다반)

盤根錯節(반근착절) : 구부러진 나무뿌리와 울퉁불퉁한 나무의 마디란 뜻으로,
① 얽히고 설켜 처리하기에 곤란한 사건. ② 세상일에 난관이 많음의 비유.

소반 반

皿部(그릇명)10획총15획 | 영tray 중盘[pán] 일バン(さら) 【난이도】 고등용, 읽기 3급Ⅱ, 쓰기 2급

拔

拔 拔 拔 拔 拔 拔 拔 拔

拔 拔 拔 拔 拔

選拔(선발) 拔萃(발췌) 拔擢(발탁) 奇拔(기발) 海拔(해발) 拔群(발군) 拔本(발본)

拔本塞源(발본색원) : 근본(根本)을 빼내고 원천(源泉)을 막아 버린다는 뜻으
로, 사물(事物)의 폐단(弊端)을 없애기 위해서 그 뿌리째 뽑아 버림을 이르는 말.

뺄 발

扌(手)部(재방변) 5획총8획 | 영full out 중bá 일バツ(ぬかす・ぬかる) 【난이도】 고등용, 읽기 3급Ⅱ, 쓰기 2급

髮

髮 髮 髮 髮 髮 髟 髟 髟 髟 髟 髟 髮 髮 髮 髮

髮 髮 髮 髮 髮

假髮(가발) 頭髮(두발) 毛髮(모발) 白髮(백발) 散髮(산발) 理髮(이발) 削髮(삭발)

危機一髮(위기일발) : 머리털 하나로 천균(千鈞)이나 되는 물건(物件)을 끌어당긴다
는 뜻으로, 당장에라도 끊어질 듯한 위험한 순간(瞬間)을 비유해 이르는 말.

터럭 발

髟部(머리털표)5획총15획 | 영 hair 중发[fā] 일髮[ハツ](かみ) 【난이도】 고등용, 읽기 4급, 쓰기 3급

邦

邦 邦 邦 邦 邦 邦 邦

邦 邦 邦 邦 邦

殊邦(수방) 聯邦(연방) 外邦(외방) 他邦(타방) 盟邦(맹방) 劉邦(유방) 友邦(우방)

父母之邦(부모지방) : 내가 태어난 나라.
禮儀之邦(예의지방) : 예의(禮儀)를 숭상(崇尙)하며 잘 지키는 나라.

나라 방

阝(邑)部(우부방) 4획총7획 | 영nation 중bāng 일ホウ(くに) 【난이도】 고등용, 읽기 3급, 쓰기 2급

妨

妨 妨 妨 妨 妨 妨 妨

妨 妨 妨 妨 妨

妨害(방해) 自然妨害(자연방해) 妨碍(방애) 無妨(무방) 安眠妨害(안면방해)

也自不妨(야자불방) : 괜찮음. 해(害)롭잖음.
妨工害事(방공해사) : 남의 일에 해살을 놓아 해(害)롭게 함.

방해할 방

女部(계집녀) 4획총7획 | 영obstruct 중fáng 일ボウ(さまたげる) 【난이도】 고등용, 읽기 4급, 쓰기 3급

芳	芳芳芳芳芳芳芳芳								
	芳	芳	芳	芳	芳				

芳薰(방훈) 芳春(방춘) 芳紀(방기) 芳齡(방령) 芳名錄(방명록) 芳名(방명)

綠陰芳草(녹음방초) : 나무가 푸르게 우거진 그늘과 꽃다운 풀이라는 뜻으로, 여름의 아름다운 경치(景致).

꽃다울 방

艹部(초두머리) 4획 총8획 | 영 flowery 중 芳[fāng] 일 ホウ(かんばしい) 【난이도】고등용, 읽기 3급Ⅱ, 쓰기 2급

倣	倣倣倣倣倣倣倣倣倣倣								
	倣	倣	倣	倣	倣				

摸倣(모방) 模倣(모방) 摹倣(모방) 模倣色(모방색) 模倣說(모방설) 倣製鏡(방제경)

模倣本能(모방본능) : 예술(藝術)·문화(文化)의 발생(發生) 또는, 발달(發達) 요인(要因)으로서 본을 뜨는 인간의 본능. 유행, 전통, 습관(習慣) 등(等)을 형성(形成)함.

본뜰 방

亻部(사람인변)8획 총10획 | 영 imitate 중 仿[fǎng] 일 ホウ(ならう) 【난이도】고등용, 읽기 3급, 쓰기 2급

傍	傍傍傍傍傍傍傍傍傍傍傍傍								
	傍	傍	傍	傍	傍				

傍系(방계) 傍觀(방관) 傍點(방점) 傍助(방조) 傍證(방증) 傍聽(방청) 傍系(방계)

傍若無人(방약무인) : 곁에 아무도 없는 것처럼 여긴다는 뜻으로, 주위(周圍)에 있는 다른 사람을 전혀 의식하지 않고 제멋대로 행동(行動)하는 것을 이르는 말.

곁 방

亻部(사람인변)10획 총12획 | 영 beside 중 bàng 일 ホウ(かたわら) 【난이도】고등용, 읽기 3급, 쓰기 2급

背	背背背背背背背背背								
	背	背	背	背	背				

背景(배경) 背反(배반) 背信(배신) 背恩(배은) 背馳(배치) 違背(위배) 背後(배후)

二律背反(이율배반) : 두 가지 규율(規律)이 서로 반대(反對)된다는 뜻으로, 동일(同一) 법전(法典)에 포함(包含)되는 개개 법문(法文) 간(間)의 모순(矛盾).

등 배

月部(육달월) 5획총9획 | 영 back 중 bèi 일 ハイ(せ·せい·そむく) 【난이도】고등용, 읽기 4급Ⅱ, 쓰기 3급Ⅱ

倍	倍倍倍倍倍倍倍倍倍倍								
	倍	倍	倍	倍	倍				

倍加(배가) 倍前(배전) 加倍(가배) 倍率(배율) 倍達(배달) 倍數(배수) 公倍數(공배수)

倍達民族(배달민족) : ① 우리 민족(民族)을 달리 부르는 말. ② 우리나라의 상고(上古) 시대(時代) 이름. ③ '배달(倍達) 겨레'가 이루고 있는 나라.

곱 배

亻部(사람인변)8획 총10획 | 영 double 중 bèi 일 バイ 【난이도】고등용, 읽기 5급, 쓰기 4급

配

짝 배

酉部(닭유) 3획 총10획

配配配配配配配配配配

配 配 配 配 配

支配(지배) 配慮(배려) 分配(분배) 配置(배치) 配達(배달) 配定(배정) 配分(배분)

天生配匹(천생배필) : 하늘에서 미리 전(傳)해 준 배필(配匹).
天定配匹(천정배필) : 하늘에서 정(定)해진 배필(配匹).

영couple 중pèi 일ハイ(くばる) 【난이도】 고등용, 읽기 4급Ⅱ, 쓰기 3급Ⅱ

培

북돋울 배

土部(흙토)8획 총11획

培培培培培培培培培培

培 培 培 培 培

栽培(재배) 培養(배양) 培材學堂(배재학당) 栽培植物(재배식물) 促成栽培(촉성재배)

培養(배양) : ① 식물(植物)이나 미생물(微生物) 따위를 인공적으로 가꾸어 기름.
② 인격(人格), 사상(思想), 역량(力量) 따위가 발전(發展)하도록 가르쳐 기름.

영nourish 중péi 일バイ(つちかう) 【난이도】 고등용, 읽기 3급Ⅱ, 쓰기 2급

排

물리칠 배

扌(手)部(재방변)8획 총11획

排排排排排排排排排排

排 排 排 排 排

排除(배제) 排出(배출) 排斥(배척) 排定(배정) 按排(안배) 排泄(배설) 排布(배포)

排滿復明(배만복명) : 만주족(滿洲族)이 세운 청(淸)나라를 물리치고 명(明)나
라를 도와 부흥시키려던 주장. 병자호란 뒤에 일어나 효종(孝宗) 때 성(盛)했음.

영 reject 중pái 일ハイ(おす) 【난이도】 고등용, 읽기 3급Ⅱ, 쓰기 2급

輩

무리 배

車部(수레거) 8획 총15획

輩輩輩輩輩輩輩輩輩輩輩輩輩輩輩

輩 輩 輩 輩 輩

先輩(선배) 後輩(후배) 輩出(배출) 暴力輩(폭력배) 我輩(아배) 政商輩(정상배)

當今無輩(당금무배) : 이 세상(世 上)에서는 어깨를 겨눌 사람이 없음.
奸細之輩(간세지배) : 간사(奸 邪)한 짓을 하는 못된 사람의 무리.

영party 중輩[bèi] 일ハイ(ともがら) 【난이도】 고등용, 읽기 3급Ⅱ, 쓰기 2급

伯

맏 백

亻部(사람인변) 5획 총7획

伯伯伯伯伯伯伯

伯 伯 伯 伯 伯

伯叔(백숙) 伯氏(백씨) 伯爵(백작) 伯兄(백형) 河伯(하백) 畫伯(화백) 伯叔(백숙)

伯仲之勢(백중지세) : 누구를 형이라 아우라 하기 어렵다는 뜻으로, 형제(兄弟)인
장남(長男)과 차남(次男)의 차이(差異)처럼 큰 차이(差異)가 없는 형세(形勢).

영eldest 중bó 일ハク 【난이도】 고등용, 읽기 3급Ⅱ, 쓰기 2급

煩	煩 煩 煩 煩 煩 煩 煩 煩 煩 煩 煩 煩									
	煩 煩 煩 煩 煩									

煩惱(번뇌) 煩悶(번민) 頻煩(빈번) 煩雜(번잡) 煩忙(번망) 煩劇(번극) 耐煩(내번)

要言不煩(요언불번) : 요긴(要緊)한 말은 번잡(煩雜)하지 않다는 뜻으로, 중요(重要)한 말은 긴 이야기를 듣지 않아도 그 뜻을 알 수 있음을 이르는 말.

괴로워할 번

火部(불화) 9획총13획

영annoy 중烦[fán] 일ハン·ボン(わずらう) 【난이도】 고등용, 읽기 3급II, 쓰기 2급

繁	繁 繁 繁 白 白 白 每 繁 繁 繁 繁 繁 繁 繁 繁 繁 繁									
	繁 繁 繁 繁 繁									

繁榮(번영) 繁殖(번식) 頻繁(빈번) 繁昌(번창) 繁盛(번성) 農繁期(농번기) 繁華(번화)

繁華盛滿(번화성만) : 번성(蕃盛·繁盛)하고 화려(華麗)함이 가득함.
繁華之期(번화지기) : 번화(繁華)스러운 시기(時期).

번성할 번

糸部(실사)11획총17획

영prosper 중繁[fán] 일ハン(しげる) 【난이도】 고등용, 읽기 3급II, 쓰기 2급

飜	飜 飜 飜 飜 飜 飜 飜 香 香 香 香 香 香 香 香 飜 飜 飜 飜 飜									
	飜 飜 飜 飜 飜									

飜譯(번역) 飜覆(번복) 飜案(번안) 飜文(번문) 飜刻(번각) 飜曲(번곡) 飜葉(번엽)

飜譯小學(번역소학) : 조선(朝鮮) 중종(中宗) 12(1517)년 임금의 명으로, 김 전, 최 숙생 등이 『소학(小學)』을 한글로 번역(飜譯)해 펴낸 책(冊). 10권 10책.

뒤칠 번

飛部(날비)12획총21획

영translate 중fān 일ホン(ひるがえす) 【난이도】 고등용, 읽기 3급, 쓰기 2급

罰	罰 罰 罰 罰 罰 罰 罰 罰 罰 罰 罰 罰 罰 罰									
	罰 罰 罰 罰 罰									

處罰(처벌) 罰金(벌금) 刑罰(형벌) 罰則(벌칙) 懲罰(징벌) 嚴罰(엄벌) 賞罰(상벌)

一罰百戒(일벌백계) : 한 사람을 벌주어 백 사람을 경계(警戒)한다는 뜻으로, 한 가지 죄와 또는 한 사람을 벌(罰)줌으로써 여러 사람의 경각심을 불러일으킴.

죄 벌

罒部(그물망)9획총14획

영punish 중罚[bèi] 일バチ·バツ(つみ) 【난이도】 고등용, 읽기 4급II, 쓰기 3급II

犯	犯 犯 犯 犯 犯									
	犯 犯 犯 犯 犯									

犯罪(범죄) 侵犯(침범) 輕犯罪(경범죄) 犯罪者(범죄자) 犯法(범법) 輕犯(경범)

干名犯義(간명범의) : 명분(名分)을 어기고 은혜(恩惠)를 배반(背反)하는 것. 이를테면, 아들이 대역(大逆) 죄인(罪人)도 아닌 아버지를 고소(告訴)하는 따위.

범할 범

犭部(개사슴록변) 2획총5획

영violate 중fàn 일ハン(おかす) 【난이도】 고등용, 읽기 4급, 쓰기 3급

範

範 範 範 範 範 範 範 範 範 範 範 範 範 範 範

範 範 範 範 範

법 범

範圍(범위) 示範(시범) 模範(모범) 規範(규범) 廣範圍(광범위) 師範(사범)

樂學軌範(악학궤범) : 조선(朝鮮) 성종(成宗) 때 성현(成俔) 등(等)이 임금의 명을 받들어 편찬(編纂)한 음악책(音樂冊).

竹部(대죽) 9획총15획

영rule 중范[fàn] 일ハン(のり) 【난이도】고등용, 읽기 4급, 쓰기 3급

碧

碧 碧 碧 碧 碧 碧 碧 碧 碧 碧 碧 碧 碧 碧

碧 碧 碧 碧 碧

푸를 벽

碧空(벽공) 丹碧(단벽) 碧眼(벽안) 碧海(벽해) 碧溪水(벽계수) 碧溪(벽계)

桑田碧海(상전벽해) : 뽕나무밭이 푸른 바다가 되었다라는 뜻으로, 세상(世上)이 몰라 볼 정도(程度)로 바뀐 것. 세상(世上)의 모든 일이 엄청나게 변해버린 것.

石部(돌석) 9획총14획

영blue 중bì 일ヘキ(あお·あおい) 【난이도】고등용, 읽기 3급II, 쓰기 2급

壁

壁 壁 壁 壁 壁 壁 壁 壁 壁 壁 壁 壁 壁 壁 壁

壁 壁 壁 壁 壁

벽 벽

壁畵(벽화) 防火壁(방화벽) 城壁(성벽) 岸壁(안벽) 障壁(장벽) 赤壁賦(적벽부)

金城鐵壁(금성철벽) : 쇠로 된 성과 철로 만든 벽이라는 뜻으로, ① 방비(防備)가 매우 견고(堅固)한 성. ② 사물(事物)이 대단히 견고하여 치기 어려움을 이르는 말.

土部(흙토)13획총16획

영 wall 중bì 일ヘキ(かべ) 【난이도】고등용, 읽기 4급II, 쓰기 3급II

辨

辨 辨 辨 辨 辨 辨 辨 辨 辨 辨 辨 辨 辨 辨 辨

辨 辨 辨 辨 辨

분별할 변

辨明(변명) 辨別力(변별력) 辨償(변상) 辨濟(변제) 分辨(분변) 思辨(사변)

魚魯不辨(어로불변) : 어(魚)자와 노(魯)자를 구별(區別)하지 못한다는 뜻으로, 몹시 무식(無識)함을 비유(比喩·譬喩)해 이르는 말.

辛部(매울신) 9획총16획

영distinguish 중biàn 일ベン(わきまえる) 【난이도】고등용, 읽기 3급, 쓰기 2급

邊

邊 邊 邊 邊 邊 邊 邊 邊 邊 邊 邊 邊 邊 邊 邊 邊 邊 邊

邊 邊 邊 邊 邊

가 변

周邊(주변) 一邊倒(일변도) 邊方(변방) 周邊人(주변인) 底邊(저변) 江邊(강변)

廣大無邊(광대무변) : 너르고 커서 끝이 없음. 爐邊談話(노변담화) : 화롯가에 둘러앉아 서로 부드럽게 주고받는 세상(世上) 이야기.

辶部(책받침)15획총19획

영edge, side 중边[biān] 일辺[ヘン](ほとり) 【난이도】고등용, 읽기 4급II, 쓰기 3급II

辯

판별할 변

辯辯辯辯辯辛辛辛辛辯辯辯辯辯辯辯辯辯辯辯

辯辯辯辯辯

辯護士(변호사) 雄辯(웅변) 答辯(답변) 强辯(강변) 代辯人(대변인) 詭辯(궤변)

雄辯(웅변) : ① 조리(條理) 있고, 힘차고 거침없는 변설. ② 화술(話術)이 뛰어나며 설득력(說得力)이 있는 말솜씨. ③ 또 그 모양(模樣).

辛部(매울신)14획총21획 | 영 speaker 중 辩[biàn] 일 弁[ベン](わきまえる)【난이도】고등용, 읽기 4급, 쓰기 3급

竝

아우를 병

竝竝竝竝竝竝竝竝竝竝

竝竝竝竝竝

竝行(병행) 竝設(병설) 竝肩(병견) 竝用(병용) 竝列(병렬) 竝木(병목) 竝作(병작)

竝州故鄕(병주고향) : ① 오래 살던 타향(他鄕)을 고향(故鄕)에 견주어 이르는 말. ② 제2의 고향(故鄕).

立部(설립) 5획총10획 | 영 encompass 중 并[bìng] 일 並[ヘン](なみ・ならびに)【난이도】고등용, 읽기 3급, 쓰기 2급

屛

병풍 병

屛屛屛屛屛屛屛屛屛屛屛

屛屛屛屛屛

屛障(병장) 屛風(병풍) 畫屛(화병) 屛居(병거) 門屛(문병) 屛間(병간) 屛帳(병장)

屛風石(병풍석) : 능의 봉분(封墳) 둘레에 병풍(屛風) 같이 돌려 세운 긴네모꼴의 넓적한 돌들. 겉에는 십이신이나 꽃무늬 따위를 새김.

尸部(주검시) 8획총11획 | 영 screen 중 屛[píng] 일 屛[ヘイ](へい)【난이도】고등용, 읽기 3급, 쓰기 2급

普

넓을 보

普普普普普普普普普普普

普普普普普

普通(보통) 普及(보급) 普遍的(보편적) 普遍(보편) 普及版(보급판) 普遍化(보편화)

普遍妥當性(보편타당성) : 모든 사물에나 생각 등에 두루 알맞거나 옳은 성질.
普遍性(보편성) : 모든 것에 두루 미치게 통(通)하는 성질(性質).

日部(날일) 8획총12획 | 영 wide 중 普[pǔ] 일 フ(あまねれ)【난이도】고등용, 읽기 4급, 쓰기 3급

補

도울 보

補補補補補補補補補補補

補補補補補

候補(후보) 補完(보완) 補償(보상) 補塡(보전) 補助(보조) 補充(보충) 補佐(보좌)

絶長補短(절장보단) : 긴 것을 잘라서 짧은 것에 보태어 부족(不足)함을 채운다는 뜻으로, 좋은 것으로 부족(不足)한 것을 보충(補充)함을 이르는 말.

衣部(옷의) 7획총12획 | 영 repair 중 补[bǔ] 일 ホ(おぎなう)【난이도】고등용, 읽기 3급II, 쓰기 2급

譜

계보 보

譜譜譜譜譜譜譜譜譜譜譜譜譜譜譜譜譜
譜 譜 譜 譜 譜

族譜(족보) 系譜(계보) 譜系(보계) 樂譜(악보) 歌曲譜)가곡보) 字譜(자보)

玆山魚譜(자산어보) : 조선 순조(純祖) 15(1815)년에 정약전(丁若銓)이 펴낸 책.
勝戰譜(승전보) : 승전(勝戰)의 결과(結果)를 적은 기록(記錄).

言部(말씀언)12획총19획 · 영genealogy 중谱[pǔ] 일フ(しるす)【난이도】고등용, 읽기 3급II, 쓰기 2급

寶

보배 보

寶寶寶寶寶寶寶寶寶寶寶寶寶寶寶寶寶寶
寶 寶 寶 寶 寶

寶庫(보고) 寶物(보물) 寶貨(보화) 家寶(가보) 國寶(국보) 大寶(대보) 寶刀(보도)

傳家寶刀(전가보도) : 대대로 집안에 전해지는 보검의 뜻으로, 전가(傳家)는 '조상
때부터 대대(代代)로 집안에 전(傳)해지다'의 뜻이고, 보도(寶刀)는 '보배로운 칼'임.

宀部(갓머리)17획총20획 · 영treasure 중宝[bǎo] 일宝[ホウ](たから)【난이도】고등용, 읽기 4급II, 쓰기 3급II

卜

점 복

卜卜
卜 卜 卜 卜 卜

卜術(복술) 占卜(점복) 卜居(복거) 考卜(고복) 吉卜(길복) 卜占(복점) 結卜(결복)

弱馬卜重(약마복중) : 「약한 말에 무거운 짐을 싣는다」는 뜻으로, 재주와 힘이 넉넉하
지 못한 사람이 크나큰 일을 맡음을 비유(比喩·譬喩)하는 말.

卜部(점복) 0획총2획 · 영divination 중bǔ 일ホク·ボク(うらない·うらなう)【난이도】고등용, 읽기 3급, 쓰기 2급

腹

배 복

腹腹腹腹腹腹腹腹腹腹腹腹腹
腹 腹 腹 腹 腹

飽腹(포복) 腹痛(복통) 腹案(복안) 腹部(복부) 心腹(심복) 內腹(내복) 腹腔(복강)

口蜜腹劍(구밀복검) : 「입으로는 달콤함을 말하나 뱃속에는 칼을 감추고 있다」는
뜻으로, 겉으로는 친절(親切)하나 마음속은 음흉(陰凶)한 것.

月(肉)部(육달월)9획총13획 · 영belly 중fù 일フク(はら)【난이도】고등용, 읽기 3급II, 쓰기 2급

複

겹칠 복

複複複複複複複複複複複複複複
複 複 複 複 複

複雜(복잡) 重複(중복) 複製(복제) 複數(복수) 複合(복합) 複道(복도) 複式(복식)

複雜多端(복잡다단) : 일이 얽히고 설키다 갈피를 잡기 어려움.
微妙複雜(미묘복잡) : 미묘(微妙)하고 복잡(複雜)함.

衣部(옷의) 9획총14획 · 영double 중复[fù] 일フク【난이도】고등용, 읽기 4급, 쓰기 3급

覆覆覆覆覆覆覆覆覆覆覆覆覆覆覆覆覆覆覆

覆 覆 覆 覆 覆

覆蓋(복개) 覆審(복심) 檢覆(검복) 反覆(반복) 飜覆(번복) 顚覆(전복) 覆面(복면)

前車覆轍(전거복철) : 앞 수레가 엎어진 바퀴 자국이란 뜻으로, ① 앞사람의 실패. 실패의 전례(前例). ② 앞사람의 실패를 거울삼아 주의(注意)하라는 교훈(敎訓).

덮을 복/부

兩部(덮을아)12획총18획

영overturn 중fù 일フク(おおう・くつがえす)【난이도】고등용, 읽기 3급Ⅱ, 쓰기 2급

封封封封封封封封封

封 封 封 封 封

封墳(봉분) 封書(봉서) 封鎖(봉쇄) 封套(봉투) 封合(봉합) 開封(개봉) 密封(밀봉)

比屋可封(비옥가봉) : 집마다 가히 표창(表彰)할 만한 인물이 많다는 뜻으로, 백성이 모두 성인(聖人)의 덕에 교화(敎化)되어 어진 사람이 많음을 이르는 말.

봉할 봉

寸部(마디촌)6획총9획

영seal up 중fēng 일フウ・ホウ(ほおずる)【난이도】고등용, 읽기 3급Ⅱ, 쓰기 2급

峯峯峯峯峯峯峯峯峯峯

峯 峯 峯 峯 峯

道峯山(도봉산) 高峯(고봉) 毘盧峯(비로봉) 觀音峯(관음봉) 天皇峯(천황봉)

最高峯(최고봉) : ① 어느 지방(地方)이나 산맥(山脈) 중에서 가장 높은 봉우리. 주봉(主峯). ② 어떤 분야에서 가장 뛰어난 사람이나 수준(水準). 비유적인 말임.

봉우리 봉

山部(뫼산) 7획총10획

영peak 중峰[fēng] 일ホウ(はち)【난이도】고등용, 읽기 3급Ⅱ, 쓰기 2급

蜂 蜂 蜂 蜂 蜂

蜂起(봉기) 養蜂(양봉) 蜜蜂(밀봉) 蜂蝶(봉접) 蜂蜜(봉밀) 黃蜂(황봉) 蜂聲(봉성)

蜂房水渦(봉방수와) : 벌의 집과 물의 소용돌이라는 뜻으로, 건물(建物)이 꽉 들어차 있는 모양(模樣)을 형용(形容)해 이르는 말.

벌 봉

虫部(벌레충)7획총13획

영bee 중fēng 일ホウ(はち)【난이도】고등용, 읽기 3급, 쓰기 2급

鳳鳳鳳鳳鳳鳳鳳鳳鳳鳳鳳鳳鳳鳳

鳳 鳳 鳳 鳳 鳳

鳳駕(봉가) 鳳車(봉거) 鳳輦(봉련) 鳳城(봉성) 鳳鳥(봉조) 鳳凰(봉황) 鳳鳥(봉조)

龍味鳳湯(용미봉탕) : 용 고기로 맛을 낸 요리와 봉새로 끓인 탕이라는 뜻으로, 맛이 매우 좋은 음식(飮食)을 가리키는 말.

봉황새 봉

鳥部(새조) 3획총14획

영phoenix 중鳳[fēng] 일ブウ・ホウ(おおとり)【난이도】고등용, 읽기 3급Ⅱ, 쓰기 2급

付

付付付付付

付	付	付	付	付					

當付(당부) 納付(납부) 付託(부탁) 發付(발부) 貼付(첩부) 付着(부착) 配付(배부)

付諸洪橋(부제홍교) : 홍교(洪喬)에게 부탁(付託)한다는 뜻으로, 편지(便紙)가 유실(遺失)된 것을 비유하는 말.

줄 부

亻部(사람인변) 3획총5획 | 영give 중fù 일フ(つく・つける) 【난이도】 고등용, 읽기 3급II, 쓰기 2급

府

府府府府府府府府

府	府	府	府	府					

府庫(부고) 司法府(사법부) 議政府(의정부) 政府(정부) 行政府(행정부)

府夫人(부부인) : ① 조선 시대(時代)에, 정1품(正一品) 대군(大君)의 아내에게 주는 봉작(封爵). ② 왕비(王妃)의 어머니에게 주던 봉작(封爵).

관청 부

广部(엄호) 5획총8획 | 영government office 중fǔ 일フ(やくしょ) 【난이도】 고등용, 읽기 4급II, 쓰기 3급II

附

附附附附附附附附

附	附	附	附	附					

附與(부여) 附近(부근) 寄附(기부) 添附(첨부) 回附(회부) 寄附金(기부금)

附和雷同(부화뇌동) : 우레 소리에 맞춰 함께한다는 뜻으로, 자신(自身)의 뚜렷한 소신 없이 그저 남이 하는 대로 따라가는 것을 의미(意味)함.

붙을 부

阝(阜)部(좌부방) 5획총8획 | 영attach 중fù 일フ(つく) 【난이도】 고등용, 읽기 3급II, 쓰기 2급

赴

赴赴赴赴赴赴赴赴赴

赴	赴	赴	赴	赴					

赴任(부임) 赴古(부고) 赴告(부고) 赴尊(부존) 直赴(직부) 赴試人(부시인)

赴湯蹈火(부탕도화) : 끓는 물이나 뜨거운 불도 헤아리지 않고 뛰어든다 함이니, 목숨을 걸고 하는 아주 어렵고 힘든 고욕이나 수난(受難)을 이르는 말.

나아갈 부

走部(달릴주) 2획총9획 | 영get to 중fù 일フ(おもむく) 【난이도】 고등용, 읽기 3급, 쓰기 2급

負

負負負負負負負負負

負	負	負	負	負					

負擔(부담) 負債(부채) 勝負(승부) 抱負(포부) 自負心(자부심) 負傷(부상)

男負女戴(남부여대) : 「남자는 짐을 등에 지고, 여자는 짐을 머리에 인다」는 뜻으로, 가난한 사람이나 재난을 당한 사람들이 살 곳을. 찾아 이리저리 떠돌아다니는 것을 이르는 말.

짐질 부

貝部(조개패) 2획총9획 | 영bear 중负[fù] 일フ(おう・まかす) 【난이도】 고등용, 읽기 4급, 쓰기 3급

副

버금 부

刂部(선칼도방) 9획 총11획

副副副副副副副副副副副

副 副 副 副 副

副作用(부작용) 副總理(부총리) 副會長(부회장) 副應(부응) 副次的(부차적)

副題(부제) : 서적(書籍), 논문(論文), 문예(文藝) 작품(作品) 따위에서 주가 되는 제목(題目)에 덧붙여 그것을 보충(補充)하는 제목(題目).

영second 중fù 일フク(わける)【난이도】고등용, 읽기 4급Ⅱ, 쓰기 3급Ⅱ

符

부신 부

竹部(대죽) 5획 총11획

符符符符符符符符符符符

符 符 符 符 符

符合(부합) 免罪符(면죄부) 符號(부호) 符籍(부적) 發音符(발음부) 天符印(천부인)

名實相符(명실상부) : ① 이름과 실상(實相)이 서로 들어맞음. ② 알려진 것과 실제(實際)의 상황(狀況)이나 능력에 차이(差異)가 없음.

영tally 중fú 일フ【난이도】고등용, 읽기 3급Ⅱ, 쓰기 2급

賦

구실 부

貝部(조개패)8획 총15획

賦賦賦賦賦賦賦賦賦賦賦賦賦賦賦

賦 賦 賦 賦 賦

賦課(부과) 賦與(부여) 割賦(할부) 天賦的(천부적) 赤壁賦(적벽부) 賦役(부역)

天賦(천부) : 하늘이 주었다는 뜻으로, 선천적(先天的)으로 타고남을 이르는 말.
登高能賦(등고능부) : 군자는 높은 산에 오르면 반드시 시를 지어 회포를 품.

영taxes 중賦[fú] 일フ(みっき)【난이도】고등용, 읽기 3급Ⅱ, 쓰기 2급

腐

썩을 부

肉部(고기육)8획 총14획

腐腐腐腐腐腐腐腐腐腐腐腐腐腐

腐 腐 腐 腐 腐

腐敗(부패) 陳腐(진부) 豆腐(두부) 腐蝕(부식) 腐史(부사) 防腐劑(방부제)

切齒腐心(절치부심) : 이를 갈고 마음을 썩히다는 뜻으로, 대단히 분(憤)하게 여기고 마음을 썩임.

영rotten 중fǔ 일フ(くさらす・くさる)【난이도】고등용, 읽기 3급Ⅱ, 쓰기 2급

簿

문서 부

竹部(대죽)13획 총19획

簿簿簿簿簿簿簿簿簿簿簿簿簿簿簿簿簿簿簿

簿 簿 簿 簿 簿

置簿(치부) 帳簿(장부) 家計簿(가계부) 名簿(명부) 學生簿(학생부) 學籍簿(학적부)

公簿(공부) : 국가(國家) 기관(機關)이나 공공단체(公共團體) 등(等)에서 공식(公式)으로 작성(作成)하는 장부(帳簿).

영book·keeping 중bù 일ボ(ちょうめん)【난이도】고등용, 읽기 3급Ⅱ, 쓰기 2급

奔

奔 奔 奔 奔 本 奔 奔 奔

奔 奔 奔 奔 奔

달릴 분

奔走(분주) 奔忙(분망) 狂奔(광분) 奔告(분고) 奔騰(분등) 奔馬草(분마초)

見奔獐放獲兔(견분장방획토) : 「달아나는 노루 보다가 잡은 토끼 놓친다는 속담」의 한역으로, 큰 것에 욕심을 내다가 도리어 자기가 가진 것마저 잃어버린다는 말.

大部(큰대) 5획총8획 　영run away 중bèn 일ホン(はしる) 【난이도】 고등용, 읽기 3급II, 쓰기 2급

墳

墳 墳 墳 墳 墳 墳 墳 墳 墳 墳 墳 墳 墳 墳

墳 墳 墳 墳 墳

무덤 분

墳墓(분묘) 墳塋(분영) 古墳(고분) 封墳(봉분) 成墳(성분) 雙墳(쌍분) 大墳(대분)

旣集墳典(기집분전) : 이미 분(墳)과 전(典)을 모았으니, 삼황(三皇)의 글은 삼분(三墳)이요, 오제(五帝)의 글은 오전(五典)임.

土部(흙토)12획총15획 　영grave 중坟[fén] 일フン(はか) 【난이도】 고등용, 읽기 3급, 쓰기 2급

紛

紛 紛 紛 紛 紛 紛 紛 紛 紛 紛

紛 紛 紛 紛 紛

어지러울 분

紛糾(분규) 紛亂(분란) 紛紛(분분) 紛失(분실) 紛擾(분요) 紛爭(분쟁) 紛然(분연)

諸說紛紛(제설분분) : 여러 가지 의견이 뒤섞여 혼란(混亂)함. 內紛(내분) : 내부에서 서로 의견이 맞지 않아 저희 끼리 일으킨 다툼질. 집안이나 나라 안의 싸움.

糸部(실사)4획총10획 　영dizzy 중纷[fēn] 일フン(まぎらす) 【난이도】 고등용, 읽기 3급II, 쓰기 2급

粉

粉 粉 粉 粉 粉 粉 粉 粉 粉 粉

粉 粉 粉 粉 粉

가루 분

粉飾會計(분식회계) 粉塵(분진) 粉末(분말) 粉碎(분쇄) 粉筆(분필) 粉乳(분유)

粉骨碎身(분골쇄신) : 뼈가 가루가 되고 몸이 부서진다는 뜻으로, 있는 힘을 다해 노력(努力)함, 또는 남을 위(爲)하여 수고를 아끼지 않음.

米部(쌀미) 4획총10획 　영powder 중fēn 일フン(こ·こな) 【난이도】 고등용, 읽기 4급, 쓰기 3급

憤

憤 憤 憤 憤 憤 憤 憤 憤 憤 憤 憤 憤 憤 憤

憤 憤 憤 憤 憤

분할 분

憤怒(분노) 公憤(공분) 憤慨(분개) 激憤(격분) 憤心(분심) 鬱憤(울분) 憤痛(분통)

發憤忘食(발분망식) : 일을 이루려고 끼니조차 잊고 분발(奮發) 노력(努力)함.
憤氣衝天(분기충천) : 분(憤)한 마음이 하늘을 찌를 듯이 북받쳐 오름.

忄部(심방변)12획총15획 　영indignant 중愤[fèn] 일フン(いきどおる) 【난이도】 고등용, 읽기 4급, 쓰기 3급

奮	奋 奋 奋 奋 奋 奋 奋 奋 奋 奋 奮 奮 奮 奮 奮
	奮 奮 奮 奮 奮

興奮(흥분) 奮發(분발) 奮鬪(분투) 奮戰(분전) 發奮(발분) 奮怒(분노) 激奮(격분)

孤軍奮鬪(고군분투) : ① 후원(後援)이 없는 외로운 군대(軍隊)가 힘에 벅찬 적군(敵軍)과 맞서 온힘을 다하여 싸움. ② 또는 홀로 여럿을 상대(相對)로 싸움.

떨칠 분

大部(큰대)13획총16획

영rouse 중奋[fèn] 일フン(ふるう) 【난이도】고등용, 읽기 3급II, 쓰기 2급

拂	拂 拂 拂 拂 扚 拂 拂 拂
	拂 拂 拂 拂 拂

支拂(지불) 拂拭(불식) 滯拂(체불) 受拂(수불) 換拂(환불) 拂入(불입) 拂出(불출)

拂鬚塵(불수진) : 수염의 먼지를 털어 준다는 뜻으로, 윗사람의 환심을 사려고 아첨하거나 윗사람에 대한 비굴한 태도(態度)를 비유하는 말.

떨칠 불

扌(手)部(재방변)5획총8획

영be wielded 중fú 일フツ(はらう) 【난이도】고등용, 읽기 3급II, 쓰기 2급

崩	崩 崩 崩 崩 崩 崩 崩 崩 崩 崩 崩
	崩 崩 崩 崩 崩

崩壞(붕괴) 崩御(붕어) 崩潰(붕궤) 崩頹(붕퇴) 崩落(붕락) 崩壞熱(붕괴열)

天崩之痛(천붕지통) : 「하늘이 무너지는 듯한 고통(苦痛)」이라는 뜻으로, 임금이나 아버지를 잃은 슬픔을 이르는 말.

무너질 붕

山部(뫼산) 8획총11획

영collapse 중bēng 일ホウ(くずす・くずれる) 【난이도】고등용, 읽기 3급, 쓰기 2급

妃	妃 妃 妃 妃 妃 妃
	妃 妃 妃 妃 妃

妃嬪(비빈) 妃偶(비우) 王妃(왕비) 后妃(후비) 王大妃(왕대비) 繼妃(계비)

楚妃守符(초비수부) : 초나라 왕비가 부(符)를 지킨다는 뜻으로, 명분에 사로잡혀 실(實)을 잃음을 이르는 말. 大王大妃(대왕대비) : 왕의, 살아 있는 할머니를 지칭하는 말.

왕비 비

女部(계집녀)3획총6획

영queen 중fēi 일ヒ(きさき) 【난이도】고등용, 읽기 3급II, 쓰기 2급

批	批 批 批 批 批 批 批
	批 批 批 批 批

批判(비판) 批准(비준) 批判的(비판적) 批評(비평) 無批判的(무비판적)

文藝批評(문예비평) : 문예(文藝) 작품의 구조, 효과, 작가의 창작(創作) 방법(方法), 세계관(世界觀) 및 가치(價値) 따위를 검토(檢討) 판단(判斷)하는 일.

비평할 비

扌(手)部(재방변)4획총7획

영criticize 중pī 일ヒ 【난이도】고등용, 읽기 4급, 쓰기 3급

肥肥肥肥肥肥肥肥

肥	肥	肥	肥	肥					

肥大(비대) 肥料(비료) 肥滿(비만) 肥沃(비옥) 施肥(시비) 堆肥(퇴비) 綠肥(녹비)

天高馬肥(천고마비) : 하늘은 높고 말은 살찐다는 뜻으로, 하늘이 맑고 모든 것이 풍성함을 이르는 말.

살찔 비

月部(육달월) 4획 총8획 　영fat　중féi　일ヒ(こえ・こえる)【난이도】고등용, 읽기 3급Ⅱ, 쓰기 2급

卑卑卑卑卑卑卑卑

卑	卑	卑	卑	卑					

卑怯(비겁) 卑屈(비굴) 卑近(비근) 卑俗(비속) 卑劣(비열) 卑賤(비천) 卑下(비하)

男尊女卑(남존여비) : 남자는 높고 귀하게 여기고, 여자는 낮고 천하게 여긴다는 뜻으로, 사회적 지위(地位)나 권리에 있어 남자를 여자보다 존중(尊重)하는 일.

낮을 비

十部(열십) 6획 총8획 　영lowly　중bēi　일ヒ(いやしい・いやしむ)【난이도】고등용, 읽기 3급Ⅱ, 쓰기 2급

祕祕祕祕祕祕祕祕祕祕

祕	祕	祕	祕	祕					

祕密(비밀) 神祕(신비) 勿祕昭示(물비소시) 神祕論(신비론) 祕宗(비종)

北窓祕訣(북창비결) : 책 이름. 1책. 조선 중종(中宗) 때 정염 지음. 장차 일어날 난(亂)을 예언하고, 그 난리로부터 살아날 수 있는 방법을 암시한 비결(祕訣)이다.

숨길 비

示部(보일시)5획 총10획 　영conceal, hide　중mì　일ヒ(ひめる)【난이도】고등용, 읽기 3급Ⅱ, 쓰기 2급

婢婢婢婢婢婢婢婢婢婢

婢	婢	婢	婢	婢					

奴婢(노비) 官婢(관비) 侍婢(시비) 哭婢(곡비) 賤婢(천비) 從婢(종비) 婢妾(비첩)

紅顔婢子(홍안비자) : 나이가 젊고 얼굴이 곱게 생긴 계집종.
爲奴爲婢(위노위비) : 역적(逆賊)의 처자(妻子)를 종으로 만듦.

계집종 비

女部(계집녀) 8획 총11획 　영maid　중bì　일ヒ(はしため)【난이도】고등용, 읽기 3급Ⅱ, 쓰기 2급

費費費費費費費費費費費

費	費	費	費	費					

消費(소비) 費用(비용) 消費者(소비자) 浪費(낭비) 經費(경비) 研究費(연구비)

不費之惠(불비지혜) : 자기(自己)에게는 해가 될 것이 없어도 남에게는 이익(利益)이 될 만 하게 베풀어 주는 은혜(恩惠).

쓸 비

貝部(조개패) 5획 총12획 　영spend　중費[fèi]　일ヒ(ついやす・ついえる)【난이도】고등용, 읽기 5급, 쓰기 4급

碑

비석 비

石部(돌석)8획총13획

碑碑碑碑碑碑碑碑碑碑碑碑碑

| 碑 | 碑 | 碑 | 碑 | 碑 | | | | |

碑文(비문) 碑石(비석) 記念碑(기념비) 墓碑(묘비) 巡狩碑(순수비) 石碑(석비)

萬口成碑(만구성비) : 만인(萬人)의 입이 비(碑)를 이룬다는 뜻으로, 여러 사람이 칭찬(稱讚)하는 것이 송덕비(頌德碑)를 세우는 것과 같음을 이르는 말.

영tombstone 중bēi 일ヒ(いしぶみ) 【난이도】고등용, 읽기 4급, 쓰기 3급

賓

손 빈

貝部(조개패)7획총14획

賓賓賓賓賓賓賓賓賓賓賓賓賓賓

| 賓 | 賓 | 賓 | 賓 | 賓 | | | | |

賓客(빈객) 國賓(국빈) 賤賓(천빈) 上賓(상빈) 貴賓(귀빈) 尊賓(존빈) 來賓(내빈)

回賓作主(회빈작주) : 남의 의견(意見)이나 주장(主張)을 제쳐놓고 제 마음대로 처리(處理)하거나 방자(放恣)하게 행동(行動)함을 이르는 말.

영guest 중宾[bīn] 일ヒン(まろうど) 【난이도】고등용, 읽기 3급Ⅱ, 쓰기 2급

頻

자주 빈

頁部(머리혈)7획총16획

頻頻頻頻頻頻頻頻頻頻頻頻頻頻頻

| 頻 | 頻 | 頻 | 頻 | 頻 | | | | |

頻發(빈발) 頻度(빈도) 頻繁(빈번) 頻數(빈삭) 頻煩(빈번) 頻大葉(빈대엽)

最頻速度(최빈속도) : 중성자 수에 따른 속도 분포를 나타낸 곡선식에서 중성자 수가 최대가 되는 속도.

영frequently 중频[pín] 일ヒン(しき) 【난이도】고등용, 읽기 3급, 쓰기 2급

聘

부를 빙

耳部(귀이) 7획총13획

聘聘聘聘聘聘聘聘聘聘聘聘聘

| 聘 | 聘 | 聘 | 聘 | 聘 | | | | |

招聘(초빙) 聘家(빙가) 聘丈(빙장) 雇聘(고빙) 聘宅(빙택) 聘召(빙소) 來聘(내빙)

聘母(빙모) : 다른 사람의 장모(丈母)를 이르는 말. 聘父(빙부) : 아내의 친정(親庭) 아버지. 聘妻(빙처) : 예를 다하고서 맞아 아내를 삼는다는 뜻으로, '아내'를 일컫는 말.

영invite 중pìn 일ヘイ(とう・まねく) 【난이도】고등용, 읽기 3급, 쓰기 2급

司

맡을 사

口部(입구) 2획총5획

司司司司司

| 司 | 司 | 司 | 司 | 司 | | | | |

司法(사법) 司法府(사법부) 司令官(사령관) 上司(상사) 司令部(사령부) 司試(사시)

牝鷄司晨(빈계사신) : 「암탉이 새벽에 우는 일을 맡았다」는 뜻으로, 아내가 남편(男便)의 할 일을 가로 막아 자기 마음대로 처리(處理)함을 비꼬아 이르는 말.

영manage 중sī 일シ 【난이도】고등용, 읽기 3급Ⅱ, 쓰기 2급

似

似似似似似似似

似 似 似 似 似

近似(근사) 相似(상사) 類似(유사) 類似亂數(유사난수) 相似(상사) 形似(형사)

非夢似夢(비몽사몽) : 꿈인지 생시인지 어렴풋한 상태(狀態).
似而非(사이비) : 겉으로 보기에는 비슷한 듯하지만 근본적으로는 아주 다른 것.

같을 사

亻部(사람인변) 5획총7획

영same 중sì 일ジ(にる) 【난이도】 고등용, 읽기 3급, 쓰기 2급

沙

沙沙沙沙沙沙沙

沙 沙 沙 沙 沙

沙工(사공) 沙果(사과) 沙丘(사구) 沙器(사기) 沙漠(사막) 黃沙(황사) 土沙(토사)

沙上樓閣(사상누각) : 모래 위에 세운 다락집이라는 뜻으로, 기초(基礎)가 약하여 무너질 염려(念慮)가 있을 때나 실현(實現) 불가능한 일을 두고 이르는 말.

모래 사

氵部(삼수변) 4획총7획

영sand 중shā 일サ(すな) 【난이도】 고등용, 읽기 3급Ⅱ, 쓰기 2급

邪

邪邪邪邪邪邪邪

邪 邪 邪 邪 邪

邪道(사도) 邪惡(사악) 邪風(사풍) 奸邪(간사) 邪路(사로) 邪曲(사곡) 邪念(사념)

邪不犯正(사불범정) : 바르지 못한 것은 바른 것을 감(敢)히 범(犯)하지 못한다는 뜻으로, 정의(正義)는 반드시 이긴다는 말.

간사할 사

阝(邑)部(우부방) 4획총7획

영malicious 중xié 일ジャ(よこしま) 【난이도】 고등용, 읽기 3급Ⅱ, 쓰기 2급

社

社社社社社社社社

社 社 社 社 社

社會(사회) 社會的(사회적) 會社(회사) 國際社會(국제사회) 社長(사장)

宗廟社稷(종묘사직) : 왕실(王室)과 나라를 함께 이르는 말.
社稷爲墟(사직위허) : 사직이 폐허가 되었다는 뜻으로, 나라가 망하는 일.

모일 사

示部(보일시) 3획총8획

영gather 중社[shè] 일社[シャ](やしろ) 【난이도】 고등용, 읽기 3급Ⅱ, 쓰기 2급

祀

祀祀祀祀祀祀祀祀

祀 祀 祀 祀 祀

告祀(고사) 茶祀(차사) 祭祀(제사) 節祀(절사) 合祀(합사) 享祀(향사) 封祀(봉사)

無祀鬼神(무사귀신) : 온갖 재앙에 자손이 죽어서 제사를 받들 사람이 없이 된 귀신.
寅不祭祀(인불제사) : 인일(寅日)에는 기휘(忌諱)되어 제사를 지내지 않음.

제사 사

示部(보일시) 3획총8획

영sacrifice 중祀[sì] 일シ(とし・まつり) 【난이도】 고등용, 읽기 3급Ⅱ, 쓰기 2급

査

조사할 사

木部(나무목)5획총9획

査査査査査査査査査

査	査	査	査	査				

搜査(수사) 調査(조사) 檢査(검사) 審査(심사) 監査(감사) 監査院(감사원)

我歌査唱(아가사창) : 내가 부를 노래를 사돈이 부른다는 속담(俗談)의 한역으로, 책망(責望)을 들을 사람이 도리어 큰소리를 침을 이르는 말.

영seek out 중査[chá] 일サ(いしぶみ) 【난이도】 고등용, 읽기 5급, 쓰기 4급

蛇

뱀 사

虫部(벌레충)5획총11획

蛇蛇蛇蛇蛇蛇蛇蛇蛇蛇蛇

蛇	蛇	蛇	蛇	蛇				

委蛇(위타) 毒蛇(독사) 蛇行川(사행천) 蛇尾(사미) 禁蛇花(금사화) 蛇蝎視(사갈시)

龍頭蛇尾(용두사미) : 머리는 용이고 꼬리는 뱀이라는 뜻으로, ① 시작은 좋았다가 갈수록 나빠짐의 비유. ② 처음 출발은 야단스러운데, 끝장은 보잘것없이 흐지부지되는 것.

영snake 중shé 일ジャ・ダ(へび) 【난이도】 고등용, 읽기 3급Ⅱ, 쓰기 2급

斜

비낄 사

斗部(말두) 7획총11획

斜斜斜斜斜斜斜斜斜斜斜

斜	斜	斜	斜	斜				

斜陽(사양) 傾斜(경사) 斜廊(사랑) 傾斜面(경사면) 斜面(사면) 斜線(사선)

斜風細雨(사풍세우) : 엇비슷하게 비껴 부는 바람. 엇비슷하게 스쳐 가는 바람.
細風斜雨(세풍사우) : ☞ 사풍세우(斜風細雨).

영inclined 중xié 일シャ(ななめ) 【난이도】 고등용, 읽기 3급Ⅱ, 쓰기 2급

捨

버릴 사

扌(手)部(재방변)8획총11획

捨捨捨捨捨捨捨捨捨捨捨

捨	捨	捨	捨	捨				

用捨(용사) 取捨(취사) 喜捨(희사) 捨撤(사철) 喜捨函(희사함) 捨身(사신)

捨短取長(사단취장) : 장단(長短)을 가려서 격식(格式)에 맞춘다는 뜻으로, 나쁜 것은 버리고 좋은 점은 취한다는 말.

영throw 중舍[shè] 일シャ(すてる) 【난이도】고등용, 읽기 3급, 쓰기 2급

詞

말씀 사

言部(말씀언)5획총12획

詞詞詞詞詞詞詞詞詞詞詞

詞	詞	詞	詞	詞				

動詞(동사) 歌詞(가사) 名詞(명사) 名詞形(명사형) 副詞(부사) 冠詞(관사)

詞海(사해) : 사조(詞藻)의 바다. 문장(文章)이나 시가(詩歌)의 풍부(豊富)함을 바다의 넓고 깊음에 비유(比喩・譬喩)한 말.

영ward 중词[sī] 일シ(ことば) 【난이도】 고고등용, 읽기 3급Ⅱ, 쓰기 2급

詐

詐詐詐詐詐詐詐詐詐詐詐詐

詐 詐 詐 詐 詐

속일 사

言部(말씀언) 5획총12획

詐欺(사기) 詐稱(사칭) 詐欺罪(사기죄) 詐取(사취) 詐計(사계) 詐術(사술)

兵不厭詐(병불염사) : 「용병(用兵)에 있어서는 적(敵)을 속이는 것도 싫어하지 않는다」는 뜻으로, 전쟁(戰爭)에서는 속임수도 꺼리지 않는다는 뜻.

영deceive 중诈[zhà] 일サ(いつわる) 【난이도】 고등용, 읽기 3급, 쓰기 2급

斯

斯斯斯斯斯斯斯斯斯斯斯斯

斯 斯 斯 斯 斯

이 사

斤部(날근) 8획총12획

斯盧(사로) 斯文(사문) 阿斯達(아사달) 如斯(여사) 瓦斯體(와사체) 斯界(사계)

斯文亂賊(사문난적) : 유교(儒敎)를 어지럽히는 도적(盜賊)이라는 뜻으로, 교리(敎理)에 어긋나는 언동(言動)으로 유교(儒敎)를 어지럽히는 사람을 이르는 말.

영this 중sī 일シ(かかる・かく) 【난이도】 고등용, 읽기 3급, 쓰기 2급

寫

寫寫寫寫寫寫寫寫寫寫寫寫寫寫寫

寫 寫 寫 寫 寫

베낄 사

宀部(갓머리)12획총15획

寫眞(사진) 描寫(묘사) 複寫(복사) 靑寫眞(청사진) 筆寫本(필사본) 謄寫(등사)

圖寫禽獸(도사금수) : 궁전(宮殿) 내부(內部)에는 유명(有名)한 화가(畵家)들이 그린 그림 조각 등(等)으로 장식(裝飾)되어 있음.

영sketch, copy 중写[xiě] 일写[シャ](うつす・うつる)【난이도】 고등용, 읽기 5급, 쓰기 4급

賜

賜賜賜賜賜賜賜賜賜賜賜賜賜賜賜

賜 賜 賜 賜 賜

줄 사

貝部(조개패)8획총15획

下賜金(하사금) 膳賜(선사) 賜藥(사약) 別賜田(별사전) 賜田(사전) 下賜(하사)

膳賜(선사) : 친근(親近)·애정(愛情)·존경(尊敬)의 뜻을 나타내기 위하여 남에게 물품(物品)을 줌. 特賜(특사) : 임금이 신하(臣下)에게 특별(特別)히 내림.

영bestow 중賜[cì] 일シ(たまわる) 【난이도】 고등용, 읽기 3급, 쓰기 2급

辭

辭辭辭辭辭辭辭辭辭辭辭辭辭辭辭辭辭辭辭

辭 辭 辭 辭 辭

말씀 사

辛部(매울신)12획총19획

辭退(사퇴) 辭表(사표) 讚辭(찬사) 辭意(사의) 辭任(사임) 記念辭(기념사)

美辭麗句(미사여구) : 아름다운 말과 글귀(-句)라는 뜻으로, ① 아름다운 문장(文章). ② 아름다운 말로 꾸민 듣기 좋은 글귀(句).

영speech 중辞[cí] 일辞[ジ](やめる) 【난이도】 고등용, 읽기 4급, 쓰기 3급

削

깎을 삭

刂部(선칼도방)7획총9획

削 削 削 削 削 削 削 削 削

削 削 削 削 削

削除(삭제) 削減(삭감) 添削(첨삭) 減削(감삭) 削髮(삭발) 刊削(간삭) 削奪(삭탈)

削奪官職(삭탈관직) : 죄인(罪人)의 벼슬과 품계(品階)를 빼앗고 사판(仕版)에서 이름을 없애 버림.

영cut 중xiāo 일サク(けずる) 【난이도】고등용, 읽기 3급Ⅱ, 쓰기 2급

朔

초하루 삭

月部(달월)6획총10획

朔 朔 朔 朔 朔 朔 朔 朔 朔 朔

朔 朔 朔 朔 朔

朔望(삭망) 朔鼓(삭고) 朔東(삭동) 閏朔(윤삭) 朔風(삭풍) 滿朔(만삭) 月朔(월삭)

朝菌不知晦朔(조균부지회삭) : 아침에 돋아났다가 해가 뜨면 말라죽는 버섯이 그믐과 초승을 알지 못한다는 뜻으로, 수명(壽命)이 매우 짧거나 덧없음을 이르는 말.

영new moon 중shuò 일サク(きた·ついたち) 【난이도】고등용, 읽기 3급, 쓰기 2급

床

평상 상

广部(엄호) 4획총7획

床 床 床 床 床 床 床

床 床 床 床 床

起床(기상) 病床(병상) 溫床(온상) 臨床(임상) 冊床(책상) 平床(평상) 河床(하상)

同床異夢(동상이몽) : 같은 침상(寢床)에서 서로 다른 꿈을 꾼다는 뜻으로, 겉으로는 같이 행동(行動)하면서 속으로는 각기 딴 생각을 함을 이르는 말.

영bed 중chuǎng 일ショウ(とこ·ゆか) 【난이도】고등용, 읽기 4급Ⅱ, 쓰기 3급Ⅱ

狀

형상 상/문서 장

犬部(개견) 4획총8획

狀 狀 狀 狀 狀 狀 狀 狀

狀 狀 狀 狀 狀

狀況(상황) 狀態(상태) 現狀(현상) 令狀(영장) 症狀(증상) 實狀(실상) 形狀(형상)

情狀參酌(정상참작) : 재판관(裁判官)이 범죄의 사정을 헤아려서 형벌을 가볍게 하는 일. 情狀酌量(정상작량) : ☞ 정상참작(情狀參酌).

영thape, letter 중狀[zhuàng] 일狀[ジョウ](すてる) 【난이도】고등용, 읽기 4급Ⅱ, 쓰기 3급Ⅱ

桑

뽕나무 상

木部(나무목)6획총10획

桑 桑 桑 桑 桑 桑 桑 桑 桑 桑

桑 桑 桑 桑 桑

農桑(농상) 桑門(상문) 桑弧(상호) 扶桑(부상) 桑中(상중) 桑田(상전) 蠶桑(잠상)

桑田碧海(상전벽해) : 뽕나무밭이 푸른 바다가 되었다라는 뜻으로, 세상(世上)이 몰라 볼 정도(程度)로 바뀐 것. 세상(世上)의 모든 일이 엄청나게 변해버린 것.

영mulberry 중sāng 일ソウ(くわ) 【난이도】고등용, 읽기 3급Ⅱ, 쓰기 2급

祥祥祥祥祥祥祥祥祥祥祥

祥 祥 祥 祥 祥

상서로울 상

示部(보일시) 6획총11획

不祥事(불상사) 發祥(발상) 祥符(상부) 吉祥紗(길상사) 妖祥(요상) 祥瑞(상서)

人事不祥(인사불상) : 사람으로서 부실한 일 세 가지. 곧, 어리면서 장자(長者)를 섬기지 않고, 천하면서 지체 높은 이를 무시하여, 불초한 자가 현자(賢者)를 우러러보지 않는 일.

영lucky 중祥[xiáng] 일ショウ(めでたい) 【난이도】고등용, 읽기 3급, 쓰기 2급

象象象象象象象象象象象象

象 象 象 象 象

코끼리 상

豕部(돼지시) 5획총12획

象徵(상징) 假象(가상) 對象(대상) 萬象(만상) 印象(인상) 現象(현상)

群盲撫象(군맹무상) : 여러 맹인(盲人)이 코끼리를 더듬는다는 뜻으로, 즉 자기(自己)의 좁은 소견(所見)과 주관(主觀)으로 사물(事物)을 그릇 판단(判斷)함.

영elephant 중xiàng 일ショウ·ゾウ(かたち) 【난이도】고등용, 읽기 4급, 쓰기 3급

詳詳詳詳詳詳詳詳詳詳詳詳詳

詳 詳 詳 詳 詳

자세할 상

言部(말씀언)6획총13획

詳考(상고) 詳細(상세) 詳述(상술) 未詳(미상) 不詳(불상) 昭詳(소상) 仔詳(자상)

博學詳說(박학상설) : 군자가 박학함으로써 상세히 풀이하는 것은 세인(世人)에게 학문을 자랑하려 함이 아니라, 요점(要點)을 알아듣도록 설명하기 위함이라는 말.

영 detail 중 詳[xiáng] 일ジャ(うつす·うつる)【난이도】고등용, 읽기 3급II, 쓰기 2급

像像像像像像像像像像像像

像 像 像 像 像

형상 상

亻部(사람인변)12획총14획

想像(상상) 畵像(화상) 氣像(기상) 映像(영상) 群像(군상) 面像(면상) 銅像(동상)

等像(등상) : ① (쇠·돌·풀·나무·흙 등(等)으로 만든 사람의 형상(形象·形像)의 뜻으로) 어리석은 사람을 가리키는 말. ② 어림없는 사람.

영figure 중xiàng 일 ゾウ(かたち) 【난이도】고등용, 읽기 3급II, 쓰기 2급

裳裳裳裳裳裳裳裳裳裳裳裳裳裳

裳 裳 裳 裳 裳

치마 상

衣部(옷의)8획총14획

衣裳(의상) 衣裳室(의상실) 紅裳(홍상) 舞臺衣裳(무대의상) 靑裳(청상) 赤裳(적상)

同價紅裳(동가홍상) : '같은 값이면 다홍치마'라는 뜻으로, 같은 조건(條件)이라면 좀 더 낫고 편리(便利)한 것을 택함.

영skirt 중cháng 일 ショウ(も·もすそ) 【난이도】고등용, 읽기 3급II, 쓰기 2급

嘗 맛볼 상 口部(입구)11획총14획	嘗嘗嘗嘗嘗嘗嘗嘗嘗嘗嘗嘗嘗嘗 嘗 嘗 嘗 嘗 嘗 嘗味(상미) 嘗試(상시) 嘗敵(상적) 孟嘗君(맹상군) 未嘗不(미상불) 品嘗(품상) 臥薪嘗膽(와신상담) : 섶에 누워 쓸개를 씹는다는 뜻으로, 원수(怨讐)를 갚으려고 온갖 괴로움을 참고 견딤을 이르는 말. 영taste 중尝[cháng] 일ショウ(なぬる·かつて) 【난이도】 고등용, 읽기 3급, 쓰기 2급

償 갚을 상 亻部(사람인변)15획총17획	償償償償償償償償償償償償償償償償 償 償 償 償 償 補償(보상) 賠償(배상) 償還(상환) 減價償却(감가상각) 無償(무상) 補償金(보상금) 損害賠償(손해배상) : ① 법률(法律)의 규정(規定)에 따라 남이 입은 손해(損害)를 메워 주는 일. ② 또는 그런 돈이나 물건(物件). 영repay 중偿[scháng] 일ショウ(つぐなう) 【난이도】 고등용, 읽기 3급Ⅱ, 쓰기 2급

塞 변방 새/막을 색 土部(흙토)10획총13획	塞塞塞塞塞塞塞塞塞塞塞塞塞 塞 塞 塞 塞 塞 梗塞(경색) 窘塞(군색) 窮塞(궁색) 邊塞(변새) 語塞(어색) 要塞(요새) 閉塞(폐색) 拔本塞源(발본색원) : 근본(根本)을 빼내고 원천(源泉)을 막아 버린다는 뜻으로, 사물(事物)의 폐단(弊端)을 없애기 위해서 그 뿌리째 뽑아 버림을 이르는 말. 영block 중sāi 일サイ·ソク(ふさぐ) 【난이도】 고등용, 읽기 3급Ⅱ, 쓰기 2급

索 찾을 색/동아줄 삭 糸部(실사)4획총10획	索索索索索索索索索索 索 索 索 索 索 索莫(삭막) 索出(색출) 檢索(검색) 摸索(모색) 搜索(수색) 探索(탐색) 索道(삭도) 暗中摸索(암중모색) : 어둠 속에서 손을 더듬어 찾는다라는 뜻으로, 어림짐작(斟酌)으로 사물(事物)을 알아내려 함을 이르는 말. 영large rope 중suǒ 일サク(なわ) 【난이도】 고등용, 읽기 3급Ⅱ, 쓰기 2급

徐 천천히 서 彳部(두인변)7획총10획	徐徐徐徐徐徐徐徐徐徐 徐 徐 徐 徐 徐 徐熙(서희) 徐徐(서서) 徐波睡眠(서파수면) 徐敬德(서경덕) 徐居正(서거정) 徐羅伐(서라벌) : ① 신라(新羅)의 옛 이름. ② 경상북도(慶尙北道) 경주(慶州)의 옛 이름. 徐行(서행) : 사람이나 자동차(自動車) 등(等)이 천천히 감. 영slow 중xú 일ジョ(おもむろ) 【난이도】 고등용, 읽기 3급Ⅱ, 쓰기 2급

恕恕恕恕恕恕恕恕恕恕

| 恕 | 恕 | 恕 | 恕 | 恕 | | | | |

용서할 서

心部(마음심) 6획 총10획

寬恕(관서) 憐恕(연서) 恕限度(서한도) 海恕(해서) 矜恕(긍서) 恕宥(서유)

容恕(용서) : ① 관용(寬容)을 베풀어 벌(罰)하지 않음. ② 꾸짖지 아니함. ③ 놓아 줌.
忠恕(충서) : 충실(充實)하고 인정(人情) 많음.

영pardon 중shù 일ショ・ジョ(おもいやる・ゆるす)【난이도】고등용, 읽기 3급II, 쓰기 2급

庶庶庶庶庶庶庶庶庶庶庶

| 庶 | 庶 | 庶 | 庶 | 庶 | | | | |

무리 서

广部(엄호) 8획 총11획

庶家(서가) 庶民(서민) 庶務(서무) 庶民層(서민층) 庶人(서인) 黎庶(여서)

庶政刷新(서정쇄신) : 여러 가지 정치(政治) 상(上)의 폐단(弊端)을 말끔히 고쳐 새롭게 함. 庶母(서모) : 아버지의 첩(妾).

영multitude 중shù 일ショ(もろもろ)【난이도】고등용, 읽기 3급, 쓰기 2급

敍敍敍敍敍敍敍敍敍敍敍

| 敍 | 敍 | 敍 | 敍 | 敍 | | | | |

펼 서

攴部(칠복) 7획 총11획

自敍傳(자서전) 敍勳(서훈) 敍述語(서술어) 敍情(서정) 敍事詩(서사시) 追敍(추서)

永不敍用(영불서용) : 죄(罪)를 지어 파면(罷免)된 관원(官員)을 다시는 임용(任用)하지 아니하던 일. 敍事(서사) : 사실(事實)을 있는 그대로 적음.

영order 중叙[xù] 일叙[ジョ](のべる)【난이도】고등용, 읽기 3급, 쓰기 2급

逝逝逝逝逝逝逝逝逝逝逝

| 逝 | 逝 | 逝 | 逝 | 逝 | | | | |

갈 서

辶部(책받침) 7획 총11획

逝去(서거) 薨逝(훙서) 早逝(조서) 夭逝(요서) 逝川(서천) 仙逝(선서) 逝世(서세)

騅不逝(추불서) : 애마 추(騅)도 앞으로 나아가지 않는다는 뜻으로, 항우가 패공에게 포위(包圍)되어 어떻게 해야 할지 계략(計略)이 없어졌음을 이르는 말.

영pass away 중逝[shì] 일逝[セイ](いく・ゆく)【난이도】고등용, 읽기 3급, 쓰기 2급

署署署署署署署署署署署署署署

| 署 | 署 | 署 | 署 | 署 | | | | |

관청 서

罒部(그물망) 9획 총14획

署名(서명) 部署(부서) 官公署(관공서) 消防署(소방서) 公署(공서) 稅務署(세무서)

惠民署(혜민서) : 조선 시대에, 가난한 백성에게 무료로 병을 치료(治療)하며, 여자(女子)들에게 침술을 가르치던 관아(官衙). 태조(太祖) 원(1392)년에 혜민서로 고쳤음.

영office 중署[shǔ] 일署[ショ]【난이도】고등용, 읽기 3급II, 쓰기 2급

誓 맹세할 서 言部(말씀언)7획총14획	誓誓誓誓誓誓誓誓誓誓誓誓誓誓 誓 誓 誓 誓 誓 盟誓(맹세) 誓約書(서약서) 宣誓(선서) 誓盟(서맹) 誓文(서문) 誓書(서서) 四弘誓願(사홍서원) : 홍(弘)은 광홍(廣弘), 서(誓)는 서제(誓制)임. 모든 부처와 보살(菩薩)에게 공통(共通)된 네 가지 서원(誓願). 영oath 중shì 일セイ(ちかう)【난이도】고등용, 읽기 3급, 쓰기 2급
緒 실마리 서 糸部(실사)9획총15획	緒緒緒緒緒緒緒緒緒緒緒緒緒緒緒 緒 緒 緒 緒 緒 情緒(정서) 端緒(단서) 情緒的(정서적) 頭緒(두서) 緒論(서론) 由緒(유서) 緒言(서언) 情絲怨緒(정사원서) : 애정(愛情)과 원한(怨恨)이 실같이 얼크러짐. 千緒萬端(천서만단) : 일일이 가려낼 수 없을 만큼 많은 일의 갈피. 영clue 중绪[xù] 일ショ·チョ(お)【난이도】고등용, 읽기 3급II, 쓰기 2급
析 쪼갤 석 木部(나무목)4획총8획	析析析析析析析析 析 析 析 析 析 分析(분석) 解析(해석) 價値分析(가치분석) 間接分析(간접분석) 經營分析(경영분석) 價値分析(가치분석) : 생산 관리, 특 구매 관리에 있어서, 제품을 구성하는 부품(部品) 및 자재(資材)의 기능을 분석하여 원가 절감을 꾀하는 경영 기술. 영divide 중xī 일セキ(わける)【난이도】고등용, 읽기 3급, 쓰기 2급
釋 해석할 석 采部(분별할변)13획총20획	釋釋釋釋釋釋釋釋釋釋釋釋釋釋釋釋釋釋 釋 釋 釋 釋 釋 釋迦(석가) 釋放(석방) 釋然(석연) 註釋(주석) 解釋(해석) 稀釋(희석) 釋尊(석존) 手不釋卷(수불석권) : 손에서 책을 놓지 않는다는 뜻으로, 늘 책을 가까이하여 학문(學問)을 열심히 함. 釋迦牟尼(석가모니) : 불교(佛敎)의 개조(開祖). 영release 중释[shì] 일釈[シャク]【난이도】고등용, 읽기 3급II, 쓰기 2급
宣 베풀 선 宀部(갓머리)6획총9획	宣宣宣宣宣宣宣宣宣 宣 宣 宣 宣 宣 宣告(선고) 宣誓(선서) 宣揚(선양) 宣言(선언) 宣傳(선전) 宣祖(선조) 宣布(선포) 黑色宣傳(흑색선전) : 터무니없이 또는 출처를 밝히지 않고 비밀리에 하는 선전. 白色宣傳(백색선전) : 믿을 만한 출처나 자료를 가지고 하는 선전(宣傳). 영give 중xuān 일セン(のたまう)【난이도】고등용, 읽기 4급, 쓰기 3급

旋

旋旋旋旋旋旋旋旋旋旋

| 旋 | 旋 | 旋 | 旋 | 旋 | | | | |

旋風(선풍) 周旋(주선) 凱旋(개선) 旋回(선회) 旋律(선율) 旋風的(선풍적)

斡旋(알선) : ① 남의 일을 잘 되도록 마련하여 줌. ② 장물(贓物)인 줄 알면서 수수료(手數料)를 받고 매매(賣買)를 주선(周旋)하여 주는 행위(行爲).

돌 선

方部(모방) 7획총11획

영round 중xuán 일セン(あぐる) 【난이도】 고등용, 읽기 3급Ⅱ, 쓰기 2급

禪

禪禪禪禪禪禪禪禪禪禪禪禪禪禪

| 禪 | 禪 | 禪 | 禪 | 禪 | | | | |

禪宮(선궁) 禪位(선위) 禪定(선정) 禪宗(선종) 大禪師(대선사) 參禪(참선) 禪師(선사)

禪主云亭(선주운정) : 운(云)과 정(亭)은 천자(天子)를 봉선(封禪)하고 제사(祭祀)하는 곳이니, 운정(云亭)은 태산(泰山)에 있음.

고요할 선

示部(보일시)12획총17획

영sacrifice 중禪[chán] 일禅[ゼン](ゆずる) 【난이도】 고등용, 읽기 3급Ⅱ, 쓰기 2급

涉

涉涉涉涉涉涉涉涉涉涉

| 涉 | 涉 | 涉 | 涉 | 涉 | | | | |

交涉(교섭) 干涉(간섭) 干涉性(간섭성) 涉獵(섭렵) 涉外(섭외) 干涉者(간섭자)

無不干涉(무불간섭) : 자기(自己)에게 관계(關係)가 있건 없건 무슨 일이고 함부로 나서서 간섭(干涉)하지 아니함이 없음. 아무 데나 참견(參見)함.

건널 섭

氵部(삼수변)7획총10획

영cross 중shè 일ショウ(わたる)【난이도】 고등용, 읽기 3급, 쓰기 2급

攝

攝攝攝攝攝攝攝攝攝攝攝攝攝攝攝攝攝攝

| 攝 | 攝 | 攝 | 攝 | 攝 | | | | |

攝理(섭리) 攝心(섭심) 攝氏(섭씨) 攝取(섭취) 攝行(섭행) 包攝(포섭) 攝政(섭정)

攝取不捨(섭취불사) : 부처님의 자비(慈悲) 광명은, 고통(苦痛) 받는 중생(衆生)은 하나도 버리지 않고 모두 받아들여 제도(濟度)한다는 뜻.

다스릴 섭

扌部(재방변)18획총21획

영full, grab 중摄[shè] 일摂[セツ](とる) 【난이도】 고등용, 읽기 3급, 쓰기 2급

召

召召召召召

| 召 | 召 | 召 | 召 | 召 | | | | |

召喚(소환) 召集(소집) 召命(소명) 召忽(소홀) 召還(소환) 召募(소모) 召公(소공)

遠禍召福(원화소복) : 화를 멀리하고 복을 불러들임.

言有召禍(언유소화) : 말은 종종 화를 불러들이는 일이 있음.

부를 소

口部(입구) 2획총5획

영call 중zhào 일ショウ(めす)【난이도】 고등용, 읽기 3급, 쓰기 2급

昭

昭昭昭昭昭昭昭昭昭

| 昭 | 昭 | 昭 | 昭 | 昭 | | | | | |

밝을 소

昭詳(소상) 昭陽江(소양강) 昭明(소명) 昭光(소광) 昭然(소연) 昭雪(소설)

昭詳分明(소상분명) : 밝고 자세(仔細)하여 분명(分明)함.
昭昭明明(소소명명) : 일이 아주 환하고 명백(明白)함.

日部(날일) 5획총9획 　영bright 중zhāo 일ショウ【난이도】고등용, 읽기 3급, 쓰기 2급

掃

掃掃掃掃掃掃掃掃掃

| 掃 | 掃 | 掃 | 掃 | 掃 | | | | | |

쓸 소

清掃(청소) 一掃(일소) 掃蕩(소탕) 掃除(소제) 大清掃(대청소) 灑掃(쇄소)

掃地無餘(소지무여) : 싹 쓸어낸 듯이 아무 것도 없다는 뜻으로, 물건(物件)이 전혀 없음을 이르는 말. 五經掃地(오경소지) : 공맹의 교가 쇠퇴(衰退)하여 행(行)해지지 않음.

扌(手)部(재방변)8획총11획 　영sweep 중扫[sǎo] 일ソウ(はく)【난이도】고등용, 읽기 4급II, 쓰기 3급II

疏

疏疏疏疏疏疏疏疏疏疏疏疏

| 疏 | 疏 | 疏 | 疏 | 疏 | | | | | |

트일 소

疏明(소명) 疏外(소외) 疏遠(소원) 疏通(소통) 疏忽(소홀) 生疏(생소)

疏食菜羹(소사채갱) : 거친 음식(飮食)과 나물국이란 뜻으로, 청빈(淸貧)하고 소박(素朴)한 생활(生活)을 이르는 말.

疋部(짝필)7획총12획 　영sparse 중shū 일ショ・ソ(あらい・うとい)【난이도】고등용, 읽기 3급II, 쓰기 2급II

訴

訴訴訴訴訴訴訴訴訴訴訴訴

| 訴 | 訴 | 訴 | 訴 | 訴 | | | | | |

하소연할 소

訴訟(소송) 提訴(제소) 呼訴(호소) 起訴(기소) 憲法訴願(헌법소원) 訴追(소추)

憲法訴願(헌법소원) : 헌법 정신에 위배된 법률에 의하여 기본권의 침해(侵害)를 받은 사람이 직접(直接) 헌법(憲法) 재판소(裁判所)에 구제(救濟)를 청구(請求)하는 일.

言部(말씀언)5획총12획 　영appeal 중诉[sù] 일ソ(うったえる)【난이도】고등용, 읽기 3급II, 쓰기 2급

蔬

蔬蔬蔬蔬蔬蔬蔬蔬蔬蔬蔬蔬蔬蔬蔬蔬

| 蔬 | 蔬 | 蔬 | 蔬 | 蔬 | | | | | |

푸성귀 소

菜蔬(채소) 采蔬(채소) 蔬菜(소채) 菜蔬田(채소전) 果蔬(과소) 香蔬(향소)

蔬筍之氣(소순지기) : 육식(肉食)을 하지 않는 사람의 기상(氣像).
乾菜蔬(건채소) : 말린 채소(菜蔬).

艹部(초두머리)12획총16획 　영vegetable 중蔬[xshū] 일蔬[ソサイ](のたまう)【난이도】고등용, 읽기 3급, 쓰기 2급

燒

불사를 소

火部(불화)12획총16획

燒燒燒燒燒燒燒燒燒燒燒燒燒燒燒燒

| 燒 | 燒 | 燒 | 燒 | 燒 | | | | | |

燒酒(소주) 燒却(소각) 燃燒(연소) 燒失(소실) 燒滅(소멸) 燒印(소인) 燒盡(소진)

燒眉之急 (소미지급) :「눈썹이 타는 위급(危急)」함이라는 뜻으로, 잠시(暫時)도 늦출 수 없는 다급(多急)한 일.

영burn 중燒[shāo] 일燒[ショウ](やく・やける)【난이도】고등용, 읽기 3급Ⅱ, 쓰기 2급

蘇

깨어날 소

艹部(초두머리)16획총20획

蘇蘇蘇蘇蘇蘇蘇蘇蘇蘇蘇蘇蘇蘇蘇蘇蘇蘇蘇蘇

| 蘇 | 蘇 | 蘇 | 蘇 | 蘇 | | | | | |

蘇聯(소련) 蘇軾(소식) 蘇生(소생) 蘇東波(소동파) 蘇秦(소진) 會蘇曲(회소곡)

韓海蘇潮(한해소조) : 한유(韓愈)의 문장은 왕양(汪洋)하여 바다와 같고, 소식(蘇軾) 의 문장은 파란이 있어 조수와 같다는 뜻으로, 한유와 소식의 문장을 비교해 이르는 말.

영revive 중苏[sū] 일蘇[ス・ソ](よみがえる)【난이도】고등용, 읽기 3급Ⅱ, 쓰기 2급

騷

떠들 소

馬部(말마)10획총20획

騷騷騷騷騷馬馬馬馬騷騷騷騷騷騷騷騷騷騷騷

| 騷 | 騷 | 騷 | 騷 | 騷 | | | | | |

騷動(소동) 騷音(소음) 騷亂(소란) 騷擾(소요) 騷人(소인) 騷客(소객) 離騷(이소)

騷人墨客(소인묵객) : 시문(詩文)・서화(書畵)를 일삼는 사람이란 뜻으로, 문사(文 士), 시인(詩人)과 서예가(書藝家), 화가(畵家) 등(等) 풍류(風流)를 아는 사람.

영noisy 중骚[sāo] 일ソウ(さわぐ)【난이도】고등용, 읽기 3급, 쓰기 2급

束

묶을 속

木部(나무목)3획총7획

束束束束束束束

| 束 | 束 | 束 | 束 | 束 | | | | | |

束縛(속박) 束草(속초) 結束(결속) 拘束(구속) 團束(단속) 約束(약속) 檢束(검속)

束手無策(속수무책) : 손을 묶인 듯이 어찌 할 방책(方策)이 없어 꼼짝 못하게 된다 는 뜻으로, 뻔히 보면서 어찌할 바를 모르고 꼼짝 못한다는 뜻.

영bind, tie 중shù 일ソク(たば)【난이도】고등용, 읽기 5급Ⅱ, 쓰기 4급Ⅱ

粟

조 속

米部(쌀미) 6획총12획

粟粟粟粟粟粟粟粟粟粟粟粟

| 粟 | 粟 | 粟 | 粟 | 粟 | | | | | |

穀粟(곡속) 罌粟(앵속) 黍粟(서속) 米粟(미속) 粟米(속미) 桂粟飮(계속음)

納粟加資(납속가자) : 흉년이 들거나 병란이 있을 때에 곡식을 많이 바친 사람에 게 정3품의 벼슬을 주어 포상하던 일. 공명첩(空名帖)처럼 이름만의 벼슬이었음.

영millet 중sù 일ショク・ソク(あわ・ふち・もみ)【난이도】고등용, 읽기 3급, 쓰기 2급

屬	屬屬屬屬屬屬屬屬屬屬屬屬屬屬屬屬屬屬
	屬 屬 屬 屬 屬
무리 속	屬性(속성) 繫屬(계속) 金屬(금속) 所屬(소속) 重金屬(중금속) 直屬(직속)
	耳屬于垣(이속우원) : 담에도 귀가 달렸다는 뜻으로, 남이 듣지 않는 곳에서도 말을 삼가라는 뜻. 屬耳垣牆(속이원장) : 담장에도 귀가 있다는 말과 같이 경솔히 말하는 것을 조심함.
尸部(주검시엄)18획총21획	영lead a group 중属[shǔ] 일属[ゾク・ショク] 【난이도】 고등용, 읽기 4급, 쓰기 3급

損	損損損損損損損損損損損損損
	損 損 損 損 損
덜 손	毁損(훼손) 損害(손해) 損失(손실) 損傷(손상) 破損(파손) 虧損(휴손) 損益(손익)
	損者三友(손자삼우) :「사귀면 손해가 되는 세 가지 친구」라는 뜻으로, 무슨 일에나 안이한 길만을 취하는 사람, 남에게 아첨하는 사람, 입에 발린 말 뿐이고 성의가 없는 사람.
扌(手)部(재방변)10획총13획	영reduce 중损[sǔn] 일ソン(そこなう・そこねる) 【난이도】 고등용, 읽기 4급, 쓰기 3급

率	率率率率玄玄率率率率率
	率 率 率 率 率
거느릴 솔	能直(능직) 率直(솔직) 比率(비율) 成長率(성장률) 換率(환율) 效率的(효율적)
	騎馬欲率奴(기마욕솔노) : 말을 타면 노비를 거느리고 싶다라는 뜻으로, '말 타면 경마 잡히고 싶다'라는 속담과 같은 말로, 곧 사람의 욕심은 끝이 없다는 말.
玄部(검을현)6획총11획	영laed, command 중shuài 일リツ・ソツ(ひきいる) 【난이도】 고등용, 읽기 3급Ⅱ, 쓰기 2급

頌	頌頌頌頌頌頌頌頌頌頌頌頌頌
	頌 頌 頌 頌 頌
칭송할 송	稱頌(칭송) 讚頌(찬송) 歌頌(가송) 讚頌歌(찬송가) 贊頌(찬송) 頌讚(송찬)
	萬口稱頌(만구칭송) : 여러 사람이 모두 한결같이 칭송(稱頌)함. 感謝頌(감사송): 하느님께 찬양(讚揚)과 감사(感謝)를 드리는 기도(祈禱).
頁部(머리혈)4획총13획	영praise 중頌[sòng] 일ジュ・ショウ(ほめる) 【난이도】고등용, 읽기 4급, 쓰기 3급

訟	訟訟訟訟訟訟訟訟訟訟訟
	訟 訟 訟 訟 訟
송사할 송	訴訟(소송) 爭訟(쟁송) 刑事訴訟(형사소송) 訴訟法(소송법) 民事訴訟(민사소송)
	訟事(송사) : 남과 분쟁(紛爭)이 있는 백성(百姓)이 옳고 그름을 판결(判決)해 주기를 관부(官府)에 호소(呼訴)하던 일. 소송(訴訟)하는 일.
言部(말씀언)4획총11획	영sue 중讼[sòng] 일ショウ 【난이도】 고등용, 읽기 3급Ⅱ, 쓰기 2급

誦	誦誦誦誦誦誦誦誦誦誦誦誦誦誦
	誦 誦 誦 誦 誦
	暗誦(암송) 誦讀(송독) 讀誦(독송) 朗誦(낭송) 念誦(염송) 背誦(배송) 公誦(공송)
월 송	牛耳誦經(우이송경) : 쇠귀에 경 읽기라는 속담(俗談)의 한역으로, 어리석은 사람은 아무리 가르쳐도 깨닫지 못함을 이르는 말.
言部(말씀언) 7획 총14획	영recite 중诵[sòng] 일ジュ·ショウ(そらんずる) 【난이도】고등용, 읽기 3급, 쓰기 2급

刷	刷刷刷刷刷刷刷刷
	刷 刷 刷 刷 刷
	印刷(인쇄) 刷新(쇄신) 印刷物(인쇄물) 校正刷(교정쇄) 印刷版(인쇄판) 刷掃(쇄소)
인쇄할 쇄	庶政刷新(서정쇄신) : 여러 가지 정치(政治) 상(上)의 폐단(弊端)을 말끔히 고쳐 새롭게 함. 多色刷(다색쇄) : ☞ 다색인쇄(多色印刷).
刂部(선칼도방) 6획 총8획	영print 중shuā 일サツ(する) 【난이도】고등용, 읽기 3급Ⅱ, 쓰기 2급

鎖	鎖鎖鎖鎖鎖鎖鎖鎖鎖鎖鎖鎖鎖鎖鎖鎖鎖鎖
	鎖 鎖 鎖 鎖 鎖
	封鎖(봉쇄) 閉鎖(폐쇄) 連鎖(연쇄) 閉鎖的(폐쇄적) 足鎖(족쇄) 連鎖的(연쇄적)
쇠사슬 쇄	連鎖反應(연쇄반응) : ① 하나의 화학(化學) 반응(反應)이 다른 반응(反應)을 일으키고 그것이 다른 것으로 번져서 계속(繼續)되는 반응(反應).
金部(쇠금) 10획 총18획	영chain 중锁[suǒ] 일鎖[サ](くさり)【난이도】고등용, 읽기 3급, 쓰기 2급

衰	衰衰衰衰衰衰衰衰衰衰
	衰 衰 衰 衰 衰
	衰退(쇠퇴) 衰弱(쇠약) 盛衰(성쇠) 衰殘(쇠잔) 衰盡(쇠진) 衰頹(쇠퇴) 降衰(강쇠)
쇠할 쇠	榮枯盛衰(영고성쇠) : 영화(榮華)롭고 마르고 성(盛)하고 쇠함이란 뜻으로, 개인(個人)이나 사회(社會)의 성(盛)하고 쇠함이 서로 뒤바뀌는 현상(現象).
衣部(옷의) 4획 총10획	영decline 중cuī 일スイ(おとろえる) 【난이도】고등용, 읽기 3급Ⅱ, 쓰기 2급

囚	囚囚囚囚囚
	囚 囚 囚 囚 囚
	囚獄(수옥) 長期囚(장기수) 罪囚(죄수) 囚擒(수금) 虜囚(노수) 死刑囚(사형수)
가둘 수	囚人(수인) : ① 옥에 갇힌 사람. ② 법령(法令)에 의(依)하여 교도소(矯導所)에 구금(拘禁)된 사람. 기결수(旣決囚)와 미결수(未決囚)로 나눔.
口部(큰입구몸) 2획 총5획	영imprison 중qiú 일シュウ(とらわれる)【난이도】고등용, 읽기 3급, 쓰기 2급

283

垂

드리울 수

土部(흙토) 5획 총8획

垂垂垂垂垂垂垂垂

| 垂 | 垂 | 垂 | 垂 | 垂 | | | | | | |

垂淚(수루) 垂髮(수발) 垂範(수범) 垂楊(수양) 垂直(수직) 懸垂幕(현수막)

垂簾聽政(수렴청정) : 발을 내리고 정사(政事)를 듣는다는 뜻으로, 나이 어린 임금이 등극(登極)했을 때 왕대비나 대왕대비가 왕을 도와서 정사를 돌봄을 이르는 말.

영hang down 중垂[chuí] 일垂[ツイ](たれる) 【난이도】 고등용, 읽기 3급II, 쓰기 2급

帥

장수 수

巾部(수건건) 6획총9획

帥帥帥帥帥帥帥帥帥

| 帥 | 帥 | 帥 | 帥 | 帥 | | | | | | |

總帥(총수) 將帥(장수) 統帥(통수) 統帥權(통수권) 元帥(원수) 帥先(수선)

統帥權者(통수권자) : 통수권(統帥權)을 행사(行使)하는 사람. 일반적(一般的)으로 국가원수(國家元首)가 관장(管掌)함.

영general 중帅[shuài] 일スイ(ひきいる) 【난이도】 고등용, 읽기 3급II, 쓰기 2급

殊

뛰어날 수

歹部(죽을사변)6획총10획

殊殊殊殊殊殊殊殊殊殊

| 殊 | 殊 | 殊 | 殊 | 殊 | | | | | | |

殊鍊(수련) 殊邦(수방) 殊常(수상) 殊鄕(수향) 特殊(특수) 特殊性(특수성)

三人文殊(삼인문수) : 평범(平凡)한 인간이라도 세 사람이 모여서 의논(議論)하면, 지혜를 다스리는 문수보살(文殊菩薩)과 같은 좋은 생각이 떠오른다는 말.

영different 중shū 일シュ(こと) 【난이도】 고등용, 읽기 3급II, 쓰기 2급

搜

찾을 수

扌(手)部(재방변)9획총12획

搜搜搜搜搜搜搜搜搜搜搜

| 搜 | 搜 | 搜 | 搜 | 搜 | | | | | | |

搜査(수사) 搜索(수색) 搜所聞(수소문) 搜査力(수사력) 搜出(수출) 搜索權(수색권)

搜査機關(수사기관) : 범죄(犯罪)를 수사(搜査)할 권한(權限)을 가진 국가(國家) 기관(機關). 검사(檢事)·사법(司法) 경찰관(警察官) 등(等).

영search 중sōu 일ソウ(さがす) 【난이도】 고등용, 읽기 3급, 쓰기 2급

睡

졸음 수

目部(눈목) 8획총13획

睡睡睡睡睡睡睡睡睡睡睡睡睡

| 睡 | 睡 | 睡 | 睡 | 睡 | | | | | | |

睡眠(수면) 昏睡狀態(혼수상태) 寢睡(침수) 午睡(오수) 昏睡(혼수) 睡眠劑(수면제)

半睡半醒(반수반성) : 「반은 잠들고, 반은 깬다」는 뜻으로, 깨어 있는지 자는지 모를 몽롱(朦朧)한 상태(狀態).

영sleep 중睡[shuì] 일スイ(ねむる) 【난이도】 고등용, 읽기 3급, 쓰기 2급

遂

드디어 수

遂_部(책받침)9획총13획

遂行(수행) 未遂(미수) 完遂(완수) 遂安景(수안경) 旣遂(기수) 遂安桂(수안계)

未遂犯(미수범) : ① 범죄 실행에 착수하였으나, 그 행위를 다 이루지 못하였거나 결과(結果)가 발생(發生)하지 아니한 범행(犯行). ② 또는, 그 범인(犯人).

영at last 중遂[suì] 일遂[スイ](とげる) 【난이도】 고등용, 읽기 3급, 쓰기 2급

需

구할 수

雨部(비우) 6획총14획

内需(내수) 需給(수급) 假需要(가수요) 婚需(혼수) 特需(특수) 盛需期(성수기)

需事之賊(수사지적) : 일에 대(對)해서 의심(疑心)을 품고 머뭇거리는 것은 그 사업(事業)을 성취(成就)할 수 없게 한다는 뜻.

영demand 중xū 일ジュ(する) 【난이도】 고등용, 읽기 3급II, 쓰기 2급

隨

따를 수

阝(阜)部(좌부방)13획총16획

隨伴(수반) 隨時(수시) 隨意契約(수의계약) 隨筆(수필) 隨行員(수행원)

隨珠彈雀(수주탄작) : 수후(隨侯)의 구슬로 새를 잡는다는 뜻으로, 작은 것을 얻으려다 큰 것을 손해 보게 됨을 이르는 말.

영follow 중隨[suí] 일隨[ズイ](したがう) 【난이도】 고등용, 읽기 3급II, 쓰기 2급

輸

실을 수

車部(수레거) 9획총16획

輸出(수출) 輸入(수입) 輸血(수혈) 輸送(수송) 運輸(운수) 輸出入(수출입)

運輸不吉(운수불길) : 운수(運數)가 좋지 아니함.

十輸其一(십수기일) : 열 가운데에서 하나를 줌.

영transport 중输[shū] 일輸[ユ](いたす) 【난이도】 고등용, 읽기 3급II, 쓰기 2급

獸

짐승 수

犬部(개견)15획총19획

獸醫師(수의사) 怪獸(괴수) 猛獸(맹수) 百獸(백수) 野獸(야수) 鳥獸(조수)

人面獸心(인면수심) : 얼굴은 사람의 모습을 하였으나 마음은 짐승과 같다는 뜻으로, 남의 은혜(恩惠)를 모름, 또는 마음이 몹시 흉악(凶惡)함을 이르는 말.

영beast 중兽[shòu] 일獸[ジュウ](けもの) 【난이도】 고등용, 읽기 3급II, 쓰기 2급

285

孰	孰孰孰孰孰孰孰享孰孰孰
孰孰孰孰孰	

孰能(숙능) 孰銅(숙동) 孰若(숙약) 孰哉(숙재) 孰知(숙지) 孰能御之(숙능어지)

孰是孰非(숙시숙비) : ① 누가 옳고 누가 그른지 분명하지 아니함. ② 누가 옳고 그른지 분별(分別)하기 어려울 때 하는 말. ③ 시비(是非)가 분명(分明)하지 않음.

누구 숙

子部(아들자) 8획총11획

영who 중shú 일ジュク(いずれ) 【난이도】 고등용, 읽기 3급, 쓰기 2급

肅	肅肅肅肅肅肅肅肅肅肅肅肅肅
肅肅肅肅肅	

嚴肅(엄숙) 靜肅(정숙) 肅然(숙연) 自肅(자숙) 肅肅(숙숙) 肅淸(숙청) 肅整(숙정)

肅拜(숙배) : '삼가 정숙(靜肅)하게 절합니다'의 뜻으로, ① 경의(敬意)를 표(表)하여 편지의 끝에 쓰는 말. ② 서울을 떠나는 벼슬아치가 임금께 작별(作別)을 아룀.

엄숙할 숙

聿部(붓율) 7획총13획

영solemn 중肅[sù] 일肅[シュク](つつしむ) 【난이도】 고등용, 읽기 4급, 쓰기 3급

熟	熟熟熟熟熟熟享享熟熟熟熟熟熟
熟熟熟熟熟	

熟考(숙고) 能熟(능숙) 熟成(숙성) 熟慮(숙려) 熟練(숙련) 熟肉(숙육) 熟達(숙달)

熟不還生(숙불환생) : 한 번 익힌 음식(飮食)은 날것으로 되돌아 갈 수 없어 그대로 두면 쓸데없다는 뜻으로, 남에게 음식(飮食)을 권할 때 쓰는 말.

익을 숙

灬部(연화발)11획총15획

영ripe 중shú 일シュク(うれる) 【난이도】 고등용, 읽기 3급II, 쓰기 2급

	旬旬旬旬旬旬
旬旬旬旬旬	

中旬(중순) 下旬(하순) 初旬(초순) 上旬(상순) 旬刊(순간) 浹旬(협순) 挾旬(협순)

三旬九食(삼순구식) : 삼순, 곧 한 달에 아홉 번 밥을 먹는다는 뜻으로, 집안이 가난하여 먹을 것이 없어 굶주린다는 말.

열흘 순

日部(날일) 2획총6획

영decade 중xún 일ジュン·シュン 【난이도】고등용, 읽기 3급II, 쓰기 2급

	巡巡巡巡巡巡巡
巡巡巡巡巡	

巡訪(순방) 巡察(순찰) 巡廻(순회) 近巡(근순) 巡視(순시) 遍巡(편순) 巡査(순사)

巡視船(순시선) : 해상(海上)의 안전(安全)과 치안(治安)의 확보(確保) 따위의 임무(任務)를 띠고 바다를 순시(巡視)하는데 쓰이는 선박(船舶).

돌 순

巛部(개미허리) 3획총7획

영round 중巡[xún] 일巡[ジュン](めぐる) 【난이도】 고등용, 읽기 3급II, 쓰기 2급

殉

따라죽을 순

殉 殉 殉 殉 殉 殉 殉 殉 殉 殉

殉 殉 殉 殉 殉

殉國(순국) 殉職(순직) 殉敎(순교) 殉愛(순애) 殉葬(순장) 殉死(순사) 殉節(순절)

殉國烈士(순국열사) : 나라를 위(爲)해 목숨을 바치며 싸운 열사(烈士).
殉職(순직) : 맡은 바 직무(職務)를 보다가 죽음.

영 self immolation 중 xùn 일 ジュン(したがう) 【난이도】 고등용, 읽기 3급, 쓰기 2급

歹部(죽을사변) 6획 총 10획

脣

입술 순

脣 脣 脣 脣 脣 脣 脣 脣 脣 脣 脣

脣 脣 脣 脣 脣

丹脣(단순) 口脣(구순) 脣頭(순두) 繭脣(견순) 下脣(하순) 脣音(순음) 缺脣(결순)

脣亡齒寒(순망치한) : 입술을 잃으면 이가 시리다는 뜻으로, 가까운 사이의 한쪽이
망하면 다른 한쪽도 그 영향을 받아 온전하기 어려움을 비유하여 이르는 말.

영 lips 중 唇[chún] 일 シン(くちびる) 【난이도】 고등용, 읽기 3급, 쓰기 2급

月部(육달월) 7획 총 11획

循

돌 순

循 循 循 循 循 循 循 循 循 循 循 循

循 循 循 循 循

循環(순환) 惡循環(악순환) 血液循環(혈액순환) 循環器(순환기) 善循環(선순환)

循環(순환) : ① 한 차례(次例) 돌아서 다시 먼저의 자리로 돌아옴, 또는 그것을 되풀
이함. ② 돈을 내돌림. ③ 몸안에서 피나 영양물(營養物)이 끊임없이 돌아다님.

영 round 중 xún 일 ジュン(めぐる) 【난이도】 고등용, 읽기 3급, 쓰기 2급

彳部(두인변) 9획 총 12획

瞬

눈깜짝일 순

瞬 瞬 瞬 瞬 瞬 瞬 瞬 瞬 瞬 瞬 瞬 瞬 瞬 瞬 瞬 瞬

瞬 瞬 瞬 瞬 瞬

瞬間(순간) 轉瞬(전순) 瞬時(순시) 瞬息(순식) 瞬間的(순간적) 瞬發力(순발력)

瞬息間(순식간) : 눈 한 번 깜짝하거나 숨 한 번 쉴 사이와 같이 짧은 동안.
一瞬千里(일순천리) : 한 번 바라보면 천 리가 눈앞에 드러나는 광활한 경치(景致).

영 in a wink 중 shùn 일 シュン(またたく) 【난이도】 고등용, 읽기 3급Ⅱ, 쓰기 2급

目部(눈목) 12획 총 17획

述

지을 술

述 述 述 述 述 述 述 述 述

述 述 述 述 述

陳述(진술) 敍述(서술) 記述(기술) 論述(논술) 著述(저술) 口述(구술) 供述(공술)

述而不作(술이부작) : 성인(聖人)의 말을 술(述)하고(전하고) 자기(自己)의 설(說)을
지어내지 않음.

영 write 중 述[shù] 일 述[ジュツ](のべる) 【난이도】 고등용, 읽기 3급Ⅱ, 쓰기 2급

辶部(책받침) 5획 총 9획

術	術術術術術術術術術術術
	術 術 術 術 術
재주 술	技術(기술) 藝術(예술) 手術(수술) 美術(미술) 學術(학술) 戰術(전술) 呪術(주술)
	技術提携(기술제휴) : 나라와 나라끼리 기업(企業)이나 특허(特許), 기술(技術) 등(等)을 서로 교환(交換), 제휴(提携)하는 것.
行部(행할행) 5획총11획	영means 중术[shù] 일ジュツ 【난이도】고등용, 읽기 6급II, 쓰기 5급II

濕	濕濕濕濕濕濕濕濕濕濕濕濕濕濕濕濕濕
	濕 濕 濕 濕 濕
젖을 습	濕地(습지) 濕潤(습윤) 濕痰(습담) 濕氣(습기) 濕度(습도) 濕式(습식) 陰濕(음습)
	上漏下濕(상루하습) :「위에서는 비가 새고 아래에서는 습기(濕氣)가 차 오른다」는 뜻으로, 가난한 집을 비유(比喩·譬喩)하는 말.
氵部(삼수변)14획총17획	영wet 중湿[shī] 일湿[シツ](しめす·しめる) 【난이도】고등용, 읽기 3급II, 쓰기 2급

襲	襲襲襲襲襲襲襲襲襲襲襲襲襲襲襲襲襲襲襲襲襲襲
	襲 襲 襲 襲 襲
엄습할 습	踏襲(답습) 襲擊(습격) 模襲(모습) 奇襲(기습) 逆襲(역습) 被襲(피습) 因襲(인습)
	世襲(세습) : 그 집에 속(屬)하는 신분(身分), 재산(財産), 작위(爵位), 업무(業務) 등(等)을 대대(代代)로 물려받는 일.
衣部(옷의)16획총22획	영come over 중袭[xí] 일シュウ(おそう) 【난이도】고등용, 읽기 3급II, 쓰기 2급

昇	昇昇昇昇昇昇昇昇
	昇 昇 昇 昇 昇
오를 승	上昇(상승) 昇進(승진) 昇華(승화) 上昇勢(상승세) 昇降(승강) 昇格(승격)
	旭日昇天(욱일승천) : 아침 해가 떠오른다는 뜻으로, 떠오르는 아침 해처럼 세력(勢力)이 성대(盛大)해짐을 이르는 말.
日部(날일) 4획총8획	영rise 중升[shēng] 일ショウ(のぼる) 【난이도】고등용, 읽기 3급II, 쓰기 2급

僧	僧僧僧僧僧僧僧僧僧僧僧僧僧
	僧 僧 僧 僧
중 승	僧舞(승무) 僧院(승원) 理判僧(이판승) 僧侶(승려) 高僧(고승) 僧園(승원)
	半僧半俗(반승반속) : 반은 승려(僧侶)가고, 반은 속인(俗人)이라는 뜻으로, 어중간(於中間)하여 무엇이라고 분명(分明)하게 명목(名目)을 붙이기 어려움을 이르는 말.
亻部(사람인변)12획총14획	영monk 중僧[sēng] 일僧[ソウ](ばうず) 【난이도】고등용, 읽기 3급II, 쓰기 2급

矢
화살 시

矢矢矢矢矢

矢 矢 矢 矢 矢

矢石(시석) 矢魚(시어) 弓矢(궁시) 飛矢(비시) 五矢(오시) 流矢(유시) 毒矢(독시)

嚆矢(효시) : 전쟁터(戰爭−)에서 우는 화살을 쏘아 개전(開戰)의 신호(信號)로 삼다라는 뜻으로, 모든 일의 시초(始初).

矢部(화살시) 0획총5획

영arrow 중shǐ 일シ(や) 【난이도】 고등용, 읽기 3급, 쓰기 2급

侍
모실 시

侍侍侍侍侍侍侍侍

侍 侍 侍 侍 侍

侍女(시녀) 侍婢(시비) 侍衛(시위) 侍衛隊(시위대) 内侍(내시) 女侍(여시)

内侍(내시) : 궁중에서 임금의 시중을 들거나 숙직(宿直) 따위의 일을 맡아본 벼슬아치. 層層侍下(층층시하) : 부모(父母)·조부모가 다 살아 있는 시하(侍下).

亻部(사람인변) 6획총8획

영serve 중shì 일ジ(さむらい) 【난이도】 고등용, 읽기 3급II, 쓰기 2급

息
숨쉴 식

息息息息息息息息息息

息 息 息 息 息

棲息(서식) 消息(소식) 女息(여식) 子息(자식) 歎息(탄식) 喘息(천식) 休息(휴식)

姑息之計(고식지계) : ① 근본(根本) 해결책이 아닌 임시로 편한 것을 취(取)하는 계책(計策). ② 당장의 편안(便安)함만을 꾀하는 일시적(一時的)인 방편(方便).

心部(마음심)6획총10획

영breathe 중xī 일ソク(いき) 【난이도】 고고등용, 읽기 4급II, 쓰기 3급II

飾
꾸밀 식

飾飾飾飾飾飾飾飾飾飾飾飾飾飾

飾 飾 飾 飾 飾

假飾(가식) 裝飾(장식) 粧飾(장식) 裝飾品(장식품) 僞飾(위식) 服飾(복식)

粉飾會計(분식회계) : 기업(企業)이 자금(資金) 융통(融通)을 원활(圓滑)히 할 목적(目的)으로 고의로 자산(資産)이나 이익(利益)을 부풀려 계산(計算)하는 회계(會計).

食部(밥식) 5획총14획

영decorate 중饰[shì] 일飾[ショク](かざる) 【난이도】 고등용, 읽기 3급II, 쓰기 2급

伸
펼 신

伸伸伸伸伸伸伸

伸 伸 伸 伸 伸

伸張(신장) 伸縮(신축) 伸縮性(신축성) 伸長(신장) 伸寃(신원) 伸開線(신개선)

追伸(추신) : 뒤에 추가(追加)하여 말한다는 뜻으로, 편지(便紙) 등(等)에서 글을 덧붙여 쓸 때 글 머리에 쓰는 말

亻部(사람인변) 5획총7획

영extend 중shēn 일シン(のばす·のびる) 【난이도】 고등용, 읽기 3급, 쓰기 2급

晨晨晨晨晨晨晨晨

| 晨 | 晨 | 晨 | 晨 | 晨 | | | |

晨星(신성) 晨光(신광) 晨明(신명) 淸晨(청신) 晨省(신성) 曉晨(효신) 晨風(신풍)

昏定晨省(혼정신성) : 저녁에는 잠자리를 보아 드리고, 아침에는 문안(問安)을 드린다는 뜻으로, 자식이 아침저녁으로 부모의 안부를 물어서 살핌을 이르는 말.

새벽 신

日部(날일) 7획총11획 │ 영daybreak 중chén 일シン(あした) 【난이도】 고등용, 읽기 3급, 쓰기 2급

愼愼愼愼愼愼愼愼愼愼愼愼愼

| 愼 | 愼 | 愼 | 愼 | 愼 | | | |

愼獨(신독) 愼慮(신려) 愼節(신절) 愼重(신중) 謹愼(근신) 不愼(불신) 謙愼(겸신)

愼終追遠(신종추원) : 양친의 상사에는 슬픔을 다하고, 제사에는 공경을 다함.
愼終如始(신종여시) : 일이 마지막에도 처음과 같이 신중(愼重)을 기함.

삼갈 신

忄部(심방변)10획총13획 │ 영careful 중愼[shèn] 일愼[シン](つつしむ) 【난이도】 고등용, 읽기 3급II, 쓰기 2급

尋尋尋尋尋尋尋尋尋尋尋尋

| 尋 | 尋 | 尋 | 尋 | 尋 | | | |

尋問(심문) 尋訪(심방) 尋常(심상) 尋牛歌(심우가) 推尋(추심) 討尋(토심)

人物推尋(인물추심) : 도망(逃亡)한 사람을 찾음. 딴 고을로 도망(逃亡)가서 사는 노비(奴婢) 또는 그 자손(子孫)을 그의 상전(上典)이나 자손(子孫)이 찾음.

찾을 심

寸部(마디촌)9획총12획 │ 영search 중尋[xún] 일ジン(たずねる) 【난이도】 고등용, 읽기 3급, 쓰기 2급

審審審審審審審審審審審審審審審

| 審 | 審 | 審 | 審 | 審 | | | |

審理(심리) 審問(심문) 審査(심사) 審議(심의) 審判(심판) 誤審(오심) 再審(재심)

博學審問(박학심문) : 널리 배우고 자세(仔細)하게 묻는다는 뜻으로, 배우는 사람이 반드시 명심해야 할 태도(態度).

살필 심

宀部(갓머리)12획총15획 │ 영deliberate 중審[shěn] 일シン(つまびらか) 【난이도】 고등용, 읽기 3급II, 쓰기 2급

雙雙雙雙雙雙雙雙雙雙雙雙雙雙雙雙雙

| 雙 | 雙 | 雙 | 雙 | 雙 | | | |

雙方(쌍방) 雙璧(쌍벽) 雙翼(쌍익) 雙手(쌍수) 無雙(무쌍) 雙性(쌍성) 雙墳(쌍분)

雙楹塚(쌍영총) : 평안남도 용강군 지운면(池雲面) 안성리(安性里)에 있는 고구려 때의 벽화분. 고구려 특유의 괴임식 천정으로 된 전실(前室)과 현실(玄室) 둘로 되어 있다.

쌍 쌍

隹部(새추)10획총18획 │ 영pair 중双[sēng] 일双[ソウ](ふた) 【난이도】 고등용, 읽기 3급II, 쓰기 2급

牙

牙牙牙牙

牙	牙	牙	牙	牙					

齒牙(치아) 牙錢(아전) 象牙(상아) 官牙(관아) 牙疳瘡(아감창) 毒牙(독아)

伯牙絕絃(백아절현) : 백아가 거문고 줄을 끊어 버렸다는 뜻으로, 자기(自己)를 알아주는 절친(切親)한 벗, 즉 지기지우(知己之友)의 죽음을 슬퍼함을 이르는 말.

어금니 아

牙部(어금니아) 0획총4획

영molar 중yá 일ゲ·ガ(きば) 【난이도】 고등용, 읽기 3급II, 쓰기 2급

亞

亞亞亞亞亞亞亞亞

亞	亞	亞	亞	亞					

亞鉛(아연) 亞歲(아세) 東南亞(동남아) 亞細亞(아세아) 亞洲(아주) 亞流(아류)

亞窒酸鹽(아질산염) : 아질산(亞窒酸) HNO의 수소(水素)가 금속(金屬)으로 치환(置換)되어 생성(生成)된 염(鹽). 일반식(一般式) MNO 및 M(NO)로 나타냄.

버금 아

二部(두이) 6획총8획

영next 중亚[yà] 일亜[ア] 【난이도】 고등용, 읽기 3급II, 쓰기 2급

芽

芽芽芽芽芽芽芽芽

芽	芽	芽	芽	芽					

萌芽(맹아) 發芽(발아) 芽生(아생) 肉芽腫(육아종) 肉芽(육아) 麥芽糖(맥아당)

胚芽(배아) : 수정란(受精卵)이 배낭(胚囊) 속에서 분열(分裂) 증식(增殖)한 것으로 장차 포자체(胞子體)의 바탕이 되는 것.

싹 아

艹部(초두머리)4획총8획

영sprout 중芽[yá] 일芽[ガ](め) 【난이도】 고고등용, 읽기 4급II, 쓰기 3급II

雅

雅雅牙雅雅雅雅雅雅雅雅

雅	雅	雅	雅	雅					

雅淡(아담) 雅量(아량) 雅樂(아악) 雅號(아호) 優雅(우아) 淸雅(청아) 雅號(아호)

雅致高節(아치고절) : 아담(雅淡·雅澹)한 풍치(風致)나 높은 절개(節槪·節介)라는 뜻으로, 매화(梅花)를 이르는 말.

아담할 아

隹部(새추) 4획총12획

영clear, right 중yǎ 일ガ(みやび) 【난이도】 고등용, 읽기 3급II, 쓰기 2급

餓

餓餓餓餓餓餓餓餓餓餓餓餓餓餓餓餓

餓	餓	餓	餓	餓					

餓死(아사) 餓鬼(아귀) 餓鬼道(아귀도) 餓倒(아도) 餓狼(아랑) 餓殺(아살)

飢餓之境(기아지경) : 단어장 추가 굶주리는 상태에 이른 지경. 굶어 죽을 지경.
饑餓之境(기아지경) : ☞ 기아지경(飢餓之境).

주릴 아

食部(밥식) 7획총16획

영hungry 중饿[è] 일ガ(うえる) 【난이도】 고등용, 읽기 3급, 쓰기 2급

岳

큰산 악

山部(뫼산) 5획총8획

岳岳岳岳岳岳岳岳

岳 岳 岳 岳 岳

山岳(산악) 安岳(안악) 北岳山(북악산) 冠岳區(관악구) 白岳山(백악산) 南岳(남악)

雉岳山(치악산) : 강원도(江原道) 영월군(寧越郡)과 원주시(原州市) 사이에 있는 산(山). 태백산맥(太白山脈)에 딸림. 높이 1,288m.

영great 중yuè 일ガク(おか) 【난이도】 고등용, 읽기 3급, 쓰기 2급

岸

언덕 안

山部(뫼산) 5획 총8획

岸岸岸岸岸岸岸岸

岸 岸 岸 岸 岸

沿岸(연안) 海岸(해안) 岸壁(안벽) 東海岸(동해안) 西海岸(서해안) 沿岸海(연안해)

高岸深谷(고안심곡) : 「높은 언덕이 골짜기가 된다」는 뜻으로, 산하(山河)의 변천(變遷)이나 세상(世上)의 변천(變遷)을 비유(比喩·譬喩)해 이르는 말.

영slope 중àn 일ガン(きし) 【난이도】 고등용, 읽기 3급II, 쓰기 2급

雁

기러기 안

佳部(새추) 4획총12획

雁雁雁雁雁雁雁雁雁雁雁雁

雁 雁 雁 雁 雁

雁帛(안백) 雁使(안사) 雁王(안왕) 木雁(목안) 白雁(백안) 鴻雁(홍안) 旅雁(여안)

雁札(안찰) : 기러기가 전해 주는 편지란 뜻으로, 지금은 단순히 편지라는 뜻으로 사용됨. 편지(便紙), 소식(消息), 안서(雁書), 안백(雁帛)이라고도 함.

영wild goose 중yàn 일ガン(かり) 【난이도】 고등용, 읽기 3급, 쓰기 2급

謁

아뢸 알

言部(말씀언) 9획총16획

謁謁謁謁謁謁謁謁謁謁謁謁謁謁謁謁

謁 謁 謁 謁 謁

拜謁(배알) 見謁(현알) 上謁(상알) 謁聖(알성) 參謁(참알) 干謁(간알) 賜謁(사알)

謁聖及第(알성급제) : ① 알성과(謁聖科)에 합격(合格)함. ② 알성과(謁聖科)에 합격(合格)한 사람. 謁見(알현) : 지체 높은 사람을 찾아 뵙는 일.

영visit 중谒[yè] 일謁[エツ](まみえる) 【난이도】 고등용, 읽기 3급, 쓰기 2급

押

누를 압

扌(手)部(재방변) 5획총8획

押押押押押押押押

押 押 押 押 押

押收(압수) 押留(압류) 押韻(압운) 假押收(가압수) 押紙(압지) 押送(압송)

假押留(가압류) : 채무자(債務者)의 재산에 대 강제(強制) 집행(執行)을 보전(保全)하기 위(爲)해 그 재산(財産)을 임시로 압류(押留)하는 법원(法院)의 처분(處分).

영press 중yā 일オウ(おさえる·おす) 【난이도】 고등용, 읽기 3급, 쓰기 2급

壓

누를 압

土部(흙토)14획총17획

壓迫(압박) 彈壓(탄압) 抑壓(억압) 壓倒(압도) 鎭壓(진압) 壓勝(압승) 威壓(위압)

壓縮糧食(압축양식) : 가치(價値), 품질(品質), 입맛에는 별 차이(差異) 없이 하되, 작고 간단한 용기 안에 들어갈 수 있도록 부피를 농축(濃縮)시킨 양식(樣式).

영press 중压[yā] 일圧[アツ](おさえる)【난이도】고등용, 읽기 4급Ⅱ, 쓰기 3급Ⅱ

央

가운데 앙

大部(큰대) 2획총5획

中央部(중앙부) 中央黨(중앙당) 震央(진앙) 中央線(중앙선) 中央廳(중앙청)

中央政府(중앙정부) : 지방(地方) 자치제(自治制)가 확립(確立)된 행정(行政) 제도(制度)에서 전국의 행정(行政)을 통할(統轄)하는 최고(最高) 기관(機關).

영center 중yāng 일オウ(なかば)【난이도】고등용, 읽기 3급Ⅱ, 쓰기 2급

殃

재앙 앙

歹部(죽을사변)5획총9획

災殃(재앙) 殃災(앙재) 殃禍(앙화) 禍殃(화앙) 咎殃(구앙) 殃及(앙급) 天殃(천앙)

池魚之殃(지어지앙) : 「연못에 사는 물고기의 재앙(災殃)」이란 뜻으로, 아무런 상관(相關)도 없는 데 재앙(災殃)을 입었다는 뜻.

영disaster 중yāng 일オウ(わざわい)【난이도】고등용, 읽기 3급, 쓰기 2급

涯

물가 애

氵部(삼수변) 8획총11획

生涯(생애) 涯限(애한) 天涯(천애) 境涯(경애) 水涯(수애) 半生涯(반생애)

地角天涯(지각천애) : ① 땅의 끝과 하늘의 끝을 아울러 이르는 말. ② 서로 상당히 멀리 떨어져 있는 것을 비유적(比喩的·譬喩的)으로 이르는 말.

영shore 중yá 일ガイ(はて)【난이도】고등용, 읽기 3급, 쓰기 2급

厄

재앙 액

厂部(민엄호) 2획총4획

厄運(액운) 災厄(재액) 困厄(곤액) 厄難(액난) 厄年(액년) 大厄(대액) 苦厄(고액)

焦眉之厄(초미지액) : 「눈썹이 타는 재액(災厄)」이라는 뜻으로, ① 매우 급(急)하게 닥치는 재앙(災殃)을 이르는 말. ② 곧 절박(切迫)한 재액(災厄).

영calamity 중è 일ヤク(いわざわ)【난이도】고등용, 읽기 3급, 쓰기 2급

293

額

이마 액

頁部(머리혈) 9획 총18획

金額(금액) 總額(총액) 額數(액수) 巨額(거액) 少額(소액) 高額(고액) 殘額(잔액)

銅頭鐵額(동두철액) : 구리로 만든 머리와 쇠로 만든 이마라는 뜻으로, 성질(性質)이 모질고 거만(倨慢)한 사람을 비유(比喻・譬喻)해 이르는 말.

영forehead 중額[é] 일ガク(ひたい) 【난이도】 고등용, 읽기 4급, 쓰기 3급

耶

어조사 야

耳部(귀이) 3획 총9획

耶律(야율) 耶蘇會(야소회) 阿羅耶識(아라야식) 阿羅耶(아라야) 摩耶(마야)

有耶無耶(유야무야) : 있는지 없는지 흐리멍덩한 모양, 흐지부지한 모양(模樣).
干將莫耶(간장막야) : 중국 춘추시대의 두 자루의 명검. 곧 좋은 칼을 일컬음.

영particle 중yé 일ヤ(か) 【난이도】 고등용, 읽기 3급, 쓰기 2급

躍

뛸 약

足部(발족)14획 총21획

躍動(약동) 躍進(약진) 跳躍(도약) 飛躍(비약) 暗躍(암약) 活躍(활약) 勇躍(용약)

歡呼雀躍(환호작약) : 기뻐서 소리치며 날뜀.
暗中飛躍(암중비약) : 어둠 속에서 날고 뛴다는 뜻으로, 남모르게 활동함을 이르는 말.

영run 중跃[yuè] 일躍[ヤク](おどる) 【난이도】 고등용, 읽기 3급, 쓰기 2급

楊

버들 양

木部(나무목) 9획 총13획

楊子(양자) 楊貴妃(양귀비) 楊州(양주) 楊口郡(양구군) 楊枝(양지) 楊柳(양류)

潘楊之好(반양지호) : 반(潘)과 양(楊)의 다정(多情)한 사이라는 뜻으로, 혼인(婚姻)으로 인척(姻戚) 관계(關係)까지 겹친 오래된 좋은 사이.

영willow 중楊[yáng] 일ヨウ(やなぎ) 【난이도】 고등용, 읽기 3급, 쓰기 2급

樣

모양 양

木部(나무목)11획총15획

模樣(모양) 多樣(다양) 樣相(양상) 樣式(양식) 樣態(양태) 多樣化(다양화)

各樣各色(각양각색) : 여러 가지, 각기 다 다름.
各人各樣(각인각양) : ☞ 각인각색(各人各色).

영style, form 중樣[yàng] 일樣[ヨウ](さま) 【난이도】 고등용, 읽기 4급, 쓰기 3급

壤	
흙덩이 양	
土部(흙토)17획총20획	

壤壤壤壤壤壤壤壤壤壤壤壤壤壤壤
壤壤壤壤壤

平壤(평양) 土壤(토양) 天壤(천양) 沙壤土(사양토) 平壤城(평양성) 異壤(이양)

鼓腹擊壤(고복격양) :「배를 두드리고 흙덩이를 친다」는 뜻으로, 배불리 먹고 흙덩이를 치는 놀이를 한다, 즉 매우 살기 좋은 시절(時節)을 말함.

영soil 중rǎng 일壤[ジョウ](つち) 【난이도】고등용, 읽기 3급Ⅱ, 쓰기 2급

御	
어거할 어	
彳部(두인변)9획총12획	

御御御御御御御御御御御
御御御御御

御駕(어가) 御宮(어궁) 御史(어사) 御璽(어새) 崩御(붕어) 制御(제어)

調御丈夫(조어장부) : 여래(如來) 십호(十號)의 하나, 말을 부리듯 모든 중생(衆生)을 잘 가르치는 대장부(大丈夫)라는 뜻으로, 불타(佛陀)를 일컫는 말.

영drive 중yù 일ギョ・ゴ(おん) 【난이도】고등용, 읽기 3급Ⅱ, 쓰기 2급

抑	
누를 억	
扌(手)部(재방변)4획총7획	

抑抑抑抑抑抑抑
抑抑抑抑抑

抑制(억제) 抑鬱(억울) 抑止力(억지력) 抑留(억류) 抑壓(억압) 抑止(억지)

抑何心腸(억하심장) : 대체 무슨 생각으로 그리 하는지 그 마음을 헤아릴 수 없음을 이르는 말.
抑何心思(억하심사) : 대체 무슨 생각으로 그런 짓을 하는지 마음을 알 수 없다는 뜻.

영restrain 중yì 일ヨク(おさえる) 【난이도】고등용, 읽기 3급Ⅱ, 쓰기 2급

焉	
어찌 언	
灬部(연화발)7획총11획	

焉焉焉焉焉焉焉焉焉焉焉
焉焉焉焉焉

焉敢(언감) 缺焉(결언) 於焉(어언) 於焉間(어언간) 終焉(종언) 忽焉(홀언)

焉敢生心(언감생심) : '어찌 감(敢)히 그런 마음을 먹을 수 있으랴'의 뜻.
吾不關焉(오불관언) : ① 나는 그 일에 상관하지 아니함. ② 또는 그런 태도.

영why 중yān 일エン(いずくんぞ・ここに) 【난이도】고등용, 읽기 3급, 쓰기 2급

予	
나 여	
亅部(갈고리궐) 3획총4획	

予予予予
予予予予予

予曰(여왈) 予奪(여탈) 他人有心予忖度之(타인유심여촌탁지)

予所憎兒先抱之懷(여소증아 선포지회) : 미운 아이 먼저 품어라. 미울수록 더 사랑하라는 뜻의 속담.

영give 중yú 일ヨ(われ) 【난이도】고등용, 읽기 3급, 쓰기 2급

輿	輿 輿 輿 輿 輿 輿 輿 輿 輿 輿 輿 輿 輿 輿 輿 輿
수레 여	輿 輿 輿 輿 輿
	輿論(여론) 乘輿(승여) 鳳輿(봉여) 輿駕(여가) 輿地(여지) 輿輦(여련) 喪輿(상여)
	杯水輿薪(배수여신) : 잔의 물로 수레에 가득 실린 땔나무에 붙은 불을 끄려 한다는 뜻으로, 능력이 도저히 미치지 않아 불가능함에도 불구하고 어리석은 짓을 한다는 말.
車部(수레거)10획총17획	영palankeen 중輿[yú] 일ヨ(おおい·くるま)【난이도】고등용, 읽기 3급, 쓰기 2급

役	役 役 役 役 役 役 役
부릴 역	役 役 役 役 役
	役割(역할) 懲役(징역) 用役(용역) 現役(현역) 兵役(병역) 苦役(고역) 主役(주역)
	犬馬之役(견마지역) : ☞ 견마지로(犬馬之勞). 勿侵雜役(물침잡역) : 모든 잡역(雜役)을 면제(免除)하여 줌.
彳部(두인변) 4획총7획	영wark 중yì 일ヤク·エキ(つかう)【난이도】고등용, 읽기 3급II, 쓰기 2급

疫	疫 疫 疫 疫 疫 疫 疫 疫 疫
염병 역	疫 疫 疫 疫 疫
	免疫(면역) 紅疫(홍역) 防疫(방역) 檢疫(검역) 疫學(역학) 戶疫(호역) 疫疾(역질)
	口蹄疫(구제역) : 발굽이 2개인 소·돼지 등의 입·발굽 주변(周邊)에 물집이 생긴 뒤 치사율이 5~55%에 달하는 가축의 제1종 바이러스성 법정(法定) 전염병(傳染病).
疒部(병질엄) 4획총9획	영pestilence 중yì 일ヤク·エキ(はやりやまい)【난이도】고등용, 읽기 3급II, 쓰기 2급

域	域 域 域 域 域 域 域 域 域 域 域
지경 역	域 域 域 域 域
	地域(지역) 區域(구역) 領域(영역) 全域(전역) 異域(이역) 聖域(성역) 圈域(권역)
	領域(영역) : ① 어떤 나라의 주권(主權)이 미치는 범위(範圍). 영토(領土), 영해(領海), 영공(領空)으로 이루어짐. ② 관계(關係)되는 범위. 세력(勢力)이 미치는 범위(範圍).
土部(흙토) 8획총11획	영baundary 중yù 일イキ【난이도】고등용, 읽기 4급, 쓰기 3급

譯	譯 譯 譯 譯 譯 譯 譯 譯 譯 譯 譯 譯 譯 譯 譯 譯 譯
번역 역	譯 譯 譯 譯 譯
	飜譯(번역) 內譯(내역) 音譯(음역) 譯官(역관) 通譯(통역) 譯者(역자) 誤譯(오역)
	飜譯小學(번역소학) : 조선(朝鮮) 중종(中宗) 12(1517)년 임금의 명으로, 김 전, 최 숙생 등이 『소학(小學)』을 한글로 번역(飜譯)해 펴낸 책(冊). 10권 10책.
言部(말씀언)13획총20획	영interpret 중译[yì] 일訳[ヤク](わけ)【난이도】고등용, 읽기 3급II, 쓰기 2급

驛 역참 역

馬部(말마)13획총23획

驛卒(역졸) 驛舍(역사) 驛前(역전) 電鐵驛(전철역) 都羅山驛(도라산역) 驛馬(역마)

驛傳(역전) : ① 역전경주(驛傳競走)의 준말. ② 역참(驛站)에서 공문(公文)을 넘겨 주고받던 일. ③ 또는, 공무(公務)를 띤 사람을 역에서 역으로 말을 갈아 보내던 일.

영station 중驿[yì] 일驛[エキ](うまや)【난이도】고등용, 읽기 3급II, 쓰기 2급

延 끌 연

廴_部(민책받침)4획총7획

遲延(지연) 延長(연장) 延期(연기) 延滯(연체) 蔓延(만연) 延面積(연면적)

延頸鶴望(연경학망) : 학처럼 목을 길게 빼고 간절(懇切)히 기다림.
延年益壽(연년익수) : 나이를 많이 먹고 오래오래 삶.

영delay 중yán 일エン(のばす・のびる)【난이도】고등용, 읽기 4급, 쓰기 3급

沿 따를 연

氵部(삼수변) 5획총8획

沿岸(연안) 沿海(연해) 沿革(연혁) 沿岸海(연안해) 沿屍(연시) 沿線(연선)

沿岸航法(연안항법) : 연안(沿岸)의 산이나 등대 따위를 목표(目標)로 삼아 해도 위에 배의 위치(位置)를 밝히면서 진로를 잡아 항해(航海)하는 법(法).

영follow 중yán 일エン(そう)【난이도】고등용, 읽기 3급II, 쓰기 2급

宴 잔치 연

宀部(갓머리)7획총10획

壽宴(수연) 祝壽宴(축수연) 宴會(연회) 披露宴(피로연) 賀壽宴(하수연) 稀宴(희연)

他人之宴曰梨曰栗(타인지연왈리왈률) : 남의 잔치에 배 놓아라 밤 놓아라 한다는 뜻으로, 남의 일에 공연히 쓸데없는 참견(參見)을 한다는 뜻.

영banquet 중yàn 일エン(うたげ)【난이도】고등용, 읽기 3급II, 쓰기 2급

軟 연할 연

車部(수레거)4획총11획

柔軟性(유연성) 柔軟(유연) 軟弱(연약) 軟着陸(연착륙) 軟脆(연취) 軟骨(연골)

軟體動物(연체동물) : 동물계(動物界)의 한 문. 몸에 뼈가 없고, 체질(體質)이 부드러운 동물(動物)로 대부분이 물살이 함. 문어, 낙지, 조개, 달팽이 따위.

영soft 중软[ruǎn] 일ナン(やわらか・やわらかい)【난이도】고등용, 읽기 3급II, 쓰기 2급

297

鉛

납 연

金部(쇠금) 5획 총13획

鉛鉛鉛鉛鉛鉛鉛鉛鉛鉛鉛鉛鉛

亞鉛(아연) 鉛筆(연필) 色鉛筆(색연필) 丹鉛(단연) 硬鉛(경연) 鉛筆畵(연필화)

鉛刀一割(연도일할) : 납을 가지고 만든 칼, 곧 잘 안 드는 칼이라도 한 번 자를 힘이 있다는 뜻으로, 자기(自己) 힘이 미약(微弱)하다고 겸손(謙遜)하게 하는 말.

영 lead 중 铅[qiān] 일 エン(なまり) 【난이도】 고등용, 읽기 4급, 쓰기 3급

演

펼 연

氵部(삼수변)11획총14획

演演演演演演演演演演演演演演

演說(연설) 演劇(연극) 再演(재연) 講演(강연) 公演(공연) 演技(연기) 演藝(연예)

演藝人(연예인) : 연예(演藝)에 종사(從事)하는 사람들. 배우(俳優), 가수(歌手), 무용가(舞踊家) 등(等)이 있음.

영 extend 중 yǎn 일 エン(のべる) 【난이도】 고등용, 읽기 4급Ⅱ, 쓰기 3급Ⅱ

緣

인연 연

糸部(실사) 9획총15획

緣緣緣緣緣緣緣緣緣緣緣緣緣緣

緣故(연고) 緣累(연루) 緣由(연유) 結緣(결연) 因緣(인연) 地緣(지연) 血緣(혈연)

緣木求魚(연목구어) : 나무에 인연(因緣)하여 물고기를 구(求)한다라는 뜻으로, 목적이나 수단(手段)이 일치(一致)하지 않아 성공(成功)이 불가능(不可能)함을 이르는 말.

영 affinity, fate 중 緣[yuán] 일 緣[エン](ふち) 【난이도】 고등용, 읽기 4급, 쓰기 3급

燕

제비 연

灬部(연화발)12획총16획

燕燕燕燕燕燕燕燕燕燕燕燕燕燕燕燕

燕山君(연산군) 燕巖集(연암집) 燕岐郡(연기군) 燕京(연경) 燕息(연식) 燕巢(연소)

燕鴻之歎(연홍지탄) : 봄과 가을에 엇갈리는 제비와 기러기처럼 서로 반대(反對)의 입장(立場)이 되어 만나지 못함을 한탄(恨歎)하는 말임.

영 swallow 중 Yàn 일 エン(くつろぐ・さかもり) 【난이도】 고등용, 읽기 3급Ⅱ, 쓰기 2급

燃

불탈 연

火部(불화)12획총16획

燃燃燃燃燃燃燃燃燃燃燃燃燃燃燃燃

燃料(연료) 燃燒(연소) 內燃(내연) 燃料費(연료비) 可燃性(가연성) 燃費(연비)

燃眉之厄(연미지액) :「눈썹이 타는 재액(災厄)」이라는 뜻으로, ① 매우 급(急)하게 닥치는 재앙(災殃)을 이르는 말. ② 곧 절박(切迫)한 재액(災厄).

영 burn 중 rán 일 ネン(もえる・もす) 【난이도】 고등용, 읽기 4급, 쓰기 3급

閱閱閱閱閱閱閱閱閱閱閱閱閱閱閱

閱 閱 閱 閱 閱

검열할 열

門部(문문) 7획총15획

閱覽(열람) 檢閱(검열) 閱歷(열력) 敎閱(교열) 閥閱(벌열) 閱兵(열병) 展閱(전열)

我躬不閱(아궁불열) : 자신(自身)도 돌보지 못하는 형편(形便)이라는 뜻으로, 후손(後孫)이나 남을 걱정할 여력(餘力)이 없음을 이르는 말.

영inspect 중阅[yuè] 일閱[エツ]【난이도】고등용, 읽기 3급, 쓰기 2급

染染染染染染染染染

染 染 染 染 染

물들 염

木部(나무목) 5획총9획

染料(염료) 染色(염색) 染色體(염색체) 捺染(날염) 汚染(오염) 傳染(전염)

墨子悲染(묵자비염) : 묵자(墨子)가 실을 보고 울었다는 뜻으로, 사람은 습관(習慣)이나 환경(環境)에 따라 그 성품이 착해지기도 악해지기도 함을 이르는 말.

영dye 중rǎn 일セン(そまる・そめる)【난이도】고등용, 읽기 3급Ⅱ, 쓰기 2급

鹽鹽鹽鹽鹽鹽鹽鹽鹽鹽鹽鹽鹽鹽鹽鹽鹽鹽鹽鹽鹽鹽鹽鹽

鹽 鹽 鹽 鹽 鹽

소금 염

鹵部(소금로)13획총24획

鹽酸(염산) 鹽分(염분) 鹽素(염소) 鹽海(염해) 鹽度(염도) 鹽田(염전) 鹽化(염화)

刻畫無鹽(각화무염) :「아무리 꾸며도 무염(無鹽)」이란 뜻으로, 얼굴이 못생긴 여자가 아무리 화장을 해도 미인과 비교할 바가 못됨, 즉 비교가 되지 않음을 이르는 말.

영salt 중盐[yán] 일塩[エン](しお)【난이도】고등용, 읽기 3급Ⅱ, 쓰기 2급

泳泳泳泳泳泳泳泳

泳 泳 泳 泳 泳

헤엄칠 영

氵部(삼수변) 5획총8획

水泳(수영) 平泳(평영) 背泳(배영) 混泳(혼영) 遊泳(유영) 繼泳(계영) 游泳(유영)

蝶泳(접영) : 버터플라이. 수영(水泳) 방법(方法)의 한 가지. 두 팔을 뒤에서 앞으로 크게 휘둘러 물을 끌어당기고, 두 다리로 동시(同時)에 물을 차며 나아감.

영swim 중yǒng 일エイ(およぐ)【난이도】고등용, 읽기 3급, 쓰기 2급

映映映映映映映映映

映 映 映 映 映

비칠 영

日部(날일) 5획총9획

反映(반영) 映畵(영화) 動映像(동영상) 放映(방영) 映像(영상) 映畵祭(영화제)

映雪讀書(영설독서) : 눈(雪)빛에 비쳐 책을 읽는다는 뜻으로, 가난을 무릅쓰고 학문(學問)함을 이르는 말.

영reflect 중yìng 일エイ(うつす・うつる)【난이도】고등용, 읽기 4급, 쓰기 3급

詠詠詠詠詠詠詠詠訜訜詠詠

| 詠 | 詠 | 詠 | 詠 | 詠 | | | | | |

詠歌(영가) 詠詩(영시) 詠吟(영음) 詠歎(영탄) 玉詠(옥영) 吟詠(음영) 詠詩(영시)

吟風詠月(음풍영월) : 맑은 바람과 밝은 달에 대(對)하여 시를 짓고 즐겁게 놂.
一觴一詠(일상일영) : 한 잔 술을 마시고는 한 수의 시를 읊음.

읊을 영

言部(말씀언) 5획 총12획 ㅣ 영recite 중咏[yǒng] 일エイ(よむ) 【난이도】고등용, 읽기 3급, 쓰기 2급

影影影影影影影影影影影影影影影

| 影 | 影 | 影 | 影 | 影 | | | | | |

影響(영향) 撮影(촬영) 影響力(영향력) 惡影響(악영향) 反影(반영) 印影(인영)

杯中蛇影(배중사영) : 술잔 속의 뱀 그림자라는 뜻으로, ① 자기 스스로 의혹된 마음이 생겨 고민하는 일. ② 아무 것도 아닌 일에 의심을 품고 지나치게 근심을 함.

그림자 영

彡部(터럭삼)12획 총15획 ㅣ 영shadow 중yǐng 일エイ(かげ) 【난이도】고등용, 읽기 3급II, 쓰기 2급

營營營營營營營營營營營營營營營營營

| 營 | 營 | 營 | 營 | 營 | | | | | |

營利(영리) 營業(영업) 經營(경영) 國營(국영) 運營(운영) 陣營(진영) 營爲(영위)

兎營三窟(토영삼굴) : 토끼는 숨을 수 있는 굴을 세 개는 마련해놓는다는 뜻으로, 자신의 안전을 위하여 미리 몇 가지 술책을 마련함을 비유(比喩・譬喩)하는 말.

경영할 영

火部(불화)13획 총17획 ㅣ 영manage 중营[yíng] 일営[エイ](いとなむ) 【난이도】고등용, 읽기 4급, 쓰기 3급

銳銳銳銳銳銳銳銳鈗鈗鈗鈗鈗銳

| 銳 | 銳 | 銳 | 銳 | 銳 | | | | | |

尖銳(첨예) 銳敏(예민) 銳意(예의) 銳利(예리) 銳角(예각) 精銳(정예) 銳感(예감)

少壯氣銳(소장기예) : 나이 젊고 건강한 사람은 날카롭다는 뜻으로, 소장(少壯)은 흔히 20~30세의 왕성한 지식욕(知識慾)과 행동력을 갖춘 사람을 두고 이르는 말.

날카로울 예

金部(쇠금) 7획 총15획 ㅣ 영sharp 중锐[ruì] 일鋭[エイ](するどい) 【난이도】고등용, 읽기 3급, 쓰기 2급

豫豫豫豫豫豫豫豫豫豫豫豫豫豫豫

| 豫 | 豫 | 豫 | 豫 | 豫 | | | | | |

豫告(예고) 豫防(예방) 豫算(예산) 豫想(예상) 豫定(예정) 豫測(예측) 豫備(예비)

猶豫(유예) : ① 망설여 결행하지 않음. ② 시일을 늦춤. ③ 집행(執行) 유예(猶豫).
豫探神祀(예탐신사) : 집안에 무슨 경사가 있을 때에 먼저 조상에게 아뢰는 굿.

미리 예

豕部(돼지시)9획 총16획 ㅣ 영in advance 중yù 일予[ヨ](あらかじめ) 【난이도】고등용, 읽기 4급, 쓰기 3급

譽

기릴 예

譽 譽 譽 譽 譽 譽 譽 譽 譽 譽 譽 譽 與 與 譽 譽 譽 譽 譽 譽

譽 譽 譽 譽 譽

다른 사전에는 「與」를 14획으로 계산하여 「譽」를 21획으로 보고 있으나, 필자는 「與」를 13획으로 보기 때문에 「譽」를 20획으로 하였음. 이의 있으신 독자는 언제든 연락 바람.

光譽(광예) 名譽(명예) 名譽革命(명예혁명) 不名譽(불명예) 稱譽(칭예) 虛譽(허예)

名譽毀損(명예훼손) : 남의 명예(名譽)를 더럽히거나 깎는 일.
落落之譽(낙락지예) : 도량(度量)이 넓은 인물(人物)의 명성(名聲).

言部(말씀언)13획총20획 | 영pay a tribute 중譽[yù] 일譽[ヨ](ほまれ) 【난이도】고등용, 읽기 3급II, 쓰기 2급

汚

더러울 오

汚 汚 汚 汚 汚 汚

汚 汚 汚 汚 汚

汚染(오염) 汚辱(오욕) 汚名(오명) 大氣汚染(대기오염) 環境汚染(환경오염)

貪官汚吏(탐관오리) : 탐욕(貪慾)이 많고 부정(不正)을 일삼는 벼슬아치.
淨松汚竹(정송오죽) : 깨끗한 땅에는 소나무를 심고 지저분한 땅에는 대나무를 심음.

氵部(삼수변) 3획총6획 | 영dirty 중汚[wū] 일オ(きたない・よごす) 【난이도】고등용, 읽기 3급, 쓰기 2급

娛

즐거워할 오

娛 娛 娛 娛 娛 娛 娛 娛 娛 娛

娛 娛 娛 娛 娛

娛樂(오락) 娛樂室(오락실) 家庭娛樂(가정오락) 大衆娛樂(대중오락) 娛遊(오유)

綵衣以娛親(채의이오친) : 색동옷을 입고 어버이를 즐겁게 한다는 뜻으로, 부모에게 효도하는 것을 이르는 말.

女部(계집녀)7획총10획 | 영amuse 중娛[yú] 일娛[ゴ](たのしむ) 【난이도】고등용, 읽기 3급, 쓰기 2급

傲

거만할 오

傲 傲 傲 傲 傲 傲 傲 傲 傲 傲 傲 傲 傲

傲 傲 傲 傲 傲

傲慢(오만) 傲氣(오기) 傲然(오연) 倨傲(거오) 侈傲(치오) 簡傲(간오) 高傲(고오)

傲霜孤節(오상고절) : 서릿발이 심한 추위 속에서도 굴하지 않고 홀로 꼿꼿하다는 뜻으로, 충신(忠臣) 또는 국화(菊花)를 말함.

亻部(사람인변)11획총13획 | 영haughty 중傲[ào] 일傲[ゴウ](おごる) 【난이도】고등용, 읽기 3급, 쓰기 2급

嗚

탄식할 오

嗚 嗚 嗚 嗚 嗚 嗚 嗚 嗚 嗚 嗚 嗚 嗚 嗚

嗚 嗚 嗚 嗚 嗚

嗚咽(오열) 噫嗚(희오) 嗚呼(오호) 嗚泣(오읍) 嗚嗚(오오)

嗚呼痛哉(오호통재) : 아아, 슬프고 원통(冤痛)함.
嗚呼(오호) : 슬플 때나 탄식할 때 '아', '어허' 등(等)의 뜻으로 내는 소리.

口部(입구)10획총13획 | 영alas 중呜[wū] 일オウ(ああ) 【난이도】고등용, 읽기 3급, 쓰기 2급

獄

옥 옥

犭部(개사슴록변)11획총14획

獄獄獄獄獄獄獄獄獄獄獄獄

獄獄獄獄獄

監獄(감옥) 地獄(지옥) 囚獄(수옥) 牢獄(뇌옥) 王獄(왕옥) 交通地獄(교통지옥)

阿鼻地獄(아비지옥) : 불교(佛敎)에서 말하는 8대 지옥(地獄) 중(中)의 여덟째로, 고통(苦痛)이 가장 심(甚)하다는 지옥(地獄).

영prison 중獄[yù] 일ゴク(ひとや) 【난이도】 고등용, 읽기 3급Ⅱ, 쓰기 2급

翁

늙은이 옹

羽部(깃우) 4획총10획

翁翁翁翁翁翁翁翁翁翁

翁翁翁翁翁

家翁(가옹) 乃翁(내옹) 衰翁(쇠옹) 看翁(간옹) 老翁(노옹) 翁師(옹사) 翁主(옹주)

呂翁枕(여옹침) : 인생의 덧없음과 영화(榮華)의 헛됨을 비유(比喩·譬喩)하는 말. 여공침(呂公枕)도 같은 뜻.

영old man 중wēng 일オウ(おきな) 【난이도】 고등용, 읽기 3급, 쓰기 2급

擁

낄 옹

扌(手)部(재방변)13획총16획

擁擁擁擁擁擁擁擁擁擁擁擁擁擁擁

擁擁擁擁擁

擁護(옹호) 擁立(옹립) 抱擁(포옹) 擁衛(옹위) 阿擁(가옹) 後擁馬(후옹마)

群星擁北(군성옹북) : 수많은 별이 북극성(北極星)을 향(向)해 떼지어 따른다는 뜻으로, 많은 문사(文士)들이 모여듦을 이르는 말.

영embrace 중擁[yōng] 일ヨウ 【난이도】 고등용, 읽기 3급, 쓰기 2급

緩

느릴 완

糸部(실사) 9획총15획

緩緩緩緩緩緩緩緩緩緩緩緩緩緩

緩緩緩緩緩

緩和(완화) 弛緩(이완) 緩急(완급) 緩慢(완만) 緩衝(완충) 緩行(완행) 懈緩(해완)

戒急乘緩(계급승완) : 계를 지니는 것은 간절(懇切)하나 부처의 교법(敎法)을 듣기는 원하지 않음. 微吟緩步(미음완보) : 작은 소리로 읊조리며 천천히 거님.

영slow 중緩[ruǐ] 일カン(ゆるい·ゆるむ)【난이도】고등용, 읽기 3급Ⅱ, 쓰기 2급

畏

두려워할 외

田部(밭전) 4획총9획

畏畏畏畏畏畏畏畏畏

畏畏畏畏畏

畏怖(외포) 可畏(가외) 敬畏(경외) 憺畏(담외) 無所畏(무소외) 畏懼(외구)

後生可畏(후생가외) : 젊은 후학들을 두려워할 만하다는 뜻으로, 후진들이 선배들보다 젊고 기력이 좋아, 학문을 닦음에 따라 큰 인물이 될 수 있으므로 가히 두렵다는 말.

영fear 중wèi 일イ(おそれる) 【난이도】 고등용, 읽기 3급, 쓰기 2급

腰

허리 요

月部(육달월) 9획 총13획

丿腰刀腰刀腰刃腰腰腰腰腰腰腰腰腰腰腰

腰	腰	腰	腰	腰					

腰痛(요통) 廊腰(낭요) 細腰(세요) 柳腰(유요) 腰輿(요여) 弓腰(궁요) 山腰(산요)

柳尾蜂腰(유미봉요) : 버들 같은 눈썹에 개미 같은 허리.
腰帶(요대) : 허리띠. 바지 따위가 흘러내리지 아니하게 옷의 허리 부분에 둘러매는 띠.

영waist 중yāo 일ヨウ(こし) 【난이도】 고등용, 읽기 3급, 쓰기 2급

搖

흔들 요

扌(手)部(재방변)10획 총13획

搖搖搖搖搖搖搖搖搖搖搖搖搖

搖	搖	搖	搖	搖					

搖亂(요란) 動搖(동요) 搖動(요동) 搖籃(요람) 動搖關節(동요관절) 招搖(초요)

招搖過市(초요과시) : 남의 이목을 끌도록 요란스럽게 하며 저자거리를 지나간다는 뜻으로, 허풍을 떨며 요란(搖亂)하게 사람의 이목을 끄는 것을 비유하는 말.

영shake 중摇[yáo] 일ヨウ(ゆさぶる・ゆすぶる) 【난이도】 고등용, 읽기 3급, 쓰기 2급

謠

노래 요

言部(말씀언)10획 총17획

謠謠謠謠謠謠謠謠謠謠謠謠謠謠謠謠謠

謠	謠	謠	謠	謠					

歌謠(가요) 民謠(민요) 童謠(동요) 詩謠(시요) 歌謠曲(가요곡) 歌謠漫談(가요만담)

海東歌謠(해동가요) : 金壽長(김수장)이 1746년 편찬(編纂)에 착수(着手)하여 만든 시조집(時調集). 2권 1책.

영ballad 중谣[yáo] 일謡[ヨウ](うたい・うたう) 【난이도】 고등용, 읽기 4급II, 쓰기 3급II

遙

멀 요

辶部(책받침)10획 총14획

遙遙遙遙遙遙遙遙遙遙遙遙遙遙

遙	遙	遙	遙	遙					

遙望(요망) 遙拜(요배) 遙昔(석석) 遙遠(요원) 遙賀(요하) 逍遙(소요) 遙天(요천)

前途遙遠(전도요원) : 앞으로 갈 길이 아득히 멀다는 뜻으로, 목적(目的)하는 바에 이르기에는 아직도 남은 일이 많음을 이르는 말.

영distant 중遥[yáo] 일遥[ヨウ](さまよう・とおい) 【난이도】 고등용, 읽기 3급, 쓰기 2급

辱

욕될 욕

辰部(별진) 3획 총10획

辱辱辱辱辰辰辰辰辱辱

辱	辱	辱	辱	辱					

辱說(욕설) 屈辱(굴욕) 侮辱(모욕) 雪辱(설욕) 榮辱(영욕) 汚辱(오욕) 恥辱(치욕)

知足不辱(지족불욕) : 모든 일에 분수(分數)를 알고 만족(滿足)하게 생각하면 모욕(侮辱)을 받지 않음. 强暴之辱(강포지욕) : 강포한 행위(行爲)로 하는 모욕(侮辱).

영disgrace 중rǔ 일ジョク(はずかしめる) 【난이도】 고등용, 읽기 3급II, 쓰기 2급

| | 慾 | 慾 | 慾 | 慾 | 慾 | | | | | |

意慾(의욕) 貪慾(탐욕) 慾心(욕심) 慾望(욕망) 慾求(욕구) 食慾(식욕) 慾氣(욕기)

溪壑之慾(계학지욕) : 시냇물이 흐르는 산골짜기의 욕심이라는 뜻으로, 물릴 줄
모르는 한없는 욕심(慾心)을 비유적(比喩的)으로 이르는 말.

욕심 욕

心部(마음심)11획총15획

영greed 중欲[yù] 일コク(ほっする) 【난이도】고등용, 읽기 3급Ⅱ, 쓰기 2급

| | 庸 | 庸 | 庸 | 庸 | 庸 | | | | | |

庸劣(용렬) 庸俗(용속) 庸人(용인) 庸拙(용졸) 登庸(등용) 中庸(중용) 學庸(학용)

中庸之道(중용지도) : 마땅하고 떳떳한 중용(中庸)의 도리(道理).
中庸(중용) : 치우침이나 과부족이 없이 떳떳하며 알맞은 상태나 정도.

떳떳할 용

广部(엄호) 8획총11획

영honorable 중yōng 일ヨウ(つね·もちいる) 【난이도】고등용, 읽기 3급, 쓰기 2급

| | 羽 | 羽 | 羽 | 羽 | 羽 | | | | | |

羽緞(우단) 羽毛(우모) 羽翼(우익) 羽衣(우의) 羽蟲(우충) 肩羽(견우) 項羽(항우)

羽化登仙(우화등선) : 날개가 돋아 신선(神仙)이 되어 하늘에 오른다는 뜻으로, 술
이 거나하게 취(醉)하여 기분(氣分)이 한껏 좋음을 이르는 말.

깃 우

羽部(깃우) 0획총6획

영feather 중羽[yǔ] 일羽[ウ](は·はね) 【난이도】고등용, 읽기 3급Ⅱ, 쓰기 2급

| | 偶 | 偶 | 偶 | 偶 | 偶 | | | | | |

偶然(우연) 配偶者(배우자) 配偶(배우) 妃偶(비우) 對偶(대우) 偶然性(우연성)

沙中偶語(사중우어) : 신하(臣下)가 남몰래 모반(謀反)할 꾀를 속삭임.
百年佳偶(백년가우) : 한평생(─平生)을 같이 지내는 아름다운 배필(配匹).

짝 우

亻部(사람인변) 9획총11획

영couple 중ǒu 일グウ(たまたま) 【난이도】고등용, 읽기 3급Ⅱ, 쓰기 2급

| | 郵 | 郵 | 郵 | 郵 | 郵 | | | | | |

郵便(우편) 郵票(우표) 郵便物(우편물) 郵遞局(우체국) 郵便番號(우편번호)

速達郵便(속달우편) : 특정(特定) 구역(區域) 안에서 보통(普通) 우편(郵便)보다 우
선적(優先的)으로 신속(迅速)히 배달(配達)되는 우편물(郵便物).

우편 우

阝(邑)部(우부방)8획총11획

영post 중邮[yóu] 일ユウ 【난이도】고등용, 읽기 4급, 쓰기 3급

愚愚愚愚愚愚愚愚愚愚愚愚愚

愚 愚 愚 愚 愚

어리석을 우

愚鈍(우둔) 愚弄(우롱) 愚昧(우매) 愚直(우직) 凡愚(범우) 暗愚(암우) 愚夫(우부)

愚公移山(우공이산) : 우공이 산을 옮긴다는 말로, 남이 보기엔 어리석은 일처럼 보이지만 한 가지 일을 끝까지 밀고 나가면 언젠가는 목적을 달성할 수 있다는 뜻.

心部(마음심) 9획총13획 　영foolish 　중yú 　일グ(おろか) 【난이도】 고등용, 읽기 3급Ⅱ, 쓰기 2급

優優優優優優優優優優優優優優優優優

優 優 優 優 優

넉넉할 우

優待(우대) 優先(우선) 優勢(우세) 優秀(우수) 優劣(우열) 俳優(배우) 優性(우성)

優柔不斷(우유부단) : ① 어물어물하기만 하고 딱 잘라 결단(決斷)을 하지 못함.
② 결단력(決斷力)이 부족(不足)한 것.

亻部(사람인변)15획총17획 　영superior 　중优[yōu] 　일ユウ(すぐれる・やさしい) 【난이도】 고등용, 읽기 4급, 쓰기 3급

韻韻韻韻韻韻韻韻韻韻韻韻韻韻韻韻韻韻韻

韻 韻 韻 韻 韻

운치 운

韻致(운치) 韻律(운율) 韻文(운문) 玉韻(옥운) 仄韻(측운) 四韻(사운) 押韻(압운)

氣韻生動(기운생동) : 글씨나 그림 등(等)의 기품(氣稟)·품격(品格)·정취(情趣)가 생생하게 약동(躍動)함의 뜻.

音部(소리음)10획총19획 　영rhyme 　중韵[yùn] 　일イン(ひびき) 【난이도】 고등용, 읽기 3급Ⅱ, 쓰기 2급

員員員員員員員員員員

員 員 員 員 員

인원 원

議員(의원) 公務員(공무원) 職員(직원) 委員會(위원회) 研究員(연구원)

委員會(위원회) : ① 어떤 특정한 목적 아래 임명 또는 선거로 지명된 위원으로써 구성된 합의 기관. ② 위원(委員)들이 모여 하는 회의(會議).

口部(입구)7획총10획 　영number, staff 　중员[yuán] 　일イン 【난이도】 고등용, 읽기 4급Ⅱ, 쓰기 3급Ⅱ

院院院院院院院院院院院

院 院 院 院 院

집 원

法院(법원) 病院(병원) 大法院(대법원) 監査院(감사원) 國情院(국정원)

開院(개원) : ① 학원(學園)이나 병원(病院) 등(等)을 처음으로 엶. ② 국회(國會) 등(等)이 회기를 맞이하여 회의(會議)를 엶.

阝(阜)部(좌부방)7획총10획 　영garden 　중yuàn 　일イン 【난이도】 고등용, 읽기 5급, 쓰기 4급

援

도울 원

扌(手)部(재방변) 9획 총12획

援援援援援援援援援援援援
援 援 援 援 援

支援(지원) 應援(응원) 援助(원조) 聲援(성원) 後援金(후원금) 後援(후원)

上援下推(상원하추) : 윗자리에 있는 자는 아랫사람을 끌어올리고, 아랫사람은 윗사람을 추대함. 孤立無援(고립무원) : 고립되어 도움을 받을 데가 없음.

영rescue 중援[yuán] 일エン(たすける) 【난이도】 고등용, 읽기 4급, 쓰기 3급

源

근원 원

氵部(삼수변)10획총13획

源源源源源源源源源源
源 源 源 源 源

源泉(원천) 資源(자원) 財源(재원) 根源(근원) 起源(기원) 源流(원류) 字源(자원)

拔本塞源(발본색원) : 근본(根本)을 빼내고 원천(源泉)을 막아 버린다는 뜻으로, 사물(事物)의 폐단(弊端)을 없애기 위(爲)해서 그 뿌리째 뽑아 버림을 이르는 말.

영source 중yuán 일ゲン(みなもと) 【난이도】 고등용, 읽기 4급, 쓰기 3급

越

넘을 월

走部(달릴주)5획총12획

越越越越越越越越越越越越
越 越 越 越 越

超越(초월) 卓越(탁월) 追越(추월) 越權(월권) 越等(월등) 越南(월남) 違越(위월)

超越(초월) : ① 어떤 한계(限界)나 표준(標準)을 넘음. ② 인식(認識)·경험(經驗)의 범위(範圍) 밖에 존재(存在)함. 가능적(可能的) 경험(經驗)의 영역(領域) 밖에 있음.

영overpass 중yuè 일エツ(こえる·こす) 【난이도】 고등용, 읽기 3급Ⅱ, 쓰기 2급

委

맡길 위

女部(계집녀)5획총8획

委委委委委委委委
委 委 委 委 委

委員(위원) 委任(위임) 委任狀(위임장) 委囑(위촉) 委託(위탁) 小委(소위)

委員會(위원회) : ① 어떤 특정한 목적 아래 임명 또는 선거로 지명된 위원으로써 구성된 합의 기관. ② 위원(委員)들이 모여 하는 회의(會議).

영entrust 중wěi 일イ(ゆだねる) 【난이도】 고등용, 읽기 4급, 쓰기 3급

胃

밥통 위

月部(육달월) 5획총9획

胃胃胃胃胃胃胃胃胃
胃 胃 胃 胃 胃

脾胃(비위) 胃腸(위장) 胃癌(위암) 胃酸(위산) 胃臟(위장) 胃潰瘍(위궤양)

飮灰洗胃(음회세위) :「재를 마셔 위 속의 더러운 것들을 씻어낸다」는 뜻으로, 악(惡) 한 마음을 고쳐서 선으로 돌아감을 비유(比喩·譬喩)해 이르는 말.

영stomach 중wèi 일イ(いぶくろ) 【난이도】 고등용, 읽기 3급Ⅱ, 쓰기 2급

圍

에워쌀 위

圍 圍 圍 圍 圍 圍 圍 圍 圍 圍 圍

| 圍 | 圍 | 圍 | 圍 | 圍 | | | | | |

範圍(범위) 周圍(주위) 廣範圍(광범위) 包圍(포위) 堅圍(견위) 四圍(사위)

雰圍氣(분위기) : ① 지구를 둘러 싸고 있는 기체, 대기, 공기. ② 어떤 환경이나 어떤 자리 등에서 저절로 만들어져서 감도는 느낌. ③ 개인의 주위의 상황, 환경.

囗部(큰입구몸)9획총12획 영surround 중围[wéi] 일イ(かこう·かこむ) 【난이도】 고등용, 읽기 4급, 쓰기 3급

違

어길 위

違 違 違 違 違 違 違 違 違 違 違 違

| 違 | 違 | 違 | 違 | 違 | | | | | |

違反(위반) 違憲(위헌) 違法(위법) 違背(위배) 違憲性(위헌성) 違法性(위법성)

陽奉陰違(양봉음위) : 보는 앞에서는 순종하는 체하고, 속으로는 딴마음을 먹음.
大違所料(대위소료) : 생각하는 바와 크게 다름.

辶部(책받침)9획총13획 영violate 중违[wéi] 일イ(ちがう·ちがえる) 【난이도】 고등용, 읽기 3급, 쓰기 2급

僞

거짓 위

僞 僞 僞 僞 僞 僞 僞 僞 僞 僞 僞 僞

| 僞 | 僞 | 僞 | 僞 | 僞 | | | | | |

僞幣(위폐) 虛僞(허위) 眞僞(진위) 僞裝(위장) 僞造(위조) 僞善(위선) 僞言(위언)

防僞私通(방위사통) : 사사(私事)로운 글이 아니라는 뜻을 표시(表示)하는 뜻에서, 방위(防僞)라는 두 글자가 찍혀 있는, 아전(衙前)들 끼리 주고 받던 공문(公文).

亻部(사람인변)12획총14획 영false 중伪[jiē] 일僞[ギ](いつわる·にせ) 【난이도】 고등용, 읽기 3급Ⅱ, 쓰기 2급

慰

위로할 위

慰 慰 慰 慰 慰 慰 慰 慰 慰 慰 慰 慰 慰 慰 慰

| 慰 | 慰 | 慰 | 慰 | 慰 | | | | | |

慰勞(위로) 慰安婦(위안부) 慰安(위안) 慰靈(위령) 慰樂(위락) 慰問(위문)

慰藉料(위자료) : 재산이나 생명·신체·명예 따위를 침해(侵害)하였을 때 그 정신적(精神的) 고통(苦痛)과 손해(損害)에 대(對)하여 지급(支給)하는 배상금(賠償金).

心部(마음심)11획총15획 영comfort 중wèi 일イ(なぐさむ·なぐさめる) 【난이도】 고등용, 읽기 4급, 쓰기 3급

緯

씨 위

緯 緯 緯 緯 緯 緯 緯 緯 緯 緯 緯 緯 緯 緯

| 緯 | 緯 | 緯 | 緯 | 緯 | | | | | |

經緯(경위) 北緯(북위) 經緯書(경위서) 緯度(위도) 黃緯(황위) 赤緯(적위)

天經地緯(천경지위) : 하늘이 정하고 땅이 받드는 길이라는 뜻으로, 영원(永遠)히 변(變)하지 않을 떳떳한 이치(理致).

糸部(실사)9획총15획 영woof 중纬[wěi] 일イ(よこいと) 【난이도】 고등용, 읽기 3급, 쓰기 2급

衛衛衛衛衛衛衛衛衛衛衛衛衛衛
衛衛衛衛衛

衛星(위성) 衛生(위생) 防衛(방위) 侍衛隊(시위대) 紅衛兵(홍위병) 防衛費(방위비)

精衛塡海(정위전해) : 작은 새 정위(精衛)가 바다를 메우려 한다는 뜻으로, ① 가망 없을 일에 힘들임을 이르는 말. ② 목적을 달성하기 위하여 온갖 고난을 무릅쓰고 노력함.

衛 지킬 위

行部(행할행)9획총15획

영keep 중卫[wèi] 일エイ(まもる) 【난이도】 고등용, 읽기 4급II, 쓰기 3급II

謂謂謂謂謂謂謂謂謂謂謂謂謂謂謂謂
謂謂謂謂謂

可謂(가위) 所謂(소위) 云謂(운위) 眞所謂(진소위) 或謂(혹위) 方可謂(방가위)

天命之謂性(천명지위성) : 하늘이 하늘의 본성(天道)을 만물(萬物)에게 부여(附與)해준 것을 본성(本性)이라고 함.

謂 이를 위

言部(말씀언)9획총16획

영tell 중谓[wèi] 일イイ(あやまる) 【난이도】 고등용, 읽기 3급II, 쓰기 2급

乳乳乳乳乳乳乳乳
乳乳乳乳乳

哺乳類(포유류) 牛乳(우유) 乳兒(유아) 初乳(초유) 原乳(원유) 乳製品(유제품)

孤犢觸乳(고독촉유) : 「어미 없는 송아지가 젖을 먹기 위해 어미를 찾는다」는 뜻으로, 연고(緣故) 없는 고독(孤獨)한 사람이 구원(救援)을 바람을 비유해 이르는 말.

乳 젖 유

乙部(새을)7획총8획

영milk 중rǔ 일ニュウ(ちち) 【난이도】 고등용, 읽기 4급, 쓰기 3급

幽幽幽幽幽幽幽幽幽
幽幽幽幽幽

幽靈(유령) 幽寂(유적) 幽都(유도) 幽宅(유택) 幽懷(유회) 幽冥(유명) 幽明(유명)

黜陟幽明(출척유명) : 성적(成績)이 좋은 관리(官吏)는 승진(昇進)시키고, 공적(功績)이 없는 관리(官吏)는 내쫓음을 이르는 말.

幽 그윽할 유

幺部(작을요)6획총9획

영mellow 중yōu 일ユウ 【난이도】 고등용, 읽기 3급II, 쓰기 2급

悠悠悠悠悠悠悠悠悠悠
悠悠悠悠悠

悠然(유연) 悠久(유구) 悠長(유장) 悠悠(유유) 悠忽(유홀) 悠遠(유원) 季悠(계유)

悠悠自適(유유자적) : 여유가 있어 한가롭고 걱정이 없는 모양(模樣)이라는 뜻으로, 속세(俗世)에 속박됨이 없이 자기가 하고 싶은 대로 마음 편히 지냄을 이르는 말.

悠 멀 유

心部(마음심)7획총11획

영distant 중yōu 일ユウ(とおい) 【난이도】 고등용, 읽기 3급II, 쓰기 2급

惟

惟惟惟惟惟惟惟惟惟惟惟

惟 惟 惟 惟 惟

생각할 유

惟獨(유독) 惟房(유방) 惟政(유정) 恭惟(공유) 伏惟(복유) 思惟(사유) 惟只(유지)

惟正之供(유정지공) : 해마다 의례(儀禮)로 궁중(宮中) 및 서울의 고관(高官)에게 바치던 공물(貢物). 恭惟鞠養(공유국양) : 국양(鞠養)함을 공손(恭遜)히 해야함.

忄部(심방변)8획총11획　영consider·only　중wéi　일イ·ユイ(おもう·おもうに)【난이도】고등용, 읽기 3급, 쓰기 2급

裕

裕裕裕裕裕裕裕裕裕裕裕裕

裕 裕 裕 裕 裕

넉넉할 유

餘裕(여유) 富裕層(부유층) 富裕(부유) 富裕稅(부유세) 豊裕(풍유) 裕寬(유관)

餘裕滿滿(여유만만) : 여유(餘裕)가 가득함.
餘裕綽綽(여유작작) : 빠듯하지 않고 아주 넉넉함을 이르는 말.

衣部(옷의) 7획총12획　영enough　중yù　일ユウ【난이도】고등용, 읽기 3급II, 쓰기 2급

愈

愈愈愈愈愈愈愈愈愈愈愈愈愈

愈 愈 愈 愈 愈

나을 유

韓愈(한유) 去愈殊彌山(거유수미산) 愈肆(유사) 愈往愈激(유왕유격)

憂心愈愈(우심유유) : 시름하는 마음이 심(甚)함.
愈出愈怪(유출유괴) : ① 갈수록 더욱 괴상해짐. ② 점점 더 이상해짐.

心部(마음심)9획총13획　영be better　중愈[yù]　일愈[ユ](いよいよ)【난이도】고등용, 읽기 3급, 쓰기 2급

誘

誘誘誘誘誘誘誘誘誘誘誘誘誘誘

誘 誘 誘 誘 誘

꾈 유

誘致(유치) 誘導(유도) 誘惑(유혹) 誘發(유발) 誘拐(유괴) 誘引(유인) 導誘(도유)

誘人子弟(유인자제) : 남의 자제(子弟)를 그른 길로 꾀어 냄.
勸誘(권유) : 상대편(相對便)이 어떤 일을 하도록 권(勸)함.

言部(말씀언)7획총14획　영tempt　중诱[yòu]　일ユウ(さそう)【난이도】고등용, 읽기 4급, 쓰기 3급

維

維維維維維維維維維維維維維維

維 維 維 維 維

벼리 유

維新(유신) 維新憲法(유신헌법) 維持(유지) 保維(보유) 四維(사유)

進退維谷(진퇴유곡) : '앞으로도 뒤로도 나아가거나 물러서지 못하다'라는 뜻으로, 궁지(窮地)에 빠진 상태(狀態).

糸部(실사)8획총14획　영habenular　중維[wéi]　일イ(つなぐ)【난이도】고등용, 읽기 3급II, 쓰기 2급

儒	儒儒儒儒儒儒儒儒儒儒儒儒儒儒儒
	儒 儒 儒 儒 儒

儒教(유교) 儒學(유학) 儒者(유자) 儒生(유생) 坑儒(갱유) 儒賢(유현) 儒林(유림)

坑儒焚書(갱유분서) : 선비를 구덩이에 묻고 책을 불태움.
排佛崇儒(배불숭유) : 불교를 배척(排斥)하고 유교(儒教)를 숭상(崇尙)하는 일.

儒 선비 유
亻部(사람인변)14획총16획
영scholar 중rú 일ジュ(まもる)【난이도】고등용, 읽기 4급Ⅱ, 쓰기 3급Ⅱ

閏	閏閏閏閏閏閏閏閏閏閏閏閏
	閏 閏 閏 閏 閏

閏年(윤년) 閏朔(윤삭) 閏餘(윤여) 閏月(윤월) 閏日(윤일) 閏秒(윤초) 閏餘(윤여)

閏餘成歲(윤여성세) : 일년(一年) 24절기(節氣) 나머지 시각(時刻)을 모아 윤달(閏─)로 하여 해를 이루었음. 閏年(윤년) : 윤달(閏─)이나 윤일(閏日)이 든 해.

閏 윤달 윤
門部(문문)4획총12획
영leap month 중闰[rùn] 일ジュン(うるう)【난이도】고등용, 읽기 3급, 쓰기 2급

潤	潤潤潤潤潤潤潤潤潤潤潤潤潤潤潤
	潤 潤 潤 潤 潤

利潤(이윤) 潤滑油(윤활유) 潤澤(윤택) 霑潤(점윤) 潤態(윤태) 潤文(윤문)

內潤外朗(내윤외랑) : 옥(玉)의 광택(光澤)이 안에 함축(含蓄)된 것(內潤)과 밖으로 나타난 것(外朗)이라는 뜻으로, 인물(人物)의 재덕(才德)을 형용(形容)해 이르는 말.

潤 윤택할 윤
氵部(삼수변)12획총15획
영wet, enrich 중润[rùn] 일ジュン(うるおう)【난이도】고등용, 읽기 3급Ⅱ, 쓰기 2급

隱	隱隱隱隱隱隱隱隱隱隱隱隱隱隱隱隱
	隱 隱 隱 隱 隱

隱居(은거) 隱匿(은닉) 隱遁(은둔) 隱密(은밀) 隱退(은퇴) 隱蔽(은폐) 隱士(은사)

惻隱之心(측은지심) : 사단(四端)의 하나로, 남의 불행을 불쌍히 여기는 마음.
隱忍自重(은인자중) : 밖으로 드러내지 아니하고 참고 감추어 몸가짐을 신중히 함.

隱 숨을 은
阝(阜)部(좌부방)14획총17획
영hide 중隐[yǐn] 일イン(かくす・かくれる)【난이도】등용, 읽기 4급, 쓰기 3급

淫	淫淫淫淫淫淫淫淫淫淫淫
	淫 淫 淫 淫 淫

淫亂(음란) 淫蕩(음탕) 淫樂(음악) 淫亂物(음란물) 姦淫(간음) 强淫(강음)

天無淫雨(천무음우) : 하늘에서 궂은 비가 내리지 않는다는 뜻으로, 화평(和平)한 나라, 태평(太平)한 시대(時代)를 비유(比喻·譬喻)하여 이르는 말.

淫 음란할 음
氵部(삼수변)8획총11획
영obscene 중yín 일イン(みだら)【난이도】고등용, 읽기 3급Ⅱ, 쓰기 2급

凝

응길 응

氵部(이수변) 14총16획

凝縮(응축) 凝固(응고) 凝結(응결) 凝集(응집) 凝視(응시) 凝聚(응취) 凝着(응착)

鳩首凝議(구수응의) : 사람이 모여서 이마를 맞대고 의논(議論)하는 모양(模樣).
凝粧盛飾(응장성식) : 얼굴과 옷을 아름답게 단장(丹粧)하고 치장(治粧)함.

영congeal 중níng 일ギョウ(こらす·こる) 【난이도】 고등용, 읽기 3급, 쓰기 2급

宜

마땅할 의

宀部(갓머리) 5획총8획

宜當(의당) 宜寧(의령) 便宜(편의) 便宜性(편의성) 便宜店(편의점) 宜人(의인)

便宜主義(편의주의) : 어떤 사물(事物)을 근본적(根本的)으로 처리(處理)하지 아니하고, 임시(臨時)로 둘러맞추는 방법(方法).

영suitable 중yí 일ギ 【난이도】 고등용, 읽기 3급, 쓰기 2급

疑

의심할 의

疋部(짝필)9획총14획

疑懼心(의구심) 疑心(의심) 疑問(의문) 疑惑(의혹) 質疑(질의) 嫌疑(혐의)

半信半疑(반신반의) : ① 반은 믿고 반은 의심(疑心)함. ② 믿으면서도 한편으로는 의심(疑心)함. 疑心暗鬼(의심암귀) : 의심이 생기면 귀신(鬼神)이 생긴다는 뜻.

영doubt 중yí 일ギ(うたがう) 【난이도】 고등용, 읽기 4급, 쓰기 3급

儀

거동 의

亻部(사람인변)13획총15획

儀式(의식) 賻儀(부의) 壽儀(수의) 禮儀(예의) 葬儀(장의) 弔儀(조의) 儀典(의전)

禮儀凡節(예의범절) : 모든 예의(禮儀)와 절차(節次).
禮儀之國(예의지국) : 예의(禮儀)를 숭상(崇尙)하며 잘 지키는 나라.

영manner 중仪[yí] 일ギ(のり) 【난이도】 고등용, 읽기 4급, 쓰기 3급

夷

오랑캐 이

大部(큰대) 3획총6획

東夷(동이) 南夷(남이) 燒夷(소이) 四夷(사이) 伯夷(백이) 夷狄(이적) 蠻夷(만이)

以夷制夷(이이제이) : 적을 이용(利用)하여 다른 적을 제어(制御·制馭)함.
伯夷之廉(백이지렴) : 백이(伯夷)의 청렴(淸廉)함을 이르는 말.

영barbarian 중yí 일イ(えびす·えみし) 【난이도】 고등용, 읽기 3급, 쓰기 2급

翼	翼翼翼翼翼翼翼翼翼翼翼翼翼翼翼翼翼翼
	翼　翼　翼　翼　翼
	右翼(우익) 左翼(좌익) 雙翼(쌍익) 天翼(천익) 扶翼(부익) 右翼手(우익수)
날개 익	比翼鳥(비익조) : 암컷과 수컷이 눈과 날개가 하나씩이라서 짝을 짓지 않으면 날지 못한다는 새로서, 남녀(男女) 사이 혹은 부부애(夫婦愛)가 두터움을 이르는 말.
羽部(깃우)11획총17획	영wing 중yì 일ヨク(つばさ)【난이도】고등용, 읽기 3급Ⅱ, 쓰기 2급

姻	姻姻姻姻姻姻姻姻姻
	姻　姻　姻　姻　姻
	婚姻(혼인) 親姻戚(친인척) 婚姻式(혼인식) 姻親(인친) 外姻(외인) 近姻(근인)
혼인 인	姻戚(인척) : 배우자(配偶者)의 일방(一方)과 타방의 혈족(血族)과의 사이에 생긴 척분. 외가(外家)와 처가의 혈족(血族). 혼척(婚戚). 외가(外家)와 처가에 딸린 겨레붙이.
女部(계집녀) 6획총9획	영marriage 중yīn 일イン(よめいり)【난이도】고등용, 읽기 3급, 쓰기 2급

逸	逸逸逸逸逸逸逸逸逸逸逸逸
	逸　逸　逸　逸　逸
	逸女(일녀) 逸脫(일탈) 逸話(일화) 獨逸(독일) 安逸(안일) 無事安逸(무사안일)
편안할 일	一勞永逸(일로영일) : ① 한때 고생(苦生)하고 오랫동안 안락(安樂)을 누림. ② 적은 노고(勞苦)의 보람으로 오랜 이익(利益)을 봄.
⻍部(책받침) 8획총12획	영being well 중逸[yì] 일逸[イツ](はやる)【난이도】고등용, 읽기 3급Ⅱ, 쓰기 2급

任	任任任任任任
	任　任　任　任　任
	任期(임기) 任命(임명) 任務(임무) 赴任(부임) 責任(책임) 就任(취임) 退任(퇴임)
맡길 임	背任受賂(배임수뢰) : 본분(本分)의 임무(任務)를 어기고 부정(不正)한 청탁(請託)을 받으며 뇌물(賂物)을 받아 재산상의 이익(利益)을 취득(取得)하는 죄(罪).
亻部(사람인변) 4획총6획	영entrust 중rèn 일ニン(まかす・まかせる)【난이도】고등용, 읽기 5급Ⅱ, 쓰기 4급Ⅱ

賃	賃賃賃賃賃賃賃賃賃賃賃賃賃
	賃　賃　賃　賃　賃
	賃金(임금) 賃貸(임대) 運賃(운임) 賃借(임차) 賃貸料(임대료) 低賃(저임)
품팔 임	最低賃金(최저임금) : 근로자(勤勞者)에 대하여 임금의 최저 수준(水準)을 보장(保障)하여 그 아래로 지급(支給)하여서는 안 된다고 정한 임금의 액수(額數).
貝部(조개패)6획총13획	영work for wages 중赁[lìn] 일チン(やとう)【난이도】고등용, 읽기 3급Ⅱ, 쓰기 2급

| 刺 | 刺刺刺刺刺刺刺刺 |
| 찌를 자 | 刺 刺 刺 刺 刺 |

刺戟(자극) 諷刺(풍자) 刺殺(자살) 刺戟的(자극적) 諷刺劇(풍자극) 水刺床(수라상)

刺草之臣(자초지신) : 풀을 베는 천(賤)한 사람이란 뜻으로, 곧 평민(平民)이 임금에 대(對)해서 저를 낮추어 일컫던 말.

영pierce 중cì 일シ(ささる·さす) 【난이도】 고등용, 읽기 3급II, 쓰기 2급

Ⅱ部(선칼도방) 6총8획

| 姿 | 姿姿姿姿姿姿姿姿姿 |
| 맵시 자 | 姿 姿 姿 姿 姿 |

姿勢(자세) 低姿勢(저자세) 姿態(자태) 高姿勢(고자세) 風姿(풍자) 姿體(자체)

仙姿玉質(선자옥질) : 신선(神仙)의 자태(姿態)와 옥 같은 바탕이라는 뜻으로, 용모(容貌)도 아름다운데다가 기품(氣稟)도 뛰어난 사람을 형용(形容)해 이르는 말.

영figure 중zī 일シ(すがた) 【난이도】 고등용, 읽기 4급, 쓰기 3급

女部(계집녀) 6획총9획

茲

| 茲 | 茲茲茲茲茲茲茲茲茲茲 |
| 이 자 | 茲 茲 茲 茲 茲 |

茲山魚譜(자산어보) 今茲(금자) 龜茲(구자) 來茲(내자) 念念在茲(염념재자)

茲山魚譜(자산어보) : 조선 순조(純祖) 15(1815)년에 정약전(丁若銓)이 펴낸 책.
念茲在茲(염자재자) : 그 자리에 앉힐 사람으로는 적임자(適任者)임.

영this 중茲[zī] 일シ·ジ(ここに) 【난이도】 고등용, 읽기 3급, 쓰기 2급

玄部(검을현)5획총10획

| 恣 | 恣恣恣恣恣恣恣恣恣恣 |
| 방자할 자 | 恣 恣 恣 恣 恣 |

恣行(자행) 恣意的(자의적) 放恣(방자) 恣肆(자사) 恣意(자의) 恣宇(자우)

恣意性(자의성) : 언어(言語) 기호(記號)의 형식(形式)과 내용(內容)의 관계(關係)가 꼭 그리되어야 할 이유(理由)가 없는 성질(性質).

영arrogant 중zì 일シ(ほしいまま) 【난이도】 고등용, 읽기 4급, 쓰기 3급

心部(마음심) 6획총10획

| 紫 | 紫紫紫紫紫紫紫紫紫紫紫紫 |
| 자주빛 자 | 紫 紫 紫 紫 紫 |

紫木蓮(자목련) 紫薇(자미) 紫色(자색) 紫外線(자외선) 紫霞門(자하문)

萬紫千紅(만자천홍) : 울긋불긋한 여러 가지의 빛깔이라는 뜻으로, 흔히 가지각색의 꽃이 만발(滿發)한 것을 이름.

영purple 중zǐ 일シ(むらさき) 【난이도】 고등용, 읽기 3급II, 쓰기 2급

糸部(실사) 6획총12획

資

재물 자

資格(자격) 資金(자금) 資料(자료) 資本(자본) 資産(자산) 資源(자원) 出資(출자)

納粟加資(납속가자) : 흉년이 들거나 병란이 있을 때에 곡식을 많이 바친 사람에게 정3품의 벼슬을 주어 포상하던 일. 공명첩(空名帖)처럼 이름만의 벼슬이었음.

貝部(조개패)6획총13획 | 영property 중資[zī] 일シ【난이도】고등용, 읽기 4급, 쓰기 3급쓰기 2급

酌

술잔 작

斟酌(짐작) 無酌定(무작정) 參酌(참작) 裁酌(재작) 對酌(대작) 獨酌(독작)

情狀參酌(정상참작) : 재판관(裁判官)이 범죄의 사정을 헤아려서 형벌을 가볍게 하는 일. 情狀酌量(정상작량) : ☞ 정상참작(情狀參酌).

酉部(닭유) 3획총10획 | 영pour out 중zhuó 일シャク(くむ)【난이도】고등용, 읽기 3급, 쓰기 2급

爵

벼슬 작

爵位(작위) 公爵(공작) 男爵(남작) 伯爵(백작) 封爵(봉작) 侯爵(후작) 爵祿(작록)

高官大爵(고관대작) : ① 지위가 높은 큰 벼슬자리. ② 또는, 그 직위에 있는 사람.
爵位(작위) : ① 벼슬과 지위, 관작(官爵)과 위계(位階). ② 작(爵)의 계급(階級).

爪部(손톱조)14획총18획 | 영aristocracy 중爵[jué] 일シャク【난이도】고등용, 읽기 3급, 쓰기 2급

殘

남을 잔

殘酷(잔혹) 殘忍(잔인) 殘額(잔액) 殘留(잔류) 殘骸(잔해) 殘丘(잔구) 衰殘(쇠잔)

骨肉相殘(골육상잔) : 부자나 형제 또는 같은 민족(民族) 간(間)에 서로 싸움.
同族相殘(동족상잔) : 동족(同族)끼리 서로 싸우고 죽임.

歹部(죽을사변)8획총12획 | 영remain 중殘[cán] 일殘[ザン](のこす・のこる)【난이도】고등용, 읽기 4급, 쓰기 3급

暫

잠깐 잠

暫定(잠정) 暫時(잠시) 暫定的(잠정적) 暫時間(잠시간) 暫間(잠간) 暫留(잠류)

暫定條約(잠정조약) : 정식(正式) 조약(條約)을 체결(締結)하기 전(前)에 우선(于先) 임시(臨時)로 정(定)해 두는 영구성(永久性) 없는 조약(條約).

日部(날일) 11총 15획 | 영moment 중暫[zàn] 일ザン(しばらく)【난이도】고등용, 읽기 3급II, 쓰기 2급

潛	潛潛潛潛潛潛潛潛潛潛潛潛潛潛潛
	潛 潛 潛 潛 潛
	潛伏(잠복) 潛水(잠수) 潛水艦(잠수함) 潛入(잠입) 潛在能力(잠재능력) 潛在(잠재)
잠길 잠	潛龍勿用(잠룡물용) : '물에 잠겨 있는 용은 쓰지 않는다'라는 뜻으로, 아무리 천하를 품을 만한 영웅이라도 자신의 능력을 배양하며 조용히 때를 기다리는 것을 비유하는 말.
氵部(삼수변) 12총15획	영sink 중潛[qián] 일潛[セン](ひそむ·もぐる) 【난이도】고등용, 읽기 3급Ⅱ, 쓰기 2급

雜	雜雜雜雜雜雜雜卒羊剎剎新雜雜雜雜
	雜 雜 雜 雜 雜
	複雜(복잡) 雜誌(잡지) 雜音(잡음) 錯雜(착잡) 混雜(혼잡) 雜貨(잡화) 雜役(잡역)
섞일 잡	複雜多端(복잡다단) : 일이 얽히고 설키다 갈피를 잡기 어려움. 勿侵雜役(물침잡역) : 모든 잡역(雜役)을 면제(免除)하여 줌.
隹部(새추)10획총18획	영mixed 중杂[zá] 일ザツ·ゾウ(まじる) 【난이도】고등용, 읽기 4급, 쓰기 3급

丈	丈 丈 丈
	丈 丈 丈 丈 丈
	先丈(선장) 丈夫(장부) 大丈夫(대장부) 億丈(억장) 丈六(장육) 聘丈(빙장)
어른 장	氣高萬丈(기고만장) : 기운(氣運)이 만장이나 뻗치었다는 뜻으로, ① 펄펄 뛸 만큼 크게 성이 남. ② 또는 일이 뜻대로 되어 나가 씩씩한 기운(氣運)이 대단하게 뻗침.
一部(한일) 2획총3획	영elder 중zhàng 일ジョウ(たけ) 【난이도】고등용, 읽기 3급Ⅱ, 쓰기 2급

莊	莊莊莊莊莊莊莊莊莊莊莊
	莊 莊 莊 莊 莊
	莊嚴(장엄) 莊園(장원) 莊子(장자) 莊重(장중) 老莊(노장) 別莊(별장) 山莊(산장)
씩씩할 장	莊周之夢(장주지몽) : ① 자아(自我)와 외계(外界)와의 구별(區別)을 잊어버린 경지(境地)를 말함. ② 사물(事物)과 자신(自身)이 한 몸이 된 경지(境地).
⺿部(초두머리)7획총11획	영solemnly 중庄[zhuāng] 일莊[ソウ](おごそか) 【난이도】고등용, 읽기 3급Ⅱ, 쓰기 2급

帳	帳帳帳帳帳帳帳帳帳帳
	帳 帳 帳 帳 帳
	帳幕(장막) 帳簿(장부) 臺帳(대장) 日記帳(일기장) 通帳(통장) 揮帳(휘장)
휘장 장	翠帳紅閨(취장홍규) : 녹색(綠色) 방장(房帳)과 홍색의 침실(寢室)이라는 뜻으로, 아름답게 꾸며 놓은 귀부인(貴夫人)의 침실(寢室)을 이르는 말.
巾部(수건건)8획총11획	영curtain 중帐[zhàng] 일チョウ(むらさき) 【난이도】고등용, 읽기 4급, 쓰기 3급

張	張張張張張張張張張張
	張 張 張 張 張
베풀 장	誇張(과장) 緊張(긴장) 伸張(신장) 主張(주장) 出張(출장) 擴張(확장) 張皇(장황)
	張三李四(장삼이사) : 장씨의 셋째 아들과 이씨의 넷째 아들이란 뜻으로, ① 성명이나 신분이 뚜렷하지 못한 평범(平凡)한 사람들을 해학적으로 이르는 말.
弓部(활궁)8획총11획	영give, extend 중张[zhāng] 일チョウ(はる)【난이도】고등용, 읽기 4급, 쓰기 3급

障	障障障障障障障障障障障障障障
	障 障 障 障 障
막을 장	保障(보장) 障碍(장애) 障壁(장벽) 支障(지장) 故障(고장) 身分保障(신분보장)
	一葉障目(일엽장목) : 나뭇잎 하나가 눈을 가린다는 뜻으로, 단편적이고 일시적인 현상(現狀)에 미혹(迷惑)되어 전반적이고 근본적인 문제를 깨닫지 못함.
阝(阜)部(좌부방)11획총14획	영block, defend 중zhàng 일ショウ(さわる)【난이도】고등용, 읽기 4급II, 쓰기 3급II

掌	掌掌掌掌掌掌掌掌掌掌掌掌
	掌 掌 掌 掌 掌
손바닥 장	掌握(장악) 掌匣(장갑) 管掌(관장) 掌甲(장갑) 掌禮院(장례원) 孤掌(고장)
	孤掌難鳴(고장난명) : 외손뼉은 울릴 수 없다는 뜻으로, ① 혼자서는 어떤 일을 이룰 수 없다는 말. ② 상대(相對) 없이는 싸움이 일어나지 않음을 이르는 말.
手部(손수)8획총12획	영palm 중zhǎng 일ショウ(たなごころ)【난이도】고등용, 읽기 3급II, 쓰기 2급

粧	粧粧粧粧粧粧粧粧粧粧粧粧
	粧 粧 粧 粧 粧
단장할 장	丹粧(단장) 化粧(화장) 化粧品(화장품) 粧飾(장식) 銀粧刀(은장도) 治粧(치장)
	淡粧濃抹(담장농말) : 엷은 화장(化粧)과 짙은 화장(化粧)이라는 뜻으로, 갠 날과 비오는 날에 따라 변화(變化)하는 경치(景致)를 이르는 말.
米部(쌀미)6획총12획	영adorn 중妆[zhuāng] 일ショウ(よそおう)【난이도】고등용, 읽기 3급II, 쓰기 2급

腸	腸腸腸腸腸腸腸腸腸腸腸腸腸
	腸 腸 腸 腸 腸
창자 장	肝腸(간장) 大腸(대장) 盲腸(맹장) 小腸(소장) 胃腸(위장) 直腸(직장) 灌腸(관장)
	九曲肝腸(구곡간장) : 아홉 번 구부러진 간과 창자라는 뜻으로, 굽이 굽이 사무친 마음속 또는 깊은 마음속.
月部(육달월)9총13획	영bowels 중肠[cháng] 일チョウ(はらわた)【난이도】고등용, 읽기 4급, 쓰기 3급

316

裝

裝裝裝裝裝裝裝裝裝裝裝裝裝

裝 裝 裝 裝 裝

꾸밀 장

衣部(옷의) 7총13획

裝置(장치) 裝備(장비) 包裝(포장) 武裝(무장) 僞裝(위장) 裝飾(장식) 裝着(장착)

武裝蜂起(무장봉기) : 지배자(支配者)의 학정(虐政), 압제(壓制) 따위에 대항(對抗)하여 백성(百姓)이 무장(武裝)을 하고 일어나는 저항(抵抗) 운동(運動).

영decorate 중裝[zhuāng] 일裝[ショウ·ソウ](よそおう) 【난이도】 고등용, 읽기 4급, 쓰기 3급

葬

葬葬葬葬葬葬葬葬葬葬葬葬葬

葬 葬 葬 葬 葬

장사 장

艹部(초두머리)9획총13획

葬禮(장례) 埋葬(매장) 葬禮式(장례식) 葬儀(장의) 移葬(이장) 葬事(장사)

蘭亭殉葬(난정순장) : 난정첩(蘭亭帖)을 순장(殉葬)한다는 뜻으로, 서화(書畵)나 도자기(陶瓷器) 등(等)의 물건(物件)을 사랑하는 마음이 두터움을 이르는 말.

영hold a funeral 중葬[zàng] 일葬[ソウ](ほうむる) 【난이도】 고등용, 읽기 3급II, 쓰기 2급

奬

奬奬奬奬奬奬奬奬奬奬奬奬奬奬

奬 奬 奬 奬 奬

권면할 장

大部(큰대)11획총14획

勸奬(권장) 奬勵(장려) 奬勸(장권) 奬忠壇(장충단) 奬勵金(장려금) 奬學(장학)

奬學金(장학금) : ① 학문(學問)의 연구(研究)를 돕기 위(爲)한 장려금(奬勵金). ② 가난한 학생(學生)을 위(爲)한 학비(學費) 보조금(補助金).

영exhort 중奖[jiǎng] 일奬[ショウ](すすめる) 【난이도】 고등용, 읽기 4급, 쓰기 3급

墻

墻墻墻墻墻墻墻墻墻墻墻墻墻墻墻墻

墻 墻 墻 墻 墻

담장 장

土部(흙토)13획총16획

墻壁(장벽) 墻外(장외) 隔墻(격장) 宮墻(궁장) 面墻(면장) 壁墻(벽장) 堵墻(도장)

窬墻穿穴(유장천혈) : 담에 구멍을 뚫는다는 뜻으로, '재물(財物)이나 여자(女子)에게 탐심을 가지고 몰래 남의 집에 들어감'을 이르는 말.

영wall 중墙[qiáng] 일ショウ 【난이도】 고등용, 읽기 3급, 쓰기 2급

藏

藏藏藏藏藏藏藏藏藏藏藏藏藏藏藏藏藏藏

藏 藏 藏 藏 藏

감출 장

艹部(초두머리)14획총18획

藏書(장서) 內藏山(내장산) 死藏(사장) 所藏(소장) 貯藏(저장) 包藏(포장)

笑裏藏刀(소리장도) : 웃음 속에 칼을 감춘다는 뜻으로, 말은 좋게 하나 마음속으로는 해칠 뜻을 가진 것을 비유(比喩·譬喩)하여 일컫는 말.

영conceal 중藏[cáng] 일藏[ゾウ](くら) 【난이도】 고등용, 읽기 3급II, 쓰기 2급

臟

오장 장

月部(육달월)18획총22획

臘 肌 肌 肌 肌 肌 肌 肦 肸 肶 脏 脏 脏 脏 脏 脏 臈 臟 臟 臟 臟

臟 臟 臟 臟 臟

心臟(심장) 腎臟(신장) 肝臟(간장) 膵臟(췌장) 臟器(장기) 心臟病(심장병)

五臟六腑(오장육부) : 내장(內臟)의 총칭(總稱). 오장과 육부를 분노(憤怒) 따위의 심리(心理) 상태(狀態)가 일어나는 몸 안의 곳으로서 이르는 말.

영viscera 중脏[zàng] 일臟[ゾウ] 【난이도】 고등용, 읽기 3급Ⅱ, 쓰기 2급

災

재앙 재

火部(불화) 3획총7획

災 災 災 災 災 災 災

災 災 災 災 災

災殃(재앙) 罹災民(이재민) 火災(화재) 災害(재해) 災難(재난) 災禍(재화)

天災地變(천재지변) : 지진(地震)·홍수(洪水)·태풍(颱風) 따위와 같이, 자연(自然) 현상(現象)에 의(依)해 빚어지는 재앙(災殃).

영calamity 중灾[zāi] 일サイ(わざわい) 【난이도】 고등용, 읽기 5급, 쓰기 4급

宰

재상 재

宀部(갓머리) 7획총10획

宰 宰 宰 宰 宰 宰 宰 宰 宰 宰

宰 宰 宰 宰 宰

宰官(재관) 宰輔(재보) 宰相(재상) 宰臣(재신) 宰匠(재장) 主宰(주재) 名宰(명재)

伴食宰相(반식재상) : 곁에 모시고 밥을 먹는 재상(宰相)이라는 뜻으로, 무위도식(無爲徒食)으로 자리만 차지하고 있는 무능(無能)한 대신(大臣)을 비꼬아 이르는 말.

영prime minister 중zǎi 일サイ(いだく) 【난이도】 고등용, 읽기 3급, 쓰기 2급

裁

마를 재

衣部(옷의)6획총12획

裁 裁 裁 裁 裁 裁 裁 裁 裁 裁 裁 裁

裁 裁 裁 裁 裁

制裁(제재) 裁判(재판) 憲裁(헌재) 裁判部(재판부) 獨裁(독재) 裁斷(재단)

自由裁量(자유재량) : ① 자기 스스로가 옳다고 믿는 바에 따라서 일을 결단함. ② 국가 기관(機關)이 자기의 판단(判斷)에 따라서 적당한 처리(處理)를 할 수 있는 일.

영cut off 중cái 일サイ(さばく·たつ) 【난이도】고등용, 읽기 3급Ⅱ, 쓰기 2급

載

실을 재

車部(수레거)6획총13획

載 載 載 載 載 載 載 載 載 載 載 載 載

載 載 載 載 載

揭載(게재) 記載(기재) 登載(등재) 積載(적재) 前載(전재) 搭載(탑재) 連載(연재)

車載斗量(거재두량) : 수레에 싣고 말(斗)로 될 수 있을 정도(程度)라는 뜻으로, 인재(人材)나 물건(物件)이 아주 많음을 비유(比喩·譬喩)함.

영load 중載[zài] 일サイ(のせる·のる) 【난이도】 고등용, 읽기 3급Ⅱ, 쓰기 2급

底

밑 저

广部(엄호) 5총8획

底底底底底底底底

| 底 | 底 | 底 | 底 | 底 | | | | |

徹底(철저) 到底(도저) 根底(근저) 海底(해저) 底邊(저변) 底意(저의) 底荷(저하)

徹底澄淸(철저징청) : 물이 밑바닥까지 맑다는 뜻으로, 지극(至極)히 청렴결백(淸廉潔白)함을 이르는 말.

영bottom 중dǐ 일テイ(そこ) 【난이도】 고등용, 읽기 4급, 쓰기 3급

抵

막을 저

扌(手)部(재방변) 5획총8획

抵抵抵抵抵抵抵抵

| 抵 | 抵 | 抵 | 抵 | 抵 | | | | |

抵抗(저항) 抵觸(저촉) 大抵(대저) 抵抗力(저항력) 根抵當(근저당) 抵當(저당)

家書抵萬金(가서저만금) : 타국이나 타향에 살 때는 고향 가족의 편지(便紙)가 더없이 반갑고, 그 소식(消息)의 값이 황금(黃金) 만 냥보다 더 소중(所重)하다는 말.

영resist 중dǐ 일テイ 【난이도】 고등용, 읽기 3급II, 쓰기 2급

寂

고요할 적

宀部(갓머리) 8획총11획

寂寂寂寂寂寂寂寂寂寂寂

| 寂 | 寂 | 寂 | 寂 | 寂 | | | | |

蕭寂(소적) 幽寂(유적) 入寂(입적) 潛寂(잠적) 靜寂(정적) 閑寂(한적) 鬱寂(울적)

寂寞江山(적막강산) : ① 아주 적적(寂寂)하고 몹시 쓸쓸한 풍경을 이르는 말.
② 앞일을 내다볼 수 없게 캄캄하고 답답한 지경이나 심정을 비유적으로 이르는 말.

영quiet 중jì 일ジャク・セキ(さび・さびしい) 【난이도】 고등용, 읽기 3급II, 쓰기 2급

賊

도둑 적

貝部(조개패) 6획총13획

賊賊賊賊賊賊賊賊賊賊賊賊賊

| 賊 | 賊 | 賊 | 賊 | 賊 | | | | |

盜賊(도적) 山賊(산적) 烏賊魚(오적어) 海賊(해적) 紅巾賊(홍건적) 黃巾賊(황건적)

賊反荷杖(적반하장) : 도둑이 도리어 몽둥이를 든다는 뜻으로, 잘못한 사람이 도리어 잘 한 사람을 나무라는 경우(境遇)를 이르는 말.

영thief 중賊[zéi] 일ゾク 【난이도】 고등용, 읽기 4급, 쓰기 3급

跡

발자취 적

足部(발족)6획총13획

跡跡跡跡跡跡跡跡跡跡跡跡跡

| 跡 | 跡 | 跡 | 跡 | 跡 | | | | |

古跡(고적) 奇跡(기적) 遺跡(유적) 追跡(추적) 行跡(행적) 痕跡(흔적) 足跡(족적)

名勝古跡(명승고적) : 명승(名勝)과 고적(古蹟). 즉, 훌륭한 경치(景致)와 역사적(歷史的)인 유적(遺跡·遺蹟).

영traces 중迹[ji] 일セキ(あと) 【난이도】 고등용, 읽기 3급II, 쓰기 2급

滴	滴滴滴滴滴滴滴滴滴滴滴滴滴
	滴 滴 滴 滴 滴

硯滴(연적) 滴水(적수) 汗滴(한적) 滴定(적정) 瀝滴(역적) 餘滴(여적) 滴露(적로)

點滴穿石(점적천석) : 처마의 빗방울이 돌을 뚫는다는 뜻으로, 작은 힘이라도 그 것이 거듭되면 예상(豫想)하지 못했던 큰 일을 해냄을 이르는 말.

물방울 적

氵部(삼수변)11획총14획 | 영drop 중dī 일テキ(しずく・したたる) 【난이도】고등용, 읽기 3급, 쓰기 2급

摘	摘摘摘摘摘摘摘摘摘摘摘摘
	摘 摘 摘 摘 摘

指摘(지적) 摘發(적발) 摘示(적시) 摘出(적출) 摘奸(적간) 摘果(적과) 摘心(적심)

摘出(적출) : ① 수술(手術) 따위로 속에 들어 있는 것을 끄집어내거나 몸의 일부 (一部)를 도려냄. ② (부정(不正)이나 결점(缺點) 따위를) 들추어냄.

딸 적

扌(手)部(재방변)11획총14획 | 영pick 중zhāi 일テキ(つむ) 【난이도】고등용, 읽기 3급II, 쓰기 2급

積	積積積積積積積積積積積積積積積
	積 積 積 積 積

積極的(적극적) 積滯(적체) 積置(적치) 累積(누적) 山積(산적) 堆積(퇴적)

塵積爲山(진적위산) : 티끌이 모여 태산(泰山)이 된다는 뜻으로, 작은 것도 모이면 큰 것이 됨을 비유(比喩・譬喩)해 이르는 말.

쌓을 적

禾部(벼화)11획총16획 | 영pile up 중积[jī] 일セキ(つむ・つもる) 【난이도】고등용, 읽기 4급, 쓰기 3급

績	績績績績績績績績績績績績績績績
	績 績 績 績 績

功績(공적) 紡績(방적) 成績(성적) 實績(실적) 業績(업적) 戰績(전적) 治績(치적)

考績幽明(고적유명) : 관리(官吏)의 성적(成績)을 상고(詳考)하여 열등(劣等)한 자는 물리치고 우수(優秀)한 자는 올리어 쓰는 일.

길쌈할 적

糸部(실사)11획총17획 | 영weave 중绩[jì] 일セキ(つむぐ) 【난이도】고등용, 읽기 4급, 쓰기 3급

籍	籍籍籍籍籍籍籍籍籍籍籍籍籍籍籍籍籍籍
	籍 籍 籍 籍 籍

國籍(국적) 黨籍(당적) 書籍(서적) 在籍(재적) 除籍(제적) 戶籍(호적) 典籍(전적)

籍甚無竟(적심무경) : 뿐만 아니라 자신(自身)의 명예(名譽)스러운 이름이 길이 전(傳)하여질 것임. 考文籍(가고문적) : 참고(參考)될 만한 문서(文書).

호적 적

竹部(대죽)14총20획 | 영register 중籍[jí] 일セキ(ふみ) 【난이도】고등용, 읽기 4급, 쓰기 3급

專

오로지 전

專門家(전문가) 專門(전문) 專用(전용) 專攻(전공) 專務(전무) 專門的(전문적)

專對之才(전대지재) : 남의 물음에 지혜(智慧・知慧)롭게 혼자 대답(對答)할 수 있어, 외국(外國)의 사신(使臣)으로 보낼 만한 인재(人材).

寸部(마디촌)8획총11획

영only 중专[zhuān] 일專[セン](もっぱら)【난이도】고등용, 읽기 4급, 쓰기 3급

殿

대궐 전

殿堂(전당) 宮殿(궁전) 内殿(내전) 大殿(대전) 集賢殿(집현전) 殿衙(전아)

伏魔殿(복마전) : 마귀(魔鬼)가 숨어 있는 전당(殿堂)이라는 뜻으로, ① 마귀(魔鬼)가 숨어 있는 집이나 굴. ② 음모(陰謀)가 그칠 새 없이 꾸며지는 악의 근거지.

殳部(창수)9획총13획

영palace 중diàn 일テン・デン(との・どの)【난이도】고등용, 읽기 3급Ⅱ, 쓰기 2급

轉

구를 전

轉嫁(전가) 轉落(전락) 轉換(전환) 榮轉(영전) 運轉(운전) 移轉(이전) 逆轉(역전)

轉禍爲福(전화위복) : 화가 바뀌어 오히려 복이 된다는 뜻으로, 어떤 불행한 일이라도 끊임없는 노력과 강인한 의지로 힘쓰면 불행을 행복으로 바꾸어 놓을 수 있다는 말.

車部(수레거)11획총18획

영turn 중转[zhuàn] 일転[テン](ころがす)【난이도】고등용, 읽기 4급, 쓰기 3급

切

끊을 절/모두 체

切迫(절박) 切實(절실) 懇切(간절) 不適切(부적절) 一切(일체) 適切(적절)

切齒腐心(절치부심) : 이를 갈고 마음을 썩히다는 뜻으로, 대단히 분하게 여기고 마음을 썩임. 切磋(절차) : ① 옥・뼈 등을 깎고 닦음. ② 부지런히 학문이나 도덕을 닦음.

刀部(칼도) 2획총4획

영cut, all 중qiē 일セツ・サイ(きる・きれる)【난이도】고등용, 읽기 5급Ⅱ, 쓰기 4급Ⅱ

折

꺾을 절

折半(절반) 挫折(좌절) 折衷(절충) 折衝(절충) 夭折(요절) 屈折(굴절) 短折(단절)

九折羊腸(구절양장) : 아홉 번 꺾어진 양의 창자라는 뜻으로, ① 꼬불꼬불한 험한 길. ② 세상(世上)이 복잡(複雜)하여 살아가기 어렵다는 말.

扌(手)部(재방변) 4획총7획

영break off 중zhé 일セツ(おり・おる)【난이도】고등용, 읽기 4급, 쓰기 3급

竊竊竊竊竊竊竊竊竊竊竊竊竊竊竊竊竊竊竊竊

竊竊竊竊竊

竊盜(절도) 鼠竊(서절) 偸竊(투절) 竊取(절취) 竊聽(절청) 盜竊(도절) 僭竊(참절)

剽竊(표절) : 남의 창작물(創作物)의 내용(內容) 일부(一部)를 취(取)하여 자기(自己) 창작물(創作物)에 제 것으로 삼아 이용(利用)하는 것.

홈칠 절

穴部(구멍혈)17획총22획

영steal 중窃[qiè] 일窃[セツ](ひそか)【난이도】고등용, 읽기 3급, 쓰기 2급

占

占占占占占

占占占占占

占據(점거) 獨占(독점) 占領(점령) 獨寡占(독과점) 占有(점유) 占術(점술)

獨寡占(독과점) : 하나 혹은 소수(少數)의 특정(特定) 자본(資本)이 생산(生産)과 시장(市場)을 지배(支配)하고 이익(利益)을 독차지하는 상태(狀態).

점칠 점

卜部(점복) 3획총5획

영devine, gain 중zhàn 일セン(うらなう・しめる)【난이도】고등용, 읽기 4급, 쓰기 3급

漸

漸漸漸漸漸漸漸漸漸漸漸漸漸漸

漸漸漸漸漸

漸漸(점점) 漸次(점차) 漸進的(점진적) 漸增(점증) 漸進(점진) 漸騰(점등)

漸入佳境(점입가경) : 가면 갈수록 경치(景致)가 더해진다는 뜻으로, 일이 점점 더 재미있는 지경(地境)으로 돌아가는 것을 비유(比喩・譬喩)하는 말로 쓰임.

점점 점

氵部(삼수변)11획총14획

영gradually 중渐[jiān] 일セン(つむ・つもる)【난이도】고등용, 읽기 3급II, 쓰기 2급

點

點點點點點點點點點點點點點點點點點點

點點點點點

焦點(초점) 時點(시점) 點檢(점검) 虛點(허점) 問題點(문제점) 點數(점수)

畵龍點睛(화룡점정) : 용을 그리고 눈동자를 찍는다는 뜻으로, 사물의 가장 중요한 부분을 완성시키거나 끝손질을 하는 것을 비유하는 말이다.

점 점

黑部(검을흑)5획총17획

영dot 중点[diǎn] 일点[テン](てん)【난이도】고등용, 읽기 4급, 쓰기 3급

蝶

蝶蝶蝶蝶蝶蝶蝶蝶蝶蝶蝶蝶蝶蝶蝶

蝶蝶蝶蝶蝶

蝶泳(접영) 胡蝶(호접) 蜂蝶(봉접) 蝶兒(접아) 黃蝶(황접) 鳳蝶科(봉접과)

胡蝶之夢(호접지몽) : 「장자(莊子)가 나비가 되어 날아다닌 꿈」으로, ① 현실(現實)과 꿈의 구별(區別)이 안 되는 것. ② 인생(人生)의 덧없음의 비유.

나비 접

虫部(벌레충) 9총15획

영butterfly 중dié 일チョウ【난이도】고등용, 읽기 3급, 쓰기 2급

廷廷廷廷廷廷廷

| 廷 | 廷 | 廷 | 廷 | 廷 | | | | |

宮廷(궁정) 法廷(법정) 朝廷(조정) 闕廷(궐정) 官廷(관정) 軍法廷(군법정) 内廷(내정)

在廷證人(재정증인) : 미리 증인(證人)으로 소환(召喚) 받은 사람이 아니고, 법정 (法庭)에 나온 사람 가운데서 택한 증인(證人).

조정 정

廴部(민책받침)4획총7획

영courf 중tíng 일テイ(やくしょ) 【난이도】고등용, 읽기 3급Ⅱ, 쓰기 2급.

征征征征征征征征

| 征 | 征 | 征 | 征 | 征 | | | | |

遠征(원정) 征服(정복) 征伐(정벌) 出征(출정) 征討(정토) 遠征隊(원정대)

東征西伐(동정서벌) : 동서(東西)로 정벌(征伐)한다는 뜻으로, 이리저리 여러 나라 를 정벌(征伐)함을 이르는 말.

칠 정

彳部(두인변) 5획총8획

영attack 중zhēng 일セイ(ゆく) 【난이도】고등용, 읽기 3급Ⅱ, 쓰기 2급

亭亭亭亭亭亭亭亭亭

| 亭 | 亭 | 亭 | 亭 | 亭 | | | | |

亭閣(정각) 亭午(정오) 亭子(정자) 客亭(객정) 老人亭(노인정)

華亭鶴唳(화정학려) : 화정(華亭)에서 들은 학의 울음소리라는 뜻으로, 옛일을 그리워하거나, 벼슬길에 올랐으나 좌절(挫折)하여 후회하는 심정을 나타냄.

정자 정

亠部(돼지해머리)7획총9획

영gazebo 중tíng 일テイ(あずまや) 【난이도】고등용, 읽기 3급Ⅱ, 쓰기 2급

訂訂訂訂訂訂訂訂訂

| 訂 | 訂 | 訂 | 訂 | 訂 | | | | |

訂正(정정) 修訂(수정) 改訂(개정) 再訂(재정) 增訂(증정) 校訂(교정) 訂定(정정)

校訂(교정) : 출판물(出版物)의 잘못된 곳을 고침. 특(特)히 이미 나온 도서(圖書)의 문장(文章), 어귀를 고치는 일.

바로잡을 정

言部(말씀언) 2획총9획

영correction 중 订[dìng] 일テイ 【난이도】고등용, 읽기 3급Ⅱ, 쓰기 2급

程程程程程程程程程程程程

| 程 | 程 | 程 | 程 | 程 | | | | |

程度(정도) 過程(과정) 課程(과정) 上程(상정) 規程(규정) 工程(공정) 科程(과정)

日程(일정) : ① 그 날에 할 일. ② 또는, 그 분량, 순서. ③ 그 날의 동정. ④ 의회 등에 있어서 그 날 그날 심의(審議)할 의사(議事)나 그 순서(順序).

길 정

禾部(벼화) 7획총12획

영law 중chéng 일テイ(ほど) 【난이도】고등용, 읽기 4급Ⅱ, 쓰기 3급Ⅱ

高等用

整	整整整整申東東敕敕敕敕整整整整整
	整 整 整 整 整
	調整(조정) 整理(정리) 整備(정비) 修整(수정) 再調整(재조정) 再整備(재정비)
가지런할 정	李下不整冠(이하부정관) :「오얏(자두)나무 밑에서 갓을 고쳐 쓰면 오얏(자두) 도둑으로 오해받기 쉬우므로 그런 곳에서는 갓을 고쳐 쓰지 말라」는 뜻으로, 남에게 의심받을 만한 일은 아예 하지 말라는 말.
攵部(등글월문)11획총16획	영arrange 중zhěng 일セイ(ととのう) 【난이도】 고등용, 읽기 4급, 쓰기 3급

制	制制制制尚帋制制
	制 制 制 制 制
	制度(제도) 制裁(제재) 制限(제한) 牽制(견제) 規制(규제) 體制(체제) 抑制(억제)
억제할 제	柔能制剛(유능제강) : 유(柔)한 것이 강(强)한 것을 이긴다는 뜻으로, 약한 것을 보이고 적의 허술한 틈을 타 능히 강한 것을 제압함을 비유해 이르는 말.
刂部(선칼도방) 6획총8획	영restrain 중zhì 일セイ 【난이도】 고등용, 읽기 4급Ⅱ, 쓰기 3급Ⅱ

提	提提提提提提提提提提提提
	提 提 提 提 提
	提起(제기) 提供(제공) 提示(제시) 提案(제안) 提出(제출) 前提(전제) 提高(제고)
끌 제	技術提携(기술제휴) : 나라와 나라끼리 기업(企業)이나 특허(特許), 기술(技術) 등(等)을 서로 교환(交換), 제휴(提携)하는 것.
扌(手)部(재방변) 9획총12획	영pull, lift 중dī 일テイ(さげる) 【난이도】 고등용, 읽기 4급Ⅱ, 쓰기 3급Ⅱ

堤	堤堤堤堤堤堤堤堤堤堤堤堤
	堤 堤 堤 堤 堤
	防潮堤(방조제) 防波堤(방파제) 堤防(제방) 堤塘(제당) 堰堤(언제) 金堤(김제)
방죽 제	堤潰蟻穴(제궤의혈) : 방축도 개미 구멍으로 인(因)하여 무너진다는 뜻으로, 작은 일일지라도 신중(愼重)히 해야 함을 이르는 말.
土部(흙토) 9획총12획	영dike 중dī 일テイ(つつみ) 【난이도】 고등용, 읽기 3급, 쓰기 2급

際	際際際際際際際際際際際際際際
	際 際 際 際 際
	實際(실제) 國際(국제) 此際(차제) 國際的(국제적) 交際(교제) 國際法(국제법)
즈음 제	國際社會(국제사회) : 다수(多數)의 국가가 상호(相互) 교통(交通)과 의존(依存)으로 국제적(國際的) 공동(共同) 생활(生活)을 영위(營爲)하는 사회(社會).
阝(阜)部(좌부방)11총14획	영while, brink 중际[jì] 일サイ(きわ) 【난이도】 고등용, 읽기 4급Ⅱ, 쓰기 3급Ⅱ

齊 가지런할 제

齊部(가지런할제)0총14획

齊齊齊齊齊齊齊齊齊齊齊齊齊齊

齊	齊	齊	齊	齊					

修身齊家治國平天下(수신제가치국평천하) 一齊(일제) 整齊(정제) 齊唱(제창)

舉案齊眉(거안제미) : 「밥상을 눈썹 높이로 들어 공손(恭遜)히 남편(男便) 앞에 가지고 간다」는 뜻으로, 남편(男便)을 깍듯이 공경(恭敬)함을 일컫는 말.

영arrange 중齐[qí] 일斉[セイ](ひとしい) 【난이도】 고등용, 읽기 3급Ⅱ, 쓰기 2급

濟 건널 제

氵部(삼수변)14획총17획

濟濟濟濟濟濟濟濟濟濟濟濟濟濟濟濟濟

濟	濟	濟	濟	濟					

濟州道(제주도) 決濟(결제) 經濟(경제) 救濟(구제) 百濟(백제) 辨濟(변제)

經世濟民(경세제민) : 세사(世事)를 잘 다스려 도탄(塗炭)에 빠진 백성(百姓)을 구(求)함. 경국제세(經國濟世)라고도 함. (준말)경제(經濟).

영across 중济[jì] 일済[サイ](すます·すむ) 【난이도】 고등용, 읽기 4급Ⅱ, 쓰기 3급Ⅱ

弔 조상할 조

弓部(활궁) 1획총4획

弔弔弔弔

弔	弔	弔	弔	弔					

弔問客(조문객) 弔喪(조상) 弔意(조의) 弔儀(조의) 慶弔(경조) 謹弔(근조)

三年不弔(삼년부조) : 삼년상을 치르는 상제가 삼년 동안 상기를 마칠 때까지는 조상하지 못하거나 또는 아니함. 즉 3년동안은 남의집 조문을 가지 않는다는 뜻.

영condole 중弔[diào] 일チョウ(とむらう) 【난이도】 고등용, 읽기 3급, 쓰기 2급

租 구실 조

禾部(벼화)5획총10획

租租租租租租租租租租

租	租	租	租	租					

租稅(조세) 十一租(십일조) 租界(조계) 租賦(조부) 賭租(도조) 免租(면조)

租稅(조세) : 국가 또는 지방공공단체가 그 필요한 경비(經費)를 쓰기 위(爲)하여 그 관내(管內)의 국민(國民)으로부터 받아 들이는 수입(收入), 세금(稅金).

영tax 중zū 일ソ 【난이도】 고등용, 읽기 3급Ⅱ, 쓰기 2급

條 가지 조

木部(나무목)7획총11획

條條條條條條條條條條條

條	條	條	條	條					

條件(조건) 條例(조례) 條理(조리) 條約(조약) 條項(조항) 不條理(부조리)

金科玉條(금과옥조) : 금옥(金玉)과 같은 법률(法律)이라는 뜻으로, 소중(所重)히 여기고 지켜야 할 규칙(規則)이나 교훈(敎訓).

영branch 중条[tiáo] 일ジョウ(えだ) 【난이도】 고등용, 읽기 4급, 쓰기 3급

組組組組組組組組組組組										
組	組	組	組	組						

組成(조성) 組織(조직) 組合(조합) 組織體(조직체) 骨組(골조) 勞組(노조)

繫頸以組(계경이조) : ① 갓이나 머리에 매는 끈을 목에 맴.
② 목을 매어 죽여 달라는 말로 항복(降伏)한다는 뜻.

組
짤 조
糸部(실사) 5획 총11획

영 string 중 組[zǔ] 일 ソ(くみ・くむ) 【난이도】 고등용, 읽기 4급, 쓰기 3급

照照照照照照照照照照照照照												
照	照	照	照	照								

照明(조명) 照會(조회) 觀照(관조) 對照(대조) 參照(참조) 探照(탐조) 日照(일조)

肝膽相照(간담상조) : '간과 쓸개를 내놓고 서로에게 내보인다'라는 뜻으로, 서로 마음을 터놓고 친밀(親密)히 사귐.

照
비출 조
灬部(연화발) 9획 총13획

영 illuminate 중 zhào 일 ショウ(てらす・てる) 【난이도】 고등용, 읽기 3급II, 쓰기 2급

潮潮潮潮潮潮潮潮潮潮潮潮潮潮潮														
潮	潮	潮	潮	潮										

風潮(풍조) 防潮堤(방조제) 潮水(조수) 夕潮(석조) 干潮(간조) 思潮(사조)

韓海蘇潮(한해소조) : 한유(韓愈)의 문장은 왕양(汪洋)하여 바다와 같고, 소식(蘇軾)의 문장은 파란이 있어 조수와 같다는 뜻으로, 한유와 소식의 문장을 비교해 이르는 말.

潮
조수 조
氵部(삼수변) 12획 총15획

영 tide 중 cháo 일 チョウ(しお) 【난이도】 고등용, 읽기 4급, 쓰기 3급

操操操操操操操操操操操操操操操操															
操	操	操	操	操											

操心(조심) 操業(조업) 操作(조작) 操縱(조종) 操縱士(조종사) 體操(체조)

松柏之操(송백지조) : 한겨울에도 시들지 않는 소나무와 잣나무의 지조(志操)라는 뜻으로, 굳은 절개(節槪・節介)를 이르는 말.

操
잡을 조
扌(手)部(재방변) 13획 총16획

영 grab, handle 중 cāo 일 ソウ(あやつる・みさお) 【난이도】 고등용, 읽기 5급, 쓰기 4급

燥燥燥燥燥燥燥燥燥燥燥燥燥燥燥燥燥																
燥	燥	燥	燥	燥												

乾燥(건조) 焦燥(초조) 燥渴(조갈) 乾燥爐(건조로) 乾燥臺(건조대) 乾燥期(건조기)

乾燥器(건조기) : 고체(固體) 원료(原料) 속에 들어 있는 물기를 증발(蒸發)시켜서 분리(分離)하는 장치(裝置). 말림틀. 드라이어.

燥
마를 조
火部(불화) 13획 총17획

영 dry 중 zào 일 ソウ(かわく) 【난이도】 고등용, 읽기 3급, 쓰기 2급

拙	拙拙拙拙拙拙拙拙
	拙 拙 拙 拙 拙

稚拙(치졸) 拙劣(졸렬) 壅拙(옹졸) 拙戰(졸전) 穉拙(치졸) 緻拙(치졸) 拙作(졸작)

拙速(졸속) : 서투르지만 빠르다는 뜻으로, 지나치게 서둘러 함으로써 그 결과(結果)나 성과(成果)가 바람직하지 못함을 이르는 말.

옹졸할 졸

扌(手)部(재방변) 5총8획

영stupid 중zhuō 일セツ(つたない) 【난이도】고등용, 읽기 3급, 쓰기 2급

縱	縱縱縱縱縱縱縱縱縱縱縱縱縱縱縱縱縱
	縱 縱 縱 縱 縱

操縱(조종) 放縱(방종) 縱橫(종횡) 時勢操縱(시세조종) 縱斷(종단) 縱波(종파)

縱橫無盡(종횡무진) : 행동(行動)이 마음 내키는 대로 자유자재(自由自在)로 함.
操縱士(조종사) : 비행기(飛行機)를 조종(操縱)하는 사람.

세로 종

糸部(실사)11획총17획

영vertical 중纵[zòng] 일縱[ジュウ](たて) 【난이도】고등용, 읽기 3급II, 쓰기 2급

佐	佐佐佐佐佐佐佐
	佐 佐 佐 佐 佐

佐尹(좌윤) 反佐(반좌) 補佐(보좌) 保佐(보좌) 上佐(상좌) 賢佐(현좌) 大佐(대좌)

佐命之士(좌명지사) : 천명(天命)을 받아 천자(天子)가 될 사람을 보필(輔弼)하여 대업(大業)을 성취(成就)시키는 사람.

도울 좌

亻部(사람인변) 5획총 7획

영assist 중zuǒ 일サ(たすける) 【난이도】고등용, 읽기 3급, 쓰기 2급

座	座座座座座座座座座座
	座 座 座 座 座

計座(계좌) 座下(좌하) 座席(좌석) 講座(강좌) 座標(좌표) 座談會(좌담회)

高朋滿座(고붕만좌) : 「고귀(高貴)한 벗들이 자리에 가득하다」는 뜻으로, 마음이 맞는 고귀한 벗들이 많이 참석하여 성황리에 모임을 가졌음을 비유하는 말.

자리 좌

广部(엄호) 7획총10획

영seat 중 zuò 일ザ(すわる) 【난이도】고등용, 읽기 4급, 쓰기 3급

州	州州州州州州
	州 州 州 州 州

慶州(경주) 光州(광주) 廣州(광주) 濟州(제주) 濟州道(제주도) 坡州(파주)

九州禹跡(구주우적) : 하우씨(夏禹氏)가 구주(九州)를 분별(分別)하니 기(冀)·연(兗)·청(靑)·서(徐)·형(荊)·양(揚)·예(豫)·양(梁)·옹(雍)이 구주(九州)임.

고을 주

川部(내천) 3획총6획

영country 중zhōu 일シュウ(す) 【난이도】고등용, 읽기 5급II, 쓰기 4급II

327

舟

배 주

舟部(배주) 0획총6획

舟 舟 舟 舟 舟 舟

舟 舟 舟 舟 舟

舟航(주항) 方舟(방주) 端舟(단주) 單舟(단주) 芥舟(개주) 扁舟(편주) 同舟(동주)

刻舟求劍(각주구검) : 칼을 강물에 떨어뜨리자 뱃전에 그 자리를 표시했다가 나중에 그 칼을 찾으려 한다는 뜻으로, 판단력이 둔하여 융통성이 없고 세상일에 어둡고 어리석다는 뜻.

영ship 중zhōu 일シュウ(ふな・ふね)【난이도】고등용, 읽기 4급, 쓰기 3급

周

두루 주

口部(입구)5획총8획

周 周 周 周 周 周 周 周

周 周 周 周 周

周年(주년) 周邊(주변) 周旋(주선) 周易(주역) 周圍(주위) 周知(주지)

莊周之夢(장주지몽) : ① 자아(自我)와 외계(外界)와의 구별(區別)을 잊어버린 경지(境地)를 말함. ② 사물(事物)과 자신(自身)이 한 몸이 된 경지(境地).

영all around 중zhōu 일シュウ(まわり)【난이도】고등용, 읽기 4급, 쓰기 3급

奏

아뢸 주

大部(큰대) 6획총9획

奏 奏 奏 奏 奏 奏 奏 奏 奏

奏 奏 奏 奏 奏

奏效(주효) 間奏(간주) 弓幹奏(궁간주) 演奏者(연주자) 吹奏樂(취주악)

先拿後奏(선나후주) : 죄지은 사람을 우선 잡아놓고 나서 임금에게 아뢰던 일.
奏效(주효) : ① 효력(效力)이 나타남. ② 일이 성취(成就)됨.

영inform 중zòu 일ソウ(かなでる)【난이도】고등용, 읽기 3급II, 쓰기 2급

柱

기둥 주

木部(나무목) 5획총9획

柱 柱 柱 柱 柱 柱 柱 柱 柱

柱 柱 柱 柱 柱

柱礎(주초) 電信柱(전신주) 電線柱(전선주) 支柱(지주) 電柱(전주) 脊柱(척주)

一柱難支(일주난지) : 기둥 하나로 지탱하기 어렵다는 뜻으로, 이미 기울어지는 대세를 혼자서는 감당할 수 없음을 비유(比喩·譬喩)하는 말.

영pillar 중zhù 일チュウ(はしら【난이도】고등용, 읽기 3급II, 쓰기 2급

洲

섬 주

氵部(삼수변) 6획총9획

洲 洲 洲 洲 洲 洲 洲 洲 洲

洲 洲 洲 洲 洲

濠洲(호주) 滿洲(만주) 大洲(대주) 南極洲(남극주) 亞洲(아주) 北滿洲(북만주)

三角洲(삼각주) : 삼각도. 삼각통. 강물에 떠내려온 사토(砂土)가 하구(河口)에 쌓여서 된 사주(砂洲).

영island 중zhōu 일シュウ(しま・す)【난이도】고등용, 읽기 3급II, 쓰기 2급

株

株株株株株株株株株株

| 株 | 株 | 株 | 株 | 株 | | | | | |

株價(주가) 株主(주주) 株式市場(주식시장) 株券(주권) 新株(신주) 株式(주식)

守株待兎(수주대토) :「그루터기를 지켜 토끼를 기다린다」는 뜻으로, 고지식하고 융통성(融通性)이 없어 구습(舊習)과 전례(前例)만 고집(固執)함.

그루 주

木部(나무목) 6획총10획

영stump 중zhū 일シユ(かぶ) 【난이도】고등용, 읽기 3급II, 쓰기 2급

珠

珠珠珠珠珠珠珠珠珠珠

| 珠 | 珠 | 珠 | 珠 | 珠 | | | | | |

眞珠(진주) 珍珠(진주) 夜光珠(야광주) 珠玉(주옥) 如意寶珠(여의보주) 珠算(주산)

隨珠彈雀(수주탄작) : 수후(隨侯)의 구슬로 새를 잡는다는 뜻으로, 작은 것을 얻으려다 큰 것을 손해 보게 됨을 이르는 말.

구슬 주

王部(구슬옥)6획총10획

영pearl 중zhū 일シュ(たて) 【난이도】고등용, 읽기 3급II, 쓰기 2급

鑄

鑄鑄鑄鑄鑄鑄鑄鑄鑄鑄鑄鑄鑄鑄鑄鑄鑄鑄

| 鑄 | 鑄 | 鑄 | 鑄 | 鑄 | | | | | |

鑄造(주조) 鑄字機(주자기) 鑄鐵(주철) 鑄造機(주조기) 鑄型(주형) 鑄字(주자)

鑄物(주물) : 쇠붙이를 녹인 쇳물을 일정한 틀 속에 부어 굳혀 만든 물건(物件).
鑄貨(주화) : 쇠붙이를 녹여 화폐(貨幣)를 만듦, 또는 그 화폐(貨幣).

쇠불릴 주

金部(쇠금)14획총22획

영cast 중铸[zhù] 일鋳[チュウ](いる) 【난이도】고등용, 읽기 3급II, 쓰기 2급

俊

俊俊俊俊俊俊俊俊俊

| 俊 | 俊 | 俊 | 俊 | 俊 | | | | | |

俊傑(준걸) 俊敏(준민) 俊秀(준수) 英俊(영준) 賢俊(현준) 豪俊(호준)

登俊試(등준시) : 조선(朝鮮) 세조(世祖) 12년(1466)에, 특별히 베풀어 경재(卿宰) 이하(以下)의 문무관(文武官)과 종친(宗親)을 시험하던 임시(臨時) 과거(科擧).

준걸 준

亻部(사람인변) 7획총9획

영superior 중jùn 일シュン(すわる) 【난이도】고등용, 읽기 3급, 쓰기 2급

準

準準準準準準準準準準準準準

| 準 | 準 | 準 | 準 | 準 | | | | | |

基準(기준) 準備(준비) 標準(표준) 平準化(평준화) 準據(준거) 基準值(기준치)

水準(수준) : ① 사물(事物)의 가치(價値)나 작용(作用) 등(等)에 관(關)한 일정 (一定)한 표준(標準)이나 정도(程度). ② 수평(水平).

준할 준

氵部(삼수변)10획총13획

영apply, flat 중zhōu 일チュウ(す) 【난이도】고등용, 읽기 4급II, 쓰기 3급II

遵

좇을 준

辶部(책받침)12획총16획

遵據(준거) 遵法(준법) 遵守(준수) 遵用(준용) 遵行(준행) 一遵(일준) 遵教(준교)

永久遵行(영구준행) : 규칙(規則)이나 약속(約束) 따위를 오래오래 지키어 나감.

遵法精神(준법정신) : 법을 잘 지키는 정신(精神).

영follow 중遵[zūn] 일遵[ジュン] 【난이도】 고등용, 읽기 3급, 쓰기 2급

仲

버금 중

亻部(사람인변) 4획총6획

仲秋節(중추절) 仲裁(중재) 仲裁法(중재법) 仲媒(중매) 仲尼(중니) 仲介(중개)

伯仲之勢(백중지세) : 누구를 형이라 아우라 하기 어렵다는 뜻으로, 형제(兄弟)인 장남(長男)과 차남(次男)의 차이(差異)처럼 큰 차이(差異)가 없는 형세(形勢).

영next 중zhòng 일チュウ(なか) 【난이도】 고등용, 읽기 3급II, 쓰기 2급

症

증세 증

疒部(병질엄) 5획총10획

症勢(증세) 症狀(증상) 症候群(증후군) 症候(증후) 憂鬱症(우울증) 對症(대증)

徘徊症(배회증) : 정신병(精神病)의 일종. 이렇다 할 목적지도 없이 여기저기를 배회하는 증상. 여러 가지 정신병자(精神病者)·변질자(變質者) 등(等)에서 볼 수 있음.

영symptom 중zhèng 일ショウ(しるし) 【난이도】 고등용, 읽기 3급II, 쓰기 2급

蒸

찔 증

艹部(초두머리)10획총14획

蒸氣(증기) 蒸溜(증류) 蒸民(증민) 蒸發(증발) 水蒸氣(수증기) 汗蒸(한증)

雲蒸龍變(운증용변) : 물이 증발(蒸發)하여 그름이 되고 뱀이 변(變)하여 용이 되어 승천(昇天)한다는 말로, 영웅 호걸이 기회를 얻어 흥성(興盛)함의 비유.

영steam 중蒸[zhēng] 일蒸[ジョウ](むす) 【난이도】고등용, 읽기 3급II, 쓰기 2급

憎

미워할 증

忄部(심방변)12획총15획

憎惡(증오) 愛憎(애증) 憎惡心(증오심) 可憎(가증) 生憎(생증) 憎愛(증애)

盜憎主人(도증주인) : 도둑은 주인이 자기를 제지하여 재물을 얻지 못하게 하므로 이를 미워한다는 뜻으로, 사람은 다만 자기 형편에 맞지 않으면 이를 싫어한다는 말.

영hate 중憎[zēng] 일憎[ゾウ](にくい) 【난이도】 고등용, 읽기 3급II, 쓰기 2급

贈贈贈贈贈贈贈贈贈贈贈贈贈贈贈贈贈贈

| 贈 | 贈 | 贈 | 贈 | 贈 | | | | | |

줄 증

貝部(조개패)12획총19획

贈與(증여) 贈與稅(증여세) 贈遺(증유) 贈寄(증기) 受贈(수증) 追贈(추증)

寄贈(기증) : ① 금품(金品)이나 물품(物品) 등(等)을 타인(他人)에게 줌.
② 선사(膳賜)하는 물건(物件)을 보내 줌.

영send 중贈[zèng] 일贈[ソウ・ゾウ](おくる) 【난이도】 고등용, 읽기 3급, 쓰기 2급

池池池池池池

| 池 | 池 | 池 | 池 | 池 | | | | | |

못 지

氵部(삼수변)3획총6획

乾電池(건전지) 貯水池(저수지) 天池(천지) 沈澱池(침전지) 咸池(함지) 沼池(소지)

酒池肉林(주지육림) : 술이 못을 이루고 고기가 수풀을 이룬다는 뜻으로, 매우
호화(豪華)스럽고 방탕(放蕩)한 생활(生活)을 이르는 말.

영pond 중chí 일チ(いけ) 【난이도】 고등용, 읽기 3급II, 쓰기 2급

智智智智智智智智智智智智

| 智 | 智 | 智 | 智 | 智 | | | | | |

지혜 지

日部(날일)8획총12획

智慧(지혜) 智異山(지리산) 機智(기지) 衆智(중지) 膽智(담지) 智能(지능)

仁義禮智(인의예지) : 인(仁), 의(義), 예(禮), 지(智)의 사단(四端). 사람으로서 갖추
어야 할 네 가지 마음가짐, 곧 어짊과 의로움과 예의(禮儀)와 지혜(智慧·知慧).

영wisdom 중zhì 일チ(さとい・ちえ) 【난이도】 고등용, 읽기 4급, 쓰기 3급

誌誌誌誌誌誌誌誌誌誌誌誌誌誌

| 誌 | 誌 | 誌 | 誌 | 誌 | | | | | |

기록 지

言部(말씀언)7획총14획

雜誌(잡지) 月刊誌(월간지) 學術誌(학술지) 雜誌冊(잡지책) 書誌(서지)

墓誌(묘지) : 죽은 사람의 행적(行蹟), 자손(子孫)의 이름, 묘지(墓地)의 이름, 나고
죽은 때 등을 기록한 글. 사기판(沙器板)에 적거나 돌에 새겨서 무덤 옆에 묻음.

영record 중志[zhì] 일シ(しるす) 【난이도】 고등용, 읽기 4급, 쓰기 3급

遲遲遲遲遲遲遲遲遲遲遲遲遲遲遲遲

| 遲 | 遲 | 遲 | 遲 | 遲 | | | | | |

더딜 지

辶部(책받침)12획총16획

遲延(지연) 遲刻(지각) 遲滯(지체) 遲鈍(지둔) 遲暮(지모) 遲日(지일) 遲速(지속)

遲遲不進(지지부진) : 더디고 더뎌서 잘 진척(進陟)하지 않음.
陵遲處斬(능지처참) : 머리, 몸, 손, 발을 자르는 극형(極刑).

영late 중迟[chí] 일遲[チ](おくらす・おくれる) 【난이도】 고등용, 읽기 3급, 쓰기 2급

職	職職職職職職職職職職職職職職職職職
	職 職 職 職 職
벼슬 직	職務(직무) 職業(직업) 職員(직원) 職場(직장) 退職(퇴직) 現職(현직)
	削奪官職(삭탈관직) : 죄인(罪人)의 벼슬과 품계(品階)를 빼앗고 사판(仕版)에서 이름을 없애 버림. 階卑職高(계비직고) : 품계(品階)는 낮고 벼슬은 높음.
耳部(귀이)12획총18획	영duty, job 중职[zhí] 일[ショク](つかさどる)【난이도】고등용, 읽기 4급II, 쓰기 3급II

織	織織織織織織織織織織織織織織織織織
	織 織 織 織 織
짤 직	組織(조직) 組織的(조직적) 組織化(조직화) 組織體(조직체) 絹織物(견직물)
	織錦回文(직금회문) : 비단으로 회문(回文)을 짜 넣다라는 뜻으로, 구성(構成)이 절묘(絶妙)한 훌륭한 문학작품(文學作品)을 비유함.
糸部(실사)12획총18획	영weave 중织[zhī] 일シキ・ショク(おる)【난이도】고등용, 읽기 4급, 쓰기 3급

珍	珍珍珍珍珍珍珍珍珍
	珍 珍 珍 珍 珍
보배 진	珍貴(진귀) 珍奇(진기) 珍島(진도) 珍味(진미) 珍珠(진주) 珍風景(진풍경)
	山海珍味(산해진미) : 산과 바다의 산물(産物)을 다 갖추어 아주 잘 차린 진귀(珍貴)한 음식이란 뜻으로, 온갖 귀(貴)한 재료(材料)로 만든 맛 좋은 음식.
王部(구슬옥변)5획총9획	영treasure 중zhēn 일チン(めずらしい)【난이도】등용, 읽기 4급, 쓰기 3급

振	振振振振振振振振振
	振 振 振 振 振
떨칠 진	振男(진남) 振動(진동) 振動數(진동수) 振作(진작) 振興(진흥) 不振(부진)
	士氣振作(사기진작) : 의욕(意欲)이나 자신감(自信感)이 충만(充滿)하여 굽힐 줄 모르는 씩씩한 기세(氣勢)를 떨쳐 일으킴.
扌(手)部(재방변)7획총10획	영tremble 중zhèn 일シン(ふる・ふるう)【난이도】고등용, 읽기 3급II, 쓰기 2급

陣	陣陣陣陣陣陣陣陣陣陣
	陣 陣 陣 陣 陣
진칠 진	退陣(퇴진) 陣營(진영) 陣痛(진통) 後陣(후진) 經營陣(경영진) 陣地(진지)
	背水陣(배수진) : 「물을 등지고 진을 친다」는 뜻으로, ① 물러설 곳이 없으니 목숨을 걸고 싸울 수밖에 없는 지경을 이르는 말. ② 물을 등지고 적과 싸울 진을 치는 진법.
阝(阜)部(좌부방)7획총10획	영encomp, pitch 중阵[zhèn] 일ジン(つらわる)【난이도】고등용, 읽기 4급, 쓰기 3급

陳

베풀 진

阝(阜)部(좌부방) 8획 총11획

陳陳陳陳陳陳陳陳陳陳陳

陳 陳 陳 陳 陳

陳腐(진부) 陳設(진설) 陳述(진술) 陳列(진열) 陳情(진정) 開陳(개진)

雷陳膠漆(뇌진교칠) : 뇌의(雷義)와 진중(陳重)의 굳음이라는 뜻으로, 대단히 두터운 우정을 이르는 말. 新陳代謝(신진대사) : 묵은 것이 없어지고 새것이 대신 생기거나 들어서는 일.

영arrange 중陈[chén] 일チン(つらねる) 【난이도】 고등용, 읽기 3급II, 쓰기 2급

震

벼락 진

雨部(비우) 7획 총15획

震震震震震震震震震震震震震震震

震 震 震 震 震

地震(지진) 餘震(여진) 强震(강진) 地震海溢(지진해일) 地震計(지진계) 震動(진동)

震天動地(진천동지) : 하늘이 진동(振動)하고 땅이 흔들리다라는 뜻으로, 위엄(威嚴)이 천하(天下)에 떨친다는 뜻.

영thundervolt 중zhèn 일シン(ふるう) 【난이도】 고등용, 읽기 3급II, 쓰기 2급

鎭

진압할 진

金部(쇠금) 10획 총18획

鎭鎭鎭鎭鎭鎭鎭鎭鎭鎭鎭鎭鎭鎭鎭鎭鎭鎭

鎭 鎭 鎭 鎭 鎭

重鎭(중진) 鎭壓(진압) 鎭火(진화) 鎭山(진산) 鎭痛(진통) 鎭痛劑(진통제)

鎭靜(진정) : ① 시끄럽고 요란(擾亂)한 일이나 상태(狀態)를 조용하게 가라앉히는 것. ② 흥분(興奮)되거나 격앙(激昂)된 마음을 차분하게 가라앉히는 것.

영suppress 중镇[zhèn] 일鎭[チン](しずまる) 【난이도】 고등용, 읽기 3급II, 쓰기 2급

조카 질

女部(계집녀) 6획 총9획

姪姪姪姪姪姪姪姪姪

姪 姪 姪 姪 姪

叔姪(숙질) 姪婦(질부) 甥姪(생질) 從姪(종질) 姪女(질녀) 妻姪(처질) 伯姪(백질)

堂姪(당질) : 사촌의 아들. 오촌(五寸) 조카, 종질(從姪)을 친근(親近)하게 일컫는 말.
堂姪女(당질녀) : '종질녀(從姪女)'를 친근(親近)하게 일컫는 말. 사촌의 딸.

영niece 중侄[zhí] 일テツ(めい・おい) 【난이도】 고등용, 읽기 3급, 쓰기 2급

秩

차례 질

禾部(벼화) 5획 총10획

秩秩秩秩秩秩秩秩秩秩

秩 秩 秩 秩 秩

秩序(질서) 無秩序(무질서) 俸秩(봉질) 秩次(질차) 增秩(증질) 七秩(칠질)

交通秩序(교통질서) : 교통 상 사람이나 차가 마땅히 지켜야 하는 질서.
法秩序(법질서) : 모든 법이 하나의 통일적 체계 속에서 이루는 질서.

영order 중zhì 일チツ(ついで) 【난이도】 고등용, 읽기 3급II, 쓰기 2급

疾	疾疾疾疾疾疾疾疾疾疾
	疾 疾 疾 疾 疾

병 질

痼疾病(고질병) 疾患(질환) 疾病(질병) 痼疾的(고질적) 痼疾(고질) 疾走(질주)

煙霞痼疾(연하고질) : 산수(山水)의 좋은 경치를 깊이 사랑하는 마음(煙霞)이 대단히 강(强)해 마치 고치지 못할 병이 든 것 같음을 비유해 이르는 말.

广部(병질엄)5획총10획　영disease　중jí　일シツ(やまい)【난이도】고등용, 읽기 3급II, 쓰기 2급

徵	徵徵徵徵徵徵徵徵徵徵徵徵徵徵徵
	徵 徵 徵 徵 徵

부를 징

象徵(상징) 特徵(특징) 象徵的(상징적) 徵收(징수) 徵候(징후) 課徵金(과징금)

白骨徵布(백골징포) : 조선(朝鮮) 말(末)에, 죽은 사람의 이름을 군적과 세금(稅金) 대장(臺帳)에 올려 놓고 군포를 받던 일.

彳部(두인변)12획총15획　영revy·call　중zhǐ　일チョウ(しるし)【난이도】고등용, 읽기 3급II, 쓰기 2급

懲	懲懲懲懲懲懲懲懲懲懲懲懲懲懲懲懲懲懲
	懲 懲 懲 懲 懲

징계할 징

懲戒(징계) 膺懲(응징) 懲役(징역) 懲罰(징벌) 輕懲戒(경징계) 懲勵(징려)

勸善懲惡(권선징악) : 착한 행실(行實)을 권장(勸獎)하고 악(惡)한 행실(行實)을 징계(懲戒)함.

心部(마음심)15획총19획　영punish　중懲[chéng]　일チョウ(こらす)【난이도】고등용, 읽기 3급, 쓰기 2급

差	差差差差差差差差差差
	差 差 差 差 差

어긋날 차

差異(차이) 隔差(격차) 差別(차별) 格差(격차) 差出(차출) 差等(차등) 差益(차익)

咸興差使(함흥차사) : ① 심부름꾼이 가서 소식(消息)이 없거나, 또는 회답(回答)이 더딜 때의 비유. ② 한 번 간 사람이 돌아오지 않거나 소식(消息)이 없음.

工部(장인공)7획총10획　영defference　중差[chà]　일サ(さす)【난이도】고등용, 읽기 4급, 쓰기 3급

捉	捉捉捉捉捉捉捉捉捉捉
	捉 捉 捉 捉 捉

잡을 착

捕捉(포착) 活捉(활착) 擒捉(금착) 捉送(착송) 把捉(파착) 捉去(착거) 捉來(착래)

捕風捉影(포풍착영) : 바람을 잡고, 그림자를 붙든다는 뜻으로, 허망(虛妄)한 언행(言行)을 이르는 말.

扌(手)部(제방변)7획총10획　영seize　중zhuō　일ソク(とらえる)【난이도】고등용, 읽기 4급, 쓰기 3급

錯	錯錯錯錯錯錯錯錯錯錯錯錯錯錯錯錯						
	錯	錯	錯	錯	錯		

섞일 착

錯覺(착각) 錯誤(착오) 錯雜(착잡) 錯視(착시) 失錯(실착) 交錯(교착) 錯謬(착류)

盤根錯節(반근착절) : 구부러진 나무뿌리와 울통불퉁한 나무의 마디란 뜻으로,
① 얽히고 설켜 처리하기에 곤란한 사건. ② 세상일에 난관이 많음의 비유.

金部(쇠금) 8획총16획 · 영 error 중 错[cuò] 일 サク・ソ(まじる) 【난이도】고등용, 읽기 3급II, 쓰기 2급

贊	贊贊贊贊贊贊贊贊贊贊贊贊贊贊贊贊贊贊						
	贊	贊	贊	贊	贊		

도울 찬

地震(지진) 餘震(여진) 强震(강진) 地震海溢(지진해일) 地震計(지진계) 震動(진동)

震天動地(진천동지) : 하늘이 진동(振動)하고 땅이 흔들리다라는 뜻으로, 위엄
(威嚴)이 천하(天下)에 떨친다는 뜻.

貝部(조개패)12획총19획 · 영 assist 중 赞[zàn] 일 贊[サン](ほめる) 【난이도】고등용, 읽기 3급II, 쓰기 2급

讚	讚讚讚讚讚讚讚讚讚讚讚讚讚讚讚讚讚讚讚讚讚讚讚讚						
	讚	讚	讚	讚	讚		

기릴 찬

讚歌(찬가) 讚美(찬미) 讚辭(찬사) 讚揚(찬양) 禮讚(예찬) 稱讚(칭찬) 極讚(극찬)

自畫自讚(자화자찬) : 자기(自己)가 그린 그림을 스스로 칭찬(稱讚)한다는 뜻으로, 자기
(自己)가 한 일을 자기(自己) 스스로 자랑함을 이르는 말.

言部(말씀언)19획총26획 · 영 praise 중 赞[zàn] 일 讚[サン](たすける・たたえる) 【난이도】등용, 읽기 4급, 쓰기 3급

慘	慘慘慘慘慘慘慘慘慘慘慘慘慘慘						
	慘	慘	慘	慘	慘		

참혹할 참

慘憺(참담) 慘敗(참패) 慘事(참사) 悽慘(처참) 慘慽(참척) 慘狀(참상) 慘死(참사)

悲風慘雨(비풍참우) : 슬픈 바람과 처참(悽慘)한 비라는 뜻으로, 비참(悲慘)한 처지
(處地)를 비유(比喩・譬喩)해 이르는 말.

忄部(심방변)11획총14획 · 영 misery 중 惨[cǎn] 일 慘[サン・ザン](みじめ) 【난이도】고등용, 읽기 3급, 쓰기 2급

慙	慙慙慙慙慙慙慙慙慙慙慙慙慙慙						
	慙	慙	慙	慙	慙		

부끄러울 참

慙愧(참괴) 無慙(무참) 慙慨(참개) 慙德(참덕) 慙死(참사) 慙色(참색) 慙憤(참분)

慙悔(참회) : 부끄러워하며 뉘우침.
慙鳥愧魚(참조괴어) : 새와 물고기에 대하여도 부끄럽다는 뜻.

心部(마음심)11획총15획 · 영 shame 중 惭[cán] 일 ザン(はじる) 【난이도】고등용, 읽기 3급, 쓰기 2급

倉倉倉倉倉倉倉倉倉倉

倉	倉	倉	倉	倉					

곳집 창

倉庫(창고) 倉府(창부) 倉皇(창황) 社倉(사창) 彈倉(탄창) 倉穀(창곡) 倉卒(창졸)

營倉(영창) : ① 군대(軍隊)에서, 규율(規律)을 어긴 자(者)를 가두는 건물(建物).
② 또는, 거기에 가두는 처벌(處罰). 경영창, 중영창이 있음.

人部(사람인)8획총10획 　영warehouse 중仓[cāng] 일ソウ(くら) 【난이도】 고등용, 읽기 3급II, 쓰기 2급

創創創創創創創創倉倉創創

創	創	創	創	創					

비롯할 창

創出(창출) 創造(창조) 創業(창업) 創意(창의) 創製(창제) 獨創(독창) 創作(창작)

法古創新(법고창신) : 옛것을 본받아 새로운 것을 창조한다는 뜻으로, 옛것에 토대를
두되 그것을 변화시킬 줄 알고 새 것을 만들어 가되 근본을 잃지 않아야 한다는 뜻.

刂部(선칼도방)10획총12획 　영begin 중创[chuāng] 일ソウ(つくる) 【난이도】 고등용, 읽기 4급II, 쓰기 3급II

暢暢暢暘申暘暘暢暢暢暢暢暢暢

暢	暢	暢	暢	暢					

화창할 창

和暢(화창) 暢樂(창락) 流暢(유창) 暢茂(창무) 暢敍(창서) 明暢(명창) 暢月(창월)

暢達(창달) : ① (자기의 의견·견해·주장 따위를)거리낌 없이 자유로이 표현(表現)하
여 전달(傳達)함. ② 거침없이 쑥쑥 뻗어 발달(發達)함, 또는 그리 되게 함.

日部(날일)10획총14획 　영bright 중畅[chàng] 일チョウ(のびる·のべる) 【난이도】 고등용, 읽기 3급, 쓰기 2급

蒼蒼蒼蒼蒼蒼蒼蒼蒼蒼蒼蒼蒼蒼

蒼	蒼	蒼	蒼	蒼					

푸를 창

蒼空(창공) 鬱蒼(울창) 老蒼(노창) 蒼黃(창황) 蒼白(창백) 蒼海(창해) 蒼天(창천)

萬頃蒼波(만경창파) : 만 이랑의 푸른 물결이라는 뜻으로, 한없이 넓고 푸른 바다.
億兆蒼生(억조창생) : ① 수 많은 백성(百姓). ② 수 많은 사람.

艹部(초두머리)10획총14획 　영blue 중苍[cāng] 일ソウ(あお·あおい) 【난이도】고등용, 읽기 3급II, 쓰기 2급

彩彩彩彩彩彩彩彩彩彩彩

彩	彩	彩	彩	彩					

채색 채

光彩(광채) 輪彩(윤채) 多彩(다채) 彩色(채색) 水彩畫(수채화) 異彩(이채)

色彩(색채) : ① 빛깔. ② 사물(事物)의 표현(表現), 태도(態度) 등(等)에서 나타나
는 일정(一定)한 성질(性質)이나 경향(傾向) 또는 맛.

彡部(터럭삼) 8획총11획 　영color 중cǎi 일サイ(いろどる) 【난이도】 고등용, 읽기 3급II, 쓰기 2급

債債債債債債債債債債債債債

債 債 債 債 債

債券(채권) 負債(부채) 債務(채무) 債權(채권) 債用(채용) 債務者(채무자)

擧放錢債(거방전채) : 조선(朝鮮) 시대(時代)에, 벼슬아치가 그의 관내(管內) 주민(住民)에게 이자(利子)를 받고 돈을 꿔주던 일.

債 빚 채

亻部(사람인변)11획총13획 | 영debt 중債[cuò] 일サイ(かり) 【난이도】 고등용, 읽기 3급Ⅱ, 쓰기 2급

策策策策策策策策策策策策

策 策 策 策 策

策定(책정) 對策(대책) 浮揚策(부양책) 政策(정책) 解決策(해결책) 計策(계책)

彌縫策(미봉책) : 꿰매어 깁는 계책(計策)이란 뜻으로, 결점(缺點)이나 실패를 덮어 발각되지 않게 이리 저리 주선(周旋)하여 감추기만 하는 계책(計策).

策 꾀 책

竹部(대죽) 6획총12획 | 영plan 중cè 일サク(はかりごと) 【난이도】 고등용, 읽기 3급Ⅱ, 쓰기 2급

斥斥斥斥斥

斥 斥 斥 斥 斥

排斥(배척) 除斥(제척) 拒斥(거척) 斥邪(척사) 斥喉(척후) 斥力(척력) 斥候(척후)

衛正斥邪(위정척사) : 조선 시대 후기에, 정학(正學), 정도(正道)로서의 주자학(朱子學)을 지키고, 사학(邪學), 사도(邪道)로서의 천주교(天主敎)를 물리치려던 주장(主張).

斥 물리칠 척

斤部(도끼근) 1획총5획 | 영refuse 중chì 일セキ(しりぞける) 【난이도】 고등용, 읽기 3급, 쓰기 2급

拓拓拓拓拓拓拓拓

拓 拓 拓 拓 拓

拓本(탁본) 干拓(간척) 干拓地(간척지) 開拓者(개척자) 落拓(낙척) 谷山拓(곡산척)

開拓(개척) : ① 거친 땅을 일구어 논, 밭을 만듦. ② 새로운 분야(分野), 운명(運命), 전도(傳道) 따위를 엶. ③ 영토(領土)를 확장(擴張)함.

拓 넓힐 척/탁

扌(手)部(재방변) 5획총8획 | 영widen 중tà 일タク・セキ(ひらく) 【난이도】 고등용, 읽기 3급Ⅱ, 쓰기 2급

戚戚戚戚戚戚戚戚戚戚戚

戚 戚 戚 戚 戚

戚族(척족) 哀戚(애척) 外戚(외척) 姻戚(인척) 族戚(족척) 親戚(친척)

親戚故舊(친척고구) : 친(親)은 동성지친(同姓之親)이고 척(戚)은 이성지친(異姓之親)이요, 고구(故舊)는 오랜 친구(親舊)를 말함.

戚 겨레 척

戈部(창과)7획총11획 | 영relative 중qī 일セキ(みうち) 【난이도】 고등용, 읽기 3급Ⅱ, 쓰기 2급

賤

賤待(천대) 賤賓(천빈) 貴賤(귀천) 卑賤(비천) 貧賤(빈천) 至賤(지천)

貧賤之交(빈천지교) : 내가 가난하고 천할 때 나를 친구(親舊)로 대(對)해 준 벗은 내가 부귀(富貴)하게 된 뒤에도 언제까지나 잊어서는 안된다.

천할 천

貝部(조개패) 8획 총15획

영humble 중贱[jiàn] 일賎[セン·ゼン](あやしい) 【난이도】고등용, 읽기 3급Ⅱ, 쓰기 2급

遷

遷都(천도) 左遷(좌천) 變遷(변천) 東遷(동천) 三遷(삼천) 化遷(화천) 遷葬(천장)

孟母三遷(맹모삼천) : 맹자(孟子)의 어머니가 맹자(孟子)를 제대로 교육하기 위하여 집을 세 번이나 옮겼다는 뜻으로, 교육(教育)에는 주위 환경이 중요하다는 가르침.

옮길 천

辶部(책받침)11획 총15획

영move 중迁[qiān] 일遷[セン](うつる) 【난이도】고등용, 읽기 3급Ⅱ, 쓰기 2급

踐

踐踏(천답) 踐約(천약) 踐言(천언) 踐行(천행) 實踐(실천) 歷踐(역천)

實踐躬行(실천궁행) : 실제(實際)로 몸소 이행(履行)함.
實踐科學(실천과학) : 실제(實際)에 응용(應用)되는 과학(科學).

밟을 천

足部(발족) 8획 총15획

영step on 중践[jiàn] 일踐[セン](ふむ) 【난이도】고등용, 읽기 3급Ⅱ, 쓰기 2급

薦

推薦(추천) 公薦(공천) 薦擧(천거) 推薦書(추천서) 落薦(낙천) 擧薦(거천)

毛遂自薦(모수자천) : 모수(毛遂)가 스스로 천거했다는 뜻으로, 자기가 자기를 추천하는 것을 이르는 말. 오늘날에는 의미가 변질되어 일의 앞뒤도 모르고 나서는 사람을 비유함.

천거할 천

艹部(초두머리)13획총17획

영recommend 중荐[jiàn] 일薦[セン](すすめる) 【난이도】고등용, 읽기 3급, 쓰기 2급

哲

哲學者(철학자) 先哲(선철) 明哲(명철) 哲人(철인) 四科十哲(사과십철) 哲宗(철종)

哲學(철학) : 인간(人間)이나 인생(人生)·세계(世界)의 지혜(智慧·知慧), 궁극(窮極)의 근본(根本) 원리(原理)를 추구(追求)하는 학문(學問).

밝을 철

扌部(제방변) 7획 총10획

영wisdom 중zhé 일テツ 【난이도】고등용, 읽기 3급Ⅱ, 쓰기 2급

徹

徹 徹 徹 徹 徹 徹 徹 徹 徹 徹 徹 徹 徹 徹

徹 徹 徹 徹 徹

徹底(철저) 貫徹(관철) 冷徹(냉철) 徹夜(철야) 觀徹(관철) 透徹(투철) 徹曉(철효)

徹頭徹尾(철두철미) : 머리에서 꼬리까지 통한다는 뜻으로, ① 처음부터 끝까지. ② 처음부터 끝까지 방침을 바꾸지 않고, 생각을 철저히 관철함을 이르는 말.

통할 철

彳部(두인변)12획총15획

영penetrate 중彻[chè] 일テツ(とおる) 【난이도】고등용, 읽기 3급II, 쓰기 2급

尖

尖 尖 尖 尖 尖 尖

尖 尖 尖 尖 尖

尖端(첨단) 最尖端(최첨단) 尖塔(첨탑) 尖兵(첨병) 劍尖(검첨) 尖峯(첨봉)

尖銳(첨예) : ① 날카롭고 뾰족함. 첨리(尖利)함. ② (사상·태도)앞서 있거나 급진적인데가 있음. ③ (대립이나 갈등(葛藤) 따위가)격하고 치열(熾烈)함.

뾰족할 첨

小部(작을소)3획총6획

영sharp 중jiān 일セン(さき·するどい) 【난이도】고등용, 읽기 3급, 쓰기 2급

添

添 添 添 添 添 添 添 添 添 添 添

添 添 添 添 添

添加(첨가) 添附(첨부) 添削(첨삭) 添加物(첨가물) 別添(별첨) 添加劑(첨가제)

畵蛇添足(화사첨족) : 뱀을 그리고 발을 더한다는 뜻으로, 하지 않아도 될 일을 하거나 필요(必要) 이상(以上)으로 쓸데 없는 일을 하여 도리어 실패(失敗)함을 이르는 말.

더할 첨

氵部(삼수변) 8획총11획

영add 중tiān 일テン(そう·そえる) 【난이도】고등용, 읽기 3급, 쓰기 2급

妾

妾 妾 妾 妾 妾 妾 妾 妾

妾 妾 妾 妾 妾

宮妾(궁첩) 婢妾(비첩) 愛妾(애첩) 嫡妾(적첩) 妻妾(처첩) 賤妾(천첩) 侍妾(시첩)

花房作妾(화방작첩) : 기생(妓生)을 첩으로 삼음.
僕妾之役(복첩지역) : 남종과 여종의 일.

첩 첩

女部(계집녀) 5획총8획

영concubine 중qiè 일ショウ(めかけ·わらわ) 【난이도】고등용, 읽기 3급, 쓰기 2급

廳

廳 廳 广 庁 庁 庁 庁 庁 庁 庁 庁 廳 廳 廳 廳 廳 廳 廳 廳 廳 廳

廳 廳 廳 廳 廳

中央廳(중앙청) 統計廳(통계청) 敎育廳(교육청) 警察廳(경찰청) 國稅廳(국세청)

借廳入室(차청입실) : 남의 대청(大廳)을 빌려 쓰다가 안방까지 들어간다는 뜻으로, 남에게 의지(依支)하다가 차차 그의 권리까지 침범(侵犯)함을 이르는 말.

관청 청

广部(엄호)22획총25획

영government 중厅[tīng] 일庁[チョウ] 【난이도】고등용, 읽기 4급, 쓰기 3급

替替替替替替替替替替替替

替	替	替	替	替					

代替(대체) 交替(교체) 移替(이체) 替代(체대) 對替(대체) 隆替(융체) 替番(체번)

馬好替乘(마호체승) : 「말도 갈아타는 것이 좋다」는 뜻으로, 예전 것도 좋기는 하지만 새것으로 바꾸어 보는 것도 즐겁다는 말.

영change 중tì 일タイ(かえる・かわる) 【난이도】 고등용, 읽기 3급, 쓰기 2급

替
바꿀 체
曰部(가로왈) 8획총12획

逮逮逮逮逮逮逮逮逮逮逮逮

逮	逮	逮	逮	逮					

逮捕(체포) 不逮捕特權(불체포특권) 逮捕令狀(체포영장) 假逮捕(가체포) 被逮(피체)

見不逮聞(견불체문) : 「눈으로 직접 보니 들었던 것보다 못하다」는 뜻으로, 헛된 명성(名聲)을 비유(比喩・譬喩)하는데 사용(使用)되는 말.

영seize 중逮[dài] 일逮[タイ] 【난이도】 고등용, 읽기 3급, 쓰기 2급

逮
잡을 체
辶部(책받침) 8획총12획

滯滯滯滯滯滯滯滯滯滯滯滯滯滯

滯	滯	滯	滯	滯					

沈滯(침체) 滯留(체류) 停滯(정체) 延滯(연체) 遲滯(지체) 積滯(적체) 滯納(체납)

萎靡沈滯(위미침체) : 인심(人心)과 문화(文化), 사회(社會)에 새롭고 확실(確實)한 것을 찾는 활기가 없어 진보(進步), 발전(發展)하는 움직임이 보이지 않음.

영stuck 중滯[zhì] 일滯[タイ](とどこおる) 【난이도】 고등용, 읽기 3급Ⅱ, 쓰기 2급

滯
막힐 체
氵部(삼수변)11획총14획

遞遞遞遞遞遞遞遞遞遞遞遞遞遞

遞	遞	遞	遞	遞					

遞信部(체신부) 郵遞筒(우체통) 交遞(교체) 郵遞(우체) 郵遞物(우체물) 遞減(체감)

郵遞局(우체국) : 체신청의 관할에 속하여, 우편물의 인수・배달 등의 우편 사무와 우편환(郵便換)・전신환(電信換) 등(等)의 사무(事務)를 맡아 보는 현업 기관(機關).

영replace 중遞[dì] 일遞[テイ](かける) 【난이도】 고등용, 읽기 3급, 쓰기 2급

遞
갈마들 체
辶部(책받침)10획총14획

肖肖肖肖肖肖肖

肖	肖	肖	肖	肖					

肖像畵(초상화) 不肖(불초) 肖像(초상) 不肖男(불초남) 肖像權(초상권) 不肖女(불초녀)

不肖孫(불초손) : 할아버지에 대하여 손자가 「자기(自己)」를 낮추어 일컫는 말.
不肖子(불초자) : 어버이에 대(對)하여 아들이 「자기」를 낮추어 일컫는 말.

영be like 중xiào 일ショウ(にる) 【난이도】 고등용, 읽기 3급Ⅱ, 쓰기 2급

肖
닮을 초
月部(육달월) 3획총7획

抄

베낄 초

抄抄抄抄抄抄抄

| 抄 | 抄 | 抄 | 抄 | 抄 | | | | | |

抄本(초본) 抄錄(초록) 抄寫(초사) 謄抄(등초) 抄集(초집) 馬別抄(마별초)

戶籍抄本(호적초본) : 한 집의 호적(戶籍) 중(中)에서 한 사람이나 또는 지정(指定)된 사람을 뽑아서 베긴 공인(公認) 문서(文書).

扌(手)部(재방변) 4획총7획

영choose 중chāo 일ショウ 【난이도】고등용, 읽기 3급, 쓰기 2급

秒

시간단위 초

秒秒秒秒秒秒秒秒秒

| 秒 | 秒 | 秒 | 秒 | 秒 | | | | | |

秒速(초속) 分秒(분초) 秒針(초침) 記秒時計(기초시계) 示秒時計(시초시계)

秒時計(초시계) : 운동(運動) 경기(競技)나 학술(學術) 연구(硏究) 따위에서, 시간(時間)을 정확히 재는 데에 쓰는 시계.

禾部(벼화) 4획총9획

영second 중miǎo 일ビョウ 【난이도】고등용, 읽기 3급, 쓰기 2급

超

뛰어넘을 초

超超超超超超超超超超超超

| 超 | 超 | 超 | 超 | 超 | | | | | |

超過(초과) 超能力(초능력) 超然(초연) 超越(초월) 超人(초인) 超音波(초음파)

超越(초월) : ① 어떤 한계(限界)나 표준(標準)을 넘음. ② 인식(認識)·경험(經驗)의 범위(範圍) 밖에 존재(存在)함. 가능적(可能的) 경험(經驗)의 영역(領域) 밖에 있음.

走部(달릴주)5획총12획

영transcend 중超[chāo] 일チョウ(こえる·こす) 【난이도】고등용, 읽기 3급II, 쓰기 2급

礎

주춧돌 초

礎礎礎礎礎礎礎礎礎礎礎礎礎礎礎礎礎礎

| 礎 | 礎 | 礎 | 礎 | 礎 | | | | | |

基礎(기초) 礎石(초석) 柱礎(주초) 基礎的(기초적) 基礎醫學(기초의학) 階礎(계초)

基礎科學(기초과학) : 공학(工學), 응용(應用) 과학(科學) 따위의 밑바탕이 된다는 뜻에서 자연(自然) 과학(科學), 즉 순수(純粹) 과학(科學)을 일컫는 말.

石部(돌석)13획총18획

영foundation 중础[chǔ] 일ソ(いしずえ) 【난이도】고등용, 읽기 3급II, 쓰기 2급

促

재촉할 촉

促促促促促促促促促

| 促 | 促 | 促 | 促 | 促 | | | | | |

促求(촉구) 促進(촉진) 督促(독촉) 催促(최촉) 促迫(촉박) 切促(절촉) 販促(판촉)

促成栽培(촉성재배) : 자연(自然)의 상태(狀態)에서는 성숙(成熟)하지 않는 시기(時期)에 빨리 성숙시키는 재배 방법(方法), 온실(溫室) 재배(栽培) 따위.

亻部(사람인변) 7획총9획

영push 중cù 일ソク(うながす) 【난이도】고등용, 읽기 3급II, 쓰기 2급

燭	燭燭燭燭燭燭燭燭燭燭燭燭燭燭燭燭
	燭燭燭燭燭
촛불 촉	燭光(촉광) 擧燭(거촉) 南燭(남촉) 洞燭(통촉) 香燭(향촉) 華燭(화촉) 燭臺(촉대)
	風前燈燭(풍전등촉) : 바람 앞의 등불이란 뜻으로, ① 사물(事物)이 오래 견디지 못하고 매우 위급한 자리에 놓여 있음을 가리키는 말. ② 사물이 덧없음을 가리키는 말.
火部(불화)13획총17획	영candle 중烛[zhú] 일ショク・ソク(ともしび)【난이도】고등용, 읽기 3급, 쓰기 2급

觸	觸觸觸角角角角觸觸觸觸觸觸觸觸觸觸
	觸觸觸觸觸
닿을 촉	接觸(접촉) 觸發(촉발) 觸覺(촉각) 觸媒(촉매) 感觸(감촉) 抵觸(저촉) 觸感(촉감)
	一觸卽發(일촉즉발) : 한 번 닿기만 하여도 곧 폭발(爆發)한다는 뜻으로, 조그만 자극(刺戟)에도 큰 일이 벌어질 것 같은 아슬아슬한 상태(狀態)를 이르는 말.
角部(뿔각)13획총20획	영touch 중触[chù] 일触[ショク](さわる・ふれる)【난이도】고등용, 읽기 3급II, 쓰기 2급

銃	銃銃銃銃銃銃銃銃銃銃銃銃銃銃
	銃銃銃銃銃
총 총	銃器(총기) 拳銃(권총) 銃擊(총격) 銃聲(총성) 銃彈(총탄) 銃劍(총검) 短銃(단총)
	無反動銃(무반동총) : 총알을 쏠 때에, 화약의 폭발가스를 총의 뒤쪽으로 내어 보냄으로써, 총 자체(自體)가 총알이 나가는 반대(反對)쪽으로 밀리지 않도록 만든 총.
金部(쇠금) 6획총14획	영gurn, arms 중铳[chòng] 일銃[ジュウ](じゅう)【난이도】고등용, 읽기 4급II, 쓰기 3급II

總	總總總總總總總總總總總總總總
	總總總總總
거느릴 총	總理(총리) 副總理(부총리) 總帥(총수) 總括(총괄) 總體的(총체적) 總長(총장)
	總選(총선) : 총선거(總選擧), 국회의원(國會議員) 전체(全體)를 한꺼번에 선출(選出)하는 선거(選擧).
糸部(실사)11획총17획	영command 중总[zǒng] 일総[ソウ](ふさ)【난이도】고등용, 읽기 4급II, 쓰기 3급II

聰	聰聰聰聰聰聰聰聰聰聰聰聰聰聰聰聰
	聰聰聰聰聰
귀밝을 총	聰明(총명) 薛聰(설총) 聰氣(총기) 聰睿(총예) 聰敏(총민) 聰智(총지) 聰俊(총준)
	聰明不如鈍筆(총명불여둔필) : 총명(聰明)은 둔필만 못하다는 뜻으로, 아무리 기억력(記憶力)이 좋다 해도 그때그때 적어 두어야 한다는 말.
耳部(귀이)11획총17획	영sharf eared 중聡[cōng] 일聡[ソウ](さとい)【난이도】고등용, 읽기 3급, 쓰기 2급

催

재촉할 최

催催催催催催催催催催催催催

催 催 催 催 催

催告(최고) 催淚彈(최루탄) 催眠(최면) 催促(최촉) 開催(개최) 主催(주최)

催告(최고) : ① 재촉하는 뜻으로 내는 통지(通知).
② 상대방(相對方)에게 일정(一定)한 행위(行爲)를 청구(請求)하는 일.

亻部(사람인변)11획총13획 영pressing 중cuī 일サイ(もよおす)【난이도】고등용, 읽기 3급Ⅱ, 쓰기 2급

抽

뽑을 추

抽抽抽抽抽抽抽抽

抽 抽 抽 抽 抽

抽象(추상) 抽象的(추상적) 抽籤(추첨) 抽出(추출) 抽出物(추출물) 抽單(추단)

抽象(추상) : 일정한 인식(認識) 목표(目標)를 추구(追求)하기 위(爲)하여 여러 가지
표상(表象)이나 개념(槪念)에서 특정(特定)한 특성(特性)이나 속성(屬性)을 빼냄.

扌(手)部(재방변) 5획총8획 영abstract 중chōu 일チュウ(ぬく)【난이도】고등용, 읽기 3급, 쓰기 2급

醜

더러울 추

醜醜百西西酉酉酉酉醜醜醜醜醜醜醜醜

醜 醜 醜 醜 醜

醜態(추태) 醜惡(추악) 醜雜(추잡) 醜行(추행) 醜聞(추문) 醜男(추남) 陋醜(누추)

强制醜行罪(강제추행죄) : 폭행(暴行)이나 협박(脅迫)을 써서 상대자(相對者)에게
음란(淫亂)한 짓을 하는 죄(罪).

酉部(닭유)10획총17획 영ugly 중丑[chǒu] 일シュウ(みにくい)【난이도】고등용, 읽기 3급, 쓰기 2급

畜

짐승 축

畜畜畜畜畜畜畜畜畜畜

畜 畜 畜 畜 畜

家畜(가축) 養畜(양축) 畜舍(축사) 畜産物(축산물) 畜産業(축산업) 屠畜場(도축장)

豕交獸畜(시교수축) : 돼지처럼 대하고 짐승처럼 기른다는 뜻으로, 사람을 예로
써 대우(待遇)하지 않고 짐승같이 대(對)한다는 말.

田部(밭전) 5획총10획 영cattle 중chù 일チク(くわえる)【난이도】고등용, 읽기 3급Ⅱ, 쓰기 2급

逐

쫓을 축

逐逐逐豕豕豕豕豕逐逐逐

逐 逐 逐 逐 逐

逐客(축객) 逐鹿戰(축록전) 逐出(축출) 角逐場(각축장) 驅逐(구축) 逐鬼(축귀)

角逐(각축) : 겨루고 쫓는다는 뜻으로, 서로 이기려고 세력이나 재능(才能)을 다툼.
逐鹿(축록) : 사슴을 쫓는다는 뜻으로, 정권 또는 지위를 얻기 위해 다툼을 이르는 말.

辶部(책받침) 7획총11획 영pile, expel 중zhú 일チク(おう)【난이도】고등용, 읽기 3급, 쓰기 2급

蓄

모을 축

++部(초두머리)10획총14획

貯蓄(저축) 蓄積(축적) 備蓄(비축) 含蓄性(함축성) 勤儉貯蓄(근검저축)

含蓄(함축) : ① 짧은 말이나 글 따위에 많은 내용(內容)이 집약(集約)되어 간직되어 있음. ② 어떤 깊은 뜻을 품음.

영store up 중xù 일チク(たくわえる)【난이도】고등용, 읽기 4급II, 쓰기 3급II

築

쌓을 축

竹部(대죽)10획총16획

構築(구축) 建築(건축) 再建築(재건축) 新築(신축) 建築物(건축물) 築造(축조)

築室道謀(축실도모) : '집을 지으면서 지나가는 행인과 상의(相議)한다'라는 뜻으로, 어떤 일을 하는 데 있어서 주관이나 계획이 없는 경우를 비유적으로 하는 말.

영build, raise 중筑[zhù] 일チク(きずく)【난이도】고등용, 읽기 4급II, 쓰기 3급II

縮

오그라들 축

糸部(실사)11획총17획

萎縮(위축) 縮小(축소) 減縮(감축) 短縮(단축) 壓縮(압축) 凝縮(응축) 收縮(수축)

壓縮糧食(압축양식) : 가치(價値), 품질(品質), 입맛에는 별 차이(差異) 없이 하되, 작고 간단(簡單)한 용기 안에 들어갈 수 있도록 부피를 농축(濃縮)시킨 양식(樣式).

영shrink 중缩[suō] 일シュク(ちぢまる·ちぢむ)【난이도】고등용, 읽기 4급II, 쓰기 3급II

衝

찌를 충

行部(행할행)9획총15획

衝擊的(충격적) 衝突(충돌) 折衝(절충) 衝動(충동) 相衝(상충) 緩衝(완충)

左衝右突(좌충우돌) : ① 이리저리 닥치는대로 부딪침. ② 아무사람이나 구분(區分)하진 않고 함부로 맞딱뜨림.

영pierce 중冲[chōng] 일ショウ(つく)【난이도】고등용, 읽기 3급II, 쓰기 2급

臭

냄새 취

自部(스스로자)4획총10획

惡臭(악취) 無臭(무취) 香臭(향취) 體臭(체취) 狐臭(호취) 無色無臭(무색무취)

黃口乳臭(황구유취) : 부리가 노란 색 새새끼같이 아직은 어려서 입에서 젖비린내가 난다는 뜻으로, 남을 어리고 하잘 것 없다고 비웃어 이르는 말.

영stinking 중chòu 일シュウ(くさい·におう)【난이도】고등용, 읽기 3급, 쓰기 2급

趣趣趣趣趣趣趣趣趣趣趣趣趣

趣 趣 趣 趣 趣

趣味(취미) 趣向(취향) 情趣(정취) 風趣(풍취) 六趣(육취) 惡趣味(악취미)

趣旨(취지) : 어떤 일에 담겨 있는 목적(目的)이나 의도(意圖)나 의의(意義). 지취.
취의(趣意).

뜻 취

走部(달릴주)8획총15획

영run, interest 중qù 일シュ(おもむき) 【난이도】 고등용, 읽기 4급, 쓰기 3급

醉醉百西西西酉酉酉醉醉醉醉醉醉

醉 醉 醉 醉 醉

陶醉(도취) 痲醉(마취) 心醉(심취) 醉客(취객) 滿醉(만취) 半醉(반취) 醉氣(취기)

過麥田大醉(과맥전대취) : 밀밭을 지나면 밀 냄새만 맡고도 취(醉)하게 된다는 뜻으
로, 술을 도무지 마시지 못하는 사람을 두고 이르는 말.

술취할 취

酉部(닭유) 8획총15획

영drunk 중zuì 일醉[スイ](よう) 【난이도】 고등용, 읽기 3급Ⅱ, 쓰기 2급

側側側仍仍仍但側側側側

側 側 側 側 側

側面(측면) 側近(측근) 北側(북측) 兩側(양측) 南側(남측) 側門(측문) 右側(우측)

輾轉反側(전전반측) : 이리 뒤척 저리 뒤척 한다는 뜻으로, ①걱정거리로 마음이 괴로워 잠
을 이루지 못함을 이르는 말. ② 원래는 미인을 사모하여 잠을 이루지 못함을 이르는 표현임.

곁 측

亻部(사람인변) 9획총11획

영side 중側[cè] 일ソク(がわ) 【난이도】 고등용, 읽기 3급Ⅱ, 쓰기 2급

測測測測洌洌測測測測測測

測 測 測 測 測

測定(측정) 觀測(관측) 豫測(예측) 推測(추측) 測量(측량) 氣象觀測(기상관측)

駭怪罔測(해괴망측) : 헤아릴 수도 없을 만큼 몹시 괴이(怪異)함.
變化莫測(변화막측) : 무궁(無窮)한 변화(變化)를 헤아릴 수가 없음.

헤아릴 측

氵部(삼수변) 9획총12획

영measure 중測[cè] 일ソク(はかる) 【난이도】 고등용, 읽기 4급Ⅱ, 쓰기 3급Ⅱ

層層層層層層層層層層層層層層層

層 層 層 層 層

階層(계층) 低所得層(저소득층) 高層(고층) 深層(심층) 層階(층계) 地層(지층)

層層侍下(층층시하) : 부모(父母)・조부모(祖父母)가 다 살아 있는 시하(侍下).
庶民層(서민층) : 서민(庶民)에 속(屬)하는 일반(一般) 계층(階層).

층 층

尸部(주검시)12획총15획

영storey 중层[céng] 일層[ソウ](かさなる)【난이도】 고등용, 읽기 4급, 쓰기 3급

値

값 치

亻部(사람인변) 8획 총10획

値値値値値値値値値値

| 値 | 値 | 値 | 値 | 値 | | | | | |

價値(가치) 數値(수치) 價値觀(가치관) 基準値(기준치) 附加價値(부가가치)

下方値換(하방치환) : 화학(化學) 실험(實驗) 때 발생(發生)하는 무겁고 물에 잘 녹는 기체(氣體)를 관으로 용기(容器) 바닥에 끌어들이고 공기(空氣)를 내보내는 일.

영value·price 중値[zhí] 일チ(ね·あたい)【난이도】고등용, 읽기 3급II, 쓰기 2급

恥

부끄러울 치

心部(마음심) 6획 총10획

恥恥恥恥恥恥恥恥恥恥

| 恥 | 恥 | 恥 | 恥 | 恥 | | | | | |

恥部(치부) 恥事(치사) 恥辱(치욕) 雪恥(설치) 羞恥(수치) 廉恥(염치) 國恥(국치)

破廉恥(파렴치) : ① 수치(羞恥)를 수치(羞恥)로 알지 아니함. ② 염치(廉恥)를 모름. 몰염치(沒廉恥). ③ 뻔뻔스러움.

영shame 중恥[chǐ] 일チ(はじ·はじらう)【난이도】고등용, 읽기 3급II, 쓰기 2급

置

둘 치

罒部(그물망) 8획 총13획

置置置置置置置置置置置置置

| 置 | 置 | 置 | 置 | 置 | | | | | |

措置(조치) 設置(설치) 裝置(장치) 放置(방치) 位置(위치) 置簿(치부) 配置(배치)

善後處置(선후처치) : 잘한 뒤에 처리(處理)한다는 뜻으로, 후환이 없도록 그 사물(事物)의 다루는 방법(方法)을 정(定)한다는 말로서 뒤처리를 잘하는 방법.

영place 중置[zhì] 일チ(おく)【난이도】고등용, 읽기 4급II, 쓰기 3급II

漆

옻 칠

氵部(삼수변) 11획 총14획

漆漆漆漆漆漆漆漆漆漆漆漆漆漆

| 漆 | 漆 | 漆 | 漆 | 漆 | | | | | |

漆板(칠판) 漆器(칠기) 漆甲(칠갑) 漆谷(칠곡) 改漆(개칠) 火漆(화칠) 假漆(가칠)

雷陳膠漆(뇌진교칠) : 뇌의(雷義)와 진중(陳重)의 굳음이라는 뜻으로, 대단히 두터운 우정을 이르는 말.

영lacguer 중qī 일シツ(うるし)【난이도】고등용, 읽기 3급II, 쓰기 2급

沈

잠길 침/성 심

氵部(삼수변) 4획 총7획

沈沈沈沈沈沈沈

| 沈 | 沈 | 沈 | 沈 | 沈 | | | | | |

沈淸傳(심청전) 沈降(침강) 沈沒(침몰) 沈默(침묵) 沈着(침착) 沈滯(침체)

沈魚落雁(침어낙안) : 미인(美人)을 보고 부끄러워서 물고기는 물 속으로 들어가고 기러기는 땅으로 떨어진다는 뜻으로, 미인(美人)을 형용(形容)하여 이르는 말.

영sink 중chén 일チン(しずむ·しずめる)【난이도】고등용, 읽기 3급II, 쓰기 2급

枕

枕枕枕枕枕枕枕枕

枕	枕	枕	枕	枕					

高枕而臥(고침이와) 漱石枕流(수석침류) 高枕安眠(고침안면) 高枕(고침)

邯鄲之枕(한단지침) : 한단(邯鄲)이라는 여관(旅館)의 베개라는 뜻으로, 인생 (人生)의 덧없음과 영화(榮華)의 헛됨을 비유적으로 이르는 말.

벼개 침

木部(나무목) 4획총8획

영pillow 중zhěn 일チン(まくら) 【난이도】 고등용, 읽기 3급, 쓰기 2급

侵

侵侵侵侵侵侵侵侵侵

侵	侵	侵	侵	侵					

侵害(침해) 侵略(침략) 侵犯(침범) 侵掠(침략) 侵攻(침공) 侵蝕(침식) 侵入(침입)

冷語侵人(냉어침인) : ① 비꼬는 말로 남을 풍자(諷刺)함. ② 매정한 말로 남의 마음을 찌름. 勿侵雜役(물침잡역) : 모든 잡역(雜役)을 면제(免除)하여 줌.

침노할 침

亻部(사람인변) 7획총9획

영invade 중qīn 일シン(おかす) 【난이도】 고등용, 읽기 4급II, 쓰기 3급II

浸

浸浸浸浸浸浸浸浸浸浸

浸	浸	浸	浸	浸					

浸透(침투) 浸蝕(침식) 浸水(침수) 巨浸(거침) 浸入(침입) 含浸(함침) 浸漬(침지)

浸潤之讒(침윤지참) : 물이 차츰 스며듦과 같이 깊이 믿도록 서서히 하는 참소(讒訴)의 말이라는 뜻으로, 아주 교묘(巧妙)한 중상모략(中傷謀略)을 말함.

적실 침

氵部(삼수변) 7획총10획

영soak 중jìn 일シン(ひたす・ひたる) 【난이도】 고등용, 읽기 3급II, 쓰기 2급

寢

寢寢寢寢寢寢寢寢寢寢寢寢寢寢

寢	寢	寢	寢	寢					

寢室(침실) 寢臺(침대) 寢睡(침수) 寢食(침식) 就寢(취침) 宮寢(궁침) 寢牀(침상)

寢食不安(침식불안) : 자도 걱정 먹어도 걱정이라는 뜻으로, 몹시 걱정이 많음을 이르는 말. 寢具類(침구류) : 잠을 자는 데 쓰는 이부자리.

잠잘 침

宀部(갓머리)11획총14획

영sleep 중寝[qǐn] 일寝[シン](ねかす・ねる) 【난이도】 고등용, 읽기 4급, 쓰기 3급

稱

稱稱稱稱稱稱稱稱稱稱稱稱稱稱

稱	稱	稱	稱	稱					

總稱(총칭) 名稱(명칭) 稱讚(칭찬) 言必稱(언필칭) 稱頌(칭송) 假稱(가칭)

稱體裁衣(칭체재의) : 몸에 맞추어 옷을 마름질한다는 뜻으로, 일의 처한 형편(形便)에 따라 적합(適合)하게 일을 처리하여야 함을 이르는 말.

일컬을 칭

禾部(벼화) 9획총14획

영call 중称[chēng] 일称[ショウ](かさなる) 【난이도】 고등용, 읽기 4급, 쓰기 3급

妥	妥妥妥妥妥妥妥 妥 妥 妥 妥 妥
온당할 타	妥協(타협) 妥結(타결) 妥當性(타당성) 妥協點(타협점) 非妥協的(비타협적) 妥協案(타협안) : 이해(利害)가 상반되거나 견해(見解)의 우심(尤甚)한 차이를 조정(調整)하여 서로를 타협(妥協)시키기 위해서 안출(案出)된 의안(議案).
女部(계집녀) 4획총7획	영serene 중tuǒ 일ダ(おだやか)【난이도】고등용, 읽기 3급, 쓰기 2급

墮	墮墮墮墮墮墮墮墮墮墮墮墮墮墮墮 墮 墮 墮 墮 墮
떨어질 타	墮淚(타루) 墮漏(타루) 墮落者(타락자) 墮落相(타락상) 墮罪(타죄) 墮獄(타옥) 墮落(타락) : ① 품행(品行)이 나빠서 못된 구렁에 빠짐. ② 도심(道心)을 잃고 속심(俗心)으로 떨어짐. ③ 죄(罪)를 범(犯)하여 불신(不信)의 생활(生活)에 빠짐.
土部(흙토)12획총15획	영fall 중堕[duò] 일堕[ダ](おちる)【난이도】고등용, 읽기 3급, 쓰기 2급

托	托托托托托托 托 托 托 托 托
맡길 탁	托生(탁생) 托葉(탁엽) 依托(의탁) 托盤(탁반) 托子(탁자) 茶托(차탁) 托鉢(탁발) 三從依托(삼종의탁) : 봉건 시대에 여자가 따라야 했던 세 가지 도리로, 어려서는 어버이를, 시집가서는 남편을, 남편이 죽은 후에는 아들을 좇아야 한다는 것.
扌(手)部(재방변) 3획총6획	영push 중tuō 일タク(おく·おす)【난이도】고등용, 읽기 3급, 쓰기 2급

卓	卓卓卓卓卓卓卓卓 卓 卓 卓 卓 卓
높을 탁	卓越(탁월) 卓球(탁구) 卓上(탁상) 卓見(탁견) 卓拔(탁발) 卓衣(탁의) 圓卓(원탁) 卓上空論(탁상공론) : 탁자(卓子) 위에서만 펼치는 헛된 논설(論說)이란 뜻으로, 실현성(實現性)이 없는 허황(虛荒)된 이론(理論)을 일컬음.
十部(열십) 6획총8획	영high 중zhuó 일タク【난이도】고등용, 읽기 5급, 쓰기 4급

濁	濁濁濁濁濁濁濁濁濁濁濁濁濁濁濁濁 濁 濁 濁 濁 濁
흐릴 탁	混濁(혼탁) 濁酒(탁주) 清濁(청탁) 濁世(탁세) 鈍濁(둔탁) 濁流(탁류) 濁音(탁음) 五濁增時(오탁증시) : 오탁(五濁)이 시대(時代)가 지남에 따라 점점 그 정도(程度)를 더하여 가는 때.
氵部(삼수변)13획총16획	영cloudy 중浊[zhuó] 일ダク(にごす·にごる)【난이도】고등용, 읽기 3급Ⅱ, 쓰기 2급

濯

씻을 탁

氵部(삼수변)14획總17획

洗濯(세탁) 洗濯所(세탁소) 洗濯機(세탁기) 洗濯場(세탁장) 濯足(탁족)

濯纓濯足(탁영탁족) : 갓끈과 발을 물에 담가 씻는다는 뜻으로, 세속(世俗)에 얽매이지 않고 초탈(超脫)하게 살아가는 것을 비유(比喩·譬喩)하는 말.

영wash 중zhuó 일タク(まくら) 【난이도】 고등용, 읽기 3급, 쓰기 2급

炭

숯 탄

火部(불화) 5획總9획

炭素(탄소) 石炭(석탄) 炭水化物(탄수화물) 二酸化炭素(이산화탄소) 煉炭(연탄)

漆身呑炭(칠신탄탄) : 몸에 옻칠을 하고 숯불을 삼키다라는 뜻으로, 복수(復讐)를 위(爲)해 자기(自己) 몸을 괴롭힘.

영charcoal 중tàn 일タン(すみ) 【난이도】 고등용, 읽기 5급, 쓰기 4급

誕

태어날 탄

言部(말씀언) 7획總14획

誕生(탄생) 聖誕節(성탄절) 聖誕(성탄) 聖誕祭(성탄제) 誕辰(탄신) 降誕(강탄)

誕生石(탄생석) : 보석(寶石)을 일년 열두달에 맞추어 골라서, 그 각각의 보석에 뜻을 지니게 하여, 그 달에 태어난 사람이 행복(幸福)의 상징(象徵)으로서 사용하는 돌.

영born 중誕[dàn] 일タン 【난이도】 고등용, 읽기 3급, 쓰기 2급

彈

탄알 탄

弓部(활궁)12획總15획

彈劾(탄핵) 爆彈(폭탄) 彈壓(탄압) 糾彈(규탄) 指彈(지탄) 彈力(탄력) 彈丸(탄환)

隨珠彈雀(수주탄작) : 수후(隨侯)의 구슬로 새를 잡는다는 뜻으로, 작은 것을 얻으려다 큰 것을 손해 보게 됨을 이르는 말.

영bullet 중弹[tán] 일弾[ダン](たま·はずむ) 【난이도】 고등용, 읽기 4급, 쓰기 3급

歎

탄식할 탄

欠部(하품흠)11획總15획

慨歎(개탄) 恨歎(한탄) 歎息(탄식) 痛歎(통탄) 讚歎(찬탄) 感歎(감탄) 歎聲(탄성)

風樹之歎(풍수지탄) : 부모(父母)에게 효도(孝道)를 다하려고 생각할 때에는 이미 돌아가셔서 그 뜻을 이룰 수 없음을 이르는 말.

영lament 중叹[tàn] 일歎[タン](たたえる·なげく) 【난이도】 고등용, 읽기 4급, 쓰기 3급

奪 빼앗을 탈 大部(큰대)11획총14획	奪奪奪奪奪奪奪奪奪奪奪奪奪奪 奪 奪 奪 奪 奪

剝奪(박탈) 奪還(탈환) 掠奪(약탈) 奪取(탈취) 侵奪(침탈) 被奪(피탈) 爭奪(쟁탈)

削奪官職(삭탈관직) : 죄인(罪人)의 벼슬과 품계(品階)를 빼앗고 사판(仕版)에서 이름을 없애 버림.

영rob 중奪[duó] 일ダツ(うばう) 【난이도】 고등용, 읽기 3급Ⅱ, 쓰기 2급

貪 탐낼 탐 貝部(조개패)4획총11획	貪貪貪貪貪貪貪貪貪貪貪 貪 貪 貪 貪 貪

貪慾(탐욕) 貪慾的(탐욕적) 貪官(탐관) 貪愛(탐애) 食貪(식탐) 貪求(탐구)

小貪大失(소탐대실) : 작은 것을 탐하다가 오히려 큰 것을 잃음.
貪官汚吏(탐관오리) : 탐욕(貪慾)이 많고 부정(不正)을 일삼는 벼슬아치.

영covet 중贪[tān] 일タン(むさぼる) 【난이도】 고등용, 읽기 3급, 쓰기 2급

塔 탑 탑 土部(흙토)10획총13획	塔塔塔塔塔塔塔塔塔塔塔塔塔 塔 塔 塔 塔 塔

多寶塔(다보탑) 釋迦塔(석가탑) 石塔(석탑) 尖塔(첨탑) 寺塔(사탑) 寶塔(보탑)

積功之塔豈毀乎(적공지탑기훼호) : '공을 들인 탑이 어찌 무너지랴'라는 뜻으로, 정성(精誠)을 기울여 이룩해 놓은 일은 그리 쉽게 무너지지 않는다는 말.

영tower 중塔[tǎ] 일塔[トウ](とう) 【난이도】 고등용, 읽기 3급, 쓰기 2급

湯 끓일 탕 氵部(삼수변) 9획총12획	湯湯湯湯湯湯湯湯湯湯湯湯 湯 湯 湯 湯 湯

再湯(재탕) 雜湯(잡탕) 浴湯(욕탕) 湯槽(탕조) 冷湯(냉탕) 汗蒸湯(한증탕)

龍味鳳湯(용미봉탕) : 용 고기로 맛을 낸 요리와 봉새로 끓인 탕이라는 뜻으로, 맛이 매우 좋은 음식(飮食)을 가리키는 말.

영hot water 중汤[tāng] 일トウ(ゆ) 【난이도】 고등용, 읽기 3급Ⅱ, 쓰기 2급

殆 위태로울 태 歹部(죽을사변) 5획총9획	殆殆殆殆殆殆殆殆殆 殆 殆 殆 殆 殆

殆無心(태무심) 殆半(태반) 殆哉(태재) 困殆(곤태) 不殆(불태) 危殆(위태)

知彼知己百戰不殆(지피지기백전불태) : 상대(相對)를 알고 자신(自身)을 알면 백 번 싸워도 위태(危殆)롭지 않음.

영danger 중dài 일タイ(あやうい·ほとほと) 【난이도】 고등용, 읽기 3급Ⅱ, 쓰기 2급

怠

怠 怠 怠 怠 怠 怠 怠 怠 怠

怠 怠 怠 怠 怠

게으를 태

心部(마음심) 5획 총9획

怠慢(태만) 過怠料(과태료) 懶怠(나태) 過怠(과태) 倦怠(권태) 惰怠(타태)

得時無怠(득시무태) : 좋은 때를 얻으면 태만(怠慢)함이 없이 근면(勤勉)하여 기회(機會)를 놓치지 말라는 말.

영lazy 중dài 일タイ(おこたる・なまける) 【난이도】고등용, 읽기 3급, 쓰기 2급

態

態 態 態 態 態 態 態 態 態 態 態 態 態 態

態 態 態 態 態

태도 태

心部(마음심)10획 총14획

狀態(상태) 事態(사태) 態度(태도) 行態(행태) 形態(형태) 實態(실태) 舊態(구태)

炎凉世態(염량세태) : 뜨거웠다가 차가워지는 세태라는 뜻으로, 권세가 있을 때에는 아첨(阿諂)하여 좇고 권세(權勢)가 떨어지면 푸대접하는 세속(世俗)의 형편.

영shape, attitude 중态[tài] 일タイ(さま) 【난이도】고등용, 읽기 4급II, 쓰기 3급II

澤

澤 澤 澤 澤 澤 澤 澤 澤 澤 澤 澤 澤 澤 澤 澤 澤

澤 澤 澤 澤 澤

못 택

氵部(삼수변)13획총16획

惠澤(혜택) 潤澤(윤택) 光澤(광택) 平澤(평택) 德澤(덕택) 山澤(산택) 恩澤(은택)

竭澤而漁(갈택이어) : 「연못의 물을 말려 고기를 잡는다」는 뜻으로, 일시적(一時的)인 욕심 때문에 먼 장래를 생각하지 않음.

영pond 중泽[zé] 일沢[タク](さわ) 【난이도】고등용, 읽기 3급II, 쓰기 2급

擇

擇 擇 擇 擇 擇 擇 擇 擇 擇 擇 擇 擇 擇 擇 擇 擇

擇 擇 擇 擇 擇

가릴 택

扌(手)部(재방변)13획총16획

選擇(선택) 採擇(채택) 簡擇(간택) 擇拔(택발) 選擇權(선택권) 擇地(택지)

飢不擇食(기불택식) : 굶주린 사람은 먹을 것을 가리지 않는다는 뜻으로, '빈곤(貧困)한 사람은 대수롭지 않은 은혜(恩惠)에도 감격함'의 비유.

영select 중择[zé] 일択[タク](えらぶ) 【난이도】고등용, 읽기 4급, 쓰기 3급

吐

吐 吐 吐 吐 吐 吐

吐 吐 吐 吐 吐

토할 토

口部(입구) 3획총6획

吐露(토로) 嘔吐(구토) 懸吐(현토) 實吐(실토) 說吐(설토) 吐逆(토역) 吐氣(토기)

甘呑苦吐(감탄고토) : 달면 삼키고 쓰면 뱉는다는 뜻으로, 사리(事理)에 옳고 그름을 돌보지 않고, 자기(自己) 비위에 맞으면 취(取)하고 싫으면 버린다는 뜻.

영vomit 중tù 일ト(はく) 【난이도】고등용, 읽기 3급II, 쓰기 2급

討

칠 토

言部(말씀언) 3획총10획

討 討 討 討 討 討 討 討 討 討

討 討 討 討 討

檢討(검토) 討論(토론) 再檢討(재검토) 討論會(토론회) 討議(토의) 聲討(성토)

爛商討論(난상토론) : 낱낱이 들어 잘 토의(討議)함.
爛商討議(난상토의) : 낱낱이 들어 잘 토의(討議)함.

영attack 중讨[tǎo] 일トウ(うつ) 【난이도】 고등용, 읽기 4급, 쓰기 3급

痛

아플 통

广部(병질엄) 7획총12획

痛 痛 痛 痛 痛 痛 痛 痛 痛 痛 痛 痛

痛 痛 痛 痛 痛

苦痛(고통) 陣痛(진통) 痛哭(통곡) 痛歎(통탄) 頭痛(두통) 痛症(통증)痛烈(통렬)

罔極之痛(망극지통) : 어버이나 임금의 상사를 당한 때처럼 그지없는 슬픔.
失性痛哭(실성통곡) : 정신에 이상이 생길 정도로 슬피 통곡(痛哭)함.

영painful 중tòng 일ツウ(いたい・いたむ) 【난이도】 고등용, 읽기 4급, 쓰기 3급

透

통할 투

辶部(책받침) 7획총11획

透 透 透 透 透 秀 秀 透 透 透 透

透 透 透 透 透

透明(투명) 不透明(불투명) 透明性(투명성) 浸透(침투) 透析(투석) 透徹(투철)

眼透紙背(안투지배) : 「눈빛이 종이를 뒷면까지 꿰뚫는다」는 뜻으로, 「책을 정독하
여 그 내용(內容)의 참뜻을 깨달음」을 이르는 말.

영transparent 중透[tòu] 일透[トウ](すかす・すく) 【난이도】 고등용, 읽기 3급II, 쓰기 2급

鬪

싸울 투

鬥部(싸울투)10획총20획

鬪 鬪 鬪 鬪 鬪 鬪 鬪 鬪 鬪 鬪 鬪 鬪 鬪 鬪 鬪 鬪 鬪 鬪 鬪 鬪

鬪 鬪 鬪 鬪 鬪

鬪爭(투쟁) 戰鬪(전투) 鬪魂(투혼) 戰鬪的(전투적) 奮鬪(분투) 鬪士(투사)

泥田鬪狗(이전투구) : 「진탕에서 싸우는 개」라는 뜻으로, ① 강인한 성격의 함경도
(咸鏡道) 사람을 평한 말. ② 또는 명분(名分)이 서지 않는 일로 몰골 사납게 싸움.

영fight 중斗[dǒu] 일鬪[トウ](たたかう) 【난이도】 고등용, 읽기 3급II, 쓰기 2급

把

잡을 파

扌(手)部(재방변) 4획총7획

把 把 把 把 把 把 把

把 把 把 把 把

把握(파악) 把溪寺(파계사) 把捉(파착) 把守(파수) 肩把(견파) 入把馬(입파마)

把溪寺(파계사) : 경상북도 달성군(達城郡)에 있는, 동화사(桐華寺)의 말사(末寺).
신라 애장왕(哀莊王) 5(804)년에 심지(心地) 국사(國師)가 창건(創建)했음.

영catch 중bǎ 일ハ 【난이도】 고등용, 읽기 3급, 쓰기 2급

派

물갈래 파

氵部(삼수변) 6획 총9획

派派派派派派派派派

派	派	派	派	派					

派遣(파견) 派兵(파병) 強硬派(강경파) 黨派(당파) 政派(정파) 派送(파송)

左派(좌파) : ① 어떤 단체(團體)나 정당(政黨)에서, 급진적(急進的)인 사상(思想)을 가진 사람들의 파, 또는 그런 사람. ② 좌익(左翼)의 당파(黨派).

영branch of a liver 중pài 일ハ(わかれ) 【난이도】 고등용, 읽기 4급, 쓰기 3급

頗

자못 파

頁部(머리혈) 5획 총14획

頗頗頗頗頗頗頗頗頗頗頗頗頗頗

頗	頗	頗	頗	頗					

頗多(파다) 偏頗(편파) 偏頗性(편파성) 偏頗的(편파적) 阿諛偏頗(아유편파)

偏頗的(편파적) : 공정하지 못하고 한쪽으로 치우치는 경향(傾向)이 있는 것.
阿諛偏頗(아유편파) : 아첨(阿諂)하여 한쪽으로 치우침.

영very 중頗[pō] 일ハ(かたよる·すこぶる) 【난이도】 고등용, 읽기 3급, 쓰기 2급

播

뿌릴 파

扌(手)部(재방변)12획 총15획

播播播播播播播播播播播播播播播

播	播	播	播	播					

傳播(전파) 播多(파다) 播種(파종) 播傳(파전) 點播(점파) 條播(조파) 種播(종파)

萬口傳播(만구전파) : 여러 사람의 입을 통(通)하여 온 세상(世上)에 널리 퍼짐.
因口傳播(인구전파) : 말이 이 사람의 입에서 저 사람의 입으로 전(傳)해 퍼짐.

영sow 중bō 일ハ·バン(しく·まく) 【난이도】 고등용, 읽기 3급, 쓰기 2급

罷

파할 파

罒部(그물망)10획 총15획

罷罷罷罷罷罷罷罷罷罷罷罷罷罷罷

罷	罷	罷	罷	罷					

罷免(파면) 總罷業(총파업) 革罷(혁파) 撤罷(철파) 罷接禮(파접례) 罷業權(파업권)

罷業(파업) : ① 노동자(勞動者)가 노동 조건을 개선하기 위(爲)해 단결(團結)하여 노동(勞動)을 하지 않음. 하던 일을 중지(中止)함. ② 동맹(同盟) 파업(罷業).

영cease 중罷[bà] 일ヒ(やめる) 【난이도】 고등용, 읽기 3급, 쓰기 2급

板

널빤지 판

木部(나무목) 4획 총8획

板板板板板板板板

板	板	板	板	板					

看板(간판) 揭示板(게시판) 板橋(판교) 板門店(판문점) 坐板(좌판) 標識板(표지판)

懸板(현판) : 글자나 그림을 새기어서 문 위에 다는 널조각. 주로 절이나, 사당(祠堂), 정자(亭子) 등의 들어가는 문 위, 처마 아래에 달아 놓음.

영board 중bǎn 일ハン·バン(いた) 【난이도】 고등용, 읽기 5급, 쓰기 4급

版	版版版版版版版版
	版 版 版 版 版

出版(출판) 出版社(출판사) 版圖(판도) 番號版(번호판) 普及版(보급판) 版本(판본)

版權(판권) : 도서(圖書)의 출판에 관한 이익을 전유(專有)하는 권리. 저작권자가 그 저작물의 출판을 맡는 사람에 대(對)하여 설정(設定)하는 권리(權利).

널조각 판

片部(조각편) 4획총8획 | 영block 중bǎn 일ハン(ふだ) 【난이도】 고등용, 읽기 3급Ⅱ, 쓰기 2급

販	販販販販販販販販販販販
	販 販 販 販 販

販賣(판매) 市販(시판) 販路(판로) 販賣量(판매량) 販禁(판금) 發販(발판)

訪問販賣(방문판매) : 판매자(販賣者)가 구매자를 직접 방문(訪問)해서 행(行)하는 판매(販賣).

팔 판

貝部(조개패) 4획총11획 | 영sell 중販[fàn] 일ハン(うる) 【난이도】 고등용, 읽기 3급, 쓰기 2급

偏	偏偏偏偏偏偏偏偏偏偏
	偏 偏 偏 偏 偏

偏頗(편파) 偏見(편견) 偏狹(편협) 偏向(편향) 偏僻(편벽) 偏重(편중) 偏差(편차)

偏頗的(편파적) : 공정(公正)하지 못하고 한쪽으로 치우치는 경향(傾向)이 있는 것.
阿諛偏頗(아유편파) : 아첨(阿諂)하여 한쪽으로 치우침.

치우칠 편

亻部(사람인변) 9획총11획 | 영lean 중piān 일ヘン(かたよる) 【난이도】 고등용, 읽기 3급Ⅱ, 쓰기 2급

遍	遍遍遍遍遍遍遍遍遍遍遍遍
	遍 遍 遍 遍 遍

普遍的(보편적) 普遍(보편) 普遍化(보편화) 普遍性(보편성) 遍歷(편력) 遍踏(편답)

讀書百遍(독서백편) : 글 읽기를 백 번 한다는 뜻으로, 되풀이하여 몇 번이고 숙독(熟讀)하면 뜻이 통(通)하지 않던 것도 저절로 알게 됨.

두루 편

辶部(책받침) 9획총13획 | 영all over 중遍[biàn] 일遍[ヘン](あまねく) 【난이도】 고등용, 읽기 3급, 쓰기 2급

編	編編編編編編編編編編編編編編編
	編 編 編 編 編

改編(개편) 編成(편성) 編入(편입) 編纂(편찬) 編輯(편집) 再編(재편) 編制(편제)

編輯人(편집인) : ① 편집(編輯)에 관(關)하여 법적(法的) 책임(責任)을 지는 사람. ② 편집(編輯)을 하는 사람.

엮을 편

糸部(실사) 9획총15획 | 영weave 중编[biān] 일編[ヘン](あむ) 【난이도】 고등용, 읽기 3급Ⅱ, 쓰기 2급

評

評價(평가) 批評(비평) 評論(평론) 酷評(혹평) 論評(논평) 品評(품평) 漫評(만평)

群盲評象(군맹평상) : 장님들이 코끼리 몸을 만져보고 제각기 말한다는 뜻으로, 어리석은 사람은 자기 주관(主觀)에만 치우쳐 큰 일을 그릇되게 판단(判斷)함.

평론할 평

言部(말씀언) 5획총12획 | 영evaluate 중评[píng] 일ヒョウ 【난이도】 고등용, 읽기 4급, 쓰기 3급

肺

肺炎(폐렴) 肺癌(폐암) 氣管支肺炎(기관지폐렴) 大葉性肺炎(대엽성폐렴)

如見肺肝(여견폐간) : 남의 마음을 꿰뚫어 보듯이 환히 앎.
肺石風情(폐석풍정) : 재판(裁判)의 공정(公正)함을 이르는 말.

허파 폐

月部(육달월) 5획총9획 | 영lungs 중fèi 일ハイ(はい) 【난이도】 고등용, 읽기 3급II, 쓰기 2급

廢

廢止(폐지) 廢棄(폐기) 撤廢(철폐) 荒廢化(황폐화) 廢墟(폐허) 荒廢(황폐)

中途而廢(중도이폐) : 일을 하다가 끝을 맺지 않고 중간(中間)에서 그만 둠.
廢寢忘餐(폐침망찬) : 침식(寢食)을 잊고 일에 심혈(心血)을 기울임.

폐할 폐

广部(엄호) 12획총15획 | 영abandon 중废[fèi] 일廃[ハイ](すたる・すたれる) 【난이도】 고등용, 읽기 3급II, 쓰기 2급

弊

弊端(폐단) 弊習(폐습) 弊害(폐해) 病弊(병폐) 積弊(적폐) 疲弊(피폐) 弊社(폐사)

弊帚千金(폐추천금) : 몽당비를 천금(千金)인 양 생각한다는 뜻으로, 제 분수(分數)를 모르는 과실(過失)이나 제가 가진 것은 다 좋다고 생각함을 이르는 말.

폐단 폐

廾部(스물입발)12획총15획 | 영wear out 중bì 일ヘイ 【난이도】 고등용, 읽기 3급II, 쓰기 2급

幣

貨幣(화폐) 僞幣(위폐) 紙幣(지폐) 納幣(납폐) 財幣(재폐) 銅貨幣(동화폐) 幣帛(폐백)

納幣(납폐) : 전통(傳統) 혼례(婚禮)에서, 신랑(新郎) 집에서 신부(新婦) 집으로 혼서지와 폐백(幣帛)을 함에 담아 보내는 일.

비단 폐

巾部(수건건)12획총15획 | 영silk 중帀[bì] 일ヘイ(みてぐら・おりもの) 【난이도】 고등용, 읽기 3급, 쓰기 2급

蔽

蔽蔽蔽蔽蔽蔽蔽蔽蔽蔽蔽蔽蔽蔽蔽蔽
蔽 蔽 蔽 蔽 蔽

가릴 폐

++部(초두머리) 12획 총16획

隱蔽(은폐) 掩蔽(엄폐) 遮蔽(차폐) 肩蔽(견폐) 蔽陽子(폐양자) 蔽一言(폐일언)

金舌蔽口(금설폐구) :「귀중(貴重)한 말을 할 수 있는 입을 다물고 혀를 놀리지 않는다」는 뜻으로, 침묵(沈默)함을 이르는 말.

영cover 중弊[bi] 일弊[ヘイ](おおう) 【난이도】 고등용, 읽기 3급, 쓰기 2급

包

包 包 包 包 包

쌀 포

勹部(쌀포몸) 3획 총5획

包含(포함) 包裝(포장) 包括(포괄) 内包(내포) 包圍(포위) 包藏(포장) 小包(소포)

八包大商(팔포대상) : ① 생활에 걱정이 없는 사람을 가리키는 말. ② 중국으로 보내던 사대사행(事大使行)에 수행하여 홍삼을 파는 허가를 맡았던 의주 상인.

영pack, wrap 중bāo 일ホウ(つつむ) 【난이도】 고등용, 읽기 4급II, 쓰기 3급II

胞

胞胞胞胞胞胞胞胞胞
胞 胞 胞 胞 胞

태보 포

月部(육달월) 5획 총9획

細胞(세포) 細胞膜(세포막) 體細胞(체세포) 僑胞(교포) 間細胞(간세포)

同胞(동포) : ① 같은 어머니로부터 태어난 형제(兄弟), 자매(姉妹). ② 한 나라 또는 한 민족(民族)에 속(屬)하는 백성(百姓). ③ 같은 겨레.

영womb, cell 중bāo 일ホウ(えな・はら) 【난이도】 고등용, 읽기 4급, 쓰기 3급

浦

浦浦浦浦浦浦浦浦浦浦
浦 浦 浦 浦 浦

물가 포

氵部(삼수변) 7획 총10획

浦項市(포항시) 浦口(포구) 軍浦市(군포시) 麻浦區(마포구) 永登浦區(영등포구)

咆虎陷浦(포호함포) :「으르렁대기만 하는 범이 개울에 빠진다」는 속담(俗談)의 한역으로, 큰소리만 치는 사람은 일을 못하고 도리어 실패(失敗)함을 이르는 말.

영seacast 중pǔ 일ホ(うら) 【난이도】 고등용, 읽기 3급II, 쓰기 2급

捕

捕捕捕捕捕捕捕捕捕捕
捕 捕 捕 捕 捕

잡을 포

扌(手)部(재방변) 7획 총10획

捕虜(포로) 捕手(포수) 捕卒(포졸) 捕捉(포착) 捕獲(포획) 拿捕(나포) 逮捕(체포)

捕風捉影(포풍착영) : 바람을 잡고, 그림자를 붙든다는 뜻으로, 허망한 언행을 이르는 말.
掩目捕雀(엄목포작) : 눈을 가리고 새를 잡는다는 뜻으로, 일을 건성으로 함을 이르는 말.

영catch 중bǔ 일ホ(つかまえる・つかまる) 【난이도】 고등용, 읽기 3급II, 쓰기 2급

飽

배부를 포

食部(밥식) 5획총14획

飽喫(포끽) 飽滿(포만) 飽腹(포복) 飽食(포식) 飽和(포화) 不飽和(불포화)

飽食暖衣(포식난의) : 배 부르게 먹고 따뜻하게 옷을 입는다는 뜻으로, 의식(衣食)이 넉넉하여 불편(不便)함이 없이 편하게 지냄을 이르는 말.

영satiated 중饱[bǎo] 일飽[ホウ](あかす·あきる) 【난이도】고등용, 읽기 3급, 쓰기 2급

幅

폭 폭

巾部(수건건) 9획총12획

大幅(대폭) 大幅的(대폭적) 全幅的(전폭적) 小幅(소폭) 幅巾(복건) 全幅(전폭)

增幅(증폭) : ① 사물(事物)의 범위(範圍)를 넓혀 크게 하는 것. ② 라디오 등(等)에서 전압(電壓)·전류(電流)의 진폭(振幅)을 늘려 감도(感度)를 좋게 하는 일.

영width 중fú 일フク(はば) 【난이도】고등용, 읽기 3급, 쓰기 2급

爆

터질 폭

火部(불화)15획총19획

爆彈(폭탄) 爆發(폭발) 爆破(폭파) 爆擊(폭격) 原爆(원폭) 時限爆彈(시한폭탄)

爆發的(폭발적) : ① 일시(一時)에 파열하는 모양(模樣). ② 갑자기 대량(大量)으로 솟구치는 모양(模樣). ③ 급격(急激)하게 널리 퍼지는 모양(模樣).

영explode 중bào 일バク(やく) 【난이도】고등용, 읽기 4급, 쓰기 3급

票

표 표

示部(보일시) 6획총11획

投票(투표) 郵票(우표) 手票(수표) 票決(표결) 賣票(매표) 投票率(투표율)

家計手票(가계수표) : 은행(銀行)에 가계(家計) 종합(綜合) 예금(預金)을 가진 사람이 그 은행(銀行) 앞으로 발행(發行)하는 소액(少額) 수표(手票).

영ticket 중piào 일ヒョウ 【난이도】고등용, 읽기 4급II, 쓰기 3급II

漂

뜰 표

氵部(삼수변)11획총14획

漂流(표류) 漂泊(표박) 漂白劑(표백제) 漂鳥(표조) 漂浪(표랑) 漂白(표백)

流離漂泊(유리표박) : 일정(一定)한 직업(職業)을 가지지 아니하고 정처 없이 이리저리 떠돌아다니는 일.

영wander 중piāo 일ヒョウ(ただよう) 【난이도】읽기 3급, 쓰기 2급

標	標標標標標標標標標標標標標標標
표할 표	標 標 標 標 標
木部(나무목)11획총15획	目標(목표) 標榜(표방) 標準(표준) 指標(지표) 標識(표지) 標的(표적) 標示(표시) 吾門標秀(오문표수) : 내 집의 걸출(傑出)한 자식(子息)을 이르는 말. 標同伐異(표동벌이) : 자기와 같은 자는 표창하고 자기와 다른 자는 침. 영mark 중标[biāo] 일ヒョウ(おおう)【난이도】고등용, 읽기 4급, 쓰기 3급

疲	疲疲疲疲疲疲疲疲疲疲
피곤할 피	疲 疲 疲 疲 疲
疒部(병질엄)5획총10획	疲勞(피로) 疲困(피곤) 疲弊(피폐) 疲勞感(피로감) 倦疲(권피) 疲軟(피연) 明鏡不疲(명경불피) : 밝은 거울은 몇 번이나 사람의 얼굴을 비춰도 피로하지 않음을 이름. 樂此不疲(요차불피) : 좋아서 하는 일은 아무리 해도 지치지 않음을 이르는 말. 영tired 중pí 일ヒ(つかれる)【난이도】고등용, 읽기 4급, 쓰기 3급

被	被被被被被被被被被被
입을 피	被 被 被 被 被
衤部(옷의변)5획총10획	被擊(피격) 被告(피고) 被動(피동) 被服(피복) 被殺(피살) 被襲(피습) 被奪(피탈) 被褐懷玉(피갈회옥) : 겉에는 거친 옷을 입고 있으나, 속에는 옥을 지녔다는 뜻으로, 어질고 덕 있는 사람이 세상(世上)에 알려지지 않으려 함을 이르는 말. 영wear, undergo 중bèi 일ヒ(こうむる)【난이도】고등용, 읽기 3급Ⅱ, 쓰기 2급

	避避避避避避避避避避避避避避避
피할 피	避 避 避 避 避
辶部(책받침)13획총17획	不可避(불가피) 忌避(기피) 回避(회피) 逃避(도피) 避暑(피서) 待避(대피) 鬼神避之(귀신피지) : 귀신(鬼神)도 피한다는 뜻으로, 스스로 단행(斷行)하면 귀신 (鬼神)도 이것을 피(避)하여 해(害)롭게 하지 못함을 이르는 말. 영avoid 중避[bì] 일避[ヒ](さける)【난이도】고등용, 읽기 4급, 쓰기 3급

	畢畢畢畢畢畢畢畢畢畢畢
마칠 필	畢 畢 畢 畢 畢
田部(밭전)6획총11획	畢竟(필경) 禮畢(예필) 畢生(필생) 檢査畢(검사필) 言未畢(언미필) 未畢(미필) 登記畢證(등기필증) : 등기(登記)가 되었음을 증명(證明)하기 위(爲)하여 등기소(登記所) 에서 교부(交付)하는 증명서(證明書). 영finish 중毕[bì] 일ヒツ(おわる・ことごとく)【난이도】고등용, 읽기 3급Ⅱ, 쓰기 2급

荷

연꽃 하

艹部(초두머리) 7획 총11획

荷荷荷荷荷荷荷荷荷荷荷

荷 荷 荷 荷 荷

荷物(하물) 荷置場(하치장) 受荷人(수하인) 蓮荷(연하) 集荷(집하) 出荷(출하)

賊反荷杖(적반하장) : 도둑이 도리어 몽둥이를 든다는 뜻으로, 잘못한 사람이 도리어 잘 한 사람을 나무라는 경우(境遇)를 이르는 말.

영load 중荷[hè] 일荷[カ](に) 【난이도】 고등용, 읽기 3급Ⅱ, 쓰기 2급

鶴

학 학

鳥部(새조) 10획 총21획

鶴鶴鶴鶴鶴鶴鶴鶴鶴鶴鶴鶴鶴鶴鶴鶴鶴鶴

鶴 鶴 鶴 鶴 鶴

鷄群鶴(계군학) 鶴班(학반) 丹頂鶴(단정학) 白鶴(백학) 野鶴(야학) 仙鶴(선학)

群鷄一鶴(군계일학) : 무리 지어 있는 닭 가운데 있는 한 마리의 학이라는 뜻으로, 여러 평범(平凡)한 사람들 가운데 있는 뛰어난 한 사람을 이르는 말.

영crane 중鶴[hè] 일カク(つる) 【난이도】 고등용, 읽기 3급Ⅱ, 쓰기 2급

汗

땀 한

氵部(삼수변) 3획 총6획

汗汗汗汗汗汗

汗 汗 汗 汗 汗

農土汗(농토한) 汗藥(한약) 汗蒸(한증) 汗蒸湯(한증탕) 慙汗(참한) 汗滴(한적)

汗牛充棟(한우충동) : 수레에 실어 운반하면 소가 땀을 흘리게 되고, 쌓아올리면 들보에 닿을 정도(程度)의 양이라는 뜻으로, 장서(藏書)가 많음을 이르는 말.

영sweat 중hàn 일カン(あせ) 【난이도】 고등용, 읽기 3급Ⅱ, 쓰기 2급

旱

가물 한

日部(날일) 3획 총7획

旱旱旱旱旱旱旱

旱 旱 旱 旱 旱

旱魃(한발) 旱稻(한도) 旱災(한재) 大旱(대한) 旱乾(한건) 旱田(한전) 旱害(한해)

大旱雲霓(대한운예) : 가뭄이 계속(繼續)되면 비의 조짐(兆朕)인 구름을 몹시 기다린다는 뜻으로, 어떤 사물(事物)이 와 닿기를 간절(懇切)히 바람.

영drought 중hàn 일カン(かわく・ひでり) 【난이도】 고등용, 읽기 3급, 쓰기 2급

割

벨 할

刂部(선칼도방) 10획 총12획

割割割割割割割割割割割割

割 割 割 割 割

役割(역할) 割引(할인) 割引店(할인점) 割當(할당) 割愛(할애) 割賦(할부)

群雄割據(군웅할거) : ① 많은 영웅들이 각각 한 지방에 웅거하여 세력을 과시하며 서로 다투는 상황을 이르는 말. ② 여러 영웅이 세력을 다투어 땅을 갈라 버티고 있음.

영devide 중gē 일カツ(わり・わる・われる) 【난이도】 고등용, 읽기 3급Ⅱ, 쓰기 2급

含含含含含含含

| 含 | 含 | 含 | 含 | 含 | | | | |

包含(포함) 含蓄(함축) 吐含山(토함산) 含量(함량) 含有(함유) 含蓄性(함축성)

含哺鼓腹(함포고복) :「음식(飮食)을 먹으며 배를 두드린다」라는 뜻으로, 천하(天下)가 태평(太平)하여 즐거운 모양(模樣).

머금을 함

口部(입구) 4획총7획

영contain 중hán 일ガン(ふくむ・ふくめる)【난이도】고등용, 읽기 3급II, 쓰기 2급

咸咸咸咸咸咸咸咸咸

| 咸 | 咸 | 咸 | 咸 | 咸 | | | | |

咸陽郡(함양군) 咸鏡南道(함경남도) 咸陽(함양) 咸池(함지) 咸鏡道(함경도)

咸興差使(함흥차사) : ① 심부름꾼이 가서 소식(消息)이 없거나, 또는 회답(回答)이 더딜 때의 비유. ② 한 번 간 사람이 돌아오지 않거나 소식(消息)이 없음.

다 함

口部(입구) 6획총9획

영all 중xián 일カン(みな)【난이도】고등용, 읽기 3급, 쓰기 2급

陷陷陷陷陷陷陷陷陷陷陷

| 陷 | 陷 | 陷 | 陷 | 陷 | | | | |

缺陷(결함) 陷沒(함몰) 陷落(함락) 謀陷(모함) 陷沒灣(함몰만) 夭陷(요함)

陷穽(함정) : ① 짐승을 잡기 위하여 파놓은 구덩이. 허방다리. 허정(虛穽). ② 빠져 나올 수 없는 곤경(困境)이나 남을 해치기 위한 계략(計略)의 비유, 비유적인 말임.

빠질 함

阝(阜)部(좌부방) 8획총11획

영fall 중xiàn 일陷[カン](おちいる)【난이도】고등용, 읽기 3급II, 쓰기 2급

抗抗抗抗抗抗抗

| 抗 | 抗 | 抗 | 抗 | 抗 | | | | |

抗拒(항거) 抗辯(항변) 抗議(항의) 對抗(대항) 反抗(반항) 抵抗(저항) 抗日(항일)

不可抗力(불가항력) : 인간의 힘만으로는 도저히 저항해 볼 수도 없는 힘이라는 뜻으로, 천재지변 등 사람의 힘이 미치지 못하는 자연의 위대한 힘을 이르는 말.

막을 항

扌(手)部(재방변)4획총7획

영block, resist 중kàng 일コウ(てむかう)【난이도】고등용, 읽기 4급, 쓰기 3급

巷巷巷巷巷共巷巷巷

| 巷 | 巷 | 巷 | 巷 | 巷 | | | | |

巷間(항간) 里巷(이항) 閭巷(여항) 巷議(항의) 街巷(가항) 陋巷詞(누항사)

陋巷簞瓢(누항단표) : 누항(陋巷)에서 사는 사람의 한 그릇의 밥과 한 바가지의 물이라는 뜻으로, 아주 가난한 사람의 생활(生活) 형편(形便)을 이르는 말.

거리 항

己部(몸기) 6획총9획

영street 중xiàng 일コウ(ちまた)【난이도】고등용, 읽기 3급, 쓰기 2급

航

배 항

舟部(배주) 4획총10획

航航航航航航航航航航

| 航 | 航 | 航 | 航 | 航 | | | | | |

航空(항공) 航海(항해) 運航(운항) 航行(항행) 航路(항로) 缺航(결항) 難航(난항)

梯山航海(제산항해) : 험악(險惡)한 산을 넘고 배로 바다를 건넌다는 뜻으로, 다른 나라에 사신(使臣)으로 간다는 말.

영across 중háng 일コウ(わたる)【난이도】고등용, 읽기 4급II, 쓰기 3급II

港

항구 항

氵部(삼수변) 9획총12획

港港港港港港港港洪洪港港

| 港 | 港 | 港 | 港 | 港 | | | | | |

空港(공항) 港灣(항만) 港口(항구) 港津(항진) 出港(출항) 入港(입항) 着港(착항)

航空港(항공항) : 항공기(航空機)가 뜨고 내리는 곳. 활주로(滑走路), 승강장(乘降場), 격납고 따위의 설비(設備)를 갖추었음.

영port 중gǎng 일コウ(みなと)【난이도】고등용, 읽기 4급II, 쓰기 3급II

項

목 항

頁部(머리혈) 3획총12획

項項項項項項項項項項項項

| 項 | 項 | 項 | 項 | 項 | | | | | |

條項(조항) 事項(사항) 項目(항목) 項羽(항우) 問項(문항) 浦項市(포항시)

猫項懸鈴(묘항현령) : '고양이 목에 방울 달기'라는 뜻으로, 실행(實行)하지 못할 일을 공연(公然)히 의논(議論)만 한다는 말.

영nape 중項[xiàng] 일コウ【난이도】고등용, 읽기 3급II, 쓰기 2급

奚

어찌 해

大部(큰대) 7획총10획

奚奚奚奚奚奚奚奚奚奚

| 奚 | 奚 | 奚 | 奚 | 奚 | | | | | |

奚特(해특) 奚毒(해독) 奚琴(해금) 殺奚(살해) 奚論(해론) 奚若(해약) 奚必(해필)

奚毒(해독) : 바곳의 덩이뿌리. 성질(性質)은 매우 독한 데, 외과약(外科藥)으로나 적취(積聚), 심복통(心腹痛), 치통, 후증(喉症) 따위에 씀.

영why 중xī 일カイ(ともに)【난이도】고등용, 읽기 3급, 쓰기 2급

該

갖출 해

言部(말씀언)6획총13획

該該該該該該該該該該該該該

| 該 | 該 | 該 | 該 | 該 | | | | | |

該當(해당) 該博(해박) 該當者(해당자) 當該(당해) 該敏(해민) 該洞(해동)

産書該錄(산서해록) : 조선(朝鮮) 시대(時代) 초기(初期)에 간행(刊行)된 산과(産科)의 의서(醫書). 현재(現在) 전(傳)해지지 않음.

영that, equip 중该[gāi] 일ガイ(あたる)【난이도】고등용, 읽기 3급, 쓰기 2급

核	核核核核核核核核核核
	核 核 核 核 核
씨 핵	核心(핵심) 核實驗(핵실험) 結核(결핵) 核心的(핵심적) 核戰爭(핵전쟁) 中核(중핵)
	核武器(핵무기) : 원자핵(原子核)이 분열(分裂), 융합(融合)할 때 생기는 힘을 이용(利用)한 무기(武器). 원자(原子) 폭탄(爆彈), 수소(水素) 폭탄(爆彈) 따위.
木部(나무목)6획총10획	영kernel, core 중hé 일カク(さわ)【난이도】고등용, 읽기 4급, 쓰기 3급

享	享享享享享享享享
	享 享 享 享 享
누릴 향	享樂(향락) 祭享(제향) 享祀(향사) 享受(향수) 享壽(향수) 享有(향유) 宴享(연향)
	享樂主義(향락주의) : 향락(享樂)을 누리는 것이 인생(人生)의 최고(最高) 목적(目的)이라고 하는 주의(主義). 예술(藝術)에 있어서의 도락적 입장(立場).
亠部(돼지해머리)6획총8획	영enjoy 중xiǎng 일キョウ【난이도】고등용, 읽기 3급, 쓰기 2급

響	響響響響響響響響響響響響響響響響響響響響響
	響 響 響 響 響
울릴 향	影響(영향) 影響力(영향력) 惡影響(악영향) 響應(향응) 響樸頭(향박두) 音響(음향)
	窮響以聲(궁향이성) : 울림을 미워하여 입을 다물게 하려고 소리쳐 꾸짖으면 점점 더 울림이 커진다는 뜻으로, 근본을 무시하고 지엽적인 것을 다스림을 비유해 이르는 말.
音部(소리음)13획총22획	영echo 중响[xiǎng] 일響[キョウ](ひびく)【난이도】고등용, 읽기 3급II, 쓰기 2급

軒	軒軒軒軒軒軒軒軒軒軒
	軒 軒 軒 軒 軒
추녀 헌	烏竹軒(오죽헌) 戎軒(융헌) 蘭雪軒集(난설헌집) 許蘭雪軒(허란설헌) 軒架(헌가)
	東軒(동헌) : 지방(地方)의 고을 원이나 감사(監司)·병사(兵使)·수사(水使) 그밖에 수령(守令)들의 공사(公事)를 처리(處理)하는 대청(大廳)이나 집.
車部(수레거)3획총10획	영eaves 중轩[xuān] 일ケン(のき)【난이도】고등용, 읽기 3급, 쓰기 2급

憲	憲憲憲憲憲憲憲憲憲憲憲憲憲憲憲憲
	憲 憲 憲 憲 憲
법 헌	憲法(헌법) 違憲(위헌) 憲裁(헌재) 憲政(헌정) 改憲(개헌) 制憲節(제헌절)
	憲法訴願(헌법소원) : 헌법 정신에 위배된 법률에 의하여 기본권(基本權)의 침해(侵害)를 받은 사람이 직접(直接) 헌법(憲法) 재판소에 구제(救濟)를 청구(請求)하는 일.
心部(마음심)12획총16획	영law 중宪[xiàn] 일ケン(のり)【난이도】고등용, 읽기 4급, 쓰기 3급

獻

獻獻獻獻獻獻獻獻獻獻獻虘虘虘虘虘虘獻獻獻

獻 獻 獻 獻 獻

드릴 헌

犬部(개견)16획총20획

獻血(헌혈) 獻身(헌신) 貢獻(공헌) 文獻(문헌) 獻納(헌납) 奉獻(봉헌) 獻金(헌금)

獻芹(헌근) : 변변치 못한 미나리를 바친다는 뜻으로, 윗사람에게 물건(物件)을 선사(膳賜)할 때나 자기 의견을 적어 보낼 때에 겸손(謙遜)하게 이르는 말.

영dedicate 중献[xiàn] 일献[ケン](たてまつる)【난이도】고등용, 읽기 3급Ⅱ, 쓰기 2급

險

險險險險險險險險險險險險險險險險險

險 險 險 險 險

험할 험

阝(阜)部(좌부방)13획총16획

危險(위험) 保險(보험) 保險料(보험료) 危險性(위험성) 冒險(모험) 險難(험난)

在德不在險(재덕부재험) : 나라의 안전(安全)은 임금의 덕(德)에 달린 것이지, 지형(地形)의 험준(險峻)함에 있지 않다는 뜻.

영rough 중险[xiǎn] 일険[ケン](けわしい)【난이도】고등용, 읽기 4급, 쓰기 3급

驗

驗驗驗驗驗馬馬馬驗驗驗驗驗驗驗驗驗驗驗驗

驗 驗 驗 驗 驗

시험할 험

馬部(말마)13획총23획

試驗(시험) 經驗(경험) 體驗(체험) 受驗生(수험생) 入學試驗(입학시험)

核實驗(핵실험) : 원자(原子) 폭탄(爆彈), 수소(水素) 폭탄(爆彈) 따위의 핵무기(核武器)의 효과(效果)를 확인(確認)하기 위(爲)한 폭발(爆發) 시험(試驗).

영test 중验[yàn] 일験[ケン·ゲン](しるし)【난이도】고등용, 읽기 4급Ⅱ, 쓰기 3급Ⅱ

玄

玄玄玄玄玄

玄 玄 玄 玄 玄

검을 현

玄部(검을현) 0획총5획

玄關(현관) 玄關門(현관문) 玄琴(현금) 玄武(현무) 玄米(현미) 玄孫(현손)

玄武巖(현무암) : 이산화규소의 함량이 적고 어두운 색을 띠며, 철과 마그네슘이 비교적 풍부한 분출암(噴出巖)의 하나.

영black 중xuán 일ゲン【난이도】고등용 읽기 3급Ⅱ, 쓰기 2급

絃

絃絃絃絃絃絃絃絃絃絃絃

絃 絃 絃 絃 絃

絃樂(현악) 絃樂器(현악기) 管絃(관현) 管絃樂(관현악) 和絃(화현) 無絃(무현)

伯牙絶絃(백아절현) : 백아가 거문고 줄을 끊어 버렸다는 뜻으로, 자기(自己)를 알아주는 절친(切親)한 벗, 즉 지기지우(知己之友)의 죽음을 슬퍼함을 이르는 말.

악기 줄 현

糸部(실사)5획총11획

영string 중弦[xián] 일ゲン(いと·つる)【난이도】고등용, 읽기 3급, 쓰기 2급

縣 縣縣縣縣縣縣縣縣縣縣縣縣縣縣縣縣 縣 縣 縣 縣 縣	

縣 縣監(현감) 縣官(현관) 縣令(현령) 縣吏(현리) 縣人(현인) 郡縣(군현) 州縣(주현)

縣監(현감) : 고려(高麗)·조선(朝鮮) 시대(時代)에 현의 우두머리 벼슬아치. 종6품(從六品)으로 고려(高麗) 때의 감무에 해당(該當)함.

고을 현

糸部(실사)10획총16획 ㊟town, village ㊥县[xiàn] ㊝県[ケン](あがた) 【난이도】고등용, 읽기 3급, 쓰기 2급

懸 懸懸懸懸懸懸懸懸懸懸懸懸懸懸懸懸懸懸懸懸
懸 懸 懸 懸 懸

懸隔(현격) 懸賞(현상) 懸垂幕(현수막) 懸案(현안) 懸吐(현토) 懸板(현판)

猫項懸鈴(묘항현령) : '고양이 목에 방울 달기'라는 뜻으로, 실행(實行)하지 못할 일을 공연(公然)히 의논(議論)만 한다는 말.

매달 현

心部(마음심)16획총20획 ㊟hang, suspend ㊥悬[xuán] ㊝ケン·ケ(かかる) 【난이도】고등용, 읽기 3급Ⅱ, 쓰기 2급

顯 顯顯顯顯顯顯顯顯顯顯顯顯顯顯顯顯顯顯顯顯顯顯顯
顯 顯 顯 顯 顯

顯著(현저) 顯微鏡(현미경) 顯宗(현종) 貴顯(귀현) 發顯(발현) 顯官(현관)

顯考(현고) : 신주(神主)나 축문(祝文)에서 '돌아간 아버지'를 일컫는 말.
顯妣(현비) : 신주(神主)나 축문(祝文)에서 '돌아간 어머니'를 일컫는 말.

나타날 현

頁部(머리혈)14획총23획 ㊟appear ㊥显[xiǎn] ㊝顕[ケン](あきらか) 【난이도】고등용, 읽기 4급, 쓰기 3급

穴 穴穴穴穴穴
穴 穴 穴 穴 穴

三姓穴(삼성혈) 穴見(혈견) 穴居(혈거) 經穴(경혈) 虎穴(호혈) 墓穴(묘혈)

窬墻穿穴(유장천혈) : 담에 구멍을 뚫는다는 뜻으로, '재물(財物)이나 여자(女子)에게 탐심을 가지고 몰래 남의 집에 들어감'을 이르는 말.

구멍 혈

穴部(구멍혈)0획총5획 ㊟hole ㊥xué ㊝ケツ(あな) 【난이도】고등용, 읽기 3급Ⅱ, 쓰기 2급

嫌 嫌嫌嫌嫌嫌嫌嫌嫌嫌嫌嫌嫌嫌
嫌 嫌 嫌 嫌 嫌

嫌疑(혐의) 嫌惡(혐오) 無嫌疑(무혐의) 嫌惡感(혐오감) 嫌氣性(혐기성)

越俎之嫌(월조지혐) : 자기(自己)의 직분(職分)을 넘어 부당(不當)히 남의 일에 간섭(干涉)한다고 인정(認定)되는 혐의(嫌疑).

싫어할 혐

女部(계집녀)10획총13획 ㊟dislike ㊥嫌[xiàn] ㊝嫌[ケン·ゲン](いや) 【난이도】고등용, 읽기 3급, 쓰기 2급

脅脅脅脅脅脅脅脅脅

| 脅 | 脅 | 脅 | 脅 | 脅 | | | | |

威脅(위협) 脅迫(협박) 迫脅(박협) 威脅的(위협적) 脅奪(협탈) 脅約(협약) 脅喝(협갈)

脅迫(협박) : ① 을러메서 핍박(逼迫)함. ② 남을 두렵게 할 목적(目的)으로 불법(不法)하게 가해(加害)할 뜻을 보임. ③ 으르고 대듦.

영menace 중脇[xié] 일キョウ(おどかすおどす)【난이도】고등용, 읽기 3급Ⅱ, 쓰기 2급

으를 협
月部(육달월)6획총10획

亨亨亨亨亨亨亨

| 亨 | 亨 | 亨 | 亨 | 亨 | | | | |

亨通(형통) 亨國(형국) 亨難功臣(형난공신) 亨光(형광) 坤亨章(곤형장) 亨運(형운)

元亨利貞(원형이정) : 역학(易學)에서 말하는 천도(天道)의 네 원리(原理)라는 뜻으로, 사물(事物)의 근본(根本) 되는 원리(原理).

영go well 중hēng 일キョウ(とおる·にる)【난이도】고등용, 읽기 3급, 쓰기 2급

형통할 형
亠部(돼지해머리)5획총7획

螢螢螢螢螢螢螢螢螢螢螢螢螢螢螢螢

| 螢 | 螢 | 螢 | 螢 | 螢 | | | | | |

螢光燈(형광등) 螢雪(형설) 螢石(형석) 淺螢光團(천형광단) 螢光(형광) 螢窓(형창)

螢雪之功(형설지공) : 반딧불과 눈빛으로 이룬 공이라는 뜻으로, 가난을 이겨내며 반딧불과 눈빛으로 글을 읽어가며 고생 속에서 공부하여 이룬 공을 일컫는 말.

영firefly 중萤[yíng] 일蛍[ケイ](ほたる)【난이도】고등용, 읽기 3급, 쓰기 2급

개똥벌레 형
虫部(벌레충)10획총16획

衡衡衡衡衡衡衡衡衡衡衡衡衡衡衡衡

| 衡 | 衡 | 衡 | 衡 | 衡 | | | | |

衡平(형평) 均衡(균형) 不均衡(불균형) 銓衡(전형) 平衡(평형) 權衡(권형)

合從連衡(합종연횡) : 전국시대(戰國時代)에 행(行)해졌던 외교(外交)방식(方式)으로 합종책(合從策)과 연횡책(連衡策)을 말함.

영scale beam 중héng 일コウ(はかり)【난이도】고등용 읽기 3급Ⅱ, 쓰기 2급

저울대 형
行部(다닐행)10획총16획

兮兮兮兮

| 兮 | 兮 | 兮 | 兮 | 兮 | | | | |

兮也(혜야) 道品兮停(도품혜정) 實兮歌(실혜가) 禍兮福之所倚(화혜복지소의)

寂兮寥兮(적혜요혜) : 형체(形體)도 소리도 다 없다는 뜻으로, 무위자연(無爲自然)을 주장(主張)한 노자(老子)의 중심(中心) 사상(思想)을 이르는 말.

영particle 중xī 일ケイ【난이도】고등용, 읽기 3급, 쓰기 2급

어조사 혜
八部(여덟팔)2획총4획

慧					
지혜 혜					

慧慧慧慧慧慧慧慧慧慧慧慧慧慧慧

智慧(지혜) 知慧(지혜) 慧敏(혜민) 慧巧(혜교) 慧民庫(혜민고) 慧聖(혜성)

慧眼(혜안) : ① 사물(事物)을 밝게 보는 슬기로운 눈. ② 오안(五眼)의 하나. 모든 집착(執着)과 차별(差別)을 떠나 진리(眞理)를 밝히 보는 눈.

心部(마음심)11획총15획　영sagacity　중huì　일エ·ケイ(かしこい)【난이도】고등용, 읽기 3급Ⅱ, 쓰기 2급

互					
서로 호					

互互互互

相互(상호) 交互作(교호작) 互相(호상) 互惠(호혜) 相互作用(상호작용) 互換(호환)

互角之勢(호각지세) : 서로 조금도 낮고 못함이 없는 자세(姿勢).
相互扶助(상호부조) : 서로 돕는 일.

二部(두이) 2획총4획　영mutually　중hù　일ゴ(たがい)【난이도】고등용, 읽기 3급, 쓰기 2급

胡					
오랑캐 호					

胡胡胡胡胡胡胡胡胡

胡壽(호수) 丙子胡亂(병자호란) 胡亂(호란) 胡蝶(호접) 胡亥(호해) 胡服(호복)

胡蝶之夢(호접지몽) : 「장자(莊子)가 나비가 되어 날아다닌 꿈」으로, ① 현실(現實)과 꿈의 구별(區別)이 안 되는 것. ② 인생(人生)의 덧없음의 비유.

月部(육달월) 5획총9획　영savage　중hú　일ウ·コ·ゴ(いずくんぞ·えびす)【난이도】고등용, 읽기 3급Ⅱ, 쓰기 2급

浩					
넓을 호					

浩浩浩浩浩浩浩浩浩浩

浩歌(호가) 浩然(호연) 浩汗(호한) 浩博(호박) 浩蕩(호탕) 浩大(호대) 浩洋(호양)

浩然之氣(호연지기) : ① 도의(道義)에 근거(根據)를 두고 굽히지 않고 흔들리지 않는 바르고 큰 마음. ② 하늘과 땅 사이에 가득 찬 넓고 큰 정기(精氣).

氵部(삼수변) 7획총10획　영wide　중hào　일コウ(おおい·おおきい)【난이도】고등용, 읽기 3급Ⅱ, 쓰기 2급

毫					
가는털 호					

毫毫毫毫毫毫毫毫毫毫毫

揮毫(휘호) 氂毫(이호) 小毫(소호) 毫髮(호발) 毫毛(호모) 揮毫料(휘호료)

秋毫(추호) : 「가을철에 털을 갈아서 가늘어진 짐승의 털」이란 뜻으로, 「몹시 작음」을 비유(比喩·譬喩)하여 이르는 말.

毛部(털모) 7획총11획　영fine hair　중háo　일ゴウ(すこし·ふで)【난이도】고등용, 읽기 3급, 쓰기 2급

豪豪豪豪豪豪豪豪豪豪豪豪豪豪

호걸 호

豪傑(호걸) 豪華(호화) 豪奢(호사) 豪言(호언) 强豪(강호) 豪雨(호우) 豪氣(호기)

綠林豪傑(녹림호걸) : 푸른 숲 속에 사는 호걸(豪傑)이라는 뜻으로, 불한당(不汗黨)이나 화적(火賊) 따위를 달리 이르는 말.

豕部(돼지시) 7획총14획

영hero 중háo 일ゴウ(つよい・おおきい) 【난이도】 고등용, 읽기 3급II, 쓰기 2급

護護護護護護護護護護護護護護護護護

보호할 호

保護(보호) 擁護(옹호) 辯護士(변호사) 守護(수호) 救護(구호) 看護師(간호사)

護疾忌醫(호질기의) : 병을 숨기고 의원에게 보이기를 꺼린다는 뜻으로, 자신의 결점을 감추고 남의 충고를 듣지 않음을 비유(比喩·譬喩)하는 말.

言部(말씀언) 14획총21획

영protect 중讳[hù] 일ゴ(まもる) 【난이도】 고등용, 읽기 4급II, 쓰기 3급II

惑惑惑惑惑惑惑惑惑惑惑

미혹할 혹

疑惑(의혹) 誘惑(유혹) 眩惑(현혹) 迷惑(미혹) 魅惑的(매혹적) 困惑(곤혹)

不惑(불혹) : 미혹(迷惑)하지 아니한다는 뜻으로, 나이 마흔 살을 일컫는 말.
惑世誣民(혹세무민) : 세상(世上)을 어지럽히고 백성(百姓)을 속이는 것.

心部(마음심) 8획총12획

영bewitch 중huò 일ワク(まどう) 【난이도】 고등용, 읽기 3급II, 쓰기 2급

昏昏昏昏昏昏昏昏

어두울 혼

昏亂(혼란) 昏睡狀態(혼수상태) 昏迷(혼미) 黃昏(황혼) 朦昏(몽혼) 殮昏(염혼)

昏定晨省(혼정신성) : 저녁에는 잠자리를 보아 드리고, 아침에는 문안을 드린다는 뜻으로, 자식(子息)이 아침저녁으로 부모의 안부(安否)를 물어서 살핌을 이르는 말.

日部(날일) 4획총8획

영dark 중hūn 일コン(くらい・くらむ) 【난이도】 고등용, 읽기 3급, 쓰기 2급

魂魂魂魂魂魂魂魂魂魂魂魂魂魂

넋 혼

靈魂(영혼) 鬪魂(투혼) 斷魂(단혼) 魂靈(혼령) 招魂(초혼) 魂氣(혼기) 魂魄(혼백)

魂飛魄散(혼비백산) : 넋이 날아가고 넋이 흩어지다라는 뜻으로, 몹시 놀라 어찌할 바를 모름. 民族魂(민족혼) : 그 민족만이 지니고 있는 특유의 정신(精神).

鬼部(귀신귀) 4획총14획

영soul 중hún 일コン(たましい) 【난이도】 고등용, 읽기 3급II, 쓰기 2급

忽

忽忽忽忽忽忽忽忽

| 忽 | 忽 | 忽 | 忽 | 忽 | | | | |

疎忽(소홀) 疏忽(소홀) 忽待(홀대) 忽然(홀연) 召忽(소홀) 怠忽(태홀) 忽魚(홀어)

忽顯忽沒(홀현홀몰) : 문득 나타났다가 문득 없어짐.
因忽不見(인홀불견) : 언뜻 보이다가 바로 없어져 보이지 아니함.

갑자기 홀

心部(마음심) 4획총8획

영suddenly 중hū 일コツ(たちまち·ゆるがせ) 【난이도】고등용, 읽기 3급Ⅱ, 쓰기 2급

弘

弘弘弘弘弘

| 弘 | 弘 | 弘 | 弘 | 弘 | | | | |

弘報(홍보) 國政弘報處(국정홍보처) 弘文館(홍문관) 四弘誓願(사홍서원)

弘益人間(홍익인간) : 널리 인간세계(人間世界)를 이롭게 한다는 뜻으로, 우리나
라의 건국(建國) 시조(始祖)인 단군(檀君)의 건국(建國) 이념(理念).

클 홍

弓部(활궁) 2획총5획

영extensive 중hóng 일グ·コウ(ひろい·ひろめる) 【난이도】고등용, 읽기 3급, 쓰기 2급

洪

洪洪洪洪洪洪洪洪洪

| 洪 | 洪 | 洪 | 洪 | 洪 | | | | |

洪吉童傳(홍길동전) 洪陵(홍릉) 洪福(홍복) 洪水(홍수) 洪恩(홍은) 洪城(홍성)

付諸洪橋(부제홍교) : 홍교(洪喬)에게 부탁(付託)한다는 뜻으로, 편지(便紙)가
유실(遺失)된 것을 비유(比喩·譬喩)하는 말.

넓을 홍

氵部(삼수변) 6획총9획

영broad, extensive 중hóng 일コウ(おおみず) 【난이도】고등용, 읽기 3급Ⅱ, 쓰기 2급

鴻

鴻鴻鴻鴻鴻鴻鴻鴻鴻鴻鴻鴻鴻鴻鴻鴻鴻

| 鴻 | 鴻 | 鴻 | 鴻 | 鴻 | | | | |

鴻學(홍학) 鴻業(홍업) 鴻雁(홍안) 鴻大(홍대) 鴻門(홍문) 鴻毛(홍모) 鴻志(홍지)

燕鴻之歎(연홍지탄) : 봄과 가을에 엇갈리는 제비와 기러기처럼 서로 반대(反對)의
입장(立場)이 되어 만나지 못함을 한탄(恨歎)하는 말임.

큰기러기 홍

鳥部(새조) 6획총17획

영big goose 중鸿[hóng] 일コウ(おおきい) 【난이도】고등용, 읽기 3급, 쓰기 2급

禾

禾禾禾禾禾

| 禾 | 禾 | 禾 | 禾 | 禾 | | | | |

禾尺(화척) 嘉禾驠(가화건) 禾穀(화곡) 禾苗(화묘) 禾利付畓(화리부답)

禾利(화리) : ① 논의 경작권(耕作權)을 매매(賣買)의 대상(對象)으로 일컫는 말.
② 수확(收穫)이 예상(豫想)되는 벼를 매매(賣買)의 대상(對象)으로 일컫는 말.

벼 화

禾部(벼화) 0획총5획

영rice plant 중hé 일カ(いね) 【난이도】고등용, 읽기 3급, 쓰기 2급

禍

禍禍禍禍禍禍禍禍禍禍禍禍禍禍
禍 禍 禍 禍 禍

재앙 화

禍根(화근) 禍福(화복) 士禍(사화) 殃禍(앙화) 災禍(재화) 慘禍(참화) 禍源(화원)

轉禍爲福(전화위복) : 화가 바뀌어 오히려 복이 된다는 뜻으로, 어떤 불행한 일이라도 끊임없는 노력과 강인(強靭)한 의지로 힘쓰면 불행을 행복으로 바꾸어 놓을 수 있다는 말.

示部(보일시)9획총14획

영disaster 중禍[huò] 일カ(わざわい) 【난이도】고등용, 읽기 3급Ⅱ, 쓰기 2급

確

確確確確確確確確確確確確確確
確 確 確 確 確

굳을 확

確認(확인) 確保(확보) 正確(정확) 確實(확실) 明確(명확) 確立(확립) 確率(확률)

確固不動(확고부동) : 확고(確固)하여 흔들리거나 움직이지 아니함.
確固不拔(확고불발) : 확고(確固)하여 흔들리거나 움직이지 아니함.

石部(돌석)10획총15획

영firm 중确[què] 일カク(たしか・たしかめる) 【난이도】고등용, 읽기 4급Ⅱ, 쓰기 3급Ⅱ

擴

擴擴擴擴擴擴擴擴擴擴擴擴擴擴擴
擴 擴 擴 擴 擴

넓힐 확

擴大(확대) 擴散(확산) 擴充(확충) 擴張(확장) 擴聲器(확성기) 施設擴充(시설확충)

擴大解釋(확대해석) : 논리(論理) 해석의 한 가지. 법규(法規)의 문장(文章)이나 낱말의 의미(意味)를 일반적인 의미(意味)보다 넓게 해석(解釋)하는 일.

扌(手)部(재방변)15획총18획

영expand 중扩[kuò] 일拡[カク](ひろげる) 【난이도】고등용, 읽기 3급, 쓰기 2급

穫

穫穫穫穫穫穫穫穫穫穫穫穫穫穫穫
穫 穫 穫 穫 穫

거둘 확

收穫(수확) 收穫量(수확량) 穫稻(확도) 秋穫(추확) 收穫期(수확기) 多收穫(다수확)

一樹百穫(일수백확) : 한 나무에서 백 배를 수확한다는 뜻으로, 인물을 양성하는 보람을 이르는 말, 곧 인재 한 사람을 길러냄이 사회에는 막대한 이익을 줌을 이르는 말.

禾部(벼화)14획총19획

영harvest 중获[huò] 일穫[カク](かる) 【난이도】고등용, 읽기 3급, 쓰기 2급

丸

九九丸
丸 丸 丸 丸 丸

둥글 환

彈丸(탄환) 烏丸(오환) 淸心丸(청심환) 投丸(투환) 丸藥(환약) 小木丸(소목환)

阪上走丸(판상주환) : 「언덕 위에서 공을 굴린다」는 뜻으로, 어떤 세력(勢力)에 힘입어 일을 꾀하면 쉽게 이루어지거나, 또는 그 일이 잘 진전됨의 비유(比喩·譬喩).

丶部(점주) 2획총3획

영pill 중wán 일ガン(まる・まるい・まるめる) 【난이도】고등용, 읽기 3급, 쓰기 2급

369

換	換換換換換換換換換換
	換 換 換 換 換

轉換(전환) 換率(환율) 外換(외환) 交換(교환) 轉換點(전환점) 換算(환산)

換骨奪胎(환골탈태) : 환골은 옛사람의 시문(詩文)을 본떠서 어구를 만드는 것, 탈태는 고시(古詩)의 뜻을 본떠서 원시와 다소 뜻을 다르게 짓는 것을 말한다.

바꿀 환

扌(手)部(재방변)9획총12획

영exchange 중換[huàn] 일カン(かえる·かわる) 【난이도】고등용, 읽기 3급II, 쓰기 2급

還	還還還還還還還還還還還還還還還還
	還 還 還 還 還

償還(상환) 還收(환수) 返還(반환) 還元(환원) 送還(송환) 歸還(귀환) 還給(환급)

熟不還生(숙불환생) : 한 번 익힌 음식(飮食)은 날것으로 되돌아 갈 수 없어 그대로 두면 쓸데없다는 뜻으로, 남에게 음식(飮食)을 권할 때 쓰는 말.

돌아올 환

辶部(책받침)13획총17획

영return 중还[hái] 일カン(かえす) 【난이도】고등용, 읽기 3급, 쓰기 2급

環	環環環環環環環環環環環環環環環環
	環 環 環 環 環

環境(환경) 環刀(환도) 循環(순환) 一環(일환) 指環(지환) 花環(화환)

循環(순환) : ① 한 차례(次例) 돌아서 다시 먼저의 자리로 돌아옴, 또는 그것을 되풀이함. ② 돈을 내돌림. ③ 몸안에서 피나 영양물(營養物)이 끊임없이 돌아다님.

고리 환

王部(구슬옥변)13획총17획

영ring, link 중环[huán] 일カン(たまき) 【난이도】고등용, 읽기 4급, 쓰기 3급

況	況況況況況況況況
	況 況 況 況 況

狀況(상황) 情況(정황) 不況(불황) 好況(호황) 現況(현황) 況且(황차) 又況(우황)

狀況室(상황실) : 관청(官廳)이나 군대(軍隊) 등에서, 어떤 일의 전반적인 상황(狀況)을 파악(把握)하기 위해 여러 자료나 설비를 갖추어 두는 특별(特別)한 방(房).

하물며 황

氵部(삼수변) 5획총8획

영moreover 중況[kuàng] 일キョウ(いわんや) 【난이도】고등용, 읽기 4급, 쓰기 3급

荒	荒荒荒荒荒荒荒荒荒荒
	荒 荒 荒 荒 荒

荒唐(황당) 荒凉(황량) 荒漠(황막) 荒蕪地(황무지) 荒城(황성) 虛荒(허황)

荒唐無稽(황당무계) : '허황(虛荒)되고 근거(根據)가 없다'라는 뜻으로, 말이나 행동(行動)이 터무니 없고 근거(根據)가 없음.

거칠 황

艹部(초두머리)6획 총10획

영rough 중荒[huáng] 일コウ(あらい·あらす) 【난이도】고등용, 읽기 3급II, 쓰기 2급

悔

뉘우칠 회

忄部(심방변) 7획 총 10획

悔 悔 悔 悔 悔 悔 悔 悔 悔

悔 悔 悔 悔 悔

懺悔(참회) 後悔(후회) 悔恨(회한) 痛悔(통회) 慙悔(참회) 感悔(감회) 悔改(회개)

亢龍有悔(항룡유회) : 하늘에 오른 용은 뉘우침이 있다는 뜻으로, 하늘 끝까지 올라간 용이 더 올라갈 데가 없어 다시 내려올 수밖에 없듯이, 부귀가 극에 이르면 몰락할 위험이 있음을 경계(警戒)해 이르는 말.

영regret 중huǐ 일悔[カイ](くいる·くやしい) 【난이도】고등용, 읽기 3급Ⅱ, 쓰기 2급

懷

품을 회

忄部(심방변) 16획 총 19획

懷 懷 懷 懷 懷 懷 懷 懷 懷 懷 懷 懷 懷 懷 懷 懷 懷

懷 懷 懷 懷 懷

懷生(회생) 懷柔(회유) 懷疑的(회의적) 懷妊(회임) 懷抱(회포) 所懷(소회)

虛心坦懷(허심탄회) : 마음을 비우고 생각을 터놓음, 명랑하고 거리낌이나 숨김이 없는 마음. 望雲之懷(망운지회) : 구름을 바라보며 고향과 자식을 그리워한다는 뜻.

영hug, cherish 중怀[huái] 일カイ(なつかしい) 【난이도】고등용, 읽기 3급Ⅱ, 쓰기 2급

劃

그을 획

刂部(선칼도방) 12획 총 14획

劃 劃 劃 劃 畫 畫 畫 畫 畫 畫 畫 畫 畫 劃

劃 劃 劃 劃 劃

計劃(계획) 企劃(기획) 劃期的(획기적) 劃策(획책) 劃一的(획일적) 計劃的(계획적)

區劃(구획) : ① (일정한 토지나 장소 따위)일정한 처소(處所)를 구별(區別)하여 획정(劃定)함. 경계(境界)를 갈라 정함. ② 또는 그 구역(區域).

영drow 중划[wù] 일カク(くぎる·わかつ) 【난이도】고등용, 읽기 3급Ⅱ, 쓰기 2급

獲

얻을 획

犭部(개사슴록변) 14획 총 17획

獲 獲 獲 獲 獲 獲 獲 獲 獲 獲 獲 獲 獲 獲 獲

獲 獲 獲 獲 獲

獲得(획득) 獲利(획리) 禽獲(금획) 擒獲(금획) 生獲(생획) 捕獲(포획) 濫獲(남획)

先難後獲(선난후획) : 어려운 공적(公的)인 일을 먼저하고, 자신(自身)에게 이익(利益)이 되는 사적(私的)인 일은 나중에 함을 이르는 말.

영acquire 중获[huò] 일カク(える) 【난이도】고등용, 읽기 3급Ⅱ, 쓰기 2급

橫

가로 횡

木部(나무목) 12획 총 16획

橫 橫 橫 橫 橫 橫 橫 橫 橫 橫 橫 橫 橫 橫 橫 橫

橫 橫 橫 橫 橫

橫膈膜(횡격막) 橫斷(횡단) 橫領(횡령) 橫暴(횡포) 橫行(횡행) 專橫(전횡)

橫說竪說(횡설수설) : 말을 이렇게 했다가 저렇게 했다가 하다, 두서가 없이 아무렇게나 떠드는 것. 縱橫無盡(종횡무진) : 행동이 마음 내키는 대로 자유자재로 함.

영horizontal 중橫[héng] 일橫[オウ](よこ) 【난이도】고등용, 읽기 3급Ⅱ, 쓰기 2급

曉

새벽 효

日部(날일) 12획 총 16획

曉曉曉曉曉曉曉曉曉曉曉曉曉曉曉曉

曉 曉 曉 曉 曉

曉星(효성) 元曉(원효) 曉鐘(효종) 曉達(효달) 曉天(효천) 徹曉(철효) 曉然(효연)

春眠不覺曉(춘면불각효) : '봄 잠에 날이 새는 줄 모른다'라는 뜻으로, 좋은 분위기 (雰圍氣)에 취(醉)하여 시간 가는 줄 모르는 경우를 비유(比喩·譬喩)하는 말.

영dawn 중曉[xiǎo] 일ギョウ(あかつき) 【난이도】고등용, 읽기 3급, 쓰기 2급

侯

제후 후

亻部(사람인변) 7획 총 9획

侯侯侯侯侯侯侯侯侯

侯 侯 侯 侯 侯

節侯(절후) 諸侯(제후) 列侯(열후) 公侯(공후) 侯爵(후작) 君侯(군후) 王侯(왕후)

祗侯(지후) : ① 삼가 어른을 모시어 시중 듦. ② 고려 때 합문(閤門)의 한 벼슬. 11대 문종(文宗)이 정7품으로 정하였다가, 20대 신종(神宗)이 참상(參上)으로 올렸음.

영feudal lord 중hóu 일コウ 【난이도】고등용, 읽기 3급, 쓰기 2급

候

기후 후

亻部(사람인변) 8획 총 10획

候候候候候候候候候候

候 候 候 候 候

候補(후보) 候補者(후보자) 徵候(징후) 症候群(증후군) 節候(절후) 症候(증후)

氣候(기후) : ① 지상과 수륙(水陸)의 형세에 의해 생기는 날씨의 현상. ② 이십 사 기 (氣)와 칠십 이 후(候)의 총칭(總稱). ③ 기체(氣體)와 같은 뜻으로 편지(便紙)에 씀.

영season 중hòu 일コウ(そうろう) 【난이도】고등용, 읽기 4급, 쓰기 3급

毁

헐 훼

殳部(갖은등글월문) 9획 총 13획

毁毁毁毁毁毁毁毁毁毁毁毁毁

毁 毁 毁 毁 毁

毁謗(훼방) 毁傷(훼상) 毁損(훼손) 毁節(훼절) 破毁(파훼) 貶毁(폄훼) 毁破(훼파)

不敢毁傷(불감훼상) : 부모(父母)에서 받은 몸을 깨끗하고 온전(穩全)하게 하는 것. 毁劃(훼획) : 기와를 헐고 흙 손질한 벽에 금을 긋는다는 뜻으로, '남의 집에 해를 끼침'을 이르는 말.

영destroy 중whuǐ 일キ(やぶれる) 【난이도】고등용, 읽기 3급, 쓰기 2급

揮

휘두를 휘

扌(手)部(재방변) 9획 총 12획

揮揮揮揮揮揮揮揮揮揮揮揮

揮 揮 揮 揮 揮

發揮(발휘) 指揮(지휘) 揮發油(휘발유) 揮毫(휘호) 指揮權(지휘권) 指揮官(지휘관)

一筆揮之(일필휘지) : 한숨에 글씨나 그림을 줄기차게 쓰거나 그림. 陣頭指揮(진두지휘) : 직접(直接) 진두(陣頭)에 나서서 지휘(指揮)함.

영brandish 중揮[huī] 일キ(ふるう) 【난이도】고등용, 읽기 4급, 쓰기 3급

輝

빛날 휘

輝輝輝輝輝輝輝輝輝輝輝輝輝輝輝

| 輝 | 輝 | 輝 | 輝 | 輝 | | | | | |

光輝(광휘) 輝石(휘석) 輝煌(휘황) 輝映(휘영) 輝線(휘선) 輝銅鑛(휘동광)

輝煌燦爛(휘황찬란) : ① 광채(光彩)가 나서 눈부시게 번쩍임. ② 행동(行動)이 온당(穩當)하지 못하고 못된 꾀가 많아서 야단스럽기만 하고 믿을 수 없음.

車部(수레거)8획총15획 · 영shine · 중輝[huī] · 일キ(かがやく) 【난이도】 고등용, 읽기 3급, 쓰기 2급

携

들 휴

携携携携携携携携携携携携携

| 携 | 携 | 携 | 携 | 携 | | | | | |

携帶(휴대) 提携(제휴) 携帶品(휴대품) 扶携(부휴) 携引(휴인) 携帶證(휴대증)

携帶電話(휴대전화) : 개인이 휴대(携帶)하여 옥내・옥외에서는 물론 이동 중에도 통화(通話)할 수 있는 소형(小型) 무선(無線) 전화기(電話機). 핸드폰. 휴대폰.

扌部(재방변)10획총13획 · 영lead, carry · 중xié · 일ケイ(たずさえる・たずさわる) 【난이도】 고등용, 읽기 3급, 쓰기 2급

吸

숨 들이쉴 흡

吸吸吸吸吸吸吸

| 吸 | 吸 | 吸 | 吸 | 吸 | | | | | |

吸收(흡수) 吸煙(흡연) 呼吸(호흡) 吸着(흡착) 吸煙者(흡연자) 吸引力(흡인력)

呼吸器(호흡기) : 호흡 작용을 맡은 기관(氣管). 고등동물(高等動物)의 폐, 어류(魚類)의 아가미, 거미류의 폐서(肺書), 곤충류(昆蟲類)의 기관(氣管) 따위.

口部(입구) 4획총7획 · 영breath · 중xī · 일キュウ(すう) 【난이도】 고등용, 읽기 4급Ⅱ, 쓰기 3급Ⅱ

稀

드물 희

稀稀稀稀稀稀稀稀稀稀稀稀

| 稀 | 稀 | 稀 | 稀 | 稀 | | | | | |

稀薄(희박) 稀貴(희귀) 稀代(희대) 稀微(희미) 稀釋(희석) 稀年(희년) 稀宴(희연)

古稀(고희) : 70세를 일컬음. 일흔 살까지 산다는 것은 옛날에는 드문 일이라는 뜻. 인생칠십고래희(人生七十古來稀)에서 유래한 말.

禾部(벼화) 7획총12획 · 영rare · 중xī · 일キ・ケ(うすい・まばら・まれ) 【난이도】 고등용, 읽기 3급Ⅱ, 쓰기 2급

戲

놀 희

戲戲戲广庐庐庐虍虗虗虘戲戲戲

| 戲 | 戲 | 戲 | 戲 | 戲 | | | | | |

戲曲(희곡) 戲弄(희롱) 遊戲(유희) 角戲(각희) 性戲弄(성희롱) 戲畵化(희화화)

斑衣之戲(반의지희) : 때때옷을 입고 하는 놀이라는 뜻으로, 늙어서도 부모에게 효양(孝養)함을 이르는 말. 부모를 위로(慰勞)하려고 색동 저고리를 입고 기어가 보임.

戈部(창과)12획총16획 · 영raillery · 중戏[hū] · 일戱[ギ](たわむれる) 【난이도】 고등용, 읽기 특급Ⅱ

教育用漢字

附錄

故 事 成 語 연고 고　일 사　이룰 성　말씀 어	**뜻** 옛날에 있었던 일에서 유래하여 관용적인 뜻으로 굳어져 쓰이는 한자로 된 말. 주로 4자(字)로 되어 있으며, 사자성어 (四字成語)라고도 한다.
呵 呵 大 笑 꾸짖을 가　　　큰 대　웃음 소	**뜻** 너무 우스워서 한바탕 껄껄 웃음. 껄껄 크게 웃는 웃음. 拍掌大笑(박장대소) : 손뼉을 치면서 크게 웃음. 破顔大笑(파안대소) : 얼굴이 찢어지도록 크게 웃는다는 뜻으로, 즐거운 표정(表情)으로 한바탕 크게 웃음을 이르는 말.
家 家 戶 戶 집 가　　　지게 호	**뜻** 집집마다 또는 모든 집이라는 뜻으로, 각각의 집과 호(戶)를 말함. 매호(每戶). 自家撞着(자가당착) : 자기의 언행이 전후(前後) 모순(矛盾)되어 일치(一致)하지 않음.
街 談 巷 說 거리 가　말씀 담　거리 항　말씀 설	**뜻** 길거리나 항간에 떠도는 소문이나 세상에 떠도는 소문. '뜬소문'으로 순화. 街談巷語(가담항어)도 같은 뜻. 談笑自若(담소자약) : 위험이나 곤란에 직면해 걱정과 근심이 있을 때라도 변함없이 평상시(平常時)와 같은 태도(態度)를 가짐.
苛 斂 誅 求 가혹할 가　거둘 렴　벨 주　구할 구	**뜻** 가혹하게 세금을 거두거나 백성의 재물을 억지로 빼앗음. 苛酷(가혹) : 몹시 모질고 혹독함. 收斂(수렴) : 돈이나 물건 따위를 거두어들임. 求心(구심) : 중심으로 가까워져 옴.
苛 政 猛 於 虎 가혹할 가　정사 정　사나울 맹　어조사 어　범 호	**뜻** 「가혹(苛酷)한 정치(政治)는 호랑이 보다 더 사납다」는 뜻으로, 가혹한 정치의 폐해(弊害)를 비유하는 말. 猛虎伏草(맹호복초) : '풀밭에 엎드려 있는 범'이란 뜻으로, 영웅은 일시적으로는 숨어 있지만 때가 되면 반드시 세상에 드러난다는 말.
佳 人 薄 命 아름다울 가　사람 인　엷을 박　목숨 명	**뜻** 「아름다운 사람은 명이 짧다」는 뜻으로, 여자의 용모(容貌)가 너무 아름다우면 운명이 기박(奇薄)하고 명이 짧다는 말. 紅顔薄命(홍안박명) : 얼굴에 복숭아빛을 띤 예쁜 여자는 팔자가 사납다는 뜻으로 이르는 말.
各 人 各 色 각각 각　사람 인　각각 각　빛 색	**뜻** 태도(態度), 언행(言行) 등이 사람마다 다르다. 各自圖生(각자도생) : 사람은 제각기 살아갈 방법(方法)을 도모 (圖謀)함. **출전** 춘추좌씨전(春秋左氏傳)에서 유래.
刻 舟 求 劍 새길 각　배 주　구할 구　칼 검	**뜻** 융통성 없이 현실에 맞지 않는 낡은 생각을 고집하는 어리석음을 이르는 말. 초나라 사람이 배에서 칼을 물속에 떨어뜨리고 그 위치를 뱃전에 표시하였다가 나중에 배가 움직인 것을 생각하지 않고 칼을 찾았다는 데서 유래함.
肝 膽 相 照 간 간　쓸개 담　서로 상　비출 조	**뜻** 간과 쓸개를 꺼내 보인다는 뜻으로, 서로 속마음을 털어놓고 친하게 사귐을 말함. 肝腦塗地(간뇌도지) : 「간과 뇌수(腦髓)를 땅에 쏟아낸다」는 뜻으로, 나라를 위하여 목숨을 돌보지 않고 힘을 다함을 이름.

看 雲 步 月	뜻 구름을 바라보거나 달빛 아래 거닌다는 뜻으로, 객지에서 고향의 가족이나 집을 생각함을 이르는 말.
볼 간　구름 운　걸음 보　달 월	走馬看花(주마간화) : 달리는 말 위에서 꽃을 본다는 뜻으로, 사물의 겉면만 훑어보고, 그 깊은 속은 살펴보지 않음을 비유해 이르는 말.

干 將 莫 耶	뜻 중국 춘추 시대 오나라에서, 임금 합려의 청탁을 받은 장색인 간장(干將)과 그의 아내 막야(莫耶)가 만든 두 자루의 훌륭한 칼을 아울러 이르던 말.
방패 간　장차 장　없을 막　어조사 야	출전 순자성악편(荀子性惡篇)에서 유래함.

渴 而 穿 井	뜻 목이 말라야 비로소 샘을 판다는 말로, 미리 준비를 하지 않고 있다가 일이 닥친 뒤에 서두르는 것을 비유하는 말이다.
목마를 갈　말이을 이　뚫을 천　우물 정	渴不飮盜泉水(갈불음도천수) : 「목이 말라도 도천(盜泉)의 물은 마시지 않는다」는 뜻으로, 아무리 궁해도 불의(不義)는 저지르지 않는다는 말.

甘 言 利 說	뜻 귀가 솔깃하도록 남의 비위를 맞추거나 이로운 조건을 내세워 꾀는 말. '꾐 말', '달콤한 말'로 순화.
달 감　말씀 언　이할 이　말씀 설	甘泉先竭(감천선갈) : 「물맛이 좋은 샘은 먼저 마른다」는 뜻으로, 재능 있는 사람이 일찍 쇠폐(衰廢)함을 비유해 이르는 말.

甘 呑 苦 吐	뜻 「달면 삼키고 쓰면 뱉는다」는 뜻으로, 사리에 옳고 그름을 돌보지 않고, 자기 비위에 맞으면 취하고 싫으면 버린다는 뜻.
달 감　삼킬 탄　쓸 고　토할 토	呑刀刮腸(탄도괄장) : 「칼을 삼켜 창자를 도려낸다」는 뜻으로, 사악한 마음을 없애고 새로운 사람이 됨을 이르는 말.

康 衢 煙 月	뜻 번화한 큰 길거리에서 달빛이 연기에 은은하게 비치는 모습을 나타내는 말로, 태평한 세상의 평화로운 풍경을 이르는 말.
편안 강　거리 구　연기 연　달 월	康衢烟月之曲(강구연월지곡) : 조선 순조(純祖) 때 자경전(慈慶殿)의 야진별반과의(夜進別盤果儀)에서 궁중 광수무(廣袖舞)의 반주 음악으로 연주하던 악곡.

强 弩 之 末	뜻 「힘찬 활에서 튕겨나온 화살도 마지막에는 힘이 떨어져 비단(緋緞)조차 구멍을 뚫지 못한다」는 뜻으로, 아무리 강한 힘도 마지막에는 결국 쇠퇴(衰退)하고 만다는 의미(意味).
강할 강　쇠뇌 노　갈 지　끝 말	출전 사기(史記) 한장 유열전에서 유래.

改 過 遷 善	뜻 지난날의 잘못을 고치어 착하게 됨.
	改過自新(개과자신) : 허물을 고쳐 스스로 새로워 짐.
	悔過遷善(회과천선) : 지난날의 잘못을 뉘우치고 고쳐 착하게 됨.
고칠 개　허물 과　옮길 천　착할 선	最善(최선) : ① 가장 좋음. ② 가장 적합함. ③ 전력(全力).

蓋 棺 事 定	뜻 시체를 관에 넣고 관(棺) 뚜껑을 덮은 후에야 일을 결정할 수 있다는 뜻으로, 사람이 죽은 후에야 비로소 그 사람에 대한 평가가 제대로 나옴을 이르는 말.
덮을 개　널 관　일 사　정할 정	출전 시인 두보(杜甫)의 군불견 간소혜(君不見簡蘇徯)

開 卷 有 益	뜻 책을 펼쳐 놓는 것만으로도 이익이 있다는 뜻으로, 책을 읽는 것을 권장하는 말.
열 개　책 권　있을 유　더할 익	開權顯實(개권현실) : 불교에서 권교(權敎)인 방편을 치우고 진실한 교리를 나타내 보이는 일.

開	門	揖	盜	뜻 문을 열어 도둑을 맞이한다는 뜻으로, 상황을 깨닫지 못하고 스스로 화를 불러들임을 이르는 말.
열 개	문 문	읍 읍	도적 도	**開門納賊**(개문납적) : 문을 열어 도둑이 들어오게 한다는 뜻으로, 제 스스로 화를 불러들임을 이르는 말.

蓋	世	之	才	뜻 세상을 뒤덮을 만큼 뛰어난 재주 또는 그 재주를 가진 사람.
덮을 개	인간 세	갈 지	재주 재	**蓋世英雄**(개세영웅) : 기상이나 위력, 재능 따위가 세상을 뒤덮을 만큼 뛰어난 영웅. **英敏**(영민) : 재지(才智)·감각·행동 등이 날카롭고 민첩함.

居	敬	窮	理	뜻 주자학(朱子學) 수양(修養)의 두 가지 방법인 거경(居敬)과 궁리(窮理). 거경(居敬)이란 내적 수양법으로서 항상 몸과 마음을 삼가서 바르게 가지는 일이며, 궁리(窮理)란 외적 수양법으로서 널리 사물의 이치를 궁구(窮究)하여 정확한 지식을 얻는 일.
살 거	공경 경	궁할 궁	다스릴 리	

去	頭	截	尾	뜻 「머리와 꼬리를 잘라버린다」는 뜻으로, ① 앞뒤의 잔사설을 빼놓고 요점(要點)만을 말함. ② 앞뒤 서론은 생략(省略)하고 본론(本論)으로 들어감.
갈 거	머리 두	끊을 절	꼬리 미	**去益泰山**(거익태산) : 갈수록 태산(泰山)이란 말.

居	安	思	危	뜻 평안(平安)할 때에도 위험(危險)과 곤란(困難)이 닥칠 것을 생각하며 잊지말고 미리 대비(對備)해야 함.
살 거	편안할 안	생각 사	위태할 위	**有備無患**(유비무환) : 「준비가 있으면 근심이 없다」라는 뜻으로, 미리 준비가 되어 있으면 우환을 당하지 아니함.

擧	案	齊	眉	뜻 「밥상을 눈썹 높이로 들어 공손(恭遜)히 남편 앞에 가지고 간다」는 뜻으로, 남편을 깍듯이 공경(恭敬)함을 일컫는 말.
들 거	책상 안	가지런할 제	눈썹 미	**祿上擧案**(녹상거안) : 벼슬아치가 받을 녹봉의 액수와 성명을 적어서 광흥창(廣興倉)에 올리는 문건.

去	者	日	疏	뜻 떠난 사람에 대한 생각은 날이 갈수록 잊게 된다는 뜻으로, 서로 멀리 떨어져 있으면 점점 사이가 멀어짐을 이르는 말.
갈 거	놈 자	날 일	소통할 소	**疏遠**(소원) : ☞ 소원(疏遠). **去者日以疏**(거자일이소)도 같은 의미.

車	載	斗	量	뜻 「수레에 싣고 말(斗)로 될 수 있을 정도」라는 뜻으로, 인재(人材)나 물건(物件)이 아주 많음을 비유(比喩·譬喩)함.
수레 거	실을 재	말 두	헤아릴 량	**揭載**(게재) : 신문(新聞) 따위에 글이나 그림을 실음. **출전** 삼국지 오주전(吳主傳).

乾	坤	一	色	뜻 눈이 내린 뒤에 온 세상이 한 가지 빛깔로 뒤덮인 듯함.
하늘 건	땅 곤	한 일	빛 색	**乾坤坎離**(건곤감리) : 「주역(周易)」의 기본 괘(卦)임. 우리나라의 국기인 태극기(太極旗)에 표현(表現)되어 하늘과 땅, 물과 불을 상징(象徵)하는 4개의 괘(卦).

乾	坤	一	擲	뜻 「하늘이냐 땅이냐를 한 번 던져서 결정한다」는 뜻으로, ① 운명과 흥망을 걸고 단판으로 승부나 성패를 겨룸. ② 또는 오직 이 한번에 흥망성쇠(興亡盛衰)가 걸려 있는 일.
하늘 건	땅 곤	한 일	던질 척	**출전** 중국(中國) 당(唐)나라의 문인 한유(韓愈)의 시(詩).

建 陽 多 慶	뜻 새해 입춘(立春)을 맞이하여 길운(吉運)을 기원하는 글.
세울 건　볕 양　많을 다　경사 경	**掃地黃金出 開門萬福來**(소지황금출개문만복래) 땅을 쓰니 황금(黃金)이 나오고, 문을 여니 만복이 들어온다는 뜻으로 입춘에 많이 쓰이는 문구(文句).

桀 犬 吠 堯	뜻 「폭군 걸왕(桀王)의 개도 성왕(聖王) 요(堯)임금을 보면 짓는다」는 뜻으로, 윗사람이 교만(驕慢)한 마음을 버리고 아랫 사람을 진심과 믿음으로 대하면 아랫사람은 자기 상관에게 충성을 다하게 된다는 것을 이름.
홰 걸　개 견　짖을 폐　임금 요	

黔 驢 之 技	뜻 「검단 노새의 재주」라는 뜻으로, 겉치레 뿐이고 실속이 보잘것없는 솜씨를 이르는 말.
검을 검　당나귀 려　갈 지　재주 기	**磨驢故跡**(마려고적) : 연자매를 끌어 돌리는 당나귀가 밟았던 발자국을 다시 밟는다는 뜻으로, 같은 실수를 자꾸 되풀이하거나 앞으로 나아가지 못함을 이르는 말.

格 物 致 知	뜻 사물(事物)의 이치(理致)를 구명(究明)하여 자기(自己)의 지식(知識)을 확고(確固)하게 함.
격식 격　물건 물　이를 치　알 지	**雅致高節**(아치고절) : 아담(雅淡·雅澹)한 풍치(風致)나 높은 절개(節槪·節介)라는 뜻으로, 매화(梅花)를 이르는 말.

隔 靴 搔 痒	뜻 신을 신고 발바닥을 긁는다는 뜻으로, 성에 차지 않거나 철저하지 못한 안타까움을 이르는 말.
막힐 격　신발 화　긁을 소　앓을 양	**麻姑搔痒**(마고소양) : 「마고(麻姑)라는 손톱이 긴 선녀가 가려운 데를 긁는다」는 뜻으로, 일이 뜻대로 됨을 비유해 이르는 말.

見 利 思 義	뜻 눈앞에 이익(利益)을 보거든 먼저 그것을 취함이 의리(義理)에 합당(合當)한 지를 생각하라는 말.
볼 견　이할 리　생각 사　옳을 의	**見利忘義**(견리망의) : 눈앞의 이익(利益)을 보면 탐내어 의리(義理)를 저버림.

犬 馬 之 勞	뜻 「개나 말의 하찮은 힘」이라는 뜻으로, 임금이나 나라에 충성(忠誠)을 다하는 노력(努力)과 윗사람에게 바치는 자기의 노력(努力)을 낮추어 말할 때 쓰는 말.
개 견　말 마　갈 지　일할 로	**犬馬之誠**(견마지성) 도 비슷한 의미.

見 蚊 拔 劍	뜻 「모기를 보고 칼을 뺀다」는 뜻으로, 보잘것없는 작은 일에 지나치게 큰 대책(對策)을 세운다든가, 조그만 일에 크게 화를 내는 소견(所見)이 좁은 사람을 보고 하는 말.
볼 견　모기 문　뺄 발　칼 검	**拔萃**(발췌) : 글 가운데서 요점(要點)을 뽑거나 또는 그 글.

堅 壁 淸 野	뜻 성에 들어가 지키며 적에게 먹을 것을 주지 않기 위해 들판을 비운다는 뜻으로, 일제가 항일 독립군을 토벌할 때 집단 부락을 만들어 농민들을 강제로 몰아넣고 주변에 한 채의 집도 없게 하여 독립군과 주민과의 연계를 끊어 보려고 한 흉책을 이르는 말.
굳을 견　벽 벽　맑을 청　들 야	

犬 兔 之 爭	뜻 개와 토끼의 다툼이라는 뜻으로, 두 사람의 싸움에 제삼자가 이익을 봄을 비유적으로 이르는 말.
개 견　토끼 토　갈 지　다툴 쟁	**見兔放狗**(견토방구) : 「토끼를 발견한 후에 사냥개를 놓아서 잡게 하여도 늦지 않다」는 뜻으로, 사태를 관망한 후에 응하여도 좋다는 말.

附錄

結 者 解 之	뜻 맺은 사람이 풀어야 한다는 뜻으로, 일을 저지른 사람이 그 일을 해결하여야 한다는 말.
맺을 결　놈 자　풀 해　갈 지	以不解解之(이불해해지) : 글의 뜻을 푸는 데 풀리지 않는 것을 억지로 풀어낸다는 뜻으로, 즉, 안되는 것을 억지로 해석하면 곡해하기 쉽다는 말.

結 草 報 恩	뜻 풀을 묶어서 은혜에 보답한다는 뜻으로, 죽은 뒤에라도 은혜를 잊지 않고 갚음을 이르는 말.
맺을 결　풀 초　갚을 보　은혜 은	知恩報恩(지은보은) : 은혜를 알고 그 은혜에 보답(報答)함을 이르는 말.

傾 國 之 色	뜻 임금이 미혹되어 나라가 위기에 빠져도 모를 정도의 미색이라는 뜻으로 뛰어나게 아름다운 여자를 이르는 말.
기울 경　나라 국　갈 지　빛 색	傾城之美(경성지미) : 한 성을 기울어뜨릴 만한 미색. 傾斜(경사) : 비스듬히 기울어짐, 또는 그 정도나 상태(狀態).

耕 山 釣 水	뜻 「산에는 밭을 갈고, 물에서는 물고기를 잡는 생활을 한다」는 뜻으로, 소박(素朴)하고 속세(俗世)에서 떠난 생활(生活)을 영위(營爲)함을 이름.
갈 경　뫼 산　낚시 조　물 수	釣名(조명) : 거짓으로 명예(名譽)를 탐하여 구(求)함.

鯨 戰 蝦 死	뜻 고래 싸움에 새우가 죽는다는 속담(俗談)의 한역으로, 강자(强者)끼리 싸우는 틈에 끼여 아무런 상관(相關)없는 약자(弱者)가 화(禍)를 입는다는 말.
고래 경　싸움 전　새우 하　죽을 사	糠蝦(강하) : 젓새우. 보리새우. 보리새웃과의 하나.

鷄 口 牛 後	뜻 큰 집단의 꼴찌보다 작은 집단의 우두머리가 더 낫다는 것을 닭의 머리와 소의 꼬리에 비유하여 이르는 말.
닭 계　입 구　소 우　뒤 후	鷄肋(계륵) : 「닭의 갈빗대」라는 뜻으로, 먹기에는 너무 양이 적고 버리기에는 아까워 이러지도 저러지도 못하는 형편(形便).

鷄 群 一 鶴	뜻 「닭의 무리 속에 한 마리의 학」이라는 뜻으로, 평범(平凡)한 사람들 가운데서 뛰어난 한 사람.
닭 계　무리 군　한 일　학 학	群衆心理(군중심리) : 많은 사람이 모여 있을 때 개개인의 평상적인 심리를 초월하여 발생하는 특이(特異)한 심리(心理)

鷄 鳴 狗 盜	뜻 「닭의 울음소리를 잘 내는 사람과 개의 흉내를 잘 내는 좀도둑」이라는 뜻으로, ① 천한 재주를 가진 사람도 때로는 요긴(要緊)하게 쓸모가 있음을 비유하여 이르는 말. ②「야비(野鄙)하게 남을 속이는 꾀」를 비유한 말.
닭 계　울 명　개 구　도적 도	

鷄 鳴 狗 吠	뜻 「닭이 울고 개가 짖는다」는 뜻으로, 인가(人家)나 촌락(村落)이 잇대어 있다는 뜻.
닭 계　울 명　개 구　짖을 폐	鷄鳴之客(계명지객) : 닭 울음소리를 묘하게 잘 흉내 내는 식객(食客)을 이르는 말.

擊 竹 事 難 事	뜻 「대나무를 다 사용(使用)해 써도 그의 악행(惡行)을 다 쓸 수 없다」는 뜻으로, 필설(筆舌)로 다 할 수 없으리만큼 죄악(罪惡)을 많이 저질렀다는 말.
칠 격　대 죽　일 사　어려울 난　일 사	출전 후한서(後漢書)

季	布	一	諾	**뜻** 「계포(季布)가 한 번 한 약속(約束)」이라는 뜻으로, 초(楚)나라의 계포(季布)는 한 번 승낙(承諾)한 일이면 꼭 실행(實行)하는 약속(約束)을 잘 지키는 사람이었음에서 비롯하여, 틀림없이 승낙(承諾)함을 뜻함.
끝 계	베포	한 일	허락 낙	

股	肱	之	臣	**뜻** 자신의 팔다리같이 믿음직스러워 중하게 여기는 신하. 임금이 가장 신임(信任)하는 중신(重臣)을 이르는 말.
다리 고	팔굉	갈 지	신하 신	股關節(고관절) : 비구(髀臼)와 넓적다리뼈를 연결(連結)하는 관절(關節).

膏	粱	子	弟	**뜻** 「고량진미(膏粱珍味)를 먹은 자제(子弟)」라는 뜻으로, 부귀(富貴)한 집에서 자라나서 고생(苦生)을 모르는 사람을 이르는말.
기름 고	기장 량	아들 자	아우 제	民膏民脂(민고민지) : 「백성의 피와 땀」이라는 뜻으로, 백성에게서 과다(過多)하게 거두어들인 세금이나 재물을 이르는 말.

膏	粱	珍	味	**뜻** 살진 고기와 좋은 곡식으로 만든 맛있는 음식.
기름 고	기장 량	보배 진	맛 미	高粱酒(고량주) : 중국(中國) 특산(特産) 소주(燒酒). 高粱(고량) : 볏과의 한해살이 풀. 수수의 일종으로, 만주 등지에서는 주식으로 하거나 고량주를 만들기도 함.

鼓	腹	擊	壤	**뜻** 「배를 두드리고 흙덩이를 친다」는 뜻으로, 배불리 먹고 흙덩이를 치는 놀이를 한다, 즉 매우 살기 좋은 시절(時節)을 말함.
북 고	배 복	칠 격	흙덩이 양	聲東擊西(성동격서) : 동쪽에서 소리를 내고 서쪽에서 적을 친다는 뜻으로, 동쪽을 치는 척하면서 서쪽을 치는 병법의 하나.

孤	城	落	日	**뜻** 「외딴 성(城)이 해가 지려고 하는 곳에 있다」는 뜻으로, ① 도움이 없이 고립(孤立)된 상태(狀態). ② 남은 삶이 얼마 남지 않은 쓸쓸한 심경(心境).
외로울 고	재 성	떨어질 낙	날 일	孤兒(고아) : 부모(父母)없이 홀로 된 아이.

苦	肉	之	策	**뜻** 적을 속이는 수단(手段)으로서 제 몸 괴롭히는 것을 돌보지 않고 쓰는 계책(計策)을 이름.
쓸 고	고기 육	갈 지	꾀 책	同苦同樂(동고동락) : 괴로움과 즐거움을 함께 한다는 뜻으로, 같이 고생(苦生)하고 같이 즐김.

孤	雲	野	鶴	**뜻** 「외로운 구름이요 들판의 학(鶴)」이라는 뜻으로, 속세(俗世)를 떠난 은사(隱士)를 가리키는 말.
외로울 고	구름 운	들 야	학 학	白鶴(백학) : 두루미. 다리와 목이 가늘고 길며 우는 소리가 큰 새의 하나.

苦	盡	甘	來	**뜻** 「쓴 것이 다하면 단 것이 온다」라는 뜻으로, 고생(苦生) 끝에 낙이 온다라는 말.
쓸 고	다할 진	달 감	올 래	興盡悲來(흥진비래) : 즐거운 일이 지나가면 슬픈 일이 닥쳐온다는 뜻으로, 세상일이 순환(循環)됨을 가리키는 말.

高	枕	安	眠	**뜻** 「베개를 높이 하여 편안(便安)히 잔다」는 뜻으로, 편안(便安)하게 누워서 근심 없이 지냄을 말함.
높을 고	베개 침	편안 안	잠잘 면	枕木(침목) : ① 길고 큰 물건(物件) 밑을 괴어 놓은 큰 나무 토막 ② 기차 선로(線路)를 받치는 나무토막.

附
錄

曲 學 阿 世	뜻 「학문(學問)을 굽히어 세상(世上)에 아첨(阿諂)한다」는 뜻으로, 정도(正道)를 벗어난 학문(學問)으로 세상(世上) 사람에게 아첨(阿諂)함을 이르는 말.
굽을 곡 배울 학 언덕 아 인간 세	曲學者(곡학자) : 진실(眞實)을 왜곡(歪曲)하는 학자(學者).

空 谷 跫 音	뜻 빈 골짜기의 발자욱 소리라는 뜻으로, ① 몹시 신기(神奇)한 일. ② 뜻밖의 기쁨. ③ 반가운 소식(消息) 등을 의미(意味).
빌 공 골 곡 발가국소리공 소리 음	亡國之音(망국지음) : 나라를 망치는 음악이란 뜻으로, '저속(低俗)하고 난잡(亂雜)한 음악(音樂)'을 일컫는 말.

空 谷 足 音	뜻 아무 것도 없는 빈 골짜기에 울리는 사람의 발자국 소리라는 뜻으로, 쓸쓸할 때 손님이나 기쁜 소식(消息)이 온다는 말.
빌 공 골 곡 발 족 소리 음	空谷傳聲(공곡전성) : 산골짜기에서 크게 소리치면 그대로 전(傳)함. 즉 악(惡)한 일을 당(當)하게 됨.

空 中 樓 閣	뜻 「공중(空中)에 세워진 누각(樓閣)」이란 뜻으로, 근거(根據)가 없는 가공(架空)의 사물(事物).
빌 공 가운데 중 다락 루 집 각	蜃氣樓(신기루) : 바다 위나 사막에서, 대기의 밀도가 층층이 달라졌을 때 빛이 굴절하기 때문에 엉뚱한 곳에 물상(物像)이 있는 것처럼 보이는 현상.

公 平 無 私	뜻 어느 쪽에도 치우치지 않아 공평(公平)하고 사사(私事)로움이 없음.
공평할 공 평평할 평 없을 무 사사 사	平均(평균) : 부동(不同)이나 다소(多少)가 없이 균일(均一)함. 또는 그렇게 함. 연등(連等).

過 猶 不 及	뜻 모든 사물(事物)이 정도(程度)를 지나치면 미치지 못한 것과 같다는 뜻으로, 중용(中庸)이 중요(重要)함을 가리키는 말.
지날 과 오히려 유 아니 불 미칠 급	過剰(과잉) : 예정(豫定)한 수량(數量)이나 필요(必要)한 수량(數量)보다 많음. 「지나침」으로 순화.

瓜 田 不 納 履	뜻 「오이 밭 근방에서는 신발을 고쳐 신지 않는다」는 뜻으로, 의심(疑心)받을 짓은 처음부터 하지 말라는 말.
오이 과 밭 전 아니 불 들일 납 밟을 리	李下不整冠(이하부정관) : 「오얏나무 밑에서 갓을 고쳐 쓰쓰지 말라」는 뜻으로, 남에게 의심 받을 일은 아예 하지 말라는 말.

過 則 勿 憚 改	뜻 잘못인 줄 하면 즉시(卽時) 고치는 것을 주저(躊躇)하지 말아야 함.
허물 과 곧 즉 말 물 꺼릴 탄 고칠 개	無所忌憚(무소기탄) : 아무 꺼릴 바가 없음. 憚服(탄복) : 두려워서 복종(服從)함.

管 鮑 之 交	뜻 옛날 중국의 관중(管仲)과 포숙아(鮑叔牙)처럼 친구 사이가 다정함을 이르는 말로, 친구 사이의 매우 다정하고 허물없는 교제(交際)나, 우정(友情)이 아주 돈독(敦篤)한 친구(親舊) 관계(關係), 허물없는 친구(親舊) 사이를 이르는 말.
대롱 관 건어 포 갈 지 사귈 교	

刮 目 相 對	뜻 눈을 비비고 다시 보며 상대를 대한다는 뜻으로, 다른 사람의 학식(學識)이나 업적(業績)이 크게 진보(進步)한 것을 말함.
긁을 괄 눈 목 서로 상 대할 대	相對(상대) : ① 서로 마주 보고 있음, 마주 겨룸. 또는 그 대상(對象). ② 서로 대립(對立)이 됨.

矯角殺牛	뜻 「쇠뿔을 바로 잡으려다 소를 죽인다」라는 뜻으로, 결점(缺點)이나 흠을 고치려다 수단(手段)이 지나쳐 도리어 일을 그르침. 矯枉過直(교왕과직) : 구부러진 것을 바로잡으려다가 너무 곧게 한다는 뜻으로, 잘못을 바로잡으려다 지나쳐 일을 그르침을 이름.
바로잡을 교 뿔 각 죽일 살 소 우	

驕兵必敗	뜻 자기 군대의 힘만 믿고 교만(驕慢)하여 적에게 위엄(威嚴)을 보이려는 병정(兵丁)은 적의 군대에게 반드시 패한다는 뜻. 兵士(병사) : 하사관(下士官) 아래의 군인. 군사(軍士). 장교(將校), 준사관(准士官) 및 사관 후보생이 아닌 모든 병사.
교만할 교 군사 병 반드시 필 패할 패	

驕奢淫佚	뜻 교만(驕慢)하며 사치(奢侈)스럽고 방탕(放蕩)한 사람을 이르는 말. 傲慢不遜(오만불손) : 잘난 체하고 방자(放恣)하여 제 멋대로 굴거나 남 앞에 겸손(謙遜)하지 않음.
교만할 교 사치할 사 음란할 음 편안할 일	

巧言令色	뜻 남의 환심을 사려는 목적으로 아첨하는 교묘한 말과 보기 좋게 꾸미는 얼굴빛. 甘言利說(감언이설) : 「달콤한 말과 이로운 이야기」라는 뜻으로, 남의 비위에 맞도록 달콤한 말과 이로운 이야기로 남을 꾀는 말.
공교로울 교 말씀 언 하여금 영 빛 색	

交友以信	뜻 신라 화랑(花郞)의 다섯 가지 계율 즉, 세속오계(世俗五戒)의 하. 세속오계는 진평왕 때에 원광(圓光)이 정한 것으로, 사군이충(事君以忠)·사친이효(事親以孝)·교우이신(交友以信)·임전무퇴(臨戰無退)·살생유택(殺生有擇)을 이른다.
사귈 교 벗 우 써 이 믿을 신	

膠柱鼓瑟	뜻 비파(琵琶)나 거문고의 기러기발을 아교(阿膠)로 붙여 놓으면 음조(音調)를 바꾸지 못하여 한가지 소리밖에 내지 못하듯이, 고지식하여 융통성(融通性)이 전혀 없거나, 또는 규칙(規則)에 얽매여 변통(變通)할 줄 모르는 사람을 이름.
아교 교 기둥 주 북 고 비파 슬	

膠漆之心	뜻 아교(阿膠)와 옻의 사귐이라는 뜻으로, 매우 친밀(親密)한 사귐을 이르는 말. 水魚之交(수어지교) : 물과 물고기의 사귐이란 뜻으로, 임금과 신하 또는 부부 사이처럼 매우 친밀한 관계를 이르는 말.
아교 교 옻 칠 갈 지 마음 심	

狡兔三窟	뜻 「교활(狡猾)한 토끼는 굴을 세 개 파 놓는다」는 뜻으로, 사람이 교묘(巧妙)하게 잘 숨어 재난(災難)을 피함을 비유하여 이르는 말. 山兔(산토) : 산토끼. 토낏과의 포유동물(哺乳動物).
교활할 교 토끼 토 석 삼 굴 굴	

教學相長	뜻 가르침과 배움이 서로 진보시켜 준다는 뜻으로, ① 사람에게 가르쳐 주거나 스승에게 배우거나 모두 자신의 학업(學業)을 증진(增進)시킴. ② 가르치는 일과 배우는 일이 서로 자신의 공부(工夫)를 진보(進步)시키는 말.
가르칠 교 배울 학 서로 상 긴 장	

九曲肝腸	뜻 「아홉 번 구부러진 간과 창자」라는 뜻으로, 굽이 굽이 사무친 마음속 또는 깊은 마음속. 懇曲(간곡) : ① 간절(懇切)하고 곡진(曲盡)함. ② 간절(懇切)하고 마음과 정성(精誠)이 지극(至極)함.
아홉 구 굽을 곡 간 간 창자 장	

附錄

句 句 節 節	**뜻** 한 구절(句節) 한 구절(句節). 즉 매 구절마다란 뜻.
글귀 구 마디 절	**句讀**(구두) : 단어(單語) 구절(句節)을 점(點)이나 부호(符號) 등으로 표하는 방법(方法). 구두점(句讀點). **句節**(구절) : 구(句)와 절(節). 말이나 글을 여러 토막으로 나눈 그 각개의 부분.

口 蜜 腹 劍	**뜻** 「입으로는 꿀같이 달콤하게 말하나 뱃속에는 음흉하고 무시무시한 칼을 감추고 있다」는 뜻으로, 겉으로는 친절하나 마음 속은 음흉(陰凶)한 것.
입구 꿀밀 배복 칼검	**腹案**(복안) : 마음속에 품고 있는 계획(計劃).

九 死 一 生	**뜻** 아홉번 죽을 뻔하다 한 번 살아난다는 뜻으로, 여러 차례 죽을 고비를 겪고 간신히 목숨을 건짐. 어렵게 살아 남음.
아홉 구 죽을 사 한 일 날 생	**生死**(생사) : ① 태어남과 죽음. 삶과 죽음. 사생(死生). ② 생로병사(生老病死)의 4고(苦)의 시작(始作)과 끝.

口 尚 乳 臭	**뜻** 입에서 아직 젖내가 난다는 뜻으로, 말과 하는 짓이 아직 유치(幼稚)함을 일컬음.
입구 오히려 상 젖유 냄새 취	**高尚**(고상) : 몸가짐과 품은 뜻이 깨끗하고 높아 세속(世俗)된 비천(卑賤)한 것에 굽히지 아니함.

九 牛 一 毛	**뜻** 아홉 마리 소에 털 한가닥이 빠진 정도(程度)라는 뜻으로, 아주 많은 물건 속에 있는 아주 적은 물건(物件)이나, 대단히 많은 것 중의 아주 적은 것의 비유.
아홉 구 소 우 한 일 터럭 모	**牛乳**(우유) : 소의 젖.

口 禍 之 門	**뜻** 입은 재앙(災殃)을 불러들이는 문이 된다는 뜻으로, 말조심을 하라고 경계(警戒)하는 말.
입구 재앙 화 갈지 문 문	**殃禍**(앙화) : 죄악(罪惡)의 과보(果報)로 받는 재앙(災殃). 어떤 일로 말미암아 생기는 근심이나 재난(災難).

國 士 無 雙	**뜻** 그 나라에서 가장 뛰어난 인물은 둘도 없다는 뜻으로, 매우 뛰어난 인재(人材)를 이르는 말.
나라 국 선비 사 없을 무 쌍 쌍	**人士**(인사) : 교육(教育)이나 사회적(社會的)인 지위(地位)가 있는 사람.

群 鷄 一 鶴	**뜻** 무리 지어 있는 닭 가운데 있는 한 마리의 학이라는 뜻으로, 여러 평범한 사람들 가운데 있는 뛰어난 한 사람을 이르는 말.
무리 군 닭 계 한 일 학 학	**養鷄**(양계) : 닭을 기르는 일. **鶴首苦待**(학수고대) : 학처럼 목을 길게 빼고 기다린다는 뜻으로, 몹시 기다림을 이르는 말.

群 盲 評 象	**뜻** 장님들이 코끼리 몸을 만져보고 제각기 말한다는 뜻으로, 어리석은 사람은 자기 주관(主觀)에만 치우쳐 큰 일을 그릇되게 판단(判斷)함을 비유.
무리 군 소경 맹 평할 평 코끼리 상	**評論**(평론) : 사물의 가치, 선악 등을 비평(批評)하여 논(論)함.

君 子 三 樂	**뜻** 군자(君子)의 세 가지 즐거움이라는 뜻으로, 첫째는 부모(父母)가 다 살아 계시고 형제(兄弟)가 무고(無故)한 것, 둘째는 하늘과 사람에게 부끄러워할 것이 없는 것, 세째는 천하(天下)의 영재를 얻어서 교육(教育)하는 것.
임금 군 아들 자 석 삼 즐길 락	

君 子 豹 變	뜻 군자(君子)는 표범처럼 변한다는 뜻으로, 가을에 새로 나는 표범의 털이 아름답듯이, 군자(君子)는 허물을 고쳐 올바로 행함이 아주 빠르고 뚜렷하며 선(善)으로 옮겨가는 행위가 빛남을 이르는 말.
임금 군 아들 자 표범 표 변할 변	

勸 善 懲 惡	뜻 착한 행실(行實)을 권장(勸奬)하고 악(惡)한 행실을 징계(懲戒)함. 勸告(권고) : ① 하도록 권(勸)하여 말함. 　　　　　 ② 타일러 권(勸)함. 또는 그러한 말.
권할 권 착할 선 징계할 징 악할 악	

捲 土 重 來	뜻 「흙먼지를 날리며 다시 온다」는 뜻으로, ① 한 번 실패(失敗)에 굴하지 않고 몇 번이고 다시 일어남. ② 패한 자가 세력(勢力)을 되찾아 다시 쳐들어옴. 重要(중요) : 매우 귀중(貴重)하고 소중(所重)함.
말 권 흙 토 무거울 중 올 래	

克 己 復 禮	뜻 욕망(慾望)이나 사(詐)된 마음 등을 자기자신의 의지력으로 억제(抑制)하고 예의(禮儀)에 어그러지지 않도록 함. 利己心(이기심) : 자기의 이익만을 꾀하고 남을 돌보지 아니하는 마음.
이길 극 몸 기 다시 복 예도 례	

槿 花 一 日 榮	뜻 아침에 피었다 저녁에 지는 무궁화(無窮花) 같이 사람의 영화(榮華)는 덧없음. 槿花(근화) : 무궁화(無窮花). 우리나라 국화(國花). 아욱과의 낙엽(落葉) 활엽(闊葉) 관목(灌木).
무궁화근 꽃 화 한 일 날 일 영화영	

金 蘭 之 契	뜻 「쇠처럼 단단하고 난초(蘭草) 향기처럼 그윽한 사귐의 의리를 맺는다」는 뜻으로, 사이 좋은 벗끼리 마음을 합치면 단단한 쇠도 자를 수 있고, 우정(友情)의 아름다움은 난의 향기(香氣)와 같이 아주 친밀(親密)한 친구(親舊) 사이를 이름.
쇠 금 난초 란 갈 지 맺을 계	

金 蘭 之 交	뜻 「마음이 황금(黃金)과 같이 변함이 없고, 아름답기가 난초(蘭草) 향기와 같은 사귐」이라는 뜻으로, 두 사람 간에 서로 마음이 맞고 교분(交分)이 두터워서 아무리 어려운 일이라도 해나갈 만큼 우정(友情)이 깊은 사귐을 이르는 말.
쇠 금 난초 란 갈 지 사귈 교	

錦 上 添 花	뜻 「비단(緋緞) 위에 꽃을 더한다」는 뜻으로, 좋은 일에 또 좋은 일이 더하여짐을 이르는 말. 添削(첨삭) : ① 문자(文字)를 보태거나 뺌. ② 시문(詩文)·답안(答案) 등을 더하거나 깎거나 하여 고침. 增刪(증산).
비단 금 위 상 더할 첨 꽃 화	

今 昔 之 感	뜻 지금과 옛날을 비교(比較)할 때 차이가 매우 심하여 느껴지는 감정(感情). 金石之契(금석지계) : 금이나 돌과 같이 굳은 사귐을 이르는 말. 金石之言(금석지언) : 금석(金石)과 같이 굳은 언약을 이르는 말.
이제 금 옛 석 갈 지 느낄 감	

金 石 爲 開	뜻 「쇠와 돌을 열리게 한다」는 뜻으로, 강(强)한 의지(意志)로 전력을 다하면 어떤 일에도 성공할 수 있다는 말. 金融(금융) : ① 돈의 융통(融通). ② 경제(經濟) 상 자금(資金)의 수요(需要)와 공급(供給)의 관계(關係).
쇠 금 돌 석 할 위 열 개	

385

金 城 湯 池	**뜻** 「쇠로 만든 성(城)과 끓는 물을 채운 못」이란 뜻으로, ① 매우 견고(堅固)한 성(城)과 해자(垓子). ② 전(傳)하여, 침해(侵害)받기 어려운 장소(場所)를 비유.
쇠 금 재 성 끓을 탕 못 지	城郭(성곽) : 내성(內城)과 외성(外城)을 아울러 일컫는 말.

琴 瑟 相 和	**뜻** 「거문고와 비파(琵琶) 소리가 조화를 이룬다」는 뜻으로, 부부(夫婦) 사이가 다정하고 화목함을 이르는 말.
거문고 금 비파 슬 서로 상 화할 화	平和(평화) : ① 평온(平穩)하고 화목(和睦)함. ② 화합하고 안온(安穩)함. ③ 전쟁(戰爭)이 없이 세상(世上)이 평온(平穩)함.

琴 瑟 之 樂	**뜻** 「거문고와 비파(琵琶)의 조화로운 소리」라는 뜻으로, 부부(夫婦) 사이의 다정(多情)하고 화목(和睦)한 즐거움.
거문고 금 비파 슬 갈 지 즐길 락	奚琴(해금) : 혹이 빈 둥근 나무에 짐승의 가죽을 메우고 긴 나무를 꽂아 줄을 활 모양으로 건 민속 악기. '깡깡이'를 아악(雅樂)에서 일컫는 말.

錦 衣 夜 行	**뜻** 비단옷을 입고 밤길을 간다는 뜻으로, ① 아무 보람없는 행동(行動)을 비유하여 이르는 말. ② 또는 입신(立身) 출세(出世)하여 고향(故鄕)으로 돌아가지 않음을 이르는 말. ③ 남이 알아주지 않음을 이르는 말.
비단 금 옷 의 밤 야 행할 행	

錦 衣 還 鄕	**뜻** 「비단옷 입고 고향(故鄕)에 돌아온다」는 뜻으로, 출세하여 고향에 돌아옴을 이르는 말.
비단 금 옷 의 돌아올 환 고을 향	還甲(환갑) : ① 나이 만 60세를 가리키는 말. ② 61세 때의 생신으로 60갑자를 다 지내고 다시 낳은 해의 간지가 돌아왔다는 의미.

金 枝 玉 葉	**뜻** 「금 가지에 옥 잎사귀」란 뜻으로, ① 임금의 자손(子孫)이나 집안을 이르는 말. ② 귀한집 자손(子孫)을 이르는 말. ③ 아름다운 구름을 형용(形容)하여 이르는 말.
쇠 금 가지 지 구슬 옥 잎 엽	枝葉(지엽) : ① 가지와 잎. ② 중요(重要)하지 않은 부분(部分).

起 死 回 生	**뜻** 죽을 뻔하다가 살아남.
일어날 기 죽을 사 돌아올 회 날 생	蹶起(궐기) : (어떤 무리의 사람들이) 어떤 일에 대(對)한 각오(覺悟)를 다지거나 결심(決心)을 굳히면서 기운(氣運)차게 일어서는 것.

杞 人 之 憂	**뜻** 기(杞)나라 사람의 군걱정이란 뜻으로, 곧 쓸데없는 군걱정, 헛걱정, 무익(無益)한 근심을 말함.
구기자 기 사람 인 갈 지 근심 우	杞憂(기우) : 중국의 기(杞)나라 사람이 하늘이 무너질까봐 침식을 잊고 근심 걱정하였다는 뜻으로, 쓸데없는 걱정을 나타냄.

騎 虎 之 勢	**뜻** 「호랑이를 타고 달리는 기세(氣勢)」라는 뜻으로, 범을 타고 달리는 사람이 도중에서 내릴 수 없는 것처럼 도중(途中)에서 그만두거나 물러설 수 없는 형세(形勢)를 이르는 말. 꺾일 수 없는 기세를 말함.
말탈 기 범 호 갈 지 형세 세	

奇 貨 可 居	**뜻** ① 진기(珍奇)한 물건은 사서 잘 보관(保管)해 두면 장차 큰 이득(利得)을 본다는 말. ② 좋은 기회(機會)로 이용(利用)하기에 알맞음을 이르는 말.
기이할 기 재화 화 옳을 가 살 거	貨物(화물) : 운반(運搬)할 수 있는 물품(物品)의 총칭(總稱).

洛 陽 紙 貴	뜻 「낙양의 종이가 귀해졌다」는 뜻으로, ① 문장(文章)이나 저서(著書)가 호평(好評)을 받아 잘 팔림을 이르는 말. ② 쓴 글의 평판(評判)이 널리 알려짐. ③ 혹은 저서(著書)가 많이 팔리는 것을 말할 때 쓰임.
물 낙 볕 양 종이 지 귀할 귀	

暖 衣 飽 食	뜻 「옷을 따뜻이 입고 음식(飮食)을 배부르게 먹는다는 뜻으로, 의식(衣食) 걱정이 없는 편한 생활(生活)을 이르는 말. 衣食住(의식주) : 인간(人間) 생활(生活)의 3대(三大) 요소(要素)인 옷과 음식(飮食)과 집.
따뜻할 난 옷 의 배부를 포 밥 식	

難 兄 難 弟	뜻 「누구를 형이라 아우라 하기 어렵다」는 뜻으로, ① 누가 더 낫고 못하다고 할 수 없을 정도로 서로 비슷함. ② 사물(事物)의 우열(優劣)이 없다는 말로 곧 비슷하다는 말. 兄弟姉妹(형제자매) : 형제(兄弟)와 자매(姉妹).
어려울 난 맏 형 어려울 난 아우 제	

南 柯 一 夢	뜻 남쪽 가지에서의 꿈이란 뜻으로, 덧없는 꿈이나 한때의 헛된 부귀영화(富貴榮華)를 이르는 말. 南柯之夢(남가지몽) : 남쪽 가지 밑에서 꾼 한 꿈이라는 뜻으로, 일생과 부귀영화가 한날 꿈에 지나지 않음을 이르는 말.
남녘 남 가지 가 한 일 꿈 몽	

南 橘 北 枳	뜻 남쪽 땅의 귤나무를 북쪽에 옮겨 심으면 탱자 나무로 변한다는 뜻으로, 사람도 그 처해 있는 곳에 따라 선하게도 되고 악하게도 됨을 이르는 말. 柑橘(감귤) : 귤과 밀감의 총칭(總稱).
남녘 남 귤 귤 북녘 북 탱자 지	

男 負 女 戴	뜻 남자는 지고 여자는 인다는 뜻으로, 사람들이 살 곳을 찾아 세간을 이고 지고 이리저리 떠돌아 다님을 이르는 말. 南男北女(남남북녀) : 예전부터 우리나라에서 남쪽에선 남자가 잘나고, 북쪽에선 여자가 곱다는 뜻으로 일러 내려오는 말.
사내 남 질 부 계집 여 일 대	

囊 中 之 錐	뜻 주머니 속에 있는 송곳이란 뜻으로, 재능(才能)이 아주 빼어난 사람은 숨어 있어도 저절로 남의 눈에 드러난다는 비유적(比喩的) 의미(意味). 心囊(심낭) : 염통주머니.
주머니 낭 가운데 중 갈 지 송곳 추	

內 憂 外 患	뜻 내부에서 일어나는 근심과 외부로부터 받는 근심이란 뜻으로, 나라 안팎의 여러 가지 어려운 사태(事態)를 이르는 말. 近憂遠慮(근우원려) : 가까운 곳에서는 근심하고 먼 곳에서는 염려(念慮)함.
안 내 근심 우 바깥 외 근심 환	

內 助 之 賢	뜻 아내가 집안 일을 잘 다스려 남편(男便)을 돕는 일을 말함. 內助之功(내조지공) : 안에서 돕는 공이란 뜻으로, 아내가 집안 일을 잘 다스려 남편(男便)을 돕는 일을 말함. 內助(내조) : 아내가 남편(男便)을 도움.
안 내 도울 조 갈 지 어질 현	

老 馬 之 智	뜻 늙은 말의 지혜(智慧·知慧)라는 뜻으로, ① 연륜이 깊으면 나름의 장점(長點)과 특기(特技)가 있음. ② 저마다 한 가지 재주는 지녔다는 말. 老馬知途(노마지도) : 늙은 말이 갈 길을 안다는 뜻.
늙을 노 말 마 갈 지 지혜 지	

論 功 行 賞	뜻 공(功)이 있고 없음이나 크고 작음을 따져 거기에 알맞은 상을 줌.
논할 논 공 공 행할 행 상줄 상	賞功(상공) : 세운 공에 대(對)하여 상을 줌. 褒賞金(포상금) : 칭찬하고 권장(勸獎)하여 상으로 주는 돈.

弄 瓦 之 慶	뜻 「질그릇을 갖고 노는 경사(慶事)」란 뜻으로, 딸을 낳은 기쁨.
희롱할 농 기와 와 갈 지 경사 경	弄瓦之喜(농와지희)도 같은 의미. 嘲弄(조롱) : (어떤 사람을) 우습거나 형편없는 존재(存在)로 여겨 비웃고 놀리는 것.

累 卵 之 危	뜻 알을 쌓아 놓은 듯한 위태로움이라는 뜻으로, 매우 위태로운 형세(形勢)를 이르는 말.
여러 누 알 란 갈 지 위태할 위	累卵之勢(누란지세) : 포개어 놓은 알의 형세라는 뜻으로, 몹시 위험(危險)한 형세(形勢)를 비유적으로 이르는 말.

能 書 不 擇 筆	뜻 글씨를 잘 쓰는 이는 붓을 가리지 않는다는 뜻으로, 일에 능한 사람은 도구를 탓하지 않음을 이르는 말.
능할 능 글 서 아니 불 가릴 택 붓 필	能率(능률) : 일정한 동안에 할 수 있는 일의 비율(比率). 敎科書(교과서) : 학교(學校)에서 가르치는 데 쓰는 책(冊).

陵 遲 處 斬	뜻 중죄인을 일단 죽인 뒤, 그 시신을 토막쳐서 각지에 돌려 보이는 형벌.
언덕 능 더딜 지 곳 처 벨 참	凌遲處死(능지처사) : 머리·손·발·몸을 토막내어 죽이는 극형의 한 가지.

多 岐 亡 羊	뜻 달아난 양을 찾다가 여러 갈래 길에 이르러 길을 잃었다는 뜻으로, ① 학문(學問)의 길이 여러 갈래로 나뉘어져 있어 진리(眞理)를 찾기 어려움. ② 방침(方針)이 많아 할 바를 모르게 됨.
많을 다 갈림길 기 망할 망 양 양	岐路(기로) : 여러 갈래로 갈린 길. 갈림길.

多 多 益 善	뜻 많으면 많을수록 더욱 좋다는 말.
많을 다 더할 익 착할 선	多多益辦(다다익판) : 많으면 많을수록 더 잘 처리(處理)함. 收益(수익) : ① 이익을 거두어 들임. ② 기업이 생산물(生産物)의 대상(代償)으로서 얻은 경제(經濟) 가치(價値).

多 事 多 難	뜻 여러 가지로 일도 많고 어려움도 많음.
많을 다 일 사 많을 다 어려울 난	困難(곤란) : ① 어떤 일을 하는 입장(立場)·상황(狀況)·조건(條件) 등이 좋지 않아 어렵거나 까다로운 상태(狀態). ② 경제적(經濟的)으로 몹시 어렵고 궁핍(窮乏)함.

多 士 濟 濟	뜻 ① 많은 선비가 모두 뛰어남. ② 훌륭한 인재(人材)가 많음. ③ 뛰어난 인물(人物)이 많음.
많을 다 선비 사 건널 제	決濟(결제) : ① 결정하여 끝맺음. ② 증권 또는 대금(代金)의 수불(受拂)에 의(依)하여 거래(去來)를 청산(淸算)하는 일.

斷 機 之 戒	뜻 베를 끊는 훈계(訓戒)란 뜻으로, 학업(學業)을 중도(中途)에 폐(廢)함은 짜던 피륙의 날을 끊는 것과 같아 아무런 이익(利益)이 없다는 훈계(訓戒). 斷機之敎(단기지교)도 같은 의미.
끊을 단 기틀 기 갈 지 경계할 계	決斷(결단) : 결정(決定)하여 단정(斷定) 지음.

單 刀 直 入	뜻 혼자서 칼을 휘두르고 거침없이 적진(敵陣)으로 쳐들어간 다는 뜻으로, ① 문장(文章)이나 언론(言論)의 너절한 허두(虛頭)를 빼고 바로 그 요점으로 풀이하여 들어감. ② 생각과 분별 과 말에 거리끼지 아니하고 진경계(眞境界)로 바로 들어감.
홑 단 칼 도 곧을 직 들 입	

簞 食 瓢 飮	뜻 「대그릇의 밥과 표주박의 물」이라는 뜻으로, 좋지 못한 적 은 음식(飮食). 簞食(단사) : 도시락밥, 도시락에 담은 밥. 瓢簞(표단) : 표주 박. 조롱박이나 둥근 박을 반으로 쪼개어 만든 작은 바가지.
소쿠리 단 먹이 사 바가지 표 마실 음	

談 笑 自 若	뜻 위험이나 곤란에 직면해 걱정과 근심이 있을 때라도 변함 없이 평상시와 같은 태도를 가짐. 泰然自若(태연자약) : 마음에 충동(衝動)을 받아도 동요(動搖) 하지 않고 천연(天然)스러운 것.
말씀 담 웃음 소 스스로 자 같을 약	

螳 螂 拒 轍	뜻 「사마귀가 수레바퀴를 막는다」는 뜻으로, 자기의 힘은 헤 아리지 않고 강자(强者)에게 무모하게 함부로 덤빔. 螳螂之斧(당랑지부) : 자기 힘을 생각지 않고 강적(强敵) 앞에 서 분수(分數)없이 날뛰는 것에 비유해서 씀.
사마귀 당 사마귀 랑 막을 거 바퀴자국 철	

螳 螂 在 後	뜻 사마귀가 참새가 뒤에 있는 것은 알지 못하고 매미 잡을 욕 심에 구멍으로 들어간다는 뜻으로, 한갓 눈앞의 욕심(慾心)에 만 눈이 어두워 덤비고, 해를 입을 것을 생각하지 않으면 재화(災禍)를 당하게 됨을 비유함.
사마귀 당 사마귀 랑 있을 재 뒤 후	

大 器 晚 成	뜻 큰 그릇은 늦게 이루어진다는 뜻으로, ① 크게 될 인물(人物)은 오랜 공적(功績)을 쌓아 늦게 이루어짐. ② 또는, 만년(晚年)이 되어 성공(成功)하는 일을 이름. 機器(기기) : 기구(器具)와 기계(機械)를 아울러 일컫는 말.
큰 대 그릇 기 늦을 만 이룰 성	

大 同 小 異	뜻 혜시(惠施)의 소동이(小同異), 대동이(大同異) 론(論)에 서 비롯된 말로, ① 거의 같고 조금 다름. ② 비슷함. 五十步百步(오십보백보) : 오십보 도망한 자가 백보 도망한 자를 비웃는 다라는 뜻으로, 조금 낫고 못한 차이는 있지만 본질적으로 차이가 없음.
큰 대 한가지 동 적을 소 다를 이	

大 義 滅 親	뜻 큰 의리(義理)를 위해서는 혈육(血肉)의 친함도 저버린다 는 뜻으로, ① 큰 의리(義理)를 위해서는 사사(私事)로운 정의 (情誼)를 버림. ② 국가(國家)의 대의를 위해서는 부모(父母) 형제(兄弟)의 정(情)도 버림.
큰 대 옳을 의 멸할 멸 친할 친	

大 義 名 分	뜻 ① 사람으로서 마땅히 지켜야 할 중대한 의리와 명분. 떳떳 한 명분. ② 행동의 기준이 되는 도리. ③ 이유가 되는 명백한 근 거(根據). ④ 인류의 큰 의를 밝히고 분수를 지키어 정도에 어 긋나지 않도록 하는 것.
큰 대 옳을 의 이름 명 나눌 분	

道 不 拾 遺	뜻 길에 떨어진 것을 줍지 않는다는 뜻으로, ① 나라가 잘 다 스려져 백성들의 풍속이 돈후(敦厚)함을 비유해 이르는 말. ② 형벌이 준엄(峻嚴)하여 백성이 법을 범하지 아니함의 뜻으 로도 쓰임.
길 도 아니 불 주울 습 남길 유	

附 錄

桃 園 結 義 복숭아 도 동산 원 맺을 결 옳을 의	**뜻** 도원에서 의형제(義兄弟)를 맺다는 뜻으로, ① 의형제(義兄弟)를 맺음. ② 서로 다른 사람들이 사욕(私慾)을 버리고 목적을 향(向)해 합심(合心)할 것을 결의(結義)함. 結義兄弟(결의형제) : 남남끼리 의리로써 형제 관계를 맺음.
道 聽 塗 說 길 도 들을 청 바를 도 말씀 설	**뜻** 길거리에서 들은 이야기를 곧 그 길에서 다른 사람에게 말한다는 뜻으로, ① 거리에서 들은 것을 남에게 아는 체하며 말함. ② 깊이 생각 않고 예사(例事)로 듣고 말함. ③ 길거리에 떠돌아다니는 뜬 소문(所聞).
塗 炭 之 苦 바를 도 숯 탄 갈 지 쓸 고	**뜻** 진흙이나 숯불에 떨어진 것과 같은 고통(苦痛)이라는 뜻으로, 가혹(苛酷)한 정치(政治)로 말미암아 백성(百姓)이 심한 고통(苦痛)을 겪는 것. 炭素(탄소) : 비금속성(非金屬性) 화학 원소(元素)의 하나.
獨 不 將 軍 홀로 독 아니 불 장수 장 군사 군	**뜻** 혼자서는 장군을 못한다는 뜻으로, ① 남의 의견을 무시하고 혼자 모든 일을 처리하는 사람의 비유. ② 혼자서는 다 잘할 수 없으므로 남과 협조해야 한다는 뜻을 담고 있는 말. ③ 저 혼자 잘난 체하며 뽐내다가 남에게 핀잔을 받고 고립된 처지에 있는 사람.
東家食西家宿 동녘 동 집 가 밥 식 서녘 서 집 가 잘 숙	**뜻** 동쪽 집에서 먹고 서쪽 집에서 잔다는 뜻으로, ① 탐욕스러운 사람을 비유해 이르는 말. ② 먹을 곳, 잘 곳이 없어 떠돌아다니며 이집 저집에서 얻어먹고 지내는 사람이나 또는 그러한 일. 東西南北(동서남북) ; 동쪽·서쪽·남쪽·북쪽. 곧, 사방(四方).
同 工 異 曲 한가지 동 장인 공 다를 이 굽을 곡	**뜻** 같은 악공(樂工)끼리라도 곡조(曲調)를 달리한다는 뜻으로, 동등(同等)한 재주의 작가(作家)라도 문체(文體)에 따라 특이(特異)한 광채(光彩)를 냄을 이르는 말. 異見(이견) : ① 서로 다른 의견(意見). ② 색다른 의견(意見).
東 問 西 答 동녘 동 물을 문 서녘 서 대답 답	**뜻** 「동쪽을 묻는 데 서쪽을 대답한다」는 뜻으로, 묻는 말에 대하여 전혀 엉뚱한 대답. 묻는 내용을 이해 못하고 하는 대답. 疑問(의문) : ① 의심(疑心)하여 물음. ② 의심(疑心)스러운 생각을 함, 또는 그런 일.
同 病 相 憐 한가지 동 병 병 서로 상 불쌍히여길 련	**뜻** 같은 병자(病者)끼리 가엾게 여긴다는 뜻으로, 어려운 처지에 있는 사람끼리 서로 불쌍히 여겨 동정(同情)하고 서로 도움. 同氣相求(동기상구) : 기풍(氣風)과 뜻을 같이하는 사람은 서로 동류를 찾아 모임.
東 山 再 起 동녘 동 뫼 산 두 재 일어날 기	**뜻** 「동산(東山)에서 다시 일어난다」는 뜻으로, 은퇴(隱退)한 사람이나 실패(失敗)한 사람이 재기(再起)하여 다시 세상에 나옴을 뜻함. 再檢討(재검토) : 한 번 검토(檢討)한 것을 다시 검토함.
同 床 異 夢 한가지 동 평상 상 다를 이 꿈 몽	**뜻** 같은 침상(寢床)에서 서로 다른 꿈을 꾼다는 뜻으로, ① 겉으로는 같이 행동하면서 속으로는 각기 딴 생각을 함을 이르는 말. ② 비유적으로, 같은 입장, 일인데도 목표가 저마다 다름을 일컫는 말. ③ 기거(起居)를 함께 하면서 서로 다른 생각을 함.

한자	뜻풀이
得隴望蜀 얻을 득 · 언덕 롱 · 바랄 망 · 나라이름 촉	**뜻** 농(隴)나라를 얻고 나니 촉(蜀)나라를 갖고 싶다는 뜻으로, 인간의 욕심은 한이 없음을 비유해 이르는 말. 望蜀之歎(망촉지탄) : 촉(蜀) 땅을 얻고 싶어 하는 탄식이라는 뜻으로, 인간의 욕심은 한이 없음을 비유해 이르는 말.
得魚忘筌 얻을 득 · 고기 어 · 잊을 망 · 통발 전	**뜻** 물고기를 잡고 나면 통발을 잊는다는 뜻으로, 바라던 바를 이루고 나면 그 목적을 달성하기 위해서 썼던 사물(事物)을 잊어버림을 비유해 이르는 말. 魚卵(어란) : ① 물고기의 알. ② 명란 따위.
登龍門 오를 등 · 용 룡 · 문 문	**뜻** 용문(龍門)에 오른다는 뜻으로, ① 입신(立身) 출세(出世)의 관문(關門)을 이르는 말. ② 또는 뜻을 펴서 크게 영달함을 비유해 이르는 말. 登場(등장) : 소설·영화 또는 무대(舞臺) 등에서 나옴.
登泰小天 오를 등 · 클 태 · 적을 소 · 하늘 천	**뜻** 태산(泰山)에 오르면 천하가 작게 보인다는 말로, 큰 도리(道理)를 익힌 사람은 사물(事物)에 얽매이지 않는다는 뜻. 登泰山而小天下(등태산이소천하) : 맹자(孟子)의 진심편(盡心篇)에 나오는 말.
燈下不明 등불 등 · 아래 하 · 아니 불 · 밝을 명	**뜻** 등잔 밑이 어둡다. 가까이 있는 것이나, 가까이에서 일어나는 일을 도리어 잘 모를 수 있다는 뜻의 속담. 電燈(전등) : 전구(電球)에 전력(電力)을 공급(供給)하여 광원(光源)으로 한 것.
燈火可親 등불 등 · 불 화 · 옳을 가 · 친할 친	**뜻** 등불을 가까이 할 수 있다는 뜻으로, 가을 밤은 시원하고 상쾌하므로 등불을 가까이 하여 글 읽기에 좋음을 이르는 말. 新凉燈火(신량등화) : 가을의 서늘한 기운이 처음 생길 무렵에 등불 밑에서 글읽기가 좋음.
磨斧作鍼 갈 마 · 도끼 부 · 지을 작 · 침 침	**뜻** 도끼를 갈아 침을 만든다는 뜻으로, 아무리 어려운 일이라도 끈기 있게 노력하면 이룰 수 있음을 비유하는 말. 磨鐵杵而成針(마철저이성침) : 절구공이를 갈아서 바늘을 만든다는 말도 같은 의미.
馬耳東風 말 마 · 귀 이 · 동녘 동 · 바람 풍	**뜻** 말의 귀에 동풍이라는 뜻으로, 남의 비평(批評)이나 의견을 조금도 귀담아 듣지 아니하고 흘려 버림을 이르는 말. 牛耳讀經(우이독경) : 「쇠귀에 경 읽기」란 뜻으로, 우둔한 사람은 아무리 가르치고 일러주어도 알아듣지 못함을 비유해 이르는 말.
麻中之蓬 삼 마 · 가운데 중 · 갈 지 · 쑥 봉	**뜻** 삼밭 가운데서 나는 쑥이라는 뜻으로, 구부러진 쑥도 삼밭에 나면 저절로 꼿꼿하게 자라듯이 좋은 환경(環境)에 있거나 좋은 벗과 사귀면 자연히 주위(周圍)의 감화(感化)를 받아서 선인(善人)이 됨을 비유해 이르는 말.
馬革裹屍 말 마 · 가죽 혁 · 쌀 과 · 주검 시	**뜻** 말의 가죽으로 자기 시체를 싼다는 뜻으로, 옛날에는 전사(戰死)한 장수(將帥)의 시체(屍體)는 말가죽으로 쌌으므로 전쟁터에 나가 살아 돌아오지 않겠다는 뜻을 말함. 屍體(시체) : ① 사람이나 생물의 죽은 몸뚱이. ② 사체(死體).

莫逆之友	뜻 마음이 맞아 서로 거스르는 일이 없는, 생사(生死)를 같이할 수 있는 친밀(親密)한 벗. 刎頸之友(문경지우) : ① 생사(生死)를 같이 하여 목이 떨어져도 두려워하지 않을 만큼 친(親)한 사귐. ② 또는, 그런 벗
없을 막 거스를 역 갈 지 벗 우	

萬事休矣	뜻 만 가지 일이 끝장이라는 뜻으로, 모든 일이 전혀 가망(可望)이 없는 절망(絶望)과 체념(諦念)의 상태임을 이르는 말. 勞而無功(노이무공) : ① 애를 썼으나 공이 없음. ② 애쓴 보람이 없음.
일만 만 일 사 쉴 휴 어조사 의	

萬壽無疆	뜻 ① 한없이 목숨이 긺. ② 장수(長壽)하기를 비는 말. 萬世無疆(만세무강) : ① 오랜 세월에 걸쳐 끝이 없음. ② 만수무강(萬壽無疆)과 같은 의미. 壽考無疆(수고무강) : ☞ 만수무강(萬壽無疆).
일만 만 목숨 수 없을 무 지경 강	

萬全之策	뜻 아주 안전(安全)하거나 완전(完全)한 계책(計策). 萬全之計(만전지계) : 아주 안전(安全)한 계획(計劃). 完全(완전) : ① 부족이나 흠이 없음. ② 필요(必要)한 것이 모두 갖추어져 있음.
일만 만 온전할 전 갈 지 꾀 책	

望梅止渴	뜻 매실은 시기 때문에 이야기만 나와도 침이 돌아 해갈(解渴)이 된다는 뜻으로, ① 매실의 맛이 아주 시어서 바라만 봐도 목마름이 가심. ② 공상(空想)으로 마음의 위안을 얻음. 渴望(갈망) : 목마른 사람이 물을 찾듯이 간절(懇切)히 바람.
바랄 망 매화 매 그칠 지 목마를 갈	

亡羊之歎	뜻 달아난 양을 찾다가 여러 갈래 길에 이르러 길을 잃었다는 뜻으로, ① 학문(學問)의 길이 여러 갈래로 나뉘어져 있어 진리(眞理)를 찾기 어려움. ② 방침이 많아 할 바를 모르게 됨. 望洋之歎(망양지탄) : 넓은 바다를 보고 탄식한다는 뜻.
망할 망 양 양 갈 지 탄식할 탄	

望洋之歎	뜻 넓은 바다를 보고 탄식(歎息)한다는 뜻으로, ① 남의 원대(遠大)함에 감탄(感歎·感嘆)하고, 나의 미흡(未洽)함을 부끄러워함의 비유. 遠洋(원양) : 육지(陸地)에서 멀리 떨어진 넓은 먼 바다.
바랄 망 바다 양 갈 지 탄식할 탄	

亡子計齒	뜻 죽은 자식(子息) 나이 헤아리기라는 뜻으로, 이미 지나간 쓸데없는 일을 생각하며 애석(哀惜)하게 여김. 百年大計(백년대계) : 먼 앞날까지 내다보고 먼 뒷날까지 걸쳐 세우는 큰 계획(計劃).
망할 망 아들 자 셀 계 이 치	

買櫝還珠	뜻 상자만 사고 그 속에 든 진주는 돌려준다는 뜻으로, 화려한 겉모습에 현혹되어 중요한 본질은 놓침을 이르는 말. 珠絡象毛(주락상모) : 임금이나 벼슬아치가 타는 말에 붉은 줄과 붉은 털로 꾸민 장식.
살 매 함 독 돌아올 환 구슬 주	

梅蘭菊竹	뜻 매화(梅花)·난초(蘭草)·국화(菊花)·대나무, 즉 사군자(四君子)를 말함. 四君子(사군자) : 동양화에서, 매화·난초·국화·대나무를 그린 그림. 또는 그 소재. 고결함을 상징으로 하는 문인화의 대표적 소재이다.
매화 매 난초 란 국화 국 대 죽	

麥 秀 之 歎	뜻 보리만 무성(茂盛)하게 자란 것을 탄식(歎息)함이라는 뜻으로, 고국의 멸망(滅亡)을 탄식(歎息)함.
보리 맥 빼어날 수 갈 지 탄식할 탄	麥秀黍油(맥수서유) : 보리의 이삭과 기장의 윤기라는 뜻으로, 고국의 멸망(滅亡)을 탄식(歎息)함.

孟 母 三 遷	뜻 맹자(孟子)의 어머니가 맹자를 제대로 교육(敎育)하기 위하여 집을 세 번이나 옮겼다는 뜻으로, 교육(敎育)에는 주위(周圍) 환경(環境)이 중요(重要)하다는 가르침.
맏 맹 어미 모 석 삼 옮길 천	孟母三遷之敎(맹모삼천지교)와 같은 의미.

盲 人 直 門	뜻 소경이 정문(正門)을 바로 찾아 들어간다는 뜻으로, '어리석은 사람이 어쩌다 이치(理致)에 들어맞는 일을 함'의 비유.
소경 맹 사람 인 곧을 직 문 문	盲者正門(맹자정문) : 소경이 문을 바로 찾는다는 뜻으로, 우매(愚昧)한 사람이 우연히 이치에 맞는 일을 함을 비유해 이르는 말.

明 鏡 止 水	뜻 맑은 거울과 고요한 물이라는 뜻으로, 사념(邪念)이 전혀 없는 깨끗한 마음을 비유해 이르는 말.
밝을 명 거울 경 그칠 지 물 수	雲心月性(운심월성) : 「구름 같은 마음과 달 같은 성품(性品)」이라는 뜻으로, 맑고 깨끗하여 욕심이 없음을 이르는 말.

明 眸 皓 齒	뜻 맑은 눈동자와 흰 이라는 뜻으로, 미인(美人)을 형용(形容)해 이르는 말.
밝을 명 눈동자 모 흴 호 이 치	丹脣皓齒(단순호치) : 붉은 입술과 흰 이라는 뜻으로, 매우 아름다운 여자의 얼굴을 비유하여 이르는 말. 朱脣皓齒(주순호치).

名 山 大 川	뜻 이름난 큰 산과 큰 내, 경치 좋고 이름난 산천(山川).
이름 명 뫼 산 큰 대 내 천	立身揚名(입신양명) : ① 사회적으로 인정을 받고 출세하여 이름을 세상에 드날림. ② 후세(後世)에 이름을 떨쳐 부모를 영광(榮光)되게 해 드리는 것.

名 實 相 符	뜻 ① 이름과 실상(實相)이 서로 들어맞음. ② 알려진 것과 실제(實際)의 상황(狀況)이나 능력(能力)에 차이(差異)가 없음.
이름 명 열매 실 서로 상 부호 부	不問可知(불문가지) : 묻지 않아도 옳고 그름을 가히 알 수 있음.

明 若 觀 火	뜻 불을 보는 것 같이 밝게 보인다는 뜻으로, 더 말할 나위 없이 명백(明白)함.
밝을 명 같을 약 볼 관 불 화	觀火(관화) : ① 명약관화(明若觀火)의 준말. ② 조선(朝鮮) 시대(時代)에, 궁중(宮中)에서 벌이던 불꽃놀이.

明 哲 保 身	뜻 총명(聰明)하여 도리(道理)를 좇아 사물(事物)을 처리(處理)하고, 몸을 온전(穩全)히 보전(保全)한다는 뜻으로, 매사(每事)에 법도(法度)를 지켜 온전(穩全)하게 처신(處身)하는 태도(態度)를 이르는 말.
밝을 명 밝을 철 지킬 보 몸 신	

毛 遂 自 薦	뜻 모수(毛遂)가 스스로 천거(薦擧) 했다는 뜻으로, 자기가 자기를 추천(推薦)하는 것을 이르는 말. 오늘날에는 의미가 변질되어 일의 앞뒤도 모르고 나서는 사람을 비유적으로 이르는 말.
터럭 모 이룰 수 스스로 자 천거할 천	完遂(완수) : 목적을 완전히 달성(達成)함.

附錄

目 不 識 丁	뜻 고무래를 보고도 그것이 고무래 정(丁)자인 줄 모른다는 뜻으로, 글자를 전혀 모름, 또는 그러한 사람을 비유해 이르는 말.
눈 목　아니 불　알 식　고무래 정	菽麥不辨(숙맥불변) : 콩인지 보리인지 분별(分別)하지 못한다는 뜻으로, 어리석고 못난 사람.

木 石 不 傅	뜻 나무에도 돌에도 붙일곳이 없다는 뜻으로, 가난하고 외로워서 의지(依支)할 곳이 없는 처지(處地)를 이르는 말.
나무 목　돌 석　아니 불　스승 부	木石難得(목석난득) : 나무에도 돌에도 붙일 데가 없다는 뜻으로, 가난하고 외로와 의지할 곳이 없는 경우를 이르는 말.

木 人 石 心	뜻 나무 인형(人形)에 돌 같은 마음이라는 뜻으로, 감정(感情)이 전연 없는 사람이거나, 의지(意志)가 굳어 마음이 흔들리지 않는 사람을 두고 이르는 말.
나무 목　사람 인　돌 석　마음 심	木石(목석) : 나무와 돌.

猫 項 懸 鈴	뜻 '고양이 목에 방울 달기'라는 뜻으로, 실행하지 못할 일을 공연(公然)히 의논(議論)만 한다는 말.
고양이 묘　목 항　달 현　방울 령	猫頭懸鈴(묘두현령) : 고양이 목에 방울 달기라는 속담(俗談)의 한역으로, 불가능(不可能)한 일을 의논(議論)함을 이르는 말.

武 陵 桃 源	뜻 이 세상(世上)을 떠난 별천지(別天地)를 이르는 말.
호반 무　언덕 릉　복숭아 도　근원 원	桃源(도원) : ① 중국어 '타오위안'을 우리 음으로 읽은 이름. ② 무릉도원(武陵桃源)의 준말. 鬱陵島(울릉도) : 경상북도 동쪽 동해상에 있는 섬.

巫 山 之 夢	뜻 무산(巫山)의 꿈이라는 뜻으로, 남녀의 밀회(密會)나 정교(情交)를 이르는 말, 특히 미인과의 침석(枕席)을 말하기도 함.
무당 무　뫼 산　갈 지　꿈 몽	巫山之雲(무산지운) : 남녀의 교정(交情). 巫山之雨(무산지우) : 남녀의 교정(交情).

刎 頸 之 交	뜻 「목을 벨 수 있는 벗」이라는 뜻으로, 생사(生死)를 같이 할 수 있는 매우 소중(所重)한 벗.
목벨 문　목 경　갈 지　사귈 교	高山流水(고산유수) : ① 높은 산과 흐르는 물. ② 훌륭한 음악, 특히 거문고 소리를 비유함. ③ 자신을 알아 주는 친구.

聞 一 知 十	뜻 한 가지를 들으면 열 가지를 미루어 안다는 뜻으로, 총명함을 이르는 말.
들을 문　한 일　알 지　열 십	前代未聞(전대미문) : 「지난 시대에는 들어 본 적이 없다」는 뜻으로, 매우 놀랍거나 새로운 일을 이르는 말.

門 前 成 市	뜻 「대문 앞이 저자를 이룬다」는 뜻으로, 세도가(勢道家)나 부잣집 문 앞이 방문객(訪問客)으로 저자를 이루다시피 함을 이르는 말.
문 문　앞 전　이룰 성　저자 시	門前若市(문전약시) : 「문 앞이 시장과 같다」는 뜻으로, 대문 앞에 시장(市場)이 선 것처럼 많은 사람들이 모여 들고 있다는 말.

勿 失 好 機	뜻 좋은 기회(機會)를 놓치지 말라는 뜻.
말 물　잃을 실　좋을 호　기틀 기	時不可失(시불가실) : 한 번 지난 때는 두 번 다시 오지 아니하므로, ① 때를 놓쳐서는 안 된다는 말. ② 좋은 시기(時期)를 잃어버려서는 안 된다는 말.

尾 生 之 信	뜻 미생(尾生)의 믿음이란 뜻으로, ① 우직(愚直)하게 약속(約束)만을 굳게 지킴. ② 또는 융통성(融通性)이 없이 약속 만을 굳게 지킴을 비유.
꼬리 미 날 생 갈 지 믿을 신	尾星(미성) : 이십팔수(二十八宿)의 여섯째 별자리의 별들.

密 雲 不 雨	뜻 짙은 구름이 끼여 있으나 비가 오지 않는다는 뜻으로, ① 어떤 일의 징조(徵兆)만 있고 그 일은 이루어지지 않음. ② 은덕(恩德)이 아래까지 고루 미치지 않음을 이르는 말.
빽빽할 밀 구름 운 아니 불 비 우	密雲棗(밀운조) : 평안북도 영변에서 나는 대추.

博 而 不 精	뜻 ① 여러 방면으로 널리 아나 정통(精通)하지 못함. ② 널리 알되 능숙(能熟)하거나 정밀(情密)하지 못함.
넓을 박 말이을 이 아닐 부 정밀할 정	博而寡要(박이과요) : 아는 것은 많으나 요령(要領) 부득임. 博愛(박애) : 모든 것을 널리 평등(平等)하게 사랑함.

反 哺 之 孝	뜻 「까마귀 새끼가 자란 뒤에 늙은 어미에게 먹이를 물어다 주는 효성(孝誠)」이라는 뜻으로, 자식이 자라서 부모를 봉양(奉養)함을 이르는 말.
돌이킬 반 젖먹일 포 갈 지 효도 효	哺乳(포유) : 제 몸의 젖으로 새끼를 먹여 기름.

拔 本 塞 源	뜻 근본(根本)을 빼내고 원천(源泉)을 막아 버린다는 뜻으로, 사물(事物)의 폐단(弊端)을 없애기 위해서 그 뿌리째 뽑아 버림을 이르는 말.
뺄 발 근본 본 칮을 색 근원 원	選拔(선발) : 많은 사람 가운데서 가려 뽑음.

拔 山 蓋 世	뜻 ① 산을 뽑고, 세상을 덮을 만한 기상(氣像). ② 아주 뛰어난 기운(氣運) 또는, 놀라운 기상(氣像).
뺄 발 뫼 산 덮을 개 인간 세	蓋然性(개연성) : ① 꼭 단정할 수는 없으나 대개 그러리라고 생각되는 성질. ② 어떤 일이 일어날 수 있는 가능성(可能性).

傍 若 無 人	뜻 곁에 아무도 없는 것처럼 여긴다는 뜻으로, 주위(周圍)에 있는 다른 사람을 전혀 의식(意識)하지 않고 제멋대로 행동하는 사람을 가리켜 하는 말.
곁 방 같을 약 없을 무 사람 인	傲岸不遜(오안불손) : 행동거지가 오만불손하고 잘난 체하는 태도.

蚌 鷸 之 爭	뜻 도요새가 조개와 다투다가 다 같이 어부에게 잡히고 말았다는 뜻으로, 제3자만 이롭게 하는 다툼을 이르는 말.
방합 방 도요새 휼 갈 지 다툴 쟁	蚌蛤(방합) : 말조개과에 딸린 민물조개. 蚌蛤科(방합과) : 진정 판새류(瓣鰓類)에 딸린 한 과(科).

背 水 之 陣	뜻 「물을 등지고 진을 친다」는 뜻으로, ① 물러설 곳이 없으니 목숨을 걸고 싸울 수밖에 없는 지경(地境)을 이르는 말. ② 물을 등지고 적과 싸울 진을 치는 진법(陣法).
등 배 물 수 갈 지 진칠 진	背水陣(배수진)과 같은 뜻.

杯 中 蛇 影	뜻 술잔 속의 뱀 그림자라는 뜻으로, ① 자기 스스로 의혹(疑惑)된 마음이 생겨 고민(苦悶)하는 일. ② 아무 것도 아닌 일에 의심(疑心)을 품고 지나치게 근심을 함.
술잔 배 가운데 중 뱀 사 그림자 영	疑心暗鬼(의심암귀) : 의심이 생기면 귀신이 생긴다는 뜻.

百年佳約

일백 백　해 년　아름다울 가　맺을 약

뜻 백년을 두고 하는 아름다운 언약(言約)이라는 뜻으로, 부부(夫婦)가 되겠다는 약속(約束).
百年佳期(백년가기) : 남편(男便)과 아내가 되어 한평생 같이 지내자는 아름다운 언약(言約).

百年大計

일백 백　해 년　큰 대　셀 계

뜻 먼 앞날까지 내다보고 먼 뒷날까지 걸쳐 세우는 큰 계획.
百年佳偶(백년가우) : 한평생을 같이 지내는 아름다운 배필(配匹).
百年之客(백년지객) : 언제나 깍듯하게 대(對)해야 하는 어려운 손님이라는 뜻으로, 사위를 두고 이르는 말.

百年河淸

일백 백　해 년　물 하　맑을 청

뜻 백 년을 기다린다 해도 황하(黃河)의 흐린 물은 맑아지지 않는다는 뜻으로, ① 오랫동안 기다려도 바라는 것이 이루어질 수 없음을 이르는 말. ② 아무리 세월이 가도 일을 해결할 희망이 없음. ③ 아무리 기다려도 가망 없어, 사태가 바로 잡히기 어려움.

百年偕老

일백 백　해 년　함께 해　늙을 로

뜻 부부(夫婦)가 서로 사이좋고 화락(和樂)하게 같이 늙음을 이르는 말.
百年偕樂(백년해락) : 부부(夫婦)가 되어 한평생을 같이 즐겁게 지냄.

伯牙絶絃

맏 백　어금니 아　끊을 절　줄 현

뜻 백아가 친한 벗의 부음을 듣고 거문고 줄을 끊어 버렸다는 뜻으로, 자기를 알아주는 절친한 벗, 즉 지기지우(知己之友)의 죽음을 슬퍼함을 이르는 말.
伯牙破琴(백아파금) : ☞ 백아절현(伯牙絶絃).

百折不屈

일백 백　꺾을 절　아니 불　굽힐 굴

뜻 백 번 꺾여도 굴하지 않는다는 뜻으로, 어떤 어려움에도 굽히지 않음.
百折不撓(백절불요) : 백 번 꺾여도 휘지 않는다는 뜻으로, 실패(失敗)를 거듭해도 뜻을 굽히지 않음.

百尺竿頭

일백 백　자 척　장대 간　머리 두

뜻 백 자나 되는 높은 장대 위에 올라섰다는 뜻으로, 위태로움이 극도(極度)에 달함.
百尺竿頭進一步(백척간두진일보) : 이미 할 수 있는 일을 다한 것인데 또 한 걸음 나아간다 함은 더욱 노력하여 위로 향한다는 말.

百害無益

일백 백　해할 해　없을 무　더할 익

뜻 해(害)롭기만 하고 하나도 이로울 것이 없음.
百害無一利(백해무일리) : 해롭기만 하고 하나도 이로울 것이 없음.
利害相半(이해상반) : 이익(利益)과 손해(損害)가 반반으로 맞섬. 이해(利害) 관계(關係)가 서로 어긋남.

封庫罷職

봉할 봉　곳집 고　마칠 파　벼슬 직

뜻 부정(不正)을 저지른 관리(官吏)를 파면(罷免)시키고 관고(官庫)를 봉하여 잠그는 일.
封庫御史(봉고어사) : 악한 정사를 행하는 수령을 파직하고 관고(官庫)를 단단히 봉하여 잠그는 임무를 맡은 어사(御史).

釜中之魚

가마 부　가운데 중　갈 지　고기 어

뜻 솥 속의 생선(生鮮)이라는 뜻으로, 생명에 위험이 닥쳤음을 비유해 이르는 말.
魚遊釜中(어유부중) : 고기가 솥 속에서 논다는 뜻으로, 목숨이 붙어 있다 할지라도 오래 가지 못할 것을 비유해 하는 말.

396

附 和 雷 同	뜻 「우레 소리에 맞춰 함께한다」는 뜻으로, 자신의 뚜렷한 소신 없이 그저 남이 하는 대로 따라가는 것을 의미함.
붙을 부 화할 화 우레 뢰 한가지 동	附同(부동) : 부화뇌동(附和雷同)의 준말. 爛漫同歸(난만동귀) : 옳지 않은 일에 부화뇌동함을 이르는 말.

焚 書 坑 儒	뜻 「책을 불태우고 선비를 생매장(生埋葬)하여 죽인다」는 뜻으로, 진(秦)나라의 시황제(始皇帝)가 학자들의 정치(政治) 비평(批評)을 금하기 위하여 경서(經書)를 태우고 학자(學者)들을 구덩이에 생매장하여 베푼 가혹한 정치를 이르는 말.
태울 분 글 서 구덩이 갱 선비 유	

不 俱 戴 天	뜻 「하늘 아래 같이 살 수 없는 원수(怨讐), 죽여 없애야 할 원수(怨讐).
아니 불 함께 구 일 대 하는 천	不俱戴天之讐(불구대천지수) : 한 하늘을 이고 살 수 없을 만큼 깊은 원수. 원래는 아버지의 원수(怨讐)를 의미(意味).

悲 憤 慷 慨	뜻 아주 슬프고 분(憤)한 느낌이 마음속에 가득 차 있음.
슬플 비 분할 분 슬플 강 슬퍼할 개	兩寡分悲(양과분비) : 「두 과부(寡婦)가 슬픔을 서로 나눈다」는 뜻으로, 같은 처지(處地)에 있는 사람끼리 서로 동정(同情)한다는 말.

髀 肉 之 嘆	뜻 넓적다리에 살이 붙음을 탄식한다라는 뜻으로, ① 자기의 뜻을 펴지 못하고 허송세월하는 것을 한탄하다가 성공할 기회를 잃고 공연히 허송세월만 보냄을 탄식하는 말. ② 영웅이 때를 만나지 못하여 싸움에 나가지 못하고 넓적다리에 헛된 살만 쩌 가는 것을 한탄한다는 말에서 나옴.
넓적다리 비 고기 육 갈 지 탄식할 탄	

非 一 非 再	뜻 「같은 일이 한두 번이 아님」이란 뜻으로, 한둘이 아님.
아닐 비 한 일 아닐 비 두 재	似是而非(사시이비) : 겉은 옳은 것 같으나 속은 다름. 似而非(사이비) : 겉으로 보기에는 비슷한 듯하지만 근본적(根本的)으로는 아주 다른 것.

氷 山 一 角	뜻 빙산의 뿔 하나라는 뜻으로, 대부분이 숨겨져 있고 외부로 나타나 있는 것은 극히 일부분에 지나지 않음을 비유한 말.
얼음 빙 뫼 산 한 일 뿔 각	氷山之戒(빙산지계) : 얼음산이 끝내 녹아 없어지듯이 권세도 오래 가지 못함을 비유하여 이르는 경계의 말.

氷 炭 不 相 容	뜻 「얼음과 불은 성질이 반대여서 만나면 서로 없어진다」는 뜻으로, ① 군자와 소인은 서로 화합하지 못함. ② 또는 상반되는 사물(事物).
얼음 빙 숯 탄 아니 불 서로 상 얼굴 용	木炭(목탄) : 숯. 그림을 그리는 데 쓰는, 결이 좋고 무른 나무를 태워서 만든 숯.

氷 炭 之 間	뜻 얼음과 숯 사이란 뜻으로, ① 둘이 서로 어긋나 맞지 않는 사이. ② 서로 화합(和合)할 수 없는 사이.
얼음 빙 숯 탄 갈 지 사이 간	氷炭相愛(빙탄상애) : 얼음과 숯이 서로 사랑한다는 뜻으로, 세상에 그 예가 도저히 있을 수 없음을 이르는 말.

四 顧 無 親	뜻 사방을 돌아보아도 친척이 없다는 뜻으로, 의지할 만한 사람이 도무지 없다는 말.
넉 사 돌아볼 고 없을 무 친할 친	四顧無人(사고무인) : 주위(周圍)에 사람이 없어 쓸쓸함. 文房四友(문방사우) : 서재에 꼭 있어야 할 네 벗, 즉 종이, 붓, 벼루, 먹을 말함.

附
錄

舍 己 從 人	뜻 자기의 이전 행위를 버리고 타인의 선행을 본떠 행함. 用行舍藏(용행사장) : 일자리를 얻었을 때에는 나가서 자신이 믿는 바를 행하고, 버리면 물러나 몸을 숨긴다는 뜻으로, 나아가고 물러섬이 깨끗하고 분명함을 이르는 말.
집 사　몸 기　좇을 종　사람 인	

四 面 楚 歌	뜻 사방에서 들리는 초(楚)나라의 노래라는 뜻으로, 적에게 둘러싸인 상태나 누구의 도움도 받을 수 없는 고립 상태에 빠짐을 이르는 말. 凱歌(개가) : 승리(勝利)하여 기뻐서 부르는 노래.
넉 사　집낯 면　초나라 초　노래 가	

四 通 五 達	뜻 네 갈래 다섯 갈래로 나눠지고 찢어진다는 뜻으로, ① 이리저리 갈기갈기 찢어짐. ② 천하가 심히 어지러움. ③ 질서 없이 몇 갈래로 뿔뿔이 헤어지거나 떨어짐. 說三道四(설삼도사) : 되는 대로 마구 지껄임.
넉 사　통할 통　다섯 오　통달할 달	

邪 不 犯 正	뜻 바르지 못한 것은 바른 것을 감히 범하지 못한다는 뜻으로, 정의(正義)는 반드시 이긴다는 말. 秋毫不犯(추호불범) : 마음이 아주 깨끗하고 청렴(淸廉)하여 조금도 남의 것을 범(犯)하지 아니함.
사사 사　아니 불　범할 범　바를 정	

砂 上 樓 閣	뜻 모래 위에 지은 누각이라는 뜻으로, 어떤 일이나 사물의 기초가 튼튼하지 못한 것을 비유하여 이르는 말. 空中樓閣(공중누각) : 「공중에 세워진 누각(樓閣)」이란 뜻으로, 근거(根據)가 없는 가공(架空)의 사물(事物).
모래 사　위 상　다락 누　집 각	

師 弟 同 行	뜻 ① 스승과 제자(弟子)가 함께 길을 감. ② 스승과 제자가 한 마음으로 연구(硏究)하여 나아감. 恩師(은사) : ① 은혜를 베풀어 준 스승이라는 뜻으로 스승을 감사한 마음으로 이르는 말. ② 처음 출가하여 의지하고 살 만한 승려(僧侶).
스승 사　아우 제　한가지 동　다닐 행	

四 通 八 達	뜻 길이 사방 팔방으로 통해 있음. 길이 여러 군데로 막힘 없이 통함. 四通五達(사통오달) : 이리저리 여러 곳으로 길이 통한다는 뜻으로, 길이나 교통망, 통신망 등이 사방으로 막힘없이 통함. 言三語四(언삼어사) : 서로 변론(辯論)하느라고 말이 옥신각신함.
넉 사　통할 통　여덟 팔　통달할 달	

事 必 歸 正	뜻 처음에는 시비 곡직(曲直)을 가리지 못하여 그릇되더라도 모든 일은 결국에 가서는 반드시 정리(正理)로 돌아감. 女必從夫(여필종부) : 아내는 반드시 남편(男便)의 뜻을 좇아야 한다는 말.
일 사　반드시 필　돌아갈 귀　바를 정	

山 高 水 長	뜻 산은 높고 물은 유유(悠悠)히 흐른다는 뜻으로, 군자의 덕이 높고 끝없음을 산의 우뚝 솟음과 큰 냇물의 흐름에 비유한 말. 流水高山(유수고산) : ① 지기지우를 얻기 어려움을 비유해 이르는 말. ② 악곡의 고아(高雅)하고 절묘함을 비유해 이르는 말.
뫼 산　높을 고　물 수　긴 장	

山 紫 水 明	뜻 산빛이 곱고 강물이 맑다는 뜻으로, 산수(山水)가 아름다움을 이르는 말. 錦繡江山(금수강산) : 「비단에 수를 놓은 듯이 아름다운 산천」이라는 뜻으로, 우리나라 강산(江山)을 이르는 말.
뫼 산　자주빛 자　물 수　밝을 명	

山 戰 水 戰	
뫼 산　싸움 전　물 수　싸움 전	**뜻** 산에서의 싸움과 물에서의 싸움이라는 뜻으로, 세상의 온 갖 고난(苦難)을 다 겪어 세상일에 경험이 많음을 이르는 말. **東山高臥(동산고와)** : 동산에 높이 누워 있다는 뜻으로, 속세의 번잡함을 피하여 산중에 은거(隱居)함.

山 海 珍 味	
뫼 산　바다 해　보배 진　맛 미	**뜻** 산과 바다의 산물(産物)을 다 갖추어 아주 잘 차린 진귀(珍貴)한 음식이란 뜻으로, 온갖 귀한 재료로 만든 맛. 좋은 음식. **力拔山氣蓋世(역발산기개세)** : ① 산을 뽑고, 세상을 덮을 만한 기상. ② 아주 뛰어난 기운 또는, 놀라운 기상(氣像).

殺 身 成 仁	
죽일 살　몸 신　이룰 성　어질 인	**뜻** 자신의 몸을 죽여 인(仁)을 이룬다는 뜻으로, 자기의 몸을 희생(犧牲)하여 옳은 도리(道理)를 행함. **捨生取義(사생취의)** : 목숨을 버리고 의리를 좇음의 뜻으로, 비록 목숨을 버릴지언정 옳은 일을 함을 일컫는 말.

三 綱 五 倫	
석 삼　벼리 강　다섯 오　인륜 륜	**뜻** 유교 도덕의 바탕이 되는 세 가지 강령과 다섯 가지의 인륜을 이르는 말로, 삼강(三綱)은 유교 도덕이 되는 세가지 뼈대가 되는 줄거리로서, 군위신강(君爲臣綱), 부위부강(夫爲婦綱), 부위자강(父爲子綱)이며, 오륜(五倫)은 군신유의(君臣有義), 부자유친(父子有親), 부부유별(夫婦有別), 장유유서(長幼有序), 붕우유신(朋友有信)을 말함.

三 顧 草 廬	
석 삼　돌아볼 고　풀 초　오두막집 려	**뜻** 유비(劉備)가 제갈공명(諸葛孔明)을 세 번이나 찾아가 군사(軍師)로 초빙(招聘)한 데서 유래한 말로, ① 임금의 두터운 사랑을 입다라는 뜻. ② 인재(人材)를 맞기 위해 참을성 있게 힘씀. **顧客(고객)** : 물건(物件)을 항상(恒常) 사러 오는 손님.

三 三 五 五	
석 삼　　　다섯 오	**뜻** ① 삼사인(三四人), 또는 오륙인(五六人)이 떼를 지은 모양. ② 여기저기 몇몇씩 흩어져 있는 모양. **三省吾身(삼성오신)** : 「날마다 세 번씩 내 몸을 살핀다」라는 뜻으로, 하루에 세 번씩 자신의 행동을 반성(反省)함.

三 旬 九 食	
석 삼　열흘 순　아홉 구　밥 식	**뜻** 「삼순, 곧 한 달에 아홉 번 밥을 먹는다」는 뜻으로, 집안이 가난하여 먹을 것이 없어 굶주린다는 말. **孟母三遷(맹모삼천)** : 맹자의 어머니가 맹자를 제대로 교육하기 위하여 집을 세 번이나 옮겼다는 뜻으로, 교육에는 주위 환경이 중요하다는 가르침.

三 十 而 立	
석 삼　열 십　말이을 이　설 립	**뜻** 서른 살이 되어 자립한다는 뜻으로, 학문이나 견식(見識)이 일가를 이루어 도덕 상으로 흔들리지 아니함을 이르는 말. **如三秋(여삼추)** : 「3년과 같이 길게 느껴진다」는 뜻으로, 무엇을 매우 애타게 기다리는 것.

三 人 成 虎	
석 삼　사람 인　이룰 성　범 호	**뜻** 「세 사람이면 없던 호랑이도 만든다」는 뜻으로, 거짓말이라도 여러 사람이 말하면 남이 참말로 믿기 쉽다는 말. **三秋之思(삼추지사)** : 하루가 삼 년 같은 생각이라는 뜻으로, 몹시 사모(思慕)하여 기다리는 마음을 이르는 말.

三 從 之 道	
석 삼　좇을 종　갈 지　길 도	**뜻** 여자가 따라야 할 세 가지 도리. 여자는 어려서 어버이게 순종(順從)하고, 시집가서는 남편에게 순종하고, 남편이 죽은 뒤에는 아들을 따르는 도리. **三可宰相(삼가재상)** : 이러하든 저러하든 모두 옳다고 함.

附錄

三 日 天 下	뜻 「사흘 간의 천하」라는 뜻으로, ① 권세의 허무를 일컫는 말. 극히 짧은 동안 정권을 잡았다가 실권(失權)함의 비유. ② 발탁되어 어떤 지위에 기용(起用)되었다가 며칠 못 가서 떨어지는 일의 비유. ③ 갑신정변이 3일 만에 실패했으므로 이를 달리 일컫는 말.
석 삼 　 날 일 　 하늘 천 　 아래 하	

三 遷 之 教	뜻 맹자의 어머니가 아들의 교육을 위하여 3번 거처를 옮겼다는 고사(故事)로, 생활 환경이 교육에 있어 큰 영향을 미침을 말함. 如三秋(여삼추) : 「3년과 같이 길게 느껴진다」는 뜻으로, 무엇을 매우 애타게 기다리는 것.
석 삼 　 옮길 천 　 갈 지 　 가르칠 교	

傷 弓 之 鳥	뜻 활에 놀란 새, 즉 활에 상처(傷處)를 입은 새는 굽은 나무만 보아도 놀란다는 뜻으로, ① 한번 놀란 사람이 조그만 일에도 겁을 내어 위축(萎縮)됨을 비유해 이르는 말. ② 어떤 일에 봉변(逢變)을 당한 뒤에는 뒷일을 경계함을 비유하는 말.
상할 상 　 활 궁 　 갈 지 　 새 조	

桑 田 碧 海	뜻 뽕나무밭이 푸른 바다가 되었다라는 뜻으로, 세상이 몰라 볼 정도로 바뀐 것. 세상의 모든 일이 엄청나게 변해버린 것. 滄桑之變(창상지변) : 푸른 바다(滄海)가 뽕밭(桑田)이 되듯이 시절(時節)의 변화가 무상(無常)함을 이르는 말.
뽕나무 상 　 밭 전 　 푸를 벽 　 바다 해	

塞 翁 之 馬	뜻 변방(邊方)에 사는 노인의 말이라는 뜻으로, ① 세상만사는 변화가 많아 어느 것이 화(禍)가 되고, 어느 것이 복(福)이 될지 예측하기 어려워 재앙(災殃)도 슬퍼할 게 못되고 복도 기뻐할 것이 아님을 이르는 말. ② 인생의 길흉화복은 늘 바뀌어 변화가 많음을 이르는 말.
변방 새 　 늙은이 옹 　 갈 지 　 말 마	

先 見 之 明	뜻 앞을 내다보는 안목(眼目)이라는 뜻으로, 장래(將來)를 미리 예측(豫測)하는 날카로운 견식(見識)을 두고 이르는 말. 先入之語(선입지어) : 먼저 들은 이야기에 따른 고정관념(固定觀念)으로 새로운 의견(意見)을 받아들이지 않는 것을 이르는 말.
먼저 선 　 볼 견 　 갈 지 　 밝을 명	

先 公 後 私	뜻 사(私)보다 공(公)을 앞세움이란 뜻으로, 사사(私事)로운 일이나 이익(利益)보다 공익(公益)을 앞세움. 至公無私(지공무사) : 지극(至極)히 공평(公平)하여 조금도 사사(私事)로움이 없음.
먼저 선 　 공평할 공 　 뒤 후 　 사사 사	

雪 膚 花 容	뜻 「눈처럼 흰 살결과 꽃처럼 고운 얼굴」이란 뜻으로, 미인(美人)의 용모(容貌)를 일컫는 말. 雪中松柏(설중송백) : 눈 속의 송백이라는 뜻으로, 소나무와 잣나무는 눈 속에서도 그 색이 변치 않는다 하여, 절조가 굳은 사람을 비유해 이르는 말.
눈 설 　 살갗 부 　 꽃 화 　 얼굴 용	

雪 上 加 霜	뜻 눈 위에 또 서리가 덮인다는 뜻으로, 불행(不幸)한 일이 겹쳐서 일어남을 이르는 말. 엎친데 덮침. 螢窓雪案(형창설안) : 반딧불이 비치는 창과 눈에 비치는 책상이라는 뜻으로, 어려운 가운데서도 학문에 힘씀을 비유한 말.
눈 설 　 위 상 　 더할 가 　 서리 상	

雪 中 松 柏	뜻 눈 속의 송백이라는 뜻으로, 소나무와 잣나무는 눈 속에서도 그 색이 변치 않는다 하여, 절조(節操)가 굳은 사람을 비유해 이르는 말. 螢雪之功(형설지공) : 반딧불과 눈빛으로 이룬 공이라는 뜻으로, 가난을 이겨내며 고생 속에서 공부하여 이룬 공을 일컫는 말.
눈 설 　 가운데 중 　 솔 송 　 잣 백	

小 貪 大 失	뜻 작은 것을 탐하다가 오히려 큰 것을 잃음.
적을 소 탐할 탐 큰 대 잃을 실	明珠彈雀(명주탄작) : 「새를 잡는 데 구슬을 쓴다」는 뜻으로, 작은 것을 얻으려다 큰 것을 손해 보게 됨을 이르는 말. 隨珠彈雀(수주탄작) : 「수후(隨侯)의 구슬로 새를 잡는다」는 뜻.

束 手 無 策	뜻 손을 묶인 듯이 어찌 할 방책(方策)이 없어 꼼짝 못하게 된다는 뜻으로, 뻔히 보면서 어찌할 바를 모르고 꼼짝 못한다는 뜻.
묶을 속 손 수 없을 무 꾀 책	約束(약속) : ① 언약(言約)하여 정(定)함. ② 서로 언약(言約)한 내용(內容).

送 舊 迎 新	뜻 묵은해를 보내고 새해를 맞는다는 뜻으로, ① 묵은해를 보내고, 새해를 맞이함. ② 구관(舊官)을 보내고, 신관(新官)을 맞이함.
보낼 송 예 구 맞을 영 새 신	출전 송고영신(送故迎新)에서 나온 말로 관가에서 구관(舊官)을 보내고 신관(新官)을 맞이 했던 데서 유래(由來).

松 茂 柏 悅	뜻 소나무가 무성(茂盛)하면 잣나무가 기뻐한다는 뜻으로, 남이 잘되는 것을 기뻐함을 비유하여 이르는 말.
솔 송 우거질 무 잣 백 기쁠 열	松柏之茂(송백지무) : 소나무와 잣나무의 푸른빛이 변하지 않듯이 오래도록 영화(榮華)를 누림을 이르는 말.

首 丘 初 心	뜻 여우는 죽을 때 구릉을 향(向)해 머리를 두고 초심으로 돌아간다라는 뜻으로, ① 근본(根本)을 잊지 않음. ② 또는 죽어서라도 고향(故鄕) 땅에 묻히고 싶어하는 마음.
머리 수 언덕 구 처음 초 마음 심	胡馬望北(호마망북) : ☞ 호마의북풍(胡馬依北風).

首 鼠 兩 端	뜻 「구멍 속에서 목을 내민 쥐가 나갈까 말까 망설인다」는 뜻으로, ① 거취(去就)를 결정하지 못하고 망설이는 모양. ② 어느 쪽으로도 붙지 않고 양다리를 걸치는 것을 이르는 말.
머리 수 쥐 서 두 양 끝 단	首尾一貫(수미일관) : 처음부터 끝까지 변함없이 일을 해 나감.

壽 福 康 寧	뜻 오래 살고 복되며 건강(健康)하고 편안(便安)함.
목숨 수 복 복 편안 강 편안 녕	壽則多辱(수즉다욕) : 오래 살면 욕됨이 많다는 뜻으로, 오래 살수록 고생이나 망신(亡身)이 많음을 이르는 말. 延年益壽(연년익수) : 나이를 많이 먹고 오래오래 삶.

手 不 釋 卷	뜻 손에서 책을 놓지 않는다는 뜻으로, 늘 책을 가까이하여 학문(學問)을 열심히 함.
손 수 아니 불 풀 석 책 권	束手無策(속수무책) : 손을 묶인 듯이 어찌 할 방책이 없어 꼼짝 못하게 된다는 뜻으로, 뻔히 보면서 어찌할 바를 모르고 꼼짝 못한다는 뜻.

袖 手 傍 觀	뜻 팔짱을 끼고 보고만 있다는 뜻으로, 어떤 일을 당하여 옆에서 보고만 있는 것을 말함.
소매 수 손 수 곁 방 볼 관	兩手執餠(양수집병) : 「양손에 떡을 쥐었다」는 뜻으로, 가지기도 어렵고 버리기도 어려운 경우(境遇)를 이르는 말.

漱 石 枕 流	뜻 돌로 양치질하고 흐르는 물을 베개 삼는다는 뜻으로, ① 말을 잘 못해 놓고 그럴 듯하게 꾸며대는 것.② 또는 이기려고 하는 고집이 셈.
양치질할 수 돌 석 베개 침 흐를 류	枕流漱石(침류수석) : 시냇물을 베개 삼고 돌로 양치질한다는 뜻으로, 몹시 남에게 지기 싫어함을 이르는 말.

水 魚 之 交	뜻 물과 물고기의 사귐이란 뜻으로, ① 임금과 신하(臣下) 또는 부부(夫婦) 사이처럼 매우 친밀한 관계를 이르는 말. ② 서로 떨어질 수 없는 친한 사이를 일컫는 말.
물 수 고기 어 갈 지 사귈 교	水積成川 (수적성천) : 물이 모이면 내를 이룸.

水 滴 穿 石	뜻 물방울이 바위를 뚫는다는 뜻으로, 작은 노력이라도 끈기 있게 계속하면 큰 일을 이룰 수 있음.
물 수 물방울 적 뚫을 천 돌 석	魚水之親 (어수지친) : 물고기와 물처럼 친한 사이라는 뜻으로, ① 임금과 신하의 친밀한 사이. ② 서로 사랑하는 부부 사이.

守 株 待 兎	뜻 「그루터기를 지켜 토끼를 기다린다」는 뜻으로, 고지식하고 융통성(融通性)이 없어 구습(舊習)과 전례(前例)만 고집함.
지킬 수 그루 주 기다릴 대 토끼 토	獨守空房 (독수공방) : 빈방에서 혼자 잠이란 뜻으로, 부부가 서로 별거(別居)하여 여자가 남편 없이 혼자 지냄을 뜻함.

宿 虎 衝 鼻	뜻 「자는 범의 코를 찌른다」는 뜻으로, 가만히 있는 사람을 건드려서 화(禍)를 스스로 불러들이는 일.
잘 숙 범 호 찌를 충 코 비	打草驚蛇 (타초경사) : 「풀을 쳐서 뱀을 놀라게 한다」는 뜻으로, 을(乙)을 징계(懲戒)하여 갑(甲)을 경계(警戒)함을 이르는 말.

脣 亡 齒 寒	뜻 입술이 없으면 이가 시리다는 뜻으로, ① 가까운 사이의 한쪽이 망하면 다른 한쪽도 그 영향(影響)을 받아 온전(穩全)하기 어려움을 비유하여 이르는 말.
입술 순 망할 망 이 치 찰 한	丹脣 (단순) : 여자의 붉은 입술이나 연지를 바른 입술.

脣 齒 輔 車	뜻 입술과 이, 수레의 덧방나무와 바퀴처럼 따로 떨어지거나 협력(協力)하지 않으면 일이 성취(成就)하기 어려운 관계(關係)를 이르는 말.
입술 순 이 치 도울 보 수레 거	脣頭 (순두) : 입술 끝.

是 是 非 非	뜻 옳은 것은 옳다, 그른 것은 그르다고 한다는 뜻으로, 사리(事理)를 공정하게 판단(判斷)함을 이르는 말.
옳을 시 아닐 비	是是非非主義 (시시비비주의) : 중립적인 입장에서 옳은 것은 옳고 그른 것은 그르다고 시비를 명확히 가리는 주의(主義).

始 終 如 一	뜻 처음이나 나중이 한결같아서 변(變)함없음.
비로소 시 마침 종 같을 여 한 일	無始無終 (무시무종) : 시작도 끝도 없다는 뜻으로, 불변(不變)의 진리(眞理)나 윤회(輪廻)의 무한성(無限性)을 이르는 말. 有始有終 (유시유종) : 시작할 때부터 끝을 맺을 때까지 변함이 없음.

始 終 一 貫	뜻 처음부터 끝까지 한결같이 관철(貫徹)함.
비로소 시 마침 종 한 일 꿸 관	千里行始於足下 (천리행시어족하) : 「천릿길도 한 걸음부터 시작한다」는 뜻으로, 비록 어려운 일이라도 쉬지 않고 노력(努力)하면 성취(成就)됨을 이르는 말.

身 言 書 判	뜻 중국(中國) 당대의 관리(官吏) 전선(銓選)의 네가지 표준(標準). 곧 인물을 선택하는 네 가지 조건이란 뜻으로, 사람을 평가할 때나 선택할 때가 되면 첫째 인물이 잘났나, 즉『身』둘째 말을 잘 할 줄 아는가 즉『言』셋째 글씨는 잘 쓰는가 즉『書』넷째 사물(事物)의 판단이 옳은가 즉『判』의 네가지를 보아야 한다 하여 이르는 말.
몸 신 말씀 언 글 서 판단할 판	

十 伐 之 木	뜻 '열 번 찍어 안 넘어가는 나무가 없다'는 뜻으로, ① 어떤 어려운 일이라도 여러 번 계속하여 끊임없이 노력하면 기어이 이루어 내고야 만다는 뜻. ② 아무리 마음이 굳은 사람이라도 여러 번 계속하여 말을 하면 결국 그 말을 듣게 된다는 뜻.
열 십　칠 벌　갈 지　나무 목	

十 匙 一 飯	뜻 열 사람이 한 술씩 보태면 한 사람 먹을 분량이 된다는 뜻으로, 여러 사람이 힘을 합하면 한 사람을 돕기는 쉽다는 말. 十年減壽(십년감수) : 수명에서 열 해가 줄어든다는 뜻으로, 몹시 위험하거나 놀랐을 때 쓰는 말.
열 십　숫가락 시　한 일　밥 반	

十 中 八 九	뜻 「열에 여덟이나 아홉」이란 뜻으로, ① 열 가운데 여덟이나 아홉이 된다는 뜻. 곧, 거의 다 됨을 가리키는 말. ② 거의 예외 없이 그러할 것이라는 추측(推測)을 나타내는 말. 十年知己(십년지기) : 오래 전부터 친히 사귀어 온 친구.
열 십　가운데 중　여덟 팔　아홉 구	

阿 鼻 叫 喚	뜻 「아비(阿鼻) 지옥(地獄)과 규환(叫喚) 지옥(地獄)」이라는 뜻으로, 여러 사람이 비참(悲慘)한 지경(地境)에 처하여 그 고통(苦痛)에서 헤어나려고 비명(悲鳴)을 지르며 몸부림침을 형용(形容)해 이르는 말.
언덕 아　코 비　부르짖을 규　부를 환	

阿 修 羅 場	뜻 ① 전란이나 그밖의 일로 인해 큰 혼란 상태에 빠진 곳. 또는, 그 상태. ② 아수라왕(阿修羅王)이 제석천(帝釋天)과 싸운 마당. 修羅場(수라장) : ① 아수라왕이 제석천과 싸운 마당. ② 싸움 등으로, 혼잡하고 어지러운 상태에 빠진 곳. 또는 그런 상태.
언덕 아　닦을 수　그물 라　마당 장	

我 田 引 水	뜻 자기 논에만 물을 끌어넣는다는 뜻으로, ① 자기의 이익을 먼저 생각하고 행동함. ② 또는 억지로 자기에게 이롭도록 꾀함을 이르는 말. 我田引水格(아전인수격) : 아전인수(我田引水)하는 셈.
나 아　밭 전　끌 인　물 수	

安 貧 樂 道	뜻 ① 구차(苟且)하고 궁색(窮塞)하면서도 그것에 구속(拘束)되지 않고 평안(平安)하게 즐기는 마음으로 살아감. ② 가난에 구애받지 않고 도(道)를 즐김. 安逸(안일) : ① 편안하고 한가(閑暇)함. ② 쉽게 여김.
편안 안　가난할 빈　즐거울 락　길 도	

安 心 立 命	뜻 ① 천명(天命)을 깨닫고 생사(生死)·이해(理解)를 초월(超越)하여 마음의 평안(平安)을 얻음. ② 생사(生死)의 도리(道理)를 깨달아 내세(來世)의 안심(安心)을 꾀함. 安居樂業(안거낙업) : 편안히 살면서 생업을 즐김.
편안 안　마음 심　설 입　목숨 명	

眼 下 無 人	뜻 눈 아래에 사람이 없다는 뜻으로, ① 사람됨이 교만(驕慢)하여 남을 업신여김을 이르는 말. ② 태도(態度)가 몹시 거만(倨慢)하여 남을 사람같이 대하지 않는 것. 眼中無人(안중무인)도 같은 의미.
눈 안　아래 하　없을 무　사람 인	

愛 人 如 己	뜻 남을 자기 몸같이 사랑함. 敬天愛人(경천애인) : 하늘을 공경(恭敬)하고 사람을 사랑함. 節用愛人(절용애인) : 나라의 재물(財物)을 아껴 쓰는 것이 곧 백성(百姓)을 사랑함을 말함.
사랑 애　사람 인　같을 여　몸 기	

哀 乞 伏 乞	뜻 애처롭게 하소연하면서 빌고 또 빎.
슬플 애　빌 걸　엎드릴복　빌 걸	喜怒哀樂 (희로애락) : 기쁨과 노여움, 슬픔과 즐거움이라는 뜻으로, 곧 사람의 여러 가지 감정(感情)을 이르는 말. 樂極哀生 (낙극애생) : 즐거움도 극에 달하면 슬픔이 생김.

愛 別 離 苦	뜻 불교(佛敎)에서 말하는 팔고(八苦)의 하나. 사랑하는 사람과 헤어져야 하는 괴로움.
사랑 애　다를 별　떠날 이　쓸 고	甘棠之愛 (감당지애) : 선정(善政)을 베푼 인재를 사모(思慕)하는 마음이 간절(懇切)함을 비유해 이르는 말.

愛 之 重 之	뜻 매우 사랑하고 소중(所重)히 여김.
사랑 애　갈 지　무거울중　갈 지	舐犢之愛 (지독지애) : 지독지정(舐犢之情). 어미 소가 송아지를 핥아 주는 사랑이라는 뜻으로, 부모의 자식(子息) 사랑을 비유해 이르는 말.

野 壇 法 席	뜻 야외(野外)에서 크게 베푸는 설법(說法)의 자리.
들 야　제단 단　법 법　자리 석	家鷄野鶩 (가계야목) : 「집의 닭을 미워하고 들의 물오리를 사랑한다」는 뜻으로, 일상(日常) 흔한 것을 피하고 새로운 것, 진기한 것을 존중(尊重)함을 비유해 이르는 말.

藥 房 甘 草	뜻 ① 무슨 일이나 빠짐없이 끼임. ② 반드시 끼어야 할 사물.
약 약　방 방　달 감　풀 초	藥房啓辭 (약방계사) : 조선 시대에, 내의원(內醫院)에서 임금에게 올리던 상주문(上奏文). 藥房妓生 (약방기생) : ☞ 내의원의녀(內醫院醫女).

良 禽 擇 木	뜻 좋은 새는 나무를 가려서 둥지를 튼다는 뜻으로, 어진 사람은 훌륭한 임금을 가려 섬김을 이르는 말.
어질 양　새 금　가릴 택　나무 목	良識 (양식) : ① 양심적인 지식과 판단력. ② (넓은 경지(境地)에서 선악을 판단하는)뛰어난 식견과 훌륭한 판단력.

羊 頭 狗 肉	뜻 「양(羊) 머리를 걸어놓고 개고기를 판다」는 뜻으로, ① 겉은 훌륭해 보이나 속은 그렇지 못한 것. ② 겉과 속이 서로 다름. ③ 말과 행동이 일치하지 않음.
양 양　머리 두　개 구　고기 육	犬羊之質 (견양지질) : 재능(才能)이 없는 바탕.

梁 上 君 子	뜻 대들보 위에 있는 군자(君子)라는 뜻으로, ① 집안에 들어온 도둑. ② 도둑을 미화(美化)하여 점잖게 부르는 말.
들보양　위 상　임금 군　아들 자	棟梁之材 (동량지재) : 마룻대와 들보로 쓸 만한 재목이라는 뜻으로, 나라의 중임을 맡을 만한 큰 인재(人材).

良 藥 苦 口	뜻 좋은 약은 입에 쓰다」는 뜻으로, 충언(忠言)은 귀에 거슬린다는 말.
어질 양　약 약　쓸 고　입 구	良好 (양호) : (성적(成績)이나 성질(性質)·품질(品質) 따위가 주(主)로 질적인 면에서) 대단히 좋음.

魚 頭 肉 尾	뜻 물고기는 대가리 쪽이 맛이 있고, 짐승 고기는 꼬리 쪽이 맛이 있다는 말.
고기 어　머리 두　고기 육　꼬리 미	魚東肉西 (어동육서) : 제사상(祭祀床)을 차릴 때에 어찬(魚饌)은 동쪽에, 육찬(肉饌)은 서쪽에 놓음.

漁夫之利

고기잡을 어　지아비 부　갈 지　이할 리

뜻 어부지리(漁父之利). 어부(漁夫)의 이익이라는 뜻으로, 둘이 다투는 틈을 타서 엉뚱한 제3자가 이익을 가로챔을 이르는 말.
漁人得利(어인득리) : 고기 잡는 사람이 이익을 얻음을 뜻하는 말로, 쌍방이 다투는 틈을 타서, 제3자가 애쓰지 않고 이득을 보는 경우를 가리키는 말.

漁人之功

고기잡을 어　사람 인　갈 지　공 공

뜻 조개와 황새가 서로 싸우는 판에 어부(漁夫)가 두 놈을 쉽게 잡아서 이득을 보았다는 뜻으로, '두 사람이 다툼질한 결과 아무 관계도 없는 사람이 이득을 얻게 됨'을 빗대어 하는 말.
漁兄漁弟(어형어제) : 낚시 친구(親舊)들 두고 이르는 말.

言語道斷

말씀 언　말씀 어　길 도　끊을 단

뜻 말할 길이 끊어졌다는 뜻으로, 곧, 너무나 엄청나거나 기가 막혀서, 말로써 나타낼 수가 없음.
語不成說(어불성설) : 말이 하나의 일관(一貫)된 논의(論議)로 되지 못함. 즉, 말이 이치(理致)에 맞지 않음을 뜻함.

言中有骨

말씀 언　가운데 중　있을 유　뼈 골

뜻 「말 속에 뼈가 있다」는 뜻으로, 예사(例事)로운 표현 속에 만만치 않은 뜻이 들어 있음.
言中有響(언중유향) : 말 속에 울림이 있다는 뜻으로, 말에 나타난 내용 그 이상으로 깊은 뜻이 숨어있음.

易地思之

바꿀 역　땅 지　생각 사　갈 지

뜻 처지(處地)를 서로 바꾸어 생각함이란 뜻으로, 상대방(相對方)의 처지에서 생각해보라는 말.
渴者易飮(갈자이음) : 「목이 마른 자는 무엇이든 잘 마신다」는 뜻으로, 곤궁한 사람은 은혜에 감복하기 쉬움을 비유해 이르는 말.

緣木求魚

인연 연　나무 목　구할 구　고기 어

뜻 「나무에 인연하여 물고기를 구한다」라는 뜻으로, ① 목적이나 수단이 좋지 않아 성공이 불가능함. ② 또는 허술한 계책으로 큰 일을 도모함.
天生緣分(천생연분) : 하늘에서 정해 준 연분.

榮枯盛衰

영화 영　마를 고　성할 성　쇠할 쇠

뜻 영화(榮華)롭고 마르고 성(盛)하고 쇠(衰)함이란 뜻으로, 개인이나 사회(社會)의 성하고 쇠함이 서로 뒤바뀌는 현상.
盧生之夢(노생지몽) : 노생(盧生)의 꿈이라는 뜻으로, 인생의 영고성쇠(榮枯盛衰)는 한바탕 꿈처럼 덧없다는 뜻.

五里霧中

다섯 오　마을 리　안개 무　가운데 중

뜻 짙은 안개가 5리나 끼어 있는 속에 있다는 뜻으로, ① 무슨 일에 대하여 방향이나 상황을 알 길이 없음을 이르는 말. ② 일의 갈피를 잡기 어려움.
濃霧(농무) : 짙은 안개.

吾鼻三尺

나 오　코 비　셋 삼　자 척

뜻 ① 오비체수삼척(吾鼻涕垂三尺)의 준말로, 곤경(困境)에 처해 자기 일도 해결하기 어려운 판국에 어찌 남을 도울 여지가 있겠는가라는 말.
吾不關焉(오불관언) : 나는 그 일에 상관하지 않는다는 말.

烏飛梨落

까마귀 오　날 비　배 이　떨어질 락

뜻 까마귀 날자 배 떨어진다는 말로, 어떤 행동을 하여서 그 결과로 나타난 일이 있자, 공교롭게 남의 혐의를 받을 만한 딴 일이 뒤미처 일어남을 비유하여 이르는 말.
飛霜之怨(비상지원) : 뼈에 사무치는 원한(怨恨).

五十步百步	뜻 「오십 보 도망한 자가 백 보 도망한 자를 비웃는다」라는 뜻으로, 조금 낫고 못한 차이는 있지만 본질적으로 차이가 없음.
다섯 오 열 십 걸음 보 일백백 걸음보	五十笑百(오십소백) : 좀 못하고 좀 나은 점의 차이(差異)는 있으나, 본질적으로는 차이가 없음을 이르는 말.

吳越同舟	뜻 오(吳)나라 사람과 월(越)나라 사람이 한 배에 타고 있다라는 뜻으로, ① 어려운 상황에서는 원수라도 협력하게 됨. ② 뜻이 전혀 다른 사람들이 한자리에 있게 됨.
나라 오 넘을 월 한가지 동 배 주	乘夜越牆(승야월장) : 밤을 타서 남의 집의 담을 넘어 들어감.

烏合之卒	뜻 「까마귀가 모인 것 같은 무리」라는 뜻으로, 질서 없이 어중이떠중이가 모인 군중(群衆) 또는 제각기 보잘것없는 수많은 사람.
까마귀 오 합할 합 갈 지 마칠 졸	合議(합의) : 두 사람 이상이 모여 서로 의논(議論)함.

溫故知新	뜻 옛것을 익히고 그것을 미루어서 새것을 앎. 다시 말하면, 옛 학문(學問)을 되풀이하여 연구(硏究)하고, 현실(現實)을 처리(處理)할 수 있는 새로운 학문을 이해하여야 비로소 남의 스승이 될 자격(資格)이 있다는 뜻임.
따뜻할 온 연고 고 알 지 새 신	

溫柔敦厚	뜻 부드럽고 온화(溫和)하며 성실(誠實)한 인품(人品)이나 시를 짓는 데 기묘(奇妙)하기보다 마음에서 우러난 정취(情趣)가 있음을 두고 이르는 말.
따뜻할 온 부드러울유 도타울돈 두터울 후	溫飽(온포) : 따뜻하게 입고 배부르게 먹는다는 뜻.

臥薪嘗膽	뜻 섶에 누워 쓸개를 씹는다는 뜻으로, 원수(怨讐)를 갚으려고 온갖 괴로움을 참고 견딤을 이르는 말.
누울 와 섶 신 맛볼 상 쓸개 담	切齒腐心(절치부심) : 이를 갈고 마음을 썩이다는 뜻으로, 대단히 분(憤)하게 여기고 마음을 썩임.

臥龍鳳雛	뜻 누운 용과 봉황(鳳凰)의 새끼라는 뜻으로, 누운 용은 풍운을 만나 하늘로 올라 가는 힘을 가지고 있고, 봉황(鳳凰)의 새끼는 장차 자라서 반드시 봉황(鳳凰)이 되므로, 때를 기다리는 호걸(豪傑)을 비유해 이르는 말.
누울 와 용 룡 봉새 봉 병아리 추	

完全無缺	뜻 충분하게 구비하여서 결점이나 부족한 것이 없음.
완전할 완 온전 전 없을 무 이지러질결	完璧(완벽) : 흔히 완전무결(完全無缺)하다는 뜻으로 사용(使用)되는 말이지만, 원래(原來)는 고리 모양(模樣)의 보옥을 끝까지 무사(無事)히 지킨다는 뜻.

王者之民	뜻 왕자(王子)의 백성(百姓)이라는 뜻으로, 왕자는 덕이 크므로 정치를 베풀게 되면 백성이 모두 그 덕화(德化)를 입어 침착(沈着)하고 활달(豁達)해짐을 이르는 말.
임금 왕 놈 자 갈 지 백성 민	王大姑母(왕대고모) : 아버지의 고모. 곧 할아버지의 누이.

外柔內剛	뜻 겉으로 보기에는 부드러우나 속은 꿋꿋하고 강(强)함.
바깥 외 부드러울유 안 내 굳셀 강	柔能勝剛(유능승강) : 「유(柔)한 것이 강(强)한 것을 이긴다」는 뜻으로, 약한 것을 보이고 적의 허술한 틈을 타 능히 강한 것을 제압(制壓)함을 비유해 이르는 말.

樂 山 樂 水	**뜻** 산을 좋아하고 물을 좋아한다는 뜻으로, 산수(山水) 경치(景致)를 좋아함을 이르는 말.
좋아할 요 뫼 산 좋아할 요 물 수	仁者樂山(인자요산) : 인자(仁慈)는 의리에 만족하며 생각이 깊고 행동이 신중함이 산과 같으므로 자연히 산을 좋아함.

欲 速 不 達	**뜻** ① 빨리 하고자 하면 도달(到達)하지 못함. ② 어떤 일을 급하게 하면 도리어 이루지 못함.
하고자할욕 빠를 속 아닐 부 통달할 달	速戰速決(속전속결) : 싸움을 오래 끌지 않고 될 수 있는 대로 재빨리 싸워 전국(戰局)을 결정(決定)함.

龍 頭 蛇 尾	**뜻** 머리는 용(龍)이고 꼬리는 뱀이라는 뜻으로, ① 시작은 좋았다가 갈수록 나빠짐의 비유. ② 처음 출발은 야단스러운데, 끝장은 보잘것없이 흐지부지되는 것을 말함.
용 용 머리 두 뱀 사 꼬리 미	念頭(염두) : ① 머리 속의 생각. ② 마음속.

愚 公 移 山	**뜻** 우공이 산을 옮긴다는 말로, 남이 보기엔 어리석은 일처럼 보이지만 한 가지 일을 끝까지 밀고 나가면 언젠가는 목적을 달성할 수 있다는 뜻.
오리석을우 공평할 공 옮길 이 뫼 산	塵合泰山(진합태산) : 티끌 모아 태산(泰山).

牛 耳 讀 經	**뜻** 「쇠귀에 경 읽기」란 뜻으로, 우둔(愚鈍)한 사람은 아무리 가르치고 일러주어도 알아듣지 못함을 비유하여 이르는 말.
소 우 귀 이 읽을 독 글 경	馬耳東風(마이동풍) : 말의 귀에 동풍이라는 뜻으로, 남의 비평이나 의견을 조금도 귀담아 듣지 아니하고 흘려 버림을 이르는 말.

雲 泥 之 差	**뜻** 구름과 진흙 차이란 뜻으로, ① 사정(事情)이 크게 다르다는 경우(境遇)에 쓰는 말. ② 서로의 차이가 매우 큼.
구름 운 진흙 니 갈 지 다를 차	天壤之間(천양지간) : ① 천지간(天地間). ② 「서로의 차이가 썩 심(甚)함」 또는 「썩 심한 차이」를 이르는 말.

月 下 氷 人	**뜻** 월하로(月下老)와 빙상인(氷上人)을 합친 말로, 혼인(婚姻)은 천생연분(天生緣分)이 있다는 고사(故事)에서 비롯됨. 남녀의 인연(因緣)을 맺어주는 사람.
달 월 아래 하 얼음 빙 사람 인	月光(월광) : 달빛. 달에서 비쳐 오는 빛.

衛 正 斥 邪	**뜻** 조선 시대 후기에, 정학(正學), 정도(正道)로서의 주자학(朱子學)을 지키고, 사학(邪學), 사도(邪道)로서의 천주교(天主敎)를 물리치려던 주장(主張).
지킬 위 바를 정 내칠 척 간사할 사	破邪顯正(파사현정) : 사악한 도리를 깨뜨리고 바른 도리를 드러냄.

韋 編 三 絕	**뜻** 종이가 없던 옛날에는 대나무에 글자를 써서 책으로 만들어 사용했었는데, 공자(孔子)가 책을 하도 많이 읽어서 그것을 엮어 놓은 끈이 세 번이나 끊어졌단 데에서 비롯된 말로, 한 권의 책을 몇 십 번이나 되풀이 해서 읽음을 비유하는 말로 쓰임.
가죽 위 엮을 편 석 삼 끊을 절	

唯 恐 有 聞	**뜻** 혹시나 또 무슨 말을 듣게 될까 겁난다는 뜻으로, 한가지 착한 일을 들으면 다음에 듣게 될 착한 것과 겹치기 전에 어서 다 배워 익히려는 열심(熱心)인 태도(態度)를 말함.
오직 유 두려울 공 있을 유 들을 문	唯恐不及(유공불급) : 오직 미치지 못할까 두려워함.

有口無言	
있을 유　입 구　없을 무　말씀 언	

뜻「입은 있으나 말이 없다」는 뜻으로, 변명(辨明)할 말이 없음.
開卷有益(개권유익) :「책을 펴기만해도 반드시 이로움이 있다」는 뜻으로, 독서(讀書)를 권장(勸奬)하는 말. 개권(開卷)은 책을 펴서 읽는 것을 말함.

有名無實	
있을 유　이름 명　없을 무　열매 실	

뜻 이름만 있고 실상(實相)은 없음.
笑中有刀(소중유도) :「웃음 속에 칼이 들어 있다」는 뜻으로, 겉으로는 친절(親切)하지만 내심으로는 해(害)치려 함을 이르는 말.

有備無患	
있을 유　갖출 비　없을 무　근심 환	

뜻「준비가 있으면 근심이 없다」라는 뜻으로, ① 미리 준비가 되어 있으면 우환을 당하지 아니함. ② 또는 뒷걱정이 없다는 뜻.
德必有隣(덕필유린) : 덕이 있으면 따르는 사람이 있어 외롭지 않음을 이르는 말.

唯我獨尊	
오직 유　나 아　홀로 독　높을 존	

뜻 ① 이 세상에 나보다 존귀한 사람은 없다는 말. ② 또는, 자기만 잘 났다고 자부하는 독선적인 태도의 비유.
唯唯諾諾(유유낙낙) : 일이 선악이나 시비에 상관없이 남의 의견에 조금도 거스르지 않고 따름, 곧 남의 말에 맹종함을 이르는 말.

柳暗花明	
버들 유　어두울 암　꽃 화　밝을 명	

뜻 버들은 무성(茂盛)하여 그윽이 어둡고, 꽃은 활짝 피어 밝고 아름답다는 뜻으로, 강촌(江村)의 봄 경치(景致)를 이르는 말.
柳綠花紅(유록화홍) : 버들은 푸르고, 꽃은 붉다는 뜻으로, 사람의 손을 더 하지 않은 봄철의 경치(景致)를 말할 때 흔히 쓰임.

唯一無二	
오직 유　한 일　없을 무　두 이	

뜻 둘이 아니고 오직 하나 뿐이라는 뜻으로, 오직 하나밖에 없음.
唯授一人(유수일인) : 비전(秘傳) 등을 오직 한 사람에게만 전(傳)하는 일. 또는 오직 한 사람만이 전수(傳授)받은 것.

有害無益	
있을 유　해할 해　없을 무　더할 익	

뜻 해는 있으되 이익(利益)이 없음.
窮當益堅(궁당익견) : ① 곤궁(困窮)해질수록 그 지조(志操)는 더욱 굳어짐을 이르는 말. ② 나이가 들었어도 결코 젊은이다운 패기(覇氣)가 변하지 않고 오히려 굳건함.

隱忍自重	
숨을 은　참을 인　스스로 자　무거울 중	

뜻 밖으로 드러내지 아니하고 참고 감추어 몸가짐을 신중(愼重)히 함.
子爲父隱(자위부은) : 자식은 아비를 위해 아비의 나쁜 것을 숨긴다는 뜻으로, 부자지간의 천륜(天倫)을 이르는 말.

陰德陽報	
그늘 음　덕 덕　볕 양　갚을 보	

뜻 사람이 보지 않는 곳에서 좋은 일을 베풀면 반드시 그 일이 드러나서 갚음을 받음.
綠陰芳草(녹음방초) : 나무가 푸르게 우거진 그늘과 꽃다운 풀이라는 뜻으로, 여름의 아름다운 경치(景致.

泣斬馬謖	
울 읍　벨 참　말 마　일어날 속	

뜻「눈물을 머금고 마속의 목을 벤다」는 뜻으로, 사랑하는 신하를 법대로 처단하여 질서를 바로잡음을 이르는 말.
泣兒授乳(읍아수유) :「우는 아이에게 젖을 준다」는 뜻으로, 무엇이든 자기가 요구(要求)해야 얻을 수 있음.

意 氣 揚 揚	뜻 ① 의기(義氣)가 드높아 매우 자랑스럽게 행동하는 모양. ② 자랑스러워 뽐내는 모양(模樣).
뜻 의　기운 기　날릴 양	得意揚揚(득의양양) : 바라던 일이 이루어져서 우쭐거리며 뽐냄. 浮揚策(부양책) : 부양(扶養)할 대책(對策)이나 방법.

以 德 服 人	뜻 덕으로써 사람을 복종(服從)시킴.
써 이　덕 덕　입을 복　사람 인	以卵擊石(이란격석) : 「계란으로 돌벽을 치듯」이란 뜻으로, 약한 것으로 강한 것을 당해 내려는 일의 비유. 겨란으로 바위치기. 交友以信(교우이신) : 벗을 사귐에 신의(信義)으로써 사귐.

以 心 傳 心	뜻 「석가(釋迦)와 가섭(迦葉)이 마음으로 마음에 전한다」는 뜻으로, ① 말로써 설명(說明)할 수 없는 심오(深奧)한 뜻은 마음으로 깨닫는 수밖에 없다는 말. ② 마음과 마음이 통하고, 말을 하지 않아도 의사(意思)가 전달(傳達)됨.
써 이　마음 심　전할 전　마음 심	

以 熱 治 熱	뜻 「열(熱)은 열로써 다스린다」는 뜻으로, 힘에는 힘으로 또는 강(強)한 것에는 강한 것으로 상대함을 이르는 말.
써 이　더울 열　다스릴 치　더울 열	以毒制毒(이독제독) : 「독을 없애는 데 다른 독을 쓴다」는 뜻으로, 악인(惡人)을 물리치는 데 다른 악인으로써 함.

以 夷 制 夷	뜻 적을 이용하여 다른 적을 제어함.
써 이　오랑캐 이　지을 제　오랑캐 이	事君以忠(사군이충) : 삼국 통일의 원동력이 된 화랑(花郎)의 세속오계(世俗五戒)의 하나. 사친이효(事親以孝), 교우이신(交友以信), 임전무퇴(臨戰無退), 살생유택(殺生有擇).

益 者 三 友	뜻 「사귀어 자기에게 유익한 세 부류(部類)의 벗」이라는 뜻으로, 정직(正直)한 사람, 친구(親舊)의 도리(道理)를 지키는 사람, 지식(知識)이 있는 사람을 이르는 말.
더할 익　놈 자　석 삼　벗 우	損者三友(손자삼우) : 사귀면 손해보는 세 가지 친구라는 뜻.

因 果 應 報	뜻 원인(原因)과 결과(結果)는 서로 물고 물린다는 뜻으로, ① 과거 또는 전생의 선악의 인연에 따라서 뒷날 길흉 화복(禍福)의 갚음을 받게 됨을 이르는 말. ② 좋은 일에는 좋은 결과가, 나쁜 일에는 나쁜 결과가 따름.
인할 인　실과 과　응할 응　갚을 보	

人 之 常 情	뜻 사람이라면 누구나 가지는 보통의 인정(人情), 또는 생각.
사람 인　갈 지　항상 상　뜻 정	貴鵠賤鷄(귀곡천계) : 고니를 귀히 여기고 닭을 천하게 여긴다는 뜻으로, 먼 데 것을 귀하게 여기고, 가까운 데 것을 천하게 여기는 것이 인지상정(人之常情)임을 말함.

一 刻 三 秋	뜻 「매우 짧은 시간이 삼 년 같다」는 뜻으로, 몹시 기다려지거나 지루한 느낌을 이르는 말. 일각여삼추(一刻如三秋).
한 일　새길 각　석 삼　가을 추	大海一滴(대해일적) : 넓고 큰 바다에 물방울 하나라는 뜻으로, 많은 것 가운데 아주 작은 것이라는 뜻.

一 擧 兩 得	뜻 ① 한 번 들어 둘을 얻음. ② 한 가지의 일로 두 가지의 이익(利益)을 보는 것.
한 일　들 거　두 양　얻을 득	大海一粟(대해일속) : 넓고 넓은 바다에 떨어뜨린 한 알의 좁쌀이란 뜻으로, 매우 작음 또는 보잘것없는 존재를 비유해 이르는 말.

	뜻
一 網 打 盡 한 일　그물 망　칠 타　다할 진	뜻 「그물을 한번 쳐서 물고기를 모조리 잡는다」는 뜻으로, 한꺼번에 죄다 잡는다는 말. 一顧傾城(일고경성) : 한 번 돌아보고도 성을 기울게 한다는 뜻으로, 요염(妖艶)한 여자, 곧 절세미인을 비유해 이르는 말.
一 罰 百 戒 한 일　벌줄 벌　일백 백　경계할 계	뜻 한 사람을 벌주어 백 사람을 경계(警戒)한다는 뜻으로, 한 가지 죄와 또는 한 사람을 벌줌으로써 여러 사람의 경각심을 불러일으킴. 一字無識(일자무식) : 한 글자도 알지 못함.
一 石 二 鳥 한 일　돌 석　두 이　새 조	뜻 한 개의 돌을 던져 두 마리의 새를 맞추어 떨어뜨린다는 뜻으로, 한 가지 일을 해서 두 가지 이익을 얻음을 이르는 말. 危機一髮(위기일발) : 머리털 하나로 천균(千鈞)이나 되는 물건을 끌어당긴다는 뜻으로, 아주 위험한 순간을 비유 이르는 말.
一 場 春 夢 한 일　마당 장　봄 춘　꿈 몽	뜻 한바탕의 봄꿈처럼 헛된 영화나 덧없는 일이란 뜻으로, 인생의 허무(虛無)함을 비유하여 이르는 말. 南柯一夢(남가일몽) : 남쪽 가지에서의 꿈이란 뜻으로, 덧없는 꿈이나 한때의 헛된 부귀영화(富貴榮華)를 이르는 말.
一 觸 卽 發 한 일　닿을 촉　곧 즉　필 발	뜻 한 번 닿기만 하여도 곧 폭발한다는 뜻으로, 조그만 자극에도 큰 일이 벌어질 것 같은 아슬아슬한 상태를 이르는 말. 一絲不亂(일사불란) : 한 오라기의 실도 흐트러지지 않았다는 뜻으로, 질서나 체계 따위가 잘 잡혀 있음을 이르는 말.
日 就 月 將 날 일　나아갈 취　달 월　장차 장	뜻 「날마다 달마다 성장하고 발전한다」는 뜻으로, 학업이 날이 가고 달이 갈수록 진보함을 이름. 一脈相通(일맥상통) : 생각·성질(性質)·처지(處地) 등이 어느 면에서 한 가지로 서로 통함, 서로 비슷함.
一 片 丹 心 한 일　조각 편　붉을 단　마음 심	뜻 한 조각의 붉은 마음이란 뜻으로, ① 한결같은 참된 정성(精誠), 변치 않는 참된 마음을 이름. ② 오로지 한 곳으로 향한, 한 조각의 붉은 마음. ③ 진정에서 우러나오는 충성(忠誠)된 마음. 片道(편도) : 가고 오는 길 중 어느 한 쪽 또는 그 길.
一 攫 千 金 한 일　거둘 확　일천 천　쇠 금	뜻 「한꺼번에 많은 돈을 얻는다」는 뜻으로, 노력함이 없이 벼락부자가 되는 것. 投機商(투기상) : ① 일확천금(一攫千金)을 바라는 덧보기 장사. ② 또는 그러한 장사치.
立 身 揚 名 설 입　몸 신　말릴 양　이름 명	뜻 ① 사회적으로 인정을 받고 출세하여 이름을 세상에 드날림. ② 후세(後世)에 이름을 떨쳐 부모를 영광(榮光)되게 해 드리는 것. 立揚(입양) : 입신양명(立身揚名)을 줄여서 이르는 말.
自 家 撞 着 스스로 자　집 가　칠 당　붙을 착	뜻 자기의 언행이 전후 모순(矛盾)되어 일치하지 않음. 二律背反(이율배반) : 「두 가지 규율이 서로 반대된다」는 뜻으로, ① 동일 법전에 포함되는 개개 법문(法文) 간의 모순. 自己矛盾(자기모순) : 자기 스스로에 대한 모순(矛盾).

	뜻
自 手 成 家 스스로 자 손 수 이룰 성 집 가	뜻 자기의 줄로 자기를 묶는다는 말로, ① 자기가 자기를 망치게 한다는 뜻. 즉, 자기의 언행으로 인하여 자신이 꼼짝 못하게 되는 일. ② 불교(佛敎)에서, 스스로 번뇌(煩惱)를 일으켜 괴로워함을 이르는 말.
自 繩 自 縛 스스로 자 노끈 승 스스로 자 얽을 박	뜻 자기의 줄로 자기를 묶는다는 말로, ① 자기가 자기를 망치게 한다는 뜻. 즉, 자기의 언행으로 인하여 자신이 꼼짝 못하게 되는 일. ② 불교(佛敎)에서, 스스로 번뇌(煩惱)를 일으켜 괴로워함을 이르는 말.
自 業 自 得 스스로 자 업 업 스스로 자 얻을 득	뜻 불교(佛敎)에서, 제가 저지른 일의 과보(果報)를 제스스로 받음을 이르는 말. 自强不息(자강불식) : 스스로 힘을 쓰고 몸과 마음을 가다듬어 쉬지 아니함.
子 子 孫 孫 아들 자 손자 손	뜻 ① 자손의 여러 대. ② 자손의 끝까지. ③ 대대(代代)손손. 子孫萬代(자손만대) : 자자손손(子子孫孫)의 썩 많은 세대(世代). 亂臣賊子(난신적자) : 나라를 어지럽게 하는 신하(臣下)와 어버이를 해치는 자식(子息) 또는 불충(不忠)한 무리.
自 畵 自 讚 스스로 자 그림 화 스스로 자 기릴 찬	뜻 자기가 그린 그림을 스스로 칭찬(稱讚)한다는 뜻으로, 자기가 한 일을 자기 스스로 자랑함을 이르는 말. 自中之亂(자중지란) : 같은 패 안에서 일어나는 싸움. 安閑自適(안한자적) : 평화롭고 한가하여 마음 내키는 대로 즐김.
作 心 三 日 지을 작 마음 심 석 삼 날 일	뜻 마음 먹은 지 삼일(三日)이 못간다는 뜻으로, 결심이 얼마 되지 않아 흐지부지 된다는 말. 朝改暮變(조개모변) : 「아침에 고치고 저녁에 또 바꾼다」는 뜻으로, 일정한 방침이 없이 항상 변하여 정하여지지 아니함.
張 三 李 四 베풀 장 석 삼 오얏 리 넉 사	뜻 장씨의 셋째 아들과 이씨의 넷째 아들이란 뜻으로, ① 성명(姓名)이나 신분이 뚜렷하지 못한 평범한 사람들. ② 사람에게 성리(性理)가 있음은 아나, 그 모양(模樣)이나 이름을 지어 말할 수 없음의 비유.
賊 反 荷 杖 도둑 적 돌이킬 반 멜 하 지팡이 걸	뜻 도둑이 도리어 몽둥이를 든다는 뜻으로, 잘못한 사람이 도리어 잘 한 사람을 나무라는 경우(境遇)를 이르는 말. 客反爲主(객반위주) : 「손님이 도리어 주인 행세를 한다」는 뜻으로, ① 주객이 전도(顚倒)됨을 이르는 말.
赤 手 空 拳 붉을 적 손 수 빌 공 주먹 권	뜻 맨손과 맨주먹이란 뜻으로, 곧 아무 것도 가진 것이 없음. 近朱者赤(근주자적) : 「붉은빛에 가까이 하면 반드시 붉게 된다」는 뜻으로, 주위(周圍) 환경(環境)이 중요(重要)하다는 것을 이르는 말.
前 途 遙 遠 앞 전 길 도 멀 요 멀 원	뜻 앞으로 갈 길이 아득히 멀다는 뜻으로, 목적하는 바에 이르기에는 아직도 남은 일이 많음을 이르는 말. 前途有望(전도유망) : ① 앞으로 잘 될 희망이 있음. ② 또는, 장래(將來)가 유망(有望)함.

戰 戰 兢 兢	
싸움 전　　　　떨릴 긍	

뜻 전전(戰戰)은 겁을 먹고 벌벌 떠는 것. 긍긍(兢兢)은 조심해 몸을 움츠리는 것으로 어떤 위기감에 떠는 심정(心情)을 비유한 말.

戰兢(전긍) : ☞ 전전긍긍(戰戰兢兢).

輾 轉 反 側	
돌아누울전 구를 전 돌이킬 반 곁 측	

뜻 이리 뒤척 저리 뒤척 한다는 뜻으로, ① 걱정거리로 마음이 괴로워 잠을 이루지 못함을 이르는 말. ② 원래는 미인(美人)을 사모(思慕)하여 잠을 이루지 못함을 이르는 표현(表現)임.

寤寐不忘(오매불망) : 자나깨나 잊지 못함.

轉 禍 爲 福	
구를 전 재앙 화 할 위 복 복	

뜻 화가 바뀌어 오히려 복이 된다는 뜻으로, 어떤 불행한 일이라도 끊임없는 노력과 강인(强靭)한 의지로 힘쓰면 불행을 행복으로 바꾸어 놓을 수 있다는 말.

反禍爲福(반화위복) : ☞ 전화위복(轉禍爲福).

絶 世 佳 人	
끊을 절 인간 세 아름다울가 사람 인	

뜻 세상에 비할 데 없이 가장 아름다운 여자.

絶世代美(절세대미) : 이 세상에서는 견줄 사람이 없을 정도로 뛰어나게 아름다운 여자.

萬古絶色(만고절색) : 고금에 예가 없이 뛰어난 미색, 미인.

絶 長 補 短	
끊을 절 긴 장 도울 보 짧을 단	

뜻 긴 것을 잘라서 짧은 것에 보태어 부족함을 채운다는 뜻으로, 좋은 것으로 부족한 것을 보충함을 이르는 말.

斷長補短(단장보단) : 긴 것은 자르고 짧은 것은 메워서 들쭉날쭉한 것을 곧게 함을 이르는 말.

切 磋 琢 磨	
끊을 절 갈 차 쪼을 탁 갈 마	

뜻 옥돌을 자르고 줄로 쓸고 끌로 쪼고 갈아 빛을 낸다는 뜻으로, 학문(學問)이나 인격(人格)을 갈고 닦음.

切磋(절차) : ① 옥이나 돌 등을 깎고 닦음. ② 부지런히 학문이나 도덕을 갈고 닦음.

切 齒 腐 心	
끊을 절 이 치 썩을 부 마음 심	

뜻 이를 갈고 마음을 썩이다는 뜻으로, 대단히 분(憤)하게 여기고 마음을 썩임.

切齒扼腕(절치액완) : 「이를 갈고, 팔을 걷어올리며 주먹을 꽉 진다」는 뜻으로, 매우 분(憤)하여 벼르는 모습을 이르는 말.

漸 入 佳 境	
점점 점 들 입 아름다울가 지경 경	

뜻 「가면 갈수록 경치(景致)가 더해진다」는 뜻으로, 일이 점점 더 재미있는 지경으로 돌아가는 것을 비유하는 말.

西勢東漸(서세동점) : 서양(西洋) 세력(勢力)을 차차 동쪽으로 옮김.

頂 門 一 鍼	
이마 정 문 문 한 일 침 침	

뜻 정수리에 침 하나를 꽂는다는 뜻으로, 상대방의 급소(急所)를 찌르는 따끔한 충고나 교훈(敎訓)을 이르는 말.

頂門金椎(정문금추) : 쇠망치로 정수리를 친다는 뜻으로, 정신이 들도록 깨우침을 이르는 말.

頂 天 立 地	
이마 정 하늘 천 설 입 땅 지	

뜻 하늘을 이고 땅 위에 선다는 뜻으로, 홀로 서서 타인에게 의지하지 않음.

頂門眼(정문안) : 정수리에 있는 또 하나의 눈이란 뜻으로, 보통 사람이 가진 두 눈 외에 모든 사리를 환하게 비쳐 아는 특별한 안력(眼力).

正 正 堂 堂	뜻 태도(態度)나 처지(處地)가 바르고 떳떳함.
바를 정　　　집 당	正心誠意(정심성의) : ① 마음을 바르게 하고 뜻을 정성스레 함. ② 허식(虛飾)이 없는 진심(眞心). 正襟端坐(정금단좌) : 옷매무시를 바로 하고 단정하게 앉음.

糟 糠 之 妻	뜻 지게미와 쌀겨로 끼니를 이어가며 고생을 같이 해온 아내란 뜻으로, 곤궁(困窮)할 때부터 간고(艱苦)를 함께 겪은 본처(本妻)를 흔히 일컬음.
지게미 조　겨 강　갈 지　아내 처	饑厭糟糠(기염조강) : 배가 고플 때에는 겨와 재강도 맛있게 되는 것임.

朝 令 暮 改	뜻 「아침에 명령(命令)을 내리고서 저녁에 다시 바꾼다」는 뜻으로, ① 법령의 개정(改定)이 너무 빈번(頻煩)하여 믿을 수가 없음을 이르는 말. ② 아침에 조세(租稅)를 부과(賦課)하고 저녁에 걷어들임을 이르는 말.
아침 조　하여금령　저물 모　고칠 개	

朝 三 暮 四	뜻 「아침에 세 개, 저녁에 네 개」라는 뜻으로, ① 당장 눈앞에 나타나는 차별만을 알고 그 결과가 같음을 모름의 비유. ② 간사(奸邪)한 꾀를 써서 남을 속임을 이르는 말.
아침 조　석 삼　저물 모　넉 사	朝三(조삼) : ☞ 조삼모사(朝三暮四).

坐 見 千 里	뜻 「앉아서 천 리를 본다」는 뜻으로, 앞일을 예견(豫見)하거나 먼 곳의 일을 내다보고 헤아림을 이르는 말.
앉을 좌　볼 견　일천 천　마을 리	坐而待死(좌이대사) : 「가만히 앉아서 죽기만을 기다린다」는 뜻으로, 처지가 몹시 궁박하여 어찌할 대책도 강구할 길이 없어 될대로 되라는 태도로 기다림을 이르는 말.

坐 不 安 席	뜻 마음에 불안이나 근심 등이 있어 한 자리에 편안하게 오래 앉아 있지 못함.
앉을 좌　아니 불　편안 안　자리 석	坐不垂堂(좌불수당) : 마루 끝에는 앉지 않는다는 뜻으로, 위험한 일을 가까이 하지 않음을 이르는 말.

坐 井 觀 天	뜻 「우물 속에 앉아 하늘을 쳐다본다」는 뜻으로, ① 견문이 매우 좁음을 말함. ② 세상 물정(物情)을 너무 모르는 사람의 비유.
앉을 좌　우물 정　볼 관　하늘 천	郎廳坐起(낭청좌기) : 「벼슬이 낮은 낭관(郎官)이 멋대로 나서서 일을 본다」는 뜻으로, 아랫사람이 윗사람보다 더 지독함을 비유.

坐 朝 問 道	뜻 좌조(坐朝)는 천하를 통일하여 왕위(王位)에 앉은 것이고, 문도(問道)는 나라 다스리는 법(法)을 말함.
앉을 좌　아침 조　물을 문　길 도	坐食山空(좌식산공) : 벌지 않고 먹기만 하면 산도 빈다는 뜻으로, 아무리 재산이 많아도 놀고 먹기만 하면 결국 다 없어짐을 비유해 이르는 말.

左 顧 右 眄	뜻 왼쪽을 둘러보고 오른쪽을 짝눈으로 자세히 살핀다는 뜻으로, 무슨 일에 얼른 결정을 짓지 못함을 비유함.
왼 좌　돌아볼고　오른쪽 우　곁눈질할면	右往左往(우왕좌왕) : ① 오른쪽으로 갔다 왼쪽으로 갔다하며 종잡지 못함. ② 사방으로 왔다갔다함.

左 之 右 之	뜻 왼쪽으로 돌렸다 오른쪽으로 돌렸다 한다는 뜻으로, 사람이 어떤 일이나 대상을 제 마음대로 처리하거나 다루는 것.
왼 좌　갈 지　오른쪽 우　갈 지	左達承明(좌달승명) : 왼편에 승명(承明)이 사무치니, 승명(承明)은 사기(史記)를 교열(校閱)하는 집임.

左衝右突

왼 좌　찌를 충　오른쪽 우　부딪칠 돌

뜻 ① 이리저리 닥치는대로 부딪침. ② 아무사람이나 구분하진 않고 함부로 맞닥뜨림.
左脯右醢(좌포우혜) : 제사상(祭祀床)을 차릴 때에 육포(肉包)는 왼쪽에, 식혜(食醢)는 오른쪽에 놓는 일.

晝耕夜讀

낮 주　갈 경　밤 야　읽을 독

뜻 낮에는 농사 짓고 밤에는 공부한다는 뜻으로, 바쁜 틈을 타서 어렵게 공부함을 이르는 말.
晝耕夜讀手不釋卷(주경야독수불석권) : 낮에는 밭을 갈고 밤에는 글을 읽으며 손에서는 책을 놓지 말아야 함.

走馬加鞭

달릴 주　말 마　더할 가　채찍 편

뜻 달리는 말에 채찍질하기라는 속담의 한역으로, ① 형편이나 힘이 한창 좋을 때에 더욱 힘을 더한다는 말. ② 힘껏 하는 데도 자꾸 더 하라고 격려(激勵)함.
南行北走(남행북주) : 제대로 되는 일도 없이 이리저리 돌아다님.

走馬看山

달릴 주　말 마　볼 간　뫼 산

뜻 「말을 타고 달리면서 산을 바라본다」는 뜻으로, 바빠서 자세히 살펴보지 않고 대강 보고 지나감을 이름.
東奔西走(동분서주) : 동쪽으로 뛰고 서쪽으로 뛴다는 뜻으로, 사방으로 이리저리 바삐 돌아다님.

酒不雙杯

술 주　아니 불　쌍 쌍　술잔 배

뜻 (주석에서)술을 마실 때 잔의 수효(數爻)가 짝수로 마침을 싫어함을 이르는 말. 곧 3·5와 같이 기수(寄數)로 마실 것이지 2·4와 같은 우수(偶數)로 마시지 않는다는 말.
有酒無量(유주무량) : 주량이 커서 술을 한없이 마심.

酒池肉林

술 주　못 지　고기 육　수풀 림

뜻 「술이 못을 이루고 고기가 수풀을 이룬다」는 뜻으로,매우 호화(豪華)스럽고 방탕(放蕩)한 생활을 이르는 말.
肉山脯林(육산포림) : 「고기가 산을 이루고 말린 고기가 수풀을 이룬다」는 뜻으로, 극히 호사스럽고 방탕한 술잔치를 이르는 말.

竹馬故友

대 죽　말 마　연고 고　벗 우

뜻 「대나무 말을 타고 놀던 옛 친구」라는 뜻으로, 어릴 때부터 가까이 지내며 자란 친구를 이르는 말.
竹馬之友(죽마지우) : ☞ 죽마고우(竹馬故友).
竹馬舊友(죽마구우) : ☞ 죽마고우(竹馬故友).

竹杖芒鞋

대 죽　지팡이장　까끄라기망　신 혜

뜻 대지팡이와 짚신이라는 뜻으로, 먼 길을 떠날 때의 간편한 차림을 이르는 말.
雨後竹筍(우후죽순) : 비가 온 뒤에 솟는 죽순(竹筍)이라는 뜻으로, 어떤 일이 일시에 많이 일어남을 이르는 말.

衆寡不敵

무리 중　적을 과　아닐 부　대적할 적

뜻 ① 적은 수효(數爻)로 많은 수효를 대적(對敵)하지 못한다는 뜻. ② 적은 사람으로는 많은 사람을 이기지 못함.
隨衆逐隊(수중축대) : 자기의 뚜렷한 주견(主見)이 없이 여러 사람의 틈에 끼어 덩달아 행동을 함.

衆口難防

무리 중　입 구　어려울 난　막을 방

뜻 여러 사람의 입을 막기 어렵다는 뜻으로, 막기 어려울 정도로 여럿이 마구 지껄임을 이르는 말.
衆心成城(중심성성) : 여러 사람의 마음이 성을 이룬다는 뜻으로, 뭇사람의 뜻이 일치하면 성과 같이 굳어짐을 이르는 말.

知 己 之 友	뜻 ① 자기를 가장 잘 알아주는 친한 친구. ② 서로 뜻이 통하는 친한 벗.
알 지 몸 기 갈 지 벗 우	知命之年(지명지년) : 천명을 알 나이라는 뜻으로, 나이 오십을 이르는 말.

指 東 指 西	뜻 동쪽을 가리켰다가 또 서쪽을 가리킨다는 뜻으로, 말하는 요지도 모르고 엉뚱한 소리를 함.
가리킬 지 동녘 동 가리킬 지 서녘 서	之南之北(지남지북) : 남쪽으로도 가고 북쪽으로도 간다는 뜻으로, 곧, 어떤 일에 주견(主見)이 없이 갈팡질팡함을 이르는 말.

芝 蘭 之 交	뜻 지초(芝草)와 난초(蘭草) 같은 향기로운 사귐이라는 뜻으로, 벗 사이의 고상(高尙)한 교제를 이르는 말.
지초 지 난초 란 갈 지 사귈 교	芝蘭之化(지란지화) : 좋은 친구와 사귀면 자연히 그 아름다운 덕에 감화됨을 이르는 말. 좋은 친구를 사겨야한다는 말.

指 鹿 爲 馬	뜻 사슴을 가리켜 말이라고 한다라는 뜻으로, ① 사실이 아닌 것을 사실인 양 만들어 강제로 인정하게 됨. ② 윗사람을 농락(籠絡)하여 권세(權勢)를 마음대로 함.
가리킬 지 사슴 록 할 위 말 마	鹿皮曰字(녹비왈자) : 주견이 없이 남의 말을 좇아 이리저리 함을 이르는 말.

知 彼 知 己	뜻 적을 알고 나를 알아야 한다는 뜻으로, 적의 형편과 나의 형편을 자세히 알아야 한다는 의미.
알 지 저 피 알 지 몸 기	知彼知己百戰不殆(지피지기백전불태) : 상대를 알고 자신을 알면 백 번 싸워도 위태롭지 않음.

知 行 合 一	뜻 참 지식은 반드시 실행(實行)이 따라야 한다는 말.
알 지 행할 행 합할 합 한 일	行藏進退(행장진퇴) : 지식인(知識人)이 시세(時勢)에 응(應)하여 벼슬에 나아가기도 하고 물러설 줄도 아는 처신(處身)의 신중(愼重)함.

珍 羞 盛 饌	뜻 맛이 좋은 음식으로 많이 잘 차린 것을 뜻하여, 성대하게 차린 진귀(珍貴)한 음식.
보배 진 차반 수 성할 성 반찬 찬	卽時一杯酒(즉시일배주) : 눈앞에 있는 한 잔의 술이라는 뜻으로, 뒷날의 진수성찬보다 당장 마실 수 있는 한 잔의 술이 나음.

進 退 兩 難	뜻 나아갈 수도 물러설 수도 없는 궁지(窮地)에 빠짐.
나아갈 진 물러갈 퇴 두 양 어려울 난	進退維谷(진퇴유곡) : 앞으로도 뒤로도 나아가거나 물러서지 못하다라는 뜻으로, 궁지에 빠진 상태. 進退無路(진퇴무로) : ☞ 진퇴양난(進退兩難).

集 小 成 大	뜻 작은 것이 모여 큰 것을 이룸.
모을 집 적을 소 이룰 성 큰 대	塵積爲山(진적위산) : 티끌이 모여 태산(泰山)이 된다는 뜻으로, 작은 것도 모이면 큰 것이 됨을 비유해 이르는 말. 塵合泰山(진합태산) : 티끌 모아 태산.

借 廳 借 閨	뜻 마루를 빌리다가 안방으로 들어간다는 뜻으로, '사랑채 빌리면 안방까지 달라한다'는 속담과 같은 말, 남에게 의지하다가 차차 그 권리까지 넘겨다본다는 말.
빌릴 차 관청 청 빌릴 차 안방 규	借廳入室(차청입실)도 같은 의미.

滄海遺珠	뜻 「큰 바다에 남아 있는 진주(眞珠)」라는 뜻으로, 세상에 알려지지 않은 현자(賢者)나 명작을 비유해 이르는 말.
푸를 창　바다 해　남길 유　구슬 주	滄海桑田(창해상전) : 푸른 바다가 변하여 뽕밭이 된다는 말이니, 곧 덧없는 세상의 변천(變遷)을 뜻함.

滄海一粟	뜻 큰 바다에 던져진 좁쌀 한 톨이라는 뜻으로, ① 지극히 작거나 보잘것 없는 존재를 의미함. ② 이 세상에서의 인간 존재의 허무함을 이르는 말.
푸를 창　바다 해　한 일　조 속	九牛一毛(구우일모) : 아홉 마리 소에 털 한가닥이라는 뜻.

天高馬肥	뜻 「하늘이 높고 말이 살찐다」는 뜻으로, 오곡백과가 무르익는 가을이 썩 좋은 절기임을 일컫는 말. 가을이 좋은 계절임을 나타낼 때 흔히 쓰는 말이나 원래는 옛날 중국에서 흉노족의 침입을 경계(警戒)하고자 나온 말임.
하늘 천　높을 고　말 마　살찔 비	

天方地軸	뜻 하늘 방향이 어디이고 땅의 축이 어디인지 모른다는 뜻으로, ① 너무 바빠서 두서를 잡지 못하고 허둥대는 모습. ② 어리석은 사람이 갈 바를 몰라 두리번거리는 모습.
하늘 천　모 방　땅 지　굴대 축	知天命(지천명) : 나이 50세를 말함.

天崩之痛	뜻 「하늘이 무너지는 듯한 고통」이라는 뜻으로, 임금이나 부모나 자식을 잃은 슬픔을 이르는 말.
하늘 천　무너질 붕　갈 지　아릴 통	天不生無祿之人(천불생무록지인) : 하늘은 녹 없는 사람을 낳지 않는다는 뜻으로, 사람은 누구나 태어나면서 자기가 먹을 것은 가지고 태어남을 이르는 말.

天衣無縫	뜻 선녀(仙女)의 옷에는 바느질한 자리가 없다는 뜻으로, ① 성격이나 언동(言動) 등이 매우 자연스러워 조금도 꾸민 데가 없음. ② 시나 문장(文章)이 기교(技巧)를 부린 흔적이 없어 극히 자연스러움을 이르는 말.
하늘 천　옷 의　없을 무　꿰맬 봉	

天人共怒	뜻 하늘과 사람이 함께 분노(憤怒)한다는 뜻으로, 누구나 분노할 만큼 증오스러움. 또는 도저히 용납될 수 없음의 비유.
하늘 천　사람 인　한가지 공　성낼 노	旭日昇天(욱일승천) : 아침 해가 떠오른다는 뜻으로, 떠오르는 아침 해처럼 세력이 성대해짐을 이르는 말.

天災地變	뜻 지진(地震)·홍수(洪水)·태풍(颱風) 따위와 같이, 자연 현상에 의해 빚어지는 재앙(災殃).
하늘 천　재앙 재　땅 지　변할 변	天長地久(천장지구) : 하늘과 땅이 오래도록 변하지 않는다는 뜻으로, 사물이 오래오래 계속됨을 이르는 말.

千篇一律	뜻 「여러 시문(詩文)의 격조가 변화 없이 비슷비슷하다」는 뜻으로, 여러 사물(事物)이 거의 비슷비슷하여 특색(特色)이 없음을 비유하여 이르는 말.
일천 천　책 편　한 일　법칙 률	千金(천금) : ① 엽전 천 냥. ② 많은 돈의 비유.

天下泰平	뜻 천하태평(天下太平). ① 온 세상이 태평(太平)함. ② 근심 걱정이 없거나 성질이 느긋하여 세상 근심을 모르고 편안함, 또는 그런 사람.
하늘 천　아래 하　클 태　평할 평	天下一色(천하일색) : 세상에서 제일 뛰어난 미인(美人).

徹 頭 徹 尾	뜻 머리에서 꼬리까지 통한다는 뜻으로, ① 처음부터 끝까지. ② 처음부터 끝까지 방침을 바꾸지 않고, 생각을 철저(徹底)히 관철(貫徹)함을 이르는 말.
통할 철 머리 두 통할 철 꼬리 미	徹夜(철야) : 어떤 일을 하기 위해 잠을 자지 않고 밤을 새우는 것.

晴 耕 雨 讀	뜻 갠 날에는 밖에 나가 농사일을 하고, 비오는 날에는 책을 읽는다는 뜻으로, 부지런히 일하면서 틈나는 대로 공부함을 이르는 말.
갤 청 갈 경 비 우 읽을 독	비슷한 용어로 晝耕夜讀(주경야독)이 있다.

靑 雲 萬 里	뜻 입신출세(立身出世)를 위한 원대(遠大)한 포부(抱負)를 비유적으로 이르는 말.
푸를 청 구름 운 일만 만 마을 리	靑山流水(청산유수) : 푸른 산과 흐르는 물이라는 뜻으로, 말을 거침없이 잘하는 사람을 비유해 이르는 말.

靑 天 白 日	뜻 맑게 갠 하늘에서 밝게 비치는 해라는 뜻으로, ① 훌륭한 인물은 세상 사람들이 다 알아본다는 의미였으나 지금은 아무런 잘못도 없이 결백(潔白)한 것을 주로 비유함.
푸를 청 하늘 천 흰 백 날 일	綠水靑山(녹수청산) : 푸른 물과 푸른 산.

靑 天 霹 靂	뜻 맑게 갠 하늘에서 갑자기 떨어지는 벼락이라는 뜻으로, ① 돌발적(突發的)인 사태나 사변(事變)을 이르는 말. ② 필세(筆勢)의 세참을 이르는 말.
푸를 청 하늘 천 벼락 벽 벼락 력	二八靑春(이팔청춘) : 열여섯 살 전후의 젊은이, 젊은 나이.

靑 出 於 藍	뜻 푸른 색이 쪽에서 나왔으나 쪽보다 더 푸르다는 뜻으로, 제자(弟子)가 스승보다 나은 것을 비유하는 말.
푸를 청 날 출 어조사 어 쪽 람	獨也靑靑(독야청청) : 홀로 푸르다는 뜻으로, 홀로 높은 절개를 지켜 늘 변함이 없음을 이르는 말.

淸 風 明 月	뜻 「맑은 바람과 밝은 달」이라는 뜻으로, ① 결백하고 온건한 성격을 평하여 이르는 말. ② 풍자(諷刺)와 해학(諧謔)으로 세상사(世上事)를 논함을 비유하여 이르는 말.
맑을 청 바람 풍 밝을 명 달 월	一陣淸風(일진청풍) : 한바탕 부는 시원한 바람.

草 綠 同 色	뜻 풀빛과 녹색(綠色)은 같은 빛깔이란 뜻으로, 같은 처지의 사람과 어울리거나 기우는 것.
풀 초 푸를 록 한가지 동 빛 색	同病相憐(동병상련) : 같은 처지에 있는 사람끼리 서로 불쌍히 여겨 동정하고 서로 도움.

草 露 人 生	뜻 해가 나면 없어질 풀잎에 맺힌 이슬처럼 덧없는 인생을 이르는 말.
풀 초 이슬 로 사람 인 날 생	草木皆兵(초목개병) : 온 산의 풀과 나무까지도 모두 적병으로 보인다는 뜻으로, 적의 힘을 두려워한 나머지 하찮은 것에도 겁냄을 이르는 말.

推 己 及 人	뜻 자기 마음을 미루어 보아 남에게도 그렇게 대하거나 행동한다는 뜻으로, '제 배 부르면 남의 배 고픈 줄 모른다'는 속담과 그 뜻이 일맥상통함.
밀 추 몸 기 미칠 급 사람 인	推此可知(추차가지) : 이 일로 미루어 다른 일을 알 수 있음.

417

追遠報本

쫓을 추　멀 원　갚을 보　근본 본

뜻 조상(祖上)의 덕을 추모(追慕)하여 제사를 지내고, 자기의 태어난 근본을 잊지 않고 은혜(恩惠)를 갚음.
窮寇莫追(궁구막추) : 피할 곳 없는 도적을 쫓지 말라는 뜻으로, 궁지에 몰린 적을 모질게 다루면 해를 입기 쉬우니 지나치게 다그치지 말라는 말.

秋風落葉

가을 추　바람 풍　떨어질 낙　잎 엽

뜻 가을 바람에 떨어지는 나뭇잎이라는 뜻으로, 형세나 판국이 갑자기 기울어지거나, 단번에 헤어져 흩어지는 모양을 비유하여 이르는 말.
秋毫不犯(추호불범) : 도리에 어긋나는 일을 조금도 범하지 아니함.

忠言逆耳

충성 충　말씀 언　거스릴 역　귀 이

뜻 「바른 말은 귀에 거슬린다」는 뜻으로, 바르게 타이르는 말일수록 듣기 싫어함을 이르는 말.
良藥苦口(양약고구) : 「좋은 약은 입에 쓰다」는 뜻으로, 충언(忠言)은 귀에 거슬린다는 말.

齒亡舌存

이 치　망할 망　려 설　있을 존

뜻 단단한 이는 빠져도 부드러운 혀는 남는다는 뜻으로, 강한 자가 먼저 망하고 부드럽고 순한 자가 나중까지 남음을 이르는 말.
亡子計齒(망자계치) : 죽은 자식(子息) 나이 세기라는 뜻으로, 이미 지나간 쓸데없는 일을 생각하며 애석(哀惜)하게 여김.

七顚八起

일곱 칠　엎어질 전　여덟 팔　일어날 기

뜻 「일곱 번 넘어져도 여덟 번째 일어난다」는 뜻으로, 실패를 거듭하여도 굴하지 않고 다시 일어섬.
七顚八倒(칠전팔도) : 「일곱 번 넘어지고 여덟 번 엎어진다」는 뜻으로, 어려운 고비를 많이 겪음.

七縱七擒

일곱 칠　세로 종　일곱 칠　사로잡을 금

뜻 제갈공명(諸葛孔明)의 전술로 일곱 번 놓아주고 일곱 번 사로잡는다는 말로, ① 자유자재로운 전술. ② 상대를 마음대로 함. ③ 무슨 일을 제 마음대로 함.
縱橫無盡(종횡무진) : 행동이 마음 내키는 대로 자유자재로 함.

快刀亂麻

쾌할 쾌　칼 도　어지러울 란　삼 마

뜻 헝클어진 삼을 잘 드는 칼로 자른다는 뜻으로, 복잡(複雜)하게 얽힌 사물(事物)이나 비꼬인 문제(問題)들을 솜씨 있고 바르게 처리(處理)함을 비유해 이르는 말.
快人快事(쾌인쾌사) : 쾌활(快活)한 사람의 시원스러운 행동.

他山之石

다를 타　뫼 산　갈 지　돌 석

뜻 다른 산의 돌이라는 뜻으로, 다른 산에서 나는 거칠고 나쁜 돌이라도 숫돌로 쓰면 자기의 옥을 갈 수가 있으므로, 다른 사람의 하찮은 언행이라도 자기의 지덕(智德)을 닦는 데 도움이 됨을 비유해 이르는 말.

他弓莫輓

다를 타　활 궁　말 막　끌 만

뜻 남의 활을 당겨 쏘지 말라는 뜻으로, ① 무익한 일은 하지 말라는 말. ② 자기가 닦은 것을 지켜 딴 데 마음 쓰지 말 것을 이르는 말.
他官萬里(타관만리) : ☞ 만리타향(萬里他鄕).

貪官汚吏

탐할 탐　벼슬 관　더러울 오　아전 리

뜻 탐욕(貪慾)이 많고 부정을 일삼는 더러운 벼슬아치.
貪財好色(탐재호색) : 재물을 탐하고 여색(女色)을 즐김.
貪欲無藝(탐욕무예) : 뇌물을 탐함에 그 끝이 없음.
貪名愛利(탐명애리) : 명예를 탐내고 이익에 집착(執着)함.

兎 死 狗 烹	「사냥이 끝나면 사냥하던 개는 쓸모가 없게 되어 삶아 먹는다」는 뜻으로, ① 필요할 때 요긴하게 써 먹고 쓸모가 없어지면 가혹하게 버린다는 뜻. ② 일이 있을 때는 실컷 부려먹다가 일이 끝나면 돌보지 않고 헌신짝처럼 버리는 세정을 비유해 이르는 말.
토끼 토 죽을 사 개 구 삶을 팽	

破 邪 顯 正	불교(佛敎)에서, 부처의 가르침에 어긋나는 사악(邪惡)한 도리를 깨뜨리고 바른 도리를 드러낸다는 뜻으로, 그릇된 생각을 버리고 올바른 도리를 행함을 비유해 이르는 말.
깨뜨릴 파 간사할 사 나타날 현 바를 정	邪惡(사악) : 도리에 어긋나고 악독함.

破 竹 之 勢	대나무를 쪼개는 기세(氣勢)라는 뜻으로, ① 곧 세력이 강대하여 대적(大敵)을 거침없이 물리치고 쳐들어가는 기세. ② 세력이 강하여 걷잡을 수 없이 나아가는 모양.
깨뜨릴 파 대 죽 갈 지 형세 세	破局(파국) : 판국(版局)이 결딴남. 또는, 판국. 카타스트로프.

暴 虎 馮 河	「범을 맨손으로 두드려 잡고, 큰 강을 배 없이 걸어서 건넌다」는 뜻으로, 용기는 있으나 무모(無謀)하기 이를 데 없는 행위를 이르는 말.
사나울 포 범 호 기댈 빙 물 하	暴飮暴食(폭음폭식) : 음식과 술 등을 한꺼번에 많이 먹음.

風 飛 雹 散	바람이 불어 우박(雨雹)같이 이리 저리 흩어진다는 뜻으로, 엉망으로 깨어져 흩어져 버림. 사방으로 흩어짐.
바람 풍 날 비 우박 박 흩어질 산	風窓破壁(풍창파벽) : 뚫어진 창과 헐린 담벼락이라는 뜻으로, 무너져 가는 가난한 집을 비유해 이르는 말.

風 樹 之 歎	부모에게 효도를 다하려고 생각할 때에는 이미 돌아가셔서 그 뜻을 이룰 수 없음을 이르는 말.
바람 풍 나무 수 갈 지 탄식할 탄	風木之悲(풍목지비) : 효도하고자 하나 부모가 이미 돌아가셔서 효양할 길이 없어 한탄함을 비유해 이르는 말.

風 前 燈 火	「바람 앞의 등불」이란 뜻으로, ① 사물(事物)이 오래 견디지 못하고 매우 위급한 자리에 놓여 있음을 가리키는 말. ② 사물의 덧없음을 가리키는 말.
바람 풍 앞 전 등불 등 불 화	風前燈燭(풍전등촉)도 같은 의미.

風 餐 露 宿	「바람에 불리면서 먹고, 이슬을 맞으면서 잔다」는 뜻으로, 떠돌아다니며 고생스러운 생활을 함을 비유해 이르는 말.
바람 풍 밥 찬 이슬 로 잘 숙	露宿者(노숙자) : 일정한 거처(居處)없이 비바람을 가릴 수 없는 집 밖의 장소에서 잠을 자는 사람.

皮 骨 相 接	살가죽과 뼈가 맞붙을 정도로 몹시 마름.
가죽 피 뼈 골 서러 상 닿을 접	豹死留皮(표사유피) : 「표범은 죽어서 가죽을 남긴다」는 뜻에서, 사람은 사후에 이름을 남겨야 함의 비유. 鐵面皮(철면피) : 쇠처럼 두꺼운 낯가죽이라는 뜻.

匹 夫 匹 婦	평범한 남자와 평범한 여자를 일컫는 말.
짝 필 지아비 부 짝 필 지어미 부	夫唱婦隨(부창부수) : 남편이 주장(主將)하고 아내가 이에 따름. 가정(家庭)에서의 부부(夫婦) 화합(和合)의 도리(道理)를 이르는 말임.

鶴 首 苦 待	뜻 학처럼 목을 길게 빼고 기다린다는 뜻으로, 몹시 기다림을 이르는 말.
학 학　머리 수　쓸 고　기다릴 대	鶴首(학수) : ① 학의 목. ② '목을 길게 빼고 간절(懇切)히 기다림'을 비유하는 말.

學 如 不 及	뜻 학문은 미치지 못함과 같으니 쉬지 말고 노력해야 함을 이르는 말.
배울 학　같을 여　아니 불　미칠 급	學而時習(학이시습) : 배우고 때로 익힌다는 뜻으로, 배운 것을 항상 복습(復習)하고 연습(練習)하면 그 참 뜻을 알게 됨.

學 如 逆 水	뜻 배움이란 마치 물을 거슬러 배를 젓는 것과 같다는 뜻으로, 앞으로 나아가지 않으면 퇴보한다는 뜻.
배울 학　같을 여　거스를 역　물 수	下學而上達(하학이상달) : 아래를 배워 위에 달한다는 뜻으로, 낮고 쉬운 것을 배워 깊고 어려운 것을 깨달음.

漢 江 投 石	뜻 한강(漢江)에 아무리 돌을 많이 집어 넣어도 메울 수 없다는 뜻으로, ① 아무리 도와도 보람이 없는 것. ② 아무리 투자(投資)를 하거나 애를 써도 보람이 없음을 이르는 말.
한수 한　강 강　던질 투　돌 석	鐵面皮漢(철면피한) : 염치(廉恥)가 없고 뻔뻔스러운 남자.

邯 鄲 之 夢	뜻 한단에서 꾼 꿈이라는 뜻으로, 인생의 부귀영화(富貴榮華)는 일장춘몽과 같이 허무(虛無)함을 이르는 말.
땅이름 한　땅이름 단　갈 지　꿈 몽	南柯一夢(남가일몽) : 남쪽 가지에서의 꿈이란 뜻으로, 덧없는 꿈이나 한때의 헛된 부귀영화(富貴榮華)를 이르는 말.

咸 興 差 使	뜻 ① 심부름꾼이 가서 소식이 없거나, 또는 회답(回答)이 더딜 때의 비유. ② 한번 간 사람이 돌아오지 않거나 소식이 없음.
다 함　흥할 흥　다를 차　부릴 사	興亡盛衰(흥망성쇠) : 흥하고 망하고 성(盛)하고 쇠(衰)하는 일. 興味津津(흥미진진) : 흥미(興味)가 넘칠 만큼 많다는 뜻.

行 雲 流 水	뜻 하늘에 떠도는 구름과 흐르는 물이라는 뜻으로, ① 다른 힘에 거스르지 않고, 자연 그대로 유유(悠悠)히 움직이는 모양. 곧 자연에 맡기어 행동함을 비유해 이르는 말. ② 마음이 유쾌(愉快)함을 비유해 이르는 말. ③ 일정한 형태가 없이 늘 변하는 것.
행할 행　구름 운　흐를 유　물 수	

懸 河 之 辯	뜻 도도히 흐르는 물과 같은 변설이라는 뜻으로, 거침없고 유창한 말주변을 이르는 말.
달 현　물 하　갈 지　말씀 변	大辯如訥(대변여눌) : 워낙 말을 잘하는 사람은 함부로 지껄이지 아니하므로 도리어 말더듬이처럼 보임.

螢 雪 之 功	뜻 반딧불과 눈(雪)빛으로 이룬 공이라는 뜻으로, 가난을 이겨내며 반딧불과 눈빛으로 글을 읽어가며 고생 속에서 공부하여 이룬 공을 일컫는 말.
반딧불이 형　눈 설　갈 지　공 공	嚴冬雪寒(엄동설한) : 눈 내리는 깊은 겨울의 심한 추위.

兄 弟 投 金	뜻 형제가 금덩이를 던졌다는 설화에서 유래하여, 형제 간의 우애를 뜻함.
맏 형　아우 제　던질 투　쇠 금	外兄弟(외형제) : ① 고모(姑母)의 아들. 고종(姑從) 형제. ② 어머니는 같고 아버지가 다른 형제.

狐假虎威	뜻 「여우가 호랑이의 위세(威勢)를 빌려 호기(豪氣)를 부린다」는 뜻으로, 남의 세력을 빌어 위세를 부림. 虎死留皮(호사유피) : 「범이 죽으면 가죽을 남긴다」는 뜻으로, 사람도 죽은 뒤에 이름을 남겨야 한다는 말.
여우 호　거짓 가　범 호　위엄 위	
糊口之策	뜻 「입에 풀칠하다」라는 뜻으로, 겨우 먹고 살아가는 방책. 口食之計(구식지계) : ☞ 호구지책(糊口之策). 糊口之方(호구지방) : ☞ 호구지책(糊口之策). 糊口之計(호구지계) : ☞ 호구지책(糊口之策).
풀칠할 호　입 구　갈 지　꾀 책	
浩然之氣	뜻 ① 도의(道義)에 근거(根據)를 두고 굽히지 않고 흔들리지 않는 바르고 큰 마음. ② 하늘과 땅 사이에 가득 찬 넓고 큰 정기(精氣). ③ 공명정대(公明正大)하여 조금도 부끄럼 없는 용기(勇氣). ④ 잡다(雜多)한 일에서 벗어난 자유로운 마음.
넓을 호　그릴 연　갈 지　기운 기	
胡蝶之夢	뜻 「장자(莊子)가 나비가 되어 날아다닌 꿈」으로, ① 현실과 꿈의 구별이 안 되는 것. ② 인생의 덧없음의 비유. 白日夢(백일몽) : 대낮에 꾸는 꿈이라는 뜻으로, 실현될 수 없는 헛된 공상(空想)을 이르는 말.
오랑캐 호　나비 접　갈 지　꿈 몽	
魂飛魄散	뜻 넋이 날아가고 넋이 흩어지다라는 뜻으로, 몹시 놀라 어찌할 바를 모름. 魂飛中天(혼비중천) : 혼이 중천에 떴다는 말로, '정신이 없이 허둥거림'을 이르는 말. 죽은 사람의 혼이 공중에 떠돌아 다닌다는 말.
넋 혼　날 비　넋 백　흩을 산	
昏定晨省	뜻 저녁에는 잠자리를 보아 드리고, 아침에는 문안을 드린다는 뜻으로, 자식이 아침저녁으로 부모의 안부를 물어서 살핌을 이르는 말. 昏庸無道(혼용무도) : 「세상이 온통 어지럽고 무도하다」라는 뜻.
어두울 혼　정할 정　새벽 신　살필 성	
弘益人間	뜻 널리 인간세계를 이롭게 한다는 뜻으로, 우리나라의 건국(建國) 시조(始祖)인 단군(檀君)의 건국(建國) 이념(理念). 弘報物(홍보물) : 어떤 사실이나 제품을 널리 알리기 위하여 만든 인쇄물(印刷物)이나 그런 물건.
클 홍　더할 익　사람 인　사이 간	
畵龍點睛	뜻 장승요가 벽에 그린 용에 눈동자를 그려 넣은 즉시(即時) 용이 하늘로 올라갔다라는 뜻으로, 가장 요긴(要緊)한 부분을 마치어 완성시키다라는 뜻. 畵伯(화백) : 화가(畵家)의 높임말.
그림 화　용 룡　점점 점　눈동자 정	
花朝月夕	뜻 「꽃이 핀 아침과 달 밝은 저녁」이란 뜻으로, ① 「경치(景致)가 가장 좋은 때」를 이르는 말. ② 음력 2월 보름과 8월 보름밤. 봄과 가을. 桃花源(도화원) : 이 세상과 따로 떨어진 별천지(別天地).
꽃 화　아침 조　달 월　저녁 석	
畵中之餠	뜻 그림 속의 떡이란 뜻으로, ① 바라만 보았지 소용이 닿지 않음을 비유한 말. ② 보기만 했지 실제(實際)로 얻을 수 없음. ③ 실속없는 말에 비유하는 말. 畵家(화가) : 그림을 그리는 일을 전문(專門)으로 하는 사람.
그림 화　가운데 중　갈 지　떡 병	

附錄

換骨奪胎	뜻 환골은 옛사람의 시문(詩文)을 본떠서 어구를 만드는 것, 탈태는 고시(古詩)의 뜻을 본떠서 원시(原詩)와 다소 뜻을 다르게 짓는 것을 말하며, 옛 사람이나 타인의 글에서 그 형식이나 내용을 모방하여 자기의 작품으로 꾸미는 일.
바꿀 환 뼈 골 빼앗을 탈 아이밸 태	

換父易祖	뜻 아비와 할아비를 바꾼다는 말로, 지체가 좋지 못한 사람이 지체를 높이기 위하여 옳지 못한 수단(手段)으로 자손(子孫)이 없는 양반 집의 뒤를 잇는 일.
바꿀 환 아비 부 바꿀 역 할아비 조	換腐作新(환부작신) : 낡은 것을 바꾸어 새 것으로 만듦.

會者定離	뜻 「만나면 언젠가는 헤어지게 되어 있다」는 뜻으로, 인생의 무상(無常)함을 인간의 힘으로는 어찌 할 수 없는 이별(離別)의 아쉬움을 일컫는 말.
모일 회 놈 자 정할 정 떠날 리	會心之友(회심지우) : 마음이 맞아 의기(義氣)가 통하는 벗.

會稽之恥	뜻 회계산(會稽山)에서 받은 치욕(恥辱)이라는 뜻으로, 전쟁에서 진 치욕, 또는 마음에 새겨져 잊지 못하는 치욕을 비유해 이르는 말. 切齒腐心(절치부심) : 이를 갈고 마음을 썩이다는 뜻으로, 대단히 분하게 여기고 마음을 썩임.
모일 회 상고할 계 갈 지 부끄러울 치	

後生可畏	뜻 젊은 후학(後學)들을 두려워할 만하다는 뜻으로, 후진(後進)들이 선배들보다 젊고 기력이 좋아, 학문을 닦음에 따라 큰 인물이 될 수 있으므로 가히 두렵다는 말.
뒤 후 날 생 옳을 가 두려워할 외	後時之嘆(후시지탄) : 때늦은 한탄(恨歎).

後生角高	뜻 뒤에 난 뿔이 더 우뚝하다는 뜻으로, 제자나 후배(後輩)가 스승이나 선배(先輩)보다 뛰어날 때 이르는 말. 先公後私(선공후사) : 사(私)보다 공(公)을 앞세움이란 뜻으로, 사사로운 일이나 이익보다 공익(公益)을 앞세움.
뒤 후 날 생 뿔 각 높을 고	

厚顔無恥	뜻 얼굴이 두껍고 부끄러움이 없다라는 뜻으로, 뻔뻔스러워 부끄러워할 줄 모름.
두터울 후 얼굴 안 없을 무 부끄러울 치	何厚何薄(하후하박) : 어느 쪽은 후하게 하고 어느 쪽은 박하게 한다는 뜻으로, 차별(差別)을 두어 대함을 이르는 말.

興亡盛衰	뜻 흥하고 망(亡)하고 성(盛)하고 쇠(衰)하는 일. 興國强兵(흥국강병) : 나라를 일으키고 군사를 강하게 함. 興味索然(흥미삭연) : 흥미(興味)를 잃어 가는 모양(模樣)을 이르는 말
흥할 흥 망할 망 성할 성 쇠할 쇠	

興盡悲來	뜻 즐거운 일이 지나가면 슬픈 일이 닥쳐온다는 뜻으로, ① 세상일이 순환(循環)됨을 가리키는 말. ② 세상의 온갖 일에 너무 자만(自慢)하거나 낙담(落膽)하지 말라는 뜻. ③ 흥망(興亡)과 성쇠(盛衰)가 엇바뀜을 일컫는 말.
흥할 흥 다할 진 슬플 비 올 래	

喜怒哀樂	뜻 기쁨과 노여움, 슬픔과 즐거움이라는 뜻으로, 곧 사람의 여러 가지 감정을 이르는 말.
기쁠 희 성낼 로 슬플 애 즐거울 락	色如死灰(색여사회) : 안색(顔色)이 꺼진 잿빛과 같다는 뜻으로, 얼굴에 희로애락의 표정(表情)이 없음을 이르는 말.

2획

간자	정자	훈과 음	발음
厂	廠	헛간 창	chǎng
卜	蔔	무 복	bǒ, bó, bǔ
儿	兒	아이 아	ér, ní
几	幾	몇 기	jǐ, jī
了	瞭	눈 밝을 료	liǎo, liào

3획

간자	정자	훈과 음	발음
干	幹	줄기 간	gàn
干	乾	하늘 건	gān, qián
亏	虧	이지러질 휴	kuī
才	纔	겨우 재	cái
万	萬	일만 만	wàn, mò
与	與	어조사 여	yǔ, yú, yù
千	韆	그네 천	qiān
亿	億	억 억	yì
个	個	낱 개	gè, gě
么	麼	잘 마	mè, má
广	廣	넓을 광	guǎng
门	門	문 문	mén
义	義	옳을 의	yì
卫	衛	호위할 위	wèi
飞	飛	날 비	fēi
习	習	익힐 습	xí
马	馬	말 마	mǎ
乡	鄉	고을 향	xiāng

4획 ━

간자	정자	훈과 음	발음
丰	豐	풍년 풍	fēng
开	開	열 개	kāi
无	無	없을 무	wú, mó
韦	韋	다룸가죽 위	wéi
专	專	오로지 전	zhuān
云	雲	구름 운	yún
艺	藝	재주 예	yì
厅	廳	관청 청	tīng
历	歷	겪을 력	lì
历	曆	세월 력	lì
区	區	구분할 구	qū, ōu
车	車	수레 거	chē, jū

ㅣ

간자	정자	훈과 음	발음
冈	岡	멧등 강	gāng
贝	貝	조개 패	bèi
见	見	볼 견	jiàn, xiàn

ㅣ

간자	정자	훈과 음	발음
气	氣	기운 기	qì
长	長	긴 장	cháng, zhǎng
仆	僕	시종꾼 복	pú, pū
币	幣	폐백 폐	bì
从	從	좇을 종	cóng
仑	侖	뭉치 륜	lún
仓	倉	곳집 창	cāng
风	風	바람 풍	fēng
仅	僅	겨우 근	jǐn, jìn
凤	鳳	새 봉	fèng
乌	烏	까마귀 오	wū, wù

丶

간자	정자	훈과 음	발음
闩	閂	빗장 산	shuān
为	爲	할 위	wéi, wèi
斗	鬥	싸울 투	dòu
忆	憶	생각 억	yì
订	訂	바로잡을정	dìng
计	計	셀 계	jì
讣	訃	부고 부	fù
认	認	알 인	rèn
讥	譏	나무랄 기	jī

ㄱ

간자	정자	훈과 음	발음
丑	醜	추할 추	chǒu
队	隊	떼 대	duì
办	辦	힘쓸 판	bàn
邓	鄧	나라이름 등	dèng
劝	勸	권할 권	quàn
双	雙	쌍 쌍	shuāng
书	書	글 서	shū

5획 ━

간자	정자	훈과 음	발음
击	擊	칠 격	jī
戋	戔	나머지 잔	jiān
扑	撲	칠 박	pū

ㅣ

간자	정자	훈과 음	발음
节	節	마디 절	jié, jiē
术	術	재주 술	shù, zhú
龙	龍	용 룡	lóng
厉	厲	갈 려	lì
灭	滅	멸할 멸	miè
东	東	동녘 동	dōng
轧	軋	삐걱거릴 알	yà, gá, zhá

ㅣ

간자	정자	훈과 음	발음
卢	盧	화로 로	lú
业	業	일 업	yè
旧	舊	예 구	jiù
帅	帥	장수 수	shuài
归	歸	돌아갈 귀	guī
叶	葉	잎 엽	yè, yié
号	號	부르짖을 호	hào, háo
电	電	번개 전	diàn
只	隻	외짝 척	zhī
祇	祇	공경할 지	zhī
叽	嘰	조금 먹을 기	jī
叹	嘆	탄식할 탄	tàn

ㅣ

간자	정자	훈과 음	발음
们	們	무리 문	mén
仪	儀	거동 의	yí
丛	叢	떨기 총	cóng
尔	爾	너 이	ěr
乐	樂	즐거울 락	lè, yào, yuè
处	處	살 처	chù, chǔ
冬	鼕	북소리 동	dōng, tóng
鸟	鳥	새 조	niǎo, diǎo
务	務	힘쓸 무	wù
刍	芻	꼴 추	chú
饥	饑	주릴 기	jī

丶

간자	정자	훈과 음	발음
邝	鄺	성씨 광	kuàng
冯	馮	성씨 풍	féng, píng
闪	閃	번쩍할 섬	shǎn
兰	蘭	난초 란	lán
汇	滙	물 합할 회	huì

간자	정자	훈과 음	발음
汇	彙	무리 휘	huì
头	頭	머리 두	tóu, tóu
汉	漢	한수 한	hàn
宁	寧	편안할 녕	níng, nìng
讦	訐	들추어낼 알	jié
讧	訌	무너질 홍	hòng
讨	討	칠 토	tǎo
写	寫	베낄 사	xiě
让	讓	사양할 양	ràng
礼	禮	예도 례	lǐ
讪	訕	헐뜯을 산	shàn
讫	訖	이를 흘	qì
训	訓	가르칠 훈	xùn
议	議	의논 의	yì
讯	訊	물을 신	xùn
记	記	기록 기	jì

ㄱ

간자	정자	훈과 음	발음
辽	遼	멀 료	liáo
边	邊	가 변	biān
出	齣	단락 척	chū
发	發	필 발	fā
发	髮	터럭 발	fà, fā
圣	聖	성인 성	shèng
对	對	대답할 대	duì
台	臺	돈대 대	tái, tāi
台	檯	등대 대	tái
台	颱	태풍 태	tái
纠	糾	꼴 규	jiū
驭	馭	말 부릴 어	yù
丝	絲	실 사	sī

6획 ━

간자	정자	훈과 음	발음
玑	璣	구슬 기	jī
动	動	움직일 동	dòng
执	執	잡을 집	zhí
巩	鞏	묶을 공	gǒng
圹	壙	광중 광	kuàng
扩	擴	넓힐 확	kuò
扪	捫	어루만질 문	mén

423

扫	掃	쓸 소	sǎo, sào
扬	揚	날릴 양	yáng
场	場	마당 장	chǎng, cháng
亚	亞	버금 아	yà
芗	薌	곡식 냄새 향	xiāng, xiǎng
朴	樸	통나무 박	pǔ, piáo, pō
机	機	기틀 기	jī
权	權	권세 권	quán
过	過	지날 과	guò, guō, guo
协	協	화할 협	xié
压	壓	누를 압	yā, yà
厌	厭	싫을 염	yàn
库	庫	곳집 고	kù
页	頁	머리 혈	yè
夸	誇	자랑 과	kuā
夺	奪	빼앗을 탈	duó
达	達	통달할 달	dá, tà
夹	夾	곁 협	jiā, gā, jié
轨	軌	길 궤	guǐ
尧	堯	임금 요	yáo
划	劃	그을 획	huà, huá
迈	邁	갈 매	mài
毕	畢	마칠 필	bì

丿

贞	貞	곧을 정	zhēn
师	師	스승 사	shī
当	當	당할 당	dāng, dàng
当	噹	방울 당	dāng
尘	塵	티끌 진	chén
吁	籲	부를 유	yù
吓	嚇	노할 혁	xià, hè
虫	蟲	벌레 충	chóng
曲	麯	누룩 국	qū
团	團	둥글 단	tuán
团	糰	경단 단	tuán
吗	嗎	꾸짖을 마	mà, mā, mǎ
屿	嶼	섬 서	yǔ
岁	歲	해 세	suì
回	廻	돌 회	huí
岂	豈	어찌 기	qǐ, kǎi
则	則	곧 즉	zé
刚	剛	굳셀 강	gāng

网	網	그물 망	wǎng

丿

钆	釓	쇠뇌고동 구	gá
钇	釔	이트륨 을	yǐ
朱	硃	주사 주	zhū
迁	遷	옮길 천	qiān
乔	喬	높을 교	qiáo
伟	偉	클 위	wěi
传	傳	전할 전	chuán, zhuàn
伛	傴	구부릴 구	yǔ
优	優	넉넉할 우	yōu
伤	傷	상할 상	shāng
伥	倀	갈팡질팡할 창	chāng
价	價	값 가	jià, jiè, jie
伦	倫	인륜 륜	lún
凑	傖	놈 창	cāng, chèn
华	華	화려할 화	huá, huà
伙	夥	많을 과	huǒ
伪	偽	거짓 위	wěi
向	嚮	향할 향	xiàng
后	後	뒤 후	hòu
会	會	모일 회	huì, kuài
杀	殺	죽일 살	shā, shài
合	閤	쪽문 합	hé, gǎo, gé
众	眾	무리 중	zhòng, zhōng
爷	爺	아비 야	yé
伞	傘	우산 산	sǎn
创	創	비롯할 창	chuàng, chuāng
杂	雜	섞일 잡	zá
负	負	질 부	fú
犷	獷	사나울 광	guǎng
凫	鳧	오리 부	fú
邬	鄔	땅이름 오	wū, wǔ
饦	飥	수제비 탁	tuō
饧	餳	엿 당	xíng, táng

丶

壮	壯	장할 장	zhuàng
冲	衝	찌를 충	chōng, chòng
妆	妝	꾸밀 장	zhuāng
庄	莊	씩씩할 장	zhuāng
庆	慶	경사 경	qìng
刘	劉	성씨 류	liú

齐	齊	가지런할 제	qí, jì, zhāi
产	產	낳을 산	chǎn
闭	閉	닫을 폐	bì
问	問	물을 문	wèn
闯	闖	말(馬)이 뛰쳐나가는 땅 틈	chuǎng
关	關	빗장 관	guān
灯	燈	등불 등	dēng
汤	湯	끓을 탕	tāng, shāng
忏	懺	뉘우칠 참	chàn
兴	興	일 흥	xīng, xìng
讲	講	논할 강	jiǎng
讳	諱	꺼릴 휘	huì
讴	謳	노래할 구	ōu
军	軍	군사 군	jūn
讵	詎	어찌 거	jù
讶	訝	맞이할 아	yà
讷	訥	말 더듬을 눌	nè
许	許	허락할 허	xǔ
讹	訛	그릇될 와	é
论	論	논의할 론	lùn, lún
讻	訩	송사할 흉	xiōng
讼	訟	송사 송	sòng
讽	諷	욀 풍	fěng
农	農	농사 농	nóng
设	設	베풀 설	shè
访	訪	찾을 방	fǎng
诀	訣	이별할 결	jué

⼀

寻	尋	찾을 심	xún
尽	盡	다할 진	jìn, jǐn
尽	儘	다할 진	jìn, jǐn
导	導	이끌 도	dǎo
孙	孫	손자 손	sūn
阵	陣	줄 진	zhèn
阳	陽	볕 양	yáng
阶	階	섬돌 계	jiē
阴	陰	그늘 음	yīn
妇	婦	며느리 부	fù
妈	媽	어미 마	mā
戏	戲	탄식할 희	xì, hū
观	觀	볼 관	guān, guàn

欢	歡	기쁠 환	huān
买	買	살 매	mǎi
纡	紆	굽을 우	yū
红	紅	붉을 홍	hóng, gōng
纣	紂	말고삐 주	zhòu
驮	馱	짐 실을 타	tuó, duò, tuó
纤	縴	헌 솜 견	quàn
纤	纖	가늘 섬	xiān, qiàn
纥	紇	질낮은 명주실 흘	gē, hé
驯	馴	길들 순	xùn
纨	紈	흰 비단 환	wán
约	約	언약 약	yuē, yāo
级	級	등급 급	jí
纩	纊	솜 광	kuàng
纪	紀	벼리 기	jì, jǐ
驰	馳	달릴 치	chí
纫	紉	새끼 인	rèn

7획 **⼀**

寿	壽	목숨 수	shòu
麦	麥	보리 맥	mài
玛	瑪	마노 마	mǎ
进	進	나아갈 진	jìn
远	遠	멀 원	yuǎn
违	違	어길 위	wéi
韧	韌	질길 인	rèn
划	剗	깎을 잔	chàn, chǎn
运	運	운전 운	yùn
抚	撫	어루만질 무	fǔ
坛	壇	단 단	tán
坛	罎	목긴 항아리 담	tán
抟	摶	뭉칠 단	tuán, tuǎn
坏	壞	무너질 괴	huài
抠	摳	끌 구	kōu
坜	壢	구덩이 력	lì
扰	擾	어지러울 요	ráo, nǎo, rǎo
坝	壩	방죽 패	bà
贡	貢	바칠 공	gòng
㧏	摃	들어올릴 강	gāng
折	摺	접을 접	zhé, zhě
抡	掄	가릴 륜	lūn, lún
抢	搶	닿을 창	qiǎng, qiāng, qiàng
坞	塢	둑 오	wù

坟	墳	무덤 분	fén
护	護	호위할 호	hù
壳	殼	껍질 각	qiào, ké
块	塊	흙덩이 괴	kuài
声	聲	소리 성	shēng
报	報	갚을 보	bào
拟	擬	흡사할 의	nǐ
㧐	搋	움츠릴 송	sǒng, shuǎng
芜	蕪	거칠 무	wú
苇	葦	갈대 위	wěi
芸	蕓	평지 운	yún
苈	藶	개냉이 력	lì
苋	莧	비름 현	xiàn, huǎn
苁	蓯	육종 종	cōng
苍	蒼	푸를 창	cāng
严	嚴	엄할 엄	yán
芦	蘆	갈대 로	lú, lǔ
劳	勞	일할 로	láo
克	剋	반드시 극	kè, kēi
苏	蘇	차조기 소	sū
苏	嘛	군소리할 소	sū
极	極	극진할 극	jí
杨	楊	버들 양	yáng
两	兩	두 량	liǎng
丽	麗	고울 려	lì, lí
医	醫	의원 의	yī
励	勵	힘쓸 려	lì
还	還	돌아올 환	hái, huán
矶	磯	물가 기	jī
奁	奩	화장품 상자 렴	lián
歼	殲	다 죽일 섬	jiān
来	來	올 래	lái, lài
欤	歟	어조사 여	yú
轩	軒	집 헌	xuān
连	連	이을 련	lián
轫	軔	쐐기나무 인	rèn

丿

卤	鹵	소금 로	lǔ
卤	滷	쓸 로	lǔ
邺	鄴	땅 이름 업	yè
坚	堅	굳을 견	jiān
时	時	때 시	shí

呒	嘸	어리둥절할 무	mú
县	縣	매달 현	xiàn
里	裏	속 리	lǐ
呓	囈	잠꼬대 예	yì
呕	嘔	노래할 구	ōu, ǒu, òu
园	園	능 원	yuán
呖	嚦	소리 력	lì
旷	曠	빛 광	kuàng
围	圍	에울 위	wéi
吨	噸	톤 톤	dūn
旸	暘	해돋이 양	yáng
邮	郵	역참 우	yóu
困	睏	졸릴 곤	kùn
员	員	인원 원	yuán, yún, yùn
呗	唄	찬불 패	bài
听	聽	들을 청	tīng
呛	嗆	새 먹을 창	qiāng, qiàng
鸣	鳴	울 명	míng
别	彆	활 뒤틀릴 별	biè
财	財	재물 재	cái
囵	圇	온전할 륜	lún
帏	幃	휘장 위	wéi
岖	嶇	험할 구	qū
岗	崗	등성이 강	gǎng, gāng
岘	峴	재 현	xiàn
帐	帳	휘장 장	zhàng
岚	嵐	남기 람	lán

丿

针	針	바늘 침	zhēn
钉	釘	못 정	dīng, dìng
钊	釗	사람 이름 쇠	zhāo
钋	釙	금광 박	pō
钌	釕	대구 료	liǎo, liào
乱	亂	어지러울 란	luàn
体	體	몸 체	tǐ, tī
佣	傭	품팔이꾼 용	yōng
㑇	㑇	고용살이할 추	zhòu
彻	徹	통할 철	chè
余	餘	남을 여	yú
佥	僉	다 첨	qiān
谷	穀	곡식 곡	gǔ
邻	鄰	이웃 린	lín

肠	腸	창자 장	cháng, chǎng
龟	龜	거북 구	guī, jūn, qiū
犹	猶	오히려 유	yóu
狈	狽	이리 패	béi
鸠	鳩	비둘기 구	jiū
条	條	가지 조	tiáo
岛	島	섬 도	dǎo
邹	鄒	나라 이름 추	zōu
饨	飩	찐만두 돈	tún
饩	餼	보낼 희	xì
饪	飪	익힐 임	rèn
饫	飫	물릴 어	yù
饬	飭	신칙할 칙	chì
饭	飯	밥 반	fàn
饮	飲	마실 음	yǐn
系	係	맬 계	xì
系	繫	맬 계	xì, jì

丶

冻	凍	얼 동	dòng
状	狀	형상 장	zhuàng
亩	畝	밭이랑 무	mǔ
庑	廡	집 무	wǔ
库	庫	곳집 고	kù
疖	癤	부스럼 절	jiē
疗	療	병 나을 료	liáo
应	應	응할 응	yīng
庐	廬	초막 려	lú
闰	閏	윤달 윤	rùn
闱	闈	대궐 작은 문 위	wéi
闲	閑	막을 한	xián
间	間	사이 간	jiān, jiàn
闵	閔	우려할 민	mǐn
闷	悶	번민할 민	mēn, mèn
灿	燦	빛날 찬	càn
灶	竈	부엌 조	zào
炀	煬	녹을 양	yáng
沣	灃	물 이름 풍	fēng
沤	漚	담글 구	òu, ōu
沥	瀝	거를 력	lì
沦	淪	빠질 윤	lún
沧	滄	찰 창	cāng

沨	渢	물소리 풍	fēng, éng, fàn
沟	溝	개천 구	gōu
沩	潙	물 이름 규	guī, jūn, wéi
沪	滬	강 이름 호	hù
浕	濜	즙낼 심	shěn
怃	憮	예쁠 무	wǔ
怀	懷	품을 회	huái
怄	慪	아낄 우	òu
忧	憂	근심 우	yōu
忾	愾	탄식할 개	kài, xì, qì
怅	悵	한스러워할 창	chàng
怆	愴	슬플 창	chuàng
穷	窮	궁할 궁	qióng
证	證	증거 증	zhèng
诂	詁	주낼 고	gǔ
诃	訶	꾸짖을 가	hē
启	啓	열 계	qǐ
评	評	평론할 평	píng
补	補	기울 보	bǔ
诅	詛	저주할 저	zǔ
识	識	알 식	shí, zhì
诇	詗	염탐할 형	xiòng
诈	詐	속일 사	zhà
诉	訴	호소할 소	sù
诊	診	볼 진	zhěn
诋	詆	꾸짖을 저	dǐ, dī
诌	謅	농담할 초	zhōu, zōu, chōu
词	詞	말씀 사	cí
诎	詘	굽힐 굴	qū, chù
诏	詔	고할 조	zhào
译	譯	번역 역	yì
诒	詒	보낼 이	yí, dài

一

灵	靈	신령 령	líng
层	層	층층	céng
迟	遲	늦을 지	chí
张	張	베풀 장	zhāng
际	際	사이 제	jì
陆	陸	뭍 륙	lù, liù
陇	隴	고개 이름 롱	lóng
阵	陣	줄 진	zhèn
坠	墜	떨어질 추	zhuì

陉	陘	지렛목 형	jìng, xíng
姁	嫗	할미 구	yù
妩	嫵	아리따울 무	wǔ
妫	嬀	성씨 규	guī
刭	剄	목 벨 경	jǐng
劲	勁	굳셀 경	jìn, jìng
鸡	鷄	닭 계	jī
纬	緯	씨 위	wěi
纭	紜	어지러울 운	yún
驱	驅	몰 구	qū
纯	純	순수할 순	chún
纰	紕	가선 비	pī
纱	紗	깁 사	shā
网	網	그물 망	wǎng
纳	納	드릴 납	nà
纴	絍	짤 임	rèn
驳	駁	얼룩말 박	bó
纵	縱	늘어질 종	zòng
纶	綸	낚싯줄 륜	lún, guān
纷	紛	어지러울 분	fēn
纸	紙	종이 지	zhǐ
纹	紋	무늬 문	wén, wèn
纺	紡	자을 방	fǎng
驴	驢	나귀 려	lú
绁	絏	고삐 진	zhèn
纽	紐	끈 뉴	niǔ
纾	紓	느슨할 서	shū

8획 一

玮	瑋	옥 이름 위	wěi
环	環	고리 환	huán
责	責	꾸짖을 책	zé
现	現	나타날 현	xiàn
表	錶	시계 표	biǎo
玱	瑲	옥소리 창	qiāng
规	規	법 규	guī
匦	匭	상자 궤	guǐ
拢	攏	누를 롱	lóng
拣	揀	가릴 간	jiǎn
垆	壚	흑토 로	lù
担	擔	멜 담	dān, dǎn, dàn
顶	頂	이마 정	dǐng
拥	擁	안을 옹	yōng, wěng

势	勢	형세 세	shì
拦	攔	막을 란	lán
㧑	撝	긁을 회	kuǎi
拧	擰	어지러워질 녕	níng, nǐng, nìng
拨	撥	다스릴 발	bō
择	擇	가릴 택	zé, zhái
茏	蘢	개여뀌 롱	lóng, lǒng, lòng
苹	蘋	네가래 빈	píng, pín
茑	蔦	담쟁이넝쿨 조	niǎo
范	範	모범 범	fàn
茔	塋	무덤 영	yíng
茕	煢	외로울 경	qióng
茎	莖	줄기 경	jīng
枢	樞	밑둥 추	shū
枥	櫪	말구유 력	lì
柜	櫃	궤 궤	guì
枫	楓	강나무 강	gāng
枧	梘	홈통 견	jiǎn
枨	棖	문설주 정	chéng, cháng
板	闆	문안에서볼 반	bǎn
枞	樅	전나무 종	cōng, zōng
松	鬆	더벅머리 송	sōng
枪	槍	나무창 창	qiāng
枫	楓	단풍나무 풍	fēng
构	構	얽을 구	gòu
丧	喪	죽을 상	sāng, sàng
画	畫	그림 화	huà
枣	棗	대추 조	zǎo
卖	賣	팔 매	mài
郁	鬱	답답할 울	yù
矾	礬	백반 반	fán
矿	礦	쇳돌 광	kuàng, gǒng
砀	碭	무늬있는돌탕	dàng
码	碼	옥돌 마	mǎ
厕	厠	뒷간 측	cè, sī
奋	奮	떨칠 분	fèn
态	態	태도 태	tài
瓯	甌	사발 구	ōu
欧	歐	때릴 구	ōu
殴	毆	때릴 구	ōu
垄	壟	언덕 롱	lǒng

郏	郟	고을 이름 겹	jiá
轰	轟	울릴 굉	hōng
顷	頃	이랑 경	qǐng
转	轉	구를 전	zhuǎn, zhuàn
轭	軛	멍에 액	è
斩	斬	벨 참	zhǎn
轮	輪	바퀴 륜	lún
软	軟	연할 연	ruǎn
鸢	鳶	솔개 연	yuān

丨

齿	齒	이 치	chǐ
虏	虜	포로 로	lǔ
肾	腎	콩팥 신	shèn
贤	賢	어질 현	xián
昙	曇	구름낄 담	tán
国	國	나라 국	guó
畅	暢	화창할 창	chàng
咙	嚨	목구멍 롱	lóng
虮	蟣	서캐 기	jǐ, jī, qí
黾	黽	힘쓸 민	mǐn, miǎn
鸣	鳴	울 명	míng
咛	嚀	간곡할 녕	níng
咝	噝	총알 나는 소사	sī
罗	羅	벌일 라	luó
岽	崬	산등성이 동	dōng
岿	巋	높고험한모 규	kuī
帜	幟	깃대 치	zhì
岭	嶺	고개 령	lǐng
刿	劌	상처입힐 귀	guì
剀	剴	큰 낫 개	kǎi, gài
凯	凱	싸움이긴풍개	kǎi
峄	嶧	산 이름 역	yì
败	敗	패할 패	bài
账	賬	휘장 장	zhàng
贩	販	팔 판	fàn
贬	貶	떨어뜨릴 폄	biǎn
贮	貯	쌓을 저	zhù
图	圖	그림 도	tú
购	購	살 구	gòu

丿

钍	釷	토륨 토	tǔ
钏	釧	팔찌 천	chuàn

钐	釤	낫 삼	shàn
钓	釣	낚시 조	diào
钒	釩	떨칠 범	fán
钔	鍆	멘델레븀 문	mén
钕	釹	네오디뮴 녀	nǔ
锡	錫	주석 석	xī
钗	釵	비녀 차	chāi
制	製	지을 제	zhì
刮	颳	모진 바람 괄	guā
侠	俠	의기 협	xiá
侥	僥	거짓 요	jiǎo, yáo
侦	偵	정탐꾼 정	zhēn
侧	側	곁 측	cè, zè, zhāi
凭	憑	기댈 빙	píng
侨	僑	붙어살 교	qiáo
侩	儈	거간 쾌	kuài
货	貨	재화 화	huò
侪	儕	무리 제	chái
侬	儂	나 농	nóng
质	質	바탕 질	zhì
徵	徵	부를 징	zhēng, zhǐ
径	徑	지름길 경	jìng
舍	捨	버릴 사	shě, shè
刽	劊	자를 회	guì
郐	鄶	나라 이름 회	kuài
怂	慫	권할 종	sǒng
籴	糴	쌀 사들일 적	dí, zhuó
觅	覓	찾을 멱	mì
贪	貪	탐할 탐	tān
戗	戧	비롯할 창	qiāng, qiàng
肤	膚	살갗 부	fū
䏝	膞	저민 고기 전	zhuān
肿	腫	부스럼 종	zhǒng
胀	脹	배부를 창	zhàng
肮	骯	살찔 항	āng
胁	脅	갈비뼈 협	xié
迩	邇	가까울 이	ěr
鱼	魚	물고기 어	yú
狞	獰	흉악할 녕	níng
备	備	갖출 비	bèi
枭	梟	올빼미 효	xiāo
饯	餞	전별할 전	jiàn

饰	飾	꾸밀 식	shì
饱	飽	물릴 포	bǎo, bào, páo
饲	飼	먹일 사	sì
饴	飴	엿 이	yí

丶

变	變	변할 변	biàn
庞	龐	높은 집 방	páng
庙	廟	사당 묘	miào
疟	瘧	학질 학	nüè, yào
疠	癘	창질 려	lì
疡	瘍	종기 양	yáng
剂	劑	조절할 제	jì
废	廢	폐할 폐	fèi
闸	閘	수문 갑	zhá
闹	鬧	시끄러울 뇨	nào
郑	鄭	나라이름정	zhèng
卷	捲	주먹 쥘 권	juǎn, juàn
单	單	홑 단	dān, chán
炜	煒	빨갈 위	wěi, huī
炝	熗	데칠 창	qiàng
炉	爐	화로 로	lú
浅	淺	얕을 천	qiān, jiān
泷	瀧	젖을 롱	lóng, shuāng
泺	濼	강이름 락	luò, lù, pō
泸	瀘	강이름 로	lú
泞	濘	진창 녕	nìng
泻	瀉	쏟을 사	xiè, xiě
泼	潑	물 뿌릴 발	pō
泽	澤	못 택	zé
泾	涇	통할 경	jīng
怜	憐	불쌍히여길련	lián
㤘	㤘	고집스러울 추	zhòu
怿	懌	기뻐할 역	yì
峃	嶨	돌산 학	xué
学	學	배울 학	xué
宝	寶	보배 보	bǎo
宠	寵	괼 총	chǒng
审	審	살필 심	shěn
帘	簾	발 렴	lián
实	實	열매 실	shí
诓	誆	속일 광	kuāng
诔	誄	뇌사 뢰	lěi

试	試	시험 시	shì
诖	註	그르칠 괘	guà
诗	詩	글 시	shī
诘	詰	힐문할 힐	jié, jí
诙	詼	조롱할 회	huī
诚	誠	정성 성	chéng
郓	鄆	고을 이름 운	yùn, yún
衬	襯	속옷 친	chèn
袆	褘	아름다울 의	yī
视	視	볼 시	shì
诛	誅	벨 주	zhū
话	話	말씀 화	huà
诞	誕	태어날 탄	dàn
诠	詮	설명할 전	quán
诡	詭	속일 궤	guǐ
询	詢	물을 순	xún
诣	詣	이를 예	yì
诤	諍	간할 쟁	zhèng
该	該	그 해	gāi
详	詳	자세할 상	xiáng
诧	詫	자랑할 타	chà, xià
诨	諢	농담할 원	hùn
诩	詡	자랑할 후	xǔ

一

肃	肅	엄숙할 숙	sù
隶	隸	종 례	lì
录	錄	기록 록	lù
弥	彌	활 부릴 미	mí
陕	陜	땅이름 합	jiá, xiá
驽	駑	둔할 노	nú
驾	駕	멍에 가	jià
参	參	석 삼	cān, cēn, shēn
艰	艱	어려울 간	jiān
绀	紺	감색 감	gàn
绁	紲	고삐 설	xiè
绂	紱	인끈 불	fú
练	練	익힐 련	liàn
组	組	끈 조	zǔ
驵	駔	준마 장	zǎng
绅	紳	큰 띠 신	shēn
绌	紬	명주 주	chōu, chóu
细	細	가늘 세	xì

驶	駛	달릴 사	shǐ
驸	駙	곁마 부	fù
驷	駟	사마 사	sì
驹	駒	망아지 구	jū
终	終	마칠 종	zhōng
织	織	짤 직	zhī
驺	騶	말 먹이는 사람 추	zōu
绉	縐	주름질 추	zhòu
驻	駐	머무를 주	zhù
绊	絆	줄 반	bàn
驼	駝	낙타 타	tuó
绋	紼	얽힌 삼 불	fú, fèi
绌	絀	물리칠 출	chù
绍	紹	이을 소	shào
驿	驛	역 역	yì
绎	繹	풀어낼 역	yì
经	經	글 경	jīng, jìng
骀	駘	둔마 태	tái, dài
绐	紿	속일 태	dài
贯	貫	꿸 관	guàn

9 획 **一**

贰	貳	둘 이	èr
帮	幫	도울 방	bāng
珑	瓏	옥소리 롱	lóng
顸	頇	대머리 안	hān, àn
韨	韍	폐슬 불	fú
垭	埡	작은 방죽 오	yà
挜	掗	흔들 아	yà
挝	撾	칠 과	zhuā, wō
项	項	목 항	xiàng
挞	撻	매질할 달	tà
挟	挾	낄 협	jiá, xiá
挠	撓	흔들 요	náo
赵	趙	나라 이름 조	zhào
贲	賁	클 분	bì, bēn
挡	擋	처리할 당	dǎng, dàng
垲	塏	높고 건조한 땅 개	kǎi
挢	撟	들 교	jiǎo
垫	墊	빠질 점	diàn
挤	擠	밀 제	jǐ
挥	揮	뿜낼 휘	huī

挦	撏	딸 잠	xián
荐	薦	천거할 천	jiàn
荚	莢	풀 열매 협	jiá
贳	貰	세낼 세	shí
荛	蕘	풋나무 요	ráo
荜	蓽	콩 필	bì
带	帶	띠 대	dài
茧	繭	고치 견	jiǎn
荞	蕎	메밀 교	qiáo
荟	薈	무성할 회	huì
荠	薺	납가새 자	jì, qí
荡	蕩	쓸어버릴 탕	dàng
垩	堊	백토 악	è
荣	榮	영화 영	róng
荤	葷	매운 채소 훈	hūn, xūn
荥	滎	실개천 형	xíng, yíng
荦	犖	얼룩소 락	luò
荧	熒	등불 반짝거릴 형	yíng
荨	蕁	지모 담	xún, qián
胡	鬍	수염 호	hú
荩	藎	조개풀 신	jìn
荪	蓀	향풀 이름 손	sūn
荫	蔭	그늘 음	yìn, yīn
荬	藚	택사 속	xù
荭	葒	개여뀌 홍	hóng
荮	葤	꾸러미 주	zhòu
药	藥	약 약	yào
标	標	표할 표	biāo
栈	棧	잔도 잔	zhàn
栉	櫛	빗 즐	zhì
栊	櫳	우리 롱	lóng
栋	棟	동자기둥 동	dòng
栌	櫨	두공 로	lú
栎	櫟	가죽나무 력	lì
栏	欄	난간 란	lán
柠	檸	레몬 녕	níng
柽	檉	능수버들 정	chēng
树	樹	나무 수	shù
郦	酈	땅이름 리	lì
咸	鹹	짤 함	xián
砖	磚	돌떨어지는 소리 전	zhuān
砗	硨	조개 이름 차	chē

砚	硯	벼루 연	yàn
面	麵	밀가루 면	miàn
牵	牽	끌 견	qiān
鸥	鷗	갈매기 구	ōu
奂	奐	고명할 엄	yǎn
残	殘	남을 잔	cán
殇	殤	일찍 죽을 상	shāng
轱	軲	수레 고	gū, kū
轲	軻	굴대 가	kē, kě
轳	轤	도르래 로	lú
轴	軸	굴대 축	zhóu, zhòu
轶	軼	앞지를 일	yì, zhé
轸	軫	수레 뒤턱나무 진	zhěn
轹	轢	삐걱거릴 력	lì
轺	軺	수레 초	yáo, diāo
轻	輕	가벼울 경	qīng
鸦	鴉	갈가마귀 아	yā
虿	蠆	전갈 채	chài, tà

丨

战	戰	싸움 전	zhàn
觇	覘	엿볼 점	hān
点	點	점 점	diǎn
临	臨	임할 림	lín
览	覽	볼 람	lǎn
竖	竪	더벅머리 수	shù
尝	嘗	일찍 상	cháng
眍	瞘	움펑눈 구	kōu
昽	曨	어스레할 롱	lóng
哑	啞	벙어리 아	yā, yǎ
显	顯	나타날 현	xiǎn
哒	噠	오랑캐이름 달	dā, tà
哓	嘵	두려워할 효	xiāo
哔	嗶	울 필	bì
贵	貴	귀할 귀	guì, guǐ
虾	蝦	새우 하	xiā, xià, há
蚁	蟻	개미 의	yǐ
蚂	螞	말거머리 마	mǎ, mā, mà
虽	雖	비록 수	suī
骂	罵	꾸짖을 매	mà
哕	噦	딸국질 얼	yuě, huì
剐	剮	살 바를 과	guǎ
勋	勛	공훈	xūn

郧	鄖	나라이름 운	yún
哗	嘩	떠들썩할 화	huá, huā
响	響	울릴 향	xiǎng
哙	噲	목구멍 쾌	kuài
哝	噥	소곤거릴 농	nóng
哟	喲	감탄하는 어조사 약	yō, yó
峡	峽	골짜기 협	xiá
峣	嶢	높은 모양 요	yáo
帧	幀	책 꾸밀 정	zhèng
罚	罰	벌 줄 벌	fá
峤	嶠	뾰족하게 높은 산 교	jiào
贱	賤	천할 천	jiàn
贴	貼	붙을 첩	tiē
贶	貺	줄 황	kuàng
贻	貽	끼칠 이	yí

丿

钘	鈃	주기 형	xìng, jiān
钙	鈣	칼슘 개	gài
钚	鈈	날있는 창 피	pī
钛	鈦	티타늄 태	tài
钣	鈑	칼이름 야	yé
钝	鈍	둔할 둔	dùn
钞	鈔	노략질할 초	chāo, chào
钟	鐘	쇠북 종	zhōng
钟	鍾	종 종	zhōng
钡	鋇	쇠뭉치 패	bèi
钢	鋼	강철 강	gāng, gàng
钠	鈉	메 납	nà, ruì
钥	鑰	자물쇠 약	yào, yué
钦	欽	공경할 흠	qīn
钧	鈞	서른 근 균	jūn
钤	鈐	비녀장 검	qián
钨	鎢	작은 가마솥 오	wù
钩	鈎	갈고리 구	gōu
钪	鈧	스칸듐 항	kàng
钫	鈁	준 방	fāng
钬	鈥	홀뮴 화	huǒ
钭	鈄	성씨 두	dòu, tǒu
钮	鈕	인끈 뉴	niǔ, chǒu
钯	鈀	병거 파	pá
毡	氈	담자리 전	zhān
氢	氫	수소 경	qīng

选	選	가릴 선	xuǎn
适	適	갈 적	shì
种	種	씨 종	zhǒng, zhòng
秋	鞦	그네 추	qiū
复	復	돌아올 복	fù
复	複	겹칠 복	fù
笃	篤	도타울 독	dǔ
俦	儔	짝 주	chóu
俨	儼	공경할 엄	yǎn
俩	倆	재주 량	liǎ, liǎng
俪	儷	아우를 려	lì
贷	貸	빌릴 대	dài
顺	順	순할 순	shùn
俭	儉	검소할 검	jiǎn
剑	劍	칼 검	jiàn
鸧	鶬	왜가리 창	cāng, qiāng
须	須	모름지기 수	xū
须	鬚	수염 수	xū
胧	朧	달빛 훤히 처밀 롱	lóng
胪	臚	살갗 려	lú, lǔ
胆	膽	쓸개 담	dǎn
胜	勝	이길 승	shèng, shēng
胫	脛	정강이 경	jìng
鸨	鴇	능에 보	bǎo
狭	狹	좁을 협	xiá
狮	獅	사자 사	shī
独	獨	홀로 독	dú
狯	獪	교활할 회	kuài
狱	獄	옥 옥	yù
狲	猻	원숭이 손	sūn
贸	貿	무역할 무	mào
饵	餌	먹이 이	ěr
饶	饒	넉넉할 요	ráo
蚀	蝕	좀먹을 식	shì
饷	餉	건량 향	xiǎng
饸	餄	떡 협	hé
饺	餃	경단 교	jiǎo
饼	餅	떡 병	bǐng

丶

峦	巒	뫼 만	luán
弯	彎	활 굽을 만	wān
孪	孿	쌍둥이 련	lián

娈	孌	아름다울 련	lián
将	將	장수 장	jiāng, jiàng
奖	獎	장려할 장	jiǎng
疬	癧	연주창 력	lì
疮	瘡	부스럼 창	chuāng
疯	瘋	두풍 풍	fēng
亲	親	친할 친	qīn, qìng
飒	颯	바람소리 삽	sà
闺	閨	도장방 규	guī
闻	聞	들을 문	wén
闼	闥	문 달	tà
闽	閩	종족이름 민	mǐn
闾	閭	이문 려	lú
闿	闓	열 개	kǎi, kāi, kài
阀	閥	공훈 벌	fá
阁	閣	집 각	gé, gǎo
阂	閡	밖에서 문잠글 애	hé
养	養	기를 양	yǎng
姜	薑	생강 강	jiāng
类	類	무리 류	lèi
娄	婁	별자리 이름 루	lóu
总	總	거느릴 총	zǒng, cōng
炼	煉	쇠 불릴 련	liàn
炽	熾	불 활활 붙을 치	chì
烁	爍	빛날 삭	shuò
烂	爛	촛불빛 란	làn
烃	烴	누린내 경	tīng
洼	窪	웅덩이 와	wā
洁	潔	깨끗할 결	jié
洒	灑	뿌릴 쇄	sǎ
挞	撻	미끄러울 달	tà
浃	浹	사무칠 협	jiā
浇	澆	물 댈 요	jiāo
浈	湞	물 이름 정	zhēn, chéng
浉	溮	물 이름 사	shī
浊	濁	흐릴 탁	zhuó
测	測	헤아릴 측	cè
浍	澮	밭고랑 회	kuài, huì
浏	瀏	물 맑을 류	liú
济	濟	건널 제	jì, jǐ
浐	滻	물 이름 산	chǎn
浑	渾	흐릴 혼	hún

简	繁	訓音	拼音
浒	滸	강 이름 호	xǔ, hǔ
浓	濃	짙을 농	nóng
浔	潯	물가 심	xún
浕	濜	급히 흐를 진	jìn
恸	慟	애통해할 통	tòng
恹	懕	편안할 염	yān
恺	愷	편안할 개	kǎi
恻	惻	슬퍼할 측	cè
恼	惱	괴로워할 뇌	nǎo
恽	惲	중후할 운	yùn
举	舉	들 거	jǔ
觉	覺	깨달을 각	jué, jiào
宪	憲	법 헌	xiàn
窃	竊	훔칠 절	qiè
诫	誡	경계할 계	jiè
诬	誣	무고할 무	wū
语	語	말씀 어	yǔ, yù
袄	襖	윗옷 오	ǎo
诮	誚	꾸짖을 초	qiào
祢	禰	아비사당 녜	nǐ
误	誤	그릇칠 오	wù
诰	誥	고할 고	gào
诱	誘	달랠 유	yòu
诲	誨	가르칠 회	huì
诳	誑	속일 광	kuáng
鸩	鴆	짐새 짐	zhèn
说	說	말씀 설	shuō, shuì, yuè
诵	誦	욀 송	sòng
诶	誒	탄식할 희	āi, ǎi, ē, ě

ㄱ

简	繁	訓音	拼音
垦	墾	밭갈 간	kěn
昼	晝	낮 주	zhòu
费	費	쓸 비	fèi, bì
逊	遜	겸손 손	xùn
陨	隕	떨어질 운	yǔn, yuán
险	險	험할 험	xiǎn
贺	賀	하례 하	hè
怼	懟	원망할 대	duì
垒	壘	보루 루	lěi
娅	婭	동서 아	yà
浇	澆	물댈 요	bǎng
娇	嬌	아리따울 교	jiāo

简	繁	訓音	拼音
绑	綁	동여맬 방	bǎng
绒	絨	융 융	róng
结	結	맺을 결	jié, jiē
绔	絝	바지 고	kù
骁	驍	날랠 효	xiāo
绕	繞	두를 요	rào
绖	絰	질 질	dié
骄	驕	교만할 교	jiāo
骅	驊	준마 화	huá
绘	繪	그림 회	huì
骆	駱	낙타 락	luò
骈	駢	나란히 할 병	pián
绞	絞	목맬 교	jiǎo
骇	駭	놀랄 해	hài
统	統	큰 줄기 통	tǒng
绗	絎	바느질할 행	háng
给	給	줄 급	gěi, jǐ
绚	絢	무늬 현	xuàn
绛	絳	진홍 강	jiàng
络	絡	이을 락	luò, lào
绝	絕	끊을 절	jué

10획 一

简	繁	訓音	拼音
艳	艷	고울 염	yàn
顼	頊	삼갈 욱	xū
珲	琿	아름다운옥 훈	hún, huī
蚕	蠶	누에 잠	cán
顽	頑	완고할 완	wán
盏	盞	술잔 잔	zhǎn
捞	撈	잡을 로	lāo
载	載	실을 재	zài, zǎi
赶	趕	달릴 간	gǎn, ián, qué
盐	鹽	소금 염	yán
埘	塒	홰 시	shí
损	損	덜 손	sǔn
埙	塤	질나팔 훈	xūn
埚	堝	도가니 과	guō
贽	贄	폐백 지	zhì
捡	撿	잡을 검	jiǎn
挚	摯	잡을 지	zhì
热	熱	더울 열	rè
捣	搗	찧을 도	dǎo
壶	壺	항아리 호	hú

简	繁	訓音	拼音
聂	聶	소곤거릴 섭	niè, yiè
莱	萊	명아주 래	lái
莲	蓮	연꽃 연	lián
莳	蒔	모종낼 시	shì, shí
莴	萵	상추 와	wō
获	獲	얻을 획	huò
获	穫	거둘 확	huò
莸	蕕	누린내풀 유	yóu
恶	惡	악할 악	è, ě, wū, wù
恶	噁	성낼 오	ě, wū, wǔ
劳	藭	궁궁이 궁	qióng
莹	瑩	귀막이옥 영	yíng
莺	鶯	꾀꼬리 앵	yīng
莼	蒓	순채 순	chún
鸪	鴣	자고 고	gū
桡	橈	꺾일 요	ráo, náo
桢	楨	단단한나무 정	zhēn
档	檔	의자 당	dàng
桤	榿	기나무 기	qī
桥	橋	다리 교	qiáo
桦	樺	벗나무 화	huà
桧	檜	전나무 회	guì, huì
桩	樁	말뚝 장	zhuāng
样	樣	모양 양	yàng
贾	賈	값 가	gǔ, jiǎ
逦	邐	이어질 리	lí
砺	礪	거친 숫돌 려	lì
砾	礫	조약돌 력	lì
础	礎	주춧돌 초	chǔ
砻	礱	갈 롱	lóng
顾	顧	돌아볼 고	gù
轼	軾	수레앞가로나무 식	shì
轾	輊	수레앞기울지	zhì
轿	轎	가마 교	jiào
辂	輅	수레 로	lù
较	較	비교 교	jiào
鸫	鶇	콩새 동	dōng
顿	頓	조아릴 돈	dùn, dú
趸	躉	거룻배 돈	dǔn
毙	斃	넘어질 폐	bì
致	緻	밸 치	zhì

丿

简	繁	訓音	拼音
龀	齔	이 갈 츤	chèn
鸬	鸕	가마우지 로	lú
虑	慮	생각할 려	lù
监	監	볼 감	jiān, jiàn
紧	緊	요긴할 긴	jǐn
党	黨	무리 당	dǎng
唛	嘜	음역자 마	mǎ
晒	曬	쬘 쇄	shài, shà, shì
晔	曄	빛날 엽	yè
晕	暈	무리 운	yūn, yùn
鸮	鴞	부엉이 효	xiāo
唢	嗩	호적 쇄	suǒ
呙	喎	입 비뚤어질 와	wāi
蚬	蜆	가막조개 현	xiǎn
鸯	鴦	원앙 앙	yāng
崂	嶗	산 이름 로	láo
崃	崍	산 이름 래	lái
罢	罷	파할 파	bà
圆	圓	둥글 원	yuán
觊	覬	넘겨다볼 기	jì, xì
贼	賊	도적 적	zéi
贿	賄	뇌물 회	huì
赂	賂	뇌물줄 뢰	lù
赃	贓	장물 장	zāng
赅	賅	족할 해	gāi, gài
赆	贐	전별할 신	jìn, xìn

简	繁	訓音	拼音
钰	鈺	보배 옥	yù
钱	錢	돈 전	qián
钲	鉦	징 정	zhēng
钳	鉗	칼 겸	qián
钴	鈷	다리미 고	gǔ, gū
钵	鉢	바리때 발	bō
钶	鈳	작은 도끼 아	kē
钹	鈸	방울 발	bó, bà
钺	鉞	도끼 월	yuè
钻	鑽	끌 찬	zuān, zuàn
钼	鉬	몰리브덴 목	mù
钽	鉭	탄탈 탄	tǎn
钾	鉀	갑옷 갑	jiǎ
铀	鈾	우라늄 유	yóu

钿	鈿	비녀 전	diàn, tián
铁	鐵	쇠 철	tiě
铂	鉑	금박 박	bó
铃	鈴	방울 령	líng
铄	鑠	녹일 삭	shuò
铅	鉛	납 연	qiān, yán
铷	銣	질 좋은 쇠류	liǔ
铈	鈰	세륨 시	shì
铉	鉉	솥귀 현	xuàn
铊	鉈	짧은 창 사	tā, tuó
铋	鉍	창자루 필	bì
铌	鈮	니오브 니	ní
铍	鈹	베릴륨 피	pī
铎	鐸	방울 탁	duó
氩	氬	아르곤 아	yá
牺	犧	희생 희	xī
敌	敵	대적할 적	dí
积	積	쌓을 적	jī
称	稱	일컬을 칭	chēng, chèn
笕	筧	대 홈통 견	jiǎn
笔	筆	붓 필	bǐ
债	債	빚 채	zhài
借	藉	깔개 자	jiè, jí
倾	傾	기울 경	qīng
赁	賃	품삯 임	lìn
颀	頎	헌걸찬 모양 기	qí, kěn
徕	徠	올 래	lái, lài
舰	艦	싸움배 함	jiàn
舱	艙	선창 창	cāng
耸	聳	귀머거리 용	sǒng
爱	愛	사랑 애	ài
鸰	鴒	할미새 령	líng
颁	頒	나눌 반	bān
颂	頌	기릴 송	sòng
脍	膾	회 회	huì
脏	臟	오장 장	zàng, zāng
脐	臍	배꼽 제	qí
脑	腦	뇌 뇌	nǎo
胶	膠	아교 교	jiāo
脓	膿	고름 농	lóng
鸱	鴟	솔개 치	chī

玺	璽	도장 새	xǐ
鲂	魛	웅어 도	dāo
鸲	鴝	구관조 구	qú
猃	獫	오랑캐이름 험	xiǎn
鸵	鴕	타조 타	tuó
袅	裊	낭창거릴 뇨	niǎo
鸳	鴛	원앙 원	yuān
皱	皺	주름 추	zhòu
饽	餑	떡 발	bō
饿	餓	주릴 아	è
馁	餒	주릴 뇌	něi

丶

栾	欒	란나무 란	luán
挛	攣	걸릴 련	luán
恋	戀	그리워할 련	liàn, lián
桨	槳	상앗대 장	jiǎng
症	癥	적취 징	zhēng
痈	癰	악창 옹	yōng
斋	齋	집 재	zhāi
痉	痙	힘줄 당길 경	jìng
准	準	수준기 준	zhǔn
离	離	떠날 리	lí
颃	頏	새 날아내릴 항	háng
资	資	재물 자	zī
竞	競	다툴 경	jìng
阃	閫	문지방 곤	kǔn
阄	鬮	제비 구	guì
阆	閬	망량 량	láng, làng
阅	閱	검열할 열	yuè
郸	鄲	조나라서울 단	dān
烦	煩	번거로울 번	fán
烧	燒	태울 소	shāo
烛	燭	촛불 촉	zhú
烨	燁	번쩍번쩍빛날엽	yè
烩	燴	모아 끓일 회	huì
烬	燼	깜부기불 신	jìn
递	遞	갈마들 체	dì
涛	濤	물결 도	tāo
涝	澇	큰 물결 로	lào
涞	淶	강 이름 래	lái
涟	漣	물놀이칠 련	lián
涠	潿	땅 이름 위	wéi

涢	溳	강 이름 운	yún, yǔn
涡	渦	웅덩이 와	wō, guō
涂	塗	진흙 도	tú
涤	滌	씻을 척	dí
润	潤	불을 윤	rùn
涧	澗	도랑물 간	jiàn
涨	漲	불을 창	zhǎng
烫	燙	데울 탕	tàng
涩	澀	떫을 삽	sè
涩	澁	떫을 삽	sè
悭	慳	아낄 간	qiān
悯	憫	민망할 민	mǐn
宽	寬	너그러울 관	kuān
家	傢	세간살이 가	jiā
宾	賓	손 빈	bīn
窍	竅	구멍 규	qiào
窎	窵	그윽할 조	diào
请	請	청할 청	qǐng
诸	諸	모든 제	zhū
诹	諏	꾀할 추	zōu
诺	諾	응답할 낙	nuò
诼	諑	헐뜯을 착	zhuó
读	讀	읽을 독	dú, dòu
诽	誹	헐뜯을 비	fěi
袜	襪	버선 말	wà, mò
祯	禎	상서 정	zhēn
课	課	매길 과	kè
诿	諉	번거롭게할위	wěi
谀	諛	아첨할 유	yú
谁	誰	누구 수	shéi, shuí
谂	諗	고할 심	shěn
调	調	고를 조	diào, tiáo
谄	諂	아첨할 첨	chǎn
谅	諒	믿을 량	liàng, liáng
谆	諄	타이를 순	zhūn
谇	誶	욕할 수	suì
谈	談	말씀 담	tán
谉	讅	살필 심	shěn

一

恳	懇	정성 간	kěn
剧	劇	심할 극	jù
娲	媧	여와씨 와	wā

娴	嫻	우아할 한	xián
难	難	어려울 난	nán, nàn, nuó
预	預	미리 예	yù
绠	綆	두레박줄 경	gěng, bǐng
骊	驪	가라말 려	lí
绡	綃	생사 초	shāo, xiāo
骋	騁	달릴 빙	chěng
绢	絹	비단 견	juàn
绣	繡	수놓을 수	xiù
验	驗	증험할 험	yàn
绥	綏	편안할 수	suí
继	繼	이을 계	jì
绨	綈	깁 제	tí, tì
骎	駸	말달릴 침	qīn
骏	駿	준마 준	jùn
鸶	鷥	해오라기 사	sī

11획 一

煮	燾	덮일 도	dào, tāo
琎	璡	옥돌 진	jìn
琏	璉	호련 련	liǎn
琐	瑣	옥소리 쇄	suǒ
麸	麩	밀기울 부	fū
掳	擄	사로잡을 로	lǔ
掴	摑	칠 곽	guó
鸷	鷙	맹금 지	zhì
掷	擲	던질 척	zhì
掸	撣	부딪칠 탄	dǎn, shàn
壶	壺	항아리 호	hú
悫	愨	삼갈 각	què
据	據	의거할 거	jù, jū
掺	摻	섬섬할 섬	chān, càn, shǎn
掼	摜	익숙해질 관	guàn
职	職	직분 직	zhí
聍	聹	귀지 녕	níng
萚	蘀	낙엽 탁	tuò
勚	勩	수고로울 예	yì
萝	蘿	나무 라	luó
萤	螢	개똥벌레 형	yíng
营	營	경영할 영	yíng
萦	縈	얽힐 영	yíng
萧	蕭	맑은 대쑥 소	xiāo
萨	薩	보살 살	sà

梦	夢	꿈 몽	mèng
觋	覡	박수 격	xí
检	檢	검사할 검	jiǎn
棂	欞	격자창 령	líng
啬	嗇	아낄 색	sè
匮	匱	상자 궤	kuì, guì
酝	醞	술 빚을 온	yùn, yǔn
厣	厴	조개껍질 염	yàn
硕	碩	클 석	shuò
硖	硤	고을 이름 협	xiá
硗	磽	메마른 땅 교	qiāo
硙	磑	맷돌 애	wèi, wéi
硚	礄	땅 이름 교	qiáo, jiāo
鸸	鴯	제비 이	ér
聋	聾	귀머거리 농	lóng
龚	龔	삼갈 공	gōng
袭	襲	엄습할 습	xí
䴕	鴷	딱따구리 렬	liè
殒	殞	죽을 운	yǔn
殓	殮	염할 렴	liàn
赉	賚	줄 뢰	lài
辄	輒	문득 첩	zhé
辅	輔	덧방나무 보	fǔ
辆	輛	수레 량	liàng
堑	塹	구덩이 참	qiàn, jiàn

丨

颅	顱	머리뼈 로	lú
啧	嘖	외칠 책	zé
悬	懸	매달 현	xuán
啭	囀	지저귈 전	zhuàn
跃	躍	뛸 약	yuè
啮	嚙	씹을 요	niè
跄	蹌	추창할 창	qiàng, qiāng
蛎	蠣	굴 려	lì
蛊	蠱	독 고	gǔ
蛏	蟶	긴맛 조개 정	chēng
累	纍	갇힐 류	léi
啸	嘯	휘파람 불 소	xiào
帻	幘	망건 책	zé
崭	嶄	높을 참	zhǎn
逻	邏	순행할 라	luó
帼	幗	여인머리장식귁	guó, guāi

赈	賑	구휼할 진	zhèn
婴	嬰	갓난아이 영	yīng
赊	賒	외상으로 살 사	shē

ノ

铏	鉶	국그릇 형	xíng
铐	銬	쇠고랑 고	kào
铑	銠	로듐 로	lǎo
铒	鉺	갈고리 이	ěr
铓	鋩	서슬 망	máng
铕	銪	유로퓸 유	yǒu
铗	鋏	집게 협	jiá
铙	鐃	작은 징 뇨	náo, nào
铛	鐺	쇠사슬 당	dāng, tāng
铝	鋁	줄 려	lǔ
铜	銅	구리 동	tóng
铟	銦	인듐 인	yīn
铠	鎧	갑옷 개	kǎi
铡	鍘	작두 찰	cà
铢	銖	무게 단위 수	zhū
铣	銑	끌 선	xiǎn, xǐ
铥	銩	툴륨 주	diū
铤	鋌	쇳덩이 정	dìng
铧	鏵	가래 화	huá
铨	銓	저울질할 전	quán
铩	鎩	창 살	shā, shài
铪	鉿	하프늄 합	hā
铫	銚	쟁개비 요	diào, yáo
铭	銘	새길 명	míng
铬	鉻	깎을 락	gè
铮	錚	쇳소리 쟁	zhēng, zhèng
铯	銫	세슘 색	sè
铰	鉸	가위 교	jiǎo
铱	銥	이리듐 의	yī
铲	鏟	대패 산	chǎn, chàn
铳	銃	총 총	chòng
铵	銨	암모늄 안	ān
银	銀	은 은	yín
矫	矯	바로잡을 교	jiǎo, jiáo
鸹	鴰	재두루미 괄	guā
秽	穢	더러울 예	huì
笺	箋	찌지 전	jiān
笼	籠	대그릇 롱	lóng, lǒng

笾	籩	제기 이름 변	biān
偾	僨	넘어질 분	fèn
鸺	鵂	수리부엉이 휴	xiū
偿	償	갚을 상	cháng
偻	僂	구부릴 루	lóu, lǚ
躯	軀	몸 구	qū
皑	皚	흴 애	āi
鸻	鴴	참새 행	xíng
衔	銜	받들 함	xián
舻	艫	배잇댈 로	lú
盘	盤	소반 반	pán
龛	龕	감실 감	kān
鸽	鴿	집비둘기 합	gē
敛	斂	거둘 렴	liǎn
领	領	거느릴 령	lǐng
脶	腡	손금 라	luó
脸	臉	뺨 검	liǎn, jiǎn
猎	獵	사냥 렵	liè
猡	玀	오랑캐이름라	luó
猕	獼	원숭이 미	mí
馃	餜	떡 과	guǒ
馄	餛	떡 혼	hún
馅	餡	소 함	xiàn, kàn
馆	館	집 관	guǎn

丶

鸾	鸞	난새 란	luán
庼	廎	작은 마루 경	qǐng
痒	癢	가려울 양	yǎng
鹢	鷁	해오라기 교	jiāo
镟	鏇	술그릇 선	xuàn, xuán
阈	閾	문지방 역	yù
阉	閹	내시 엄	yān
阊	閶	천문 창	chāng
阋	鬩	다툴 혁	xì
阌	閿	내리깔고볼 문	wén
阍	閽	문지기 혼	hūn
阎	閻	이문 염	yán
阏	閼	막을 알	è, yān
阐	闡	열 천	chǎn
羟	羥	경기 간	kēng, qiān
盖	蓋	덮을 개	gài, gě
粝	糲	현미 려	lì

断	斷	끊을 단	duàn
兽	獸	짐승 수	shòu
焖	燜	뜸들일 민	mèn
渍	漬	담글 지	zì
鸿	鴻	기러기 홍	hóng
渎	瀆	도랑 독	dú
渐	漸	점점 점	jiàn, jiān
渑	澠	못 이름 민	miǎn
渊	淵	못 연	yuān
渔	漁	고기 잡을 어	yú
淀	澱	앙금 전	diàn
渗	滲	스밀 삼	shèn
惬	愜	쾌할 협	qiè
惭	慚	부끄러울 참	cán
惨	慘	슬플 참	cǎn
惧	懼	두려울 구	jù
惊	驚	놀랄 경	jīng
惮	憚	꺼릴 탄	dān
惯	慣	익숙할 관	guàn
祷	禱	빌 도	dǎo
谌	諶	정성 심	chén
谋	謀	꾀 모	móu
谍	諜	염탐할 첩	dié
谎	謊	잠꼬대 황	huǎng
谏	諫	간할 간	jiàn
皲	皸	발 터질 군	jūn
谐	諧	화할 해	xié
谑	謔	농지거리할 학	xuè
裆	襠	잠방이 당	dāng
祸	禍	재앙 화	huò
谒	謁	아뢸 알	yè
谓	謂	이를 위	wèi
谔	諤	곧은 말할 악	è
谕	諭	고지할 유	yù
谖	諼	속일 훤	xuān
谗	讒	참소할 참	chán
谘	諮	물을 자	zī
谙	諳	욀 암	ān
谚	諺	상말 언	yàn
谛	諦	살필 체	dì
谜	謎	수수께끼 미	mí, mèi
谝	諞	말교묘하할편	piǎn

谞	諝	슬기 서	xū

一

弹	彈	탄알 탄	dàn, tán
堕	墮	떨어질 타	duò, huī
随	隨	따를 수	suí
棠	糶	쌀내다팔조	chàn
隐	隱	숨을 은	yǐn
婳	嫿	정숙할 획	huà
婵	嬋	고울 선	chán
婶	嬸	숙모 심	shēn
颇	頗	자못 파	pō
颈	頸	목 경	jīng, gěng
绩	績	길쌈 적	jì
绪	緒	실마리 서	xù
绫	綾	비단 릉	líng
骐	騏	털총이 기	qí
续	續	이을 속	xù
绮	綺	비단 기	qǐ
骑	騎	말탈 기	qí
绯	緋	붉은빛 비	fēi
骒	騍	암말 과	kè
绲	緄	띠 곤	gǔn
绳	繩	줄 승	shéng
骓	騅	오추마 추	zhuī
维	維	바 유	wéi
绵	綿	솜 면	mián
绶	綬	인끈 수	shòu
绷	繃	묶을 붕	bēng, běng
绸	綢	얽힐 주	chóu
绺	綹	끈목 류	liǔ
绻	綣	정다울 권	quǎn
综	綜	잉아 종	zōng, zèng
绽	綻	옷 터질 탄	zhàn
绾	綰	얽을 관	wǎn
绿	綠	푸를 록	lù, lǜ
骖	驂	곁마 참	cān, cǎn
缀	綴	꿰맬 철	zhuì
缁	緇	검은 비단 치	zī

12획 一

靓	靚	단장할 정	jìng
琼	瓊	옥 경	qióng
辇	輦	손수레 련	niǎn

鼋	黿	큰 자라 원	yuán
趋	趨	달릴 추	qū
揽	攬	잡을 람	lǎn
颉	頡	곧은 목 힐	xié, jié
揿	撳	삽 흔	qìn
搀	攙	찌를 참	chàn, hán, chàn
蛰	蟄	벌레 칩	zhé
絷	縶	맬 집	jí
搁	擱	놓을 각	gē, gé
搂	摟	끌 루	lǒu, lōu
搅	攪	어지러울 교	jiǎo
蒇	蕆	경계할 천	chǎn
蒉	蕢	상할 괴	kuì
蒋	蔣	줄 장	jiǎng
蒌	蔞	쑥 루	lóu
韩	韓	나라 한	hán
椟	櫝	함 독	dú
椤	欏	울타리 라	luó, luǒ, luò
赍	齎	집어줄 재	jī
椭	橢	둥글길쭉할 타	tuǒ
鹁	鵓	집비둘기 발	bó
鹂	鸝	꾀꼬리 리	lí
觌	覿	볼 적	dí, dú
硷	鹼	소금기 감	jiān
确	確	굳을 확	què
詟	讋	두려워할 섭	shè, tà, zhé
殚	殫	다할 탄	dān
颊	頰	뺨 협	jiá
雳	靂	벼락 력	lì
辊	輥	빨리 구를 곤	gǔn
辋	輞	바퀴테 망	wǎng
椠	槧	판 참	qiàn
暂	暫	잠깐 잠	zàn
辍	輟	그칠 철	chuò
辎	輜	짐수레 치	zī
翘	翹	들 교	qiáo, qiào

丿

辈	輩	무리 배	bèi
凿	鑿	뚫을 착	záo
辉	輝	빛날 휘	huī
赏	賞	상줄 상	shǎng

睐	睞	한눈 팔래	lài, lái
睑	瞼	눈꺼풀 검	jiǎn
喷	噴	뿜을 분	pēn, pèn
畴	疇	밭두둑 주	chóu
践	踐	밟을 천	jiàn
遗	遺	끼칠 유	yí, wèi
蛱	蛺	나비 협	jiá
蛲	蟯	요충 요	náo
蛳	螄	다슬기 사	sī
蛴	蠐	굼벵이 제	qí
鹃	鵑	두견새 견	juān
喽	嘍	시끄러울 루	lóu, lou
嵘	嶸	높고 험할 영	róng
嵚	嶔	산높고험할금	qīn
嵝	嶁	봉우리 루	lǒu
赋	賦	부세 부	fù
婧	睛	받을 청	qíng
赌	賭	걸 도	dǔ
赎	贖	속 바칠 속	shú
赐	賜	줄 사	cì
赒	賙	진휼할 주	zhōu
赔	賠	물어줄 배	péi
赕	賧	속 바칠 담	dǎn

丿

铸	鑄	쇳물부어만들주	zhù
铹	鐒	로렌슘 로	láo
铺	鋪	펼 포	pū, pù
铼	錸	레늄 래	lái
铽	鋱	테르븀 특	tè
链	鏈	쇠사슬 련	liàn, lián
铿	鏗	금옥소리 갱	gēng
销	銷	녹일 소	xiāo
锁	鎖	자물쇠 쇄	suǒ
锃	鋥	칼 갈 정	zèng
锄	鋤	호미 서	chú
锂	鋰	리튬 리	lǐ
锅	鍋	노구솥 과	guō
锆	鋯	지르코늄 고	gào
锇	鋨	오스뮴 아	é
锈	鏽	녹슬 수	xiù
锉	銼	가마 좌	cuò
锋	鋒	칼 끝 봉	fēng

锌	鋅	굳을 자	xīn
锏	鐗	굴대덧방쇠 간	jiǎn, jiàn
锐	銳	날카로울 예	ruì
锑	銻	안티모니 제	tī
锒	鋃	쇠사슬 랑	láng
锓	鋟	새길 침	qǐn
锔	鋦	쇠로동일국	jū, jú
锕	錒	가마솥 아	ā
犊	犢	송아지 독	dú
鹄	鵠	고니 곡	hú, gǔ
鹅	鵝	거위 아	é
颋	頲	곧을 정	chēng
筑	築	쌓을 축	zhù
筚	篳	울타리 필	bì
筛	篩	체 사	shāi
牍	牘	편지 독	dú
傥	儻	빼어날 당	dǎng
傧	儐	인도할 빈	bīn
储	儲	쌓을 저	chǔ
傩	儺	역귀 쫓을 나	nuó
惩	懲	징계할 징	chéng
御	禦	막을 어	yù
颌	頜	아래턱 합	gé, hé
释	釋	풀 석	shì
鹆	鵒	구관조 욕	yù
腊	臘	납향 납	là
腘	膕	오금 곡	guó
鱿	魷	오징어 우	yóu
鲁	魯	노둔할 노	lǔ
鲂	魴	방어 방	fáng
颍	潁	강 이름 영	yǐng
飓	颶	폭풍 구	jù
觞	觴	잔 상	shāng
惫	憊	고달플 비	bèi
馈	饋	먹일 궤	kuì
馉	餶	고기만두 골	gǔ
馊	餿	밥 뭉개질 수	sōu
馋	饞	탐할 참	chán

、

亵	褻	더러울 설	xiè
装	裝	꾸밀 장	zhuāng
蛮	蠻	오랑캐 만	mán

斉	齏	저민고기 련	lián
癆	癆	중독될 로	láo, lào
癎	癇	간기 간	jiān
賡	賡	이을 갱	gēng
頦	頦	턱 해	kē, ké
鵰	鵰	솔개 한	xián
闌	闌	가로막을 란	lán, làn
闃	闃	조용할 취	qù
闊	闊	트일 활	kuò
闋	闋	문닫을 결	què
糞	糞	똥 분	fèn
鵜	鵜	사다새 제	tí
竄	竄	숨을 찬	cuàn
窩	窩	움집 와	wō
嚳	嚳	급히 고할 곡	kù
憤	憤	분할 분	fèn
憒	憒	어지러울 궤	kuì
滯	滯	막힐 체	zhì
濕	濕	젖을 습	shī
潰	潰	무너질 궤	kuì, huì
濺	濺	흩뿌릴 천	jiān
漊	漊	비 계속 내릴 루	lóu
灣	灣	물굽이 만	wān
謨	謨	꾀 모	mó
褳	褳	전대 련	lián
襜	襜	행주치마 첨	chán
褲	褲	바지 고	kù
裀	裀	치마 주름 간	jiǎn, jiàn
禅	禪	선 선	chán, shàn
讜	讜	곧은 말 당	dǎng, dàng, tàng
謖	謖	일어날 속	sù
謝	謝	사례 사	xiè
謠	謠	노래 요	yáo
謗	謗	헐뜯을 방	bàng
謚	謚	웃을 익	shì
謙	謙	겸손 겸	qiān
謐	謐	고요할 밀	mì

丿

属	屬	붙일 속	shǔ, zhǔ
屢	屢	여러 루	lǚ
騭	騭	수말 즐	zhì
毵	毿	털 길 삼	sān

翚	翬	훨훨 날 휘	huí
緙	緙	꿰맬 격	kè
緗	緗	담황색 상	xiāng
緘	緘	봉할 함	jiān
緬	緬	가는 실 면	miǎn
纜	纜	닻줄 람	lǎn
緹	緹	붉은 비단제	tí
緲	緲	아득할 묘	miǎo
緝	緝	낳을 집	jī, qī
緼	縕	헌솜 온	yùn, yūn
緦	緦	시마복 시	sī
緞	緞	비단 단	duàn
緱	緱	칼자루 감을 구	gōu
緩	緩	느릴 완	huǎn
縋	縋	주름질 추	zhuì
締	締	맺을 체	dì
縷	縷	실루	lǚ, lóu
騙	騙	속일 편	piàn
編	編	엮을 편	biān
騷	騷	시끄러울 소	sāo
緣	緣	인연 연	yuán
饗	饗	잔치할 향	xiǎng

12획 　**一**

橯	橯	고무래 로	láo
鵡	鵡	앵무새 무	wǔ
鶄	鶄	해오라기 청	jīng
韫	韞	감출 온	yùn, yún, wēn
驁	驁	준마 오	ào, áo
攝	攝	추스를 섭	shè
攄	攄	펼 터	shū
擺	擺	열릴 파	bǎi
襬	襬	치마 피	bǎi, bei, pèi
赬	赬	붉을 정	chēng
擯	擯	물리칠 빈	bìn
縠	縠	바퀴통 곡	gǔ, gū
攤	攤	열 탄	tān
鵲	鵲	까치 작	què
藍	藍	쪽 람	lán
驀	驀	말 탈 맥	mò
薊	薊	삽주 계	jī, jiē, jiè
矇	矇	청맹과니 몽	mēng, méng
濛	濛	가랑비 올 몽	méng

懞	懞	후할 몽	méng
頤	頤	턱 이	yí
獻	獻	드릴 헌	xiàn
蕷	蕷	참마 여	yù
欖	欖	감람나무 람	lǎn
櫬	櫬	널 츤	chèn, qīn, hèn
櫚	櫚	종려나무 려	lú
樓	樓	다락 루	lóu
櫸	櫸	느티나무 거	jǔ
賴	賴	힘입을 뢰	lài
磧	磧	서덜 적	qì
礙	礙	거리낄 애	ài
磣	磣	모래 섞일 참	chěn
鵪	鵪	암순 암	ān, yiā
尷	尷	껄끄러울 감	gān
霧	霧	안개 무	wù
輳	輳	모일 주	còu
輻	輻	바퀴살 복	fú
輯	輯	모을 집	jí
輸	輸	보낼 수	shū

丨

頻	頻	자주 빈	pín
齟	齟	어긋날 저	jǔ
齡	齡	나이 령	líng
龅	龅	귀절포	pāo
齠	齠	이 갈 초	tiáo
鑒	鑒	거울 감	jiàn
韙	韙	바를 위	wěi
囁	囁	소곤거릴 섭	zhé
蹺	蹺	발돋움할 교	qiāo
蹕	蹕	길 치울 필	bì
蹟	蹟	오를 제	jī, jì
躚	躚	춤출 선	xiān
蝸	蝸	달팽이 와	wō
噯	噯	딸꾹질 애	āi, ǎi, ài
賵	賵	부의 보낼 봉	fèng

丿

鍺	鍺	바퀴통쇠 타	zhě, dǔo
錯	錯	섞일 착	cuò
錪	錪	취할 첨	tiǎn
錨	錨	닻 묘	máo
錛	錛	자귀 분	bēn

鍀	鍀	테크네튬 득	dé
錁	錁	띠치장과	kè
錕	錕	붉은 쇠 곤	kūn
錫	錫	주석 석	xī
錮	錮	땜질할 고	gù
鑼	鑼	징 라	luó
錘	錘	저울 추 추	chuí
錐	錐	송곳 추	zhuī
錦	錦	비단 금	jǐn
鑕	鑕	모루 질	zhì
鍁	鍁	삽 흠	xiān
錇	錇	대못 부	péi
錠	錠	제기이름 정	dìng
鍵	鍵	열쇠 건	jiàn
鋸	鋸	톱 거	jù, jū
錳	錳	망간 맹	měng
錙	錙	저울눈 치	zī
辭	辭	말씀 사	cí
頹	頹	무너질 퇴	tuí
穆	穆	쭉정이이삭 삼	cǎn
籌	籌	투호용화살 주	chóu
簽	簽	농 첨	qian
籤	籤	제비 첨	qiān
簡	簡	대쪽 간	jiǎn
覦	覦	넘겨다볼 유	yú
頷	頷	턱 함	hàn
膩	膩	매끄러울 니	nì
鵬	鵬	대붕새 붕	péng
騰	騰	오를 등	téng
鲅	鮁	물고기헤엄칠 발	bà
鮃	鮃	넙치 평	píng
鮎	鮎	메기 점	nián
鱸	鱸	농어 로	lú
鮓	鮓	젓갈 자	zhǎ
鮒	鮒	붕어 부	fù
鮑	鮑	절인 어물 포	bào
鲐	鮐	복태	tái
穎	穎	이삭 영	yǐng
颸	颸	선선한바람 시	sī, chī
颼	颼	바람소리 수	sōu
觸	觸	닿을 촉	chù
雛	雛	병아리 추	chú

附錄

간체	번체	훈음	병음
傅	餺	수제비 박	bó
饃	饝	전빵 막	mò
馏	餾	밥 뜸들 류	liú
饈	饈	드릴 수	xiū

丶

간체	번체	훈음	병음
酱	醬	젓갈 장	jiàng
鹑	鶉	메추라기 순	chún
瘅	癉	앓을 단	dàn, dān
瘆	瘮	놀라서 떨 참	shèn
鹒	鶊	꾀꼬리 경	gēng
阖	闔	문짝 합	hé
阗	闐	성할 전	tián, diàn
阙	闕	대궐 궐	quē, què
誊	謄	베낄 등	téng
粮	糧	양식 량	liáng
数	數	셈 수	shù, shǔ, shuò
滠	灄	강 이름 섭	shè
满	滿	찰 만	mǎn
滤	濾	거를 려	lǜ
滥	濫	넘칠 람	làn
滗	潷	거를 필	bì
滦	灤	새어흐를 란	luán
漓	灕	물 이름 리	lí
滨	濱	물가 빈	bīn
滩	灘	여울 탄	tān
潋	澦	강 이름 여	yù
慑	懾	두려워할 섭	shè, zhé
誉	譽	기릴 예	yù
鲎	鱟	참게 후	hòu
骞	謇	말 배앓을 건	qiān
寝	寢	잠잘 침	qǐn
窥	窺	엿볼 규	kuī
窦	竇	구멍 두	dòu
谨	謹	삼갈 근	jǐn
谩	謾	속일 만	màn, mán
谪	謫	귀양갈 적	zhé
谫	譾	얕을 전	jiǎn
谬	謬	그릇될 류	miù

乛

간체	번체	훈음	병음
辟	闢	열 벽	pì
嫒	嬡	계집 애	ài
嫔	嬪	아내 빈	pín
缙	縉	꽂을 진	jìn
缜	縝	삼실 진	zhěn
缚	縛	묶을 박	fù
缛	縟	화문 놓을 욕	rù
辔	轡	고삐 비	pèi
缝	縫	꿰맬 봉	féng, fèng
骝	騮	월다말 류	liú
缞	縗	상복이름 최	cuī
缟	縞	명주 호	gǎo
缠	纏	얽힐 전	chán
缡	縭	신 꾸미개 리	lí
缢	縊	목맬 액	yì
缣	縑	합사 비단 겸	jiān
缤	繽	어지러울 빈	bīn, pín
骟	騸	거세한 말 선	shàn

14 획

一

간체	번체	훈음	병음
瑷	璦	아름다운 옥 애	ài
赘	贅	혹 췌	zhuì
觏	覯	만날 구	gòu, hóu, hòu
叆	靉	구름 낄 애	ài, ǎi
墙	墻	담 장	qiáng
撄	攖	다가설 영	yīng, yíng
蔷	薔	장미 장	qiáng
蠛	蠛	모독할 멸	miè
蔹	蘞	가위톱 렴	liǎn
蔺	藺	골풀 린	lìn
蔼	藹	열매많이달릴 애	ǎi
鹕	鶘	사다새 호	hú
槚	檟	개오동나무 가	jiǎ
槛	檻	죄인타는수레함	jiàn, kǎn
槟	檳	빈랑나무 빈	bīn, bīng
槠	櫧	종가시나무 저	zhū
酽	釅	초 엄	yàn
醯	醯	거를 시	xǐ
酿	釀	술 빚을 양	niàng, niáng
霁	霽	갤 제	jì
愿	願	원할 원	yuàn
殡	殯	염할 빈	bìn
辕	轅	끌채 원	yuán
辖	轄	비녀장 할	xiá
辗	輾	구를 전	zhǎn, niǎn

丨

간체	번체	훈음	병음
龇	齜	이 갈림 재	chā, xià
龈	齦	잇몸 은	yín, kěn
鹖	鶪	때까치 격	jú
颗	顆	낟알 과	kē
瞜	瞜	주시할 루	lōu
暖	曖	가릴 애	ài
鹖	鶡	할단 할	hé
踌	躊	머뭇거릴 주	chóu
踊	踴	뛸 용	yǒng
蜡	蠟	밀 랍	là
蝈	蟈	청개구리 괵	guō
蝇	蠅	파리 승	yíng
蝉	蟬	매미 선	chán
鹗	鶚	물수리 악	è
嘤	嚶	새소리 앵	yīng
罴	羆	큰곰 비	pí, bì, peī
赙	賻	부의 부	fù
罂	罌	양병 앵	yīng
赚	賺	속일 잠	zhuàn, zuàn
鹘	鶻	송골매 홀	gú

丿

간체	번체	훈음	병음
锲	鍥	낫 결	jié, qì, qié
锴	鍇	쇠 개	jiē, jiě
锶	鍶	무서그릇 송	sōng
锷	鍔	칼날 악	è
锹	鍫	가래 초	qiū
锸	鍤	가래 삽	chá
锻	鍛	쇠 불릴 단	duàn
锼	鎪	아로새길 수	sōu
锾	鍰	무게 단위 환	huǎn, huán
锵	鏘	금옥소리 장	qiāng, hēng
镀	鍍	도금할 도	dù
镁	鎂	마그네슘 미	měi
镂	鏤	새길 루	lòu
镃	鎡	호미 자	zī
镄	鐨	페르뮴 비	bì
鹙	鶖	무수리 추	qiū
稳	穩	평온할 온	wěn
箦	簀	살평상 책	zé, zhài
箧	篋	상자 협	qiè
箨	籜	대꺼풀 탁	tuò
箩	籮	키 라	luó
箪	簞	대광주리 단	dān
箓	籙	책상자 록	lù
箫	簫	통소 소	xiāo
舆	輿	수레 여	yú
膑	臏	종지뼈 빈	bìn, bǐn, pín
鲑	鮭	복 규	guī
鲒	鮚	대합 길	jié, jí, qiè
鲔	鮪	다랑어 유	yǒu
鲖	鮦	가물치 동	tóng
鲗	鰂	오징어 즉	zéi
鲙	鱠	회 회	kuài
鲚	鱭	제어 제	jī
鲛	鮫	상어 교	jiāo
鲜	鮮	고울 선	xiān, xiǎn
鲟	鱘	칼철갑상어 심	xún
馑	饉	흉년들 근	jǐn
馒	饅	만두 만	mán

丶

간체	번체	훈음	병음
銮	鑾	방울 란	luán
瘗	瘞	묻을 예	yì
瘘	瘻	부스럼 루	lòu
阚	闞	바라볼 감	kàn, kǎn
鲞	鯗	건어 상	xiǎng
糁	糝	나물죽 삼	shēn, sān, sǎn
鹚	鷀	가마우지 자	zē
潇	瀟	비바람칠 소	xiāo
潋	瀲	물 벌창할 렴	liàn
潍	濰	물 이름 유	wéi
赛	賽	굿할 새	sài
窭	窶	가난할 구	jù
谭	譚	이야기 담	tán
谮	譖	참소할 참	jiàn, zèn
禬	禬	끈 괴	kuì, huì
褛	褸	남루할 루	lǚ
谯	譙	꾸짖을 초	qiáo, qiào, huí
谰	讕	헐뜯을 란	làn, lān, lǎn
谱	譜	족보 보	pǔ
谲	譎	속일 휼	jué

乛

간체	번체	훈음	병음
鹛	鶥	왜가리 미	méi

嬙	嫱	궁녀 장	qiáng
鶩	鹜	집오리 목	wù
縹	缥	옥색 표	piāo
縵	缦	비단 만	màn
騾	骡	노새 라	luó
纓	缨	갓끈 영	yīng
驄	骢	총이말 총	cōng
縮	缩	다스릴 축	suō, sù
繆	缪	얽을 무	móu, miào
繅	缲	고치 켤 소	xiāo

15획 一

耬	耧	농기구 루	lóu
瓔	璎	구슬 목걸이 영	yīng
靆	叇	구름 낄 체	dài
攆	撵	쫓을 련	niǎn
擷	撷	딸 힐	xié
攛	攛	던질 찬	cuān, cuàn
蕢	蒉	배꿰머거리와	kuì
聰	聪	귀밝을 총	cōng
韃	鞑	종족 이름 달	dá, tà
鞽	鞒	장대 교	jiāo
蕲	蕲	풀 이름 기	qí
蘊	蕴	쌓을 온	yùn
檣	樯	돛대 장	qiáng
櫻	樱	앵두 앵	yīng
飄	飘	회오리바람 표	piāo
靥	厣	보조개 엽	yiè
魘	魇	가위눌릴 염	yàn
魇	餍	물릴 염	yàn, yián, yiàn
黴	霉	곰팡이 미	méi
轆	辘	도르래 록	lù

丿

齬	齬	어긋날 어	yǔ
齪	龊	악착할 착	chuò
覷	觑	볼 처	qù
瞞	瞒	속일 만	mán
題	题	제목 제	tí
顒	颙	공경할 옹	yóng
躓	踬	넘어질 지	zhí, zhì
躑	踯	머뭇거릴 척	zhí
蠑	蝾	영원 영	róng

螻	蝼	땅강아지 루	lóu, lòu, lú
嚕	噜	아까워할 로	lū
囑	嘱	부탁할 촉	zhǔ
顓	颛	전단할 전	zhuān

丿

鑷	镊	족집게 섭	niè
鎮	镇	진압할 진	zhèn
鎘	鬲	다리굽은솥 력	lì
鎲	镋	창 당	tǎng
鎳	镍	니켈 얼	niè
鎦	镏	죽일 류	liú
鎬	镐	호경 호	gǎo, hào
鎊	镑	깎을 방	bàng, bǎng, pàng
鎰	镒	중량 일	yì
鎵	镓	갈륨 가	jiā
鑌	镔	정련한 쇠 빈	bīn
簣	篑	삼태기 궤	kuì, kuài
簍	篓	대 채롱 루	lǒu, lóu, lú
鷈	鷉	농병아리 체	tī
鶺	鹡	할미새 척	jí
鷂	鹞	새매 요	yào, yáo
鯁	鲠	생선뼈 경	gěng
鱺	鲡	뱀장어 리	lí, lǐ
鰱	鲢	연어 련	lián
鰹	鲣	큰 가물치 견	jiān
鰣	鲥	준치 시	shí
鯉	鲤	잉어 리	lǐ
鰷	鲦	피라미 조	tiáo, xiāo
鯀	鲧	물고기 이름 곤	gǔn
鯇	鲩	잉어 환	huán, huǎn
鯽	鲫	붕어 즉	jì, zé
饌	馔	반찬 찬	zhuàn

丶

癟	瘪	날지 못할 별	biě, biē, blě
癱	瘫	사지 틀릴 탄	tān
齋	斋	회제	jí
顏	颜	얼굴 안	yán
鶼	鹣	비익조 겸	jiān
鯊	鲨	상어 사	shā, sà
瀾	澜	큰 물결 란	lán
額	额	이마 액	é

讞	谳	평의할 얼	yàn, ní, yǎn
襤	褴	누더기 람	lán
譴	谴	꾸짖을 견	qiǎn
鶴	鹤	학 학	hè, háo, mò
譫	谵	헛소리 섬	tà, zhé, zhàn

乛

屨	屦	신발 구	jù
纈	缬	홀치기염색할 힐	xié
繚	缭	감길 료	liáo
繕	缮	기울 선	shàn
繒	缯	비단 증	zēng, zèng

16획 一

擻	擞	차릴 수	sǒu, sòu
顬	颥	관자놀이 섭	niè
顢	颟	얼굴 클 만	mán
藪	薮	늪 수	sǒu
顚	颠	정수리 전	diān
櫓	橹	큰 방패 로	lǔ
橼	橼	연나무 연	yuán
鷖	鹥	갈매기 예	yī, yì
贗	赝	가짜 안	yàn
飆	飙	폭풍 표	biāo
飚	飚	폭풍 표	biāo
豶	豮	거세한돼지 분	fén
鏨	錾	끌 참	jiàn, zhàn
轍	辙	수레바퀴자국 철	zhé
轔	辚	수레소리 린	lín

丿

醝	醝	소금 차	cuó, cǎ, cāi
鸚	鹦	앵무새 앵	yīng
贈	赠	보낼 증	zèng

丿

鐯	镯	팽이 작	zhuó
鏢	镖	칼끝 표	biāo
鏜	镗	종고 소리 당	tāng
鏝	镘	흙손 만	màn
鏰	镚	동전 붕	bēng
鏞	镛	큰 종 용	yōng
鏡	镜	거울 경	jìng
鏑	镝	화살촉 적	dī, dí
鏃	镞	화살촉 족	zú

氌	氇	모직물로	lú
贊	赞	도울 찬	zàn
穡	穑	거둘 색	sè
籃	篮	큰 등롱 람	lán
籬	篱	울타리 리	lí
魎	魉	도깨비 량	liǎng
鯖	鲭	청어 청	qīng, zhēng
鯪	鲮	천산갑 릉	líng
鰍	鳅	뱅어 추	qū
鯡	鲱	곤이 비	fēi
鯤	鲲	곤이 곤	kūn
鯧	鲳	병어 창	chāng
鯢	鲵	도롱뇽 예	ní
鯰	鲶	메기 점	niàn
鯛	鲷	도미 조	diāo
鯨	鲸	고래 경	jīng
鯔	鲻	숭어 치	zī
獺	獭	수달 달	tǎ

丶

鷓	鹧	자고 자	zhè
癭	瘿	혹 영	yǐng, yīng
癮	瘾	두드러기 은	yǐn
斕	斓	아롱질 란	lán
辯	辩	말 잘할 변	biàn
瀨	濑	여울 뢰	lài
瀕	濒	물가 빈	bīn
懶	懒	게으를 라	lǎn
黌	黉	글방 횡	hēng

乛

鷯	鹩	종달새류	liáo, liú, liù
顙	颡	이마 상	sǎng, sāng
繮	缰	고삐 강	jiāng
繾	缱	곡진할 견	juǎn
繰	缲	비단 조	qiāo, sāo, zǎo
繯	缳	엷은 비단 환	huán
繳	缴	주살의 줄 격	jiǎo, jǐ, juè

17획 一

蘚	藓	이끼 선	xiǎn
鷦	鹪	뱁새 료	liáo, liào

丿

齲	龋	충치 우	qǔ

附録

矚	矚	볼 촉	zhǔ
蹣	蹣	비틀거릴 반	mán, pán
躡	躡	밟을 섭	niè
蟰	蟰	갈머리 소	xiāo
㘎	㘎	으렁거릴 함	gǎn
羈	羈	굴레 기	jī
贍	贍	넉넉할 섬	shàn

ノ

鐐	鐐	은 료	liáo
鏷	鏷	무쇠 박	pú
鑥	鑥	루테튬 로	lú
鐓	鐓	창고달 대	dūn, duì
鑭	鑭	금채색 란	lán, làn
鐥	鐥	낫 선	shān, shàn
鐠	鐠	모포 보	pǔ
鏹	鏹	돈 강	qiāng, jiǎng
鐙	鐙	등자 등	dēng
斷	簖	통발 단	duàn
鷦	鹪	뱁새 초	jiāo
鰆	鰆	물고기이름춘	chūn
鰈	鰈	가자미 접	dié, diē, qiē, tà
鱨	鲿	자가사리 상	cháng
鰓	鳃	아가미 새	sāi
鰛	鰛	정어리 온	wēn
鰐	鳄	악어 악	è
鰍	鳅	미꾸라지 추	qiū
鰒	鳆	전복 복	fù
鰉	鳇	용상어 황	huáng
鰌	鰌	미꾸라지 추	qiū, qiú
鯿	鳊	방어 편	biān

丶

鷲	鹫	수리 취	jiù
辮	辫	땋을 변	biàn
贏	赢	이익 남을 영	yíng
懣	懑	번민할 만	mèn, mán

⼀

鷸	鹬	도요새 휼	yù
驟	骤	달릴 취	zhòu

18 획 ⼀

鰲	鳌	자라 오	áo
鞯	韂	언치 천	jiān

黶	魘	검정사마귀 염	yǎn, yàn

ノ

顥	颢	클 호	hào
鷺	鹭	해오라기 로	lū
嚻	嚚	들낼 효	xiāo
髏	髅	해골 루	lóu

ノ

鑊	镬	가마 확	huò
鐳	镭	병 뢰	léi
鐶	镮	고리 환	huán
鐲	镯	방울 탁	zhuó
鐮	镰	낫 겸	lián
鐿	镱	이테르븀 의	yì
雔	雔	짝 수	chóu
雠	雠	짝 수	chóu, shòu
鰥	鳏	환어 환	guān
鰭	鳍	지느러미 기	qí
鰨	鳎	가자미 탑	tǎ, tà, nà
鰜	鳒	넙치 겸	jiān

丶

鸇	鹯	새매 전	zhān, zhen
鷹	鹰	매 응	yīng
癩	癞	약물중독 라	lài
㥏	㥏	웃는 모양 천	chán
讌	讌	잔치 연	yàn

⼀

甓	䴙	농병아리 벽	pì, bò

19 획 ⼀

攢	攒	모일 찬	zǎn, zuǎn, cuán
靉	叆	아지랑이 애	ǎi

ノ

鱉	鳖	금계 별	biē
躥	蹿	솟을 찬	cuān
巔	巅	산꼭대기 전	diàn
髖	髋	허리뼈 관	kuān, kūn
髕	髌	종지뼈 빈	bìn

ノ

鑔	镲	동발 찰	chá
籟	籁	세구멍통소 뢰	lài
鳘	鳘	대구 민	mǐn
鰳	鳓	준치 륵	lè

鰾	鳔	부레 표	biào
鱈	鳕	대구 설	xuě
鰻	鳗	뱀장어 만	mán
鱅	鳙	전어 용	yóng
鰼	鳛	미꾸라지 습	xí

丶

顫	颤	놀랄 전	chàn, zhàn
癬	癣	마른 옴 선	xuǎn
讖	谶	참서 참	chán

⼇

驥	骥	천리마 기	jì
纘	缵	이을 찬	zuǎn

20 획 ⼀

瓚	瓒	제기 찬	zàn
鬢	鬓	살쩍 빈	bìn
顬	颥	관자놀이움직일 유	rú

ノ

鼉	鼍	악어 타	tà
黷	黩	더럽힐 독	dú

ノ

鑣	镳	재갈 표	biāo
鑞	镴	땜납 랍	là
臢	臜	언청이 잠	zān
鱖	鳜	쏘가리 궤	guì, jué, wǎn
鱔	鳝	두렁허리 선	shàn
鱗	鳞	비늘 린	lín
鱒	鳟	송어 준	zūn, zùn

⼇

驤	骧	머리 들 양	xiāng

21 획

顰	颦	찡그릴 빈	pín
躪	躏	짓밟을 린	lìn
鱧	鳢	가물치 례	lǐ
鱣	鳣	철갑상어 전	zhān
癲	癫	미칠 전	diān
贛	赣	줄 공	gàn, gǎn
灝	灏	넓을 호	hào

22 획

鸛	鹳	황새 관	huān, huán

鑲	镶	거푸집 속 양	xiāng, niáng

23 획

趲	趱	놀라흩어질 찬	zǎn, zàn
顴	颧	광대뼈 관	quán
躦	躜	걸터앉을 찬	zuān, cuó

25 획

钁	镢	괭이 곽	jué
饢	馕	처먹을 낭	nǎng, áng
戇	戆	어리석을 당	zhuàng, gàng

가	家佳街可歌加價假架暇嘉嫁稼賈駕伽迦柯呵哥枷珂痂苛茄袈訶跏軻哿斝牁珈坷罟榎櫖笳耞葭謌	격	格擊激隔檄膈覡挌毃鬲骼鳽鴃
각	各角脚閣却覺刻珏恪殼愨(慤)卻咯埆搉擱桷	견	犬見堅肩絹遣牽鵑甄繭譴狷畎筧縛繾羂鰹
간	干間看刊肝幹簡姦懇艮侃杆(桿)玕竿揀諫墾栞奸柬澗磵稈艱矸偘癇(癎)慳榦秆忓茛衎赶迀齦	결	決結潔(潔)缺訣抉契觖造玦鍥觼関
		겸	兼謙鎌慊箝鉗嗛槏傔岭拑歉縑蒹黚鶼
갈	渴葛乫喝曷碣竭褐蝎鞨噶楬秸羯蠍	경	京(京)景(暻)經庚耕敬輕驚慶競竟境鏡頃傾硬警徑卿(卿)倞鯨坰耿更炅梗憬璟(璥)擎瓊儆俓涇
감	甘減感敢監鑑(鑒)勘堪瞰坎嵌憾戡柑橄疳紺邯龕玪坩埳嵁弇憨撼欲歛泔淦澉矙轗醈醎	경	莖勁逕熲冏(囧)勍烱璥痙磬絅脛冂檠(檄)頸鶊巠惸㸞暻褮劻哽惸扃炗熒罄畊競綆罄褧譥潁駉鯁黥
갑	甲鉀匣岬胛閘	계	癸季界(堺)計溪鷄系係戒械繼契桂啓階繫誡烓屆悸棨稽谿(磎)堦瘈禊綮縘罽薊雞髻
강	江降講強(强)康剛綱鋼(鎠)杠堈岡(崗)姜橿彊慷畺糠絳羌腔舡薑鱇嬲跭襁(襁)玒顜茳鏹傋僵壃忓悾扛殭矼穅繈罡羫豇韁	고	古故固苦高考(攷)告枯姑庫孤鼓稿顧叩敲皐呱皋(皐)尻拷槁沽痼睾羔股膏苽菰藁蠱袴誥賈辜錮雇杲鼓估涸刳栲槀槖牯盬瞽鶻槹箍篙糕羖羧翺胯觚詁郜酤鈷靠鴣
개	改皆個(箇)開介慨概蓋(盖)价凱愷漑塏愾疥芥豈鎧玠剴匃揩槩磕闓	곡	谷曲穀哭斛梏鵠嚳槲縠觳轂
객	客喀	곤	困坤昆崑琨錕梱棍滾袞(衮)鯤堃崐悃捆緄褌裩閫髡鵾鶤齫
갱	更坑粳羹硜膮鏗	골	骨汨滑搰榾鶻
약	醸	공	工功空共公孔供恭攻恐貢拱控拱蚣鞏龔倥崆栱箜蛩蚣贛跫釭槓
거	去巨居車擧距拒據渠遽鉅炬倨据祛踞鋸駏呿昛秬筥胠腒苣莒蕖籧祛裾	곶	串
		과	果課科過誇寡菓跨鍋顆戈瓜侉堝夥夸撾猓稞窠蝌裹踝銙騍
건	建(建)乾(漧)件健巾虔楗鍵愆腱騫蹇搴湕踺搩犍腱褰謇韃	곽	郭廓槨藿椁癨霍鞹
걸	傑(杰)乞桀乭揭榤	관	官觀關館(舘)管貫慣冠寬(寛)款琯錧灌瓘梡串棺罐菅涫輨卝爟盥祼窾
검	儉劍(劒)檢瞼鈐黔撿芡		
겁	劫怯迲刦刧	관	笻綰鑵蓳顴髖鸛
게	揭偈憩		

437

음	한자
괄	括刮恝适佸栝筈聒髻鴰
광	光(炛·眖)廣(広)鑛狂侊洸珖桄匡曠壙筐胱恇框爌獷磺絋纊茪誆誑
괘	掛卦罫咼挂罣詿
괴	塊愧怪壞乖傀拐槐魁媿膭瑰瓌蒯襘
괵	馘
굉	宏紘肱轟浤觥訇閎
교	交校橋教(教)郊較巧矯僑喬嬌膠咬嶠攪狡咬絞翹蕎蛟轎餃驕鮫姣佼噭憍鄗嘐噭嚙撟晈噭榷磽窖趫蹻鉸骹鵁皦
구	九口求救究久句舊具俱區驅苟拘狗丘(坵)懼龜構球玖矩邱銶溝購鳩軀枸仇勾咎嘔垢寇嶇樞歐毆毬灸瞿絿臼舅衢謳述鉤駒狗耇(耈)鷗廐(廐)颶佝俅傴篝劬匶厹呴姤媾嫗屨岣彀戳扣捄搆摳昫榘漚
구	璆甌疚痀瘉褠簼糗朐蒟蚯裘觀詬遘釦韝韭韮觳鸜
국	國(国)菊局鞠鞫麴菊匊掬踘麵
군	君郡軍群窘裙捃裠皸
굴	屈窟堀掘倔崛淈詘
궁	弓宮窮躬穹芎躳
권	券權(権)勸卷拳圈眷倦捲淃勧惓棬睠綣蜷
궐	厥闕獗蕨蹶
궤	軌机櫃潰詭饋佹几劂匱憒撅横氿簋繢跪闠餽麂
귀	貴歸鬼句晷鮭龜(龜)
규	叫規糾(紏)圭奎珪揆逵窺葵槻硅竅赳閨邽嫢湀茥烓刲嬀巋暌楏樛潙睽虯跬闚頍馗
균	均菌畇鈞筠勻(勻)覠困龜(龜)麏
귤	橘
극	極克劇剋隙戟棘亟尅屐郄
근	近勤根斤僅謹漌墐槿瑾嫤筋劤勲芹董覲饉卺厪劤跟釿靳
글	契扢
금	金今禁錦禽琴衾襟昑妗擒檎芩衿唫噤嶔笒黅
급	及給急級汲伋扱圾岌皀礏笈芨
긍	肯亘(亙)兢矜殑
기	己記起其期基氣技幾旣紀忌旗欺奇騎寄豈棄祈企畿飢器機淇琪璂祺錤棋(碁)騏麒玘杞埼崎琦綺錡箕岐汽沂圻耆磯譏璣(璣)冀驥嗜暣伎夔妓綦畸祁祇羈機肌饑萁橙嵅怾傲剞堅屺庋弃忮愭掎攲旂曁某歧朞猉禨綦緉羇斨芰芪蘄虁蟣觊跂隑頎鬐鰭
긴	緊
길	吉佶桔姞拮蛣
김	金
낏	喫
나	那奈奈娜拏儺喇懦拿挐胗挐挪拏梛糥誦
낙	諾
난	暖難煖偄愞柅饟
날	捺捏
남	南男楠湳枏喃
납	納衲
낭	娘囊曩
내	內乃奈耐柰奶嫐迺鼐
녀	女
녁	惄
년	年(秊)撚碾
념	念恬拈捻
녑	惗

독음	한자
녕	寧(寗)獰佞儜嚀濘
노	怒奴努弩瑙駑譳呶孥猱猵笯臑
농	農膿濃儂噥穠醲
뇌	腦惱餒
뇨	尿鬧撓嫋嬲淖鐃
누	耨啂
눈	嫩
눌	訥吶肭
뉴	紐鈕杻狃忸
뉵	衄
능	能
니	泥尼柅瀰膩馜愵呢怩祢禰
닉	匿溺
닐	昵暱
다	多(夛)茶爹䆎梌茤觰
단	丹但單短端旦段壇檀斷團緞鍛亶彖湍簞蛋袒鄲煓胆担博椴溥癉耑胆腶蜑
달	達撻澾獺疸妲怛闥靼韃
담	談淡擔譚膽澹覃啖坍憺曇湛痰聃蕁錟潭倓啴埮炎儋啗噉壜壜毯襢罎舊郯黮黵
답	答畓踏沓遝
당	堂當唐糖黨塘鐺撞幢戇棠螳倘儻搪溏瑭瑭瞠礑螗襠钂鐋餳餹
대	大代待對帶臺(坮)貸隊垈玳袋戴擡(抬)旲岱黛旲曃儓懟汏碓轪
댁	宅
덕	德(悳·悳)
도	刀到度道島(嶋)徒圖倒都桃挑跳逃渡陶途稻導盜塗堵棹濤燾禱鍍蹈屠悼掉搗櫂淘滔睹萄覩賭稻裯鋾叨幬弢忉慆掏搯擣檮洮涂裻菟酴闍鞀韜饕
독	讀獨毒督篤瀆牘犢禿纛櫝黷
돈	豚敦墩惇噉燉頓旽沌焞 潡蓴
돌	突乭咄堗
동	同(仝)洞童冬東動銅凍棟董潼垌瞳蝀憧疼胴桐膧疃彤烔橦勭侗僮峒峒涷艟苳茼董
두	斗豆頭杜科兜痘竇荳讀逗阧抖斁肚脰蚪蠹陡
둔	鈍屯遁臀芚遯窀迍
둘	㐐
득	得
등	等登燈騰藤謄鄧嶝橙凳墱滕磴籐螣縢鐙
라	羅螺喇懶癩蘿裸邏剆覶摞菈鑼儸砢贏倮囉曪瘰騾贏
락	落樂絡珞酪烙駱洛袼犖
란	卵亂蘭欄瀾瓓丹欒鸞爛曫嬾幱攔孌襴闌
랄	剌辣埒辢
람	覽濫嵐攬(擥·壈)欖籃纜襤藍婪灆婪㴀爁 璼惏
랍	拉臘蠟鑞
랑	浪郎(郞)廊琅瑯狼朗烺螂(蜋)庲駺榔閬硠稂莨
래	來(来·逨)崍萊徠淶騋
랭	冷
략	略掠畧
량	良兩量涼(凉)梁糧(粮)諒亮倆樑梁輛駺俍喨悢踉魎
려	旅麗慮勵呂侶閭黎儷廬戾梠濾礪藜蠣驢驪曞儢厲唳梠癘糲臚蔾邌鑢
력	力歷曆瀝礫轢靂攊櫟櫪癧轣酈
련	連練鍊憐聯戀蓮煉璉攣漣輦變臠楝湅欒鏈

련	鍊鰱	리	哩嫠苙蜊螭貍邐魖黐漓
렬	列烈裂劣冽洌振捯颲	린	鄰(隣)潾璘麟(麐)吝燐藺躪鱗撛鱗獜橉獜粦鄰繗嶙恡磷驎躙轔
렴	廉濂簾斂殮瀲磏		
렵	獵躐鬣	림	林臨琳霖淋棽琳琳玲痲
령	令領嶺零靈伶玲姈昤鈴齡怜囹笭羚翎聆逞泠澪岭(岺)吟另欞齢秴苓蛉軨鴒	립	立笠粒砬岦
		마	馬麻磨瑪摩痲碼魔嬤劘螞蟆麼
례	例禮(礼)隷澧醴隸鱧	막	莫幕漠寞膜邈瞙鏌
로	路露老勞爐魯盧鷺撈擄櫓潞瀘蘆輅鹵嚧璐虜(虏)櫨蕗潦瓐澇壚滷旅癆牢鱸櫓爐轤鑪鑪顱髗鱸	만	萬(万)晚滿慢漫曼蔓鏋卍婉巒彎挽灣瞞輓饅鰻蠻墁嫚幔縵謾蹣鏝鬘
		말	末茉帓抹沫襪靺秣帕
록	綠祿錄鹿彔碌菉麓淥漉箓轆騼	망	亡忙忘望(朢)茫妄罔網芒輞邙惘汒莽(莽)漭魍
론	論		
롱	弄瀧瓏籠壟朧聾儱攏曨礱蘢隴	매	每買賣妹梅埋媒寐昧枚煤罵邁魅苺呆楳沫玫眛苺酶霉
뢰	雷賴(頼)瀨儡牢磊賂賚耒攂礌礧籟纇罍蕾誄酹		
		맥	麥脈貊陌驀貃貘
료	料了僚遼寮廖燎療瞭聊蓼嘹嫽撩暸潦獠繚膋醪鐐飉飂	맹	孟猛盟盲萌氓甍甿虻
		멱	冪覓幎
룡	龍(竜)竉	면	免勉面眠綿冕棉沔眄緬麵(麵)俛湎緜
루	屢樓累淚漏壘婁瘻縷蔞褸鏤陋慺嶁穘僂嘍螻髏		
		멸	滅蔑篾蠛
류	柳留流類琉(瑠)劉硫瘤旒榴溜瀏謬榴縲纍遛鶹	명	名命明鳴銘冥溟瞑椧皿瞑茗蓂螟酩慏洺眀鳴
		메	袂
륙	六陸戮勠	모	母毛暮某謀模貌募慕冒侮摸牟謨姆帽摹牡瑁眸耗芼茅矛橅秏慔侔姥媢嫫悴旄皃眊芼蝥孟髦
륜	倫輪侖崙(崘)綸淪錀圇掄		
률	律栗率慄嵂稤瑮溧		
륭	隆癃窿	목	木目牧睦穆鶩沐苜
륵	勒肋泐	몰	沒歿
름	廩凜(凛)菻澟	몽	夢蒙朦幪懞曚濛濛瞢曚檬雺鸏
릉	陵綾菱稜凌楞(楞)倰薐	묘	卯妙(玅)苗廟墓描錨畝昴杳渺猫淼眇藐貓
리	里理利梨李吏離(离)履裏(裡)俚莉璃俐(悧)唎浬狸痢籬罹贏鯉浰釐(厘)蔽犂(犁)摛剺	무	戊茂武務無(无)舞貿霧拇珷畝撫懋巫憮楙母繆蕪誣鵡橅儛嘸廡膴鶩

음	한자
묵	墨默嘿
문	門問聞文汶炆紋們刎吻紊蚊雯抆悗懣捫璊
물	勿物沕
미	米未味美尾迷微眉渼薇彌(弥)嵄媄媚嵋楣楣湄謎靡躾嫩瀰媚娓洣侎瑂枾濔采蘪亹弭敉釄瀰獼麋麛茉蘼
민	民敏憫玟旻旼閔珉敃岷愍閔惛(瑉·砇·碈)頤潣忞(忟)泯悶緡顝鈱脗閩盿罠琘瑉緍苠繁黽
밀	密蜜謐樒滵
박	泊拍迫朴博薄珀撲璞鉑舶剝樸箔粕縛膊雹駁亳欂牔鎛駮髆
반	反飯半般盤班返叛伴畔頒潘磐拌搬攀斑槃泮瘢盼磻礬絆蟠螌攽婆扳擎肦胖頖螶
발	發拔髮潑鉢渤勃撥跋醱魃炦哱浡脖鈸鵓
방	方房防放訪芳傍妨倣邦坊彷昉厖榜尨旁枋滂磅紡肪膀舫雱蚌謗幫(幇)仿厐徬搒旐梆髈躺螃鎊髣魴
배	拜杯(盃)倍培配排輩背陪裴(裵)湃俳徘焙胚褙賠北蓓貝坏扒琲蓓
백	白百伯佰帛魄柏(栢)苩趋珀
번	番煩繁飜(翻)蕃幡樊燔磻藩繙膰蘩袢
벌	伐罰閥筏橃罸
범	凡犯範帆机氾范梵泛汎釩颿汜笵訊颿
법	法琺
벽	壁碧璧闢僻劈擘檗(蘗)癖霹辟擗甓鼊襞鷿鼊
변	變辯辨邊卞弁便釆忭抃邉胼骿辮駢骿鴘
별	別瞥鼈(鱉)撇馠莂驚鷩勯炦彆
병	丙病兵竝(並)屛幷(并)併瓶軿鉼(鉼)炳柄(棅)秉昞(昺)餠騈抦絣絣迸鉼
보	保步(歩)報普補譜堡甫輔菩潽洑寶(宝·珤·琝)輔菩潽洑湺褓俌玸晡盙簠葆靌鴇黼
복	福伏服復腹複卜覆馥鍑僕匐宓茯蔔輹輻鰒墣幞扑濮箙菔蝠蝮鵩
본	本
볼	乶
봉	奉逢峯(峰)蜂封鳳俸捧琫烽棒蓬鋒熢縫漨(浲)芃丰夆篷絳菶鴌
부	夫扶父富部婦否浮付符附府腐負副簿赴賦孚芙傅溥敷復不俯剖咐埠孵斧缶腑孵莩訃賻趺釜阜駙鳧膚俘媍抔拊捊桴榑涪玞祔莩罘跗鈇頫鮒麩
북	北
분	分紛粉奔墳憤奮汾芬盆吩噴忿扮昐焚糞賁雰体坌昐枌棻氛湓濆犇畚砏笨朌膹黂轒鼢忿
불	不佛拂彿弗岪祓紱韍弗軷髴黻
붕	朋崩鵬棚硼繃堋髈淜
비	比非悲飛鼻備批卑婢碑妃肥費庇祕(秘)枇琵扉譬丕匕匪憊斐榧膍沸泌毗(毘)痺砒秕粃緋翡脾臂菲蜚裨誹鄙棐庀棐霏俾騑伾剕圮埤妣屁庳悱椑泚淝濞狒狉庇痞痹睥箆紕羆腓芘苐萆蚍貔贔轡邳郫閟陴騛騑髀鼙
빈	貧賓頻彬(份)斌濱嬪穦儐璸玭嚬檳殯浜瀕牝邠繽豳霦贇鑌擯馪矉臏蘋顰鬢
빙	氷聘憑騁凭娉
사	四巳士仕寺史使舍射謝師死私絲思事司詞蛇捨邪賜斜詐社沙似查寫辭斯祀泗砂糸紗娑徙奢嗣赦午些伺俟傞唆柶梭渣瀉獅祠肆莎蓑娑飼駟麝篩佴制卸咋姒楂榭汜痧皶竢笥蟖覗駛紗鯊鰤
삭	削朔數索爍鑠搠槊蒴

441

산	山産散算珊傘刪汕疝蒜霰酸産祘慳剷姍孿橵潸㵔㵈潵訕鏾
살	殺薩乷撒煞
삼	三參蔘杉衫滲芟森糝釤鬖
삽	挿(揷)澁鈒颯卅唼歃翣鍤霎霅
상	上尙常賞商相霜想傷喪嘗裳詳祥象像床桑狀償庠湘箱翔爽塽孀峠廂橡觴樣牀慡潒徜晌殤甞緗鎟顙餳
새	塞璽賽鰓
색	色索嗇穡塞槭濇瀒
생	生牲甥省笙眚鉎
서	西序書署絮(叙·敍)徐庶恕(态)暑緒誓逝抒舒瑞曙棲(栖·捿)壻(婿)惰墅犀謵(謂)嶼(㵰)筮絮胥(緖)薯鋤黍鼠敍揟忞湑偦稰叙遾噬撕澨紓耡芧鉏
석	石夕昔惜席析釋碩奭汐淅晳(晰)祏鉐錫潟蓆舃甋裼矽腊蜥
선	先仙線鮮善船選宣旋禪扇渲瑄愃墡膳(饍)繕琁璇璿羨嬋銑珗嫙僊敾煽癬腺蘚蟬詵跣鐥洒亘譔嫙璠洗㳄亻歚筅蕭鏇鱻騸鱓
설	雪說設舌薛楔屑泄洩渫蓻齧蕿契离(㪿)偰揳媟揲摯爇碟稧紲
섬	纖暹蟾剡殲贍閃陝孅憸摻睒譫銛銛
섭	涉攝燮葉欆紲躞蹀囁懾灄聂鑷顳
성	姓性成城誠盛省聖(聖)聲星娍瑆惺醒宬猩筬腥胜胜成城誠盛睲騂晟(晟·晠)
세	世洗稅細勢歲貰笹說帨洒涗姉兘彗帨繐蛻
소	小少所消素笑(咲)召昭蘇騷燒訴掃疏(疎)蔬沼炤紹邵韶巢遡(溯)招玿嘯塑宵搔梳瀟瘙篠簫蕭逍銷愫穌(甦)卲劭衛璈霄(霄)傃魈佋嗉埽塐慅捎樔泝筱箾繅穌膆艘蛸酥魖鮹
속	俗速續束粟屬涑謖贖洬遬
손	孫損遜巽蓀飧(飡)
솔	率帥乺遹衛窣蟀
송	松送頌訟誦宋淞悚竦憽鬆
쇄	刷鎖(鏁)殺灑碎曬瑣
쇠	衰釗
수	水手受授首守收誰須雖愁壽(寿)樹數修(脩)秀囚需帥殊隨輸獸睡邃垂搜洙琇銖粹穗(穗)繡隋髓袖嗽嫂岫(峀)戍漱燧狩璲瘦綏綬羞茱蒐蓚藪邃酬銹隧鬚鶵睟豎(竪)睟讎(讐)睢(濉)瓏宿汓瑈叟售廋晬殳泅溲瞍祟籔膟膸陲颼饈
숙	叔淑宿孰熟肅塾琡璹橚夙潚菽俶儵儵婌驌鷫
순	順純旬殉循脣瞬巡洵珣荀筍舜淳焞諄錞醇徇恂栒楯橓蓴蕣詢馴盾峋姁盹盹徇肫眴紃肫駒鬊鶉
술	戌述術鉥坉絉
숭	崇嵩崧菘
쉬	倅淬焠
슬	瑟膝璱蝨譓虱
습	習拾濕襲褶慴熠隰
승	乘承勝昇僧丞陞(阩)繩蠅升塍氶堘阩陹昪
시	市示是時詩施試始矢侍視柴恃匙嘶媤尸屎屍弑猜翅蒔著諡豕豺偲偲諟媞柹(柿·杮)愢禔絁淣諰眂燊兕厮凘塒廝枲漦緦翨豉醍鍉
식	食式植識息飾拭埴殖湜軾寔拭熄篒蝕媳
신	身申神臣信辛新伸晨愼紳莘薪迅訊伈呻娠宸燼腎藎蜃辰璶哂凶姺汛矧脤贐頤駪
실	失室實(実)悉蟋
심	心甚深尋審沁沈潘芯諶潯燖葚鐔鱏
십	十什拾

쌍	雙(双)	엔	円
씨	氏	여	余餘如汝與予輿歟璵礖艅茹轝妤悆舁
아	兒(児)我牙芽雅亞(亜)餓娥峨(峩)衙砑俄啞莪蛾訝鴉鵝阿婀婴哦硪睋砑婭椏啊婑猗枒丫疴笌迓錏鵶	역	亦易逆譯驛役疫域暘繹嶧懌淢閾
악	惡岳樂堊嶽幄愕握渥鄂鍔顎鰐齷偓鄂咢喔噩腭蕚覨諤鶚齶	연	然煙(烟)研延燃燕沿鉛宴軟(輭)演緣衍淵(渊)妍(姸)娟(嬋)涓沇筵瑌姢曣堧捐挻椽埏縯鳶矊硯(砚)燃醼充(兖)嬿莚瑓均戭困埏悁掾橼涊曣蝡蠕讌
안	安案(桉)顔眼岸雁(鴈)晏按鞍鮟贗妟婩矸侒饐犴	열	熱悅閱說咽澩噎
알	謁斡軋閼嘎挖穵訐遏頞鴶	염	炎染鹽琰艶(艷)厭焰苒閻鬓冉懕尿聚灔魘靨魘黶
암	暗巖(岩)庵菴唵癌闇唵媕嵓腤荾盦諳頷馣黯	엽	葉燁曄熠曅爗靨
압	壓押鴨狎	영	永英迎榮(栄·荣)泳詠營影映(暎)渶煐瑛瑩濚(瀯)盈楹鍈嬰穎瓔咏塋嶸潁瀛纓霙赢儜蠑腴湦睴楧濴癭韺碤縈嬴郢
앙	仰央殃鴦快秧昂(昻)卬坱盎泱	예	藝(埶·芸)豫譽銳預芮乂叡(睿·容·叡)倪刈曳汭濊猊穢裔詣霓堄橤玴嫕蓺蕊(蘂)欘艾埶羿瘱郳嫕帠蜺兒嚘嫛拽捴柄獩睨瞖緊翳薉蚋蜺鯢驚黿
애	愛哀涯厓崖艾埃曖隘靄睚礙(碍)焕唉優唯噯娭崕挨捱欸溰皚睚曖磑薆藹靉欸	오	五吾悟午誤烏汚嗚娛傲伍吳昨珸
액	厄額液扼掖縊腋呝戹搤阨	오	晤奧俉塢墺窹惡懊敖嗷獒寤螺澳梧鼇(鰲)浯懊顡仵俁唔嗷噁圬鏊忤慠捂汙窹聱莫襖警迕迂遨鼇鏖隩驁鼯
앵	鶯櫻罌鸚嚶娑罃	옥	玉屋獄沃鈺
야	也夜野(埜)耶冶倻惹椰爺若揶(揶)	온	溫瑥媼穩(穏)瘟縕蘊穩媼(昷)榲醞鰮媼慍氳熅輼醞韞蕰
약	弱若約藥躍葯爚淪篛籥鑰鶸龠	올	兀杌嗢膃
양	羊洋養揚(敭)陽(昜)讓壤樣楊襄孃漾佯恙攘暘瀁煬痒瘍禳穰釀椋徉瀁烊癢眻囊暢鑲颺驤	옹	翁擁雍壅瓮甕癰邕饔嗈罋滃癰禺罋翁雝雝顒
어	魚漁於語御圉瘀禦馭齬唹衛圄敔淤飫	와	瓦臥渦窩窪蛙蝸訛哇囮媧柂洼猧窊萵譌
억	億憶抑檍臆繶	완	完緩玩垸浣莞琓琬婠婉宛梡椀碗翫脘腕豌阮頑妧岏鋺抏杬刓忨愐浣盌
언	言焉諺彦(彥)偃堰嫣傿匽讞鄢甗	왈	曰
얼	孼蘖糱(糵)岺臬	왕	王往旺汪枉瀇迋
엄	嚴(厳)奄俺掩儼淹龑崦 曮罨醃閹广		
업	業嶪嶸鄴		
에	恚曀		

왜	倭娃歪矮媧
외	外畏嵬巍猥偎嵔崴渨煨碨魂聵隗
요	要腰搖遙謠夭堯饒曜燿瑤樂姚僥凹妖嶢拗擾橈燿窈窰繇蟯邀暚偠喓坳墝嬈幺傜徼殀澆祅突窅葽遶鷂
욕	欲浴慾辱縟褥溽蓐
용	用勇容庸溶鎔(熔)瑢榕蓉涌(湧)埇踊鏞茸墉甬俑傭湧聳俗槦宂(冗)㦿嵱慂硧舂蛹踴
우	于宇右牛友雨(宋)憂又尤遇羽郵愚偶優佑祐禹瑀寓堣隅玗釪迂霧肝盂祤紆芋藕虞雺扜圩愶燠惆俣邘猛亮偊吁嵎厲杅疣盱竽耦櫌謣踽鍝麋虁齵
욱	旭昱煜郁頊彧勖栯燠稶稶(稶)
운	云雲運韻沄澐耘暈夽暈標殞熉芸蕓隕篔(簐)篔員鄖頵惲紜賱韵
울	蔚鬱乭菀
웅	雄熊
원	元原願遠園怨圓員(貟)源援院袁垣洹沅瑗媛嫄愿苑轅婉湲爰猿阮鴛褑朊杬鋺冤(寃)笎邍倇楥芫薗 蜿謜騵鵷黿猨
월	月越鉞刖粤
위	位危爲偉威胃謂圍衛違委慰僞緯尉韋瑋暐渭魏葳蕙蝟褘衞鞾喟幃熭痿葳諉逶闈讆餧鮪
유	由油酉有猶唯遊柔遺幼幽惟維乳儒裕誘愈悠侑洧宥庾喩兪(俞)楡瑜猷濡(瀯)釉愉柚攸釉珆孺揄楢游癒臾萸諛諭踰蹂逾鍮嚅婑圉牖逌呦壝泑鮋顬瘉瘐窬窳籲糅綏腴莠蕕蚴蚰蝤褕黝讉鞣鮪
육	肉育堉毓儥
윤	閏(閠·閆)潤尹允玧鈗阭胤(亂)奫贇昀筠鋆 橍沇
율	聿燏汩建潏矞觼颭
융	融戎瀜絨狨
은	恩銀隱垠殷誾(闇)溵珢慇憖听㹛訢億圻蘟檼磤蒑蒽嶾圁薐激罶垽狺癮誾鄞斷
을	乙圪𥐴
음	音吟飮陰淫蔭愔馨暗崟廕霪
읍	邑泣揖悒挹浥
응	應凝膺鷹鸕
의	衣依義議矣醫意宜儀疑倚誼毅擬懿椅艤薏蟻妳猗儗澄劓嶷欹漪礒饐螘
이	二以已耳而異移夷珥伊易弛怡爾彛(彝)頤姨痍肄苡羡貽邇飴貳婴杝胹姻珆鴯羡匜佴廙呬尔栮洟扡迤隶
익	益翼翊瀷謚翌熤弋鷁
인	人引仁(忈·忎)因忍認寅印姻咽湮絪茵蚓刃芒氻牣璌靭(靭)鞇(鞅)氤膱儿諲瀈稇戭仞堙黀嫻洇禋裀
일	一日逸(逸)溢鎰馹佾佚壹劮泆軼
임	壬任賃妊(姙)稔恁荏託誑絍袵鵀餁
입	入廿(卄)
잉	剩仍孕芿媵
자	子字自者姊(姉)慈玆(姦)紫資姿恣刺仔滋磁藉瓷咨孜炙煮疵茨蔗諮雌秄襟呰嬨孖孳柘泚牸眦眥眥玼茈莿姣觜訾貲赭鎡頿髭鮓鶿鷀粢
작	作昨酌爵灼芍雀鵲勺嚼斫炸綽鳥岝作斮柞汋焯犳碏
잔	殘孱棧潺盞剗驏
잠	潛(潜)暫箴岑簪蠶涔
잡	雜卡囃眨磼襍
장	長章場將(将)壯(壮)丈張帳粧掌藏莊(庄)裝奬(奨)葬墻(牆)臟障

음	한자
장	腸匠杖奘漳樟璋暲薔蔣仗牆檣漿狀獐臧贓醬偉妝嬙嶂廧戕牂瘴糚胖萇鄣鏘餦饟
재	才材財在栽再哉災裁載宰梓縡齋溨滓齎捚賳溨条崽坺榟灾纔
쟁	爭錚箏諍崢狰琤鎗
저	著貯低底抵苧邸楮沮佇儲咀姐杵樗渚狙猪疽箸紵菹藷詛躇這雎齟宁岨杼柢氐瀦濟牴罝羝苴蛆袛褚觝詆陼
적	的赤適敵滴摘寂籍賊跡積績迪勣吊嫡狄炙翟荻謫迹鏑笛蹟樀磧糴菂覿逖馰
전	田全典前展戰電錢傳專轉殿佺栓詮銓琠甸塡奠荃雋顚佃剪塼廛悛甎澱煎畋癲筌箋箭篆纏輾鈿鐫顫餞吮囀嫥屇巓戩揃旃栴湔澶牋甎畋痊癜磚籛羶翦腆膞躔輇邅廛錪鈰靛靦顓餰籛髻鱣鸇
절	節絕(絶)切折竊哲截浙癤呭
점	店占點(点·奌)漸岾粘霑鮎佔墊玷笘簟苫蔪蛄覘颭黏
접	接蝶摺椄楪婕跕蹀鰈
정	丁頂停井正政定貞精情靜(静)淨庭亭訂廷程征整汀矴町呈桯珵婧偵湞幀楨禎珽挺綎鼎晶聖梃鉦淀錠鋌鄭靖靚鋥姃釘淳涏頲婧旌檉瀞睛碇穽綎諪酊霆彭埩佂妌梃胜灯眐艼杇佂掟娗叮婧怔桭疔筳莛証醒遉
제	弟第祭帝題除諸製提堤制際齊濟(済)悌梯瑅劑啼臍薺蹄醍霽媞偍禔倘姼晢娣擠猘睇稊緹踶蹢躋鎕隄齏鮧鯷
조	兆早造鳥調朝助弔燥操照條潮租組祖彫措晁窕祚趙肇詔釣曹(曺)遭眺俎凋嘲棗(枣)槽漕爪璪稠粗糟繰藻蚤躁阻雕昭嶆佻傮刁厝嘈噪燿徂懆找殂澡琱皁祧竈笊糙糶絩絛胙臊艚蔦蛁誂譟銚錭鯛鵰鼌
족	足族簇鏃瘯
존	存尊拵
졸	卒拙猝
종	宗種鐘終從縱悰琮淙倧綜瑽鍾慫腫椶(棕)踵柊蹤(踪)伀慒樅瘇蓯
좌	左坐佐座挫剉痤莝髽
죄	罪
주	主注住朱宙走酒晝舟周株州洲柱奏珠鑄胄湊炷註疇週遒(酒)駐姝澍姝侏倣呪嗾廚籌紂紬綢蛛誅疇輳酎燽鉒拄倜邾晭絑賍椆珘紸調睭丟俧儔尌幬硃籒黿跗腠蔟蛀裯詋賙趎輈霂霍
죽	竹粥
준	準(准)俊遵峻浚晙焌竣畯駿准雋儁濬(容)埻隼寯樽蠢逡純葰墫僔晙餕陖(埈)逎惷儁鐏後皴壿撙綧罇鱒踆駿
줄	茁乼
중	中重衆仲眔
즉	卽(即)喞
즐	櫛騭
즙	汁楫葺檝戢
증	曾增證憎贈症蒸烝甑拯繒嶒橧罾
지	只支枝止之知(咊)地指志至紙持池誌智(媉)遲旨沚址祉趾祗芝摯誌脂咫枳漬肢砥芷蜘識贄泜厎泜吱馶劧忯坁搘禔觚坻墀楮泜痣祇篪舐跦躓轵阯鮨鷙抵
직	直職織稙稷禝
진	辰眞(真)進盡(尽)振鎭陣陳瑨津珍(鉁)震晉(晋)瑨(璡)璡秦趁塵禛診縉塡賑溱抮脣嗔搢桭榛殄疹畛瞋縝臻敶袗昣蓁枃槇稹儘瑨儙眹侲珒墜趂鬒
질	質秩疾姪瓆侄叱嫉帙桎窒膣蛭跌迭垤絰蒺郅鑕
짐	斟朕鴆
집	集執什潗(潗)輯楫鏶緝咠戢

징	徵懲澄澂瀓癥瞪
차	且次此借差車叉瑳佽嗟嵯磋箚茶蹉遮硨韖姹醝佽岔借槎
착	着錯捉搾窄鑿齪戳擉齼
찬	贊(賛)讚(讃)撰纂粲澯燦璨瓚纘鑽竄篹(簒)餐饌攢囋賛(償)欑孏劗爨趲
찰	察札刹擦紮扎
참	參慘慙(慚)僭塹懺斬站讒讖儳嶄巉憯攙槧毚譖鏨饞驂黲
창	昌唱窓倉創蒼暢菖昶彰敞廠倡娼愴槍漲猖瘡脹艙滄淐淌唱倀傖滄
창	刱悵悄戧氅瑲窻蹌鋹閶鬯鶬
채	菜採彩債采埰寀蔡綵寨砦釵琗責棌婇睬菜
책	責冊(册)策柵嘖幘磔簀簣舴
처	妻處凄悽淒萋覷郪
척	尺斥拓戚陟倜刺剔擲滌瘠脊蹠隻墌(坧)慼(慽)堉惕捗摭蜴跖躑
천	天千川泉淺賤踐遷薦仟阡喘擅玔穿舛釧闡韆茜倩俴僝洊濺祆玔芊荐蒨蔵舢薦
철	鐵(鉄)哲(喆)徹澈轍撤綴凸輟惙瞮剟啜埑惙掇歠銕錣餮饕
첨	尖添僉瞻沾簽籤詹諂幨甜(餂)忝惉檐櫼瀸簷襜
첩	妾帖捷堞牒疊睫諜貼輒倢呫喋怗褺
청	靑(青)淸(清)晴(晴)請(請)廳聽菁鯖淸圊蜻鶄婧
체	體替遞滯逮締諦切剃涕詆呰棣彘殢砌蒂髢蔕躰
초	初草(艸)招肖超抄礎秒樵焦蕉楚剿哨憔梢椒炒硝礁稍苕貂酢醋醮岧釗釥俏髫偢僬勦嘷嫶峭嶕怊悄愀杪燋綃秒誚譙趠軺迢鈔鍬鍫鞘顚髫鷦鷦
촉	促燭觸囑矗蜀囑爥矚蠋躅髑
촌	寸村(邨)忖吋
총	銃總(総)聰(聡)寵叢恖憁摠蔥葱蓯冢(塚)縱聰
찰	撮
최	最催崔嗺摧榱漼璀確縗膗
추	秋追推抽醜楸樞鄒錐錘隆椎湫皺芻萩諏趨酋鎚雛騶鰌(鰍)僦啾娵帚惆捶揫搥甃瘳篍簉縋縐菆陬佳鞦騅魋雧鶖鶵鷲鷯麤穐
축	丑祝蓄畜築逐縮軸竺筑蹙蹴妯舳豕踧竈
춘	春椿瑃賰
출	出朮黜秫
충	充忠蟲(虫)衝珫沖(冲)衷忡
췌	萃悴膵贅惴揣瘁頞
취	取吹就臭醉趣翠聚嘴娶炊脆驟鷲冣橇毳
측	側測仄惻廁(厠)昃
층	層
치	治致齒值置恥熾峙雉馳侈嗤幟梔淄痔癡(痴)緇緻蚩輜稚(穉)卮哆寘時痓絺菑薙褫豸跱錙陊鯔鴟鴙鵄
칙	則勅飭敕
친	親櫬襯
칠	七漆柒
침	針侵浸寢沈枕琛砧鍼梣寖忱椹郴鋟駸
칩	蟄
칭	稱秤
쾌	快夬噲
타	他打妥墮咤唾惰拖朶舵陀馱駝佗坨橢(楕)拕柁沱詑詫跢躲騨鮀鴕鼉

446

탁	濁托濯卓度倬豹琸晫託擢鐸拓啄坼柝琢踔拆沰橐(槖)涿矺籜蘀逴	평	平評坪枰泙萍怦抨苹荓鮃
탄	炭歎彈誕呑坦灘嘆憚綻暳憻攤癉癱驒	폐	閉肺廢弊蔽幣陛吠斃獘敝狴獘癈
탈	脫奪侻	포	布抱包胞飽浦捕葡褒砲鋪佈匍匏咆哺圃怖暴泡疱脯苞蒲袍逋鮑抛(拋)儤庖哺暴炮炰誧鉋鞄餔鯆
탐	探貪耽眈嗿忐酖		
탑	塔榻傝塌搨	폭	暴爆幅曝瀑輻
탕	湯宕帑糖蕩燙盪碭蘯	표	表票標漂杓豹彪驃俵剽慓瓢飄飆(飇)瞟僄勡嘌嫖摽殍熛縹裱鏢鑣髟鰾
태	太泰怠殆態汰兌台胎邰答苔跆颱鈦珆鮐脫娧迨埭孡駘		
		품	品稟
택	宅澤擇垞	풍	風豐(豊)諷馮楓瘋
탱	撑撐掌	피	皮彼疲被避披陂詖鞁髲
터	攄	픽	腷
토	土吐討兔(兎)	필	必匹筆畢弼泌珌苾秘鉍佖疋聚斁咇潷篳罼蓽觱蹕韠韨鴔駜
톤	噋		
통	通統痛桶慟洞筒恫樋箇	핍	乏逼偪
퇴	退堆槌腿褪頹隤	하	下夏(昰)賀何河荷霞瑕廈(厦)蝦遐鰕呀嘏碬罅嚇椵讚煆蕸歌抲嗬岈懗瘕罅鍜
투	投透鬪偸套妬妒渝骰		
퉁	佟	학	學(学)鶴壑虐謔嗃狢瘧皬确郝隺
특	特慝忒	한	閑寒恨限韓漢旱汗澣瀚翰閒悍罕澗豤僩嫺橺閜扞忓邗嫻捍暵閈騇鷳鼾
틈	闖		
파	破波派播罷頗把巴芭琶坡杷婆擺爬跛叵妑岥怕灞爸玻皤笆簸耙菠葩鄱		
		할	割轄瞎
		함	咸含陷函涵艦喊檻緘鹹銜(啣)菡莟諴艦闞
판	判板販版阪坂辦瓣鈑	합	合哈盒蛤閤闔陜匌嗑柙榼溘盍部
팔	八叭捌扒汃		
패	貝敗浿佩牌唄悖沛狽稗霸(覇)孛旆珮霈	항	恒(恆)巷港項抗航亢沆姮(嫦)伉杭桁缸肛行降夯炕魧頏
팽	彭澎烹膨砰祊蟚蟛	해	害海(海)亥解奚該偕楷諧咳垓孩懈瀣蟹邂駭骸咍瑎澥祄烗嶰廨欬獬痎薤醢頦鮭
퍅	愎		
편	片便篇編遍偏扁翩鞭騙匾徧惼緶艑萹蝙牑諞		
		핵	核劾翮覈
		행	行幸杏倖荇 涬悻
폄	貶砭窆	향	向香鄕響享珦嚮餉饗麘晑緷

허	虛許墟噓歔
헌	軒憲獻櫶輲憓昍巘 懗攇
헐	歇
험	險驗嶮獫玁
혁	革赫嚇奕焱衁烆爀嚇弈洫焸
현	現賢玄絃縣懸顯(顕)見峴晛泫炫玹鉉眩昡絢呟俔睍舷衒弦儇譞怰挶誢琄嬛娊炫灦楥駽痃䥏翾蜆說
혈	血穴孑頁絜趐	혐 嫌
협	協脅(脇)俠挾峽浹夾狹莢鋏頰洽匧叶埉恊俠悏篋
형	刑形亨螢衡型邢珩泂兄炯瑩瀅馨熒滎瀅荊鎣俐逈(迥)夐娙詗陘
혜	惠(恵)慧兮蕙彗譓憓憛蹊醯鞋譓鏸匸訡傒嘒傒槥盻謑
호	戶乎呼好虎號(号)湖互胡浩(澔)毫豪護晧皓昊淏濠灝祜琥瑚顥護扈鎬壕壺濩滸岵弧狐瓠糊縞葫蒿蝴皞婋芐(芦)犒鄗熩婞怙瓳蒿儫冱嘷鬍婥冱滈滬猢皜糊聕醐
혹	或惑酷熇
혼	婚混昏魂渾琿俒顚圂湣溷焜閽
홀	忽惚笏囫
홍	紅洪弘鴻泓烘虹鈜哄汞訌哄澒澒鬨
화	火化花貨和話畫(畵)華禾禍嬅樺譁靴澕俰嘩驊龢
확	確(碻)穫擴廓攫矍矡碻護
환	歡患丸換環還喚奐渙煥院幻桓鐶鰥宦紈鰥圜皖洹寰懽擐瓛睆絙奐擐鋄鍰鐶鬟
활	活闊(濶)滑猾豁蛞
황	黃皇況荒凰堭媓晃(晄)滉榥煌璜熀幌徨恍惶恍慌湟潢篁簧蝗遑隍楻喤怳瑝肓貺鎤
회	回會(会)悔懷廻恢晦檜澮繪(絵)誨匯徊淮獪膾茴蛔賄灰徊泂盍詼迴頮繪
획	獲劃画嚄	횡 横鐄宏澋鈜纊
효	孝效(効)曉涍爻驍敩哮嘵梟淆肴酵皛歊窙謼傚洨庨虓熇烋婋囂崤骹餚
후	後厚(垕)侯候后逅吼嗅帿朽煦珝喉堠敽姁芋吽炰垕猴篌詡譃酗餱
훈	訓勳(勛·勲)君熏(勲)燻薰(勳)壎(塤)鑂暈纁輝薰曛獯葷
훌	欻	훙 薨
훤	喧暄萱煊愃昍烜諠諼
훼	毁喙毁卉(卉)燬芔咺
휘	揮輝彙徽暉煇諱麾煒撝翬
휴	休携烋畦虧咻咻隳觿鵂
휼	恤譎鷸卹
흉	凶胸兇匈洶恟胷	흑 黑
흔	欣炘昕痕忻很掀焮釁
흘	屹吃紇訖仡汔疙迄齕
흠	欽欠歆鑫廞
흡	吸洽恰翕噏歙潝翖	흥 興
희	希喜稀戲(戯)姬(姫)晞僖禧禧嬉憙熹(熺)凞羲爔曦俙囍憘犧噫熙(熙·凞)烯嘻譆嬅咥唏嬉㸌欷燹豨餼
힐	詰犵纈襭頡點

약자	정자	음 훈

3 획

약자	정자	음 훈
万	萬	일만 만
与	與	어조사 여

4 획

약자	정자	음 훈
欠	缺	이지러질 결
区	區	구분할 구
仏	佛	부처 불
予	豫	미리 예
圓	圓	둥글 원
卆	卒	군사 졸
双	雙	쌍 쌍

5 획

약자	정자	음 훈
旧	舊	예 구
台	臺	대 대
仝	同	한가지 동
礼	禮	예도 례
弁	辯	말 잘할 변
払	拂	떨칠 불
写	寫	베낄 사
圧	壓	누를 압
処	處	살 처
庁	廳	관청 청
弁	辦	오이씨 판
号	號	부르짖을 호

6 획

약자	정자	음 훈
仮	假	거짓 가
缶	罐	두레박 관
気	氣	기운 기
団	團	둥글 단
当	當	당할 당
灯	燈	등불 등
迈	邁	갈 매
辺	邊	가 변
両	兩	두 량
弐	貳	두 이
壮	壯	장할 장
争	爭	다툴 쟁
伝	傳	전할 전
尽	盡	다할 진
虫	蟲	벌레 충
沖	沖	빌 충
会	會	모일 회
后	後	뒤 후
兴	興	일 흥

7 획

약자	정자	음 훈
対	對	대답할 대
図	圖	그림 도
乱	亂	어지러울 란
来	來	올 래

약자	정자	음 훈
励	勵	힘쓸 려
灵	靈	신령 령
労	勞	수고로울 노, 로
売	賣	팔 매
麦	麥	보리 맥
状	狀	모양 상
声	聲	소리 성
寿	壽	목숨 수
亜	亞	버금 아
児	兒	아이 아
余	餘	남을 여
芸	藝	재주 예
応	應	응당 응
医	醫	의원 의
囲	圍	에울 위
壱	壹	한 일
条	條	가지 조
体	體	몸 체
沢	澤	못 택
択	擇	가릴 택

8 획

약자	정자	음 훈
価	價	값 가
拠	據	의지할 거
杰	傑	호걸 걸
茎	莖	줄기 경

약자	정자	음 훈
径	徑	지름길 경
拐	拐	유인할 괴
欧	歐	때릴 구
国	國	나라 국
券	券	문서 권
担	擔	멜 담
突	突	갑자기 돌
炉	爐	화로 로
弥	彌	활부릴 미
拝	拜	절 배
宝	寶	보배 보
歩	步	걸음 보
舎	舍	집 사
参	參	석 삼
実	實	열매 실
岳	嶽	큰 산 악
岩	巖	바위 암
尭	堯	임금 요
斉	齊	가지런할 제
従	從	좇을 종
青	靑	푸를 청
抱	抱	안을 포
学	學	배울 학
侠	俠	의기 협
画	畵	그림 화
拡	擴	넓힐 확

약자	정자	음 훈
画	劃	그을 획

9 획

약자	정자	음 훈
脛	脛	정강이 경
単	單	홑 단
胆	膽	쓸개 담
独	獨	홀로 독
発	發	필 발
変	變	변할 변
砕	碎	부술 쇄
乗	乘	탈 승
栄	榮	영화 영
為	爲	할 위
荘	莊	씩씩할 장
専	專	오로지 전
窃	竊	훔칠 절
点	點	점 점
浄	淨	조촐할 정
昼	晝	낮 주
浅	淺	얕을 천
臭	臭	냄새 취
漆	柒	칠할 칠
胞	胞	태보 포
県	縣	매달 현
狭	狹	좁을 협
峡	峽	골짜기 협
挟	挾	낄 협

약자	정자	음 훈
姫	姬	아씨 희

10 획

약자	정자	음 훈
挙	擧	들 거
倹	儉	검소할 검
剣	劍	칼 검
帰	歸	돌아갈 귀
悩	惱	괴로워할 뇌
党	黨	무리 당
帯	帶	띠 대
涛	濤	물결 도
恋	戀	그리워할 련
竜	龍	용 룡
涙	淚	눈물 루
浜	濱	물가 빈
殺	殺	죽일 살
捜	搜	찾을 수
粋	粹	순수할 수
唖	啞	벙어리 아
桜	櫻	앵두 앵
益	益	더할 익
逸	逸	편할 일
残	殘	남을 잔
桟	棧	잔도 잔
蚕	蠶	누에 잠
将	將	장수 장
剤	劑	조절할 제

약자	정자	음 훈
従	從	좇을 종
真	眞	참 진
逓	遞	갈마들 체
称	稱	일컬을 칭
砲	砲	돌 쇠뇌 포
陥	陷	빠질 함
恵	惠	은혜 혜
桧	檜	전나무 회

11 획

약자	정자	음 훈
渇	渴	목마를 갈
葛	葛	칡 갈
喝	喝	꾸짖을 갈
強	強	굳셀 강
経	經	글 경
蓋	蓋	덮을 개
渓	溪	시내 계
亀	龜	거북 구
倦	倦	게으를 권
脳	腦	뇌 뇌
断	斷	끊을 단
祷	禱	빌 도
猟	獵	사냥 렵
隆	隆	높을 륭
捨	捨	버릴 사
渋	澁	떫을 삽
釈	釋	풀 석

약자	정자	음 훈
渉	涉	건널 섭
巣	巢	새 집 소
属	屬	붙일 속
粛	肅	엄숙할 숙
湿	濕	젖을 습
視	視	볼 시
悪	惡	악할 악
訳	譯	번역 역
偽	僞	거짓 위
剰	剩	남을 잉
斎	齋	집 재
転	轉	구를 전
情	情	뜻 정
済	濟	건널 제
酔	醉	취할 취
虚	虛	빌 허
険	險	험할 험
蛍	螢	개똥벌레 형
壷	壺	항아리 호

12 획

약자	정자	음 훈
覚	覺	깨달을 각
検	檢	검사할 검
軽	輕	가벼울 경
捲	捲	주먹 쥘 권
勤	勤	부지런할 근
隊	隊	떼 대

약자	정자	음 훈
煉	煉	쇠 불릴 련
禄	祿	녹봉 록
屡	屢	여러 루
塁	壘	보루 루
湾	灣	물 굽이 만
満	滿	찰 만
蛮	蠻	오랑캐 만
博	博	넓을 박
随	隨	따를 수
遂	遂	드디어 수
営	營	경영할 영
温	溫	따뜻할 온
揺	搖	흔들 요
雑	雜	섞일 잡
装	裝	꾸밀 장
証	證	증거 증
遅	遲	늦을 지
畳	疊	거듭 첩
歯	齒	이 치
堕	墮	떨어질 타
弾	彈	탄알 탄
廃	廢	폐할 폐
割	割	벨 할
絵	繪	그림 회

13 획

약자	정자	음 훈
褐	褐	털옷 갈

약자	정자	음 훈
継	繼	이을 계
鉱	鑛	쇳돌 광
勧	勸	권할 권
楽	樂	즐거울 락
暖	暖	따뜻할 난
滝	瀧	젖을 롱
楼	樓	다락 루
辞	辭	말씀 사
禅	禪	선 선
摂	攝	추스를 섭
聖	聖	성인 성
歳	歲	해 세
焼	燒	사를 소
続	續	이을 속
数	數	셈 수
塩	鹽	소금 염
虞	虞	헤아릴 우
溢	溢	넘칠 일
跡	蹟	자취 적
戦	戰	싸움 전
填	塡	메울 전
靖	靖	꾀할 정
賎	賤	천할 천
践	踐	밟을 천
鉄	鐵	쇠 철
滞	滯	막힐 체

약자	정자	음 훈
触	觸	닿을 촉
寝	寢	잠잘 침
豊	豐	풍년 풍
漢	漢	한수 한
献	獻	바칠 헌
暁	曉	새벽 효
熙	熙	빛날 희

14 획

약자	정자	음 훈
頚	頸	목 경
関	關	빗장 관
駆	驅	몰 구
徳	德	덕 덕
稲	稻	벼 도
読	讀	읽을 독
蝋	蠟	밀 랍
歴	歷	겪을 력
暦	曆	세월 력
練	練	익힐 련
緑	綠	푸를 록
髪	髮	터럭 발
様	樣	모양 양
駅	驛	역 역
隠	隱	숨을 은
雑	雜	섞일 잡
銭	錢	돈 전
精	精	정할 정

약자	정자	음 훈
静	靜	고요 정
憎	憎	미울 증
増	增	불을 증
徴	徵	부를 징
遮	遮	막을 차
総	總	거느릴 총
聡	聰	귀밝을 총
層	層	층 층
飽	飽	물릴 포

15 획

약자	정자	음 훈
攪	攪	어지러울 교
麹	麴	누룩 국
権	權	권세 권
霊	靈	신령 령
敷	敷	펼 부
賓	賓	손 빈
選	選	가릴 선
穂	穗	이삭 수
縄	繩	줄 승
蝿	蠅	파리 승
諸	諸	모든 제
鋳	鑄	쇳물 부어만들 주
賛	贊	도울 찬
請	請	청할 청
嘱	囑	부탁할 촉

약자	정자	음 훈
頬	頰	뺨 협
歓	歡	기쁠 환
戯	戲	기 희

16 획

약자	정자	음 훈
壊	壞	무너질 괴
錬	鍊	단련할 련
録	錄	기록 록
頼	賴	힘입을 뢰
薄	薄	엷을 박
獣	獸	짐승 수
薮	藪	늪 수
薬	藥	약 약
壌	壤	흙덩이 양
嬢	孃	계집애 양
穏	穩	평온할 온
謡	謠	노래 요
静	靜	고요 정
縦	縱	늘어질 종
懐	懷	품을 회

17 획

약자	정자	음 훈
覧	覽	볼 람
齢	齡	나이 령
繊	纖	가늘 섬
繍	繡	수놓을 수
厳	嚴	엄할 엄
醤	醬	젓갈 장

약자	정자	음 훈
聴	聽	들을 청
犠	犧	희생 희

18 획

약자	정자	음 훈
観	觀	볼 관
騒	騷	시끄러울 소
鎖	□	자물쇠 쇄
顔	顔	얼굴 안
贈	贈	보낼 증
鎮	鎭	진압할 진
懲	懲	징계할 징
闘	鬪	싸울 투
験	驗	증험할 험
顕	顯	나타날 현

19 획

약자	정자	음 훈
鶏	鷄	닭 계
懶	懶	게으를 라
瀬	瀨	여울 뢰
髄	髓	골수 수
臓	臟	오장 장
顛	顚	정수리 전
覇	霸	으뜸 패

20 획

약자	정자	음 훈
欄	欄	난간 란
巌	巖	바위 암
譲	讓	사양할 양
醸	釀	술 빚을 양

약자	정자	음 훈
響	響	울릴 향
饗	饗	잔치할 향
蘭	蘭	난초 란

21 ~ 25 획

약자	정자	음 훈
纘	纘	이을 찬
讃	讚	기릴 찬
欝	鬱	답답할 울

附録

훈음		한자
降	내릴 강	降等(강등)
	항복할 항	降服(항복)
更	다시 갱	更新(갱신)
	고칠 경	變更(변경)
車	수레 거	車馬費(거마비)
	탈것 차	自動車(자동차)
乾	하늘 건	乾坤(건곤)
	마를 간	乾淨(간정)
見	볼 견	見學(견학)
	나타날 현	謁見(알현)
句	글귀 구	文句(문구)
	글귀 귀	句節(귀절)
龜	거북 귀	龜趺(귀부)
	터질 균	龜裂(균열)
金	쇠 금	金屬(금속)
	금 금	金銀(금은)
	성씨 김	金氏(김씨)
茶	차 다	茶菓(다과)
	차 차	茶禮(차례)
丹	붉을 단	丹靑(단청)
	꽃이름 란	牡丹(모란)
宅	집 댁	宅內(댁내)
	살 택	住宅(주택)
度	법도 도	制度(제도)
	꾀할 탁	度地(탁지)
讀	읽을 독	讀書(독서)
	구두 두	句讀(구두)
洞	골 동	洞里(동리)
	뚫을 통	洞察(통찰)
樂	즐거울 락	娛樂(오락)
	즐길 요	樂山(요산)
	음악 악	音樂(음악)
復	돌아올 복	復歸(복귀)
	회복할 복	復舊(복구)
	다시 부	復活(부활)
否	아닐 부	否定(부정)
	막힐 비	否運(비운)

北	북녘 북	南北(남북)
	달아날 배	敗北(패배)
不	아니 불	不能(불능)
	아니 부	不在(부재)
沸	끓을 비	沸騰(비등)
	용솟음칠 불	沸水(불수)
寺	절 사	寺院(사원)
	내관 시	司僕寺(사복시)
殺	죽일 살	殺人(살인)
	감할 쇄	相殺(상쇄)
參	석 삼	參拾(삼십)
	참여할 참	參加(참가)
狀	모양 상	狀態(상태)
	문서 장	賞狀(상장)
塞	변방 새	要塞(요새)
	막을 색	閉塞(폐색)
		索源(색원)
說	말씀 설	說明(설명)
	달랠 세	遊說(유세)
	기쁠 열	說樂(열락)
省	살필 성	反省(반성)
	덜 생	省略(생략)
率	거느릴 솔	統率(통솔)
	비례 률	比率(비율)
數	셈 수	數學(수학)
	자주 삭	頻數(빈삭)
宿	잘 숙	宿所(숙소)
	별자리 수	房宿(방수)
拾	주울 습	拾得(습득)
	열 십	拾萬(십만)
食	먹을 식	食事(식사)
	먹일 사	簞食(단사)
識	알 식	識見(식견)
	기록할 지	標識(표지)
惡	악할 악	惡魔(악마)
	미워할 오	憎惡(증오)
於	어조사 어	於是乎(어시호)
	아 오	於乎(오호)

易	바꿀 역	貿易(무역)
	쉬울 이	容易(용이)
咽	목구멍 인	咽喉(인후)
	목멜 열	嗚咽(오열)
炙	고기구울 자	炙鐵(자철)
		散炙(산적)
	냄새피울 적	炙果器(적과기)
		炙鐵(적철)
刺	찌를 자	刺客(자객)
	찌를 척	刺殺(척살)
	수라 라	水刺(수라)
抵	막을 저	抵抗(저항)
	칠 지	抵掌(지장)
切	끊을 절	切斷(절단)
	온통 체	一切(일체)
辰	별 진	辰宿(진수)
	때 신	生辰(생신)
拓	개척할 척	開拓(개척)
	밀 탁	拓本(탁본)
則	법칙 칙	規則(규칙)
	곧 즉	然則(연즉)
沈	잠길 침	沈沒(침몰)
	성씨 심	沈氏(심시)
便	편할 편	便利(편리)
	오줌 변	便所(변소)
暴	사나울 폭	暴風(폭풍)
	사나울 포	暴惡(포악)
行	갈 행	行軍(행군)
	행할 행	執行(집행)
	항렬 항	行列(항렬)
畵	그림 화	畵室(화실)
	그을 획	畵數(획수)
		畵一(획일)
滑	미끄러울 활	滑降(활강)
		圓滑(원활)
	어지러울 골	滑稽(골계)
		滑混(골혼)

잘못 읽기 쉬운 한자

한자	맞음	틀림	한자	맞음	틀림	한자	맞음	틀림
苛斂	가렴	가검	敎唆	교사	교준	內訌	내홍	내공
恪別	각별	격별	攪亂	교란	각란	鹿茸	녹용	녹이
角逐	각축	각추	攪拌	교반	각반	壟斷	농단	용단
艱難	간난	가난	狡獪	교쾌	교회	賂物	뇌물	각물
干涉	간섭	간보	交驩	교환	교관	漏泄	누설	누세
看做	간주	간고	口腔	구강	구공	漏洩	누설	누예
間歇	간헐	간홀	句讀	구두	구독	凜然	늠연	품연
甘蔗	감자	감서	口碑	구비	구패	賂物	뇌물	각물
降下	강하	항하	拘礙	구애	구득	牢約	뇌약	우약
腔血	강혈	공혈	句節	구절	귀절	訥辯	눌변	내변
概括	개괄	개활	狗吠	구폐	구견	凜凜	늠름	품품
改悛	개전	개준	救恤	구휼	구혈	茶菓	다과	차과
坑夫	갱부	항부	詭辯	궤변	위변	茶店	다점	차점
更生	갱생	경생	龜鑑	귀감	구감	團欒	단란	단락
釀出	갹출	거출	龜裂	균열	구열	簞食	단사	단식
車馬費	거마비	차마비	琴瑟	금슬	금실	曇天	담천	운천
愆過	건과	연과	奇恥	기치	기심	遝至	답지	환지
怯懦	겁나	겁유	旗幟	기치	기식	撞着	당착	동착
揭示	게시	계시	喫燃	끽연	계연	對峙	대치	대지
譴責	견책	유책	儺禮	나례	난례	宅內	댁내	택내
更張	경장	갱장	懦弱	나약	유약	蹈襲	도습	답습
更迭	경질	갱질	內人	나인	내인	陶冶	도야	도치
驚蟄	경칩	경첩	裸體	나체	과체	跳躍	도약	조약
股肱	고굉	고공	懶怠	나태	뢰태	瀆職	독직	속직
袴衣	고의	과의	拿捕	나포	합포	獨擅	독천	독단
膏盲	고황	고맹	烙印	낙인	각인	屯困	둔곤	돈곤
麴子	곡자	국자	難澁	난삽	난습	臀部	둔부	전부
滑稽	골계	활계	捺印	날인	내인	鈍濁	둔탁	순탁
汨沒	골몰	일몰	捏造	날조	구조	遁走	둔주	순주
誇張	과장	오장	拉致	납치	입치	滿腔	만강	만공
刮目	괄목	활목	狼藉	낭자	낭적	萬朶	만타	만내
乖離	괴리	승리	內帑	내탕	내노	罵倒	매도	마도

附錄

한 자	맞 음	틀 림	한 자	맞 음	틀 림	한 자	맞 음	틀 림
魅力	매력	미력	幇助	방조	봉조	三昧	삼매	삼미
邁進	매진	만진	拜謁	배알	배갈	商賈	상고	상가
驀進	맥진	막진	背馳	배치	배야	相殺	상쇄	상살
盟誓	맹서	맹세	範疇	범주	범수	上梓	상재	상자
萌芽	맹아	명아	便秘	변비	편비	省略	생략	성략
明晳	명석	명철	兵站	병참	병첨	生辰	생신	생진
明澄	명징	명등	報酬	보수	보주	棲息	서식	처식
牡丹	모란	목단	布施	보시	포시	逝去	서거	절거
牡牛	모우	두우	補塡	보전	보진	先塋	선영	선형
木瓜	모과	목과	不斷	부단	불단	閃光	섬광	민광
木鐸	목탁	목택	不得已	부득이	부득기	星宿	성수	성숙
蒙昧	몽매	몽미	復活	부활	복활	星辰	성신	생진
夢寐	몽매	몽침	敷衍	부연	부행	洗滌	세척	세조
杳然	묘연	향연	浮沈	부침	부심	遡及	소급	삭급
巫覡	무격	무현	分泌	분비	분필	甦生	소생	갱생
巫覡	무기	무현	不朽	불후	불구	騷擾	소요	소우
毋論	무론	모론	沸騰	비등	불등	蕭條	소조	숙조
無聊	무료	무류	匕首	비수	칠수	贖罪	속죄	독죄
拇印	무인	모인	妃嬪	비빈	기빈	殺到	쇄도	살도
紊亂	문란	사란	否塞	비색	부색	戍樓	수루	술루
未洽	미흡	미합	頻數	빈삭	보수	睡眠	수면	수민
撲滅	박멸	복멸	嚬蹙	빈축	빈촉	竪說	수설	견설
撲殺	박살	복살	憑藉	빙자	빙적	數爻	수효	수차
剝奪	박탈	약탈	詐欺	사기	작기	馴致	순치	훈치
反駁	반박	반교	些少	사소	차소	豺狼	시랑	재랑
頒布	반포	분포	使嗾	사주	사족	猜忌	시기	청기
半截	반절	반재	獅子吼	사자후	사자공	柴糧	시량	자량
潑剌	발랄	발자	娑婆	사바	사파	十方	시방	십방
拔萃	발췌	발취	社稷	사직	사목	示唆	시사	시준
拔擢	발탁	발요	奢侈	사치	사다	十月	시월	십월
跋扈	발호	발읍	索莫	삭막	색막	諡號	시호	익호
發揮	발휘	발혼	數數	삭삭	수수	辛辣	신랄	신극
勃興	발흥	역흥	索然	삭연	색연	迅速	신속	빈속
妨碍	방애	방의	撒布	살포	산포	呻吟	신음	신금

한 자	맞음	틀림	한 자	맞음	틀림	한 자	맞음	틀림
齷齪	악착	악족	雨雹	우박	우포	接吻	접문	접물
軋轢	알력	알륵	誘拐	유괴	수호	正鵠	정곡	정고
斡旋	알선	간선	誘發	유발	수발	靜謐	정밀	정일
謁見	알현	알견	遊說	유세	유설	稠密	조밀	주밀
哀悼	애도	애탁	六月	유월	육월	造詣	조예	조지
隘路	애로	익로	隱匿	은닉	은약	措置	조치	차치
冶金	야금	치금	吟味	음미	금미	躊躇	주저	수저
惹起	야기	약기	凝結	응결	의결	駐箚	주차	주탑
掠奪	약탈	경탈	義捐	의연	의손	蠢動	준동	춘동
円貨	엔화	원화	以降	이강	이항	浚渫	준설	준첩
濾過	여과	노과	罹病	이병	나병	櫛比	즐비	절비
役割	역할	역활	移徙	이사	이도	憎惡	증오	증악
軟膏	연고	난고	弛緩	이완	치완	支撑	지탱	지장
軟弱	연약	나약	已往	이왕	기왕	眞摯	진지	진집
厭惡	염오	염악	罹災	이재	나재	桎梏	질곡	지고
領袖	영수	영유	罹患	이환	나환	叱責	질책	칠책
囹圄	영어	영오	溺死	익사	약사	斟酌	짐작	심작
誤謬	오류	오교	湮滅	인멸	연멸	什器	집기	십기
惡心	오심	악심	一括	일괄	일활	什物	집물	십물
嗚咽	오열	오인	一擲	일척	일정	執拗	집요	집유
惡辱	오욕	악욕	一切	일체	일절	茶禮	차례	다례
惡寒	오한	악한	剩餘	잉여	승여	捉來	착래	촉래
訛傳	와전	화전	自矜	자긍	자금	慙愧	참괴	참귀
渦中	와중	과중	孜孜	자자	고고	斬新	참신	점신
緩和	완화	난화	藉藉	자자	적적	懺悔	참회	섬회
歪曲	왜곡	외곡	綽綽	작작	탁탁	暢達	창달	양달
外艱	외간	외난	箴言	잠언	함언	漲溢	창일	장익
邀擊	요격	격격	這間	저간	언간	闡明	천명	단명
樂山	요산	낙산	沮止	저지	조지	喘息	천식	단식
要塞	요새	요색	積阻	적조	적저	掣肘	철주	제주
樂水	요수	낙수	塡充	전충	전통	鐵槌	철퇴	철추
窯業	요업	강업	傳播	전파	전번	尖端	첨단	열단
凹凸	요철	요돌	截斷	절단	재단	蒼氓	창맹	창민
容喙	용훼	용탁	點睛	점정	점청	悵然	창연	장연

한자	맞음	틀림	한자	맞음	틀림	한자	맞음	틀림
貼付	첩부	첨부	跛行	파행	피행	絢爛	현란	순란
諦念	체념	제념	辨償	판상	변상	孑遺	혈유	자유
涕泣	체읍	제립	稗官	패관	비관	孑孑	혈혈	자자
憔悴	초췌	초졸	霸權	패권	파권	嫌惡	혐오	겸악
忖度	촌탁	촌도	敗北	패배	패북	荊棘	형극	형자
寵愛	총애	용애	沛然	패연	시연	亨通	형통	향통
撮影	촬영	최영	膨脹	팽창	팽장	好惡	호오	호악
追悼	추도	추탁	便利	편리	편이	呼吸	호흡	호급
醜態	추태	취태	平坦	평탄	평단	渾然	혼연	군연
秋毫	추호	추모	閉塞	폐색	폐한	忽然	홀연	총연
衷心	충심	애심	鋪道	포도	보도	花瓣	화판	화변
充溢	충일	충익	褒賞	포상	보상	花卉	화훼	화에
贅言	췌언	취언	暴惡	포악	폭악	滑走	활주	골주
脆弱	취약	궤약	標識	표지	표식	豁達	활달	곡달
熾烈	치열	식열	捕捉	포착	포촉	恍惚	황홀	광홀
沈沒	침몰	심몰	暴惡	포악	폭악	灰燼	회신	회진
鍼術	침술	함술	輻輳	폭주	복주	膾炙	회자	회화
蟄居	칩거	집거	漂渺	표묘	표사	劃數	획수	화수
拓本	탁본	척본	標識	표지	표식	橫暴	횡포	횡폭
度支	탁지	도지	稟議	품의	표의	嚆矢	효시	고시
綻露	탄로	정로	風靡	풍미	풍비	嗅覺	후각	취각
坦坦	탄탄	단단	虐政	학정	확정	薨去	훙거	붕거
彈劾	탄핵	탄효	割引	할인	활인	毁謗	훼방	회방
探究	탐구	심구	陝川	합천	협천	毁損	훼손	회손
耽溺	탐닉	탐익	行列	항렬	행렬	彙報	휘보	과보
攄得	터득	여득	肛門	항문	홍문	麾下	휘하	마하
慟哭	통곡	동곡	降服	항복	강복	恤兵	휼병	혈병
洞察	통찰	동찰	降將	항장	강장	欣快	흔쾌	흠쾌
推敲	퇴고	추고	偕老	해로	개로	訖然	흘연	걸연
堆積	퇴적	추적	楷書	해서	개서	恰似	흡사	합사
偸盜	투도	유도	解弛	해이	해야	洽足	흡족	합족
偸安	투안	유안	諧謔	해학	개학	詰難	힐난	길난
派遣	파견	파유	享樂	향락	형락			
破綻	파탄	파정	享有	향유	형유			

附錄

460

附錄

韓國姓氏

姓氏	貫鄉
金	김해(金海) 경주(慶州) 광산(光山) 안동(安東) 의성(義城) 강릉(江陵)
李	전주(全州) 경주(慶州) 성주(星州) 광주(廣州) 연안(延安) 전의(全義)
朴	밀양(密陽) 반남(潘南) 함양(咸陽) 순천(順天) 무안(務安) 죽산(竹山)
崔	경주(慶州) 전주(全州) 해주(海州) 강릉(江陵) 탐진(耽津) 수성(隋城)
鄭	동래(東萊) 경주(慶州) 진주(晉州) 연일(延日) 하동(河東) 해주(海州)
姜	진주(晉州) 금천(衿川)
趙	한양(漢陽) 함안(咸安) 풍양(豊壤) 배천(白川) 옥천(玉川) 평양(平壤)
尹	파평(坡平) 해남(海南) 칠원(漆原) 남원(南原) 해평(海平) 무송(茂松)
張	인동(仁同) 흥덕(興德) 단양(丹陽) 안동(安東) 덕수(德水) 목천(木川)
林	나주(羅州) 평택(平澤) 부안(扶安) 예천(醴泉) 조양(兆陽)
韓	청주(淸州) 곡산(谷山)
吳	해주(海州) 동복(同福) 보성(寶城) 함양(咸陽) 나주(羅州)
徐	달성(達城) 이천(利川) 대구(大邱) 부여(扶餘) 장성(長城) 연산(連山)
申	평산(平山) 고령(高靈) 아주(鵝洲)
權	안동(安東) 예천(醴泉)
黃	창원(昌原) 장수(長水) 평해(平海) 우주(紆州) 회덕(懷德)
安	순흥(順興) 죽산(竹山) 광주(廣州) 강진(康津)
宋	여산(礪山) 은진(恩津) 진천(鎭川) 신평(新平) 연안(延安) 홍주(洪州)
柳	문화(文化) 전주(全州) 진주(晉州) 고흥(高興) 서산(瑞山) 풍산(豊山)
全	천안(天安) 정선(旌善) 옥천(沃川) 전주(全州)
洪	남양(南陽) 풍산(豊山) 부계(缶溪) 홍주(洪州)
高	제주(濟州) 장흥(長興) 개성(開城) 횡성(橫城)
文	남평(南平)
梁	제주(濟州) 남원(南原)
孫	밀양(密陽) 경주(慶州) 일직(一直) 평해(平海)
裵	성주(星州) 분성(盆城) 대구(大邱) 흥해(興海) 경주(慶州)
曺	창녕(昌寧)
白	수원(水原) 남포(藍浦) 대흥(大興) 부여(扶餘)
許	양천(陽川) 김해(金海) 하양(河陽) 태인(泰仁)
劉	강릉(江陵) 거창(居昌) 배천(白川) 충주(忠州)
南	의령(宜寧) 영양(英陽) 고성(固城)
沈	청송(靑松) 삼척(三陟) 풍산(豊山) 부유(富有)
盧	광주(光州) 교하(交河) 풍천(豊川) 장연(長淵)
丁	나주(羅州) 영광(靈光)
河	진주(晉州)
郭	현풍(玄風) 청주(淸州)
成	창녕(昌寧)
車	연안(延安)
鞠	담양(潭陽)
余	의령(宜寧)
秦	풍기(豊基)
魚	함종(咸從) 충주(忠州) 경흥(慶興)
殷	행주(幸州)
片	절강(浙江)
丘	평해(平海)
龍	홍천(洪川)
庚	무송(茂松) 평산(平山)
芮	의흥(義興)
慶	청주(淸州)
奉	하음(河陰)
程	하남(河南)
昔	경주(慶州)
史	청주(淸州)
夫	제주(濟州)
皇甫	영천(永川) 황주(黃州)
賈	소주(蘇州) 태안(泰安)
卜	면천(沔川)
太	영순(永順) 협계(陜溪) 남원(南原)
睦	사천(泗川)
晋	남원(南原)
邢	진주(晉州)
桂	수안(遂安)
朱	신안(新安) 능성(綾城) 나주(羅州)
禹	단양(丹陽)
具	능성(綾城) 창원(昌原)
辛	영산(靈山) 영월(寧越)
任	풍천(豊川) 장흥(長興)
羅	나주(羅州) 금성(錦城) 안정(安定)
田	담양(潭陽)
閔	여흥(驪興)
兪	기계(杞溪) 창원(昌源) 무안(務安)
陳	여양(驪陽) 삼척(三陟)
池	충주(忠州)
嚴	영월(寧越)
蔡	평강(平康) 인천(仁川)
元	원주(原州)
千	영양(潁陽)
方	온양(溫陽)
孔	곡부(曲阜)
康	신천(信川) 곡산(谷山)
玄	연주(延州)
咸	강릉(江陵) 양근(楊根)
卞	초계(草溪) 밀양(密陽)
廉	파주(坡州)
楊	청주(淸州) 남원(南原) 중화(中和)
邊	원주(原州) 황주(黃州)
呂	함양(咸陽) 성주(星州)
秋	추계(秋溪)
魯	함평(咸平) 강화(江華)
都	성주(星州)
蘇	진주(晉州)
愼	거창(居昌)
石	충주(忠州)
宣	보성(寶城)
薛	순창(淳昌)
馬	장흥(長興) 목천(木川)
吉	해평(海平)
周	상주(尙州) 초계(草溪)
延	곡산(谷山)
房	남양(南陽)
魏	장흥(長興)
表	신창(新昌)

明	연안 (延安) 서촉(西蜀)
奇	행주(幸州)
潘	거제(巨濟) 광주(光州)
王	개성(開城)
琴	봉화(奉化)
玉	의령(宜寧)
陸	옥천(沃川)
印	교동(喬桐) 연안(延安)
孟	신창(新昌)
諸	칠원(漆原)
牟	함평(咸平)
蔣	아산(牙山)
南宮	함열(咸悅)
卓	광산(光山)
催	경주(慶州) 전주(全州)
皮	괴산(槐山) 단양(丹陽) 홍천(洪川)
杜	두릉(杜陵) 만경(萬頃)
智	봉산(鳳山)
甘	창원(昌原)
章	거창(居昌)
諸葛	남양(南陽)
陰	괴산(槐山) 죽산(竹山)
賓	대구(大邱)
董	광천(廣川)
溫	금구(金溝)
司空	효령(孝寧)
扈	신평(新平)
景	태인(泰仁) 해주(海州)
范	금성(錦城)
錢	문경(聞慶)
鮮于	태원(太原)
左	청주(淸州) 제주(濟州)
楔	경주(慶州)
彭	절강(浙江) 용강(龍江)
承	연일(延日) 광산(光山)
簡	가평(加平)
夏	달성(達城)
尙	목천(木川)
施	절강(浙江)
柴	태인(泰仁)
葛	남양(南陽) 청주(淸州)
西門	안음(安陰)
陣	여양(驪陽)
段	강음(江陰) 강릉(江陵) 연안(延安) 대흥(大興) 서촉(西蜀)
胡	파릉(巴陵)
邵	평산(平山)
甄	전주(全州)

唐	밀양(密陽)
陶	순천(順天)
化	진양(晉陽)
昌	거창(居昌) 창녕(昌寧)
龐	개성(開城)
邕	순창(淳昌)
韋	강화(江華)
昇	남원(南原)
荀	홍산(鴻山)
強	충주(忠州) 괴산(槐山)
氷	경주(慶州)
于	목천(木川)
鍾	영암(靈岩)
馮	임구(臨朐)
大	밀양(密陽)
葉	경주(慶州)
弓	토산(兎山)
阿	나주(羅州) 양주(楊州)
平	충주(忠州)
獨孤	남원(南原)
袁	비안(比安)
公	김포(金浦)
梁	남양(南陽)
莊	금천(衿川)
堅	해주(海州) 여주(驪州)
毛	광주(廣州)
乃	개성(開城)
異	밀양(密陽)
浪	양주(楊州)
判	해주(海州)
邦	무안(務安)
麻	상곡(上谷)
路	개성(開城)
梅	충주(忠州)
楚	성주(星州)
倉	아산(牙山)
喬	청주(淸州)
東方	청주(淸州) 진주(晉州)
墨	광녕(廣寧) 요동(遼東)
斤	청주(淸州)
彬	대구(大邱)
班	창원(昌原) 진주(晉州)
占	한산(韓山)
彈	진주(晉州) 해주(海州)
舜	순흥(順興) 파주(坡州)
海	김해(金海)
天	충주(忠州)
弼	대흥(大興)
頓	목천(木川)
雲	함흥(咸興)

曲	용궁(龍宮)
邱	은진(恩津)
夜	직산(稷山)
葉	경주(慶州)
慈	요양(遼陽)
淳	금구(金溝)
謝	한산(韓山)
連	나주(羅州)
包	풍덕(豊德)
箕	행주, 평양
畢	한양(漢陽)
譚	등주(登州)
舍	태안(泰安)
菊	담양(潭陽)
釋	수원(水原), 한양(漢陽)
戰	한양(漢陽)
增	연일(延日)
賀	소사(素砂)
雷	교동(喬桐)
國	담양(潭陽)
初	마산(馬山)
道	성주(星州)
郝	산동(山東)
隋	한양(漢陽)
顧	한양(漢陽)
鳳	경주(慶州), 제주(濟州)
森	부여(扶餘)
艾	전주(全州)
傅	양근, 한양
伊	경주(慶州)
奈	나주(羅州)
伍	가평(加平)
苗	성산(星山)
芸	전주(全州)
苑	진양(晋陽)
單	한양(漢陽)
燕	전주(全州)
京	황간, 금화
米	재령(載寧)
丕	농서(隴西)
黎	부산(釜山)
榮	영천(永川)
采	여산(礪山)
恩	고부(古阜)
候	충주(忠州)
齊	한양(漢陽)
剛	괴산(槐山)

이 자료는 2015년 DAUM에서 발췌. 498개 姓氏. 순서는 인구순. 관향 미상은 제외됐음.